Judith Müller
In der Kirche Priester sein

Judith Müller

In der Kirche Priester sein

Das Priesterbild in der deutschsprachigen katholischen Dogmatik des 20. Jahrhunderts

echter

Die Deutsche Bibliothek – CIP-Einheitsaufnahme

Müller, Judith:
In der Kirche Priester sein : das Priesterbild in der deutschsprachigen katholischen Dogmatik des 20. Jahrhunderts / Judith Müller. –
Würzburg : Echter, 2001
ISBN 3-429-02294-0

Umschlag: Felix Kunkler, Düsseldorf
Druck und Bindung: Druckerei Lokay e. K., Reinheim
ISBN 3-429-02294-0

Inhalt

Vorwort 9
Einleitung 11

I. Teil:
Vom Beginn des 20. Jahrhunderts bis an die Schwelle des Zweiten Vatikanischen Konzils: Anspruch und Grenze des tridentinisch-(neu)scholastischen Paradigmas 17

1 Die neuscholastische Konzeption des Priesteramtes 22
1.1 Der Priester in der Heilsanstalt: Verwalter und Ausspender der Sakramente 23
1.2 Die Seinsprägung des Priesters: Sacerdos alter Christus 29
1.3 Das geistlich-asketische Priesterideal: Heiligung und Selbstheiligung 30

2 Die Impulse der Bewegungen der Zwischenkriegszeit und ihre Folgen für das theologische Priesterbild 35
2.1 Aufbrüche im Kirchenverständnis 36
2.1.1 Kirche als Gemeinschaft 36
2.1.1.1 Die Mitwirkung der Laien am Auftrag der Kirche 37
2.1.1.2 „Ekklesiologie im Werden“ 40
2.1.2 Die Kirche und ihr Priestertum 49
2.1.2.1 Allgemeines „Priestertum“? 53
2.1.2.2 Funktions- und Verhältnisbestimmungen 55
2.1.2.2.1 Das hierarchische Priestertum als Voraussetzung oder Ermöglichung des allgemeinen Priestertums 56
2.1.2.2.2 Ein Priestertum Christi in zwei kirchlichen Verwirklichungsformen 60
2.1.2.2.3 Das Priesteramt als Ordnung (ordo) der Gemeinde 62
2.2 Die Erneuerung des Eucharistieverständnisses 68
2.2.1 Ein Neuansatz im theologischen Denken 68
2.2.1.1 Liturgie als Kultmysterium 68
2.2.1.2 Der Hintergrund: Meßopfertheorien 72
2.2.1.3 „Wiederhinstellung“ der Heilstat Christi 74
2.2.2 Die Rolle des Priesters im Kultmysterium 75
2.2.2.1 Der Priester als Liturge 75

2.2.2.2 Kontroversen um die spezifische Funktion des Priesters in der Eucharistie 79
2.3 Päpstliche „Definitionen“ 87
2.3.1 Mystici Corporis 87
2.3.2 Mediator Dei 91

3 Das neuscholastische Paradigma an seinen Grenzen 98
3.1 Konzeptionsversuche 98
3.1.1 Yves Congar 98
3.1.2 Henri de Lubac 106
3.1.3 Karl Rahner 107
3.1.4 Georg Söll 109
3.1.5 Michael Schmaus 110
3.1.6 Otto Semmelroth 112
3.1.7 Hans Urs von Balthasar 118
3.2 Argumentationsmuster und Aporien 122

II. Teil:
Der Anfang einer neuen Epoche: Die Ekklesiologie des Zweiten Vatikanischen Konzils und ihre Konsequenzen für das Verständnis des priesterlichen Amtes 129

1 Die ekklesiologischen Aussagen des Zweiten Vatikanischen Konzils und ihre Auswirkungen auf die Aussagen über das Priesteramt 133
1.1 Grundentscheidungen 133
1.1.1 Die Liturgiekonstitution 133
1.1.2 Die Kirchenkonstitution 137
1.1.2.1 Kirche als Mysterium 138
1.1.2.2 Kirche als Volk Gottes 140
1.1.2.3 Amt als Ministerium 141
1.1.2.4 Die bischöfliche Grundgestalt des Amtes 141
1.1.2.5 Kirche als Communio 142
1.2 Ambivalenzen und Kompromisse 143
1.2.1 Das Laienkapitel der Kirchenkonstitution (LG 30-38) 143
1.2.2 Das Priesterbild des Konzils 145
1.2.2.1 LG 28 145
1.2.2.2 Das Dekret über Dienst und Leben der Priester 147
1.3 Leistungsfähigkeit und -grenzen der Begriffe 153
1.3.1 Das gemeinsame und das besondere Priestertum und ihr essentieller Unterschied (LG 10) 154
1.3.1.1 Die unmittelbare Textgeschichte der Konzilsformulierung 154
1.3.1.2 1Petr 2,5.9 157

1.3.1.3 Die Hohepriesterchristologie des Hebräerbriefs 158
1.3.1.4 Teilhabe am Priestertum Christi 160
1.3.2 Das Drei-Ämter-Schema 161
1.4 Nachkonziliare Befangenheiten 166

2 Die nachkonziliare Verunsicherung über das Priesteramt und die Reaktion der theologischen Diskussion 181
2.1 Die Frage nach den neutestamentlichen und dogmengeschichtlichen Grundlagen des Priesteramtes 183
2.1.1 Kirchliches Amt und Priesterbegriff 185
2.1.2 Das Schreiben der Bischöfe des deutschsprachigen Raumes über das priesterliche Amt (1969/70) 189
2.1.3 Grundfragen der Hermeneutik 194
2.1.4 Zur Hermeneutik der Amtsaussagen des Tridentinums 198
2.2 Neuformulierung der Funktion des Amtes 200
2.2.1 Das Amt als das Charisma der Gemeindeleitung 201
2.2.1.1 Amt als Charisma 201
2.2.1.2 Amt als „Gemeindeleitung" (Walter Kasper) 203
2.2.1.3 Kirchlicher Leitungsdienst 206
2.2.2 Das Amt als Dienst am Ereignis des Wortes (Karl Rahner) 211
2.3 Christologisch-apostolische Begründung des Priesteramtes 214
2.3.1 Joseph Ratzinger 215
2.3.2 Paul Josef Cordes 220
2.3.3 Hans Urs von Balthasar 223
2.3.4 Das Priester-Dokument der römischen Bischofssynode 1971 229
2.3.5 Karl Forster 233
2.3.6 Leo Scheffczyk 234
2.4 Berechtigung und Reichweite einer christologisch-apostolischen Amtsbegründung 238
2.4.1 Die apostolische Signatur der Kirche („Nachfolge der Apostel") 238
2.4.2 Die christokratische Engführung 242
2.4.2.1 Die Repräsentationsaussagen und der character indelebilis sacerdotalis 249
2.4.2.2 Repraesentatio Christi *capitis*? 254
2.4.3 Funktional oder ontologisch – eine Scheinalternative...... 255

3 Auf der Suche nach den Konturen eines tragfähigen Amtsverständnisses und einer funktionsfähigen Amtsgestalt... 261
3.1 Aspekte der Wiedereinbindung des Amtes in die Kirche 263

3.1.1 Gemeinde(leitung) und Eucharistie(vorsitz) 265
3.1.2 Relative Ordination 276
3.1.3 Das sakramentale Amt im Sakrament Kirche 280
3.1.4 Neue Ämter? 285
3.2 Harmonisierungs- und Stabilisierungsversuche 288
3.2.1 Doppelte Repräsentation (Gisbert Greshake) 290
3.2.2 Verwandte Konzeptionen 298
3.2.3 Rezeption und Rezitation 302
3.3 Der Presbyter in der Communio der Kirche 313
3.3.1 Die Überwindung der christomonistischen Ekklesiologie 313
3.3.1.1 Die Wiederentdeckung des Heiligen Geistes 313
3.3.1.2 Grunddaten einer Communio-Ekklesiologie 316
3.3.1.3 Empirische Sozialgestalt und sakramentale Struktur der Kirche 319
3.3.2 Kirchliches Leitungsamt: ein „Modus des Christseins“ 322
3.3.2.1 Hervé Legrand 323
3.3.2.2 Walter Simonis 325
3.3.2.3 Aleksander Rajšp 328

Zusammenfassung und Ertrag 332

Literatur 338
Personenregister 373
Sachregister 377

Vorwort

Die vorliegende Arbeit wurde im Oktober 1999 an der Katholisch-Theologischen Fakultät der Universität Regensburg eingereicht und im Sommersemester 2000 als Dissertation angenommen. Vor Fertigstellung der Druckvorlage noch erschienene Literatur wurde im Literaturverzeichnis nachgetragen.

Eine wissenschaftliche Arbeit - wiewohl der reinen Sachlichkeit verpflichtet - ist dennoch nie frei von den Vorerfahrungen, die das Denken der Forschenden geprägt haben. Allein schon die Ansprechbarkeit für ein bestimmtes Thema enthält ein subjektives Moment, das die Perspektive einer Untersuchung mitbestimmt, und zwar um so mehr, je weniger man sich darüber Rechenschaft gibt.

Als Pastoralreferentin war ich bis zum Beginn des Promotionsstudiums mehrere Jahre zusammen mit einem Pfarrer für drei ländliche Pfarreien zuständig, die in dieser Zeit den Weg von der sakramental gut versorgten zur verantwortlich mitsorgenden Gemeinde zu bestehen hatten. Die Fragen um Priesterbild und Leitungsamt waren in dieser Situation beständig gegenwärtig. Inzwischen bin ich als sogenannte Pfarrbeauftragte auf der Basis von can. 517 §2 / CIC in einer großen Pfarrei im Münchener Umland von neuem mit der praktischen Seite von Priestermangel und Leitungsproblematik konfrontiert.

Danken möchte ich allen, die das Entstehen dieses Buches direkt oder indirekt gefördert haben: Prof. Dr. Johannes Gründel, der der durchaus berufszufriedenen Pastoralreferentin im rechten Moment den entscheidenden Impuls zum weiteren Studium gegeben hat; Prof. Dr. Wolfgang Beinert, der mit nüchterner Selbstverständlichkeit das Thema angeregt, die Arbeit mit großem Interesse begleitet und das Erstgutachten erstellt hat; der Bistumsleitung der Erzdiözese München und Freising - namentlich meinem Bischof Kardinal Dr. Dr. h.c. Friedrich Wetter und seinem Generalvikar, Prälat Dr. Robert Simon -, die nicht nur die Veröffentlichung dieses Buches durch einen Druckkostenzuschuss unterstützt, sondern mir durch die umfassende Freistellung von Seelsorgsaufgaben diese Arbeit überhaupt ermöglicht hat. Prof. Dr. Heinrich Petri danke ich für die Übernahme des Zweitgutachtens, Herrn Dr. Peter Scheuchenpflug, Frau Sabine Rumpler und Herrn Thomas Vogl für die große Sorgfalt beim Korrekturlesen. Dem Echter-Verlag danke ich für die Aufnahme ins Verlagsprogramm und Herrn Dr. Michael Lauble für die überaus erfreuliche Zusammenarbeit auf dem Weg vom Typoskript zum Buch.

München, den 15. Oktober 2000 Judith Müller

Einleitung

Im Hinblick auf die Situation des Priesteramtes in der römisch-katholischen Kirche von einer Krise zu sprechen, muß mittlerweile als Allgemeinplatz diesbezüglicher Veröffentlichungen - systematisch-theologischer nicht weniger als pastoral-praktischer und religionssoziologischer - angesehen werden. Die offenkundigen Symptome und belastenden Auswirkungen dieser Krise (auf niedrigem Niveau stagnierende Nachwuchszahlen, Überalterung, Verunsicherung und chronische Überforderung der Priester im aktiven Dienst, eine wachsende Anzahl von Gemeinden ohne eigenen Priester am Ort und ohne gesicherte Möglichkeit zur sonntäglichen Eucharistiefeier) sind bekannt, ebenso wie die theologischen und praktischen Probleme, die verschiedene Lösungsversuche aufwerfen.[1]

Auch wenn inzwischen in vielen diözesanen Personalabteilungen die „Verwaltung" des Priestermangels zu einem mehr oder weniger normalen Vorgang geworden ist, bleibt die Lage beunruhigend. Sie wird es umso mehr, wenn man berücksichtigt, daß die Erwartungen an Seelsorge und Seelsorger heute - zumindest in den westlichen Gesellschaften - eher steigen als zurückgehen. Dies gilt in qualitativer wie quantitativer Hinsicht. „Wenn das Christentum auch nur die geringste Chance haben will, in einer sich ständig modernisierenden Gesellschaft zukunftsfähig zu bleiben und zu werden, muß es dem Rechnung tragen, daß auch die religiösen Ansprüche wachsen, selbst wenn das den Menschen oft wenig bewußt ist und sie vordergründig wie religiös Unwissende, ja Banausen erscheinen."[2]

Die endgültige Überwindung der nachkonziliaren Priesterkrise liegt Papst *Johannes Paul II.* in besonderer Weise am Herzen. Einen wesentlichen Grund „für die große Zahl von Verlusten, die die Kirche damals [sc. in den Jahren unmittelbar nach dem Konzil] erlitt", sieht er in einem „irrigen, zuweilen sogar bewußt tendenziösen Verständnis der Lehre des Konzils" (PDV 11). Von Beginn

1 Vgl. J. Kerkhofs / P.M. Zulehner (Hrsg.), Europa ohne Priester, Düsseldorf 1995, insbes. 237-279.

2 J. Röser, Weniger - ohne Priester, in: CiG 48 (1996) 299.

seines Pontifikates an hat er sich der Klärung von Wesen und Aufgaben des Priesteramtes wiederholt mit Nachdruck zugewandt[3] und die Identität der Priester durch verstärkte Betonung ihrer „spezifischen ontologischen Verbundenheit ... mit Christus, dem Hohenpriester und Guten Hirten“ (PDV 11) zu stärken versucht.

Zweifelhaft bleibt jedoch, ob dem Ausmaß der Problematik durch noch so gut gemeinte und kraftvoll vorgetragene Appelle an Durchhaltekraft, Glaubensmut und Zeugnisbereitschaft der Priester wirksam zu begegnen ist. Stimmt der Begriff Krise in bezug auf die Situation des kirchlichen Amtes, dann handelt es sich dabei um mehr als einen vorübergehenden Tiefpunkt im periodischen Auf und Ab der Geschichte, der mit etwas gutem Willen, Disziplin und verstärkten Bemühungen überwunden werden könnte. In bezug auf das Leben des Menschen bezeichnet das Wort Krise „immer einen Pro-

[3] Die stärkste persönliche Färbung tragen die alljährlichen Gründonnerstagsbriefe des Papstes an die Priester. Die große Beachtung, die diese zu Beginn des Pontifikats Johannes Pauls II. fanden (vgl. z.B. G. Denzler, Priester für heute. Antworten auf das Schreiben Papst Johannes Pauls II. an die Priester, München 1980), ließ allerdings - bedingt durch die unvermeidlichen inhaltlichen Wiederholungen in den Schreiben - mit der Zeit nach. Mit Wesen und Sendung des Weihepriestertums befaßt sich in grundlegender Weise das zweite Kapitel des nachsynodalen Apostolischen Schreibens über die Priesterausbildung *Pastores dabo vobis* (PDV) vom 25. März 1992, AAS 84 (1992) 657-804 (VApS 105). Ein Großteil der Briefe, Botschaften, Predigten und Ansprachen Johannes Pauls II. an die Priester liegt gesammelt vor: H. Paarhammer (Hrsg.), Im Dienst des Guten Hirten. Papst Johannes Paul II. an die Priester, Thaur/Tirol 1993. Die wesentlichen Eckdaten der päpstlichen Lehre über das priesterliche Amt dokumentiert auch der Katechismus der Katholischen Kirche (München u.a. 1993) im Kapitel über das Sakrament der Priesterweihe (Nr. 1536-1600).

Unter den Dokumenten Vatikanischer Kongregationen, die mittel- oder unmittelbar zu Fragen des Priesteramtes Stellung nehmen, ist neben dem Schreiben der Glaubenskonkregation an die Bischöfe der katholischen Kirche über einige Fragen bezüglich des Dieners der Eucharistie *Sacerdotium ministeriale* vom 6. August 1983, AAS 75 (1983) 1001-1009, das Direktorium für Dienst und Leben der Priester der Kleruskonkregation vom 31. Januar 1994 (VApS 113), die Instruktion zu einigen Fragen über die Mitarbeit der Laien am Dienst der Priester vom 15. August 1997, AAS 89 (1997) 852-877 (VApS 129), sowie das Rundschreiben der Kleruskongregation mit dem Titel „Der Priester, Lehrer des Wortes, Diener der Sakramente und Leiter der Gemeinde für das dritte christliche Jahrtausend“ vom 19. März 1999 (VApS 139) zu nennen.

In einem weiteren Sinn ist auch das Apostolische Schreiben über die nur Männern vorbehaltene Priesterweihe *Ordinatio sacerdotalis* vom 22. Mai 1994, AAS 86 (1994) 545-548 (VApS 117) hier zu erwähnen, insofern seine Argumentation das in o.g. Dokumenten dargelegte Priesterbild zumindest implizit voraussetzt.

zeß, in dem bisher mögliche und gültige Handlungsstrategien, Bewältigungsmuster, Abwehrmaßnahmen, sich zunehmend als unzulänglich erweisen. ... Der Mensch kann mit sich alleine in eine K[rise] geraten, seine ganze Familie oder nähere Umgebung, eine bestimmte Bevölkerungsschicht oder die gesamte Gesellschaft. Jede K[rise] ist ... ein Lebensabschnitt, in dem die bisherige Identität ... verloren gehen kann, es ist aber auch der Ort, an dem man längst verloren Geglaubtes wiederfinden und Neues entdecken kann". Als „psychischer, physischer oder sozialer Ausnahmezustand" birgt sie „sowohl die Gefahr des Untergangs als auch die Chance der Reifung und Neugestaltung des Lebens" in sich. „Sie ist eine Veränderung, die weder vom einzelnen direkt gewollt wird, noch selbstbestimmt durchlebt werden kann."[4]

Nach seiner Herkunft aus dem Griechischen (*κρίσις*) bedeutet der Begriff Krise „Entscheidung". Wie die Krisen an den Übergängen des menschlichen Lebens zwingt auch die Krise des kirchlichen Priesteramtes - als ein Moment der Übergangskrise der Kirche von einer Epoche in eine andere - unausweichlich zur Entscheidung. Solange diese aufgeschoben und der fällige Schritt in die Zukunft verweigert wird, hält der Leidensdruck an und bleiben wertvolle Energien gebunden. Nun besteht aber - im individuellen wie im kirchlichen Leben - die ganze Not dieses Prozesses darin, daß im Unterschied zum brüchig gewordenen Selbstverständnis der Vergangenheit die Zukunft zunächst nur in vagen Umrissen aufscheint und erst „erfahren" werden muß.

In der Überzeugung, daß die Zukunft des kirchlichen Amtes weder vom Schreibtisch der Theologin noch von der Kathedra des kirchlichen Lehramtes aus im vorhinein entworfen werden kann, sondern durch das Wirken des Heiligen Geistes im gläubig vertrauenden, geduldig ausdauernden und mutig wagenden Unterwegsbleiben der ganzen Kirche heranwächst und vernommen werden muß, macht sich diese Studie nicht zur Aufgabe, neue Lösungsmodelle zu entwickeln. Sie will vielmehr inmitten der immer noch unausgestandenen Übergangskrise der Kirche und ihres Amtes Entscheidungshilfe leisten, indem sie die in diesem Jahrhundert zurückgelegte Wegstrecke im Detail nachzeichnet und so die heutige Problematik um das kirchliche Priesteramt von ihrer Genese her durchschaubarer werden läßt. Auch wenn damit die Krise selbst noch nicht überwunden ist, kann eine genauere Kenntnis der Entstehung eines

[4] M. Schell / H. Wetzel, Art. Krisenintervention und -therapie, in: R. Ansanger / G. Wenniger, Handwörterbuch der Psychologie, München [4]1988, 372.

Problems, seiner Facetten und Rahmenbedingungen, einen Zuwachs an Handlungsfähigkeit *in* der Krise ermöglichen. Sie vermag den Blick für die weiterführende Richtung zu schärfen und zu zielgerichteten Einzelentscheidungen nicht weniger als zur notwendigen Gelassenheit zu ermutigen.

Bereits 1976 hat *Anton Arens* anhand dreier charakteristischer Marksteine die Entwicklung des Priesterbildes in diesem Jahrhundert umrissen.[5] Die Veröffentlichungsdaten der von ihm behandelten kirchenamtlichen Dokumente – die Enzyklika *Menti Nostrae* Pius' XII. (1950), die Texte des Zweiten Vatikanischen Konzils (LG: 1964, PO: 1965) und die Beschlüsse der Gemeinsamen Synode der Bistümer in der Bundesrepublik Deutschland (1975) – machen auf plakative Weise den epochalen Sprung bewußt, der sich in der Entwicklung des Amtsverständnisses in wenigen Jahren vollzogen hat. In der hier vorgelegten Studie wird es darüberhinaus auch darum gehen, aufzuzeigen, woraus dieser Sprung seine Energie bezogen hat, welche Einsichten ihn vorbereitet und motiviert haben und in welcher Weise die mit ihm eingeschlagene Richtung den weiteren Weg bestimmt hat.

Zuletzt hat eine Eichstätter Dissertation die nachkonziliare Amtstheologie im deutschen Sprachraum aufzuarbeiten versucht.[6] Leider läßt diese Arbeit – abgesehen von der äußerst weitschweifigen Wiedergabe der berücksichtigten theologischen Positionen – vor allem in hermeneutischer Hinsicht schwer zu wünschen übrig.[7]

Eine zusammenhängende Darstellung der Entwicklung des Priesterbildes in der deutschsprachigen Dogmatik des gesamten 20. Jahrhunderts, die auch den in dieser Zeit wirksam gewordenen Verände-

[5] A. Arens, Die Entwicklung des Priesterbildes in den kirchenamtlichen Dokumenten von der Enzyklika „Menti Nostrae" Papst Pius' XII. (1950) bis zur Gemeinsamen Synode der Bistümer in der Bundesrepublik Deutschland (1975), in: ders. (Hrsg.), Pastorale Bildung, Trier 1976, 7-35.

[6] J. Hernoga, Das Priestertum, Frankfurt/M. 1997.

[7] Für Hernoga ist vor allem die Frage leitend, ob der Ansatz des jeweils von ihm behandelten Autors „im Bereich der ontologisch-sakramentalen Grundsätzlichkeit verbleibt" oder ob „eine soziologisch-funktionale 'Minderung' des Priesteramtes vorliegt" (Priestertum, 14). Auf der Basis dieses recht schlichten und undifferenzierten Kriteriums werden die wichtigsten Repräsentanten nachkonziliarer deutschsprachiger Amtstheologie zwei Hauptrichtungen zugeordnet. Während Hernoga bei L. Scheffczyk, J. Ratzinger, K. Rahner und W. Kasper die lehramtlichen Vorgaben erfüllt sieht, weist er die Beiträge von H. Küng, E. Schillebeeckx und E. Drewermann, dessen Buch *Kleriker. Psychogramm eines Ideals* (München 1989) er offenbar als dogmatischen Beitrag zur Amtsfrage mißversteht, als unzureichend zurück.

rungen des ekklesiologischen und sakramententheologischen (eucharistietheologischen) Koordinatensystems nachgeht und die daraus jeweils gezogenen (oder nicht gezogenen) Konsequenzen für die Bestimmung von Wesen und Funktion des kirchlichen Priesteramtes aufzeigt, stand bisher aus und wird hiermit vorgelegt.

Die Beschränkung auf deutschsprachige Veröffentlichungen ist nicht nur wegen der überbordenden Fülle der Literatur zum kirchlichen Amt angezeigt,[8] sondern auch sachlich vertretbar, insofern die wesentlichen Fragestellungen und Argumentationsmuster der katholischen Amtstheologie des verhandelten Zeitraums in ihr hinreichend repräsentiert sein dürften.[9] Beiträge aus dem außerdeutschen Sprachraum werden jedoch dann berücksichtigt, wenn sie die deutschsprachige Diskussion spürbar beeinflußt haben und deshalb für das Gesamtbild der aufgezeigten Entwicklung unverzichtbar sind. Ferner kommen gelegentlich auch Beiträge von Autoren anderer theologischer Fachrichtungen zu Wort, wenn sie offenkundig systematisch-theologisch argumentieren.

Die primär dogmengeschichtliche Perspektive dieser Studie verlangt in der Hauptsache einen dokumentierenden und referierenden Umgang mit dem vorliegenden Material. Um das Gesamtbild auch in seinen einzelnen Facetten aufscheinen zu lassen und den Leserinnen und Lesern einen unmittelbareren Einblick in Sprache und Denken der verhandelten Autoren zu ermöglichen, wird des öfteren dem längeren Originalzitat der Vorzug vor einer zusammenfassenden Inhaltsangabe gegeben.

Die in der Hauptsache deskriptive Form der Darstellung ist regelmäßig zu verschränken mit kritischer Analyse und systematischer Reflexion auf die Implikationen der aufgezeigten Positionen bzw. Entwicklungslinien. Um nicht durch Wiederholungen zu ermüden, werden verwandte Ansätze nicht immer gleich an Ort und Stelle, sondern bisweilen zusammengenommen in einem späteren Abschnitt analysiert.

Aufgrund der einschneidenden Bedeutung, die dem Zweiten Vatikanischen Konzil in der Geschichte der Theologie des 20. Jahrhunderts zukommt, gliedert sich die Darstellung in zwei Hauptteile:

8 Bereits im Jahre 1980 umfaßte eine Bibliographie zum kirchlichen Amt seit dem Zweiten Vatikanischen Konzil, die an der Theologischen Fakultät der Katholischen Universität Nijmegen erstellt worden war, mehr als 4000 Titel (Schillebeckx, Amt, 201).

9 Dies läßt sich beispielsweise entnehmen aus der Veröffentlichung von A. Rajšp, „Priester“ und „Laien“, Düsseldorf 1982, die schwerpunktmäßig anhand französischsprachiger Literatur erarbeitet wurde.

Im ersten Teil ist der Entwicklung des Priesterbildes vom Beginn des Jahrhunderts bis an die Schwelle des Konzils nachzugehen. Trotz des bindenden Anspruchs der neuscholastischen Amtskonzeption (Kap. 1) erwuchsen aus den Erneuerungsbewegungen der Zwischenkriegszeit (Kap. 2) - vor allem in ekklesiologischer (2.1) und eucharistietheologischer (2.2) Hinsicht - Anfragen an das traditionelle Priesterbild. Diese wurden spätestens in den fünfziger Jahren zwar diffus geahnt, konnten aber noch nicht reflex zum Durchbruch kommen (Kap. 3), zumal der Spielraum, innerhalb dessen sich die neuen Impulse entfalten durften, durch lehramtliche Vorgaben eng definiert war (2.3).

Der zweite - bedingt durch die Literaturlage umfangreichere - Teil hat sich mit den für das Verständnis des kirchlichen Amtes grundlegenden Aussagen des Zweiten Vatikanischen Konzils und ihrer anschließenden Rezeptions- und Wirkungsgeschichte bis zum Ende dieses Jahrhunderts zu befassen. Da die amtstheologischen Texte des Konzils schon allein aufgrund ihrer Genese unvermeidlich zwiespältig bleiben mußten (Kap. 1), konnten sie für die nachkonziliar zum Ausbruch kommende und durch mehrere Faktoren bedingte Identitätskrise vieler Priester und des priesterlichen Amtes nur bedingt Hilfe bieten. Die erste große nachkonziliare Diskussionswelle (Kap. 2) ist durch das Anliegen gekennzeichnet, die brüchig gewordene Legitimation des kirchlichen Priesteramtes neu zu stärken. Die diesbezüglichen Versuche reichen von der kritisch-konstruktiven Sichtung der exegetischen und dogmengeschichtlichen Grundlagen (2.1) über Ansätze, die Funktion des Amtes im Rahmen des konziliaren Kirchenbildes neu zu bestimmen (2.2), bis zur nachdrücklichen Betonung des christologischen Ursprungs und ontologischen Charakters des Amtspriestertums (2.3 u. 2.4). Unter dem Eindruck einer wachsenden Zahl priesterloser Gemeinden findet in den achtziger und neunziger Jahren (Kap. 3) eine verstärkte Reflexion auf den konstitutiven Zusammenhang von Amt und Gemeinde statt (3.1). Mehr als die Bemühungen, verschiedene Haupttypen theologischer Amtsbegründung miteinander zu synthetisieren (3.2), scheinen die Leitlinien der in Entwicklung befindlichen Communio-Ekklesiologie den Rahmen zu bieten, innerhalb dessen eine tragfähige Gestalt des Presbyteramtes in der Kirche formuliert werden kann (3.3).

Ein Hinweis zur verwendeten Rechtschreibung: Mit Rücksicht auf die verarbeiteten Zitate wird zugunsten eines einheitlicheren Schriftbildes die bisherige Rechtschreibung zugrundegelegt.

I. Teil:

Vom Beginn des 20. Jahrhunderts bis an die Schwelle des Zweiten Vatikanischen Konzils:

Anspruch und Grenze des tridentinisch-(neu)scholastischen Paradigmas

„Das Priesterbild, das bis zum II. Vatikanischen Konzil unangefochten vorherrschend war, hatte sich in seinen Grundkonturen beim Übergang von der Antike zum Mittelalter herausgebildet.“[1] Zwar war bereits am Ausgang der Antike ein kultisches Verständnis des kirchlichen Amtes eingeleitet. Doch konnte „die spätantike Kirche nicht sazerdotal völlig mißverstanden“[2] werden. Das Bild der vom Bischofsamt her strukturierten, sich eucharistisch realisierenden Gemeindecommunio blieb durchgängig gewahrt. Die Gemeinde war Subjekt ihres Gottesdienstes: „die Gemeinde betet; die Vorsteher beten mit der Gemeinde, nicht für die Gemeinde im interzedierenden Sinn.“[3] Die Verkündigung des Wortes und die Auslegung der Hl. Schrift hatten im Gottesdienst einen bedeutenden Stellenwert.

Im Mittelalter änderte sich dies grundlegend. Die integrale Gestalt der altkirchlichen Ekklesia zerbrach. Dafür wurden einzelne Elemente isoliert und fixiert. Gottesdienst und konkrete Leitung, Sakrament und Jurisdiktion traten immer weiter auseinander. Zugleich schwand das Bewußtsein für die Zusammengehörigkeit und gegenseitige Bezogenheit von Amtsträger, Gemeinde und Eucharistie. Während die Bedeutung der Wortverkündigung in der Eucharistiefeier zurückging, prägte sich der Opfergedanke verstärkt aus.

Ausgehend vom Streit um die Laieninvestitur bildete sich der Gedanke zweier getrennter Stände der Christenheit heraus und fand seinen Niederschlag in der im Entstehen begriffenen Kanonistik. Das *Decretum Gratiani* (1142) definiert Kleriker und Laien als zwei verschiedene Arten (*genera*) von Christen. Die Kleriker werden als die „Könige“ bezeichnet. Sie widmen sich dem Gottesdienst und dem Gebet und müssen frei sein von jedem weltlichen Lärm. Der anderen „Christensorte“, den Laien, wird „konzediert“, zeitliche Dinge zum Gebrauch zu besitzen, eine Frau zu ehelichen, das Land zu bebauen, Schiedsrichter zu sein, Prozesse zu führen, Opfergaben auf den Altar zu legen und den Zehnt zu zahlen. Immerhin wird ihnen in Aussicht gestellt, daß sie auf diese Weise gerettet werden können, „wenn sie doch die Laster durch Guttaten vermeiden“.[4]

1 Arens, Entwicklung, 9.

2 E.L. Grasmück, Vom Presbyter zum Priester, in: P. Hoffmann, Priesterkirche, Düsseldorf 1987, 96-131, hier: 111.

3 Grasmück, Presbyter, 112.

4 Decr. Grat. p. II, c. XII, q.1, can. 7 (ed. Friedberg I, 678): „Duo sunt genera Christianorum. Est autem genus unum, quod mancipatum diuino offitio, et deditum contemplationi et orationi, ab omni strepitu temporalium cessare conuenit, ut sunt clerici, et Deo deuoti, uidelicet conuersi. ... Hi namque sunt reges, id est se et alios regentes in uirtutibus, et ita in Deo regnum habent. ...

Die Kritik der Reformatoren am klerikal-juridisch verengten Kirchenbild des Spätmittelalters und an der Vernachlässigung der Wortverkündigung durch ein auf das kultisch-sazerdotale Moment reduziertes Priesteramt konnte die Einseitigkeiten nicht aufbrechen. Im Anschluß an das Konzil von Trient fixierte sich das katholische Amtsverständnis auf die antireformatorischen Verteidigungspunkte: Sakramentalität des Priestertums, Vergebungs-, Konsekrations- und Opfervollmacht des Priesters, unverlierbarer „Charakter“ und hierarchische Gliederung des Amtes. Sie galten zunehmend als Inbegriff der kirchlichen Lehre über das Priesteramt.

In geronnener Form bietet der bis ins 19. Jahrhundert immer wieder neu aufgelegte Catechismus Romanus die wesentlichen Eckdaten dieses Priesterbildes:

> „Zuerst muß daher den Gläubigen dargelegt werden, wie groß der Adel und die Erhabenheit dieses Standes sei, wenn wir nämlich seine höchste Stufe, d. i. das Priestertum betrachten. Denn da die Bischöfe und Priester gleichsam Gottes Dolmetscher und Botschafter sind, welche in seinem Namen die Menschen das göttliche Gesetz und die Lebensvorschriften lehren und die Person Gottes selbst auf Erden vertreten: so ist offenbar ihr Amt ein solches, daß man sich kein höheres ausdenken kann, daher sie mit Recht nicht nur Engel, sondern auch Götter genannt werden, weil sie des unsterblichen Gottes Kraft und Hoheit bei uns vertreten ... denn die Gewalt, sowohl den Leib und das Blut unseres Herrn zu wandeln und zu opfern, als auch Sünden nachzulassen, welche ihnen übertragen ist, übersteigt selbst die menschliche Vernunft und Fassungskraft, geschweige denn, daß etwas ihr Gleiches oder Ähnliches auf Erden gefunden werden könnte ... Die Last einer so großen Aufgabe ist daher Niemandem unbedachtsam aufzulegen, sondern nur jenen, welche demselben durch die Heiligkeit des Lebens, Gelehrsamkeit, Glauben und Klugheit gewachsen sind.“[5]

Die defensiv-restaurative kirchliche Atmosphäre des 19. Jahrhunderts ließ Aufbrüche im theologischen Denken (Tübinger Schule) nicht wirksam zur Geltung kommen. Leo XIII. empfahl in der Enzyklika *Aeterni Patris* (1879) den heiligen Thomas als den Lehrmeister christlicher Philosophie und Theologie schlechthin. Die antimodernistischen Maßnahmen Pius' X. versuchten die Alleingeltung der scholastischen Methode mit allem Nachdruck durchzusetzen.

Alio uero est genus Christianorum, ut sunt laici. ... His licet temporalia possidere, sed non nisi ad usum. ... His concessum est uxorem ducere, terram colere, inter uirum et uirum iudicare, causas agere, oblationes super altaria ponere, decimas reddere, et ita saluari potuerunt, si uicia tamen benefaciendo euitauerint.“

5 Cat. Rom. Ausg. Regensburg 1886, 237.

Die Kräfte der Erneuerung waren jedoch auf Dauer nicht aufzuhalten. In den Jahren zwischen den beiden Weltkriegen erstarkten Bewegungen, in denen sich ein neues Kirchenbewußtsein artikulierte (Liturgische Bewegung, Bibelbewegung, Katholische Aktion, Laienbewegung, Jugendbewegung). Die Konsequenzen aus einer veränderten Kirchensicht für das Verständnis des Priesteramtes kamen dabei jedoch nur zögerlich in den Blick. Bis an die Schwelle des Zweiten Vatikanischen Konzils setzte der Geltungsanspruch der traditionellen Priesteramtsdogmatik einer unbefangenen Diskussion enge Grenzen.

1 Die neuscholastische Konzeption des Priesteramtes

Das theologische Priesterbild zu Beginn des 20. Jahrhunderts ist durchgängig bestimmt von jener geschlossenen Einheitlichkeit, die für die neuscholastische Theologie insgesamt kennzeichnend ist. Die Darstellungen zum Priesteramt in den systematisch-theologischen Lehr- und Handbüchern zur Zeit der Jahrhundertwende[1] decken sich nicht nur nach Inhalt und Gliederung, sondern weitgehend auch im Argumentationsduktus. Unterschiede sind lediglich hinsichtlich des Grades antiprotestantischer Polemik, einer mehr oder minder ausgeprägten Stereotypik der Formulierungen sowie der jeweiligen Vorliebe für eine eher nüchterne oder mehr hymnische Darstellung des katholischen Lehrgutes auszumachen. Selbst Autoren, die wegen ihrer Originalität und spezifischen Prägung der Neuscholastik nicht schlechthin zuzurechnen sind (wie etwa der Tübinger Theologe Paul Schanz), teilen diese Priesteramtskonzeption abstrichlos.

Im theologischen Lehrbetrieb blieben die neuscholastischen Lehr- und Handbücher im wesentlichen bis an die Schwelle des Zweiten Vatikanischen Konzils maßgebend. Sie erfuhren zum Teil zahlreiche Wiederauflagen.[2] Diese bieten abgesehen von aktuellen Er-

1 Zugrundegelegt werden folgende Dogmatiken: **B. Bartmann**, Lehrbuch der Dogmatik, Freiburg [2]1911([1]1905 Manuskriptdruck), **J. Bautz**, Grundzüge der Katholischen Dogmatik, Mainz [2]1899-1903, **F. Diekamp**, Katholische Dogmatik (3 Bde), Münster 1917-1920, **J.B. Heinrich**, Dogmatische Theologie (10 Bde, ab Bd. 7 fortgeführt von **C. Gutberlet**), Münster 1873-1904, die Lehrbücher der Dogmatik von **J. Pohle** (Paderborn 1905/1906), **Th. Specht** (Regensburg 1907/1908) und **H.Th. Simar** (Freiburg [4]1899) sowie **J. Scheeben**, Handbuch der katholischen Dogmatik (4 Bde), dessen hier relevanten vierten Band (Freiburg 1903) **L. Atzberger** besorgt hat; ferner die monographischen Sakramentenlehren von **N. Gihr** (Freiburg 1897/1903), **J.H. Oswald** (Münster [5]1894) und **P. Schanz** (Freiburg 1893) und die Lehr- und Handbücher der Apologetik von **J. Bautz** (Mainz 1887), **E. Commer** (Die Kirche in ihrem Wesen und Leben dargestellt, Wien 1904), **C. Gutberlet** (Münster 1894), **F. Hettinger** (Freiburg [2]1888), **J. Mausbach** (Münster 1916), **P. Schanz** (Freiburg [2]1897) und **Th. Specht** (Regensburg 1912).

2 Bartmann [8]1932, Diekamp-Jüssen [12/13]1958-1961, Pohle-Gummersbach [10]1960, unveränderte Nachdrucke 1960 u. 1968.

gänzungen bei den Literaturverweisen keine nennenswerten Veränderungen. Dazu erschienen nach 1950 neu der *Grundriß der katholischen Dogmatik* von *Ludwig Ott* (1952, ^{10}1981), die *Katholische Glaubenskunde* von *Matthias Premm* (1951-1953) und die Reihe der dogmatischen Traktate von *Johannes Brinktrine* (1953-1963), die ungerührt von den theologischen Aufbrüchen seit der Zwischenkriegszeit die traditionelle Schultheologie reproduzieren.

Der Zusammenhang von Kirchen- und Priesterverständnis wird innerhalb der neuscholastischen Dogmatik nicht ausdrücklich reflektiert. Da die meisten dogmatischen Darstellungen keinen eigenen Traktat über die Kirche enthalten,[3] wird das Priesteramt bzw. der Ordo vor allem in sakramententheologischer Perspektive (Nachweis der Sakramentalität, Spender, Empfänger, Wirkungen des Weihesakraments) verhandelt. Das Weihesakrament gilt hier neben der Ehe als eines der beiden „Standessakramente“.

Die Kirchenkonzeption der „Heilsanstalt“, die von ihrem göttlichen Stifter Jesus Christus mit allen notwendigen Gnadenmitteln und Amtsgewalten ausgestattet wurde, stellt jedoch den selbstverständlichen Hintergrund und Bezugspunkt des neuscholastischen Verständnisses vom Priesteramt dar. Denn die herausgehobene ontologische Qualifizierung des Priesters samt den daraus abgeleiteten Anforderungen an seine Lebensführung bildet sowohl Voraussetzung als auch Konsequenz seiner besonderen Funktion als Verwalter und Ausspender von Gnadenmitteln.

1.1 Der Priester in der Heilsanstalt: Verwalter und Ausspender der Sakramente

„Als Diener Christi soll man uns betrachten und als Verwalter der Geheimnisse Gottes“ (1Kor 4,1). Dieses Pauluswort gilt den

[3] Die maßgeblich auf Petrus Lombardus zurückgehende Gliederung der Dogmatik kennt keinen eigenen Traktat De Ecclesia. Ebenso wie für die Väter bildet die Kirche für die mittelalterlichen Scholastiker den selbstverständlichen Raum des religiösen Lebens wie der theologischen Forschung. Von den neuscholastischen Autoren wird die Notwendigkeit eines eigenen Kirchentraktats unterschiedlich beurteilt. Die Mehrheit sieht von einer systematischen Behandlung der Lehre von der Kirche noch ab und betrachtet sie als alleinige Aufgabe der Apologetik. Andere erwähnen sie unter den Glaubensnormen in der theologia generalis. Einen eigenen Kirchentraktat bieten Bartmann, Simar und Scheeben-Atzberger im Anschluß an die Erlösungs- bzw. Gnadenlehre und vor der Sakramentenlehre (J. Ranft, Die Stellung der Lehre von der Kirche im dogmatischen System, Aschaffenburg 1927).

neuscholastischen Theologen als die „treffendste Kennzeichnung des kath. Priestertums“[4]. Der Priester ist vor allem Ausspender und Vermittler der Gnadengüter. Damit kommt ihm die entscheidendste Funktion in der Kirche zu.

Denn diese verwirklicht ihren „oberste[n] und letzte[n] Zweck“, die Ehre und Verherrlichung Gottes, dadurch, daß sie die von Christus durch sein Erlösungswerk - insbesondere durch sein hohepriesterliches Opfer am Kreuz - erwirkten Heilsfrüchte den Menschen vermittelt, um „dadurch das ewige Heil oder die Seligkeit der Menschen zu bewirken“[5]. Indem sie so „das Werk Christi hier auf Erden fort[setzt]“, ist sie selbst nicht nur „das große, allgemeine, von Christus eingesetzte Gnadenmittel, durch welches der Erlöser die Erlösungsgnade der Menschheit zuwendet“[6], sondern „ihrer Natur nach der in Zeit und Raum fortwirkende Christus“[7].

Als unmittelbar von Christus gestifteter und eingerichteter Heils- oder Gnadenanstalt wurden der Kirche darüberhinaus auch alle erforderlichen Gewalten von ihrem Stifter selbst übertragen. Unterschieden werden entweder in einem Dreierschema Lehrgewalt, priesterliche Gewalt und die königliche (Hirten-)Gewalt oder in einem Zweierschema Weihe- und Jurisdiktionsgewalt, „hieratische“ und „hierarchische“[8] Gewalt. Die Lehr- und Hirtengewalt (Jurisdiktionsgewalt) diene dazu, „den Erwerb [der] Heilsgüter für alle [zu] regeln und [zu] leiten“[9] und „die Gläubigen fähig und würdig zum Empfange der Sakramente ... zu machen“[10].

Die vorzüglichste und höchste der Gewalten ist die Priester- oder Weihegewalt, weil sie exklusiv zur „Verwaltung und Spendung der Sacramente“, der „eigentlich priesterliche[n] Function oder Amtsverrichtung“[11] befähigt. Da der „übernatürliche Zweck der Kirche ... nicht durch rein menschliche Anstrengungen erreicht werden“ kann, bedarf es „hierzu übernatürlicher (vorzüglich im Opfer und in den Sacramenten enthaltener) Gnadenmittel. Zur Ausspendung derselben muß in der Kirche eine Weihegewalt oder Heiligungsgewalt vorhan-

4 C. Gröber (Hrsg.), Art. Priestertum, in: Handbuch der religiösen Gegenwartsfragen, Freiburg 1937, 524.

5 Specht, Apologetik, 228. Bei der Zitation der Neuscholastiker wird auf die Hervorhebungen, die im Original lediglich zur Textgliederung dienen, verzichtet.

6 Bautz, Grundzüge, 130.

7 Bartmann, Lehrbuch, 542.

8 Oswald, Sakramentenlehre II, 375.

9 Atzberger, Handbuch IV, 284.

10 Commer, Kirche, 122.

11 Gihr, Sakramente I, 140.

den sein."[12] Die Vorstellung, die sich mit den übernatürlichen Gnadenmitteln verbindet, ist eine ausgesprochen dinglich konkrete. Nach *Oswald* beispielsweise weiß sich die Kirche „im Besitz des Schatzes der Gnade Christi, im Besitz der Hinterlage der Lehre Christi und im Besitz des Vorrathes der Zuchtmittel Christi; und diese drei Besi[tz]thümer machen den Besitzstand, ja geradezu den Bestand der Kirche, gleichsam das Inventar der christlichen Heilsökonomie aus."[13]

Wegen ihrer übernatürlichen Qualität muß die Priestergewalt in einem eigenen sakramentalen Akt verliehen werden. Die Priesterweihe gilt daher in erster Linie als Sakrament der Gewaltübertragung: „Die Ordination oder die Weihe ist jenes Sakrament, wodurch dem Empfänger eine von Christus eingesetzte geistliche Gewalt in der Kirche verliehen wird samt der zu ihrer Ausübung notwendigen Gnade."[14] Sie ist ein sakramentaler „Einweihungsritus ..., durch welchen der Getaufte bzw. Gefirmte zur Würde eines Verwalters und Ausspenders der göttlichen Geheimnisse erhoben wird."[15] Die „Idee des Weihesakramentes" schlechthin besteht darin, die „Vollmacht zur Spendung der Sakramente zu verleihen".[16]

Zentrum, Höhepunkt und Inbegriff der priesterlichen Gewalt bildet neben der Absolutionsgewalt die Befähigung zur eucharistischen Konsekration.[17] Ihretwegen ist die „priesterliche Weihe ... die vorzüglichste aller Ordinationen"[18], und gerade sie, „die nicht einmal den Engeln zukommt", „muß eigens mitgetheilt werden". Denn „Brod und Wein in den Leib und das Blut des Herrn zu verwandeln

12 Atzberger, Handbuch IV, 377f.
13 Oswald, Sakramentenlehre I, 8.
14 Bartmann, Lehrbuch, 805; fast gleichlautend Specht und Diekamp.
15 Gihr, Sakramente II, 283.
16 Oswald, Sakramentenlehre II, 376.
17 Mit Berufung auf das Armenierdekret (DH 1326) wurde deshalb lange Zeit die porrectio instrumentorum in Verbindung mit den Worten „Accipe potestatem offerendi sacrificium ..." als Materie und Form des Weihesakramentes und damit zugleich als der Moment der Einprägung des Charakters aufgefaßt. Die Frage nach der Materie des Ordosakramentes war zu Beginn des 20. Jahrhunderts noch strittig und wird in allen Lehr- und Handbüchern erörtert. Erst 1947 entschied Pius XII. mit der Apostolischen Konstitution *Sacramentum Ordinis*, daß die porrectio instrumentorum „nicht zur Gültigkeit dieses Sakramentes erforderlich ist" und die Materie der Priesterweihe in der „ersten Auflegung der Hände des Bischofs" besteht (DH 3858. 3860). Vorausgegangen war eine umfassende Untersuchung des Redemptoristen G.M.van Rossum, De essentia Sacramenti Ordinis. Disquisitio historico-theologica (Freiburg 1914, Rom ²1932), die Handauflegung und Weihepräfation zweifelsfrei als Materie und Form des Ordosakramentes nachgewiesen hatte.
18 Gihr, Sakramente II, 330.

ist eine so hehre Funktion, daß dem Consecrator sozusagen die Allmacht Gottes zu Diensten steht".[19]

Mit der Konsekration unmittelbar verbunden ist die Fähigkeit, Gott das Opfer darzubringen. „Daß der Priester allein consecriren kann, ergibt sich schon aus dem Opfercharakter der Eucharistie, welcher wesentlich in der Consecration liegt. Opfer und Priester sind correlative Begriffe. Kein Opfer ohne Priester, wie kein Priester ohne Opfer."[20] Da der Hohepriester Christus wollte, „daß sein Opfer fort und fort in besonderer Weise erneuert und äußerlich sichtbar in der Kirche dargestellt werde, [hat er] das äußere eucharistische Opfer eingesetzt, und zur Darbringung eben dieses Opfers ist das besondere, eigentliche Priesterthum des Neuen Bundes (vorzugsweise) vorhanden."[21] Somit ist die Darbringung des Opfers „die speciellste priesterliche Function"[22]. Der „Bestand des eucharistischen Opfers" ist für die „Idee der Kirche im katholischen Sinne, als einer fortwährenden Heilsanstalt, welche Christi Werk an den Einzelnen zu allen Zeiten und in allen Zonen auszuführen hat," wesentlich. Ebenso „wesentlich ist für sie auch der Bestand des Priesterthums".[23] Der Zusammenhang von Opfer und Priestertum bilde „das tiefste und voraussetzungslose Fundament des ganzen Gebäudes",[24] so sehr, daß „mit dem Aufhören des Priesterthums ... nothwendig das Opfer, und damit die Kirche (wenigstens in ihrem Vollbestand) und also die Heilsanstalt Christi"[25] stürzen müßte.

Anders als das Opfer erforderten zwar die anderen Sakramente ihrer Natur nach nicht zwingend den Priester. Da sie aber „Ausflüsse des einen Gnadenquelles [sind], welcher im sakramentalen Opfer sprudelt"[26], „war es offenbar sehr passend, daß dem besonders geweihten Priesterstande, dem wesentlich und primär die Opferdarbringung obliegt, zugleich auch die Verwaltung der Sacra-

[19] Gutberlet, Theologie IX, 800. Das prominenteste Beispiel für die überhobene Darstellung der Absolutions- und Konsekrationsgewalt ist der Hirtenbrief des Erzbischofs Johannes Bapt. Katschthaler von Salzburg „Die dem katholischen Priester gebührende Ehre" aus dem Jahre 1905. Demnach hat Christus den Priestern „das Recht über Seine heilige Menschheit übertragen, ihnen gleichsam Gewalt über seinen Leib gegeben". (C. Mirbt, Quellen zur Geschichte des Papsttums und des römischen Katholizismus, Tübingen [5]1934, 497-499, hier: 499).

[20] Gutberlet, Theologie IX, 800.

[21] Atzberger, Handbuch IV, 388.

[22] Gutberlet, Theologie X, 239.

[23] Oswald, Sakramentenlehre II, 392.

[24] Oswald, Sakramentenlehre II, 393.

[25] Oswald, Sakramentenlehre II, 392.

[26] Oswald, Sakramentenlehre II, 379.

mente anvertraut wurde“[27], zumal „die Würde und Heiligkeit der Sacramente ... besonders geweihte ‘Verwalter der göttlichen Geheimnisse’ [erheischt], welche durch den Besitz geistlicher Gewalt dem gottmenschlichen Hauptspender der Sacramente besonders verwandt und angehörig sind“[28].

Die positive Einsetzung des Sakramentes der Priesterweihe durch Christus sei aus Schrift und Tradition so evident nachzuweisen, daß sie „mit einem Schlage alle die Lobpreisungen der Protestanten auf ihr allgemeines Priesterthum [vernichtet]“[29]. Sie fällt zusammen mit der Einsetzung der Eucharistie im Abendmahlssaal durch den Wiederholungsbefehl „Tut dies zu meinem Gedächtnis!“ (Lk 22,19).[30] Mit der „Vollmachtgebung zum Opfer“ habe Christus die „hieratische Initiation“[31] an den Aposteln vorgenommen.

Da Jesus Christus „zugleich mit der Gründung seiner Kirche ein eigentliches, äußeres Priesterthum eingesetzt [hat], welches nicht allen Gliedern derselben gemeinsam ist“[32], ist die Kirche *ex iure divino* eine *societas inaequalium* (bzw. *inaequalis*). Der Unterschied zwischen Laien und Klerikern gehört somit zur wesentlichen Organisation der Kirche.[33] Während der Klerus „jene Klasse von Kirchengliedern [umfaßt], welche kraft göttlichen Rechtes im Alleinbesitz der heiligen Gewalten sich befindet“, werden die Laien bestimmt als „die Glieder der Kirche, welche von der Teilnahme an diesen Gewalten ausgeschlossen sind“.[34]

Wäre die Kirche eine Gemeinschaft, „in der alle Teilnehmer unterschiedlos gleich sind in Bezug auf ihre übernatürliche Macht und Wirksamkeit ... würde die kunstvolle Architektur des Hauses Gottes

[27] Gihr, Sakramente I, 141.
[28] Gihr, Sakramente I, 142.
[29] Gutberlet, Theologie X, 237.
[30] Eine gewisse Verlegenheit beim Nachweis der Sakramentalität der Priesterweihe bereitet den neuscholastischen Theologen das Fehlen des äußeren Zeichens, durch das Christus im Abendmahlssaal die Gewaltübertragung an die Apostel vorgenommen hätte. Zur Lösung des Problems geht man davon aus, daß Christus selbst „bei der Verleihung seiner Gnade gewiß an die Handhabung eines solchen Symbols nicht gebunden sein konnte“ (Oswald, Sakramentenlehre II, 383) und unterstellt mit Berufung auf Apg 6,6 u.a., daß der Ritus der Handauflegung von Christus selbst seinen Jüngern so vorgeschrieben worden sein muß, da die Apostel selbst nicht imstande gewesen sein können, diesen äußeren Ritus mit der inneren Wirkung zu verknüpfen (so Oswald, Bartmann, Pohle). Pohle (Lehrbuch III, 546) vermutet die Einsetzung des Weiheritus konkret im Zeitraum zwischen Auferstehung und Himmelfahrt.
[31] Oswald, Sakramentenlehre II, 382.
[32] Hettinger, Lehrbuch, 569.
[33] Gutberlet, Theologie IX, 800.
[34] Gihr, Sakramente II, 270.

in einen Steinhaufen [verwandelt] ..., wäre die Kirche nicht die Kirche, sondern nur eine ungeordnete Masse."[35] Es ist demnach nicht nur eine Konsequenz der exklusiven Gewaltenzuteilung an den Klerus, sondern auch ein Erfordernis der gottgesetzten Ordnung, daß in der Kirche „die einen lehren, die anderen hören, die einen anordnen, die anderen gehorchen",[36] die einen „mit der Ausübung der sozialen Gewalt betraut sind" und die anderen „von den ersten den segensvollen Einfluß dieser Macht empfangen und demgemäß den höheren Organen unterworfen sein müssen".[37] Die Korrelation der beiden Stände, die Zuordnung von Gnadenspendung und Gnadenempfang „macht den Bestand der Kirche Christi als Anstalt aus".[38]

Es ist bezeichnend für die Geschlossenheit der neuscholastischen Priesterkonzeption, daß die Argumentationsrichtung je nach Bedarf und Kontext umgedreht werden kann. Zum einen gilt: Weil die Messe Opfer ist, ist dafür ein speziell befähigter Priester erforderlich. Dessen exklusive Ausstattung mit übernatürlichen Gewalten begründet den Standesunterschied zwischen Klerus und Laien. Genauso kann in umgekehrter Richtung gesagt werden: „Da ... der Unterschied zwischen Laien und Klerikern zur wesentlichen Organisation der Kirche gehört, und insbesondere dem Priesterthum die Gewalt wie zu lehren, so zu regieren und zu heiligen übertragen ist, so darf das eucharistische Opfer, der vorzüglichste, wesentlichste Cultact der christlichen Kirche und ihr hehrstes Gnadenmittel, nur vom Priester verwaltet werden."[39] Deshalb ruht auch „die Lehre vom Sakrament der Weihe ... auf der nothwendigen Voraussetzung, daß ein wirklicher und wesentlicher, vom Herrn selbst beabsichtigter und angeordneter Unterschied zweier Stände in der Kirche und unter den Mitgliedern derselben bestehe, nämlich der des Laienstandes und des Clerikalstandes." Die Priesterweihe ist das Sakrament der Separation. Denn sie „setzt diesen Unterschied, indem sie die Ausscheidung (Separation) der Bevorzugten von den gemeinen Christen oder den Laien bewirkt".[40]

Gegenüber dem einzig wirklichen, sichtbaren katholischen Priestertum sei die Rede von der königlichen Priesterschaft (1Petr 2,9) „offenbar nur eine bildliche Ausdrucksweise, die aber gerade das

[35] Commer, Kirche, 128.
[36] Hettinger, Lehrbuch, 568.
[37] Commer, Kirche, 128.
[38] Oswald, Sakramentenlehre II, 374.
[39] Gutberlet, Theologie IX, 800.
[40] Oswald, Sakramentenlehre II, 373.

eigentliche Königtum und Priestertum zur Voraussetzung hat".[41] „Priester" nenne hier der Apostel „die Christen insgesamt nur im uneigentlichen und weiteren Sinne, sofern sie nämlich verpflichtet sind, geistige oder innere Opfer darzubringen."[42]

1.2 Die Seinsprägung des Priesters: Sacerdos alter Christus

In engem Zusammenhang mit der Funktion des Priesters als Gnadenausspender steht die Vorstellung, daß die Priesterweihe eine Veränderung des Kandidaten im ontologischen Sinne bewirkt. „Die göttlichen Berufungen und Bestellungen sind keine bloßen gesetzlichen Bestimmungen, äußere Erklärungen, wie bei menschlichen Ernennungen, sondern sie machen den Bestellten real und innerlich zu dem, zu was er geweiht wird. Der Ordinirte wird nicht einfach für einen Priester erklärt und rechtlich bestellt, sondern wirklich und innerlich zum Priester gemacht. Dazu ist aber erforderlich, daß er eine innere geistige Beschaffenheit erhalte, die ihn von allen Laien unterscheidet, eine Qualität, die als Fundament der neuen besonderen Berechtigung dient."[43]

Als die wichtigste Wirkung der Priesterweihe wird die Einprägung des Charakters angesehen, denn an ihn sind die übernatürlichen Vollmachten geknüpft. Zwar sei „die innerste Natur des sakramentalen Charakters unserer Erkenntnis nicht zugänglich ..., sondern verborgen und geheimnisvoll", doch ist er jedenfalls „vom Tauf- und Firmcharakter ... real bzw. wesentlich verschieden" .[44] Wenn auch nach der Lehre des Thomas mit jedem der sakramentalen Charaktere eine gewisse „Teilnahme am Priestertum Christi und Beauftragung zum göttlichen Kult"[45] verbunden ist, so trete diese im priesterlichen Charakter „besonders deutlich hervor"[46]. Der *character sacerdotalis* stelle „keine bloße Ausdehnung oder Ausgestaltung der beiden anderen, sondern eine neue Seelenqualität dar, welche dem Geweihten aktive Gewalten eigener Art vermittelt."[47] Er „verleiht dem Ordinierten eine Weihe, Würde und Macht, wie sie in ihrer Fülle dem Gottmenschen als dem ewigen Hohenpriester nach

[41] Gihr, Sakramente II, 284.
[42] Specht, Apologetik, 246.
[43] Gutberlet, Theologie X, 248.
[44] Gihr, Sakramente II, 385.
[45] Bartmann, Lehrbuch, 812.
[46] Ebd.
[47] Pohle, Lehrbuch III, 555.

der Weise Melchisedechs eigen ist und wie bei anderen Geschöpfen im Himmel und auf Erden ihresgleichen sich nicht findet. Der Weihecharakter begründet die Ehrwürdigkeit und Hochwürdigkeit des höchsten aller kirchlichen Stände - des Priesterstandes“[48] und macht aus dem Priester einen zweiten Christus (*alter Christus*).

Die eindeutigen Ausagen des Hebräerbriefes, wonach mit dem einen Hohenpriester Christus und seinem ein für allemal dargebrachten Opfer alle anderen Opfer und jedes irdische Priestertum zum Ende gekommen sind, werden in keiner Weise als Problem für diese Konzeption des katholischen Amtspriestertums empfunden. Im Gegenteil: Gerade den Hebräerbrief zieht man zur Legitimation des ontologisch verstandenen, sichtbaren äußeren Priestertums heran: „Da der Priester aus Menschen genommen und für Menschen bestellt wird, um des Mittleramtes zwischen Gott und Menschen zu walten, muß die Besorgung des ‘Altardienstes’ bzw. ‘Opferkultes’ ... als seine wesentlichste Aufgabe und Tätigkeit betrachtet werden (Hebr 5,1).“[49] „Nach dem Hebräerbriefe ist nicht jedermann Priester, sondern wer von Gott dazu bestellt wird (Hebr 5,1-3; 8,1-3).“[50] Außerdem bestehe trotz der Einzigkeit des Hohenpriestertums Christi, neben dem „so scheint’s, kein Raum für irgendeine andere Vermittlung und Priesterschaft“[51] bleibt, „die biblisch erhärtete Tatsache, daß Christus gegen Ende seiner irdischen Wirksamkeit seinen Aposteln eindeutig und bestimmt kraft seiner messianischen Vollmacht die Gewalt gegeben hat, Sünden zu vergeben und zu opfern“ und sie somit „zu Priestern eingesetzt“ hat.[52]

1.3 Das geistlich-asketische Priesterideal: Heiligung und Selbstheiligung

Mit der Vorstellung von der übermenschlichen Erhabenheit des Priestertums gehen entsprechende Anforderungen an die Lebensgestaltung des Priesters einher. Er soll „immerdar ... durchdrungen sein vom Hochgefühl seiner erhabenen Würde sowie vom Gedanken an seine hehre Aufgabe, um Wandel, Tun

48 Oswald, Sakramentenlehre II, 387.

49 Gihr, Sakramente II, 334.

50 Bartmann, Lehrbuch, 722.

51 B. Bartmann, Das Priestertum Christi und das sakramentale Priestertum, in: ThGl 23 (1931) 1-15, hier: 7.

52 Bartmann, Priestertum, 8.

und Lassen damit in Einklang zu bringen."[53] Wegen der Heiligkeit des Auftrags ist priesterliche Selbstheiligung, verstanden als unermüdliches persönliches Streben nach Vollkommenheit, unerläßlich. Ermöglicht und unterstützt wird dieses Bemühen durch die Gnadenwirkungen der Weihe, die „eine specielle Vermehrung jener eingegossenen Gaben und Tugenden ..., welche für priesterliches Leben und Wirken besonders belangreich sind, miteinschließt."[54]

Zwar ist den neuscholastischen Autoren bewußt, daß „die Priesterweihe vor allem zum Nutzen der Kirche eingesetzt worden"[55] ist. Weil es sich aber bei der Vermittlung persönlicher Heiligungsgnade an den Empfänger um ein konstitutives Element des traditionellen Sakramentenbegriffs handelt, kommt ihr die entscheidende Bedeutung für die Sakramentalität des Ordo zu. „Die Mitteilung geistlicher Gewalt zur Vornahme heiliger und heiligender Verrichtungen ist eine Wirkung des äußeren Ritus: doch wird dieser nur dadurch zum Sakrament, daß er zugleich noch die heiligmachende Gnade vermittelt bzw. vermehrt."[56] Trotz der „socialen Bestimmung", die das Weihesakrament in erster Linie hat, „mag ... die damit verbundene Heiligungsgnade an sich vorzüglicher und für den Empfänger selbst wertvoller sein."[57]

Die Heiligkeit des Priesterstandes und die Heiligung des Priesterlebens ist nicht nur Gegenstand eines umfangreichen Schrifttums zur Priesteraszese[58], sondern auch erklärtes Herzensanliegen der Päpste.[59]

In seinem Mahnwort an den katholischen Klerus *Haerent animo*[60] beschäftigt *Pius X.* „vor allem [die] Sorge: die Priester möchten sich

[53] Gihr, Sakramente II, 387f.
[54] Bautz, Grundzüge IV, 212.
[55] Schanz, Sakramentenlehre, 689.
[56] Gihr, Sakramente II, 276.
[57] Atzberger, Handbuch IV, 764.
[58] Weite Verbreitung fanden beispielsweise die Betrachtungen und Vorträge des Mechelner Kardinals D. Mercier und des Kölner Weihbischofs W. Stockums; bezeichnend der Titel des Büchleins von J. Staudinger, Jesus und sein Priester. Gedanken über die Größe und die Heiligkeit des Priestertums (Freiburg 1936).
[59] Gesammelt und in deutscher Fassung herausgegeben von A. Rohrbasser, Sacerdotis imago. Päpstliche Dokumente über das Priestertum von Pius X. bis Johannes XXIII., Freiburg/CH 1962. Die Zitation der päpstlichen Schreiben erfolgt im folgenden nach den Randnummern dieser Ausgabe.
[60] Rohrbasser, Sacerdotis imago, Nr. 67-101 (ASS 41 [1908] 555-577). Es handelt sich dabei um einen der wenigen Texte, die Pius X. selbst zur Gänze konzipiert hat (Weinzierl, Antimodernismus, 236).

in ihrem ganzen Lebenswandel ihrer Berufspflicht wirklich würdig erweisen." Er ist überzeugt, „daß sich unsere Hoffnungen für Erfolg und Zukunft der Religion hauptsächlich auf diese Voraussetzung stützen" (67). In seinem Reform- und Erneuerungsprogramm für die Kirche (vgl. seinen Wahlspruch *Instaurare omnia in Christo*) kommt dem Klerus eine Schlüsselbedeutung zu. Er erwartet sich von ihm vor allem Demut, blinden Gehorsam und Selbstverleugnung. Christus habe die Priester mit dem Salz der Erde und dem Licht der Welt verglichen. Der Priester aber, der die Selbstheiligung vernachlässigt, könne nicht Salz der Erde sein (69). Deshalb warnt Pius X. vor der „erstaunlich irreführenden und gefährlichen Lehre", wonach „des Priesters Verdienst ... schlechthin darin [bestehe], sich restlos in den Dienst des Nächsten zu stellen" und „alle Kraft und Bemühung ... auf Aneignung und Betätigung der sogenannten aktiven Tugenden" (75) zu verwenden. Wenngleich „der Priester letzten Endes nicht für sich allein heiligmäßig leben soll" (77), wird er doch „nur durch Heiligkeit ... [seiner] göttlichen Berufung würdig" (79). Gegen die Gefahr, daß die „geweihte Seele" des Priesters „bei der Ausübung seiner seelsorglichen Liebespflicht", die ihn „notgedrungen Tag für Tag sozusagen mitten unter eine[ ] verkommene[ ] Gesellschaft" führt, „mit Erdenstaub besudelt" wird, empfiehlt der Papst die tägliche „Betrachtung der ewigen Wahrheiten, damit Geist und Wille mit erneuter Kraft den Lockungen standhalten können". Außerdem komme es dem Priester sehr zustatten, „wenn er im steilen Aufstieg zu den überirdischen Regionen sich eine gewisse Fertigkeit aneignet, da ja seine ganze Pflicht darin besteht, von der Übernatur zu leben, zu reden und dahin zu führen" (83f.).

Pius XI. verweist in seiner Priesterenzyklika *Ad catholici sacerdotii* (1935)[61] auf die „ruhmreiche Erfahrung von nunmehr zwanzig Jahrhunderten", daß „alle Wohltaten, welche die christliche Kultur in die Welt gebracht hat, ... wenigstens in ihrer Wurzel dem Wort und Wirken des katholischen Priesters zu verdanken" sind (17). Er betont „die unaussprechliche Größe des menschlichen Priesters, der die Gewalt selbst über den Leib Christi hat" (9). Der Priester ist „Mittler zwischen Gott und den Menschen, in Vertretung und im Auftrage dessen, welcher ist 'der eine Mittler zwischen Gott und den Menschen, der Mensch Jesus Christus' (1Tim 11,5)" (21). Deshalb „muß ... der Priester der Vollkommenheit Christi, dessen Stelle er vertritt, möglichst nahe kommen" (21). Als „erlesene Truppe" und „bewegliche und tapfere Streitschar" sind „die verschiedenen Grade

[61] Rohrbasser, Sacerdotis imago, Nr. 1-66 (AAS 28 [1936] 5-53).

der kirchlichen Hierarchie" durch den Gehorsam „harmonisch miteinander" verbunden (38). Zumal wegen der „überaus tröstlichen Bewegung" der Katholischen Aktion, „die Laien in häufigere Berührung und innigere Zusammenarbeit mit dem Priester bringt", ist der „vorbildliche Wandel" der Priester umso dringlicher, da die Laien an ihm „natürlich nicht nur einen Führer haben wollen, sondern [zu ihm] auch aufschauen wie zu einem Vorbild christlichen Lebens und apostolischer Tugend" (45). Nach den eingehenden Ermahnungen zu priesterlichem Tugendleben (27-45) entwickelt das Schreiben konsequent die Anforderungen und Auswahlkriterien in der Priesterausbildung, die der oben dargelegten Konzeption des Priesteramtes und der erforderlichen Heiligkeit des Priesters entsprechen. Der „katholische Laienstand" nimmt „an der hohen Würde des 'königlichen Priestertums' (1Petr 2,9)" „in vorzüglichster Weise" dadurch teil, daß er „am Wachstum des Welt- und Ordensklerus" mitarbeitet (58).

Pius XII. verkündet in einer Ansprache an junge Kleriker[62] als „Programm des katholischen Priestertums: eine übernatürliche Sonne zu sein, die mit der Wahrheit Christi den Geist der Menschen erleuchtet und ihr Herz mit der Liebe Christi entflammt" (217). Wie seine beiden Vorgänger Pius XI. und Pius X. bezieht er Mt 5,14 unmittelbar auf die Priester: „Ihr seid das Licht der Welt."

Die Apostolische Ermahnung *Menti nostrae* (1950)[63] thematisiert ausführlich die Grundsätze der standesgemäßen Selbstheiligung des Priesters und erläßt entsprechende praktische Richtlinien für den Priesternachwuchs. Versehen mit dem unauslöschlichen Merkmal ist der Priester „gleichsam lebendes Abbild unseres Erlösers." „An ihn muß sich jeder wenden, der das Leben des göttlichen Erlösers leben und Kraft, Trost und geistige Nahrung empfangen will" (129). „Wie das ganze Leben des Erlösers auf sein Opfer hingeordnet war, so soll auch das Leben des Priesters ... ein wohlgefälliges Opfer werden" (143). Um dies zu erreichen, „bedarf es eines eifrigen, unermüdlichen Einsatzes und der Übung in der Frömmigkeit, ... der Bußübungen, um die ungeordneten Regungen des Herzens zu zügeln, ... der glühenden Liebe zu Gott und zum Nächsten, ... [und] des Eifers eines tatkräftigen Willens, der bereit ist, zu kämpfen und alle Mühen auf sich zu nehmen, um zur Vollkommenheit zu gelangen" (146).

Eifriges Bemühen um die entschiedene Verwirklichung des traditionellen Priesterideals bestimmt auch *Johannes XXIII.*, den Papst

[62] *Sollemnis conventus*, Rohrbasser, Sacerdotis imago, Nr. 217-231 (AAS 31 [1939] 245-251).
[63] Rohrbasser, Sacerdotis imago, Nr. 125-216 (AAS 42 [1950] 657-702).

des „Aggiornamento".[64] Seine besondere Verehrung gilt dem hl. Pfarrer von Ars, Johannes Maria Vianney. Dessen 100. Todestag nimmt er zum Anlaß für das Rundschreiben *Sacerdotii nostri primordia* (1959)[65], um ihn „mit mütterlicher Freude dem gesamten Klerus zur Nachahmung, und zwar als ein leuchtendes Vorbild priesterlicher Aszese und Frömmigkeit, zumal der eucharistischen, wie auch des priesterlichen Seeleneifers" (238) zu empfehlen. Er beruft sich dabei ausdrücklich auf die Verlautbarungen seiner Vorgänger „über die Erhabenheit der priesterlichen Standespflichten samt zuverlässigen Weisungen zur Erfüllung derselben" (236). Aus der letzten, nicht mehr gehaltenen Rede *Pius' XII.* zitierend macht er sich „den feierlichen, endgültigen Mahnruf dieses großen Papstes zu priesterlicher Vollkommenheit" zu eigen:

> „Mit dem Weihecharakter besiegelt Gott den ewigen Liebesbund, durch den er seine Priester vor allen Menschen auszeichnet. Sie müssen daher diese bevorzugende Liebe Gottes durch ein heiligmäßiges Leben vergelten ... Der Kleriker ist als ein Mann zu betrachten, der aus dem Volk ausgesondert, in einzigartiger Weise mit höheren Aufgaben betraut und einer göttlichen Macht teilhaftig ist; mit einem Wort: er ist ein zweiter Christus ... Er darf nicht mehr für sich selber leben und ebenso wenig ist es ihm gestattet, seiner Familie, seinen Freunden, und seinem Vaterland allein zu gehören ... Er muß von Liebe zu allen beseelt sein. Sogar sein Denken, Wollen und Fühlen gehört nicht mehr ihm selber, sondern Jesus Christus, der sein Leben ist" (236).

Alle Päpste stellen die besondere Bedeutung des Zölibats für Heiligkeitsstreben und Opferbereitschaft des Priesters heraus. „Je lauterer die priesterliche Keuschheit strahlt, desto mehr wird der Priester mit Christus zusammen 'ein reines, ein heiliges, ein makelloses Opfer'."[66] Die Keuschheit wird bezeichnet als „auserlesene Zierde unseres Standes"[67]. „Ihr Glanz macht den Priester den Engeln ähnlich, sichert ihm die Hochachtung der Gläubigen und verleiht seinem Wirken übernatürliche Segenskraft."[68]

[64] Ein eindrucksvolles Dokument der nahezu skrupelhaft anmutenden Buß- und Opfergesinnung, die die Priesterspiritualität des Angelo Roncalli prägte, ist sein Geistliches Tagebuch (Johannes XXIII., Geistliches Tagebuch und andere geistliche Schriften, Freiburg ^{2}1964).

[65] Rohrbasser, Sacerdotis imago, Nr. 232-302 (AAS 51 [1959] 545-579).

[66] Pius XII., *Menti nostrae*, Rohrbasser, Sacerdotis imago, Nr. 137.

[67] Pius X., *Haerent animo*, Rohrbasser, Sacerdotis imago, Nr. 97. Johannes XXIII. greift diese Formulierung wörtlich auf. (Rohrbasser, Sacerdotis imago, Nr. 251).

[68] Rohrbasser, Sacerdotis imago, Nr. 97.

2 Die Impulse der Bewegungen der Zwischenkriegszeit und ihre Folgen für das theologische Priesterbild

Wie sehr die neuscholastische Amtskonzeption auch in den zwanziger bis vierziger Jahren dieses Jahrhunderts im wesentlichen für ebenso schlüssig wie geschlossen erachtet wurde, läßt sich schon am schmalen Umfang von Veröffentlichungen zum Thema ablesen. Abgesehen von reproduzierenden Darstellungen des geläufigen Paradigmas bieten weder Monographien noch die einschlägigen Fachzeitschriften eine weiterführende Beschäftigung mit dem kirchlichen Priesteramt.[1]

In den Jahrzehnten zwischen den beiden Weltkriegen bahnte sich jedoch ein folgenschwerer Wandel im theologischen Denken und eine tiefgreifende Erneuerung des kirchlichen Lebens an, die die

[1] Als Ausnahmen sind die Veröffentlichungen von E. Walter, M. Schmaus und O. Semmelroth zu nennen:
Walters Büchlein Diener des Neuen Bundes (Frankfurt/M. 1940) erscheint im Rahmen einer Kleinschriftenreihe zu den Sakramenten, die in erster Linie an theologisch interessierte Laien adressiert ist (später in überarbeiteter Form als Sammelband veröffentlicht unter dem Titel Quellen lebendigen Wassers, Freiburg 1953). Die nichtsdestoweniger theologisch fundierte und systematische Darstellung betont in prophetischer Weise die priesterliche Grund- und Gesamtgestalt der Kirche, in der das besondere Priestertum als Vorsteherfunktion ein Erfordernis der „Ordnung“ (ordo) und bevollmächtigt ist, das Volk zur Eucharistie zu befähigen.
Die *Katholische Dogmatik* von Schmaus (München ^{1}1938-1941) nimmt sowohl im Kirchen- als auch im Ordotraktat die Impulse der aktuellen Bewegungen in Kirche und Theologie hinsichtlich des Priesteramtes auf. Schmaus schließt sich der Konzeption Walters ausdrücklich an (Dogmatik III/2, 421) und bezeichnet die Weihe als „Sakrament der Ordnung und des Dienstes“ (Dogmatik III/2, 423).
Semmelroths Monographie *Das Geistliche Amt* (Frankfurt/M. 1958) gehört eigentlich noch nicht in den in diesem Kapitel zu behandelnden Zeitabschnitt. Als einzige größere vorkonziliare deutschsprachige Monographie, die sich erklärtermaßen mit der Thematik des Amtes befaßt, sei sie dennoch schon erwähnt. Auf dem Hintergrund des neuen Selbstbewußtseins des kirchlichen Laientums diagnostiziert Semmelroth ein Defizit an vergleichbaren Bemühungen zum geistlichen Amt sowie eine „schmerzliche theologische Dürftigkeit der Schriften zum religiösen und aszetischen Leben der Priester“ (Semmelroth, Amt, 7).

ekklesiologischen Rahmendaten grundlegend verändern sollten. Sie bündelten sich in einer Reihe von „Bewegungen“ (z.B. Liturgische Bewegung, Bibelbewegung, Katholische Aktion, Jugendbewegung), die sich gegenseitig befruchteten und trugen. Von besonderer Bedeutung für das Verständnis des priesterlichen Amtes mußte der Neuaufbruch im Kirchenverständnis sein, der nach ersten Ansätzen im 19. Jahrhundert (Tübinger Schule, *Johann Adam Möhler*) unaufhaltsam Raum gewann. In engem Zusammenhang damit steht eine erneuerte Sicht der Liturgie der Kirche, vor allem der Eucharistiefeier.

Die Entwicklungen im Kirchenbild (2.1) und beim Eucharistieverständnis (2.2) konnten mittel- bis langfristig nicht ohne Folgen für das Verständnis des Priesteramtes bleiben und stellten die Tragfähigkeit der neuscholastischen Kategorien zunehmend in Frage, wenn auch ihre Implikationen und Konsequenzen für das Priesterbild zunächst nicht ausdrücklich registriert werden konnten und durften (2.3).

2.1 Aufbrüche im Kirchenverständnis

2.1.1 Kirche als Gemeinschaft

In seinen Vorträgen *Vom Sinn der Kirche* (1921) diagnostiziert *Romano Guardini* einen „religiösen Vorgang von unabsehbarer Tragweite“: „Die Kirche erwacht in den Seelen.“[2] Seine hellsichtige Wahrnehmung erkannte früh die entscheidenden Momente des Kirchenaufbruchs im 20. Jahrhundert. Während der Gläubige bisher zwar *in* der Organisation Kirche lebte, durch die er je individuell die für sein Seelenheil notwendigen Heilsgüter zugewendet bekam, entdeckt er nun die Kirche als religiöse Gemeinschaft. Der Gläubige lebt *die* Kirche, er steht nicht als einzelner vor seinem Gott, sondern zusammen mit allen in der kirchlichen Gemeinschaft, an deren Priestertum er durch die Sakramente der Taufe und Firmung Anteil hat.[3] Der Vorgang, den Guardini thematisiert, reicht in seinen theologischen und praktischen Anfängen ins 19. Jahrhundert zurück und

[2] R. Guardini, Vom Sinn der Kirche, Mainz 1922, 1.

[3] „Durch die Taufe ist er [sc. der Christ] Glied, durch die Firmung aber Bürger in ihr, hat Sendung und Kraft, die Fülle des kirchlichen Lebens in sich aufzunehmen, und selbst, in Maß und Weise des Laienstandes das ‘königliche Priestertum des heiligen Volkes’ auszuwirken“ (Guardini, Sinn, 16).

findet seinen Niederschlag in der sich entwickelnden dogmatischen Ekklesiologie im 20. Jahrhundert.

2.1.1.1 Die Mitwirkung der Laien am Auftrag der Kirche

Bereits in der ersten Hälfte des 19. Jahrhunderts hatte der Tübinger Theologe *Johann Adam Möhler* die Konzentration der Kirche auf den Klerus mit dem ironischen Kommentar kritisiert: „Gott schuf die Hierarchie, und für die Kirche ist nun bis zum Weltende mehr als genug gesorgt."[4] Ihm schwebte die katholische Kirche als „Einheit" vor, in der nur alle alles sein und das Ganze bilden können.[5] Daß mit der Hierarchie allein für die Kirche keineswegs genug gesorgt gewesen wäre, wurde im selben Jahrhundert mehr als deutlich. Da sich die offizielle Kirche durch ihre abwehrende Haltung allen aktuellen Entwicklungen einer modernen Welt gegenüber ins Getto zurückgezogen und der Möglichkeit der Einflußnahme weitgehend beraubt hatte, waren es immer mehr die Laien, durch die die Kirche in Gesellschaft und Staat ihre Präsenz noch geltend machen konnte.[6] Speziell in Deutschland, wo sich das Apostolat der Laien vielfach in berufsbezogenen Verbänden organisiert hatte, entwickelte sich deren Engagement in relativ großer Eigenständigkeit gegenüber den Bischöfen und konnte auch gegen integralistische Vorstöße erfolgreich verteidigt werden.[7]

Unter dem Dach der sogenannten Katholischen Aktion versuchten die Päpste in der ersten Hälfte des 20. Jahrhunderts das eigenständige Wirken der katholischen Verbände der Führerschaft der Hierarchie zu unterstellen. „Aktive Laien waren ... dringend erwünscht, allerdings sollten sie nicht aus eigener Initiative, sondern im Auftrag und nach der Anweisung des Klerus tätig werden."[8] *Pius XI.*, der „Papst der Katholischen Aktion" rief mit Hinweis auf das königliche Priestertum der Gläubigen die Laien nicht nur zur „emsigen Arbeit

[4] J.A. Möhler, Rez. zu Th. Katerkamp, Des ersten Zeitalters der Kirchengeschichte erste Abtheilung, in: ThQ 5 (1823) 484-532, hier: 497.

[5] J.A. Möhler, Die Einheit der Kirche oder das Prinzip des Katholizismus, Darmstadt 1957, 237.

[6] Zu den „Ansätze[n] zu einer Neubesinnung auf den Laien im 19. Jahrhundert" vgl. P. Neuner, Der Laie und das Gottesvolk, Frankfurt/M. 1988, 93-100.

[7] Neuner, Laie, 106ff.

[8] Neuner, Laie, 109.

für die Ausbreitung und Erneuerung des Reiches Christi“[9] auf, er definierte die *actio catholica* zugleich als „Teilnahme der Laien am hierarchischen Apostolat“.[10] In der klassischen Formulierung *Pius' XII.* ist die Katholische Aktion „ein Werkzeug in der Hand der Hierarchie, sie soll gleichsam die Verlängerung ihres Armes sein, sie ist darum ihrer Natur gemäß der Leitung der kirchlichen Obrigkeit unterstellt“.[11]

Ungeachtet der päpstlich vorgegebenen Interpretation der Katholischen Aktion als delegierte Mitwirkung an eigentlich und ursprünglich dem Klerus zukommenden Aufgaben, mußte die gelebte und erlebte Praxis das Kirchenbewußtsein verändern. Die gesellschaftspolitischen und kulturgeschichtlichen Herausforderungen der Zeit hatten die Laien als unverzichtbares Element kirchlichen Wirkens in Erinnerung gebracht. Dieser Vorgang verlangte nach theologischer Deutung und Einordnung. Eine Vielzahl von Studien und Darstellungen befaßt sich deshalb in den dreißiger Jahren mit Stellung und Funktion des Laien und der ihm zukommenden Form des „Priestertums“:[12]

9 Enzyklika Ubi arcano vom 23. Dezember 1922 (AAS 14 [1922]) 673-700), 695: „.... tum demum maxima digni sunt qui salutentur genus electum, regale sacerdotium, gens sancta, populus acquisitionis; tum demum, et ipsi Nobiscum et cum Christo arctissime coniuncti, Christi regno sua industria et navitate propagando et instaurando, de communi hominum inter se pace optime merentur.“

10 Brief an Kardinal Bertram (AAS 20 [1928] 384-387) 385: „... catholici, qui apostolatus hierarchici participes sint, ...“.

11 Ansprache Pius' XII. vom 14. Oktober 1951 zit. bei F. Klostermann, Das christliche Apostolat, Innsbruck - München 1962, 607.
Wie innig die Bindung an die Hierarchie verstanden werden konnte, illustriert J. Will: „'Wie die Rebe, wenn sie nicht am Weinstock bleibt, aus sich selbst keine Frucht bringen kann, so auch ihr nicht, wenn ihr nicht in mir bleibt.' So könnte man auch von den Laienaposteln sagen: Ordnet euch ein in die kirchliche Hierarchie. Mit ihr werdet ihr viele Frucht bringen; ohne sie aber nicht. Nehmt in diesem Sinne teil an dem hierarchischen Apostolat der Kirche“ (Will, Aktion, 106f.).

12 **E. Niebecker**, Das allgemeine Priestertum aller Gläubigen, Paderborn 1936; **R. Grosche**, Das allgemeine Priestertum, in: ders., Pilgernde Kirche, Freiburg 1938, 159-204; **P. Simon**, Das Priestertum als Stand und der Laie, Salzburg-Leipzig 1938 (vorab bereits veröffentlicht in: ThGl 29 [1937] 133-158); **N. Rocholl**, Vom Laienpriestertum, Paderborn 1939 (²1940).
Mit der Katholischen Aktion als solcher befassen sich **J.B. Umberg SJ**, Der Ritterschlag der Katholischen Aktion, Innsbruck 1931, **J. Will**, Die Katholische Aktion. Biblische und dogmatische Grundlagen, München 1932, **R. Graber**, Die dogmatischen Grundlagen der Katholischen Aktion, Augsburg

• *Engelbert Niebecker* belegt mit reichem Quellenmaterial aus Schrift, Vätern und Theologiegeschichte das allgemeine Priestertum als durchweg bezeugtes Glaubensgut.

• *Robert Grosche* kritisiert, daß das allgemeine Priestertum in der katholischen Dogmatik nicht am rechten Ort thematisiert wird. Statt bei der Priesterweihe nur polemisch-apologetisch behandelt und ins aszetisch-individuelle, uneigentliche abgeschwächt zu werden, müßte es bei der Taufe als wirkliches Priestertum dargestellt werden.[13]

• *Paul Simon* stellt in Abrede, daß das Priestertum als besonderer Stand in der Kirche unweigerlich den Gegensatz Priester–Laien implizieren muß, wie er sich - nach seiner Wahrnehmung insbesondere erst seit der Aufklärung - geschichtlich herausgebildet hat.

• *Norbert Rocholl* vermerkt, daß die „Bedeutung des Laienelementes in der Kirche seit längerer Zeit unterschätzt"[14] wurde. Zur Bestimmung des Verhältnisses von Priestern und Gläubigen beabsichtigt er, sich weniger an dogmatischen und kirchlichen Lehrbüchern zu orientieren, sondern „am christlichen Leben selbst".[15] Er streitet ab, daß der Laie nur der verlängerte Arm des Priesters sei. Vielmehr reiche der Arm des Priesters nie dahin, wohin der Arm des Laien reicht und umgekehrt.[16]

Im Kontext der Reflexion auf das Priestertum der Gläubigen kommen die Autoren nicht umhin, auf die Zuordnung und Abgrenzung dieses Priestertums zum Amtspriestertum der Kirche einzugehen.[17] Für das Verständnis vom Priesteramt darf man diesen Umstand durchaus als Signal werten: Das Priesteramt ist immer weniger als absolute, sondern zunehmend nur noch als relative Größe plausi-

1932 und **M. Keller**, Katholische Aktion. Eine systematische Darstellung ihrer Idee, Paderborn 1933.
Zum Sakrament der Katholischen Aktion, gleichsam als Weihe zum Laienapostolat wurde die Firmung erklärt. Graber sieht im Pfingstfest die „Geburtsstunde des Laienapostolates". „Aber zum äußeren Zeichen, daß jede apostolische Tätigkeit in Unterordnung unter dem hierarchischen Apostolat ausgeübt werde, hat Christus in erster Linie den Aposteln und ihren Nachfolger, den Bischöfen, die Gewalt verliehen das Sakrament des Laienapostolates zu spenden: die Firmung" (Graber, Grundlagen, 51).

13 Grosche, Priestertum, 161. Schmaus kommt dem Desiderat, das allgemeine Priestertum im Zusammenhang mit der Taufe zu erörtern, in seiner Katholischen Dogmatik nach.

14 Rocholl, Laienpriestertum, 43.

15 Rocholl, Laienpriestertum, 49.

16 Rocholl, Laienpriestertum, 115.

17 Dazu siehe: I / 2.1.2.

bel zu machen. Während eine theologische Beschäftigung mit dem Priesteramt „an sich" - wie oben angemerkt - kaum erforderlich erscheint, findet die Diskussion dort statt, wo die Fragen nach seiner Relation zum Priestertum aller Gläubigen gestellt werden.

2.1.1.2 *„Ekklesiologie im Werden"*

Die Fragen nach dem Ort der Laien im Gesamt der Kirche und in Zuordnung zum Priesteramt ergaben sich nicht nur aus den praktischen Anstößen des konkreten Laienapostolats. Sie stellten sich auch auf dem Hintergrund theologischer Entwicklungen. Bereits im 19. Jahrhundert war die Kirche mehr und mehr ins Bewußtsein theologischer Forschung getreten.[18] Die Ekklesiologie war im Begriff, sich aus der apologetischen Engführung zu lösen und ein eigenes Profil als dogmatischer Traktat zu entwickeln.

Es wuchs die Einsicht, daß nicht alles, was über die Kirche zu sagen ist, seinen Platz bereits in apologetisch-fundamentaltheologischer Perspektive gefunden haben kann. Letztere war durchweg geprägt von der aus Reformation und Gegenreformation ererbten Defensivstellung gegen jeden Anflug eines spiritualistischen Kirchenbegriffs und stellte deshalb mit Nachdruck die Sichtbarkeit der Kirche heraus. Diese Sichtbarkeit wurde identifiziert mit der institutionellen Seite der Kirche (Heilsanstalt, *societas perfecta*) und vor allem auf die kirchliche Hierarchie und ihre Vollmachten bezogen. Für eine Innensicht der Kirche, die das vom Heiligen Geist beseelte Leben und Wirken der Gemeinschaft der Gläubigen ausreichend würdigt, blieb im Rahmen dieser Perspektive kaum Platz.

Die Bedeutung der „inneren" Wirklichkeit der Kirche drang nun mehr und mehr ins Kirchenerleben und Kirchenbewußtsein wie auch in die theologische Reflexion vor. Grund- und Leitidee der ekklesiologischen Bemühungen wurde dabei die Bezeichnung der Kirche als (mystischer) Leib Christi.[19] Eine Fülle von Studien und Veröffentlichungen exegetischer, dogmengeschichtlicher, systematischer und spiritueller Art insbesondere aus den dreißiger Jahren belegt die

[18] Besonders hervorzuheben ist hier F. Pilgram, Physiologie der Kirche, Mainz 1860. Das Buch wurde 1931 erneut aufgelegt.

[19] Einen Überblick über die Verwendung des Begriffs in der Diskussion bis 1940 gibt E. Przywara, Corpus Christi mysticum - Eine Bilanz, in: ZAM 15 (1940) 197-215.

große Faszination, die in diesem Zeitraum vom Leib-Christi-Gedanken ausging.[20]

Allerdings fehlte es an einer klaren und eindeutigen Begrifflichkeit. Je nach der theologischen Traditionslinie, der sich ein Autor besonders verbunden fühlte, konnten mit der Leib-Christi-Vorstellung recht unterschiedliche Kirchenbilder oder zumindest sehr verschiedene ekklesiologische Akzentsetzungen gemeint sein. Sowohl eine juristisch-hierarchische Auffassung, die besonders die Unterordnung der Glieder unter die das Haupt repräsentierenden Kleriker betont, als auch eine organologisch-mystische Deutung, die die innere Verbundenheit der Glieder untereinander und mit dem Haupt unterstreicht, und nicht zuletzt auch die altehrwürdige sakramental-eucharistische Konzeption,[21] konnten mit der Metapher impliziert sein. Eine kurze Skizze der Begriffsgeschichte soll die Problematik verdeutlichen:

Der Gedanke der Kirche als Leib bzw. Leib Christi ist neutestamentlich grundgelegt durch Paulus.[22] Der vom Zerfall in enthusiastische Individualismen und Gruppeninteressen bedrohten korinthischen Gemeinde stellt der Apostel das Bild vom Leib und den Gliedern als theologisches Orientierungsmodell vor Augen. Die Gemeinde wird an ihre in Christus gründende Einheit erinnert, von der her und auf die hin die einzelnen Glieder erst ihren Sinn und ihre Funktionsfähigkeit gewinnen. Im Unterschied zu der in der hellenistischen Um-

[20] **A. Wikenhauser**, Die Kirche als der mystische Leib Christi nach dem Apostel Paulus, Münster 1937 (^{2}1940); von evangelischer Seite: **E. Käsemann**, Leib und Leib Christi. Eine Untersuchung zur paulinischen Begrifflichkeit, Tübingen 1933; **F. Jürgensmeier,** Der mystische Leib Christi als Grundprinzip der Aszetik, Paderborn 1933 (^{3}1934); **F. Holböck**, Der eucharistische und der mystische Leib Christi in ihren Beziehungen zueinander nach der Lehre der Frühscholastik, Rom 1941; **Th. Käppeli**, Zur Lehre des hl. Thomas von Aquin vom Corpus Christi mysticum, Freiburg/CH 1931. Großen Anteil an der Ausbreitung des Leib-Christi-Gedankens auch über den französischsprachigen Bereich hinaus hatte **É. Mersch,** Le corps mystique du Christ, Louvain 1933. Das vierbändige Werk des Jesuiten **S. Tromp**, Corpus Christi quod est ecclesia, Rom 1937, bildet die Grundlage der Enzyklika *Mystici Corporis* (1943), deren Hauptverfasser Tromp war.

[21] Nach diesen drei Kategorien ordnet Ursula Schnell die unterschiedlichen Verwendungsarten des Begriffes (Das Verhältnis von Amt und Gemeinde, Berlin 1977, 46ff.).

[22] Neben den Vorkommen in 1Kor 6,15-20 und 1Kor 10,16f. wird das Bild vom Leib (Christi) vor allem in 1Kor 12 und Röm 12 entwickelt.

welt geläufigen Stoßrichtung des Leibmodells[23], die dem Machterhalt der Führungschicht verpflichtet ist, macht sich Paulus zum Anwalt der in den Augen der ehrgeizigen Pneumatiker weniger angesehenen Glieder der Gemeinde. Er betont das gegenseitige aufeinander Angewiesensein aller Glieder vor jeder Differenzierung in wichtigere und unwichtigere, angesehene und weniger angesehene Glieder.

In den Deuteropaulinen Kol und Eph[24] erfährt das Bild vom Leib eine entscheidende Modifikation. „Es interessiert nicht mehr die Differenziertheit, sondern das Wesen des Leibes als eine soteriologisch qualifizierte und qualifizierende Einheit und Ganzheit. Die Vorstellung von den Gliedern tritt auffallend zurück. *Σῶμα* wie auch *ἐκκλησία* werden im Gegensatz zu Paulus fast immer im Sinne der Gesamtkirche verwendet. Die Kirche ist ‘Leib Christi’, weil sie der von Christus eröffnete und durchwaltete Heilsraum ist. Die Vorstellung von Christus als dem ‘Haupt’ des Leibes, die in der Ekklesiologie des Paulus überhaupt keine Rolle spielte, ist dafür konstitutiv.“[25]

In den Schriften der Kirchenväter nimmt die - über Paulus hinausführende und von ihm bisweilen auch abweichende - Spekulation über das Thema „Christi Leib, der die Kirche ist“, einen breiten Raum ein. Einen besonderen Stellenwert - auch für die Renaissance des Begriffs im 19. und 20. Jahrhundert - hat die augustinische Interpretation.[26] Sie entwickelt ein Verständnis von Kirche, bei dem die eigentliche Wirklichkeit Kirche von ihrer irdisch-sichtbaren Erscheinungsform zwar nicht zu trennen, aber mit ihr auch nicht schlechthin identisch ist:

Nach Augustinus erhält der Mensch dadurch Anteil am Heil, daß Christus durch seinen Geist im glaubenden Menschen Wohnung nimmt und ihn beseelt. Die Vereinigung des Menschen mit Christus ereignet sich jedoch niemals direkt, „sondern immer nur durch das

[23] Die bekannteste Version des Leib-Bildes findet sich bei Menenius Agrippa. Vgl. dazu: W. Schrage, Der erste Brief an die Korinther (EKK VII/3), Zürich u.a. 1999, 207.219f.

[24] Kol 1,18; 2,19; Eph 4,15f.; 5,22ff.

[25] H. Merklein, Paulinische Theologie in der Rezeption des Kolosser- und Epheserbriefes, in: K. Kertelge (Hrsg.), Paulus in den neutestamentlichen Spätschriften (QD 89), Freiburg 1981, 25-69, hier: 49f.

[26] Zum augustinischen Kirchenbegriff: F. Hofmann, Der Kirchenbegriff des hl. Augustinus, München 1933, (hier besonders 233-256) und J. Ratzinger, Volk und Haus Gottes in Augustins Lehre von der Kirche, München 1954, 205-218.

Eingehen in den Leib Christi",[27] das heißt in die Kirche. Die Kirche verhält sich nämlich zu Christus wie der Leib zum Geist. Die Einheit mit dem Geiste Christi ist deshalb nicht möglich ohne die Einheit mit dem Leibe Christi, der Kirche.

Dieser Kirche, der Catholica, wird nun aber von rigoristischen Sektierern (Donatisten, Montanisten, Novatianer) abgesprochen, die wahre Kirche, die *ecclesia sancta* zu sein. Da die Sünde in sie eingebrochen ist, könne sie nicht mehr die unbefleckte Braut Christi sein. Herausgefordert durch die rigoristische Kritik und auf dem Hintergrund der platonischen Ontologie als der Denkform, in der er tief verwurzelt war,[28] entwickelt Augustinus nun das Modell einer dreifach differenzierten Zugehörigkeit zur Kirche:

(1) Zur *sichtbaren* Kirche *gehören* demnach alle, die die Sakramente Christi empfangen haben, mögen sie auch „innen schlecht" sein und nur die *forma pietatis*, nicht aber die *virtus* aufweisen.

(2) In einem tieferen Sinn *sind* in der Kirche jene, die mit ihr nicht nur in äußerer, sondern auch in innerer Verbindung stehen. Nur diese, nicht aber die Sünder, bilden die *ecclesia sancta*, den „Leib Christi, die Braut ohne Makel und Runzel".

(3) Mag die menschliche Perspektive selbst bei dieser Unterscheidung noch getäuscht werden können und den äußeren oder zeitweiligen Schein mit dem wirklichen Sein verwechseln, so gilt nicht dasselbe, wenn man die Dinge vom Standpunkt Gottes aus betrachtet. Vor ihm kann es keinen täuschenden Schein mehr geben. In dieser Sichtweise gehören zur Kirche nur die Prädestinierten, d.h. diejenigen, die Gott in seinem ewigen Heilsratschluß immer schon erkannt hat.

„Die Zugehörigkeit zu einer tieferen Schicht setzt jeweils die Zugehörigkeit zu den weniger tiefen Schichten voraus: niemand steht also in der ecclesia sancta, der nicht auch in der sichtbaren Kirche steht; niemand steht in der ecclesia praedestinata, der nicht wenigstens am Ende seines Lebens auch in der ecclesia sancta und in der ecclesia catholica steht; aber nicht hat umgekehrt die Zugehörigkeit zu einer oberflächlicheren Schicht die Zugehörigkeit zu den tieferen Schichten notwendig zur Folge."[29]

Eine weitere Konkretion erfährt Augustinus' Leib-Christi-Konzeption in seiner Eucharistielehre: Zwar ist die eigentliche Wirklichkeit der Kirche, die der Leib Christi ist, nicht unmittelbar

[27] Ratzinger, Volk und Haus, 210.
[28] Hofmann, Kirchenbegriff, 234.
[29] Hofmann, Kirchenbegriff, 242f.

erreichbar, sondern liegt im Raum des Unsichtbar-Geistigen, doch ist sie realsymbolisch verkörpert durch das heilige Zeichen der Eucharistie. „Dem corpus Christi entspricht darstellend das sacramentum corporis Christi."[30] Die sichtbare Kirche, das *verum corpus Christi*, und die Eucharistie, das *sacramentum corporis Christi*, sind damit für Augustinus gleichbedeutend.

Auch im Mittelalter bleibt der Terminus *corpus Christi* bis ins 12. Jahrhundert hinein für die Eucharistie in Gebrauch, nun ergänzt durch das Attribut *mysticum* im Sinne von sakramental. Seine eucharistische Verwendung verliert sich im Zusammenhang mit dem Berengarschen Abendmahlsstreit. Was für die Denkform der platonischen Ontologie unproblematisch war, die realsymbolische Vergegenwärtigung einer Wirklichkeit im Zeichen, ist in den Kategorien mittelalterlichen Denkens so nicht aussagbar. Die Frage heißt nun: Ist etwas nur Symbol, Zeichen *oder* ist es auch Wirklichkeit?[31] Um die Realpräsenz zu betonen, spricht man nun mehr und mehr vom *corpus Christi verum*. Zugleich verlagert sich infolge der Begegnung mit dem aus der Rechtssprache stammenden Begriff *corpus ecclesiae* die Bezeichnung *corpus Christi mysticum* auf die Kirche, ohne dabei die enge Korrelation von Eucharistie und Kirche im Sinn der patristischen Konzeption aufrechterhalten zu können.

Der ursprünglich sakramentale Sinn des *corpus Christi mysticum* wird nun abgelöst vom Verständnis im Sinne einer profanen Körperschaft. Das Attribut „mystisch“ hat in diesem Zusammenhang gerade noch die Funktion, auf die übernatürliche Qualität hinzuweisen, die die Kirche als Körperschaft von einer rein profanen Körperschaft unterscheidet. Die Charakterisierung des Leibes Christi als „mystisch“ wird mehr und mehr zu einer unreflektierten Sprachgewohnheit, die in der ekklesiologischen Diskussion des 20. Jahrhunderts einige Verwirrung stiftet, ehe eine Rekonstruktion der Begriffsgeschichte für Klarheit sorgt.[32]

Im 19. Jahrhundert erfährt der Leib-Christi-Gedanke eine Wiederbelebung in organologischem Sinn. Im Bild vom Leib als Organismus sieht man in der Kirche vor allem die enge Verbundenheit

[30] Ratzinger, Volk und Haus, 211.

[31] Vgl. dazu: A. Gerken, Theologie der Eucharistie, München 1973, 97-125.

[32] Eine gewisse Begriffsklärung versucht M.D. Koster, indem er vier verschiedene Gebrauchsarten von „mystisch“ unterscheidet: 1. mysteriös, schwarmhaft, 2. erlebnismäßig, affektiv, 3. bildlich, metaphorisch, 4. übernatürlich-real (M.D. Koster, Ekklesiologie im Werden, Paderborn 1940, 34ff.). Einschlägig wurde das Werk von H. de Lubac, Corpus mysticum. Kirche und Eucharistie im Mittelalter, dt. Einsiedeln 1969 (frz. Original 1949).

der Glieder (der Gläubigen) mit dem Haupt Christus und ihre Beseelung durch den Heiligen Geist. Ganz im Geist der Romantik betont der junge *Johann Adam Möhler* das „mystische Innen der Gemeinschaft“ gegen „Organisation, Recht und Autorität“ als der „äußere[n] Seite des Christus-tums“.[33] Bei *Matthias Joseph Scheeben* erhält das Leib-Christi-Motiv eine eigenwillige Wendung ins Mariologische: „Weil in Maria die Vermählung der Menschheit resp. der Kirche mit Christus zuerst und zunächst, in der realsten und idealsten Weise vollzogen worden ist“, ist sie damit die „Mutter des mystischen Leibes“.[34] „Das kirchliche Priestertum soll Christus selbst im Schoße der Kirche - in der Eucharistie und im Herzen der Gläubigen - durch die Kraft des in der Kirche waltenden Geistes wiedergebären und dadurch seinen mystischen Leib organisch heranbilden, wie Maria durch die Kraft des Heiligen Geistes das Wort in seiner eigenen Menschheit geboren und ihm seinen wahren Leib gegeben hat.“[35] Wo die Linie des romantischen Organismusmodells ganz ausgezogen wird, gerät die Kirche zum in der Geschichte fortlebenden Christus,[36] allerdings um den Preis, daß die reale Verschiedenheit von Christus und Kirche bei dieser Vorstellung auf der Strecke bleibt.

Die Euphorie, die in den Jahrzehnten zwischen den beiden Weltkriegen für den Leib-Christi-Gedanken herrschte, erwuchs in erster Linie im Anschluß an die Ansätze des 19. Jahrhunderts. Der Tübinger Dogmatiker *Karl Adam*, einer der führenden Repräsentanten einer Leib-Christi-Ekklesiologie, nimmt die von Augustinus über

[33] E. Przywara, Corpus Christi mysticum - Eine Bilanz, in: ZAM 15 (1940) 197-215, hier: 201.

[34] Scheeben, Handbuch III, 462 u. 511, zit. bei Przywara, Bilanz, 201.

[35] M.J. Scheeben, Die Mysterien des Christentums, Freiburg [3]1958, 449f. zit. bei C. Feckes, Das katholische Priestertum in der Sicht Scheebens, in: Kölner Pastoralblatt 7 (1955) 347-354, hier: 348.

[36] So z.B. M.J. Scheeben: „Als bleibende Basis und Wurzel einer neuen Ordnung der Dinge lebt aber der menschgewordene Gott im Schoße der Menschheit fort, in der *Kirche*, als seinem mystischen Leibe, und zwar substanziell durch die Eucharistie, und dynamisch in seinen Stellvertretern und Organen, besonders in den sakramentalen Handlungen derselben“ (Scheeben, Handbuch I, 491). In ähnlicher Weise äußert sich auch K. Adam (Das Wesen des Katholizismus, Düsseldorf [6]1931, 157).– Der Gedanke der Kirche als fortlebender Christus, als „Inkarnation des Gottessohnes“ findet sich auch in der Römischen Schule bei C. Passaglia. Er erlangte über seine Schüler C. Schrader und J.B. Franzelin auch Einfluß auf das - dann nicht verabschiedete - Kirchenschema des Ersten Vaticanums (F. Malmberg, Ein Leib - ein Geist, Freiburg 1960, 18ff.).

Möhler herkommende Linie auf, die für viele Zeitgenossen das ersehnte Gegengewicht zum veräußerlichten juridisch-hierarchisch erstarrten Kirchenbild der Neuscholastik bildete. Dabei steht für Adam die Identität des Leibes Christi mit der sichtbaren, durch das kirchliche Amt repräsentierten katholische Kirche außer Frage.

Anders verhält es sich bei der Richtung, die sich mit dem Namen des belgischen Jesuiten *Émile Mersch* verbindet. Mersch unterscheidet den mystischen Leib als „die Einheit derer, die durch das Leben Christi leben", von der katholischen Kirche, der „Gesellschaft der getauften Gläubigen unter der Leitung der rechtmäßigen Hirten". Beide Größen sind nicht deckungsgleich.[37] Diese Konzeption war vor allem für die Beteiligung der Katholiken an den Anliegen der ökumenischen Bewegung bedeutsam. Denn sie ermöglichte es, die Verbundenheit der verschiedenen christlichen Konfessionen auch über die katholische Kirche hinaus anzunehmen.

Die Vieldeutigkeit und Mißverständlichkeit des Leib-Christi-Begriffs wird Anlaß für den Dominikaner *Mannes Dominikus Koster*, nicht nur die Ekklesiologie als in einem „vortheologischen" und „vorwissenschaftlichen" Stadium befindlich zu charakterisieren, als „Ekklesiologie im Werden", sondern zugleich die Metapher Leib Christi als Wesensbestimmung der Kirche kategorisch zu verwerfen. Leib Christi sei zwar ein Name der Kirche unter vielen anderen, könne jedoch niemals die Definition der Kirche sein.[38] Besonders anstößig am Leib-Christi-Begriff ist für Koster der mit ihm verbundene, von augustinischen Wurzeln herrührende und die Kirche seit dem 15. Jahrhundert „vergiftende"[39] „Heilspersonalismus", also das Prinzip, das an der persönlichen Heiligung und Erlösung einzelner ausgerichtet ist. Da die Kirche „das auf Grund der sakramentalen Charaktere begründete und durch sie gestufte und gegliederte Personenganze" ist, das sich „nach den Weisungen des Stellvertreters Christi leiten läßt", müsse sie als „Heilskollektiv" verstanden werden.[40] Koster, ein „in der Wolle gefärbter Thomist"[41], vertritt des-

[37] Malmberg, Leib, 27.

[38] M.D. Koster, Ekklesiologie im Werden, Paderborn 1940, 122.

[39] Koster, Ekklesiologie, 45.

[40] Koster, Ekklesiologie, 54. Ähnlich unbefriedigend wie die Leib-Christi-Metapher ist für Koster die im Bereich der Liturgischen Bewegung vertretene Deutung der Kirche als „Kultgemeinschaft". Doch stimmt er ihr in dem Punkt zu, daß sie mit Nachdruck die Zugehörigkeit der Laien zur Kirche auf Grund des Tauf- und Firmchrakters betont und damit einer „bisherigen Anomalie entsagt ..., die darin bestand, daß man die Kirche lange Zeit in die mystisch-unsichtbare und die äußere-sichtbare aufspaltete, wodurch man dem Wortlaut

halb die Bezeichnung „Volk Gottes“ als eigentlichen Sachbegriff für die Kirche. Im Gegensatz zu Leib Christi sei Volk Gottes nicht bloße Metapher, sondern eine echte Analogie, die der Stufung der kirchlichen Gliedschaft durch die verschiedenen sakramentalen Charaktere gerecht wird und außerdem in der Glaubensvorlage der Kirche bis hinein in die liturgischen Gebete belegt ist. Auch bei Paulus bezeichne die Metapher Leib Christi die konkrete Kirche, insofern sie gestuft und eine vollendete Körperschaft ist.[42]

Kosters Generalangriff auf *die* tragende Idee der Kirchenbewegung, zudem noch vorgetragen in einem polemischen bis verletzenden Ton, konnte nicht unwidersprochen bleiben. *Karl Adam*, der sich - zurecht - unmittelbar angegriffen fühlte, widmet der Schrift Kosters eine ausführliche Erwiderung in der Tübinger Quartalschrift. Er stimmt der Hauptthese Kosters zu, daß für eine „reinliche Ekklesiologie“ die Kirche nur als „einheitliche Gemeinschaft, als Heilskollektivismus, als Personganzes im Vordergrund stehen muß, nicht ... als eine aneinandergereihte Summe von Gläubigen.“[43] Er stellt jedoch in Abrede, daß eine Wesensbestimmung der Kirche ihr Wirken, das auf die Heiligung und Erlösung der Menschen gerichtet ist, und ihre „übernatürliche Hinbezogenheit zum Erlöser“ übergehen kann.[44] Adam bringt damit im Grunde die Grenzen eines ausschließlich an den scholastischen Kategorien orientierten Verständnisses von Kirche als geschlossener, statischer Größe zur Sprache. Kirche „an sich“ kann es nicht eigentlich geben, weil zum Wesen der Kirche dynamische Beziehung gehört und sie um der Erlösung der Menschen willen existiert. Auch nach Paulus sei „die erste grundlegende Aussage über die Kirche, daß sie wesenhaft zum Haupt Christus gehört.“ Und „diese Bezogenheit zur Kirche ist nicht eine äußerli-

nach bewerkstelligt hatte, daß die Getauften und Gefirmten nicht zur sichtbaren Kirche, unter der man in unverständlicher Weise nur die kirchliche Hierarchie verstand, gehörten“ (Koster, Ekklesiologie, 67).

41 O.H.Pesch, Das Zweite Vatikanische Konzil, Würzburg 1993, 176.

42 Koster, Ekklesiologie, 51.

43 K. Adam, Ekklesiologie im Werden?, in: ThQ 122 (1941) 145-166, hier:149.

44 Adam stellt die Frage, „über welche Koster sorglos hinweggleitet, ob denn ... im Blick auf die Kirche Christi, von einem Eigensein und Eigenwert im *herkömmlichen* Sinn gesprochen werden darf, im Sinn nämlich einer totalen Eingeschlossenheit in das eigene Selbst und einer völligen Abgeschlossenheit von allen das empirische Sein der Kirche übergreifenden transzendenten Beziehungen“ (Adam, Ekklesiologie, 149).

che, sondern von den Erlösungsabsichten Jesu innerlich getragen und durchherrscht."[45]

In ihrem Grundverständnis vom Wesen und Wirken der Kirche sind Koster und Adam nicht so weit voneinander entfernt, wie die scharfe Polemik um den Leib-Christi-Begriff vermuten läßt. Daß es Koster genauso wie Adam um ein umfassenderes als das herkömmliche Verständnis von Kirche geht, wird an den „Stoffauslassungen und Methodenmängeln" deutlich, die er in der „heutigen Ekklesiologie" anmahnt. Er fragt:

> „Wo ist ... die Kirche als das sakrale Ordnungs- und Tätigkeitsganze menschlicher Personen, das sie als Gemeinschaft wesentlich ist, dargestellt? Man gebe sich doch keiner Täuschung darüber hin, daß es so gut wie wertlos ist, immer die Ämter in der Kirche zu erwähnen, wenn man nicht genau so oft und so deutlich und vorher gesagt hat, weshalb die Kirche diese Ämter und keine anderen haben kann und haben muß! Wie anders ist das möglich, es sei denn, man behandelt die Gemeintätigkeit der Kirche und die sie konstituierenden Teile, zu denen gerade die Ämter der Kirche gehören. Denn wegen der Gemeintätigkeit der Kirche sind die eigentümlichen Ämter vorhanden. Wenn aber von der Gemeintätigkeit der Kirche gesprochen wird, dann muß auch von dem Gemeingut, dem Ziel dieser Tätigkeit, dann muß vom Gemeingesetz und -recht, der Norm und dem Gegenstand dieser Gemeintätigkeit gehandelt werden. Man kann ruhig zugestehen, daß in der modernen Ekklesiologie nicht einmal die Namen für die hier genannten Dinge bekannt sind."[46]

Kosters Denken bewegt sich jedoch streng im Rahmen der scholastischen Sprach- und Denkmuster. Nur was in diese Kategorien eingeordnet werden kann, kann für ihn beanspruchen, „theologisch" und „wissenschaftlich" zu sein.

Die Kontroverse um die Leib-Christi-Idee in der Ekklesiologie fand einen gewissen Abschluß mit der Kirchenenzyklika *Pius' XII. Mystici Corporis* (1943) rezipiert Leib Christi als Begriff für Kirche und legt zugleich den Begriffsinhalt fest: Die Kirche ist als Leib Christi konkret und sichtbar. Der mystische Leib Christi ist die sichtbare katholische Kirche.

Ungeachtet der verschiedenen Schattierungen und Schlagseiten wurde durch die ekklesiologische Diskussion der Zwischenkriegszeit mit Leib Christi definitiv ein Kirchenbegriff bereitgestellt, der die konstitutive Zugehörigkeit der Gläubigen zu Kirche überhaupt benannte. Die Bildvorstellung vom Leib impliziert unabhängig von der

[45] Adam, Ekklesiologie, 153.

[46] Koster, Ekklesiologie, 126f.

jeweiligen Akzentuierung des Begriffs die gegenseitige Verwiesenheit der Glieder, das gemeinsame Leben und die lebendige Gemeinschaft der Christen untereinander und mit Jesus Christus. Eine klerikal-hierarchische Reduktion des Kirchenbildes war damit im Kern überwunden.

Vermerkt werden muß allerdings, daß die Rede von der Kirche als Gemeinschaft fast ausschließlich im universalen Sinn gemeint war. Ein Bewußtsein von der Pfarrgemeinde als konkreter Gestalt von Kirche am Ort wurde zwar von *Guardini* visionär erträumt,[47] konnte jedoch im kirchlichen Denken und Fühlen augenscheinlich noch keine Wurzeln schlagen.

2.1.2 Die Kirche und ihr Priestertum

Die Neuansätze in Kirchenbild und Ekklesiologie lösten selbstverständlich die traditionellen Vorgaben nicht einfach ab. Die Kirche blieb weiterhin und vor allem Heilsanstalt, nur sah man sie jetzt auch noch als Leib Christi. Man hatte jetzt einen Begriff dafür, wie man – nachdem man von der sakramentalen, sichtbaren Organisation gesprochen hatte – auch vom inneren Leben und der gegenseitigen Beziehungen der Glieder untereinander sprechen konnte. Insbesondere die dogmatischen Ekklesiologien, die nun öfters vorgelegt wurden, griffen das Thema auf. Schwierigkeiten in der Vereinbarkeit der beiden Modelle wurden nicht besonders empfunden, vor allem deshalb nicht, weil das zugrundegelegte Leib-Christi-Modell in der Regel das hierarchologische war:

- 1925 veröffentlicht der Freiburger Dogmatiker *Engelbert Krebs* den zweiten Band von *Dogma und Leben*. Er macht sich vor allem die Erschließung der „Lebenswerte" der kirchlichen Lehre für Theologen und Laien zur Aufgabe. Ausgangspunkt seiner Darstellung ist „Die Lehre von der Kirche als dem mystischen Leibe, durch den Christus in der Welt fortlebt und fortwirkt"[48]. Dieses Fortwirken Christi ereignet sich nach Krebs vor allem in den Ämtern der Kirche, „im Lehramt, Priesteramt und Hirtenamt" (Untertitel des Bandes). Wie Christus „einstens in diesem Erdenleben sich der Glieder seines menschlichen Leibes bediente, um das Heil zu bringen ..., so will er sich der menschlichen Amtsträger der Kirche bis ans Ende der Zeiten bedienen, um wieder und wieder zu den Menschen zu

[47] Guardini, Sinn, 4f.15.

[48] E. Krebs, Dogma und Leben II, Paderborn 1925, 1.

reden, ihnen die Glaubenswahrheiten zu verkünden, den Kranken Trost, den Sündern Heil zu spenden und das Opfer seiner selbst und aller Glieder seines mystischen Leibes Tag für Tag dem Vater im Himmel darzubringen".[49] Zwar spricht Krebs ausdrücklich davon, daß „die Träger der göttlichen Amtsvollmachten ... nur ein Teil der Glieder dieses mystischen Leibes" sind,[50] doch wenn es um die aktiv wirkenden Glieder geht, bleibt sein Blick ausschließlich bei den Amtsträgern hängen.

- *Carl Feckes* unterscheidet in einem „doppelten Kirchenbild" die Kirche als „Heilsveranstaltung" von der Kirche als „mystischem Herrenleib".[51]

Das sakramentale Gefüge der Heilsanstalt dient als „heiliger Mutterschoß"[52] dem „*Glied werden*" des einzelnen. Als von Christus so eingerichtete sakramentale Organisation steht die Kirche „als etwas Fertiges vor dem, der im Glauben sich an das neue, übernatürliche Haupt angelehnt hat"[53]. Die Kirche ist also gestaltet als „sakramentale Priesterkirche". „Sakrament und Priestertum erscheinen in ihr als eine einheitliche Heilsveranstaltung des Gottmenschen, in der und durch die die Zeugung und Heiligung der Gotteskinder von seiten unseres Hauptes sich vollzieht."[54]

Als der „mystische Herrenleib" ist die Kirche dann zu betrachten, wenn man das „*als Glied leben*" der vorher in den Leib Eingefügten im Auge hat. Auch für die Gemeinschaft, den „Leib Christi", sind die kirchlichen Ämter, vor allem das Priesteramt, von zentraler Bedeutung. Sie sind jetzt die lebensnotwendigen „Organe", die den Organismus erhalten, weiter aufbauen, vervollkommnen und regenerieren.[55] Dabei handele es sich nicht um „zwei sachlich disparate Kirchenbilder", denn „die gegenseitige Durchdringung der beiden ... kann inniger nicht gedacht werden".[56] Feckes sieht zwar die „Gefahr ..., daß man diese kirchlichen Organe, also die kirchlichen Ämter als die eigentliche Kirche faßt und Kirche und Kirchenvolk einander

[49] Krebs, Dogma II, 8f.
[50] Krebs, Dogma II, 9.
[51] C. Feckes, Das Mysterium der heiligen Kirche, Paderborn 1934, 7.
[52] Feckes bekennt sich ausdrücklich zum Einfluß Scheebens. Das hierarchische Priestertum interpretiert er als die „väterlich zeugenden Organe", „deren sich der Hohepriester bedient, um den Mutterschoß der Kirche zu befruchten" (Feckes, Mysterium, 117).
[53] Feckes, Mysterium, 115.
[54] Feckes, Mysterium, 118.
[55] Feckes, Mysterium, 127.
[56] Feckes, Mysterium, 131.

gegenüberstellt". Doch steht für ihn außer Frage, daß die Kirche „zu jener Art von Gemeinschaften [gehört], die nicht nur Glieder, sondern ausgeprägte Organe haben. Sie ist eine autoritativ strukturierte Gemeinschaft."[57] Sie ist dem soziologischen Typus „Anstalt" und nicht „Verein" zuzurechnen. Als Anstalt ist sie dadurch charakterisiert, „daß man darin eintritt und auf Grund einer Leistung eine entsprechende Gegengabe erhält, die man sonst nicht erhalten könnte. So wird für die Leistung des Gehorsams, den Gebrauch der Gnadenmittel usw. dem Eintretenden das ewige Heil versprochen."[58]

- Nach der Darstellung von *Peter Lippert*[59] muß die kirchliche Verfassung eine aristokratische, absolut monarchische, hierarchische sein. Die Kirche ist „für sich selbst und aus ihrem Wesen heraus antidemokratisch".[60] Die Mitarbeit der Laienkreise (Katholische Aktion) charakterisiert Lippert als „organische, in die kirchliche Hierarchie verständnisvoll sich einfügende Tätigkeit".[61] Das innerste Wesen der Religion Christi ist die Gnade, deren Mitteilung Christus an bestimmte Riten geknüpft hat. „Diese von Christus eingesetzten Riten, im kirchlichen Sprachgebrauch zuerst Mysterien, später Sakramente genannt, zu vollziehen im Namen Christi, sie auszuspenden, äußerlich sichtbar und innerlich wirksam, das ist der Inhalt der höchsten kirchlichen Vollmacht, der Priestergewalt."[62] „Jesus hat die gesamte Menschheit verpflichtet, [sich an die] wenigen, besonders erwählten und bevollmächtigten Menschen ... zu wenden,"[63] in deren Hände er in einem „kühnen Entschluß" seine „göttlichen und makellosen Gaben" gelegt hat.[64] „Der Priester wandelt um der Weihegaben und der heiligen Vollmachten willen, die er trägt, wie ein Engel Gottes und doch sichtbar und nah wie ein echter fühlender Mensch durch die Welt."[65]

Geschichtliches Bewußtsein für die Wandelbarkeit des Kirchenerlebnisses und Kirchenbegriffs im Laufe der Jahrhunderte[66] paart sich

57 Feckes, Mysterium, 200.
58 Feckes, Mysterium, 201.
59 P. Lippert, Die Kirche Christi, Freiburg ^{2}1934 (^{1}1931).
60 Lippert, Kirche, 84.
61 Lippert, Kirche, 85.
62 Lippert, Kirche, 146.
63 Lippert, Kirche, 159.
64 Lippert, Kirche, 163.
65 Ebd.
66 „Aber es bleibt doch immer wahr, daß die Art, wie die einzelnen Zeitalter die Kirche sahen und erlebten, jedesmal etwas Eigenes und Besonderes und wohl

bei Lippert in eigenartiger Weise mit sehr triumphalistischen Gefühlen hinsichtlich der Bedeutung der Kirche in Gegenwart und Zukunft.[67] Eine Infragestellung der traditionellen Amtskonzeption durch die ekklesiologischen und pastoral-praktischen Neuaufbrüche dieser Zeit kann auf diesem Hintergrund gar nicht empfunden werden.

Im Verständnis vom Priesteramt bleibt also auch unter dem Eindruck des ekklesiologischen Neuaufbruchs das traditionell-neuscholastische Bild gültig. Das Fortwirken Christi in seiner Kirche ereignet sich vor allem und in erster Linie im Priesteramt der Kirche, d.h. konkret durch die Amtsträger. Diese ekklesiologische Präferenz steht in engem Zusammenhang mit jener christologisch-soteriologischen, die unter Berufung auf die Hohepriesterchristologie des Hebräerbriefes das gesamte Heilswirken Christi maßgeblich mit den Kategorien von Opfer und Sühne als Priestertum deutet. Zwar werden immer wieder auch die Ämter der Leitung und Lehre erwähnt, sie erfahren aber im Vergleich dazu keine ebenbürtige Gewichtung und Entfaltung. Die Regierungsgewalt dient der Selbsterhaltung der Kirche, und die Lehrgewalt zielt auf den Auftrag und die Vollmacht, die Wahrheiten Gottes zu lehren.[68] Doch der wesentliche Auftrag der Kirche liegt in der Ausübung ihres Priestertums, in dem das Hohepriestertum Jesu fortdauert.[69] Es ist inhaltlich definiert als Fähigkeit und Vollmacht zum Opfer.[70] Priesterliches Handeln heißt immer opfern oder steht zumindest in einem engen Zusamenhang zum Opfer, etwa indem es durch die anderen Sakramente die Glieder des Leibes Christi zum Opfer zurüstet oder befähigt.

Der korrelative Zusammenhang von Priestertum und Opfer galt als so grundlegend, daß er sich auch auf das Verständnis des allgemeinen Priestertums niederschlug.

auch Einmaliges war, das genau so, in gleicher Form und Farbe niemals mehr wiederkehrt" (Lippert, Kirche, 30).

67 „So wird auch, was es in dieser Form im Altertum und in der mittelalterlichen Zeit nicht gab, immer mehr aufblühen: der Kultus der Verehrung gegen die Kirche selbst. Und er wird ein Recht haben und immer mehr Recht bekommen mit seinem Hymnus auf die Kirche: Gesegnet sei sie, die einzige, die zu uns kommt im Namen des Herrn, ..." (Lippert, Kirche, 69).

68 Lippert, Kirche, 126.133.

69 Krebs, Dogma II, 56.

70 Umstritten war, ob auch das Mittlertum als konstitutives Element zum Priestertum gehört. Vertreten wurde diese Auffassung von E.J. Scheller (Das Priestertum Christi im Anschluß an den heiligen Thomas von Aquin. Vom Mysterium des Mittlers in seinem Opfer und unserer Anteilnahme, Paderborn 1934). Die Meinung konnte sich nicht allgemein durchsetzen.

2.1.2.1 Allgemeines „Priestertum"?

Wenn „Priestertum" *das* Interpretationsmodell jedweder Form kirchlicher Wirksamkeit darstellt, legt es sich nahe, auch das Wirken der Laien innerhalb der Rahmenvorstellung eines irgendwie priesterlichen Wirkens einzuordnen. Unter dem Eindruck des erwachenden Laienapostolats und der Katholischen Aktion erfährt deshalb der Gedanke des Priestertums der Gläubigen (bzw. der Laien) eine ausdrückliche Aufwertung und findet auch Eingang in den Wortschatz päpstlicher Äußerungen.

Zum Verständnis der Diskussion um dieses sogenannte „allgemeine" Priestertum, die sich im übrigen durch das ganze 20. Jahrhundert zieht, sei zunächst die Entstehungs- und Wirkungsgeschichte dieses Begriffs kurz erinnert:[71]

Die prominenteste neutestamentliche Referenzstelle in 1Petr 2,5-10 bezeichnet - inspiriert von der alttestamentlichen Erwählungsproklamation Ex 19,5f. - den herausgehobenen Status des Gottesvolkes. Die Metapher von der „königlichen Priesterschaft" steht in einer Reihe mit anderen vergleichbaren Bildern („lebendiger Stein", „geistiges Haus", „erwähltes Geschlecht", „heiliger Stamm", „Eigentumsvolk"). Sie will den von Ängstlichkeit und Minderwertigkeitsgefühlen bedrängten Diasporachristen Kleinasiens Mut zusprechen und sie zur Hoffnung ermuntern. Ein Zusammenhang mit einem bzw. dem Amt innerhalb der Gemeinde oder mit irgendwelchen realen priesterlich-kultischen Vollzügen ist in keiner Weise intendiert.

Auch bei den Vätern wird an einen Vergleich oder eine Beziehung zwischen dem königlichen Priestertum des Volkes Gottes und der priesterlichen Funktion der Amtsträger der Kirche nirgends gedacht, sondern „die alte Kirche fand in den biblischen Begriffen vom Priestertum und (geistigen) Opfer besonders anschauliche Chiffren für ihr Heiligkeitsideal"[72].

Die Gegenüberstellung von besonderem und allgemeinem Priestertum rührt von Martin Luther her. Neben einer doxologischen und paränetischen Intention hat die Rede vom allgemeinen Priestertum bei ihm auch eine polemische Stoßrichtung gegen das Amts-

[71] Vgl. dazu: N. Brox, Der erste Petrusbrief, Zürich - Einsiedeln - Köln ^{3}1989, 108-110.

[72] Brox, Petrusbrief, 109.

priestertum der Kirche:[73] „Jeder, der aus der Taufe gekrochen ist, mag sich rühmen, schon zum Priester, Bischof und Papst geweiht zu sein, auch wenn es nicht jedem ziemt, dieses Amt auszuüben."[74] Damit wird die neutestamentliche Vorstellung vom königlichen Priestertum des Volkes Gottes im Grunde individualisiert. Jeder ist prinzipiell selbst (sein eigener) Priester. Zwar betont Luther - unter dem Eindruck der sogenannten Schwärmer - mit Nachdruck die Unverzichtbarkeit eines ordinierten Amtes in der Kirche, das eine geordnete Verkündigung gewährleistet. Für ein kirchliches *Priester*amt bleibt aber weder Raum noch Notwendigkeit.

Im Gegenzug zur Attacke der Reformatoren entwertet und ignoriert die antireformatorisch motivierte Apologetik konsequent den Gedanken eines „Priestertums der Laien" (wie es jetzt wohl heißen muß). Es wird als „nur" metaphorisch, uneigentlich, unwirklich, „nur" geistig oder unsichtbar abqualifiziert. Demgegenüber wird alles Gewicht auf das „sichtbare" Amt der Kirche und seine priesterlich-sazerdotale Funktionsbestimmung gelegt.

Mit dem Wandel des Kirchenverständnisses im 20. Jahrhundert verbindet sich ein neuerwachendes Interesse katholischer Theologie am Priestertum der Laien bzw. aller Gläubigen. Die Logik beruht dabei auf einem additiven Schema: Nicht nur die Amtspriester, sondern *auch* die Laien haben ein Priestertum. Es gibt das besondere Priestertum, aber schon *auch* das gemeinsame Priestertum.[75]

Die Diskussion der Jahre der Zwischenkriegszeit um das allgemeine Priestertum kreist um die Frage, was die inhaltliche Füllung dieses - neutestamentlich unzweifelhaft belegten - Priestertums näherhin ist. Aufgrund des axiomatischen Konnexes von Priestertum und Opfer, den das Tridentinum formuliert hat, muß auch von diesem Priestertum - wenn es denn wirklich Priestertum sein soll - eine Art von Opfer ausgesagt werden können. „Die königliche Priesterwürde ruht wie alle Priesterwürde im Opfer."[76] Inwiefern und was opfern also die Laien? Und welcher Art ist demnach ihr Priestertum?

[73] H. Goertz / W. Härle, Art. Priester/Priestertum II/1. Allgemeines Priestertum. Systematisch-theologisch, in: TRE 27, 402-410, hier: 403f.

[74] „Dan was ausz der tauff krochen ist das mag sich rumen, das es schon priester, Bischoff und Bapst geweyhet sey, ob wol nit einem yglichen zympt, solch amt zu uben" (WA 6,408,11-15).

[75] Diese additive Logik bestimmt auch die Texte des Zweiten Vatikanischen Konzils. Auf den auffällig häufigen Gebrauch des Wörtchens *auch*, wenn in den Konzilstexten von den Laien die Rede ist, hat H. Haag hingewiesen (Worauf es ankommt, Freiburg 1997, 27).

[76] E. Krebs, Christus und der Priester, Augsburg 1931, 5.

Die Lösungsvorschläge zu dieser Frage folgen idealtypisch folgenden drei Ansätzen:

(1) Das allgemeine „Priestertum" ist Priestertum nur im uneigentlichen, metaphorischen Sinn, denn es bringt kein real sichtbares (d.h. liturgisch-eucharistisches), sondern (nur) geistige Opfer dar (1Petr 2,5). Es ist deshalb gegenüber dem „sichtbaren" Amtspriestertum als ein geistiges, unsichtbares Priestertum zu bezeichnen. Das ist die bekannte Position der antireformatorischen Apologetik.

(2) Das allgemeine Priestertum ist durchaus wirkliches Priestertum. Sein Opfer besteht im Leben und in den Werken der christlichen Nachfolge. Diese sind ein wirkliches, reales Opfer. Deshalb ist auch das Priestertum der Laien real, auch wenn es keine Funktion in bezug auf das eucharistische Opfer besitzt. Dieser Standpunkt wird besonders vom Neresheimer Abt *Bernhard Durst* gegen die aus der liturgischen Erneuerungsbewegung gespeisten Ansätze vertreten.[77]

(3) Das allgemeine Priestertum ist wirkliches Priestertum. Sein reales Opfern bezieht sich auch auf das Opfer der Eucharistie, wo ihm ein echtes persönlich-aktives Mitopfern mit dem Priester zukommt. Dieser Ansatz findet sich vor allem bei den Repräsentanten und Sympathisanten der Liturgischen Bewegung, die die Bedeutung des eucharistischen Opfers als Opfer der ganzen Kirche betont. Als Standardwerk dieser Richtung ist das schon erwähnte Buch von *Engelbert Niebecker*[78] zu nennen, auf das sich andere Autoren (*Rocholl*, *Grosche*, *Schmaus*) normalerweise beziehen.

2.1.2.2 Funktions- und Verhältnisbestimmungen

Im Rahmen der beginnenden theologischen Diskussion um Ort und Bedeutung des allgemeinen Priestertums kommt auch Bewegung

[77] Manche Autoren verweisen ausdrücklich auf die analoge Bedeutung des Begriffs Priestertum. Eine Ähnlichkeit (*wahres* Priestertum) schließt immer eine (u.U. viel größere) Unähnlichkeit mit ein. Das Ausmaß der Unähnlichkeit kann dabei manchmal sehr weit gedacht werden: „Das weltendurchflutende Sonnenlicht und das nächtliche, stille Glühen des Johanniswürmchens – welch ein Abstand! Und doch ist es trotz seiner Winzigkeit und Rätselhaftigkeit *wahres* Licht. Genau so nun verhält sich das Laienpriestertum zum eigentlichen Priestertum, und wenn wir ... als das Wesen des Priestertums die Vermittlung von Gnade und Wahrheit und die Darbringung von Opfer und Gebet bezeichneten, so muß sich dies auch irgendwie im Laienpriestertum feststellen lassen" (Graber, Grundlagen, 17).

[78] E. Niebecker, Das allgemeine Priestertum aller Gläubigen, Paderborn 1936.

in die Konzeption des Priesteramtes. Die neuen Entwicklungen in Kirchenbewußtsein und Ekklesiologie (Laienapostolat, Leib-Christi-Modell) fordern dazu heraus, auch etwas über den funktionalen Ort des Amtspriestertums innerhalb des gesamtkirchlichen Rahmens zu sagen. Im wesentlichen lassen sich drei Grundmuster der Zuordnung von besonderem Priesteramt und allgemeinem Priestertum feststellen: In den Entwürfen von *Engelbert Krebs*, *Carl Feckes* und *Bernhard Durst* kommt dem hierarchischen Priestertum die Funktion zu, das allgemeine Priestertum erst zu ermöglichen bzw. ihm zu seiner ganzen Verwirklichung zu verhelfen (2.1.2.2.1). *Karl Adam* und *Norbert Rocholl* denken dagegen von dem einen Priestertum Christi her, das sich in das besondere Priestertum und das Laienpriestertum ausdifferenziert (2.1.2.2.2). *Robert Grosche*, *Eugen Walter* und *Michael Schmaus* schließlich betonen die Ordofunktion des Priesteramtes für das kirchliche Ganze (2.1.2.2.3).

2.1.2.2.1 Das hierarchische Priestertum als Voraussetzung oder Ermöglichung des allgemeinen Priestertums

• Nach *Engelbert Krebs* obliegt den Amtsträgern der Kirche ein zweifacher Priesterdienst. Er setzt sich zusammen aus der „Eingliederung der Menschen in den mystischen Leib Christi durch die Sakramente" und der „Hinopferung dieses mystischen Leibes mit seinem Haupte an Gott im Meßopfer".[79] Während die Ausübung des Weihepriestertums das „Mittel" bildet, durch welches die Menschen zum königlichen Priestertum „zubereitet werden", besteht das königliche Priestertum selbst darin, „im hl. Meßopfer würdige Glieder des Priesters in Ewigkeit, würdige Teile des hl. Opferbrotes [zu] werden."[80] Das allgemeine Priestertum, d.h. nach Krebs also die Fähigkeit, ein gottwohlgefälliges Opfer zu sein, wird durch die von den Amtsträgern der Kirche verwalteten Sakramente ermöglicht. Da die „Darbringung der geistigen Opfer ... in der gemeinsamen Feier des heiligen Meßopfers [geschieht]", bildet das dazu allein bevollmächtigte Amtspriestertum die „Voraussetzung für die Verwirklichung des allgemeinen Priestertums der Christenheit".[81]

Die Opferfunktion des Priesters weist bei Krebs insofern eine gewisse Modifikation gegenüber der traditionellen Priesteramtsdogmatik auf, als sie nicht nur unmittelbar auf die Konsekration und

[79] Krebs, Dogma II, 1925, 53.
[80] Krebs, Christus und der Priester, 20.
[81] Krebs, Dogma II, 58.

Darbringung der Eucharistie bezogen ist, sondern auch die Aufgabe hat, die Gläubigen selbst zum Opfer und als Opfer zuzurüsten. Das Priesterideal von Krebs bewegt sich jedoch ganz innerhalb der bekannten Erhabenheitsvorstellungen: Das katholische Priestertum trägt „göttlich gegebene, göttlich beglaubigte und göttlich wirksame Vollmachten in sich."[82] Es ist um des Opfers willen eingesetzt.[83] Da „das Leben des berufsmäßigen Opferdieners der Kirche ... selber in seiner ganzen Haltung den Opfergedanken verwirklichen [muß]", ist der Zölibat die dem Priester gemäße Lebensform.[84]

- *Carl Feckes*[85] sieht im hierarchischen Priestertum ein charakteristisches Element einer übernatürlichen Religion. Während in einer Naturreligion der Priester lediglich die Funktion eines öffentlichen Repräsentanten der Gemeinschaft im öffentlichen Gottesdienst habe, ist der Priester in der „positiven" Religion des Alten und des Neuen Testaments ein Repräsentant Gottes, „ein Bevollmächtigter des Allerhöchsten". Durch seine „Dazwischenkunft" verleiht er den Opfergaben, Bitten und Bedürfnissen des Volkes überhaupt erst rechtliche Wirksamkeit.[86]

Das Volk unterliege nämlich aus sich heraus einem „Mangel an natürlicher Heiligkeit". Dieser wird durch das hierarchische Priestertum und seinen priesterlichen Charakter aufgefangen. „Das hierarchische Priestertum soll durch seine Dazwischenkunft die Heiligung des Volkes unfehlbar erzielen, mit dem Endziele, daß dadurch ein 'auserwähltes Geschlecht, ein königliches Priestertum, ein heiliger Stamm, ein zu eigen erworbenes Volk' geschaffen werden. Aufgabe des hierarchischen Priestertums ist es, das königliche Priestertum des Volkes Gottes zu schaffen, das laikale Priestertum, ja jedes persönliche Priestertum so heilig und reif zu machen, daß dann das Volk Gottes selbst im heiligen Priestertume als ein heiliges, Gott würdiges Opfer sich Gott darbringt."[87] Der hierarchische Priester bewirkt somit als echter Mittler zweierlei: „die Gaben zu Opfern zu machen, die Gott annehmen kann und will; und ... das Opfer zu einem unfehlbaren Heiligungsmittel zu machen."[88]

[82] Krebs, Dogma II, 468.
[83] Krebs, Dogma II, 60.
[84] Krebs, Dogma, 469f.
[85] C. Feckes, Das Mysterium der heiligen Kirche, Paderborn 1934.
[86] Feckes, Mysterium, 73.
[87] Feckes, Mysterium, 74f.
[88] Feckes, Mysterium, 81.

Eine gewisse Argumentationsnot beim Nachweis der Notwendigkeit des Amtspriestertums bereitet Feckes die Einsicht, daß bereits das Priestertum Jesu Christi selbst eigentlich ein absolut vollkommenes, nicht mehr zu übersteigendes Priestertum ist, „das zur Heiligung des Geschlechtes vollauf genügt".[89] Auch für den Zweck des Opfers, der im letzten darin besteht, daß der Mensch selber in die Gemeinschaft mit Gott eintrete, wäre ein spezieller Priester nicht zwingend erforderlich.[90] Selbst die sakramentale Funktion erscheine prinzipiell auch auf dem Boden des allgemeinen Priestertums denkbar, indem sich die Gläubigen gegenseitig die Sakramente spenden. Dennoch liegt für Feckes „der Gedanke nahe, daß die Bedienung der sakramentalen Organisation einem besonderen Stande anvertraut wird".[91] Insbesondere das „Stammsakrament" der Eucharistie, das wesentlich Opfer ist, erfordert den menschlichen Priester, damit „die Heiligung des Volkes Gottes und sein Eintritt in die heilige Gemeinschaft mit Gott von der unsicheren Basis ethischer Heiligkeit - unsicher und unvollkommen ist, solange wir auf Erden leben, selbst die Heiligkeit der Gotteskindschaft und das darauf beruhende allgemeine Priestertum - auf die sichere und vollkommene Grundlage der sakralen Heiligkeit eines Priestertums verlegt wurde, auf eine Heiligkeit, die ... die sichere, vollkommene Sakralität Christi zu eigen hat, mit deren Hilfe Christus unter Ausschaltung aller Abhängigkeit vom Menschlichen in seinem mystischen Leibe das absolut vollkommene Opfer weiterpflegt."[92]

Seine eigenen „Bedenken gegen die Stringenz dieses Beweises" zerstreut Feckes zu guter Letzt mit dem Hinweis auf die positive Anordnung Christi, zu der dieser seiner Meinung nach durch folgende Motive bewogen war: die Betonung des Christozentrischen (d.h. daß Christus es ist, der Gnaden spendet) und das Grundgesetz vom Heranziehen der Zweitursachen (d.h. daß Gott in der Regel nicht unmittelbar, sondern über andere Mittel oder Menschen auf Menschen einwirken möchte).[93] Eine positive Füllung der Stellung des priesterlichen Volkes unterbleibt in dieser Konzeption völlig. Es ist in erster Linie charakterisiert als Priestertum verminderter Heiligkeit.

89 Feckes, Mysterium, 76.
90 Feckes, Mysterium, 79f.
91 Feckes, Mysterium, 115f.
92 Feckes, Mysterium, 116.
93 Ebd.

• Eine höhere Meinung vom allgemeinen Priestertum hat *Bernhard Durst.*[94] Obgleich geistiges, ist es doch eigentliches und wesentliches Priestertum. Es ist im Kern identisch mit der übernatürlichen Tugend der Gottesverehrung[95] und besteht in der Befähigung, durch Anbetung, Hingabe, Erfüllung des Willens Gottes und Beobachtung der Gebote „Gott geistige Opfer darzubringen".[96]

Daß trotz dieser grundsätzlichen Opferbefähigung jedes Christen das besondere „Weihepriestertum" unverzichtbar ist, versucht Durst durch die Unterscheidung von geistigem Opfer und „Sachopfer" zu erklären. Das Sachopfer, das mit dem Vollzug einer äußeren Opferhandlung verbunden ist, sei zwar vom geistigen Opfer nicht artverschieden, bilde aber „die feierlichste Form seiner Sichtbarmachung".[97]

Wie die Darbringung der Opfer im Alten Bund, so ist auch „die Mitwirkung beim eucharistischen Opfer des Neuen Bundes" - und zwar aufgrund einer „ausdrücklichen, klaren göttlichen Anordnung" - das „Vorrecht einer kleinen Anzahl Auserwählter". Denn nur die „Apostel und ihre Nachfolger, die geweihten Priester" haben „Vollmacht und Befähigung, beim eucharistischen Opfer als Werkzeug Christi bei der äußeren Opferhandlung der Doppelkonsekration mitzuwirken". Darin besteht das „sichtbare", „äußere" oder „besondere Priestertum".[98]

Der Christ ist demnach, wenn er sein geistiges Priestertum in der feierlichsten Form des Sachopfers betätigen will, auf die Mitwirkung des geweihten Priesters angewiesen,[99] der ausgestattet ist mit einer „ganz neuen Vollmacht, einer wirklichen Potenz".[100] Weil es sich bei der Transsubstantiation um ein Geschehen handelt, das „weit größer und erhabener [ist] als eine Totenerweckung"[101], erfordert die in der „Doppelkonsekration" zu vollziehende symbolische Trennung von Leib und Blut „übernatürliche Wunderkraft".[102]

[94] B. Durst, Dreifaches Priestertum, Neresheim 1946. Spätere Veröffentlichungen Dursts enthalten im wesentlichen nur die Anwendung der in dieser Arbeit entwickelten Grundthesen.

[95] Durst, Priestertum, 18.

[96] Durst, Priestertum, 5.

[97] Durst, Priestertum, 16.

[98] Ebd.

[99] Durst, Priestertum, 47

[100] Durst, Priestertum, 42.

[101] Durst, Priestertum, 33.

[102] Durst, Priestertum, 42.

Dursts Auffassung vom allgemeinen Priestertum ist deutlich individualistisch. Es geht um den einzelnen Gläubigen, der zur Vollendung seines geistigerweise dargebrachten Opfers der konsekratorischen Gewalt des Priesters bedarf. Von einem kirchlichen Ganzen, dem Volk oder dem Leib Christi ist nicht die Rede, so daß auch keine Funktionsbestimmung des Priesters in dieser Hinsicht erfolgt.

2.1.2.2.2 Ein Priestertum Christi in zwei kirchlichen Verwirklichungsformen

• Relativ knapp sind die Äußerungen von *Karl Adam* zum Priesteramt.[103] Er betont, daß es nur ein Priestertum in der Kirche gibt, nämlich das Priestertum Christi. Dieses bedarf aber sichtbarer Werkzeuge und Organe. Sie sind im sichtbaren Priestertum gegeben, das so das Fortleben und Fortwirken Christi auf Erden bezeugt.[104] Adam identifiziert dieses sichtbare Priestertum jedoch nicht einfach mit dem Amtspriestertum. Besonderes Priestertum und „Laienpriestertum“ bilden gemeinsam die innere Differenzierung des sichtbaren Priestertums. Sie sind nicht wurzelhaft verschieden, sondern bewegen sich auf einer gemeinsamen Basis.[105]

Gemäß der Lehre des hl. Thomas begründen die Charaktersakramente eine jeweils spezifische kultische Bestimmtheit. Die höchste Form der sakralen Eingliederung stelle die Priesterweihe dar. Sie „schafft die unverlierbare Fähigkeit und Vollmacht, den Erlösersegen Christi in weitestem Umfang durch das Wort wie durch das Sakrament den Gläubigen zuzuführen. Durch den priesterlichen Charakter wird der Gläubige zum ‘Diener Christi’ im vollen Sinn des Wortes geweiht, und insofern die Kirche der fortlebende Christus auf Erden ist, zum ‘Diener der Kirche’.“[106] Der sakramentale Charakter aus Taufe und Firmung schafft zwar keinen eigenen Stand und vermittelt auch nur einen beschränkten Kreis priesterlicher Vollmachten, er begründet aber dennoch ein wahres Priestertum.[107] Dieses wird beim eucharistischen Opfer ausgeübt. Der Priester opfert nämlich nicht für sich allein, auch nicht bloß an

[103] K. Adam, Das Wesen des Katholizismus, Düsseldorf [6]1931. In dem oftmals aufgelegten Buch geht Adam auf wenigen Seiten des Kapitels „Die Gemeinschaft der Heiligen II“ auf das Priestertum ein. Die erste Auflage von 1924 enthält dieses Kapitel noch nicht.

[104] Adam, Wesen, 154.

[105] Adam, Wesen, 155.

[106] Adam, Wesen, 157.

[107] Ebd.

Stelle des Volkes, sondern Priester und Volk bilden eine „mystisch-seinshafte Einheit“. An dieser Einheit des Priestertums Christi haben Priester und Volk gleichmäßig, wenn auch in verschiedenem Grade Anteil.[108]

- Auch *Norbert Rocholl*[109] betont ausgehend von dem einen Priestertum Christi die grundlegend gleiche Würde aller Christen: „Auf die Einheit und Einzigkeit [des] Lebens Christi gesehen, gibt es ... zwischen Priestern und Laien keinen Unterschied, der sie wie völlig verschiedene Wesen gegeneinander stellte. Alle sind Christen, alle stellen Christus dar.“[110] Erst Priester und Laien zusammen verkörpern das ganze Priestertum Christi.[111] Die Messe ist das „offizielle Gesamtopfer der Kirche“ und nicht einfach ein Akt der privaten Gottesverehrung und Frömmigkeit des Priesters.[112] Das priesterliche Volk ist an dem Opfer des geweihten Priesters deshalb aktiv beteiligt. „In dem Dienst des geweihten Priesters und durch ihn bringt es das eucharistische Opfer auch als sein wirkliches eigenes Opfer dar.“[113] Das amtliche Priestertum habe eine Mittlerstellung für das Volk, aber nicht im gleichen Sinn wie es beim alttestamentlichen Priestertum der Fall war. Denn das neutestamentliche Gottesvolk sei im Unterschied zum alttestamentlichen fähig, aus sich heraus ein gottwohlgefälliges Opfer darzubringen, da Christus seine Opferfähigkeit in höchstem Maße wiederhergestellt hat.[114] Weil Christus aber sein persönliches Kreuzesopfer zum immerwährenden Opfer seiner Kirche gemacht hat und dieses auch immer wieder persönlich erneuert, bedürfe es der Vermittlung von Menschen, die als Stellvertreter in seiner Person handeln.[115]

Da nach Rocholls Überzeugung jeder Christ Christus verkörpert, müsse das Spezifikum des Priesters darin gesehen werden, daß er dies in einer besonderen Hinsicht tut, nämlich insofern Christus das Haupt des Leibes ist. Die sichtbare Darstellung des Hauptes hat die Funktion, „sichtbar zum Ausdruck zu bringen - und auf die Sichtbarkeit kommt alles an - ..., daß *Christus* es ist, Der *in uns* opfert und die Welt erlöst.“ „Deswegen ist die Konsekration des eucharisti-

[108] Adam, Wesen, 159.

[109] N. Rocholl, Vom Laienpriestertum, Paderborn 1939.

[110] Rocholl, Laienpriestertum, 88.

[111] Rocholl, Laienpriestertum, 115f.

[112] Rocholl, Laienpriestertum, 97.

[113] Rocholl, Laienpriestertum, 75.

[114] Rocholl, Laienpriestertum, 77.79.

[115] Rocholl, Laienpriestertum, 78.

schen Opfers dem Priester vorbehalten. Wir könnten sonst doch auf die Idee kommen, wir selbst erlösten uns. So ist uns die Konsekration dieses Opfers entzogen und dem Priester als seine eigentliche Würde und Aufgabe übertragen. ... Die demütige Konsekration des heiligen Opfers ..., das ist die eigentliche Aufgabe des Priesters, ... Alles, was er sonst tut, dient diesem Ziele."[116]

Rocholl betont wiederholt den relativen Charakter der Mittlerstellung des Priesters. Die sakramentale Gewalt dürfe nicht vergessen lassen, daß Christus der eigentliche Spender ist, der Priester nur ein Werkzeug. Deshalb hat der Priester auch nicht Gewalt über den Leib Christi, „ihn vom Himmel auf die Erde zu zwingen", sondern Christus hat Gewalt über den Priester.[117]

2.1.2.2.3 Das Priesteramt als Ordnung (ordo) der Gemeinde

• *Robert Grosche*[118] übt ausdrücklich Kritik an Feckes: Aufgabe des hierarchischen Priestertums könne es nicht sein, das königliche Volk Gottes erst zu schaffen. Denn „nicht das Priestertum heiligt, sondern Christus bzw. die Kirche". Das Volk Gottes ist als solches bereits geheiligt, aus der Welt herausgehoben und auserwählt. Daher bestreitet Grosche die Stellung des Klerus im Sinne eines ausgesonderten „ausgelosten" Standes. Der Klerus hat seinen Ort innerhalb des aus der Welt herausgehobenen Gottesvolkes als *ordo*, als „Ordnung". „Er steht also nicht dem Volk gegenüber, wie es heute empfunden zu werden pflegt, wenn man von Klerus und Laien spricht", sondern er ist Träger eines besonderen Dienstes und stellt die Ordnung des in der Welt auserwählten Volkes Gottes dar.[119]

Das allgemeine Priestertum darf Grosche zufolge nicht vom besonderen Priestertum abgeleitet werden, sondern es ist gleichermaßen Teilnahme am Hohenpriestertum Christi. „Das besondere und das allgemeine Priestertum sind in verschiedener Weise, aber gleich unmittelbar auf das Priestertum Christi bezogen. Der Priester ist nicht für sich selbst, sondern für die Gemeinde da."[120] Die Kirche „fängt nicht erst mit dem 'Klerus' an", sondern das besondere Prie-

[116] Rocholl, Laienpriestertum, 113.
[117] Rocholl, Laienpriestertum, 53.
[118] R. Grosche, Das allgemeine Priestertum, in: ders., Pilgernde Kirche, Freiburg 1938, 159-204.
[119] Grosche, Priestertum, 176.
[120] Grosche, Priestertum, 177.

steramt ist nicht mehr und nicht weniger als ein Glied am Leibe Christi.

Unter Berufung auf Pius X. wie auch die Liturgische Bewegung erinnert Grosche daran, daß das Meßopfer das Opfer der Kirche ist.[121] Auch „die Gebete des Meßbuchs zeigen ganz klar, daß nicht der verordnete Priester allein das heilige Meßopfer darbringt, sondern mit ihm vereinigt die ganze Kirche, als deren 'Vertreter' die bei der Feier der Geheimnisse anwesenden Gläubigen fungieren."[122] Im Hinblick auf das allgemeine Priestertum darf man das reale Opfer in der Nachfolge Jesu und das wirklich sakramentale Opfern nicht voneinander trennen.[123] Der „vorzüglichste Kultakt" des allgemeinen Priestertums ist das eucharistische Opfer. „Auch hier zeigt sich wieder, daß das besondere Priestertum nicht ohne das allgemeine sein kann. Der 'ordo' ist nicht um seiner selbst willen da, sondern er ist – als Ordnung von etwas – bezogen auf die Gemeinde, in der er dienend steht."[124]

• Eine ähnliche Position wie Grosche vertritt *Eugen Walter*[125]. Auch er beruft sich ausdrücklich auf den Begriff *ordo* und betont: „Der Priester ist nicht zuerst einmal Priester für sich (und feiert auch so die Eucharistie) und dann kann auch noch die Gemeinde dazukommen, sondern das priesterliche Amt ist ein Stück der 'geordneten' Gemeinde."[126] Primär für die Gestalt der Kirche sei die Einheit. Die Gliederung ist „Mittel ihrer Durchsetzung und Verwirklichung" und keine Minderung der Einheit an sich.[127]

Besonders bemerkenswert ist Walters nüchterne Bibelexegese, die in ihren wesentlichen Grundzügen auch vor dem heutigen exegetischen Wissensstand zur Amtsthematik bestehen kann: Das Neue Testament enthalte über Ämter der Kirche sehr viele Angaben, die sich aber nicht so leicht auf das heutige kirchliche Priestertum beziehen ließen.[128] Es betone das königliche Priestertum des Volkes Gottes so sehr, „daß daneben jenes andere Priestertum, das heute den Namen fast allein beansprucht, viel weiter zurücktritt und sich unter einem anderen Namen birgt."[129] Walter kommt auch auf die im

[121] Grosche, Priestertum, 184.
[122] Grosche, Priestertum, 188.
[123] Grosche, Priestertum, 203.
[124] Grosche, Priestertum, 184.
[125] E. Walter, Diener des Neuen Bundes, Frankfurt/M. 1940.
[126] Walter, Diener, 12.
[127] Walter, Diener, 66.
[128] Walter, Diener, 3.
[129] Walter, Diener, 46.

Laufe der Zeit erfolgte Konzentration der vielfältigen Dienste einer Gemeinde im Priesteramt zu sprechen: „Praktisch hat ... der Priester heute das Recht, fast alles, was an mannigfachen Ämtern genannt ist, auf sich zu beziehen – ohne daß dies freilich immer so sein müßte und auch ohne daß es ein Idealzustand wäre."[130]

Unabhängig von der jeweiligen historischen Ausgestaltung des Amtes oder der Ämter heißt ihr wesentliches Stichwort Dienst. „Damit ist die Einordnung dieser Ämter in den geistigen Bau der Kirche, in das heilige Priestertum des Volkes Gottes bestimmt."[131] Priester sein heißt Vorsteher sein, „Diener der Diener Christi".[132]

Ebenso wie Grosche übt auch Walter Kritik an der etymologisch nahegelegten, landläufigen Interpretation von „Klerus" (Anteil, Los) und seiner Gegenüberstellung zum „Laien" („einer, der draußen steht", „nicht eingeweiht" ist). In der Heiligen Schrift sei der Begriff Laie ein Ehrenname. Er zeichnet den Angehörigen des Volkes Gottes aus. Jahwe ist der Anteil seines Volkes (und nicht nur einiger weniger Auserwählter innerhalb dieses Volkes). „Alle Elemente, aus denen der Kult besteht, sowohl die persönlichen (Auserwählung, Bestellung, Vorrecht), wie die sachlichen (Tempel, Opfer) sind [im Neuen Testament] in Dienst genommen, um die christliche Existenz auszudrücken."[133]

Die priesterliche Grund- und Gesamtgestalt der Kirche werde wesentlich aufgebaut von der Eucharistie her. Das Zustandekommen des eucharistischen Kultus erfordert eine besondere Vollmacht. Diese hat der Herr zwar der ganzen Kirche gegeben, in einer bestimmten Weise jedoch nur den Aposteln. „Gerade weil die Eucharistie als Opfer und Sakrament das Sakrament der Gemeinschaft, also das Sakrament der Kirche schlechthin ist, bedarf sie dieser 'Ordnung'." Walter versteht sie „nach Art einer Familie mit ihrem Haupt".[134]

Er erinnert daran, daß jedes Priestertum im Neuen Bund nichts anderes ist als die Teilnahme am Priestertum Christi. Dabei betont er besonders die Menschheit Christi als Konstitutivum seines Priestertums. Das hat Konsequenzen für das Priesterideal: Gefragt sei nicht ein übersteigertes Hervorheben quasigöttlicher Würden, sondern gerade die Förderung der menschlichen Qualitäten und die menschliche Bewährung des Priesters. Der Christ muß sich in der Welt be-

130 Walter, Diener, 50.
131 Walter, Diener, 50f.
132 Walter, Diener, 53.
133 Walter, Diener, 34.
134 Walter, Diener, 39.

währen, „und davon sind weder die Apostel noch ihre Nachfolger prinzipiell ausgenommen, der ortgebundene Vorsteher einer Gemeinde am allerwenigsten."[135]

- In der Katholischen Dogmatik von *Michael Schmaus*[136] stehen verschiedene Äußerungen innerhalb der Ekklesiologie bisweilen in einer eigenartigen Spannung. Aussagen, wonach die Kirche „ihrem innersten Wesen nach antidemokratisch" zu sein hat,[137] die Sichtbarkeit der Kirche in den Bischöfen und Priestern gegeben ist,[138] oder die Einteilung in eine „lehrende" und „hörende" Kirche[139] wollen – trotz aller bemühter Differenzierung – keine rechte Synthese bilden mit den Bemerkungen, die von dem priesterlichen Charakter der Kirche als Ganzes,[140] der unentbehrlichen Tätigkeit aller Glieder,[141] dem von jedem Glied getragenen Christuszeugnis der Kirche[142] oder dem Meßopfer als Werk der Gesamtkirche[143] sprechen.[144]

Überraschenderweise weist Schmaus' Darstellung zum Priesteramt in der Sakramentenlehre (Priesterweihe)[145] eine größere Geschlossenheit auf. Dort folgt Schmaus im Grundansatz Eugen Walter, auf dessen Buch er, ebenso wie auf Norbert Rocholls *Vom Laienpriestertum*, ausdrücklich verweist.[146]

Die priesterliche Gemeinschaft der Kirche kann demnach nicht ohne Ordnung sein. Jedes Glied hat eine je eigene „gerade ihm und keinem anderen zukommende Aufgabe".[147] Alle Glieder gemeinsam wirken zum Leben des Ganzen. Die besondere Funktion des Priesteramtes erklärt Schmaus mit dem Bild eines Hauses, das aus Gerüst und getragenen Teilen besteht. Es gibt in der Kirche Glieder, „welche wir als das von Gott selbst errichtete Gerüst des ganzen Gottes-

135 Walter, Diener, 61.
136 M. Schmaus, Katholische Dogmatik, München $^{1+2}$1938-41.
137 Schmaus, Dogmatik III/1, 88.
138 Schmaus, Dogmatik III/1, 101f.
139 Schmaus, Dogmatik III/1, 87.
140 Schmaus, Dogmatik III/1 § 174 und IV/1 § 238.
141 Schmaus, Dogmatik III/1, 139.
142 Schmaus, Dogmatik III/1, 87.
143 Schmaus, Dogmatik III/1, 142.
144 Dieser Befund wiederholt sich – trotz erheblich erweiterter und umstrukturierter Darstellung – auch in $^{3-5}$1958.
145 Schmaus, Dogmatik III/2, 420-449. Das Kapitel wird in allen folgenden Auflagen identisch übernommen. Nur in ^{6}1964 werden ein paar minimale Erweiterungen aus den Texten des Zweiten Vatikanischen Konzils eingeschoben.
146 Schmaus, Dogmatik III/2, 421.
147 Ebd.

baues der Kirche bezeichnen können. Wir nennen es das besondere Priestertum. Es dient der Ordnung im Ganzen."[148] Das besondere Priestertum ist deshalb von Christus um der Ordnung willen gestiftet[149] und dazu bestimmt, für den Bestand der Gemeinschaft unentbehrliche, ihm allein vorbehaltene Dienste zu leisten. Es steht daher dem Ganzen nicht gegenüber, sondern ist selbst ein Stück des geordneten Ganzen. Das besondere Priestertum ist unentbehrlich, weil die Gemeinde ihr Opfer nur durch ihre mit der besonderen Priesterweihe ausgestatteten Glieder vollziehen kann. Schmaus registriert ausdrücklich, daß Paulus in 1Kor 11,17-34 die Eucharistie schildern kann, ohne auf das besondere Priestertum zu sprechen zu kommen. Er deutet diesen Befund folgendermaßen: „Wenn ... diese [sc. priesterliche Amtsträger] trotz ihrer Unentbehrlichkeit nicht ausdrücklich hervorgehoben werden, so zeigt sich darin, daß sie in ihrem Handeln nur die von Christus vorgesehenen Diener des ganzen kirchlichen Wir sind." Alle Getauften und Gefirmten nehmen „irgendwie" an der „Begehung des Herrenleidens" teil, doch damit die kirchliche Gemeinschaft sie in geordneter Weise feiert, sind nicht alle in gleicher Weise an ihr beteiligt.[150]

Schmaus betont den Ordogedanken wiederholt: „Die Weihe ist ... das Sakrament, durch welches einzelne Glieder in der kirchlichen Gemeinschaft zu besonderen, ihnen allein vorbehaltenen Diensten des Weihens und Segnens bleibend befähigt und verpflichtet werden. Sie ist das Sakrament der Ordnung und des Dienstes. So wird auch ihr Name ordo, ordinatio verständlich. Durch die Weihe wird die Ordnung des Ganzen hinsichtlich der Sakramentenspendung und der Wortverkündigung hergestellt."[151]

[148] Schmaus, Dogmatik III/2, 421. In [6]1964 wird an dieser Stelle, offenbar unter dem Eindruck der laufenden Konzilsdiskussionen, ergänzt: „Wir nennen es das besondere Priestertum. *Dieses ist nicht nur eine höhere Stufe des allgemeinen Priestertums. Es ist vielmehr von diesem wesentlich verschieden.* Es dient der Ordnung des Ganzen" (IV/1, 728; Hervorhebung JM).

[149] Schmaus, Dogmatik III/2, 423.

[150] Schmaus, Dogmatik III/2, 427.

[151] Schmaus, Dogmatik III/2, 423. In [6]1964 verursacht der Einschub von Formulierungen aus der laufenden Konzilsdiskussion einen deutlich überladenen Satz: „Die Weihe ist ... das Sakrament, durch welches einzelne Glieder in der kirchlichen Gemeinschaft zu besonderen, ihnen allein vorbehaltenen Diensten des Weihens und Segnens bleibend befähigt und verpflichtet werden, *und zwar dadurch, daß ihnen eine besondere Ähnlichkeit mit Christus eingeprägt wird, und sie daher in der Stand gesetzt werden, Christus in besonderer Weise zu symbolisieren. Sie schafft den die Kirchenverfassung beherrschenden Unter-*

Wo Schmaus dann auf die Wirkungen des Weihesakraments zu sprechen kommt, reibt sich die zuerst dargelegte Ordokonzeption allerdings wieder mit Aussagen, die eher den traditionellen Vorstellungen von der herausgehobenen *potestas* und *excelsitas* des Priesters nahestehen: Die Weihe besage eine besondere Weise der Christusbegegnung. „Der Priester vermag Christus darzustellen. Er gewinnt die Fähigkeit, die Rolle Christi zu spielen.“[152] „Das in der Taufe verliehene allgemeine Priestertum wird hier fortgeführt und vollendet zum Amtspriestertum.“[153] „Der Geweihte ist ... nicht nur in stärkerer, sondern vor allem in andersartiger Weise Bild Christi als der nicht Geweihte.“[154]

Der priesterliche Dienst umfaßt sowohl die Spendung der Sakramente als auch die Verkündigung des Wortes Gottes, doch die entscheidende Vollmacht des Priesters ist die Gegenwärtigsetzung des Kreuzesopfers. „Er übt sie am Altare aus. Alle übrigen Aufgaben gruppieren sich um den Altar. Da nehmen sie ihren Ausgangspunkt und dorthin kehren sie wieder zurück. Sie zielen auf das eucharistische Opfer hin und bringen es zur Auswirkung.“[155] Diese Rangordnung unter den priesterlichen Aufgaben darf nicht verletzt werden, sonst würde das Priestertum selbst verletzt. „Eine Tätigkeit, die keinerlei Beziehung zum Altar hat, kann nicht als priesterlich bezeichnet werden.“[156]

Während die wachsende Akzeptanz für die Auffassung vom königlichen Priestertum der Getauften zunächst in den praktischen Erfahrungen mit dem Laienapostolat (Katholische Aktion) begründet war, erörterte die theologische Reflexion das allgemeine Priestertum – ebenso wie das Amtspriestertum – vor allem im Kontext von Opferbefähigung und Eucharistievollmacht. Dabei ist zu beobachten, daß eine positive Füllung und Gewichtung dieses Theologoumenons kaum gelingt, ohne die traditionelle überhobene Stellung des Priesters in irgendeiner Form zu relativieren. In noch stärkerem Maße provozierte der maßgeblich von der Mysterientheologie beeinflußte Wandel im Liturgie- und Eucharistieverständnis die Frage nach Legi-

schied von Klerikern und Laien. Sie ist das Sakrament der Ordnung und des Dienstes ...“ (IV/1, 730f., Hervorhebung JM).

152 Schmaus, Dogmatik III/2, 442.

153 Ebd.

154 Schmaus, Dogmatik III/2, 443.

155 Schmaus, Dogmatik III/2, 446.

156 Ebd.

timation und Inhalt einer spezifischen, den Priester vom Laien wesentlich unterscheidenden Opfervollmacht.

2.2 Die Erneuerung des Eucharistieverständnisses

Ein wesentlicher Impuls für die Neubelebung des Kirchenverständnisses kam aus dem Raum der Liturgischen Bewegung, insbesondere aus der diese entscheidend befruchtenden Mysterientheologie (2.2.1). Durch den Rückgriff auf das realsymbolische Denken der christlichen Antike (2.2.1.1) konnte sich die Fixierung auf isolierte Einzelelemente der liturgischen Vorgänge (2.2.1.2) lösen und statt dessen die Gesamtgestalt des eucharistischen Geschehens und der Subjektcharakter der feiernden Kirche als „Kultgemeinschaft" in den Blick kommen (2.2.1.3). Daß dadurch die traditionelle Funktionsbestimmung des Priesters in Frage gestellt schien, registierten vor allem die Vertreter der (neu-)scholastischen Schultheologie (2.2.2).

2.2.1 Ein Neuansatz im theologischen Denken

2.2.1.1 Liturgie als Kultmysterium

Ein entscheidender Anstoß für die Erneuerung des Liturgie- und Eucharistieverständnisses im 20. Jahrhundert geht vom Werk des Maria Laacher Benediktiners *Odo Casel* aus.[157] Angeregt, gefördert und unterstützt durch seinen älteren Mitbruder und Abt *Ildefons Herwegen*, hat er jenen theologisch-systematischen Entwurf vorgelegt, der unter dem Begriff „Mysterienlehre" bekanntgeworden ist.

Bereits von Anfang an in intuitiver Einsicht vollständig erfaßt, hat Casel seine Sicht in zahlreichen Veröffentlichungen, zu denen er sich meist durch Kritiker herausgefordert sah, „ent-wickelt" (im bild-wörtlichen Sinn verstanden als Umkreisen und Entfalten des im Kern vorhandenen Ganzen).[158] Casel selbst verwahrt sich dagegen,

[157] Eine umfassende Darstellung der Caselschen Mysterientheologie bietet A. Schilson, Theologie als *Sakramententheologie*, Mainz 1982. Die Diskussionen, die um die Mysterienlehre geführt wurde, erörtert Th. Filthaut, Die Kontroverse um die Mysterienlehre, Warendorf 1947.

[158] Für das Bekanntwerden von Casels Mysterienlehre ist die Veröffentlichung zweier Bändchen in der von Herwegen herausgegebenen Reihe *Ecclesia orans* von Bedeutung: Das Gedächtnis des Herrn in der altchristlichen Liturgie, Freiburg 1918, Die Liturgie als Mysterienfeier, Freiburg 1922. Die beste Ge-

seine Mysterienlehre als Theorie im Sinne eines diskursiv-schlußfolgernden Denksystems verstehen zu wollen. Nicht eine Theorie, sondern die platonische *theoria*, die unableitbare „Schau des allein wahrhaft Seienden d.h. Gottes“ ist Prinzip (Ausgangspunkt und Struktur) seiner Konzeption.[159] Diese findet er bestätigt und grundgelegt in der Vorstellungswelt der altchristlichen, vor allem der patristischen Epoche, der bereits seine beiden Dissertationen galten.[160] Casel selbst begreift deshalb seine Mysterienlehre im Kern nicht als einen radikalen Neuansatz theologischen Denkens, sondern vielmehr als Wiederentdeckung und Wiederbelebung des Ideals der Frühzeit, der in seiner Sicht „die normative Kraft ... für jede weitere Ausgestaltung des Christlichen“[161] zukommt.

Der Schlüsselbegriff „Mysterium“ umfaßt nach Casel einen „dreifach[en] und doch wieder einfach[en]“ Sinn:[162]

(1) „Mysterium ist zunächst *Gott in sich*, Gott als der unendlich Ferne, der Heilige und Unnahbare, dem kein Mensch sich nahen kann, ohne zu sterben. ... Und dieser Allheilige entschleiert sein Mysterium, läßt sich zu seinem Geschöpfe herab und offenbart sich ihm, aber wieder ‘im Mysterium’, d.h. in gnadenvoller Offenbarung.“ Auch diese bleibt Mysterium, da sie sich nicht der profanen Welt, sondern nur dem Gläubigen enthüllt. Hatte bereits die alte Welt eine schattenhafte Ahnung dieses Mysteriums, so bestätigte bei den Juden Gott selbst diese Sehnsucht durch seine Offenbarung. „Erfüllt und mehr als erfüllt wurde alle Sehnsucht und alle Verheißung durch die Ankunft Gottes im Fleische.“

samtdarstellung bietet: Das christliche Kultmysterium, Regensburg 1932 ([4]1960 hrsg. und um zwei Kapitel aus dem Nachlaß ergänzt von B. Neunheuser). Das herausragende Forum für die laufende Darstellung und Diskussion um die Mysterienlehre wurde das von Casel (zunächst zusammen mit A. Baumstark und R. Guardini) herausgegebene Jahrbuch für Liturgiewissenschaft (1921-1941).

159 Schilson, Sakramententheologie, 109.134.

160 Casel promovierte 1912 in Rom über „Die Eucharistielehre des hl. Justinus Martyr“ und 1919 in Bonn mit der philologischen Studie „De philosophorum graecorum silentio mystico“.

161 Schilson, Sakramententheologie, 99. – Damit ist nicht gesagt, daß Casels Auslegung immer exakt den ursprünglichen Sinn der griechischen Väter erfaßt hat, obwohl gerade dies seine Absicht war. Doch wirkte die Patristik sowohl für die ursprüngliche Intuition als auch für die Darstellung seiner Mysterientheologie als Katalysator.

162 Die folgende grundlegende Darstellung des Begriffs Mysterium ist entnommen aus Kultmysterium, 22-24 (alle Hervorhebungen vom Verf.).

(2) Damit ist die zweite Begriffsebene erreicht. Mysterium meint hier „die wunderbare *Offenbarung Gottes in Christus*", wie sie vor allem die paulinischen und johanneischen Schriften bezeugen.[163] „Christus ist das *persönliche Mysterium*, weil er ja die unschaubare Gottheit im Fleische offenbart." Ebenso sind Mysterien die „Handlungen seiner Niedrigkeit", besonders sein Kreuzestod, vor allem aber seine Auferstehung und Erhöhung. Das von den Aposteln der Ekklesia verkündete „Mysterium Christi" umfaßt also nicht bloß eine Lehre, sondern die Heils*tat* Christi. Wenn es die Ekklesia nun weitergibt an alle Generationen, so tut sie das ebenfalls nicht durch das Wort allein, sondern sie führt durch heilige Handlungen die Menschheit zum Heil.

(3) Hier erhält das Wort Mysterium seinen dritten Sinn, der mit den ersten beiden untrennbar verbunden ist. Das am Herrn einst Sichtbare ist in die *Kultmysterien* übergegangen. Seine Person, seine Heilstaten, seine Gnadenwirkung begegnet nun in der Liturgie der Kirche, in der Feier der Sakramente, vor allem der Eucharistie, sowie im festlichen Begehen des Kirchenjahres.

In der Mitte von Casels Mysterientheologie steht die aus ganzheitlicher Erfahrung gewonnene Einsicht, daß die Mitteilung des wahren Lebens sich „maßgeblich, ja ausschließlich kultisch" vollzieht.[164] Konstitutiv für das Christsein ist die Schicksalsgemeinschaft mit Christus, das Mitvollziehen seiner Heilstat. Der Mensch erhält Anteil an der vergangenen Heilstat Christi nicht durch bloße Erinnerung, sondern indem er sie selbst mit-vollzieht, mit Christus mitlebt, mit-leidet und mit-aufersteht und so zum „Mitspieler Gottes" wird.[165] Ort und Weise der Gegenwart des vergangenen Heilsereignisses bildet das sakramentale Geschehen, das Kultmysterium. Im Kultmysterium ist die Heilstat selbst zugänglich, nicht nur ihre Auswirkung oder Frucht, und wird von Christus selbst zum Nachvollzug, zum Mit-vollzug angeboten.

Zur Erläuterung des Mysteriengedankens zieht Casel die antik-heidnischen Mysterienkulte als formale (nicht ursächliche!) Analogie

[163] Die gesamte Laacher Mysterientheologie „orientiert sich in (z.T. bewußtem und gelegentlich sogar ausgesprochenem) Gegensatz zur liberalen protestantischen Theologie jener Zeit, insbesondere aber zur Leben-Jesu-Forschung des 19. Jahrhunderts, an jenen Partien des Neuen Testaments, die Jesus Christus als den erhöhten und verklärten in seiner Kirche fortwirkenden Herrn verkünden und demgegenüber seiner konkreten irdischen Erscheinung weniger Beachtung schenken" (Schilson, Sakramententheologie, 65).

[164] Schilson, Sakramententheologie, 136.

[165] Schilson, Sakramententheologie, 175.

heran: „Die Antike glaubte an die Epiphanie gewisser Götter in menschlicher Gestalt, die auf Erden Schlimmes und sogar den Tod erlitten, dann aber zum Leben zurückkehrten; sie beging deren Schicksal in dramatischen Riten, die die erstmalige Epiphanie und deren Taten darstellten und zur erneuten Wirklichkeit machten. Indem die Kultgenossen diese Riten begehen, nehmen sie an dem Geschick der Götter teil, treten so in den göttlichen Kreis ein, werden vergottet. Diese Feiern nehmen daher, zumal in hellenistischer Zeit, einen ausgesprochen 'mystischen' Charakter an, insofern als der Teilnehmer dadurch in eine persönliche Beziehung zur Gottheit tritt, die nach dem Tode sich in einem seligen Leben fortsetzt."[166] Casel versäumt nicht zu betonen, daß die antiken Mysterienkulte allenfalls ein bloßer Schatten der christlichen Mysterien, ein Ausdruck der Sehnsucht nach dem Zukünftigen waren.[167] Ihre Bedeutung für das Kultmysterium der christlichen Sakramente liegt lediglich in den festgestellten Strukturähnlichkeiten, jedoch in keiner Weise in einer Funktion als Vorbild oder als Voraussetzung für diese.

Bei Casels Mysterientheologie handelt es sich nun nicht bloß um die Wiederentdeckung eines vergessenen Aspektes, der nur für ein bestimmtes, begrenztes Gebiet der Theologie oder der kirchlichen Praxis, etwa der Sakramentenlehre oder Liturgie, von Belang ist, sondern um eine neue Denkform, die einen epochalen Perspektivenwechsel theologischen Denkens überhaupt impliziert und von Casel selbst auch so verstanden wurde.[168] Von größter Bedeutung wurde die von ihm intuitiv erfaßte sakramentale Idee für die Erneuerung des Eucharistieverständnisses.

[166] O. Casel, Das Mysteriengedächtnis der Meßliturgie im Licht der Tradition, in: JLW 6 (1926) 113-204, 139.

[167] Casel, Kultmysterium, 53.

[168] „Grundlegend bestimmt Casel die Gegenwart als Krise bzw. endgültiges Zerbrechen einer Bewegung, die im 12. Jahrhundert mit dem 'Geist der Gotik', mit der Vorherrschaft des germanischen Geistes und damit des Subjektiven einsetzt und die gesamte Neuzeit maßgeblich prägt" (Schilson, Sakramententheologie, 98). – „In bewußtem Gegenüber zur bisherigen Betonung des Anthropozentrischen, Subjektiven, Individuellen, Ethischen, Juridischen und Naturalistischen tritt nun das Theozentrische, Objektive, Ganzheitliche, Gemeinschaftliche, Ontologische und Symbolische in den Vordergrund" (Schilson, Sakramententheologie, 97).

2.2.1.2 Der Hintergrund: Meßopfertheorien

Der fundamentale Perspektivenwechsel, den die Mysterientheologie in der Eucharistielehre anstieß, wird deutlich, wenn man sich zum Vergleich vor Augen hält, mit welcher Fragestellung die theologische Diskussion in diesem Punkt im Grunde seit dem Tridentinum befaßt war:

Gegen die reformatorische Leugnung des Opfercharakters der Messe hatte das Konzil betont, daß in der Messe Gott ein wahres und eigentliches Opfer (*verum et proprium sacrificium*) dargebracht werde.[169] Unklar blieb jedoch, wie das Verhältnis sowohl des Letzten Abendmahls Jesu als auch des Meßopfers zum Kreuzesopfer zu charakterisieren sei.[170] Insbesondere der Opfercharakter des Abendmahls war auf dem Konzil selbst lange strittig, bis man sich zu der Aussage durchrang, Christus habe beim letzten Mahl seinen Leib und sein Blut unter den Gestalten von Brot und Wein Gott dem Vater dargebracht (*obtulit*), um damit seiner Kirche ein sichtbares Opfer zu hinterlassen, durch das das Kreuzesopfer vergegenwärtigt werden (*repraesentaretur*), sein Gedächtnis fortdauern und seine heilbringende Kraft zugewandt werden (*applicaretur*) sollte.[171] In diesem Darbringen von Leib und Blut Christi unter den Gestalten von Brot und Wein sah nun das Konzil den Opfercharakter überhaupt, sowohl des letzten Mahls Jesu als auch der Messe. Der Opfercharakter der Messe wird damit als eigenständig und zunächst unabhängig vom Kreuzesopfer verstanden. Die Funktion des Meßopfers, das Kreuzesopfer zu repräsentieren, resultiert erst „logisch nachträglich" und „kraft des von Christus gestifteten Bezugs zwischen den beiden Opfern".[172] Der Opfercharakter der Messe erscheint als die Voraussetzung dafür, daß die Messe das Kreuzesopfer Christi vergegenwärtigen kann, und nicht als die innere Konsequenz aus Letzterem.

Um die Einheit und Einzigkeit des Opfers Christi (im Abendmahlssaal, am Kreuz, in der Eucharistie) angemessen auszusagen, fehlte der Theologie seit dem Mittelalter schlicht die Sprache. Das Festhalten an der klar definierten Lehrentscheidung des Tridentinums, daß das Meßopfer ein wahres und eigentliches Opfer sei, schien auch künftig nur möglich zu sein, indem man eine irgendwie

[169] Konzil von Trient, Sess. XXII. Meßopferdekret, Can 1. (DH 1751).

[170] Zum folgenden: A. Gerken, Theologie der *Eucharistie*, München 1973, 141-143.

[171] DH 1740.

[172] Gerken, Eucharistie, 142.

eigenständige Opferhandlung in der Messe annahm, die - das sei an dieser Stelle gleich miterwähnt - zu ihrer Durchführung (aufgrund des vom selben Konzil formulierten göttlich angeordneten Zusammenhangs von Priester und Opfer) eine besondere, ontologisch verstandene priesterliche Befähigung erfordert.

Seit der tridentinischen Definition bemühten sich Theologen zu klären, worin nun genau die Eigenart des in der heiligen Messe vollzogenen Opfers begründet sei.[173] Als Ausgangspunkt der verschiedensten Meßopfertheorien wurde ein allgemeiner Opferbegriff herangezogen, den man aus der vergleichenden Religionsgeschichte bzw. aus den Elementen alttestamentlicher Kultordnung erhob. Dann versuchte man entweder nachzuweisen, inwiefern die konstitutiven Charakteristika des religionsgeschichtlichen Opferbegriffs in der Feier der Messe gegeben sind, oder aber, worin gerade das spezifische, das Meßopfer von allen nichtchristlichen Opfern unterscheidende Moment des Meßopfers liegt. Diskutiert wurden auf diese Weise eine Maktationstheorie (das entscheidende Moment besteht in der sakramentalen Trennung von Leib und Blut als mystischer Schlachtung), eine Destruktionstheorie, (für das Opfergeschehen ist eine Veränderung, d.h. Zerstörung der Opfergabe konstitutiv) sowie verschiedene Oblationstheorien (das Wesen der eucharistischen Opferhandlung ist in der Darbringung der ein für allemal am Kreuz geopferten Menschheit Christi gegeben).

Die Fragestellung befand sich in einer Sackgasse. Das belegt allein die Tatsache, daß sich trotz lebhafter Diskussion über Jahrhunderte weder eine überzeugende Konvergenz geschweige denn ein wirklicher Konsens abzeichnete. Die Ursache lag in der Vernachlässigung der sakramentalen Idee und eines tragfähigen Symbolbegriffs. So blieb es im wesentlichen bei der Vorstellung einer Erneuerung des Kreuzesopfers in der Messe, die zwar unblutig, aber doch als irgendwie eigenständige Opferhandlung (Christi) verstanden wurde, die jeweils neue Früchte oder mindestens jeweils neu die Früchte des Kreuzesopfers zuwendet - eine Wirkung, die durch die Vermehrung der Meßfeiern ebenfalls vervielfältigt werden kann.[174]

173 Einen Überblick gibt H. Lais, Gedanken zu den Meßopfertheorien, in: J. Auer / H. Volk (Hrsg.), Theologie in Geschichte und Gegenwart (FS M.Schmaus), München 1957, 67-88.

174 Selbst K. Rahner fühlt sich - worauf Gerken (Eucharistie, 143f.) hinweist - in seiner Schrift „Die vielen Messen und das eine Opfer“ (erstmals erschienen in: ZkTh 71 [1949] 257-317, wiederaufgelegt 1966 als QD 31) der tridentinischen Definition soweit verpflichtet, daß er festhält: „der Opfercharakter der Messe

2.2.1.3 *„Wiederhinstellung" der Heilstat Christi*

Während das seit dem Mittelalter vorherrschende Denken um die Fragen der somatischen Realpräsenz (der tatsächlichen Gegenwart des Leibes und Blutes Jesu) und der Erneuerung oder Wiederholung des Kreuzesopfers kreiste, ermöglichte *Casel* durch die grundsätzliche Wiedergewinnung des realsymbolischen Denkens, von der Gegenwart (auch) der Heilstat zu sprechen. Geprägt von der der altkirchlich patristischen Denkform zugrundeliegenden platonischen Ontologie lenkte er den Blick wieder auf die kommemorative Aktualpräsenz und damit auf die Einheit und Einzigkeit des Opfers Christi (im Abendmahlssaal, am Kreuz, in der Feier der Gemeinde). Die Passion Christi kann weder „erneuert", noch „wiederholt" werden. Auch gegenüber dem Ausdruck „Vergegenwärtigung" ist Casel skeptisch, da er zu leicht in bloß subjektiv-gedanklichem Sinne mißverstanden werden könnte. Statt dessen bevorzugt er den Begriff „Wiederhinstellung". Die Passion des Herrn wird im sakramentalen Ritus „wiederhingestellt" und nimmt damit eine neue rituelle Gegenwart an, an der die Gläubigen teilnehmen können.[175]

Eine wesentliche Rolle im Kultmysterium kommt der Ekklesia zu. Sie wird bei der dramatischen „Wiederhinstellung" der Heilstat Christi gleichsam zur Mit-spielerin „des göttlichen Protagonisten Christus".[176] Bei aller radikalen Christozentrik ist die Liturgie immer zugleich Handeln der Kirche. „Christus selbst hat die Mysterien bereitgestellt, damit die Kirche darin 'etwas wirken, nicht bloß empfangen' kann."[177] Die Begriffe „Mysterium" und „Liturgie" bilden für Casel zwei Seiten derselben Sache: „'Mysterium' bezeichnet ... den eigentlichen Kern der Handlung, also in erster Linie das erlösende Wirken des erhöhten Herrn durch die von ihm einge-

ist in der Dimension der sichtbaren kultischen Handlung zu suchen" (QD 31, 29).

[175] Vgl. dazu Schilson, Sakramententheologie, 286-288. – Auf die dennoch bestehende, Casel selbst unbewußte Differenz seines Ansatzes zur ursprünglichen Idee der griechischen Väter hat Gerken (Eucharistie, 167) hingewiesen. Verräterisch ist die Definition der Mysteriengegenwart als „Gegenwart göttlicher Heilstat unter dem Schleier der Symbole" (JLW 8 (1928) 145). Damit kommt „dem Symbol und also der kirchlichen Feier keine echt vermittelnde Funktion gegenüber der Mysteriengegenwart" zu. Es hat „mehr die Funktion einer Einkleidung der Mysteriengegenwart" und ist nicht selbst und als solches „die sakramentale, sichtbare Gestalt der vergangenen Heilstat".

[176] Casel, Mysterienfeier, 67.

[177] Schilson, Sakramententheologie, 306.

setzten heiligen Handlungen; 'Liturgie' aber, entsprechend seinem Wortsinne 'Volkswerk', 'Dienst', mehr das Tun der Kirche bei diesem Heilswerk Christi."[178]

Damit stellen sich die entscheidenden Konturen der durch die Mysterientheologie initiierten Erneuerung des Eucharistieverständnisses wie folgt dar: Die Eucharistie (wie auch alle anderen Sakramente) wird nicht mehr betrachtet als Ort individueller Gnadenvermittlung durch den Priester als Sakramenten„spender", sondern als Gesamtgeschehen, das der Kirche als ganzer anvertraut ist und von der Kirche als ganzer vollzogen wird. Im gläubigen Mit-tun werden die Feiernden in das Geschehen so hineingenommen, daß sie Anteil erhalten am Geschick Jesu und das Heilswirken Christi in ihnen wirksam wird. Der entscheidende Vorgang bei der Messe ist damit nicht ein isoliert verstandener Moment der „Wandlung", sondern die gesamte Handlung. Diese ist der „sichtlichste Ausdruck und ... die höchste Lebensbetätigung des mystischen Leibes Christi".[179]

2.2.2 Die Rolle des Priesters im Kultmysterium

Der Vollzug der Liturgie und damit die Trägerschaft für die Vermittlung des Heilswirkens Christi liegt beim Kultmysterium eindeutig und exklusiv bei Christus als dem Träger schlechthin und der Kirche als der Mit-trägerin und der Mit-Handelnden. Aus dieser Perspektive müssen sich zwangsläufig Konsequenzen für das Verständnis von der Funktion des Priesters ergeben. Diese Auswirkungen sind für Casel selbst kaum Gegenstand unmittelbarer und eingehenderer Reflexion. Doch ist nicht zu übersehen, daß die Rolle des Amtspriesters im Rahmen des Kultmysteriums sowohl eine besondere Akzentuierung als auch eine auffallende Relativierung erfährt.

2.2.2.1 Der Priester als Liturge

Eine charakteristische Hervorhebung der Rolle des Priesters ergibt sich zunächst aus dem Mysteriengedanken an sich. Unabhängig von ihrer spezifischen Bedeutung im christlichen Kultmysterium bildet sie ein konstitutives Strukturmoment jeder theistischen Mystik.

[178] Casel, Kultmysterium, 62.
[179] Casel, Kultmysterium, 73.

Im Zusammenhang mit den antiken Mysterienkulten als „Vorschule Christi“ führt Casel aus: „Alle theistische Mystik muß ... sich naturgemäß der Worte, Handlungen, Symbole bedienen; sie muß von Priestern verwaltet werden. Mit einem Worte: sie ist Kultmystik, Liturgie.“[180] „Den Weg zur Gottheit findet der Myste ... nicht in seinem eigenen Innern. Die heiligen Weihen zeigen ihn; es ist der Weg der Liturgie. Jede Liturgie aber verlangt Liturgen. Das Priestertum gewinnt in den Mysterienkulten eine Bedeutung, die es in dem Staatskulte nicht hatte. Während der offizielle Priester sich nach dem Opfer wieder seinen bürgerlichen Geschäften zuwendet, ist der Diener der Mysteriengötter von seinem Dienste ganz in Anspruch genommen. Gerade aber weil er völlig in seinem Berufe aufgeht, kann er für andere, die sich nicht so ausschließlich einem Leben der Frömmigkeit widmen können, als Vermittler dienen. Er ist der berufene Führer zur Gottheit, der Mystagoge. Für die aber, denen er das neue Leben der Wiedergeburt vermittelt, ist er der geistige Vater.“[181] Für ein Verständnis von Liturgie als umfassender Symbolhandlung ist somit die besondere Rolle des agierenden Priesters als Liturge ein unverzichtbares Erfordernis der vollen Symbolgestalt.

Im *christlichen* Kultmysterium ist die Symbolfunktion des Priesters in besonderer Weise dadurch gekennzeichnet, daß er hier zur sichtbaren Darstellung des eigentlich handelnden Christus wird. Der Herr vollzieht die heiligen Handlungen an den Gläubigen „durch den Dienst der Priester der Kirche“.[182] Damit die Heilstat Christi überhaupt wiederhingestellt und mitvollzogen werden kann, „bedürfen die Glieder [zunächst] einer sichtbaren Darstellung des unsichtbaren Hauptes“.[183]

Gleichzeitig fungiert der Priester auch als Vertreter der Gemeinde, denn „eine gemeinsame Handlung von Gott und menschlicher Gemeinde [kann] nur durch eine symbolische Handlung ausgedrückt werden, bei der die Priesterschaft (als Mittlerin) zugleich Gott und die Gemeinde vertritt und beider Willen durch Worte und Gebärden zur äußeren Erscheinung bringt, wobei das unsichtbare Wirken Gottes am Menschen durch die symbolische Handlung des Priesters, das Tun der Gemeinde durch ihre, von der Priesterschaft geführten Worte und Gebärden erkennbar wird.“[184]

[180] Casel, Mysterienfeier, 22.
[181] Casel, Mysterienfeier, 39f.
[182] Casel, Kultmysterium, 31.
[183] Casel, Kultmysterium, 44.
[184] Casel, Kultmysterium, 40.

Dies bedeutet, daß Casel trotz aller theoretischen Betonung des liturgischen Mit-vollzugs, Mit-lebens und Mit-handelns der Gläubigen im letzten nicht an ein tatsächliches Agieren einer konkret versammelten Gemeinde und ihrer Glieder denkt. Liturgie ist zwar theoretisch-theologisch betrachtet Handeln der Kirche als ganzer und die Eucharistie das der Kirche als ganzer anvertraute Opfer, die konkret Agierenden bleiben jedoch - als Vertreter der Gemeinde - letztlich allein die Priester, die durch den Vollzug der entsprechenden „Worte und Gebärden" dem Handeln der Kirche sichtbaren Ausdruck verleihen. Ein konkretes Tun der versammelten Gemeinde liegt nicht im Bereich der Vorstellung Casels.

Als Grund für die offensichtliche Inkonsequenz zwischen Theorie und Praxis darf man zunächst an den schon früher erwähnten weitgehenden Ausfall einer Gemeindetheologie denken. Die Kirchenvorstellung dieser Zeit war dominant universalistisch geprägt, die Gemeinde als Zusammenkunft und Lebensraum konkreter Christinnen und Christen vor Ort als eigene theologische Größe noch nicht entdeckt.

Im Hinblick auf Casels Sichtweise bedeutsamer ist der seinem Mysteriengedanken immanente „Symbolismus". Wie der Priester seine wesentliche Funktion in der Darstellung des eigentlich handelnden Christus findet, so bildet die konkrete Gemeinde ebenfalls ein Element der vollen Symbolgestalt der in der Liturgie abgebildeten Heilstat. Sie verkörpert die das Kultmysterium mit-wirkende Ekklesia: „Die gottgesetzte und geweihte Hierarchie stellt autoritativ und unmittelbar Christus als den Wirker des Mysteriums, den Hohenpriester, dar; die anderen Gläubigen bilden je nach ihren Ständen eine Seite der Ekklesia als der Braut des Herrn ab."[185] Die Ekklesia, die Casel im Auge hat, wenn er von der Mit-trägerin der Liturgie spricht, ist also letztlich gerade nicht die konkrete, zur Feier dieser Eucharistie versammelte Gemeinde selbst, sondern die abstrakte, ideale und unsichtbare „Braut des Lammes". Diese wird von jener lediglich dargestellt, im konkreten Handeln jedoch vom Priester vertreten.

Damit blieb aber auch die als Kultmysterium verstandene Eucharistiefeier formal Priesterliturgie. Die Laien durften ihr andächtig beiwohnen, allerdings mit dem geänderten Bewußtsein, nicht mehr bloß Empfänger von Heilsgütern, sondern das Geschehen selbst mitvollziehende Teilnehmer zu sein. Diesen Charakter bestätigt *Ferdinand Kolbe* im Hinblick auf die Laacher Liturgie: „Wenn auch

[185] Casel, Kultmysterium, 71.

1921 in der Krypta der Abteikirche mit der Feier der Gemeinschaftsmesse (in lateinischer Sprache) begonnen wurde, so war es doch im Grundsatz Sache der Besucher, den Vollzug der Liturgie durch die Mönche aus ehrfürchtigem Abstand zu verfolgen. Ein geistlicher Schriftsteller charakterisierte dies noch vor wenigen Jahren mit dem Wort 'unter Glas'."[186] Anfang der vierziger Jahre beklagt *Eugen Walter* das Defizit an liturgie-praktischen Konsequenzen aus dem „Priestertum aller Gläubigen": „Einer Gemeinde von ihrem Priestertum zu sprechen, ohne daß ihr gleichzeitig im Kirchenraum auch eines jener Rechte eingeräumt wird, an denen sie die Ausübung dieses Priestertums auch zu erleben vermag, muß ... von vornherein als wirkungslos und verfehlt bezeichnet werden."[187]

Das Priesterbild konnte dadurch - trotz gewisser Modifikationen - innerhalb der wesentlichen Daten des scholastisch tridentinischen Paradigmas verbleiben, zumindest in seiner äußeren Gestalt. Casel betont, daß die „Hierarchie, d.h. die heilige Ordnung und Würdenabstufung der Werte, ... auch in der Liturgie beibehalten werden [muß]".[188] Die „gute Absicht, das Volk zur aktiven Teilnahme an der Liturgie zurückzuführen" dürfe nicht „zu demokratischer Gleichmacherei führen".[189] Bereits die Etymologie des Wortes unterscheide den Liturgen vom Volk.[190] Die Befähigung zu seiner spezifischen Funktion im Kultmysterium erhält der Priester durch die Priesterweihe, die ihn dem Hohenpriester Christus angleicht[191] und ihn

[186] F. Kolbe, Die Liturgische Bewegung, Aschaffenburg 1964, 40f.; Casel war ein überzeugter Vertreter des Lateins als Kultsprache: „Würde sie [die Liturgie] in der Sprache des alltäglichen Verkehrs gehalten, so würde der zarte Duft einer höheren Weihe von ihr abgewischt. Der feingewirkte Schleier der fremden Sprache, der auch für den der Sprache Kundigen den heiligen Text in eine höhere Sphäre erhebt und mit geheimnisvoller Würde umwittert, gibt der Liturgie ein größeres Ansehen und einen überirdischen Glanz. ... Ein Abglanz zeitloser Ewigkeit fällt durch sie auf die gottesdienstliche Handlung" (Casel, Mysterienfeier, 146f.).

[187] E. Walter, Weihe- und Laienpriestertum. Das eine Priestertum der Kirche, in: K. Borgmann (Hrsg.), Volksliturgie und Seelsorge, Kolmar o.J. (ca. 1942) 31-37, hier: 33.

[188] Casel, Kultmysterium, 73.

[189] Ebd.

[190] „Liturge ist nämlich, wer den 'Dienst für das Volk' versieht; er ist also vom Volke unterschieden" (Casel, Mysterienfeier, 68).

[191] „Der Priester wirkt nicht in erster Linie als natürlicher Mensch, sondern als ein 'Sakrament'; er ist ein übernatürlich Geweihter, wenn auch seine natürlichen Anlagen nicht unterdrückt, sondern in die Weihe hineingenommen werden" (O. Casel, „Katholische Kultprobleme", in: JLW 7 [1928] 105-124, hier: 110).

ihn zum „übernatürlich Geweihten“[192] macht. Solche Äußerungen zeigen, wie sehr Casel, obwohl er sich von scholastisch-mittelalterlichen Kategorien als Denkform grundlegend distanzierte, hinsichtlich des Verständnisses vom Priester und natürlich auch seines eigenen Selbstverständnisses als Priester ganz vom traditionellen Paradigma geprägt war. Eine bewußte Reflexion auf die aus dem Mysterienansatz resultierenden Akzentverschiebungen im Priesterbild lag nicht im Horizont der Zeit, von einer Neukonzeption des Priesteramts ganz zu schweigen.

2.2.2.2 Kontroversen um die spezifische Funktion des Priesters in der Eucharistie

Dennoch registrierten entschiedene Scholastiker seismographisch die Relativierung, die Casels Konzeption für die spezifische Opferfunktion des Priesters bei der Eucharistie bedeutete.

- Zur Verteidigung der „ausschließliche[n] Konsekrationsgewalt der Priester“ fühlte sich als einer der ersten der Eichstätter Liturgiker *Ludwig Eisenhofer* aufgerufen.[193] Seine Polemik gegen Casel bietet ein plakatives Beispiel dafür, wie in der traditionellen Schultheologie das Verhältnis von Dogma, Geschichte und Schrift verstanden wurde.

Casel hatte in mehreren verstreuten Äußerungen den historischen Befund erwähnt, daß in urchristlicher Zeit zunächst Pneumatiker und Charismatiker, unter verschiedenen Bezeichnungen als Apostel, Propheten oder Lehrer auftretend, in der Gemeinde die Leitung des Gottesdienstes inklusive der „konsekrierenden Eucharistia“[194] übernommen hatten. Erst im Laufe der Zeit habe sich die Scheidung von

[192] „Die Priesterweihe gleicht den Geweihten dem Hohenpriester Christus an, d.h. also wiederum dem Gekreuzigten und Verklärten, u. zw. über das allgemeine Priestertum der Taufe und Firmung hinaus in einem besonderen Grade, der dem Geweihten die Hierarchie verleiht, eine spezielle Teilnahme am Hirten- und Lehreramt Christi, an seinem priesterlichen Königtum, dessen Szepter wiederum das Kreuz ist“ (O. Casel, Mysteriengegenwart, in: JLW 8 (1929) 145-224, 205f.).

[193] L. Eisenhofer, Konnten jemals Laien die Messe feiern?, in: KlBl 10 (1929) 541-543.660. – Auch nach der eingehenden Klarstellung Casels durch den Beitrag „Prophetie und Eucharistie“ in: JLW 9 (1929) 1-19 blieb Eisenhofer bei seinen Einwänden, vgl.: Die ausschließliche Konsekrationsgewalt der Priester, in: KlBl 12 (1931) 49-51.

[194] O. Casel, (Miszelle), in: JLW 6 (1926) 217.

Amt und Pneuma schärfer herausgestellt und sei die Liturgie „immer ausschließlicher Herrschgebiet der Hierarchie“[195] geworden.

Darin erblickt Eisenhofer einen radikalen Widerspruch zum katholischen, näherhin tridentinischen Dogma, wonach nur die geweihten Priester, auf keinen Fall jedoch nichtordinierte Laien Konsekrationsgewalt besitzen. Die Erklärung Casels, daß er von einer Meßfeier durch Laien nie gesprochen habe und die von ihm erwähnten „urchristlichen Propheten nach dem Zeugnisse der Hl. Schrift und dem Konzil von Trient (Sess. XXIII c.4) zur urchristlichen Hierarchie gehörten“, tut Eisenhofer als „Spiel mit Worten“ ab, da Casel eindeutig erkläre, daß sie eine Ordination seitens eines Bischofs weder benötigten noch besaßen.[196]

Da das Dogma der Kirche aber eindeutig die ausschließliche Konsekrationsgewalt des von einem Bischof geweihten Priester lehre, sei eine davon abweichende Praxis der frühen Kirche grundsätzlich ausgeschlossen. Sonst müßte man „dem unter der Leitung des Hl. Geistes stehenden Lehramt der Kirche einen krassen Irrtum vorwerfen.“ „Selbst angenommen, die Didache habe wirklich die Meßfeier der Pneumatiker im Auge, so wäre damit höchstens ein Mißbrauch der damaligen Zeit berichtet, dessen sich vielleicht wirklich charismatisch Begabte, wie man möglicherweise aus den ignatianischen Briefen herauslesen kann, schuldig gemacht haben.“[197] Wenn Casel für seine Meinung sich auf Schriftstellen wie 1Kor 11,28, Eph 4,11, Apg 13,1ff. berufe, so vergesse er, „daß für uns Katholiken die Lehrentscheidung der Kirche die regula proxima fidei ist, nicht etwa die Hl. Schrift, wie bei den Protestanten.“[198] Eine Auslegung der Heiligen Schrift, die im Widerspruch zu Dogmen der Kirche stehe, sei aber unzulässig.

In seiner Phantasie sieht Eisenhofer als Konsequenz der Caselschen Äußerungen charismatisch begabte Laien „wie Pilze aus dem Boden schießen“, die sich zur Darbringung des eucharistischen Opfers an den Altar drängen. Deshalb sei der „Gefahr zu begegnen, daß solche Ideen auch in Laienkreise dringen, wenn nicht zur rechten Zeit der Klerus gewarnt ist.“[199]

Galt der Einspruch Eisenhofers lediglich einem Element der historischen Forschung Casels und den möglicherweise daraus erwach-

[195] O. Casel, Die Mönchsweihe, in: JLW 5 (1925) 1-47, hier: 2.
[196] Eisenhofer, Laien, 660.
[197] Eisenhofer, Laien, 542.
[198] Ebd.
[199] Eisenhofer, Laien, 543.

senden Konsequenzen, so bezogen sich die von *Josef Dillersberger, Bernhard Poschmann*, *Adolf Hoffmann* und *Mannes Dominikus Koster* vorgebrachten Beiträge und Einwände auf einen wesentlichen Kernpunkt der Mysterientheologie, nämlich die exklusive Trägerschaft der Liturgie durch Christus und die Kirche. Die in dieser Hinsicht entscheidenden Reibungspunkte zwischen der Konzeption Casels und denen der Vertreter des thomistischen Ansatzes stellen sich folgendermaßen dar:

Wenn Christus als erster Handelnder des Kultmysteriums sein einziges Opfer der Kirche zum Mitvollzug anvertraut hat, dann ist eigentlich kein Platz für eine eigenständige Funktion des Amtspriesters, jedenfalls nicht in einem Sinne, der über eine Symbolfunktion als sichtbarer Darstellung des unsichtbaren Hauptes hinausgeht und ein eigenständiges Opferhandeln zum Inhalt hat. Die Auffassung Casels, wonach der Priester (lediglich) das eine und einzige Opfer Christi wiederhinstellt, und dies auch noch zusammen mit der Ekklesia, die damit dieses eine und einzige Opfer Christi als ihr Opfer darbringt, mußte mit der Vorstellung kollidieren, daß der Priester selbst in der Messe in irgendeiner Form ein *verum et proprium sacrificium* darbringt. Damit wird ein wesentliches Axiom tridentinisch-neuscholastischer Amtsdogmatik, die konstitutive Korrelation von Opfer und Priestertum,[200] in Frage gestellt. Wenn der Priester nicht wirklich auch selbst opfert, wenn ihm nicht eine klar bestimmbare und exklusive Opferfunktion zukommt, wäre er nach diesem Verständnis auch nicht wirklich Priester. Die Diskussion bildet im Grunde lediglich den priesteramtstheologischen Aspekt der Frage der Meßopfertheorien ab. Ausgangspunkt des Problems ist auch hier das Verständnis vom Wesen der Messe als *verum et proprium sacrificium*.

• Eine Vermittlung zwischen den beiden Positionen versucht *Josef Dillersberger*.[201] Er sieht die Einzigkeit des Opfers Christi durch ein konsequentes Ausloten des Sakramentalitätsbegriffs gewährleistet: „Sakramental ist die Opfergabe, sakramental ist das Priestertum, sakramental ist die Opferhandlung selbst, weil sie nur ausgeführt werden kann auf Grund des sakramentalen Charakters des Priesters und der sakramentalen Opfergaben, mit denen geopfert

[200] Als Grundlage wurde cap. 1 des Trienter Ordodekretes angesehen: „Sacrificium et sacerdotium ita Dei ordinatione coniuncta sunt, ut utrumque in omni lege exstiterit“ (DH 1764).

[201] J. Dillersberger, Eine neue Meßopfertheorie?, in: ThGl 22 (1930) 571-588.

wird."[202] Priestertum und Opferakt sind sakramental und „nicht in natura da". Die Rede der Dogmatiker von Christus als *sacerdos principalis* sei irreführend, wenn damit die Annahme nahegelegt wird, „Christus müßte in natura, d.h. jetzt in der Herrlichkeit, den Opferakt setzen."[203] Auch die Bezeichnung des Amtspriesters als *sacerdos secundarius* könne sich weder auf Thomas noch auf das Trienter Konzil noch auf den Catechismus Romanus berufen, denn es gibt nur den einen Priester des einen Opfers, nämlich Christus.[204] Gerade vom Sakramentalitätsgedanken her spiele nun aber die menschliche Handlung beim sakramentalen Opfer eine wesentliche Rolle. Christi priesterliches Reden, Tun und Opfern muß durch den menschlichen Priester versinnbildet werden, der wirklich einen – nämlich sakramentalen – Akt des Opferns setzt. Dabei wirkt er jedoch eben „nicht als Mensch, sondern als Priester – und zwar als Priester aus dem Priestertum Christi".[205]

Dillersberger faßt seine Position folgendermaßen zusammen: „Die Erneuerung des Opfers Christi in der Messe haben wir dann darin zu sehen, daß der Priester mit der Gemeinde der Getauften kraft des sakramentalen Charakters wahrhaft, wirklich und wesentlich Christi Hohepriestertum ausübend den Leib und das Blut Christi, gegenwärtig im Sakrament, in einem sakramentalen Opferakt Gott darbringt und somit derselbe Hohepriester diesselbe Opfergabe in einer und derselben Opferhandlung opfert, wie es am Kreuze geschah; denn durch das Sakrament ist es möglich, eine einmal in natura vollzogene Handlung zu erneuern, ohne daß diese Handlung physisch, numerisch als neue, d.i. als eine zweite, von der ersten verschiedene, gelten darf."[206]

Casel befriedigt Dillersbergers Kompromißvorschlag nicht. Er sieht darin letztlich wieder den Hohenpriester Christus durch den menschlichen Priester und das Opfer Christi durch den Opferakt eines Menschen ersetzt.[207] Außerdem würde die Kirche darauf beschränkt, sich dem Opfer des Priesters nur subjektiv anzuschließen, wenn man den Opferakt der Messe in den Opferakt des Priesters legt.

202 Dillersberger, Meßopfertheorie, 577.
203 Dillersberger, Meßopfertheorie, 579.
204 Dillersberger, Meßopfertheorie, 575.
205 Dillersberger, Meßopfertheorie, 579.
206 Dillersberger, Meßopfertheorie, 588.
207 O. Casel, Die Meßopferlehre der Tradition, in: ThGl 23 (1931) 351-367. Vgl. den Literaturbericht zur Auseinandersetzung zwischen Dillersberger und Casel in: JLW 10 (1930) 223-225.

Die Kontroversen um die sakramentale Opferfunktion des Priesters illustrieren vor allem die Inkompatibilität der beiden Denksysteme. Eine wirkliche Verständigung, eine Synthese der verschiedenen Ansätze ist im Grunde nicht möglich. Herausgefordert durch die Kritik, kommt Casel aber nicht umhin, seine Position auch im Rahmen herkömmlicher Sprach- und Denkmuster zu formulieren. Die Spannung, die darin besteht, das exklusive Handeln Christi sowie die Mitträgerschaft der Ekklesia festzuhalten und zugleich eine spezifische Funktion des Priesters beim eucharistischen Opfer zu bestimmen, versucht er dadurch zu lösen, daß er die spezielle Vollmacht des Priesters allein in die Konsekration verlegt und diese von der eigentlichen Opferdarbringung unterscheidet: „Diejenigen aber, die sie [die Kirche] mit der Wiederhinstellung des Opfers als Vertreter Christi betraut, nennen wir jetzt Priester. Ihre spezielle Vollmacht besteht darin, daß sie konsekrieren und damit die Vorbedingung schaffen für die Gegenwärtigsetzung des Opfers."[208]

• Daß dieser Kunstgriff die Kritiker nicht überzeugen konnte, überrascht nicht. Im Rahmen einer längeren Stellungnahme zur „'Mysteriengegenwart' im Licht des hl. Thomas" geht *Bernhard Poschmann* auf den Zusammenhang von Opferpriester und Opferhandlung ein.[209] Das Konsekrieren sei durchaus die spezifische Funktion des Priesters, jedoch falle das *consecrare* mit dem *offerre* untrennbar zusammen. Der Priester ist deshalb „nicht nur der Konsekrator, sondern in dem gleichen Sinne auch der Opferer".[210] Die Opferhandlung der Messe ist nichts anderes als „der Akt, in dem der Priester in virtute et in persona Christi den wahren Leib und das wahre Blut des Herrn vi sacramenti im Zustand der Trennung gegenwärtigsetzt und durch diese sakramentale Trennung den Tod Christi in vollkommener Weise versinnbildet". Das aber ist „der Akt der Doppelkonsekration".[211] Dabei setzt Christus selbst keinen neuen und direkten Opferakt. Denn das Sakrament kommt zustande aufgrund der ihm bei seiner Einsetzung mitgeteilten *virtus divina*. Zugleich jedoch stellt das sakramentale Handeln des Priesters, der als Abbild und Werkzeug Christi „in der Person und in der Kraft Christi" konsekriert, eine reale Opfertätigkeit dar. Es umfaßt nicht bloß das „Aussprechen der Konsekrationsworte", sondern auch die Inten-

208 Casel, Kultmysterium, 209.

209 B. Poschmann, „Mysteriengegenwart" im Licht des hl. Thomas, in: ThQ 116 (1935) 53-116, insbes. 88-99 u. 111-116.

210 Poschmann, Mysteriengegenwart, 93.

211 Poschmann, Mysteriengegenwart, 97.

tion: „Der Opferwille des Priesters ist in Wahrheit auch der Opferwille Christi.“[212] Für Poschmann wie für Dillersberger ist der Vollzug einer wirklichen Opferhandlung ein zwingendes Erfordernis der Sakramentalität sowohl des Opfers wie des Priesters. Die „realsymbolische Darstellung seines [sc. Christi] Opfertodes ist selbst ein wirkliches Opfer, insofern mit ihr Christus durch den Priester als sein lebendiges Werkzeug oder, was dasselbe ist, der Priester in der Person und Vollmacht Christi das am Kreuz vollbrachte Opfer in sakramentaler Weise darbringt, um es für die Kult- u. Heilsbedürfnisse der Kirche fruchtbar zu machen.“[213]

- Der Dominikaner *Adolf Hoffmann*[214] überprüft die Formulierung Casels anhand der Beschlüsse von Trient, des Catechismus Romanus, der Priesterenzyklika Pius' XI. und der Lehre des hl. Thomas und kommt zu dem Ergebnis, daß eine solche Terminologie dort keinerlei Stütze findet. Die lehramtlichen Äußerungen der Kirche und die Aussagen der einschlägigen Autoritäten würden alle eindeutig darin übereinstimmen, daß der Weihepriester stets als „Consecrator“ *und* „Oblator“ des Opfers verstanden wird, beides aufgrund der ihm im Unterschied zum Laien verliehenen *potestas*. Würde das Tridentinum keinen eigenen Opferakt des Weihepriesters annehmen, dann würde „der Terminus 'Sacerdos' ... in seiner Anwendung auf den werkzeuglichen Weihepriester des Neuen Testamentes *nicht* mehr einen *eigentlichen*, wenn auch werkzeuglichen Opferer meinen, einen Darbringer von Gaben in einem ganz besonderen Sinn; diesen Sinn behielte er nur in seiner Anwendung auf Christus, Christus allein wäre der einzige Opferpriester. In seiner Anwendung auf den menschlichen Weihepriester bedeutete er Gegenwärtigsteller des Opferaktes Christi.“ Damit wären aber „zwei theologische Termini der Bedeutung entleer[t], die die gesamte Tradition mit ihnen zu verbinden pflegte“.[215] Ebensowenig wie Trient denke der Catechismus Romanus an den Laien als Subjekt des Oblationsaktes, sondern sieht den Unterschied zwischen Amtspriestertum und Laienpriestertum „gerade in der Verschiedenheit des Opferobjektes“ begründet: „Der Amtspriester opfert das Corpus Domini, der Laienpriester seine inneren Akte.“[216] Auf der gleichen

[212] Poschmann, Mysteriengegenwart, 99.

[213] Poschmann, Mysteriengegenwart, 113f.

[214] A. Hoffmann, Zur Lehre vom weihepriesterlichen Opferakt, in: ThGl 30 (1938) 280-298.

[215] Hoffmann, Lehre, 283f.

[216] Hoffmann, Lehre, 286.

Linie lägen die Aussagen der Priesterenzyklika Pius' XI. Die Funktion des Weihepriesters sehe sie sowohl darin, „Christus in wunderbarer Weise auf den Altar [herabzurufen]“ als auch „mit den Händen des Erlösers der ewigen Majestät Gottes eine überaus angenehme Opfergabe [darzubieten]“, beides Aufgaben, die die Erhabenheit des Weihepriestertums begründen.[217] Daß auch Thomas Konsekrations- und Opferakt nicht trennt, gehe unter anderem daraus hervor, daß er eine Verpflichtung des Priesters zur Darbringung des eucharistischen Opfers lehre.[218] Der priesterliche Opferakt gründe nach Thomas in der Weihe, werde im Akt der Konsekration vollzogen, und habe seinen primären Zweck – und zwar unabhängig von mitopfernden Gläubigen und ohne Rücksicht auf die ihnen zuzuwendenden Opferfrüchte – in der Gottesverehrung.[219] „Der Weihepriester ist [demnach] wirklicher Oblator, Opferer, allerdings ein werkzeuglicher, der in der Kraft Christi, des Sacerdos principalis den Opferakt vollzieht.“[220]

• Die Kritik *Mannes Dominikus Kosters* zu dieser Thematik holt weiter aus. Sie bezieht sich auch nicht auf Casel allein, sondern richtet sich gegen die im Bereich der liturgischen Erneuerungsbewegung überhaupt vertretene und von ihr her beeinflußte „etwas eigenartige Lehre vom sakramentalen Charakter als 'aktiver Teilnahme am Priestertum Christi', und zwar in univoker Weise“ und gegen die Vorstellung eines – wenn auch „geminderten“ – „sakramentale[n] Mitopfern[s] der Laien“[221] sowie überhaupt gegen eine einseitige liturgische Fixierung, wenn das Wesen der Kirche unter dem Begriff „Kultgemeinschaft“ zu fassen versucht wird. Wie bereits erwähnt, heißt der von Koster favorisierte – weil die Stufung durch die sakramentalen Charaktere berücksichtigende – Kirchenbegriff „Volk Gottes“: „Es liegt nun im Wesen der Kirche als Kultgemeinschaft, die sie als 'Volk Gottes' ist, daß die Konsekration nicht nur die Vorbedingung der eucharistischen Opferung, sondern diese selber ist und *einzig und allein* von den dazu fähigen Gliedern der Kirche, den Priestern und Bischöfen, vollzogen werden kann. Nicht aber kann von allen diese Konsekration-Opferung geschehen, da sie eine typische Gemeinschaftstätigkeit darstellt, d.h. eine solche, die *nie* von

217 Hoffmann, Lehre, 290.

218 S.Th. III 82,10.

219 Hoffmann, Lehre, 293.

220 Hoffmann, Lehre, 297.

221 Koster, Ekklesiologie, 71. Als Vertreter einer solchen Lehre führt Koster namentlich an: Scheeben, Wittig, Laros, Niebecker und Schmaus.

allen Gliedern gesetzt werden kann, obwohl sie ... sprachlich der ganzen Gemeinschaft als Hauptteil ihrer Gesamttätigkeit zugeschrieben wird."[222] Deshalb könne „keine Rede davon sein, daß Priester und Laien in gleicher Weise nichtsakramental noch daß sie in gestufter Weise sakramental opfern, weil die Meßopferung sakramental ist und jene durch die sakramentalen Charaktere, die ihnen zu eigen sind, zu je ganz verschiedenen Tätigkeiten in der Kirche ausgerüstet und befähigt sind. ... Die Laien besitzen ... in keiner Weise sakramentale Gewalt zum Mitopfern der Eucharistie, weder durch den Tauf- noch durch den Firmcharakter."[223]

Wie oben schon gezeigt wurde, intendierte Casel in keiner Weise irgendeine Minderung der Bedeutung des Amtspriesters oder eine Einebnung der Unterschiede zwischen Priestern und Laien.[224] Ihm ging es um das Mit-opfern der Ekklesia und einen feiernden Vollzug der Gläubigen, nicht aber um eine je individuell verstandene *potestas consecrandi* des einzelnen Laien. Doch wurde diese Implikation sowohl von den Kritikern Casels vermutet als auch im Kontext der Diskussion um die Qualität des allgemeinen Priestertums vereinzelt vertreten. Um Mißverständnisse auszuschließen, versieht *Burkhard Neunheuser* 1960 die Äußerung Casels („Ihre [der Priester] spezielle Vollmacht besteht darin, daß sie konsekrieren und damit die Vorbedingung schaffen für die Gegenwärtigsetzung des Opfers."), die er in der erweiterten Wiederauflage von „Das christliche Kultmysterium" dokumentiert, mit einer explikativen Anmerkung: ... „und eben dadurch sind sie auch die ersten, die, als Werkzeug Christi, das Meßopfer feiern, das Opfer darbringen. Erst dann können und sollen auch die Gläubigen, in kraft der Würde des allgemeinen Priestertums, an dieser Opferdarbringung teilhaben."[225]

[222] Koster, Ekklesiologie, 72; Hervorhebungen vom Verf.

[223] Koster, Ekklesiologie, 75.

[224] Ausdrücklich versichert Casel: „Diese [die Mysterientheologie] gibt allerdings, da sie Christus selbst als den eigentlichen Priester des N[euen] B[undes] hinstellt, auch den Gliedern Christi ein wahres und eigentliche Pr[iestertum], ohne das sakramentale Amtspriestertum zu schmälern, da dieses ja notwendig ist, um in der Kraft Christi das Mysterium gegenwärtigzusetzen, dem sich die Glieder Christi aktiv, mystisch und liturgisch anschließen können, wobei mystisch und liturgisch nicht wie innen und außen auseinanderfallen, sondern eins sind" (O. Casel, [Literaturbericht], in: JLW 13 (1935) 197).

[225] Casel, Kultmysterium, 209 (Anm. 11).

2.3 *Päpstliche „Definitionen“*

Wie deutlich geworden ist, handelte es sich bei den Neuansätzen im Kirchen- und Liturgieverständnis nicht nur um partielle Korrekturen an Einseitigkeiten der traditionellen Theologie, sondern um eine Veränderung der Gesamtperspektive. Beide Themenbereiche stehen in engem Zusammenhang: Eine Sicht der Kirche als Gemeinschaft aller Gläubigen, wie sie im Leib-Christi-Gedanken enthalten ist, stützt und fördert das Bewußtsein, daß das liturgische Handeln gemeinsames Tun aller Glieder der Kirche ist und sein muß. Ein Verständnis der Eucharistie als gemeinsamer Handlung der ganzen Kirche relativiert unweigerlich das ekklesiologische Gewicht der Unterscheidung von Gnadenausspendern (Priestern) und Gnadenempfängern (Laien).

Die Frage war nun, ob und in wie weit das oberste kirchliche Lehramt die neuen Ansätze billigen würde. Päpstliche Stellungnahmen erfolgten in den vierziger Jahren mit den beiden bedeutsamen Enzykliken *Mystici Corporis Christi* (1943) und *Mediator Dei* (1947).

Pius XII. bejaht grundsätzlich das Verständnis der Kirche als Leib Christi (*Mystici Corporis*) sowie die liturgiewissenschaftlichen und viele liturgisch-praktischen Bemühungen um die Erneuerung der Liturgie (*Mediator Dei*). Zugleich wird jedoch all jenen Ideen und Praktiken eine Absage erteilt, die mit dem nach wie vor verbindlichen Rahmen der tridentinisch-neuscholastischen Konzeption nicht vereinbar scheinen. Insbesondere die Abgrenzung der Funktionen von Priestern und Gläubigen bei der Eucharistie wird entschieden betont. Ein näherer Blick auf die Texte soll dies veranschaulichen.

2.3.1 *Mystici Corporis*

Die Kirchenenzyklika Pius' XII.[226] markiert einen wichtigen Schritt bei der Entwicklung der Ekklesiologie im 20. Jahrhundert. Sie erklärt die Bezeichnung *mystischer Leib Christi* zur vorzüglichsten Wesensbestimmung der Kirche (763/199)[227] und rezipiert so jenen Begriff, in dem sich die Anliegen der Bewegungen der voraus-

[226] Enzyklika *Mystici Corporis Christi* vom 29. Juni 1943, AAS 35 (1943) 193-248; dt. A. Rohrbasser, Heilslehre der Kirche, Dokumente von Pius IX. bis Pius XII., Freiburg/CH, 1953, 466-526 (Nr. 752-846).

[227] Zur Zitation: die erste Ziffer bezieht sich auf die Randnummern der Rohrbasser-Ausgabe, die zweite auf die entsprechende Seite im Originaltext der AAS.

gehenden beiden Jahrzehnte bündelten. Sie eröffnet damit offiziell den Weg zu einem Kirchenverständnis, das die Reduktion auf den Klerus aufsprengt und die konstitutive Zugehörigkeit aller Gläubigen zur Kirche festhält.

In organologisch-pneumatologischer Perspektive beschreibt der Text die Verbundenheit in Christus und das Zusammenwirken aller Glieder zum Aufbau des ganzen Leibes. Ein Leib „erfordert ... eine Vielheit von Gliedern, die so untereinander verbunden sein müssen, daß sie sich gegenseitig Hilfe leisten" (765/200). „Dieser organische Aufbau bezieh[t] und beschränk[t] sich [nicht] allein auf die Stufenfolge der kirchlichen Ämter", auf jene, „die heilige Weihen empfangen haben", sondern umfaßt auch all jene, die ein Leben nach den evangelischen Räten führen, „ferner jene, die obgleich in der Welt lebend, doch sich eifrig in Werken der Barmherzigkeit betätigen, ... endlich auch jene, die in keuscher Ehe vermählt sind". Ausdrücklich erwähnt das Schreiben den „ehrenvollen, wenn auch oft unansehnlichen Platz in der christlichen Gemeinschaft", den „die Familienväter und -mütter, auch die Taufpaten und namentlich jene [einnehmen], die als Laien zur Ausbreitung des Reiches Christi der kirchlichen Hierarchie hilfreiche Hand bieten" (767/200f.). Christus, der Herr, läßt „die Kirche an seinem übernatürlichen Leben teilnehmen, durchdringt ihren ganzen Leib mit seiner göttlichen Kraft und nährt und erhält die einzelnen Glieder ... ungefähr in der Weise, in welcher der Weinstock die mit ihm verbundenen Rebzweige nährt und fruchtbar macht" (797/218). Dieses „göttliche, von Christus gegebene Lebens- und Kraftprinzip" ist „nichts anderes ... als der Tröster Geist, der vom Vater und vom Sohne ausgeht und der in besonderer Weise Geist Christi und Geist des Sohnes genannt wird" (798/218f.). Der Geist Christi ist das „unsichtbare Prinzip", die „Seele" des Leibes. Er verbindet „alle Teile untereinander sowie mit ihrem erhabenen Haupte" (799/219f.).

Trotz solcher zukunftsweisenden Aussagen verbleibt das päpstliche Rundschreiben grundsätzlich im Rahmen der traditionellen Kirchenauffassung. Hauptanliegen des Papstes ist die Darlegung der rechten Lehre vom mystischen Leib Christi und die Abwehr „schwere[r] Irrtümer", „weniger richtige[r] oder ganz verfehlte[r] Ansichten", die das sonst durchaus begrüßenswerte Interesse zu diesem Thema überschatten könnten (758/196f.). Der größte Teil des Textes widmet sich deshalb einer eingehenden Begriffsklärung. In drei Schritten legt der Papst dar, inwiefern die Kirche ein *Leib*, der Leib *Christi* und *mystischer* Leib genannt werden muß.

(1) Ein *Leib* sei die Kirche insofern, als sie „nicht bloß etwas Einziges und Unteilbares ..., sondern auch etwas Greifbares und Sichtbares“ ist (764/199). Die Behauptung, die Kirche wäre nur etwas „Pneumatisches“, „wodurch viele christliche Gemeinschaften, obgleich voneinander im Glauben getrennt, doch durch ein unsichtbares Band untereinander vereint wären“, wird ausdrücklich verworfen (764/200). Der Ausdruck „mystischer Leib Jesu Christi“ bezieht sich auf die „wahre[ ] Kirche Christi, welche die heilige, katholische, apostolische, römische Kirche ist“ (763/199). Zur Leibnatur der Kirche gehöre, daß sie durch Organe strukturiert sein muß, also durch „Glieder, die verschiedene Aufgaben haben und die in geeigneter Ordnung zusammengesetzt sind“ (766/200). Ihre „erste[n] und vorzügliche[n] (*primaria ac principalia*) Glieder“ sind die „mit heiliger Vollmacht in diesem Leibe Betrauten“, „da durch sie kraft der Sendung des göttlichen Erlösers selbst die Ämter Christi, des Lehrers, Königs und Priesters, für immer fortgesetzt werden“ (767/200).

(2) Leib *Christi* muß die Kirche genannt werden, weil Christus der „Stifter, Haupt, Erhalter und Erlöser dieses mystischen Leibes ist“ (772/204). Auffallend breit wird die Bedeutung Christi als Haupt der Kirche ausgeführt. Als Haupt nimmt Christus nicht nur „die höchste Stelle im Leibe ein“ (781/208), er „lenkt und regiert“ auch die Kirche (782/209), und zwar nicht „nur auf unsichtbare oder außerordentliche Weise“. „Unser göttlicher Erlöser übt auch eine sichtbare, ordentliche Leitung über seinen mystischen Leib aus durch seinen Stellvertreter auf Erden“ (785/210f.).

(3) *Mystisch*, „d.h. geheimnisvoll“ müsse der Leib der Kirche genannt werden, um ihn als „gesellschaftlichen Leib“ von Christi „physischen Leib“ zu unterscheiden (802/221) und um daran zu erinnern, „daß die Kirche, die als eine in ihrer Art vollkommene Gesellschaft anzusehen ist, nicht bloß aus gesellschaftlichen und rechtlichen Beziehungen besteht“, sondern von den „geistlichen Gaben“ lebt, „mit denen [sie] ausgestattet ist“ (805/222f.).

Neutestamentliche Grundlage der Leib-Christi-Konzeption Pius' XII. bildet eine eigenartige Vermischung paulinischer (Leib-Glieder) und deuteropaulinischer (Christushaupt-Leib) Aussagen.[228] Leitend ist das deuteropaulinische Modell. Es dient zur unmittelbaren Begründung der hierarchischen Struktur der Kirche und der herausragenden Bedeutung der Amtsgewalten, insbesondere der päpstlichen Primatialgewalt (785/210f.). Die enge Verbindung der Gläubigen

[228] Vgl. dazu: H. Verweyen, Gottes letztes Wort, Düsseldorf 1991, 531-535.

mit Christus kommt zuallererst in der Zugehörigkeit zum „vollkommenen Gesellschaftskörper" der Kirche zum Ausdruck (811/226). Das „Zusammenwirken aller Glieder" im sichtbaren „gesellschaftliche[n] Leib Christi" muß – im Sinn der Definition Bellarmins – „äußerlich in Erscheinung treten ... durch das Bekenntnis desselben Glaubens, durch die Gemeinschaft derselben Sakramente und die Teilnahme am selben Opfer, wie auch durch die tätige Beobachtung derselben Gebote. Zudem muß durchaus ein allen sichtbares Oberhaupt vorhanden sein, von dem die Tätigkeit und die Zusammenarbeit aller wirksam auf die Erreichung des vorgesteckten Zieles gerichtet wird: Wir meinen den Stellvertreter Jesu Christi auf Erden" (812/227). Die kirchlichen Oberhirten sind „als die vorzüglicheren Glieder der allgemeinen Kirche anzusehen, weil sie durch ein ganz einzigartiges Band mit dem göttlichen Haupte des ganzen Leibes verbunden und daher mit Recht 'die wichtigsten Teile der Glieder des Herrn' genannt werden" (786/211). Die Auferbauung und Stärkung des ganzen Leibes erfolgt über die „hervorragenderen Glieder", denen deshalb die „Gaben des Rates, der Stärke, der Furcht und der Frömmigkeit" bevorzugt gelten (794/216). Der Heilige Geist, „obwohl selbst in allen Gliedern gegenwärtig", wirkt „dennoch in den untergeordneten auch durch die Dienstleistung der übergeordneten", wie er sich auch „in verschiedenem Grade ... je nach [den] verschiedenen Aufgaben und Ämtern" mitteilt (799/219). In Entsprechung dazu versteht die Enzyklika die Geistsendung am Pfingsttag vor allem als Hinweis auf die „übernatürliche Sendung und das übernatürliche Amt der Kirche" (779/208).

Aufgabe und Zweck der Kirche sieht das Papstschreiben unverändert darin, Christus bei der Verteilung des durch seinen Kreuzestod verdienten Gnadenschatzes oder der Erlösungsfrüchte (762/199;777/206) als ein „fähiges, niemals versagendes Werkzeug" (778/ 207) zur Verfügung zu stehen bzw. diese Austeilung „sogar in gewissen Sinne durch ihre Tätigkeit" zu bewirken (788/213). Die entscheidende Rolle kommt dabei den hierarchischen Gewalten zu. Der Heiland habe für die Gesundheit und das Wachstum seines Leibes und der einzelnen Glieder dadurch vorgesorgt, daß er ihn „am Anfang des christlichen Zeitalters" mit den erforderlichen Lebensmitteln, d.h. den Sakramenten ausgestattet hat (768f./201f.). „Für die sozialen Bedürfnisse der Kirche" hat Christus durch die Einsetzung der Sakramente der Ehe und der Priesterweihe „in besonderer Weise Sorge getragen". „Durch die heilige Priesterweihe ... werden jene Gott völlig zum Dienste geweiht, welche die eucharistische Hostie opfern, die Schar der Gläubigen mit dem Brote der

Engel und mit der Speise der Lehre nähren, sie mit den göttlichen Geboten und Räten leiten und mit den übrigen himmlischen Gaben stärken sollen“ (768/202).

2.3.2 *Mediator Dei*

Die gleiche Vorgehensweise wie die Kirchenenzyklika bestimmt auch die Liturgieenzyklika Pius' XII.[229]: Zwar werden einzelne Impulse und Anregungen aus den Bewegungen der vergangenen Jahrzehnte anerkannt und bestätigt. In der Grundkonzeption bleibt jedoch das traditionelle Schema unberührt.

Das Rundschreiben würdigt zunächst grundsätzlich die liturgiewissenschaftlichen Studien, namentlich „die weit ausholende und emsige Tätigkeit einiger Klöster des berühmten Benediktinerordens“ (215/523) und ermutigt die pastoralliturgischen Bemühungen um eine lebendigere Teilnahme aller Gläubigen an der Liturgie. Ausdrücklich wird die Lehre von der Teilnahme des ganzen christlichen Volkes an der Liturgie der Kirche und am eucharistischen Opfer bestätigt und in den Zusammenhang mit der neu ins Licht gerückten Lehre vom mystischen Leib Christi gestellt (216/523). Die „heilige Liturgie ... stellt den gesamten öffentlichen Gottesdienst des mystischen Leibes Jesu Christi dar, seines Hauptes nämlich und seiner Glieder“ (228/528f.). „Aus Gottes Kraft wohnt [den Sakramenten] jene Wirksamkeit inne, welche die gläubige Gesinnung der Glieder mit jener des Hauptes verbindet und sie gewissermaßen zur Haltung der ganzen Gemeinschaft macht“ (235/533). Die Gläubigen nehmen als Glieder im mystischen Leibe Christi „ihrem Stande entsprechend, am Priestertum Christi selbst teil“. Denn sie sind durch den „ihrer Seele gleichsam eingemeißelten 'Taufcharakter' ... zur Gottesverehrung bestellt“ (283/ 555). Auch gegen die Aussage, daß die Gläubigen an der eucharistischen Opferdarbringung selbst mitbeteiligt sind, hat das Rundschreiben grundsätzlich nichts einzuwenden, zumal sie sich bei mehreren Kirchenlehrern, namentlich bei Innozenz III. und Robert Bellarmin findet und auch die liturgischen Gebete und Riten ausdrücklich davon sprechen (281/554).

Dennoch zeigt sich das Schreiben in seinem ganzen Duktus überdeutlich von der „Besorgnis, ... ja Furcht“ beherrscht, daß „einige allzu neuerungssüchtige Leute vom Weg der gesunden Lehre und der

229 Enzyklika *Mediator Dei* vom 20. November 1947, AAS 39 (1947) 521-595; dt. Rohrbasser, Heilslehre, 133-209 (Nr. 212-376).

Klugheit abweichen“ (219/524). Näherhin sieht die Enzyklika diese Neuerungssucht immer dort am Werk, wo sich eine Infragestellung des neuscholastischen Kirchenbildes, Priester- und Meßopferverständnisses andeutet.

Insbesondere liegt dem Papst die hierarchische Autorität der Kirche und die hervorgehobene Stellung des Priesters am Herzen. So widmet sich der Text auf weite Strecken vor allem der Rekapitulation und der Bekräftigung sämtlicher Eckpunkte der tridentinisch-neuscholastischen Amtsdogmatik. Das Wesen der Liturgie setze die hierarchische Ordnung der Kirche als „Abbild der himmlischen Hierarchie“ voraus. Nur den Aposteln und ihren rechtmäßigen Nachfolgern „wird die priesterliche Gewalt erteilt, kraft deren sie gegenüber dem ihnen anvertrauten Volk die Person Jesu Christi darstellen, vor Gott aber eben dieses ihr Volk vertreten“ (243/538).

Das Schreiben mißbilligt jede Abschwächung des konstitutiven Standesunterschiedes zwischen Hierarchie und Laien und betont wiederholt die besondere priesterliche Gewalt. Das Sakrament der Priesterweihe bewirke die Unterscheidung von Geweihten und Nichtgeweihten ebenso, wie die Taufe die Christen von den Nichtchristen aussondert (245/ 539).

In auffälliger Weise vermeidet der Papst nicht nur positive Aussagen zum allgemeinen Priestertum, er umgeht auch den Terminus selbst durch eher umschreibende Formulierungen. Das Beteiligtsein der Gläubigen an Liturgie und Opferdarbringung wird kaum vom Gedanken ihres Priestertums her entwickelt, sondern vorzugsweise aus der Glied-Zugehörigkeit zum Leib Christi begründet. Wiederholt unterstreicht das Rundschreiben die wesenhafte Unterschiedenheit und Unabhängigkeit des hierarchischen Priestertums von der Gemeinschaft der Gläubigen. Dieses Priestertum „stammt ... nicht von der Gemeinschaft der Gläubigen und wird nicht vom Volke verliehen“ (243/538). „Deshalb wird das sichtbare, nach außen in Erscheinung tretende Priestertum Christi in der Kirche nicht als ein der Gesamtheit allgemein und gemeinhinzustehendes Anrecht weitergegeben, vielmehr wird es ausgewählten Männern übertragen durch eine Art geistlichen Zeugungsaktes...“ (244/538f.). Die Lehre, „im Neuen Testament gebe es nur jenes Priestertum, das sich auf alle Getauften erstrecke“, wird als Irrtum verworfen (279/553).

Nachdrücklich unterstreicht der Papst die Abgrenzung von Priestern und Laien im Hinblick auf die spezifische Opfervollmacht des Priesters. Die Messe ist eine eigene Opferhandlung und stellt die wahre Erneuerung des Kreuzesopfers dar. Jedoch ist die Opfergabe nur eine und auch der Opferpriester derselbe. Der eine Priester

Christus wird dabei durch seinen geweihten Diener vertreten. „Durch die Priesterweihe dem Hohenpriester angeglichen, besitzt er die Vollmacht, mittels der Kraft und an Stelle der Person Christi selbst zu handeln“ (267/548). Deshalb kann niemand außer dem Priester die Person Christi darstellen, auch das Volk nicht und zwar „unter keiner Rücksicht“ (280/554). Entschieden zurückgewiesen wird die Meinung, „jenes Gebot ..., womit Jesus Christus beim letzten Abendmahl den Aposteln das zu tun auftrug, was er selbst getan hatte, gehe unmittelbar die gesamte Kirche der Gläubigen an; erst daraus sei dann in der Folge das hierarchische Priestertum entstanden“, ebenso die Behauptung, „das Volk besitze wahre priesterliche Gewalt, der Priester dagegen handle nur kraft des von der Gemeinschaft erhaltenen Auftrages“. Deshalb wird der Gedanke, das eucharistische Opfer sei ein wahres „Mitzelebrieren“ (*concelebratio*), entschieden verworfen (279/553). Um sicherzustellen, daß aus der Stellvertreterfunktion des Priesters für das Volk nicht eine dem Volk ursprünglich zukommende Vollmacht geschlossen wird, (die dann gewissermaßen im Handeln des Priesters ihren Ausdruck finden würde), betont der Papst: „Der Priester handelt nur deshalb an Stelle des Volkes, weil er die Person unseres Herrn Jesus Christus vertritt, insofern dieser das Haupt aller Glieder ist und sich selbst für sie opfert.“ Für den Priester ergibt sich daraus die im tridentinisch-neuscholastischen Paradigma typische Mittel- und Mittlerstellung zwischen Christus und dem Volk: „er tritt ... an den Altar als Diener Christi, niedriger gestellt als Christus, aber höher als das Volk (*superiorem populo*). Das Volk aber, das unter keiner Rücksicht die Person des göttlichen Erlösers darstellt, noch Mittler ist zwischen sich selbst und Gott, kann in keiner Weise priesterliche Rechte beanspruchen“ (280/553f.).

Dasselbe traditionelle Interpretationsmodell liegt den schon erwähnten Aussagen über die Teilnahme der Gläubigen am eucharistischen Opfer zugrunde. Der Frage nach der Art dieser Teilnahme widmet das Rundschreiben ein eigenes Kapitel. Es charakterisiert sie als „innerlich und selbsttätig“ und als ein Erwecken jener Gesinnung, „von der die Seele des göttlichen Erlösers erfüllt war, als er das Opfer seiner selbst vollzog“ (277/552). In gewissen Sinn sollen sich die Gläubigen „selbst zur Opfergabe machen“. Das innere Mittun der Gläubigen am Meßopfer ist wünschenswert und soll gefördert werden. Es dient einem fruchtbareren Empfang der Sakramente und trägt dazu bei, daß die Opferdarbringung „ihre volle Wirkung erziele“ (290/557). Eine konstitutive Bedeutung für das Geschehen der Eucharistie selbst kommt der Mitwirkung der Gläubigen jedoch nicht zu. Ihre Anwesenheit beim eucharistischen Opfer ist keineswegs erforderlich, „denn derjenige, der es darbringt, handelt im Namen Christi und der Gläubigen, deren Haupt der göttliche Erlöser ist, und er bringt es Gott dar für die Heilige katholische Kirche sowie für die Lebenden und die Verstorbenen. Das geschieht aber zweifellos, ob nun Gläubige anwesend – und Wir wünschen und empfehlen, daß sie in großer Zahl und Andacht beiwohnen –, oder ob keine da sind; denn es ist keineswegs erforderlich, daß das Volk bestätige, was der Diener des Heiligtums vollzieht" (288/557).

Maßnahmen, die die Beteiligung des Volkes fördern und erleichtern wollen (z.B. ihm die Meßtexte an die Hand zu geben, es bestimmte Antworten sprechen oder Lieder singen zu lassen) sind zu begrüßen, denn sie sind geeignet, „die Frömmigkeit der Christen und ihre innige Verbindung mit Christus sowie dessen sichtbarem Vertreter zu nähren und zu fördern". Sie „sind aber keineswegs notwendig, um [dem Opfer] den Öffentlichkeits- und Gemeinschaftscharakter zu verleihen" (296/560f.).

Demselben lediglich praktisch-asketischen Zweck dienen die Empfehlungen zum Kommunionempfang der Gläubigen. Das Schreiben hält gleich zu Beginn des entsprechenden Abschnitts entschieden fest: „Wie alle wissen, gehört aber nur die Kommunion des Priesters zur Vollständigkeit des Meßopfers; es ist hingegen nicht erfordert, daß auch das Volk zum Tische des Herrn gehe, wiewohl das höchst wünschenswert ist" (301/562). Die Behauptung, die Eucharistie stelle nicht nur ein Opfer, sondern ein Opfer und ein Gemeinschaftsmahl zugleich dar, und deshalb „sei die gemeinschaftlich empfangene Kommunion sozusagen der Höhepunkt der ganzen Opferfeier", wird als „arglistig" (*captiose*) qualifiziert und als Irrtum verworfen (302/563). Wenn die Enzyklika die häufige, womöglich auch tägliche Kommunion der Gläubigen wünscht und auch dringend empfiehlt, so geschieht dies einzig aus dem Grund, daß dadurch dem je Einzelnen eine reichere Teilhabe an den Früchten des heiligen Meßopfers erwachse, nicht aber, weil in der gemeinschaftlichen Kommunion ein wesentlicher Grundgedanke des Herrenmahls einen sinnenfälligen Ausdruck fände.

Der Gedanke, daß die konkrete eucharistisch versammelte Gemeinschaft die Kirche selbst ist bzw. diese darstellt, findet in der Liturgieenzyklika Pius' XII. keinen Widerhall. Die Kirche, nämlich die „vom göttlichen Erlöser gestiftete Gesellschaft mit ihrer Lehre und Leitung, dem von ihm eingesetzten Opfer und den von ihm gestifteten Sakramenten" (226/528), und die beim Meßopfer anwesenden Gläubigen erscheinen vielmehr als zwei voneinander verschiedene Größen: „Die Kirche ... ruft die Christen zu den Altären, eifert sie durch wiederholte Einladung an zur andächtigen Feier des eucharistischen Opfers und nährt sie mit der Engelspeise" (230/529f.). Diese wesentlich hierarchische Kirche ist es auch, die in der Logik des Rundschreibens das Priesterleben Christi weiterführt, indem sie am Altar das Kreuzesopfer ständig darbringt (214/522). Ihr ist der Schatz der Erlösung anvertraut, den sie mittels der Sakramente, des heiligen Meßopfers vor allem, an die Menschen austeilt. Liturgisches Handeln bleibt so zuallererst hierarchisches Handeln. Das rechte Verständnis der hierarchisch-klerikalen Vollmachten bildet die Voraussetzung für das Verständnis des Wesens der Liturgie überhaupt (243/538).

Wie unschwer zu erkennen ist, entsprechen die Grenzsetzungen der Enzyklika, insofern sie die allein und spezifisch dem Priester zukommende Opfervollmacht und die davon deutlich zu unterscheidende Art der Teilnahme der Gläubigen zum Gegenstand haben, nicht nur exakt den Diskussionen, die im vorigen Abschnitt zur Darstellung kamen, sie unterliegen auch demselbem Sprachproblem. Die Abgrenzungen, die das Rundschreiben vornimmt, sind zwar auf die theologischen Leitgedanken der liturgischen Erneuerungsbewegung gemünzt, verfehlen jedoch deren Horizont, da sie im Denkrahmen der tridentinisch-neuscholastischen Dogmatik gefangen bleiben. Die Mysterientheologie und ihre Vertreter konnten sich von den ausgesprochenen Mißbilligungen gemeint oder auch nicht gemeint fühlen.[230] Eine unterschiedslose oder gemeinsame Opfervollmacht (*potestas consecrandi*) von Priestern und Laien war von ihnen nie behauptet worden. Sie spielt allerdings in der Logik der Mysterienlehre nicht die zentrale Rolle als Dreh- und Angelpunkt des Eucharistie-, Liturgie- und - damit zusammenhängend - auch des Priesterverständnisses, wie das in der traditionellen Sichtweise der Fall war.

Die Reaktion und Rezeption stützte sich indes vor allem auf die von der Liturgieenzyklika ausgesprochene Billigung vieler liturgisch praktischer Bemühungen der Liturgischen Bewegung. Das Anliegen,

[230] „Die Enzyklika spricht von der Problematik der Mysterienlehre indirekt dort, wo sie die Lehre vom Meßopfer entwickelt; aber hier wird im wesentlichen nur die Lehre des *Tridentinum* sorgfältig wiedergegeben. Jedoch scheint mir keine der durch die Mysterienkontroverse innerhalb des Eucharistietraktates umrissenen Problemstellungen so einbezogen zu sein, daß eine Antwort auf die fraglichen Punkte unmittelbar und ausdrücklich gegeben wäre" (B. Neunheuser, Mysteriengegenwart. Ein Theologumenon inmitten des Gesprächs, in: ALW 3/1 [1953] 104-122, hier: 107).

die lebendig tätige Teilnahme der Gläubigen an der Liturgie durch geeignete Maßnahmen (z.B. die deutsche Gemeinschaftsmesse, das Deutsche Hochamt, die Austeilung der Kommunion innerhalb der Messe) zu fördern, fand man darin so ausdrücklich bestätigt, daß man das Rundschreiben insgesamt als große Ermutigung auffaßte, die Arbeit fortzusetzen und zu verstärken.[231] Als wichtige Früchte der durch Mediator Dei freigesetzten regen Tätigkeit seien beispielhaft die Liturgischen Kongresse (1950 in Frankfurt, 1955 in München)[232] genannt, die Reform der Osternacht mit Wiederherstellung der feierlichen Ostervigil (bereits 1951) sowie die Reform der ganzen Heiligen Woche (1955).

Daß die dogmatisch-theologische Grundausrichtung von *Mediator Dei* die Ansätze der der liturgischen Erneuerung zugrundeliegenden Mysterientheologie konsequent ignorierte bzw. ablehnte, trat demgegenüber nicht so deutlich ins Bewußtsein. Ein Grund dafür mag sein, daß die Mehrheit sie vor allem unter pastoralliturgischem Blickwinkel las und sich Bestätigung für so manche in vorausschauendem Gehorsam gewagte Praxis erhoffte. Die grundsätzlichere Frage nach der Beurteilung der Mysterientheologie durch das Schreiben trat demgegenüber zurück. Außerdem ist davon auszugehen, daß alle Beteiligten, der Papst ebenso wie die Vertreter der Liturgischen Bewegung soweit im traditionellen theologischen System befangen waren, daß ihnen der grundsätzlichere Wandel der Perspektive, der der liturgischen Erneuerung zugrunde lag und der über das Eucharistie- und Kirchenverständnis hinaus auf ein völlig neues Verständnis von Theologie und Liturgie überhaupt zielte, nicht im vollen

[231] Balthasar Fischer berichtet, wie er zusammen mit zwei Kollegen über dem kurzfristig besorgten Text der Enzyklika saß „und wie sie Wort für Wort durchbuchstabierten, um zu erfahren, ob die Enzyklika nun eigentlich für sie – d.h. für die Liturgische Bewegung – sprach oder gegen sie. Was sie herauslasen, war eine grundsätzliche Zustimmung zu den Anliegen und zu vielen Bemühungen der Liturgischen Bewegung, aber auch eine Zurückweisung von Übertreibungen und Eigenmächtigkeiten, die es da und dort wohl gab. Auf jeden Fall wurde die Enzyklika als so positives Signal verstanden, daß unmittelbar nach ihrer Veröffentlichung von Mitgliedern der Liturgie-Kommission der Fuldaer Bischofskonferenz das Liturgische Institut in Trier gegründet wurde" (E. Nagel, in: Gottesdienst 31 [1997] 171).

[232] Bezeichnend für die Aufbruchsstimmung, die durch die Enzyklika ausgelöst wurde, sind die Worte Bischof Stohrs auf dem Frankfurter Kongress: „Ende 1947 führte uns die Enzyklika *Mediator Dei* vollkommen ins Freie ... so daß die Freunde der liturgischen Erneuerung es gar nicht besser wünschen können ... daß wir ein kräftiges Aufblühen für die Zukunft erwarten dürfen" (Kolbe, Bewegung, 87).

Umfang bewußt wurde, bewußt werden konnte oder durfte.[233] Im Gegenteil: Um der lehramtlichen Akzeptanz willen mußte gerade die Vereinbarkeit der neuen Ansätze mit den scholastisch-tridentinischen Formeln unter Beweis gestellt werden.

Dennoch wurden in den folgenden Jahren mit den Neuansätzen und Reformen der liturgischen Praxis unweigerlich auch deren theologisch-ekklesiologische Grundlagen mittransportiert. Sie kamen zum Durchbruch in der Liturgiekonstitution des Zweiten Vatikanischen Konzils, die – als das erste verabschiedete Dokument – bereits die wichtigsten ekklesiologischen Aussagen der Kirchenkonstitution implizit voraussetzt und vorwegnimmt.

[233] Auch Odo Casel selbst las aus *Mediator Dei* „zunächst nur Billigung und Bestätigung" seines Anliegens (B. Neunheuser im Vorwort zu: Casel, Kultmysterium, 6).

3 Das neuscholastische Paradigma an seinen Grenzen

Wie die Ausführungen im letzten Kapitel gezeigt haben, hielten die päpstlichen Definitionen der vierziger Jahre – trotz positiver Würdigung einzelner theologischer und praktischer Impulse aus den vorausgegangenen Jahrzehnten – an den Rahmenvorgaben des tridentinisch-neuscholastischen Kirchen- und Priesterparadigmas mit Entschiedenheit fest. Damit blieb dieses auch für die systematischen Entwürfe, die sich in den fünfziger Jahren um eine systematische Integration der theologischen Bewegungen der vergangenen Jahrzehnte mühten, verbindlich. Es ist nun zu überprüfen, ob und inwieweit diese Prämisse überzeugende Synthesen erlaubte. Dazu sollen die entsprechenden Beiträge zunächst eingehend in Blick genommen werden (3.1), bevor in einem zweiten Schritt die typischen Grundstrukturen der Argumentation zu analysieren sind (3.2).

3.1 Konzeptionsversuche

3.1.1 Yves Congar

Auch eine Untersuchung, die sich grundsätzlich an der deutschsprachigen Literatur orientiert, kann an *Yves Congars Jalons pour une théologie du laicat* (1952; dt. *Der Laie*, 1957) nicht vorbeigehen. Das Buch – bei seinem Erscheinen trotz vorsichtigster Terminologie von der Indizierung bedroht[1] – wurde Standardwerk und richtungsweisende Grundlage sowohl weiterer theologischer Entwürfe als auch kirchenamtlicher Aussagen. Viele fundamentale Formulierungen des Zweiten Vatikanischen Konzils wurden von ihm entscheidend vorbereitet.

Congar macht sich ausdrücklich den Entwurf einer Theologie des Laientums im Horizont eines umfassenden Kirchenverständnisses zur Aufgabe. Gleich zu Beginn legt er dar, „daß die theologische Frage nach dem Laientum im Grunde eine Frage nach der Kirche ist, und

1 Neuner, Laie, 163.

die Antwort auf die neugestellte Frage nach der Kirche ... auch die Lösung des theologischen Problems des Laientums [ist]“ (5). Entwicklungsgeschichte und Stellung des Laienstandes lassen sich von der Natur der Sache her nicht isoliert darstellen, sondern müssen im Kontext der Zuordnung „Hierarchie und gläubiges Volk“, und der Fragen nach Rolle und Spezifikum des „Priestertums der Gläubigen“ im Vergleich mit dem „Priestertum der geweihten Diener“ betrachtet werden. Welche Konsequenzen zieht Congar aus der „Wiederentdeckung jener entscheidenden Wahrheit, daß die Laien im vollen Maße zur Kirche zählen“ (8), für die ekklesiologische Orts- und Funktionsbestimmung des Priesteramtes?

Den logischen Ausgangspunkt und die Grundlage des Congarschen Entwurfs bildet sein Versuch einer Synthese der beiden Kirchenbestimmungen „Heilsanstalt“ und „Gemeinschaft“. Er deutet die beiden als zwei Gesichtspunkte der einen Wirklichkeit Kirche und unterscheidet ihren jeweiligen Stellenwert nach heilsgeschichtlichen Epochen: „Die Kirche ist nach ihrer endgültigen Seinsbestimmung Lebensgemeinschaft der Menschen mit Gott und aller einzelnen untereinander in Christus.“ Zugleich ist sie „die Gesamtheit der Mittel, die diese Gemeinschaft bewirken“ (äußere, hierarchische Struktur, Ämter, Vollmachten und Gewalten, Dogma und Gesetz, Sakramente) und als solche Institution, Heilsanstalt (52). Dabei geht die Kirche als Institution der Kirche als Gemeinschaft der Gläubigen voraus (55). Sie war nämlich zuerst „eine Kirche von Priestern, ehe sie eine Kirche von Gläubigen wurde“ (261). Während jedoch die vollkommene Lebensgemeinschaft mit Gott eschatologische Zielgestalt der Kirche ist und die in der Kirche „bereits verwirklichte Gemeinschaft ... immerdar im Himmel weiterbestehen [wird]“ (172), hat die hierarchische Struktur ihren „tiefen Sinn“ ganz in der geschichtlichen Zeit der Kirche zwischen dem ersten Kommen und der Wiederkunft Christi. „Im vollendeten und endgültigen Zustand des Leibes Christi, d.h. im Himmel wird es keine mittlerische Tätigkeit des hierarchischen Priestertums mehr geben, kein Lehramt des Glaubens, keine Leitungsgewalt, weder ‘Dogma’ noch Gesetz, noch Sakrament. Denn Gott wird ‘alles in allem’ (1Kor 15,28) sein“ (174). Zur Illustration des Gemeinten verweist Congar auf das Verhältnis von Halm und Ähre: „[Der Getreideschößling] wächst gewiß um seiner Ähre willen. Sie allein wird in die Scheune gebracht; oder sagen wir, da es sich hier um die religiöse Beziehung zu Gott handelt: sie allein wird in der Ewigkeit zu der großen Lobopferhostie gehören. Aber solange sie nicht mit der nötigen Substanz erfüllt ist, bedarf sie eines Halmes, den man eines Tages auf die Erde oder ins

Feuer werfen wird. So ist die Kirche auf Erden zugleich die wachsende und reifende Ähre und der Halm, der sie trägt und nährt" (179).

Aus der eigentümlichen „Zwischensituation", in der sich die geschichtliche Kirche befindet, ergibt sich die je eigene Aufgabe des Laientums und der Hierarchie. Die Rolle der Hierarchie besteht darin, daß sie „uns als Gnadenvermittlung mit der Fülle des bereits geschehenen Erlösungsgeheimnisses verbindet" (172). Sie ist „Verlängerung oder vielmehr das Sakrament der Mittlerschaft Christi". Sie verdunkelt so „in keiner Weise die einzige Mittlerschaft des Menschen Jesus Christus, sondern verwirklicht sie gerade" (178). Weil uns die in Christus gegebene Fülle der Gnade und Wahrheit durch den Vollzug eines hierarchischen Priestertums, Hirten- und Lehramtes „sozusagen von außen und oben" zufließen muß, solange „Gnade und Wahrheit uns nicht völlig innerlich geworden sind", sind „die hierarchischen Funktionen in der Kirche etwas ganz anderes ... als Organe des Leibes, als eine Schöpfung der dem organischen Leibe innewohnenden Kräfte. Sie beziehen sich nicht auf den Aspekt oder das Moment, denen gemäß die Gläubigen die Kirche bilden (Gemeinschaft), sondern auf jene, denen gemäß die Kirche (Institution) die Gläubigen bildet" (178f.).

Während sich das Wirken der Hierarchie auf die „Bildung eines gläubigen Volkes durch die Gnadenmittel" (759) richtet, vollziehen die Gläubigen die „Lebensvermittlung ... zwischen dem Leibe Christi und der Welt" (184). Ihre Aufgabe besteht darin, „die Belebung von Christus her zu empfangen und ihr die ganze Entfaltung in eine Welt hinein zu geben, die zwar grundsätzlich von Gott angenommen ist, aber an deren Vollendung mitzuarbeiten er uns berufen und beauftragt hat" (181). Nach Congar bekommt die Kirche auf diese Weise ihre Struktur durch die Hierarchie, das Leben aber, „durch das sie ihre Sendung erfüllt, setzt die Mitarbeit der Gläubigen voraus" (419). Trotz dieses offenkundigen Dualismus zwischen „Struktur" und „Leben" betont Congar die Einheit der Kirche: „Es ist eine einzige Kirche, die von oben und unter her aufgebaut wird." Von oben, d.h. von der Hierarchie her erhält sie ihre Strukturprinzipien, unten, d.h. allein in der Gemeinde entfaltet sie ihre Fülle und „[führt sie] die Aufgabe ihres Lebens zu Ende" (422).

Der Darstellung der vielfältigen Aufgaben der Laien legt Congar die Lehre vom dreifachen Amt Christi (Priestertum, Königs- und Prophetenamt) zugrunde. Es kommt ihm darauf an zu zeigen, „daß in jedem dieser drei Ämter, die von Christus der Kirche übergeben sind, die Laien unableitbare, originäre Rechte haben, daß sie am priesterlichen, prophetischen und königlichen Amt teilnehmen, und daß diese Ämter keineswegs dem Klerus allein vorbehalten sind."[2] Doch ist die Art der Teilhabe der Hierarchie an den *munera Christi* von der der Gläubigen deutlich abzusetzen. Als Grundlage dieser Differenzierung dient Congar wiederum die Unterscheidung von „Struktur" und „Leben", von „Heilsanstalt" und „Gemeinschaft". Der Plan Gottes begreife eine „doppelte menschliche Vermittlung" in sich entsprechend einer „doppelten Teilnahme an den messianischen Kräften Christi": als Gewalten und als „Gestaltgrund des Lebens". Die königliche, priesterliche und prophetische Mittlerschaft Jesu Christi vollziehe sich so für die Zeit der geschichtlichen Kirche in zwei „Instanzen" (184). „Insofern die Kirche reine Lebensgemeinschaft ist, zeichnen Königtum, Priestertum und Prophetentum als *'Gestalt'* oder *'lebendige Würde'* die Glieder als solche aus. Insofern die Kirche Heilsanstalt oder Gnadenmittlerin ist, kommen diese drei Ämter bestimmten Gliedern zu und verleihen ihnen eine Aufgabe oder einen Heilsdienst zugunsten aller anderen; sie sind *'Gewalten'*, d.h. aktive Mittel, das Leben des 'Leibes' zu wecken oder zu fördern" (174).

Die Unterscheidung der beiden Gesichtspunkte ermöglicht es Congar, von einer Gleichheit der Glieder der Kirche zu sprechen, ohne die hierarchische Ungleichheit antasten zu müssen: „Die Kirche ist in hierarchischer Weise königlich, priesterlich und prophetisch, um den Menschen das Leben in Christus zu übermitteln; insofern die Gläubigen ihm angeglichen sind, leben sie geistlich aus einem Leben, das königlicher, priesterlicher und prophetischer Art ist. So verteilen sich die Anteile der Kleriker und der Laien, oder besser der Hierarchie und des gläubigen Volkes; dabei darf nicht vergessen werden, daß die hierarchischen Personen als Personen zuerst Gläubige sind und es immer bleiben. So verbinden sich die beiden gleich wahren Tatsachen: die einer echten Ungleichheit hinsichtlich der Aufgaben und einer völligen Gleichheit als Glieder desselben Leibes, die dasselbe christliche Leben leben" (180). In der Anwendung auf die Frage nach womöglich liturgischen Funktionen des Priestertums der Gläubigen liest sich die Unterscheidung von „Gestalt" und „Gewalt" dann folgendermaßen: *„Die priesterliche Eignung* der Gläubigen ist ... für die Kirche sicher wesentlich. Der Vollzug *der Akte dieses Priestertums* gehört aber nicht zum Wesensgefüge der Kirche" (349).

[2] Neuner, Laie, 165.

Die ekklesiologische Doppelperspektive muß auch Congars Konzeption vom Priestertum der Kirche tragen. Obwohl ihm die Einheit des hierarchischen Priestertums und des Priestertums der Gläubigen im Priestertum der Kirche am Herzen liegt, warnt er doch vor Entwürfen, die „lediglich ein unterschiedsloses und im Grunde einziges Priestertum der Kirche ... sehen; ein Priestertum welches lediglich einerseits von der Gemeinde und andererseits von den Priestern, den Organen dieser Gemeinde ausgeübt würde“ (260). Diese Gefahr sieht er namentlich gegeben bei *Eugen Walter*, vor allem aber in der dreigliedrigen Formel, mit der Abbé *Long-Hasselmans* 1951 das Problem des Priestertums in der christlichen Heilsordnung aufgezeigt hatte:

> „Ein einziger ist Priester, *ἱερεύς*
> Alle sind Priester (in der Einzahl), *ἱερεύς*
> Einige sind 'Priester', *πρεσβύτεροι*“ (261).

Congar anerkennt die Formulierung als „einleuchtend“ und „anregend“ und spricht ihr eine gewisse Berechtigung nicht ab. Er kritisiert aber, daß sie Kirche als Sakrament von der Kirche als Lebensgemeinschaft zu wenig unterscheide und dem „ganzen Reichtum“ der „priesterlichen Realität des Christentums“ nicht gerecht wird. Sein ungleich komplizierterer und – wie er selbst einräumt – verwickelter Formulierungsvorschlag lautet:

> „Ein einziger ist Priester, nämlich Christus, der das A, Ω und der Weg ist.
> Zwischen dem A und dem Ω [d.h. zwischen dem ersten und zweiten Kommen Christi, JM] gibt es eine sakramentale Teilhabe an seinem Priestertum, die zum Ziel hat, sein Opfer sakramental zu feiern; es ist einerseits die Teilhabe aller Gläubigen in der Taufe (Firmung), die darauf hinausgeht, ihnen den Zugang zu dieser Feier zu verschaffen; es ist andererseits die durch die Priesterweihe verliehene hierarchische Teilhabe einiger, die zum Ziel hat, diese Feier zu vollziehen.
> Alle sind Priester durch ihr geistiges Leben in Christus, und im Himmel werden sie nur jenes Priestertum ausüben, das das Priestertum der Vollendung und der Wirklichkeit ist“ (262).

Entsprechend Congars dualem Grundansatz, der eine zweifache Beziehung Christi zu seiner Kirche annimmt, ist auch die „Teilhabe an Christus als Priester (und ebenso an Christus als König oder Propheten)“ eine doppelte: „Die eine folgt der Beziehung der Belebung [Kirche als *Leib* Christi], und ist eine Teilhabe der reinen und einfachen Gemeinschaft, die Christus mit seinem Leib hat; die andere entspricht der Beziehung der Macht über seinen Leib [Christus als *Haupt* der Kirche] und des Mittels zur Bildung der Gemeinschaft" (253).

Das Priestertum aller Gläubigen wird der Belebungs- und Gemeinschaftsperspektive zugeordnet. Congar folgt hier prinzipiell der Konzeption von *Bernhard Durst* (256) und qualifiziert dieses als reales, aber geistiges Priestertum. Er beschreibt es als hochdifferenzierte Realität. Als „moralisches Priestertum" bestehe es darin, „die Handlungen mit priesterlicher Seele und im Geist der Gottverbundenheit zu vollbringen", als „reales, jedoch ganz innerliches und geistiges Priestertum" widmet es sich dem Gebet und dem aszetischen Leben. Es ist zudem ein Priestertum sakramentaler Ordnung, insofern es an die „Taufweihe" gebunden ist und sich sein „höchster Akt ... in der Teilhabe am eucharistischen Opfer vollzieht" (209f.). Nur eines ist dieses Priestertum nicht – hier läßt die Vorgabe von *Mediator Dei* nichts anderes zu: eigentlich liturgisches Priestertum in dem Sinne, daß ihm eine konstitutive Bedeutung und Funktion für das eucharistische Opfer zukäme.

Congar übernimmt die traditionelle Sichtweise, wonach sich die Arten des Priestertums nach den Opferarten unterscheiden (237). Kult, Opfer und Priestertum der Gläubigen „liegen nicht auf der eigentlich liturgischen oder sakramentalen Ebene" (205). Verschleiernd wirkt in diesem Zusammenhang sein Verweis auf die an sich zutreffende Beobachtung, daß „nirgendwo im Neuen Testament eine[ ] ausdrückliche[ ] Beziehung des Kultes und Priestertums der Gläubigen zur Eucharistie oder gar zu den Sakramenten ... und zum öffentlichen Kult der Kirche" (205) formuliert sei, insofern damit ein gegenteiliger Befund hinsichtlich des Amtspriestertums suggeriert wird.[3]

Somit manifestiert sich die Ungleichheit von Hierarchie und Gläubigen am eindrücklichesten im liturgisch-kultischen Zusammenhang. „In dem Maße, in dem ... die Frage des Priestertums der Gläubigen in seiner Beziehung zum eigentlich *sakramentalen* Kult und besonders zur eucharistischen Feier gestellt ... wird, wird man, um in der katholischen Wahrheit zu bleiben, auf seine Beziehung und sogar seine organische Unterordnung (subordination) gegenüber dem hierarchischen und eigentlich liturgischen Priestertum hinweisen

[3] Das Schweigen des Neuen Testaments zum Amtspriestertum deutet Congar bezeichnenderweise in entgegengesetzter Richtung: „Wir haben bereits gesehen ... daß das Neue Testament das Priestertum der Gläubigen kaum in Beziehung zur Eucharistie bringt. Es setzt das hierarchische Priestertum voraus, spricht aber kaum mehr von ihm" (Congar, Laie, 327).

müssen" (206). Die Art der Formulierung weckt gewisse Zweifel daran, daß es sich hier um eine originäre Überzeugung Congars handelt.

Welchen Spagat sich Congar abverlangen muß, um das Priestertum der Gläubigen abstrichlos positiv zu füllen, ohne die traditionelle Lehre vom hierarchischen Priestertum antasten zu müssen, mag folgender Satz illustrieren: „das Priestertum der Heiligkeit, welches wirklich und sogar würdiger ist als das andere, ist weniger oder uneigentlicher priesterhaft als das sakramentale Priestertum ..." (254). Während sich das Priestertum der Gläubigen grundsätzlich auf die ganze Fülle christlichen Lebens, nur eben nicht auf eine eigentlich liturgisch-kultische Funktion beim eucharistischen Opfer erstreckt, liege das eigentlich hierarchische Tun, gemäß „der Definition der Tradition der Kirche, in der Wandlung der heiligen Gaben [und] in der Verwaltung der Sakramente" (179).

Im Anschluß an eine Darstellung der erst in der Alten Kirche erfolgten allmählichen Entwicklung eines Amts*priester*tums fügt Congar unvermittelt die Feststellung, „daß die Theologie gezwungen ist, die Tatsache der Existenz einer anderen Art, eines anderen Rechtstitels, einer anderen Quelle der priesterlichen Würde als die der Taufe im christlichen Heilsplan auszulegen und zu 'konstruieren'. Es gibt ein Amts- oder hierarchisches Priestertum." Diese Aussage ist vom Gläubigen und Theologen, „d.h. indem wir den Zusammenhang der Entwicklung und die Unfehlbarkeit der Kirche als einen Grundsatz annehmen, zu erfassen." Maßgeblich sei dabei nicht der Beginn der Tradition, sondern der „Augenblick, in dem sie uns vollständig entwickelt und 'definiert' dargestellt wird", d.h. auf dem Konzil von Trient. Die tridentinische Lehre ist trotz des Problems der geschichtlichen Kontinuität „als Gegebenheit, als ein weiterentwickelter Ausdruck der kirchlichen Tradition" anzusehen (218-222).

Die „doppelte und einstimmige Aussage der katholischen Tradition" lege die Funktionsbestimmung des Amtspriestertums klar fest: „einesteils ist gleichzeitig mit dem Opfersakrament Christi auch ein eigentlich sakramentales Priestertum eingesetzt worden; andererseits sind die Priester dieses Priestertums nur deshalb Priester, damit sie Christus auf sakramentale Weise vertreten können." Die Vorwegnahme des Kreuzesopfers am Vorabend war zugleich die „Schöpfung oder Einsetzung einer (priesterlichen) Gewalt" (249). Die Opferfunktion des Amtspriestertums endet „im Stand der Vollendung". Denn dort gibt es nicht mehr den Akt des Opferns als *„opus ut sancta societate inhaeremus Deo"*, sondern nur noch sein Resultat, die lebendige Gemeinschaft mit Gott selbst (254).

Das „Weihe- oder hierarchische Priestertum kommt nicht von unten, von der Gemeinde her, sondern von oben, von Christus als dem Herrn der Kirche, der *über* diese Gemeinde Gewalt hat“ (259). Im Unterschied zu den „Gaben des Heils und der lebendigen Gemeinschaft“, die das persönliche Leben betreffen und „allen gegeben“ sind, wird der „weihepriesterliche Dienst“, d.h. „die Sendung oder die Vollmacht der für oder über andere vollzogenen Handlungen“, „die Betreuung der eingesetzten Heilsmittel“ nur einigen wenigen verliehen „und sondert diese von den anderen aus“ (254f.). Der theologische Sinn der Hierarchie besteht darin, „zu verkünden und zu bewirken, daß alles von Christus herkommt, der ins Fleisch hinabgestiegen ist und sich im Fleische für uns aufgeopfert hat“ (258).

Da Congar die von der tridentinischen Lehrtradition vorgegebene Fixierung auf die Konsekrationsgewalt als „vollgültige Definition des christlichen Priestertums“ nicht für ausreichend hält (270), versucht er „in das eigentliche Werk christlichen Priestertums noch andere Realitäten einzubeziehen, die aus dem Bereich der Nächstenliebe oder Barmherzigkeit stammen“ (263) und „in ihm eine Beziehung zum Opfer der Gläubigen anzunehmen, d.h. zu allem, was diese tun, um sich gemeinsam in einer heiligen Gemeinschaft mit Gott zu vereinen“ (267).

Da das Apostolat „nicht nur dem Priester eigen ist“ – dies zu zeigen ist gerade eines der Hauptanliegen des ganzen Buches – stellt sich dann aber die Frage, was der Priester in diesem Bereich „mehr als der Laie aufzuweisen“ hat. Congar sieht vier Momente dieses „Mehr“: (1) ein sichereres *officium*, d.h eine dringlichere apostolische Sendung und Aufgabe, (2) eine Vollmacht, also „eigentlich hierarchische Gewalten samt den diesen zukommenden Charismen, (3) einen Mehrwert an kirchlicher Wirkkraft, d.h. von Vollmacht und Gaben zur Errichtung der Kirche, und schließlich (4) in der Feier der Sakramente und besonders der Eucharistie die Fähigkeit, „das ganze Opfer der Menschen zu vollbringen“ (277).

Congar kennt die Kirchengeschichte zu gut, um nicht „Fälle von Christengemeinden“ aufzählen zu können, „die ohne Priester entstanden sind ... oder weiterbestanden haben“ (277). Die spezifische Bedeutung des „priesterlichen oder, besser noch, bischöflichen Apostolat[s]“ resultiere jedoch daraus, daß „ein Laie ...außerstande [ist], das Missionswerk zu vollenden, welches – über das eigentliche Apostolat hinaus – in der Einpflanzung der kirchlichen Institution, des vollständigen *sacramentum* der Kirche besteht“ (280). Dieses *sacramentum*, das „sichtbare Mittel ..., dessen man sich notwendigerweise bedienen muß“, hat Gott „durch positive Bestimmung“ eingesetzt. Das „geistige Opfer der Menschen [muß], um angenommen zu werden (zumindest *voto*), seinen Weg über das *sacramentum* nehmen ..., mit dessen Ausübung das hierarchische Priestertum betraut ist“ (276).

3.1.2 Henri de Lubac

Neben dem grundlegenden Werk Congars haben auch Überlegungen des französischen Jesuiten *Henri de Lubac* breiteren Einfluß im deutschsprachigen Raum ausüben können. Seine 1954 in deutscher Sprache erschienene *Betrachtung über die Kirche* (orig. *Méditation sur l'église*, ^{1}1952, ^{2}1953) ist aus Meditationen für Priesterexerzitien hervorgegangen.

Lubacs Ausführungen zum Priestertum stehen im Kontext seiner Darlegungen zur „geheimnisvollen Wechselwirkung“ von Eucharistie und Kirche: „Die Kirche wirkt Eucharistie – die Eucharistie wirkt Kirche.“ Das erste Glied dieser Aussage bedeutet dabei konkret: „Die ‘hierarchische’ Kirche wirkt die Eucharistie“ (93). Das Priesteramt der Kirche wurde „vornehmlich zu diesem Zweck“ (90) geschaffen. Das Priestertum der ganzen Kirche, wiewohl eine durch kein anderes zu übertreffende „mystische Wirklichkeit“, „hat mit dem liturgischen Leben der Kirche nichts zu tun“. Die Christengemeinschaft ist wirklich ein „Priesterstaat“ und hat eine „Priesterrolle gegenüber der ganzen Welt“ (92), „mit der Bereitung der Eucharistie hängt ihr Priestertum jedoch nicht unmittelbar zusammen“ (91-93).

Beim amtlichen Priestertum handele es sich „nicht um einen höheren Grad in dem ‘inneren Priestertum’, ... sondern um ein ‘äußeres Priestertum’, das einigen vorbehalten ist, um ein ‘Amt’, das einigen im Hinblick auf das ‘äußere Opfer’ anvertraut ist“ (94). Es ist keine „Art Emanation der Gemeinschaft der Gläubigen“, sondern eine „Gewalt, die von Christus ausgeht“ (94). Zwar ist der Priester bei manchen Handlungen auch „Vertreter oder Sprecher derer, die der Feier des Mysteriums beiwohnen und in gewisser Weise auch daran teilnehmen“ (94f.), aber bei den eigentlichen Sakramentalhandlungen – namentlich bei der Konsekration der eucharistischen Gaben – zelebriert der Priester vor allem den Kult des Herrn, ist er vor allem der Diener und sakramentale Vertreter Christi: „Er zelebriert ... in persona Christi“ (95).

Lubac betont als „Grundwahrheit unseres Glaubens“, daß das Sakrament der Priesterweihe „keine zwei Grade der Zugehörigkeit zu Christus, keine zwei Arten von Christen schafft“ (96). Sie ist keine „Übertaufe, die eine Klasse von Überchristen“ hervorbringt (92). „Durch seine Priesterweihe ist der Priester nicht mehr Christ als der einfache Gläubige. Die Weihe, die er empfangen hat, ist für die Eucharistie da; aber die Eucharistie ist für alle da“ (96).

Allerdings „besteht zwischen Priestern und Laien - oder zwischen Hirten und Gläubigen - ein Unterschied der Situation und der unabdingbaren Gewalt“ (96). Die Priester „nehmen durch Gottes Auftrag an der Sendung der Kirche teil, das göttliche Leben in uns zu erzeugen und zu erhalten“ (96). „Sie allein pflanzen hienieden gemäß dem Auftrag des göttlichen Erlösers die Funktionen Christi als Lehrer, König und Priester fort“ (97). Zwar ist jedes dieser drei Ämter dem „Priestertum“ (Sammelname) gleich wesentlich, doch „das eigentlich und spezifisch Priesterliche“ ist „dessen liturgische Dimension“. Die Eucharistie in Händen zu halten ist das höchste Vorrecht der Hierarchie in der Kirche, das Vorrecht der Diener Christi und der Spender der Mysterien Gottes. „In der Konsekration des Leibes Christi ... besteht ihre priesterlichste Handlung, ... die höchste Ausübung ihrer Gewalt“ (98f.).

3.1.3 Karl Rahner

Von *Karl Rahner* liegen aus dem hier interessierenden Zeitraum zwei Veröffentlichungen zum Thema vor. Der Aufsatz *Priesterliche Existenz* und das Kapitel über den Ordo in der Quaestio Disputata *Kirche und Sakramente.*[4]

Rahner lehnt die ausschließlich kultische Orientierung in der Frage nach dem Wesen des Priestertums als unzureichend ab und plädiert stattdessen für eine kultisch-prophetische Bestimmung. „Der heutige Priester ist ausgerüstet mit *kultischen* Gewalten (Opferpriester und sakramentaler Gnadenvermittler) und ist gleichzeitig *Sendling*: Apostel, Lehrer, bevollmächtigter Leiter der Gemeinde. Beide Gewalten scheinen ... auf den ersten Blick nicht innerlich notwendig zusammenzugehören.“[5] Denn während der Priester durch

[4] K. Rahner, Priesterliche Existenz, in: Schriften zur Theologie III, Einsiedeln - Zürich - Wien [6]1964 ([1]1956) 285-312. Ders., Kirche und Sakramente (QD 10), Freiburg 1960; einen Vorentwurf dieser Arbeit hatte Rahner bereits veröffentlicht in GuL 28 (1955) 434-453.

[5] Rahner, Existenz, 286f.

das Opfer die innerere religiöse Haltung des Menschen zum Ausdruck bringt (Richtung: vom Menschen zu Gott), steht der Prophet im Dienste der Selbstoffenbarung Gottes zum Menschen hin.[6]

Doch gehören beide im katholischen Priestertum wesensnotwendig zusammen. Dabei erwächst „das Prophetische aus dem Kultischen" und verwirklicht dieses erst voll.[7] Denn die christliche Verkündigung ist nichts anderes als die weitere notwendige Auslegung oder Vorbereitung des streng sakramentalen Wortes.[8]

Da das Priestertum Christi eschatologisch einmalig und endgültig ist und außerdem die Amtsinhaber Kirche nicht erst schaffen, sondern diese mit Christus immer schon und noch *vor* der gesellschaftlichen Organisation gesetzt ist, ist Priestertum und Prophetismus im Amtspriestertum der Kirche prinzipiell entmächtigt. Die Amtsträger sind *nie* „Mittler", sondern bloß die konkrete Sichtbarwerdung des von Christus gestifteten „Mittels", d.h. der Kirche. Das allgemeine Priestertum ist *vor* dem Amtspriestertum und nicht bloß seine abgeschwächte Austrahlung. Die Opfertat Christi „gehört" der Kirche. Der Amtspriester setzt sie als Opfer der *Kirche* gegenwärtig.

Doch versäumt Rahner nicht zu versichern: „Dabei bleibt bestehen, daß das Recht und die Gewalt sakramentaler Gegenwärtigsetzung dieses Opfers allein und ausschließlich dem Amtspriestertum - und zwar unmittelbar von Christus selbst her - zukommt." Da der Priester wirklich „opfert", d.h. eine äußere Kulthandlung setzt, muß diese kultische Amtsgewalt „Priestertum" genannt werden. Diese kultische Handlung hat jedoch nur dienende Funktion, „sowohl dem Priestertum Christi gegenüber – insofern es bloß die sakramentale Gegenwärtigsetzung seines eschatologisch endgültigen Opfers ist – als auch dem existenziellen Priestertum der Gläubigen gegenüber – insofern es durch die Gegenwärtigsetzung den existenziellen Mitvollzug und die Aneignung des Opfers Christi dem allgemeinen Priestertum ermöglicht."[9]

Der innere Zusammenhang von sakramentaler Vollmacht und Verkündigungswort bildet auch das tragende Argument der Darlegungen Rahners zum Ordosakrament in der Quaestio disputata *Kirche und Sakramente*. Das Kapitel widmet sich der Erläuterung der Sakramentalität des Ordo, näherhin dem Nachweis eines Elementes der traditionellen Sakramentendefinition. Mit großem argumentati-

6 Rahner, Existenz, 288.
7 Rahner, Existenz, 301.
8 Rahner, Existenz, 292.
9 Rahner, Existenz, 301.

ven Aufwand versucht Rahner zu begründen, inwiefern die Vermittlung heiligmachender Gnade beim Ordo von Bedeutung ist, obwohl die Heiligkeit des Priesters für eine gültige Sakramentenspendung nach der Lehre der Kirche ja nicht zwingende Voraussetzung ist. Nun ist aber „vom Wesen der Sache her" „grundsätzlich auch mit der Bezeugung des Glaubenswortes betraut", wer „mit der Vollmacht des sakramentalen Wortes betraut ist." „Dieses ist aber nur richtig bezeugbar durch das eigene Christsein, durch die eigene 'Heiligkeit'."[10] Da diese nötige Heiligkeit nur durch die Gnade möglich ist, muß die Verleihung des Amtes der Sakramentenspendung notwendig das Angebot der Gnade implizieren.

3.1.4 Georg Söll

Georg Söll[11] kritisiert an der bisherigen Schuldogmatik, daß sie es weitgehend versäumt hat, die Gesamtwirklichkeit des einen Priestertums der Kirche im Rahmen der Ekklesiologie darzustellen und sie stattdessen unter unterschiedlicher Rücksicht in verschiedenen Traktaten behandelt: Das Priestertum Christi in der Soteriologie, das Amtspriestertum in der Sakramentenlehre (Ordo), das allgemeine Priestertum bei den Wirkungen von Taufe und Firmung.

Söll plädiert dafür, die Begriffsbestimmung des christlichen Priestertums weniger von religionsgeschichtlichen Vorbildern (Abhebung des Priesters vom Volk) oder von der typisch neutestamentlichen Sinngebung im Sinne eines allgemeinen Priestertums (Offb 1,5; 1Petr 2,5.9) her zu suchen, sondern von der in Christus gegebenen Fülle des Priestertums her vorzunehmen und in diesem „Gesamtpriestertum" die Grundlage der weiteren Differenzierung durch den Tauf- und Weihecharakter zu sehen. Was im Priestertum Christi „zur harmonischen Einheit verbunden war", das Moment des sühnenden Opfers und das der Gottesverehrung, „kann in der Kirche getrennt voneinander bestehen".[12]

Die „größere Würde und Verantwortung" - eine „von Christus gewollte[ ] Vorrangstellung - eigne „dem Weihepriestertum, weil es durch die in der Handauflegung vollzogene Geistmitteilung in besonderer Weise befähigt und berufen ist, dem Zweck der Kirche zu

[10] Rahner, Kirche und Sakramente, 93.
[11] G. Söll, Das Priestertum der Kirche. Ein Desiderat der Ekklesiologie und ihrer Verkündigung, in: J. Auer / H. Volk (Hrsg.), Theologie in Geschichte und Gegenwart (FS M. Schmaus), 1957, 181-198.
[12] Söll, Priestertum, 189.

dienen und den mediatorischen, ministeriellen und liturgischen Charakter des Priestertums Christi zu verkörpern und fruchtbar zu machen. Ihr auszeichnendes Merkmal ist die Bevollmächtigung zur Darbringung des Sachopfers als feierlicher äußerer Form der Gottesverehrung in Gestalt des unblutigen Opfers der Eucharistie. Dieses Amtspriestertum genießt eine Vorrangstellung auch für die Spendung der anderen Gnadenmittel und insbesondere durch die in der Weihe- und Jurisdiktionshierarchie verankerten Vollmachten zu lehren und zu leiten."[13]

Das geistige Priestertum ziele demgegenüber auf die Befähigung zur Tugend der *religio*. Es wirkt sich in mehrfacher Hinsicht aus: sein weitestes Feld hat es in der Laienwelt; in Gestalt und Leben der Heiligen erreicht es seine höchste Wirksamkeit; dem Amtspriester ermöglicht es die Gewißheit, daß sein kultischer Dienst auch für ihn selbst fruchtbar werde.

Söll regt an, das Priestertum der Kirche stärker zum Gegenstand der Verkündigung zu machen, damit der moderne Mensch leichter zum Glaubensgehorsam gegenüber der Mutter Kirche bereit werde. „Die Erkenntnis der Größe seiner eigenen priesterlichen Sendung bewahrt ihn vor dem Ressentiment gegen die Vorrangstellung der Amtspriester und ermutigt ihn zum Apostolat des geistigen Priestertums, das in Zeiten der Bedrängnis der Kirche, wenn das Wirken der geweihten Lehrer und Hirten unmöglich oder gehemmt wird, auch für diese Aufgaben bedeutungsvoll sein kann."[14]

3.1.5 Michael Schmaus

Die regen Bewegungen und Entwicklungen in der Ekklesiologie der vergangenen Jahrzehnte machen für die Neuauflage von *Michael Schmaus' Katholischer Dogmatik* ($^{3\text{-}5}$1958) in diesem Traktat erhebliche Erweiterungen und teilweise Umstrukturierungen notwendig.[15] Für unsere Fragestellung ist hier besonders der dritte Abschnitt über „Die Sendung der Kirche" von Interesse. Dieser enthält nicht nur einen eigenen Paragraphen über „Die Träger der kirchlichen Heilswirksamkeit", sondern thematisiert darin auch ausdrücklich „Die Laien als Träger kirchlicher Heilsfunktion".

[13] Söll, Priestertum, 190.
[14] Söll, Priestertum, 197f.
[15] Der Ekklesiologie ist der gesamte umfangreiche Teilband III/1 gewidmet.

Näher betrachtet sind diese Änderungen jedoch eher formalen Charakters. Inhaltlich stößt man auf jenes unvermittelte Nebeneinander zum Teil recht spannungsreicher Aussagen, das in ähnlicher Weise auch schon in der ersten Auflage (1940)[16] zu beobachten war.

Zwar stelle „der Dienst des Amtes nicht die einzige Weise der heilschaffenden Wirksamkeit der Kirche“ dar (708) und obliege es der „gemeinsamen Verantwortung“ von Amtsträgern und Laien, „die Aufträge Christi zu erfüllen“ (727), doch „vermittelt [die Kirche] das Heil, indem es vor allem die mit der Sendungsgewalt Christi ausgestatteten Glieder der Kirche vermitteln“ (705).

Schmaus betont die unauflösliche Einheit von Amtsträgern und Laien und den Anteil der ganzen kirchlichen Gemeinschaft am priesterlichen, prophetischen und königlichen Wesen und Tun Christi (727). „Aber den Amtsträgern obliegen Aufgaben, die der ‘Laie’ in der Kirche nicht erfüllen kann“ (705). Sie bilden einen eigenen, durch Verfügung von oben geschaffenen Stand in der Kirche. Ihre besondere Heilswirksamkeit beruht auf den beiden „Gewaltengruppen“ von Weihe- und Ordnungsgewalt. Der Unterschied beider ist nicht über die traditionelle Zuordnung zum eucharistischen bzw. mystischen Leib Christi zu suchen, sondern liegt vor allem im funktionalen und formalen Moment (z.B. unverlierbar - verlierbar, Erzeugung und Bewahrung des göttlichen Lebens - Ordnung der kirchlichen Gemeinschaft; jeweils unterschiedliche territoriale Begrenzung). Die Lehrgewalt nimmt sowohl an der Hirtengewalt als auch an der Weihegewalt teil, dürfe aber auf keinen Fall als dritte eigenständige Gewalt gezählt werden.

Schmaus nimmt *Sölls* Vorschlag auf, das „Priestertum der Gesamtkirche“ ausdrücklicher zu thematisieren (727). Priestern und Laien eigne eine gemeinsame Befähigung zum Opfer, jedoch in der bereits von Thomas charakterisierten Verschiedenheit: den einen als Befähigung zur Teilnahme am Kult, den anderen zum Vollzug des Kultes. Zum Amtspriestertum gehöre untrennbar das Moment des „Mittlerlichen“. Da aber auch das geistige Priestertum sich vom Priestertum Christi herleitet, wird man auch ihm „mittlerische Funktion zuschreiben müssen, allerdings in einem anderen“, weniger strengen „Sinne als dem Amtspriestertum“ (729).

Der Ort des Laien in der Kirche trete immer deutlicher hervor, jedoch gebe es noch keine letzte Klarheit. „Fest steht ein Doppeltes, daß nämlich dem nichtordinierten Christen auf Grund seiner Kirchengliedschaft, namentlich auf Grund der Taufe, wichtige Aufgaben

[16] Siehe I / 2.1.2.2.3.

zukommen, daß auf der anderen Seite dem geweihten Priester Vollmachten eigen sind, die dem Nichtordinierten fehlen, insbesondere die Konsekrationsgewalt, die kirchliche Leitungsgewalt und die Lehrgewalt" (733). Das Feld der Laien finde seine Grenzen an den Vollmachten, die durch Weihe oder Amtsübertragung erteilt werden (739).

Während nach dem definitiven Ort des Laien noch gesucht wird, scheint der Ort des Priesters zumindest soweit geklärt gewesen zu sein, daß das Kapitel über die Priesterweihe (Sakramentenlehre, Band IV/1) nicht neubearbeitet werden mußte, sondern aus der ersten Auflage (dort Band III/2) unverändert übernommen werden konnte.

3.1.6 Otto Semmelroth

Otto Semmelroth weist darauf hin, daß der traditionelle Begriff Priestertum nicht nur das im strengen Sinn Priesterliche, sondern auch das Propheten- und Hirtentum in sich begreift. Er bevorzugt deshalb den Terminus *Das Geistliche Amt*. Das Buch, das er unter diesem Titel 1958 vorlegt, ist weniger als „Dienst an der theologischen Wissenschaft im engen Sinn" konzipiert, sondern als „Handreichung" für den Priester gedacht „zur Selbstbesinnung auf das, was er durch die Berufung des Herrn ist" (8). Semmelroth betont, daß das Amt nicht um seiner selbst, sondern um der Gemeinde willen da und auf sie bezogen ist. „Amt und Gemeinde gehören nicht nur wie zwei nebeneinanderstehende Wirklichkeiten gleich wesentlich zur Kirche. Sie weisen vielmehr aufeinander hin; sie bedingen sich gegenseitig" (55).

Die Frage, ob für das Verständnis der Kirche zuerst beim Klerus oder zuerst beim Laientum anzusetzen ist, sei müßig. Denn Christus hat „seiner Kirche ein Wesen gegeben", „aus dem sich eine Gliederung in zwei ergänzende und aufeinander bezogene Teile ergibt" (59). Die Zweistände-Struktur ist ein der Kirche von vorneherein eingestiftetes Wesenselement. Das geistliche Amt „kommt nicht als neuer Entschluß zu dem Willen Christi, die Kirche zu stiften, hinzu", sondern die Kirche „hat im planenden Geist Christi von Anfang an eine bestimmte Prägung". Wäre diese von „bloßen Gesichtspunkten der Zweckmäßigkeit für die Erfüllung der, wenn auch religiösen, gesellschaftlichen Aufgaben bestimmt", könnte sie „einem von den Bedürfnissen der Zeit und den Erfahrungen der Jahrhunderte bedingten wesentlichen Wandel unterworfen sein". Doch sei „die Prägung der gesellschaftlichen Gestalt der Kirche ... in ihren wesentlichen Strukturen von dem sakramentalen Wesen der Kirche bestimmt, in ihrer sichtbaren Gestalt Darstellung der Heilsbegegnung Christi mit den erlösungsbedürftigen Menschen zu sein" (37f.).

Von daher leitet Semmelroth klare Rollenzuweisungen für die Amtsträger bzw. die Laiengemeinde ab: „Die erlösungsbedürftigen Menschen müssen in der Kirche als harrende, erlösungsheischende Gemeinde zu sehen sein: Sie sind es in der Gemeinde des Laientums. Christus muß in der Kirche als der in die Geschichte der Menschen eintretende Gott zu sehen sein: Er wird dargestellt durch das Geistliche Amt, das er als seine geheimnisvoll wirksame Stellvertretung gestiftet hat. Und schließlich muß das, was zwischen Christus, dem Erlöser, und den erlösungsbedürftigen Menschen geschehen ist, in der Kirche als die erlösende Begegnung zu sehen sein: Das geschieht in den wesentlichen Lebensfunktionen der Kirche, in der das Geistliche Amt Christi Wort verkündigt, auf daß die Gemeinde es glaubend höre, und in der das Geistliche Amt Christi Opfer in die Gegenwart der Kirche stellt, auf daß die Gemeinde sich um den Altar der Kirche und damit um das Kreuzesopfer Christi schare" (49).

Zwar möchte Semmelroth geistliches Amt und Laientum nicht als „konkurrierende", sondern als „kommunizierende Größen" verstanden wissen (7), doch hat diese Kommunikation ein klares Gefälle. Dies wird dort am eindringlichsten deutlich, wo von der Verkündigungsfunktion des geistlichen Amtes die Rede ist: Der Wortdienst der Kirche wird zwar vom geistlichen Amt und der Laiengemeinde gemeinsam getragen, jedoch in der Weise, daß die „lehrende Kirche, die 'oben' ist ... den sprechenden Gott darstellt", während die „hörende Kirche" „'unten' ist, weil sie dem schöpferischen Gotteswort ihre Existenz verdankt" (165). „Wie Maria durch ihr glaubendes Empfangen dem kommenden Wort die Aufnahme in die menschliche Geschichte bereitet hat, so steht die Gemeinde der hörenden Kirche dem Wort der verkündenden Kirche gegenüber" (164f.).

Weil so die Verkündigung der Kirche „Darstellung der Menschwerdung *des* Wortes" (187) schlechthin ist, kommt dem Vorgang der kirchlichen Verkündigung, „vor allem dann, wenn sie von sakramental geweihten Boten vollzogen wird" (192), ein symbolischer, „sakramentaler" Sinn zu, der das Hören der kirchlichen Predigt auch dann noch wertvoll und bedeutsam macht, „wenn die Art, wie der Prediger seine Aufgabe vollzieht, sehr wenig intellektuellen Nutzen zu versprechen scheint" (187). Der Anteil der Gemeinde am Wortdienst der Kirche bestehe nämlich darin, daß sie dem geistlichen

Amt den Vollzug der Verkündigung und damit die „Darstellung der Offenbarung Gottes in Jesus Christus“ (208) ermöglicht, denn damit das Sprechen der einen Seite überhaupt sinnvoll ist, brauche es das Hören der anderen. Andererseits hat das Hören der Laiengemeinde seinen „übernatürlichen Sinn nur da, wo es ein Hören auf Worte aus dem Munde eines amtlichen Repräsentanten und Darstellers Jesu Christi ist“ (206). Semmelroth qualifiziert dieses Geschehen als „lebendigen dialogischen Vorgang“ (208). Die Laiengemeinde sei ebenso wesentlich Trägerin der Überlieferung wie das Amt. Denn „durch ihr Hören, Rückfragen und Bedrohtsein vom Irrtum“ oder auch, indem das Gehörte „aus der Gestaltung des Lebens ... zum Geistlichen Amt zurückklingt“, provoziert sie bisweilen die Weiterführung und Vertiefung der kirchlichen Verkündigung.

Neben und nach der Wortverkündigung kommt Semmelroth auf den sakramentalen Kultus als der zweiten Funktion des geistlichen Amtes zu sprechen. Er kritisiert die „schematisch gewordene ... Vorliebe für das Dreier-Schema“ (Prophet, König, Priester) als irreführend (109). Die Struktur kirchlicher Amtlichkeit muß der Struktur des Erlöseramtes Christi in seiner doppeltgerichteten Bewegung entsprechen: seinem Amt als Gesandter Gottes zu den Menschen hin (Bewegungsrichtung von oben nach unten) im Propheten- und Hirtenamt, seinem Amt als Priester, der das Opfer von den Menschen zu Gott trägt, im Priesteramt (114).

Während sich „im Wort, das die amtlich lehrende Kirche verkündet und das die Gemeinde hörend empfängt“ die Bewegungsrichtung von oben nach unten verwirkliche, stehe der sakramentale Kultus für die Bewegungsrichtung von unten nach oben. Um dieser Systematik willen bemüht sich Semmelroth, bei allen Sakramenten die vorwiegende Bewegungsrichtung von unten nach oben zu begründen. Was bei der Eucharistie, zumindest unter der Leitkategorie Opfer, noch einigermaßen hinnehmbar klingt, wirkt bei den anderen Sakramenten reichlich angestrengt: „Die Sakramente ... stellen ihrem ersten und unmittelbaren Sinn nach Christi Opfer unter je verschiedener Rücksicht dar.“ Da alle Sakramente Handlungen Christi sind, Christus als „der opfernde Gottmensch“ aber selbst unten steht und der Kultus Christi deshalb „eindeutig“ von unten nach oben gerichtet ist (174), verwirklicht die Kirche im sakramentalen Kultus, „den das priesterliche Amt vollzieht und den die Sakramentenempfänger in qualifizierter Weise mitvollziehen, ... die antwortende Bewegungsrichtung zu Gott hin“ (175).

Da die Kirche kein bloßer Zweckverband ist, sondern von Christus herkommt, ist auch ihr Amt wesentlich „Christusamt im Sinne einer von Christus selbst getroffenen Entscheidung". Deshalb dürfe die Kirche „das Geistliche Amt nicht antasten lassen" und muß sie „so eifersüchtig über die rechte Auffassung gegenüber dem Geistlichen Amt wachen, obwohl dabei immer wieder die peinliche Situation entsteht, daß die Träger des Geistlichen Amtes für ihre eigenen Rechte und Ehren zu kämpfen scheinen" (84). Das geistliche Amt hat in Christus nicht nur seinen Stifter, sondern auch seinen Inhalt. Als „'Instrument' für die Ausprägung der Christusgestalt in den Gläubigen" (100) kann es in der Kirche „nur die Funktion haben, diese Christusbegegnung und das Einswerden mit ihm zu verwirklichen. Da die eigentliche Aufgabe des Geistlichen Amtes der Dienst an der geistgewirkten Einswerdung der in der Kirche gesammelten Menschen mit Christus ist, darf man seine Tätigkeit nicht in erster Linie nach der Art von verwaltenden Funktionen in einer Gesellschaft deuten, die ohne Beamte nun einmal nicht auskommt, sondern als Sichtbarwerdung Christi in seinen Stellvertretern" (101).

Die „Amt-Gemeinde-Zweiheit", die „unaufgebbare Polarität" oder das „Gegenüber von hierarchischem Amt und Laientum ist der Kirche von Christus mitgegeben" (197), um „die Begegnung der Menschen mit dem fernen ... Gott aus ihrer vertikalen Richtung in die horizontale und daher dem Menschen näher liegende Gestalt und Verwirklichung herabzuholen" (202). So komme in der „kirchlichen Begegnungszweiheit von Amt und Gemeinde" die „Heilsbegegnung Gottes mit den Menschen" zur Darstellung. „Deshalb sei die Kirche mit ihrer Unterscheidung von Klerus und Laientum „nur im Licht des Glaubens" so zu sehen und anzunehmen, „wie sie von Gott gemeint ist", nämlich als das Wort, „in das Gott seine Anrede an die Menschen gehüllt hat" (203f.).

Nachdem nach Semmelroths eigener Einschätzung der Ton seiner Ausführungen bis hierher sehr auf dem Laientum und seiner wesentlichen Aktivität im Leben der Kirche gelegen habe, hält er es nun für angezeigt, die wesentliche Hinordnung und umfassende Bindung allen kirchlichen Lebens an das geistliche Amt darzulegen. Nicht nur die öffentlichen kirchlichen Akte, sondern auch das innere geistliche Leben des Christen sei untrennbar an das Amt gebunden: privates Meditieren ist zu verstehen als Nachklingen des von der amtlichen Kirche verkündeten Wortes (225); die Bibel ist das Buch der Kirche, und „kein Freiwild einer zügellosen Meditation" (226); von Laien betriebene Theologie hat immer unter Leitung und Wachsamkeit des kirchlichen Lehramtes zu stehen (227); alles private Beten und Opfern der einzelnen Christen kann nur durch die Kirche, d.h. in der eucharistischen Gestalt des Opfers beim Vater ankommen (230);

überhaupt lebt jede persönliche Frömmigkeit von der Bindung an das geistliche Amt (231). Der Grund für diese Bindung sei jedoch „nur im Vollzug eigentlich“ zu finden (232).

Zwar hatte Semmelroth vorher (205) davon gesprochen, daß geistliches Amt und Laiengemeinde das Leben der Kirche gleichermaßen tragen und in keinem der beiden Pole eine vollkommenere oder dichtere Verwirklichung der Kirche gegeben sei. Nun aber (234f.) stellt er fest, daß es gar nicht so abwegig und falsch sei, die Kirche in besonderer Dichte in den geistlichen Amtsträgern dargestellt zu sehen. Durch die Bindung an das geistliche Amt werde die Bindung an Christus bzw. der Bund des Menschen mit Gott als wirkliche, aber nicht gleichberechtigte Partnerschaft dargestellt (236/239).

Jedes Apostolat habe sich das Hereinholen der Menschen in die Kirche, den eigentlichen Wirkbereich des geistlichen Amtes, als Ziel zu setzen und zur Begegnung mit ihm hinzuführen. Diese „Einholung“ kann auch durch Laien geschehen. Sie liegt im Bereich vorbereitenden Wirkens. Wenn einer dann durch die Taufe als neues Glied „der Kirche einverleibt“ wurde, wurde er „zwar in die Laiengemeinde aufgenommen. Das aber heißt gerade, [er] wurde zum Geistlichen Amt hingeführt, dem zu begegnen der eigentliche Grund des kirchlichen Lebens ist“ (263).

Im Verhältnis nach draußen, zur Welt hingegen, sei die innerkirchliche Differenzierung von Amt und Laientum weniger bedeutsam. Hier stehen sich Volk und Nichtvolk gegenüber. Letzteres soll von der Kirche „durchdrungen oder, richtiger, aufgenommen und einverleibt“ werden (253). Die amtliche Kirche kann in den Bereich des Weltlichen nur mittelbar, durch die Laien, einwirken. Wo aber die Laien „ihr natürliches-menschliches Leben in der Prägung, die ihr Beruf ihm gibt, ausüben, hören sie nicht auf Christen zu sein, die Christus in seinen kirchlichen Stellvertretern begegnet sind“ und so die Wirksamkeit des Amtes indirekt in die Welt tragen.

Gewiß sei das geistliche Amt auch eine geschichtliche Wirklichkeit, genauso wie die Kirche insgesamt „aus der Geschichte in die Gegenwart emportaucht.“ „Die Kirche als Gottesvolk braucht das Geistliche Amt als seine Führung. Als geheimnisvoller Herrenleib braucht die Kirche das Geistliche Amt als Darstellung seines Hauptes. In der Kirche als dem Sakrament des Heils muß die erlösende Begegnung des Volkes mit Christus als Begegnung der Laiengemeinde mit dem Geistlichen Amt sichtbar werden“ (279). Doch wurzelt die wesentliche Unveränderlichkeit des Amtes in seinem Ursprung in Christus. „Das Geistliche Amt in seiner wesentlichen Gestalt ist ein

Merkmal, das der Kirche als der Gemeinschaftsperson ebenso unauslöschlich eingeprägt ist wie das sakramentale Merkmal des Priestertums dem einzelnen Empfänger der Priesterweihe unverlierbar eingeprägt wurde“ (280).

Den *character sacerdotalis* selbst interpretiert Semmelroth in Analogie zur hypostatischen Union: „So wie das Priestertum Christi durch die neue seinshafte Wirklichkeit der mit dem Sohne Gottes hypostatisch vereinten Menschennatur Christi begründet ist, so ist auch das im engeren Sinne priesterliche Amt in der Kirche in einer neuen seinshaften Wirklichkeit begründet, in jener besonderen Teilnahme am Gottmenschentum Christi, die als das sog. unauslöschliche Merkmal dem Sein des geweihten Menschen eine neue unverlierbare Prägung nach der Gestalt des Priesters Christus gibt“ (293). Semmelroth erinnert an die Aussage der Enzyklika *Mediator Dei*, wonach der Unterschied zwischen Priesterweihe und Taufe dem Unterschied zwischen getauften und ungetauften Menschen vergleichbar ist (294).

Schließlich geht Semmelroth noch auf die Unterscheidung und Zuordnung von Weihe und Sendung ein. Während die Weihe im Geweihten eine „neue seinshafte Wirklichkeit“, eine „neue Beziehung zu Christus“ und eine unverlierbare Bestimmung des Seins schafft, behalte die Sendung ihren Inhalt viel stärker im Eigentum des Sendenden und werde nicht in das Sein des Gesandten hinein objektiviert wie die sakramentale Weihe (319). „Der Gesandte steht also viel mehr in der unmittelbaren Verfügung dessen, der ihn sendet“ (320). Er bringt den göttlichen Aufruf zum Opfer. „Damit ... die Antwort der Menschen auf diesen Aufruf vollzogen werde, muß sich [dann aber] die Funktion des Gesandten in die des Priesters (im engeren Sinn) wandeln“ (325). Das Opfer, zu dem der Geweihte bestimmt ist, ist ihm „nicht nur als Aufgabe anbefohlen, sondern bedeutet“ – anders als die Sendung – „die Erfüllung einer ihm übernatürlich eingeschaffenen Anlage“ (319).

Der Begriff Weihe„hierarchie“ sei ungenau, da kraft ihrer Vollmacht nicht regiert, sondern der Opferkultus Christi, vollzogen werde. „Die kultische Aufgabe des Opferns ist der im Vordergrund stehende Inhalt des Geistlichen Amtes. Und die Mitteilung dieses Teiles der geistlichen Aufgabe verändert das Sein des Geweihten“ (315).

3.1.7 Hans Urs von Balthasar

Nicht als systematische Ekklesiologie, sondern als „ein paar Bausteine zu einer künftigen“ und als ehrfürchtiges Umkreisen des bräutlichen Geheimnisses Kirche möchte *Hans Urs von Balthasar* die Beiträge verstanden wissen, die er 1960 unter dem Titel *Sponsa Verbi*[17] vorlegt. Er vertritt darin erklärtermaßen „ein anderes Bild der Kirche, als es heute modern und im Schwange ist.“ „Es wird diesmal nur wenig von dem vielbeschrienen mündigen Laien die Rede sein, eher versucht werden, gefährdete Gleichgewichte wiederherzustellen“ (7). Doch gerade indem sie bisweilen eigenwillig gegen den Strich gebürstet werden, schlagen sich die gängigen Topoi ekklesiologischer Diskussion indirekt in den Skizzen Balthasars nieder. Hinsichtlich unserer Frage nach der Konzeption vom Priesteramt sind vor allem die Artikel *Priesterliche Existenz* (388-433) und *Der Laie in der Kirche* (332-348) von Interesse.

Balthasar konstatiert für den neutestamentlichen Kontext eine grundsätzliche Fragwürdigkeit von Amt und Hierarchie. „Institution ist im Neuen Bund ein Paradox ... und es muß als solches ertragen, dargestellt und dargelebt werden“ (388). Ausgehend von Christus als *dem* Priester des neuen Bundes erteilt Balthasar allen Entwürfen, die früher oder später wieder in die *excelsitas* des Priesters münden, einen radikale Absage: „Es gibt ... keinen dialektischen Weg für den christlichen Diener ..., aus dem Untensein des Dienstes einen neuen Anspruch auf Obensein und Auszeichnung abzuleiten“ (398).

Die schlichte Bezeichnung „Dienst“, charakterisiere grundsätzlich und univok „das alle christliche Haltung kennzeichnende Gesetz“. Sie ist kein Spezifikum der Amtsträger. „Sofern ... der besondere ‘Dienst’ der Priester einfach die Form des allgemeinen Dienstes besitzt, sie höchstens als allgemeine in besonders nachdrücklicher Weise auszuprägen hat, gibt es in der Kirche keine besondere priesterliche Haltung, kein eigenes priesterliches Ethos“ (397). Amtliches und nichtamtliches Charisma sind dem christologischen Gehalt nach identisch. „Was immer dem einzelnen Christen anvertraut sein mag, er besitzt es, um es in der Gemeinschaft fruchten zu lassen“ (402). Balthasar verwahrt sich mit Nachdruck gegen jede amtspriesterlich-klerikale Usurpation allgemein-christlicher Werte, Würden, Eigenschaften, Haltungen und Aufträge. Die Sakramente bilden hier keine Ausnahme: „Es ist ... unmöglich, daß der Inhalt (und infolgedessen auch die Spendung ...) nicht auch eine allgemein-christliche,

[17] H.U.v. Balthasar, Sponsa Verbi. Skizzen zur Theologie II, Einsiedeln 1960.

jeden Laien betreffende Seite hätte, sonst müßten ja gerade die innersten und wichtigsten Geheimnisse Christi dem Laien unzugänglich sein" (402). Auch im Sakrament der Eucharistie „überbordet ... die Anteilnahme aller Gläubigen die priesterliche Vollmacht, die, ihrer klaren Umgrenzung ungeachtet, in ein Kirchlich-Gesamthaftes eingebettet erscheint" (404).

Umso schärfer stellt sich auf diesem Hintergrund nun aber die Frage nach Notwendigkeit und Legitimation von Amtspriestertum und hierarchischem Recht. Balthasar beantwortet sie mit der positiven Setzung Christi auf der Basis der naturgesetzlichen Ausstattung jeder menschlichen Volks- und Staatsgemeinschaft: „Die klare Grenzziehung zwischen dem hierarchischen Amt und der Charismatik in der nachapostolischen Kirche liegt dort, wo das, was in der natürlichen Gesellschaft als *gesetztes Recht* gilt, in der übernatürlichen Gesellschaft der Kirche von ihrem Stifter beigezogen wird, um Gefäß seiner übernatürlichen Absichten zu sein" (406).

„Christus ist der Herr *und* das lebendige Gesetz seiner Kirche" (409). Diese theoretisch wie praktisch „kühne" „Konzeption einer Begegnung, ja Gleichsetzung des menschlich-Personalen und menschlich-Impersonalen" sei vom Priester als „Existenzgesetz" zu übernehmen. „Praktisch und ethisch genommen heißt das: der Priester soll den Gläubigen gegenüber echte Autorität anmelden und von ihnen echten Gehorsam entgegen nehmen, aber er soll diese echte Autorität als diejenige Jesu Christi verstehen und vorstellen, indem er sich lediglich als ihr 'Diener' benimmt" (409).

Das Paradoxon zwischen gleichermaßen christologisch begründetem Dienstcharakter und Autoritätsanspruch des Amtes wird in der Konzeption Balthasars dadurch zu überbrücken versucht, daß vom Amtsträger eine maximale „Ent-persönlichung" in das Amt hinein verlangt wird. „Im Neuen Bund ... stünde der Dienst nicht wirklich im Zeichen Christi, wenn das Amt nicht an der Struktur seines einzigen Amtes teilnähme, das sein Wesen darin hat, daß die ganze Person für das Amt gebraucht und verbraucht wird" (399). Da das Amt derart in der personalen Haltung Christi seinen Ursprung hat, ist es „memoria passionis Domini", eine „kirchlich-soziale Form" der Gegenwart „des verdemütigtem Christus unter den Seinen" (399). „Keinesfalls darf neutestamentliche Amtlichkeit bloß aus einer Minimalgarantie verstanden werden, die Christus gewährt: daß trotz des Ungenügens der amtenden Person die Funktionen ihres Amtes ihre vom Herrn verbürgte Gültigkeit behalten: ... Die Werkzeuglichkeit des katholischen Priesters stammt aus derjenigen Christi, und diese führt unerbittlich bis zum Kreuz“ (399f.). Deshalb sei „das erste, was Christen für den amtlichen Priester empfinden müßten, ... Mitleid.“ Denn die radikale „Expropriation in die Liebe der Kirche hinein“ läßt „von der 'Würde' beim ersten Anblick nur die Last der diakonia fühlbar“ werden (401).

Die christologisch-positivistische Begründung des Amtspriestertums prägt auch das kirchliche Recht. Es ist „grundlegend wirklich klerikales Recht, ein Recht, das *als* Recht genau bestimmt und umgrenzt ist durch den ausdrücklichen Willen des Stifters, seine offiziellen Vertreter, die die Ankunft des Reichsgottes zu verkünden und in der kirchlichen Institution sichtbar und glaubhaft zu machen haben, mit den zugehörigen Vollmachten auszustatten“ (414). Seine Funktion als echtes Recht habe es eigentlich erst dort, wo der Amtsträger den „sich freiwillig zum Herrn Bekehrenden“ gegenübertritt, d.h. innerhalb der Gemeinde der Getauften. Denn während dem Predigtbefehl und Predigtvollmacht des Apostels noch keine entsprechende Pflicht der Adressaten, zu hören oder sich zu bekehren, korrespondiert, trete dort, „wo er die Verkündigung nicht mehr der Welt gegenüber, sondern innerhalb der Kirche den Getauften gegenüber“ ausübt, „zum Verkündigungsrecht das Hirtenrecht“ hinzu, und zwar „auf Grund der ausgeübten sakramentalen Gewalt“ (415f.). Das Recht, gegenüber den Laien Autorität und Anspruch auf Gehorsam geltend machen zu können, „ist das Besondere am klerikalen Auftrag, der ihn dem allgemeinen Zeugnisauftrag der Laien gegenüber auszeichnet“ (423).

Balthasar betrachtet es als „mißverständlich und verkehrt ..., dieses Recht aus einer ursprünglich charismatischen Ordnung abzuleiten (als ein bedauerliches, vielleicht auch ganz natürliches und annehmbares Restprodukt nach dem Erlöschen der großen Charismen)“ (420). Er verortet die von Gott unmittelbar erteilten „Berufungen“, „Sendungen“ und „charismatischen Aufgaben“ „neben dem hierarchischen Recht“. Gott müsse sich nämlich „in der Austeilung seiner Gnaden ... nicht an den von ihm eingesetzten Instanzenweg halten“ (421). „Die Christus-Unmittelbarkeit der charismatischen Ordnung ... muß vom Amt berücksichtigt werden“ als „göttliches Recht“, das aber „allein persönlich bleibt und den Rechtscharakter des hierarchischen Amtes weder einschränkt noch in Frage stellt“ (421f.). Das Charismatische verweist auf das Gnadenhafte, die Gott- und Christus-Unmittelbarkeit des christlichen Daseins im allgemeinen und damit auf die ursprüngliche Taufsendung des Laien. Hierin gründet die Berufung und Befähigung des Getauften, Christi Zeuge in der Welt zu sein. Sie ist ein „Dürfen und Müssen, das im Gnadenauftrag

Christi wurzelt und in der Liebe zu ihm übernommen und in seiner Dringlichkeit erfahren und bejaht wird" (423), und mit dem oben beschriebenen Hirtenrecht der Priester den Laien gegenüber nicht zu vergleichen. Die „Laien, die 'mehr Rechte' in der Kirche reklamieren, wissen nicht genau, was sie wollen." Ihrem „gewaltigen 'Recht'", d.h. „ihrem Dürfen Christus gegenüber", „wäre das bißchen Teilnahme an der klerikalen Ordnungsfunktion (und mehr als ein bißchen kann es ja nicht sein, wenn sie Laien bleiben und nicht Kleriker werden wollen) beinahe ein Linsenmus" (423f.). „Was der Kleriker 'mehr hat' ist ... eine Last um der Freiheit der Laien willen" (423) und die „einzigen christlichen Vorrechte, die es wirklich gibt" bestehen in der „engeren Bindung an das Kreuz". Wenn es dem Laien darum zu tun ist, so fragt Balthasar in Konsequenz zur extremen Spiritualisierung und Ethisierung struktureller Realitäten, die seine Konzeption vorsieht, „warum wählt [er] dann nicht das Klerikat oder den Ordensstand?" (424).

Amt als „unpersönliche" Funktion im Sinne Balthasars steht und fällt mit der Christologie und begründet vor allem eine „Existenz in Repräsentation". Was dies „wirklich (und nicht nur historisch, traditionell und bluthaft) ... heißt, das wird vielleicht dem kommenden Geschlecht einzig noch das katholische Priestertum vorzeigen können" (432).

Die verschiedenen Aspekte der „Amtlichkeit" der Kirche im Bezug auf die Laien werden von Balthasar im Aufsatz *Der Laie in der Kirche* näher erörtert:

Zunächst und äußerlich betrachtet stehen sich Priester und Laie gegenüber als der „Mann mit Amt" und der „Mann ohne Amt" wie „Plus und Minus". Dabei sei jedoch zu berücksichtigen, daß das „Plus des Amtes" „nicht dem Amtsträger, sondern der Kirche und damit allen Gläubigen" „'gehört'" (336).

Ein zweiter Gesichtspunkt beschreibt die Zuordnung beider mit Hilfe der Komplementarität von „Mitteilung und Empfang", vergleichbar dem Verhältnis von Vater und Sohn oder Mann und Frau, deren „Gefäß- und Schoß-sein" laut Balthasar „naturhaft und geistig die genaue Entsprechung für die Potenz des Mannes [ist], die nur auf sie hin Sinn hat." „Aus diesem Vergleich schließe man nicht auf eine kirchliche 'Gleichberechtigung' zwischen Priester und Laie. Wohl aber ist zu sagen, daß Priester und Laie, jeder in seinem besonderen Stand, zusammen das eine 'königliche und prophetische Priestertum' der Kirche ausmachen" (337f.).

Ein dritter Aspekt betrachtet die durch Amt und Sakrament vermittelte „Teilnahme am allgemeinen, königlichen und prophetischen Priestertum Jesu Christi". Die Teilhabe aller Kinder Gottes an den drei Ämtern Christi wird „zwar durch die Hierarchie vom Haupt der Kirche her mit-vermittelt, bedeutet aber keinen Anteil an dieser selbst" (338f.).

Zuletzt erwähnt Balthasar die Fälle, in denen der Laie an der Amtlichkeit selbst teilnimmt, „zwar nicht so, daß er jemals an den eigentlichen Vollmachten und Funktionen des hierarchischen Priestertums teilbekäme", aber so, „daß er innerhalb des von der Hierarchie verwalteten Bereichs gewisse Rechte ausüben und Taten setzen kann, die ihm entweder als Christ rechtens zustehen oder eigens von der Hierarchie übergeben werden" (339).

In deutlichem Anklang an die Konzeption *Congars* ordnet Balthasar die Ebene des „Amtlichen (Sakramentalen) und Hierarchischen" der Kirche in der „Zwischenzeit zwischen Menschwerdung und Reichsvollendung" zu. Der Zweck des Amtes in der Kirche stehe in Zusammenhang sowohl mit ihrem „überamtlichen", „ewigen und geschichtlichen Entstehungsgrund" als auch mit der „unteramtlichen" Ebene des christlichen Lebens der Glieder. Es hat sowohl das „Quellgeheimnis der Kirche unversehrt, unangetastet durch menschliche Beschränkung und Sünde den einzelnen Gläubigen zuzutragen" als auch „das christliche Leben in der Kirche zu erwekken" (335) und als „Schutzhülle des Lebens" (342) zu dienen. Die amtliche Struktur der Kirche ist „positive Setzung", daher „weder liberalistisch noch geschichtstheologisch zu relativieren" und „gehört zur Sichtbarkeit der Kirche in dieser Welt so sehr, daß auch Maria, als ein sichtbares Glied der Christenheit, unter Petrus steht" (336).

Die Entfaltung des „Pleroma Christi" muß in der Laienschaft geschehen. Balthasar hält wenig von „katholischer 'Aktion'", sondern setzt auf „Armut, Gehorsam und Ausschließlichkeit zu Gott". „Der Grund der Kirche und ihre Struktur können nicht wachsen; wohl aber die Sphäre des Lebens, die vorwiegend von den Laien gebildet wird. Die Männer des Amtes ... sind Heger und Gärtner des Wachstums. An den Laien ist es, das Wachsen und Blühen zu sein" (348).

3.2 Argumentationsmuster und Aporien

Aus den eben referierten Veröffentlichungen der fünfziger Jahre ist zunächst und grundsätzlich zu entnehmen, daß sich das veränderte Kirchenbild zu diesem Zeitpunkt zumindest in der theologischen Diskussion soweit etabliert hatte, daß entsprechende Überlegungen zum Verständnis des Priesteramtes und des Priesters herausgefordert wurden. Daß dabei – wie nicht zu übersehen ist – Widersprüchlichkeiten und Aporien nicht ausblieben, erklärt sich daraus, daß von offizieller kirchlicher Seite nach wie vor die Alleingeltung der Maßstäbe neuscholastischer Theologie eingefordert wurde. Die Bemühungen um systematische Synthesen, die der veränderten ekklesiologischen Bewußtseinslage entsprechen, versuchen dieser Situation nicht selten dadurch Rechnung zu tragen, daß sie die Eckdaten der traditionellen Priesteramtsdogmatik ergänzend kommemorieren. Der Stellenwert dieser Fixpunkte wird dabei umso bekenntnishafter unterstrichen, je weniger ihnen innerhalb der entwickelten Konzeption eigentlich tragendes Gewicht zukommt. Daß es bisweilen akrobatischer Argumentationsfiguren bedarf, um den erforderlichen Spagat zu vollziehen, braucht kaum verwundern.

So unterschiedlich die einzelnen Entwürfe im Detail sind, lassen sich doch die bestimmenden Problemstellungen und die typischen Grundmuster der Argumentation zusammenfassend umreißen:

1. Kirche als Heilsanstalt und *Gemeinschaft*

Vor allem *Congar* stellt sich ausführlich der Aufgabe, das traditionelle Kirchenbild der Heilsanstalt mit dem wiederentdeckten der Gemeinschaft zu verbinden. Sein Versuch hat Modellcharakter. Spätere Arbeiten anderer Autoren greifen dieses Kirchenmodell auf, auch wenn sie sich nicht ausdrücklich auf Congar beziehen. Indem Congar „Heilsanstalt“ und „Gemeinschaft“ zu einem dual-polaren Kirchenbild zusammenführt, gelingt es ihm, beiden Elementen gleichermaßen konstitutives Gewicht zu geben. Ohne die traditionelle Stellung von Amt, Hierarchie und Institution (Heilsanstalt) antasten zu müssen, kann Platz und Rolle des Laie grundsätzlich positiv beschrieben werden.

Bei näherem Hinsehen wird jedoch die Problematik von Congars Synthese deutlich. Im Grunde liegt ihr die Formel zugrunde: Kirche = Heilsanstalt *und* Gemeinschaft bzw. Struktur *und* Leben, wobei das „und“ mehr trennt als verbindet.

Dies äußert sich etwa darin, wie Congar Wirklichkeiten wie Amt, Hierarchie, klerikale Vollmachten etc. – also alle Elemente, die nach traditionellem Verständnis für die „Sichtbarkeit“ der Heilsanstalt Kirche konstitutiv sind –, der „Struktur“ zurechnet, während die Laien den Gemeinschaftsaspekt verkörpern. Indem die beiden Kategorien unterschiedlichen heilsgeschichtlichen Epochen zugeordnet werden und die „Gemeinschaft“ dabei eschatologisiert wird, ergibt sich für das Kirchenbild insgesamt eine eigentümliche Spiritualisierung. Denn die strukturellen Elemente gehen keine wirklich innere Verbindung mit der „Gemeinschaft“ ein, sondern erscheinen davon ablösbar. Sie sind, wie das aus dem neuscholastischen Paradigma geläufig ist, weiterhin vor allem Mittel zur Erreichung des eschatologischen Ziels, „Halm“ für die „Ähre“. Besonders unbefriedigend stellt sich in dieser Konzeption die Funktion der Sakramente dar. Auch sie werden der „Struktur“ und damit der Epoche zwischen erster und zweiter Ankunft Christi zugeordnet. So bleiben sie reine Gnadenmittel, die zwar dem eschatologischen Heil zuführen, letzteres aber weder enthalten noch vorwegnehmen können.

Aus der unterschiedlichen Zuordnung von „Struktur“ und „Gemeinschaft“ auf die geschichtliche Kirche und die künftige Vollendung resultiert weniger ein duales oder polares, sondern eher ein schizoides Kirchenbild. Denn die beiden Konzeptionen werden nicht in einen inneren Zusammenhang gebracht, so daß die Struktur als ein wesentliches Moment der Gemeinschaft und die Kirche damit als strukturierte Gemeinschaft einsichtig würde, sondern bleiben unverbunden nebeneinander stehen.

2. *Kirche aus Klerus* und *Laien*

Maßgeblich für die Gliederung der Kirche bleibt die Zwei-Stände-Ordnung, doch bemüht man sich verstärkt, die Einheit und Zusammengehörigkeit beider zu formulieren. Kirche erscheint dadurch als Summe aus Klerus *und* Laien. Ihr Verhältnis zueinander wird gerne als gegenseitige Ergänzung charakterisiert.

Wenn vom kirchlichen Wirken oder Apostolat beider die Rede ist, geschieht dies vorzugsweise mit Hilfe komplementärer Modelle. „Eigentliche“ Aufgaben und Kompetenzen der Laien beginnen dort, wo die Möglichkeiten amtlich-klerikalen Wirkens enden, und sie finden dort ihre Grenze, wo das „eigentlich“ amtspriesterliche Wirken beginnt.

3. *Nicht nur Konsekrationsvollmacht*

Fast alle Autoren lassen erkennen, daß sie die Konsekrationsvollmacht als Konstruktionspunkt der Priesteramtstheologie und des priesterlichen Handelns als nicht mehr befriedigend und unvollständig empfinden.

Umstritten ist, nach welchem Modell das theologische Profil des Priesters umfassender zu charakterisieren ist. Die Entwürfe orientieren sich zum Teil an binären Schemata (Weihe–Sendung, Priester–Prophet, Weihegewalt–Hirtengewalt) zum Teil legen sie die Ämter-Christi-Trias (Priester, König, Prophet) zugrunde. Sofern die traditionelle Zwei-Gewalten-Lehre leitend bleibt, geht das Bemühen dahin, Weihe- und Sendungsvollmacht als innerlich zusammengehörig darzustellen.

4. Gemeinsame Würde und gemeinsame Aufgaben

Alle Autoren erwähnen in mindestens einer Hinsicht eine aller Differenzierung in Kleriker und Laien vorgängige Einheit und Gleichheit aller Getauften und/oder ihres Auftrages: Der Priester ist selbst „Laie", d.h. einer, der zum Volk Gottes gehört; deshalb besteht eine grundsätzliche Gleichheit hinsichtlich der Würde (*Congar*). Die Weihe ist keine „Übertaufe" und schafft keine zwei Arten von Christen (*Lubac*). Das allgemeine Priestertum ist vor dem Amtspriestertum (*Rahner*), das Gesamtpriestertum der Kirche die Grundlage weiterer Differenzierung (*Söll*). Die Unterscheidung von „Amt und Laientum" verliert zumindest im Verhältnis nach „draußen" an Bedeutung (*Semmelroth*). Das Wirken der Kirche obliegt der gemeinsamen Verantwortung aller (*Schmaus*). Die Bestimmung zum „Dienst" ist allgemein-christliches Gesetz (*Balthasar*).

Die Einsicht erfährt bei den Autoren unterschiedliche Gewichtung, wird aber nirgends so weit ausbuchstabiert, daß ihr im jeweiligen Entwurf eine tragende Rolle zukäme.

5. Konkurrenz und Abgrenzung

Parallel zu den Versuchen, die Funktion des priesterlichen Amtes umfassender als nur kultisch-liturgisch zu bestimmen, war die ausschließlich rezeptiv-passive Rollenbeschreibung der Laien aufgegeben und die Bedeutung des Laienapostolats auf der Basis des königlichen Priestertums aller Getauften formuliert worden. Mitunter wurde auch das Wirken der Laien anhand der Kategorien des Drei-Ämter-Schemas beschrieben und ausdrücklich in den Zusammenhang mit dem priesterlichen, königlichen und prophetischen Charakter des Wirkens Christi gebracht. Damit waren – vor allem im Bereich außerliturgischer Aufgaben und Tätigkeiten – Überschneidungen von amtspriesterlichem und laikalem Wirken angelegt. Immer häufiger stellt sich daher die Frage, worin und wodurch sich das Wirken des Priesters spezifisch vom Laienapostolat unterscheidet.

Bei den unterschiedlichen Lösungsversuchen lassen sich drei Ansätze unterscheiden, die von den Autoren teilweise auch kombiniert werden.

(1) Ein erster folgt dem oben (2.) beschriebenen komplementären Modell und bemüht sich darum zu definieren, welche konkreten Tätigkeitsfelder oder Einzelfunktionen als „eigentlich" amtspriester-

lich bzw. „eigentlich“ laikal zu definieren sind. Besonderer Beliebtheit erfreut sich dabei die Zuordnung der Laien zur Welt, zu dem, was „draußen“ ist, während der Innenbereich der Kirche zum eigentlichen Wirkungsfeld der Amtsträger erklärt wird. Wird die Untauglichkeit der Festlegung der Laien auf den Weltcharakter erkannt, bietet sich im innerkirchlichen Bereich die Aufteilung nach dem „eigentlich“ liturgischen und außerliturgischen Wirkungsfeld an. Wenn jedoch im Sinne der erneuerten Sichtweise Liturgie als Handeln der ganzen Kirche verstanden wird und damit grundsätzlich auch als „eigentliches“ Feld der Laien gelten muß, ist auch diese Abgrenzungsmöglichkeit verstellt. Die Bestimmung des „spezifisch“ Amtspriesterlichen muß dann über die Funktion(en) erfolgen, die ihm exklusiv vorbehalten sind, d.h. die Konsekrationsvollmacht und die anderen dem Priester vorbehaltenen sakramentalen Vollmachten. Dieser Bestimmungsversuch ist formal kongruent mit den Vorgaben *Pius' XII.* (*Mediator Dei*), er ist aber gerade nicht in der Lage, die Engführung der Amtstheologie auf die Konsekrationsvollmacht zu überwinden. Das kultisch-konsekratorische Handeln soll zwar nicht mehr die Rolle als logischer Ausgangs- und Konstruktionspunkt der Amtstheologie spielen, gerät dafür aber zu einer Art geschütztem Reservat des Priesters, in das wegen der exklusiv priesterlichen Vollmachten kein Laie eindringen kann. Spezifisch (amts)priesterlich ist damit nur das, was der Laie nicht darf bzw. kann.

(2) Ein zweiter Lösungsansatz versucht die Bestimmung des „spezifisch“ Priesterlichen unter qualitativen Gesichtspunkten vorzunehmen. Das Handeln der Amtsträger unterscheidet sich dann von dem der Laien zwar nicht hinsichtlich des Aufgabenfeldes, doch zeichnet es sich durch eine besondere Weise kirchlicher Wirksamkeit oder seinen besonderen Stellenwert aus. Wirken und Handeln eines Priesters bleibt immer vom Wirken eines Laien zu unterscheiden, auch wenn beide äußerlich dasselbe tun.

(3) Dieser zweite Lösungsansatz verbindet sich gern mit einem drittem, der das Spezifikum des Priesters nicht nur von seinem Handeln, sondern zugleich von seinem „Sein“ her zu bestimmen sucht, wobei noch einmal zu unterscheiden ist, ob damit eher eine Aussage in existentieller oder in metaphysisch-ontologischer Hinsicht getroffen werden soll.

Zu beobachten ist, daß der Gedanke der *repraesentatio Christi* im Zusammenhang mit dem zweiten und dritten Bestimmungsversuch eine neue Färbung erhält. Während er ursprünglich (Alte Kirche) dazu diente, die zuverlässige Wirksamkeit der Sakramente unabhängig von der Würdigkeit des Spenders auszusagen, hatte er in der (neu-)scholastischen Eucharistielehre vor allem die Funktion, die Einheit und Einzigkeit des Opferpriesters Christus sicherzustellen, indem der Amtspriester die Person Christi sakramental darstellt und vertritt (*in persona Christi agit*, *personam Christi gerit*). Nun aber wird der Repräsentationsgedanke zunehmend benutzt, um das Spezifikum des Priesters gegenüber dem Apostolat der Laien zu benennen. Der Priester unterscheidet sich vom Laien dadurch, daß er nicht nur christlich handelt, sondern ausdrücklich die Person Christi darstellt.

Die Charakterisierung vermag insofern nicht zu überzeugen, als sowohl auf dem Hintergrund der Leib-Christi-Vorstellung als auch des Gedankens vom Priestertum aller Gläubigen die ganze Kirche Christus darstellt, und somit auch den Laien ein Handeln *in repraesentatione Christi* nicht abgesprochen werden kann. Es bleibt dann nur noch die Zuflucht zum hierarchologischen Leib-Modell, indem die Funktion des Amtspriesters als *repraesentatio Christi capitis* und damit als Gegenüber zur Gemeinde definiert wird.

Als typisches Symptom der aporetischen Situation zwischen zwei verschiedenen ekklesiologischen Konzepten wird die Frage nach dem „Spezifikum" des Amtspriesters auch die Diskussion nach dem Zweiten Vatikanischen Konzil noch nachhaltig bestimmen.

6. Funktion und Legitimation des Priesteramtes

Im Kontext des mittelalterlich-neuscholastischen Kirchenbildes hatte die traditionelle Priesteramtskonzeption (Opfervollmacht, Gnadenausspender, herausgehobener Stand etc.) zweifelsohne ihre funktionale Plausibilität. Wozu das Priesteramt gut und notwendig ist, war im neuscholastischen Horizont evident. Als göttlich eingesetztem Ausspender von Heilsgütern an die Menschen, die dieser Zuwendung für ihr ewiges Heil bedürfen, kam ihm eine der wichtigsten Funktionen in der Kirche überhaupt zu. Die Legitimation des Priesteramtes, seine positive Einsetzung durch Christus galt als selbstverständlich und brauchte nach innen nicht besonders betont werden. Sie war lediglich Gegenstand der Apologetik, der Begründung und Verteidigung des katholischen Kirchenverständnisses (Sichtbarkeit = Amtlichkeit) nach außen hin.

Das ändert sich nun: Die funktionale Plausibilität eines Gnadenausspenders und Konsekrators wird grundlegend in Frage gestellt, wenn die Laien nicht mehr als Gnadenempfänger, sondern als Mit-Träger des kirchlichen Wirkens verstanden werden. Dies muß sich auf die Amtsbegründung auswirken. Auffällig ist, daß die Funktionsbestimmung des Priesters zunehmend ins Repräsentative und

Symbolische verlagert wird. Damit spielt es dann weniger eine Rolle, welche konkreten Aufgaben der Priester hat, sondern wen er darstellt. Am stärksten entwickelt findet sich dieses Konzept bei *Semmelroth*, wo die Kirche mehr oder weniger zu einer symbolischen Inszenierung gerät, in der die Rolle von Priestern und Laien in erster Linie sich aus der göttlich angeordneten symbolisch-sakramentalen Darstellung der Heilsbegegnung bestimmt. Heil wird zwar nicht mehr konkret dinglich vermittelt wie im alten Modell, dafür aber – und hier muß man sagen: nur noch – symbolisch dargestellt.

Je schwächer die funktionale Plausibilität wird, umso stärker wird das Bedürfnis nach der Legitimation des Amtes. Das Priesteramt in seiner überkommenen Gestalt wird weiterhin als positive Setzung Christi betont. Deutlich ist aber zu beobachten, daß die Apologie des Amtes nicht mehr nur nach außen gerichtet ist, sondern zunehmend nach innen formuliert werden muß. Das konkrete Amt wird zum Glaubensgegenstand erklärt. Wo die Argumentation die Notwendigkeit und konkrete Gestalt nicht einsichtig machen kann, gilt es, die Wirklichkeit des Amtes „gläubig anzunehmen".

II. Teil:

Der Anfang einer neuen Epoche:

Die Ekklesiologie des Zweiten Vatikanischen Konzils und ihre Konsequenzen für das Verständnis des priesterlichen Amtes

Der Begriff der Epoche ist gekennzeichnet durch ein „sich durchhaltendes Gesamtverständnis" und durch „einheitliche Weisen des Handelns". „Am Beginn einer Epoche ist dieser umgreifende Zug jedoch noch nicht oder nur ganz anfänglich thematisierbar, und erst an ihrem Ende oder in einer neuen Epoche kann er bis zu einem gewissen Grade reflektiert werden. Die Denkschritte und Handlungsweisen innerhalb einer Epoche sind deshalb vorwiegend explikativer Natur, das heißt, der jeweilige epochale Anfang erwirkt sich seine eigene, inhaltliche Explikation."[1]

Bereits in den fünfziger Jahren zeigte sich, wenn auch kaum reflex wahrgenommen, daß das traditionelle Priesterbild mit dem sich erneuernden Kirchen- und Liturgieverständnis nicht mehr bruchlos zu vereinbaren war. Sollten die ekklesiologischen und liturgischen Neuaufbrüche Zukunft haben, war ein entsprechender Wandel im Verständnis des priesterlichen Amtes unvermeidlich. Das Zweite Vatikanische Konzil brachte hinsichtlich der grundlegenden Sicht der Kirche und ihrer Liturgie viele Wünsche und Sehnsüchte jahrzehntelangen Suchens und Mühens zur Erfüllung und wurde als Aufbruch in eine neue Epoche der Kirche erlebt. Daß es damit zugleich zu einem mitauslösenden Faktor einer fundamentalen Krise des priesterlichen Amtes wurde, braucht nicht allzusehr zu überraschen, wenn man bedenkt, daß die meisten Priester auf die sie selbst betreffenden Konsequenzen des erneuerten Kirchenverständnisses kaum vorbereitet gewesen sein dürften.

Dazu kam, daß das Konzil selbst eine ausgereifte, in sich stimmige Explikation seiner ekklesiologischen Grundaussagen auf das Priesteramt hin schuldig blieb und bleiben mußte. War schon das Konzil selbst ein Ereignis, mit dem nach den Festlegungen des Ersten Vatikanischen Konzils kaum noch jemand gerechnet hatte, so bot auch sein Verlauf nicht wenige Überraschungen, und zwar nicht nur für die römischen Kurialen, die sich vom Konzil lediglich die rasche Absegnung der in den Vorbereitungskommissionen erstellten Schemata erwartet hatten, sondern auch für die grundsätzlich reformoffene Konzilsmehrheit.[2] Auch ihr Denken und Empfinden war durch und durch geprägt von den Selbstverständlichkeiten im Priesterbild und in der Priesterspiritualität der nachtridentinisch-

1 H. Mühlen, Die Besonderheit des kirchlichen Leitungsamtes, in: F. Hahn u.a., Dienst und Amt. Überlebensfrage der Kirche, Regensburg 1973, 77-103, hier: 77f.

2 Zu den bewegten Vorgängen sowohl während der Vorbereitungsphase als auch auf dem Konzil selbst vgl: O.H. Pesch, Das Zweite Vatikanische Konzil, Würzburg 1993.

neuscholastischen Epoche. Ein konsequentes Ausbuchstabieren der getroffenen ekklesiologischen Grundentscheidungen im Hinblick auf das Priesteramt konnte aus der Natur der Sache auf dem Konzil selbst gar nicht geleistet werden, sondern mußte der nachkonziliaren Entwicklung überlassen bleiben.

Wie groß der „epochale Sprung" war, der sich mit dem Konzil innerhalb weniger Jahre vollzogen hat, zeigt Heribert Mühlen anhand der Beobachtung, daß Texte wie die Priesterenzyklika *Pius' XII. Menti Nostrae* (1950) uns „nach 30 Jahren fast fremd vorkommen". Doch besteht „die ganze Not ... darin, daß der notwendig gewordene epochal neue Ansatz erst in ganz formalen Umrissen deutlich werden kann."[3]

Wenn man die Diskussionen um Wesen und Gestalt des kirchlichen Amtes, die im Anschluß an das Konzil mit großer Heftigkeit begonnen haben und die bis heute noch nicht in eine dem neuen Gesamtverständnis entsprechende Handlungsweise gemündet sind, unter diesem Blickwinkel liest, dann deutet gerade das Notvolle dieses Prozesses darauf hin, daß wir auch gegenwärtig noch immer am Beginn einer neuen Epoche stehen und das Konzil erst der „Anfang eines Anfangs" (Rahner) war.

[3] Mühlen, Besonderheit, 82.

1 Die ekklesiologischen Aussagen des Zweiten Vatikanischen Konzils und ihre Auswirkungen auf die Aussagen über das Priesteramt

Mit den Entwicklungen im Kirchenbild und im Verständnis der Liturgie konnte im I. Teil der Rahmen aufgezeigt werden, innerhalb dessen sich bereits in den zwanziger bis fünfziger Jahren unvermeidlich Akzentverschiebungen in bezug auf das Priesterbild ergaben. In der Liturgie- und in der Kirchenkonstitution formuliert das Konzil die wesentlichen Grundentscheidungen (1.1), an denen die Aussagen über das Priesteramt, dem neben LG 28 vor allem das Dekret über Dienst und Leben der Priester (PO) gewidmet ist, zu messen sind (1.2).

1.1 Grundentscheidungen

1.1.1 Die Liturgiekonstitution

Das Schema über die Liturgie wurde vom Konzil als erstes beraten und von Anfang an als Grundlage akzeptiert. Nach Einarbeitung der Modi wurde die Konstitution bereits in der zweiten Sitzungsperiode feierlich verabschiedet und approbiert. Diese frühe Behandlung hatte den ganz praktischen Grund, daß es das am besten vorbereitete Schema war. Hier konnten die Früchte des jahrzehntelangen Bemühens der Liturgischen Bewegung geerntet werden. Ein Viertel der Eingaben zum Konzil bezog sich auf liturgische Fragen[1] und belegte damit eindrucksvoll, daß das Anliegen der liturgischen Erneuerung nicht mehr nur Sache einiger besonders Interessierter und Engagierter vornehmlich im deutschen und französischen Raum war.

Man darf also die frühen Beratungen zur Liturgiereform nicht als bewußte Prioritätensetzung interpretieren und ihnen einen ausdrücklichen Willen zur Vorentscheidung unterstellen. Dennoch erweist sich der Grundsatz *lex orandi - lex credendi* hier insofern als gültig, als die Liturgiekonstitution in ihren grundsätzlichen Aussagen das Kirchenverständnis voraussetzt, das erst in der zweiten und dritten

[1] Pesch, Konzil, 116.

Sitzungsperiode ausdrücklich formuliert wird. Sie wurde gleichsam zur Ouvertüre, in der viele der wichtigen Themen und Motive der nachfolgenden Beschlüsse bereits enthalten sind.

Für die Frage nach der Rolle des priesterlichen Amtes sind vor allem folgende Grundsätze von Gewicht:

Sacrosanctum Concilium versteht Liturgie als das „große Werk", das vom ganzen Leib Christi, vom Haupt Christus und den Gliedern, d.h. von der gesamten Kirche, verwirklicht wird. Die Liturgie gilt „mit Recht" als „Vollzug des Priesteramtes Jesu Christi" (SC 7). Christus selbst ist ihr primäres Subjekt und trägt alle liturgischen Handlungen mit seiner Gegenwart und Kraft. Das Konzil lenkt den Blick besonders auf fünf Gegenwartsweisen:

> „Gegenwärtig ist er im Opfer der Messe sowohl in der Person dessen, der den priesterlichen Dienst vollzieht ..., wie vor allem unter den eucharistischen Gestalten. Gegenwärtig ist er mit seiner Kraft in den Sakramenten, so daß, wenn immer einer tauft, Christus selber tauft. Gegenwärtig ist er in seinem Wort, da er selbst spricht, wenn die heiligen Schriften in der Kirche gelesen werden. Gegenwärtig ist er schließlich, wenn die Kirche betet und singt ..." (SC 7).

Begründet wird diese Aussage ausdrücklich mit Mt 18,20: „Wo zwei oder drei versammelt sind in meinem Namen, da bin ich mitten unter ihnen." Bei den angeführten Gegenwartsweisen handelt es sich nicht um eine erschöpfende, sondern um eine exemplarische Aufzählung, denn Christus ist „seiner Kirche immerdar gegenwärtig, besonders in den liturgischen Handlungen" (SC 7).

Die liturgischen Feiern gehen den ganzen mystischen Leib der Kirche (*universum Corpus Ecclesiae*) an, machen ihn sichtbar und wirken auf ihn ein (SC 26). Deshalb ist es der mehrfach und eindringlich geäußerte Wunsch des Konzils, daß alle Gläubigen daran „voll", „bewußt" und „tätig" beteiligt sind (SC 11.14.48). Im Unterschied zur Sichtweise von *Mediator Dei* ist die *actuosa participatio* nicht lediglich eine praktisch-aszetische Empfehlung zum fruchtbareren Gnadenempfang des einzelnen, sondern sie ist „vom Wesen der Liturgie selbst verlangt", und „das christliche Volk, 'das auserwählte Geschlecht, das königliche Priestertum, der heilige Stamm, das Eigentumsvolk' (1Petr 2,9; vgl. 2, 4-5) [ist] kraft der Taufe [dazu] berechtigt und verpflichtet" (SC 14).

Weil Liturgie ihrer Natur nach nicht nur eine „hierarchische", sondern zugleich „gemeinschaftliche Handlung" ist, wird „nachdrücklich betont ..., daß ihre Feier in Gemeinschaft ... der vom Einzelnen gleichsam privat vollzogenen vorzuziehen ist" (SC 27). Um die Zahl der privat vollzogenen Einzelzelebrationen zu reduzieren, räumt SC 57 weitreichende Möglichkeiten zur Konzelebration ein.[2] Der Charakter der gemeinschaftlichen Feier der Kirche werde dann sinnenfällig, wenn „jeder, sei er Liturge oder Gläubiger, in der Ausübung seiner Aufgabe nur das und all das tu[t], was ihm aus der Natur der Sache und gemäß den liturgischen Regeln zukommt" (SC 28). Von einem Verständnis der Liturgie, in dem jedes wesentliche Element vom Priester ausgeführt oder gesprochen, gegebenenfalls leise wiederholt werden muß (wie beispielsweise ein vom Chor gesungenes Sanctus), um „gültig" zu sein, ist Abschied genommen. SC 29 bezeichnet dementsprechend „die Ministranten, Lektoren, Kommentatoren und die Mitglieder der Kirchenchöre" als „wahrhaft liturgische Dienste".

Noch bevor sich die Kirchenkonstitution zum Bischofsamt äußert, beschreiben SC 41 und SC 42 die Rolle des Bischofs als Mittelpunkt des liturgischen Lebens des Bistums. SC 42 formuliert in Konsequenz dazu die ekklesiologische Bedeutung der Orts- und Einzelgemeinden, „die räumlich verfaßt sind unter einem Seelsorger, der den Bischof vertritt; ... sie stellen auf eine gewisse Weise die über den ganzen Erdkreis hin verbreitete sichtbare Kirche dar." Der „Sinn für die Pfarrgemeinschaft vor allem in der gemeinsamen Feier der Sonntagsmesse" ist zu fördern.

„Die ganze Sorge" des Konzils richtet sich darauf, „daß die Christen diesem Geheimnis des Glaubens nicht wie Außenstehende und stumme Zuschauer beiwohnen", sondern „die heilige Handlung bewußt, fromm und tätig mitfeiern", und zwar nicht nur, indem sie rezeptive Grundhaltungen pflegen („die Riten und Gebete dieses Mysteriums wohl verstehen lernen", „sich durch das Wort Gottes formen lassen"). SC 48 verlangt ausdrücklich: „Sie sollen Gott Dank sagen und die unbeflekte Opfergabe darbringen nicht nur durch die Hände des Priesters, sondern auch gemeinsam mit ihm." Die ängstliche Besorgnis um die spezifische und exklusive Funktion des Priesters bei der Konsekration und Darbringung des Opfers, die die Verlautbarungen *Pius' XII.* und die Diskussionen um die Mysterientheologie beherrscht hat, ist aufgegeben. Ganz im Sinne *Odo Casels* ist das Verhältnis von eucharistischem Opfer und Kreuzesopfer formuliert: SC 47 vermeidet sowohl das Wort „erneuern" als

2 Zum Problemhorizont des Konzils in diesem Punkt vgl.: G. Greshake, Konzelebration der Priester. Kritische Analyse und Vorschläge zu einer problematischen Erneuerung des II. Vatikanischen Konzils, in: E. Klinger / K. Wittstadt, (Hrsg.), Glaube im Prozeß. Christsein nach dem II. Vatikanum (FS K. Rahner), Freiburg u.a. 1984, 258-288.

auch „vergegenwärtigen". Christus hat „das eucharistische Opfer seines Leibes und Blutes eingesetzt, um dadurch das Opfer des Kreuzes durch die Zeiten hindurch bis zu seiner Wiederkunft fortdauern zu lassen ...".

Überhaupt spielt die Sorge um das Profil des Priesteramtes in der Liturgiekonstitution keine besondere Rolle. Es geht in erster Linie um die Liturgie als Feiergestalt der ganzen Kirche. Gerade dies hat aber nicht unwesentliche Implikationen für die Rolle des Priesters: Das Spender-Empfänger-Schema bei den Sakramenten, das für die gesamte mittelalterlich-nachtridentinische Epoche beherrschend war, und die damit verbundene Funktion des Priesters als Ausspender von Sakramentsgnaden und als Heilsvermittler ist auf diesem Hintergrund nicht mehr aufrechtzuerhalten. Die Rolle des Priesters in der Liturgie erfährt dadurch eine deutliche Relativierung, und zwar im wörtlichen Sinn. Sie wird in Beziehung gesetzt zu der die gottesdienstliche Handlung ebenso wesentlich tragenden Versammlung der Gläubigen, deren Vorsteher der Priester ist.

Die Liturgiekonstitution charakterisiert die spezifische liturgische Funktion des Priesters weder mit dem Begriff *repraesentatio Christi* noch als „Gegenüber zur Gemeinde". Wie bereits erwähnt spricht das Konzil in SC 7 zwar davon, daß Christus gegenwärtig ist „in der Person dessen, der den priesterlichen Dienst vollzieht", aber es versteht diese Gegenwart gerade nicht exklusiv. Sie ist Konsequenz aus der beständigen Gegenwart Christi in seiner Kirche, die alle liturgischen Handlungen, die eucharistischen Gestalten und ebenso die betende und singende Kirche trägt. Hinsichtlich der Gegenwart Christi im Amtsträger rekurriert das Konzil lediglich auf die traditionelle Formulierung aus dem Meßopferdekret des Tridentinums, mit der dort die Einzigkeit des Opfers Christi - damals am Kreuz, jetzt in der Eucharistie - zum Ausdruck gebracht und sichergestellt werden sollte: „derselbe bringt das Opfer jetzt dar durch den Dienst der Priester, der sich einst am Kreuz selbst dargebracht hat". *Repraesentatio Christi* als die den Priester exklusiv charakterisierende Funktion läßt sich daraus nicht ableiten.

Auch die zweite Stelle, die eine spezifische Bestimmung des Priesters als Repräsentant Christi im „Gegenüber" zur Gemeinde nahezulegen scheint, gibt solches bei näherem Hinsehen nicht her. SC 33 spricht zwar durchaus vom Priester, *„qui coetui in persona Christi praeest"*, versteht dies aber gerade nicht im „Gegenüber" zur Gemeinde, wie aus dem Kontext klar hervorgeht. Es geht hier um die Bedeutung der liturgischen Orationen. Diese werden, so betont das Konzil, „stets im Namen des ganzen heiligen Volkes und aller

Umstehenden gesprochen“, *in persona Christi* also insofern, als es immer Christus ist, der beim Vater für uns eintritt, wie es auch die Schlußformel dieser Gebete („durch Christus unseren Herrn“) zum Ausdruck bringt. Der deutsche Text übersetzt die Stelle zutreffend in diesem Sinn und spricht von den Gebeten, „die der Priester, *in der Rolle Christi an der Spitze der Gemeinde stehend*[3], an Gott richtet“. Der ganze Leib, das Haupt gemeinsam mit den Gliedern ruft den Vater an. Absolutes Gegenüber zur Gemeinde ist nur der Vater. Ihm bringt die Gemeinde (der Leib Christi) stets durch, mit und in Christus, ihrem Haupt, die Gebete und Opfergaben dar.[4]

1.1.2 Die Kirchenkonstitution

Die Konstitution über die Kirche ist zweifellos das bedeutsamste Dokument des Konzils.[5] Die Textgeschichte verlief hier ungleich bewegter als beim Schema über die Liturgie. Sie war verbunden mit Debatten, „von solcher Höhe des theologischen Niveaus, wie sie nach Meinung mancher Beobachter auf dem Konzil nie wieder erreicht wurde.“[6]

[3] Hervorhebung JM.

[4] Es darf vermutet werden, daß die Ortsbestimmung des Priesters als „Gegenüber zur Gemeinde“ durch die architektonischen Vorgaben in den meisten Kirchenräumen gefördert wurde. Die Zelebration *versus populum* ist eine Konsequenz aus dem Verständnis der Eucharistie als Feier der um den Altar als Mitte versammelten Gemeinde. SC 33 spricht von den *circumstantes*, den Umstehenden. Da die meisten Kirchen aus der mittelalterlich-nachtridentinischen Epoche stammen, besteht das Problem, daß ein wirkliches „Umstehen“ um den Altar als Mitte kaum realisiert werden kann. Durch die Wendung des Priesters zum „in der Mitte“ stehenden Altar entsteht eine Frontalstellung, die leicht den Eindruck erweckt, als wäre ein „vorne“ agierender Priester der Gemeinde wie einem Publikum gegenübergestellt. Dort, wo der Kirchenbau ein wirkliches Versammeln um den Altar herum zuläßt, wird leichter erfahrbar, daß das liturgische Gegenüber des Priesters zur Gemeinde immer nur ein relatives und nie ein absolutes ist. Auch der Lektor, der das Wort Gottes vorträgt, bildet dabei ein „Gegenüber zur Gemeinde“. Der Chor, der im Wechsel mit der Gemeinde singt, übt eine Funktion „gegenüber zur Gemeinde“ aus. All diese Gegenüberstellungen sind notwendige Implikate der vielfältig dialogischen Struktur der Liturgie, aber keine spezifische Ortsbestimmung des priesterlichen Amtes.

[5] Schon der Umfang des vorbereiteten Schemas, 123 großformatige Seiten, darf als Beleg dafür gelesen werden, welches Gewicht auch nach Meinung der Vorbereitungskommision diesem Lehrstück des Konzils zukommen sollte.

[6] Pesch, Konzil, 141. Zur Textgeschichte der Kirchenkonstitution 138-148.

Das Schema, für das maßgeblich der Leiter des Sanctum Officium Kardinal *Alfredo Ottaviani* und als Sekretär der Vorbereitungskommission der Hauptverfasser der Enzyklika *Mystici Corporis, Sebastian Tromp SJ* verantwortlich zeichneten, bewegte sich zur Gänze im Rahmen des traditionellen juridisch-institutionellen Kirchenverständnisses. Ihm widerfuhr gleich bei der ersten Debatte so „atemberaubende Kritik" (Pesch), daß zwischen der ersten und zweiten Sitzungsperiode ein völlig neuer Entwurf erstellt werden mußte. Dieser enthielt anstelle der wenig stringenten Ansammlung von elf bzw. zwölf Kapiteln des ersten Schemas nur noch vier:

1. Das Geheimnis der Kirche
2. Die hierarchische Verfassung der Kirche und insbesondere der Episkopat
3. Das Volk Gottes und insbesondere die Laien
4. Die Berufung zur Heiligkeit in der Kirche

Aus den Verbesserungsvorschlägen wurde die Anregung aufgenommen, das Kapitel über das Volk Gottes als zweites vorzuziehen und dort all jene Aussagen unterzubringen, die alle Glieder der Kirche gemeinsam betreffen. Erst die folgenden Kapitel sollten dann den jeweils verschiedenen Ständen und Aufgaben in der Kirche gewidmet sein. Auf der Basis dieser Grundstruktur handelt in der Endfassung das dritte Kapitel von der hierarchischen Verfassung der Kirche, das vierte von den Laien und das sechste von den Ordensleuten. Letzterem vorgeschaltet betont Kapitel fünf ausdrücklich „die allgemeine Berufung zur Heiligkeit in der Kirche".

Schon allein die Textgeschichte gibt Zeugnis vom entscheidenden ekklesiologischen Anliegen der Konzilsmehrheit. Die juridisch-institutionellen Kategorien des tridentinisch-neuscholastischen Paradigmas werden als nicht mehr hinreichend geeignet empfunden, das neugewachsene ekklesiologische Selbstverständnis angemessen auszusagen. An seine Stelle treten solche Aussagen und Formulierungen, die das jeweils Größere und Ganze, den jeweiligen Einheitsgrund, allen späteren Differenzierungen vorordnen. Besonders hervorzuheben ist der Blick auf die Kirche als *mysterium/sacramentum* und der Begriff „Volk Gottes", der durch die Vorordnung ins zweite Kapitel zum umfassenden Begriff für *alle* Glieder der Kirche wurde.

1.1.1.1 Kirche als Mysterium

Ungeachtet sekundärer Konnotationen, die sich an den biblisch-altkirchlichen Begriff angelagert haben, verbindet das Konzil mit *mysterium* alles andere als „eine Konzession an irgendwelche Thesen von der 'unsichtbaren Kirche'".[3] Wohl aber rückt durch das Begriffspaar *mysterium/sacramentum* an die Stelle der traditionellen Apologie der „Sichtbarkeit" (stets verstanden als institutionell-hierarchische Verfaßtheit), das Verständnis von Kirche als einer „einzigen komplexen Wirklichkeit, die aus menschlichem und göttlichem Element zusammenwächst". Deshalb sind „die mit hierarchischen Organen ausgestattete Gesellschaft und der geheimnisvolle Leib Christi, die sichtbare Versammlung und die geistliche Gemeinschaft, die irdische Kirche und die mit himmlischen Gaben beschenkte Kirche ... nicht als zwei verschiedene Größen zu betrachten." Vielmehr sind sie in Analogie (nicht aber als Fortsetzung!) zum Mysterium der Inkarnation untrennbar miteinander verbunden (LG 8).

Existenz und Wesen der Kirche als empirisch-geschichtlicher Wirklichkeit, d.h. inklusive der notwendigen Ämter, legitimiert die Konstitution nicht mehr positivistisch mit einem isolierten Stiftungs- und Willensakt Jesu, sondern sie sieht die Kirche als Teil des Mysteriums Gottes selbst im gesamten Offenbarungsgeschehen, in Verkündigung und Geschick Jesu gegründet (LG 5-8). Die empirisch-geschichtliche Wirklichkeit der Kirche, ihr „sichtbares Gefüge", ist unablässig vom einzigen Mittler Christus getragen (LG 8) und verweist deshalb zugleich stets auf die transempirisch-gnadenhafte Dimension, mit der sie untrennbar verbunden ist. „Die Kirche ist ... in Christus gleichsam das Sakrament, das heißt Zeichen und Werkzeug für die innigste Vereinigung mit Gott wie für die Einheit der ganzen Menschheit" (LG 1). Die Sakramentalität der Kirche leitet sich darum „nicht erst aus der Existenz der 7 Einzelsakramente in ihr ab"[4], sondern liegt als „Generalthese über das Wesen der Kirche"[5] diesen voraus.

Die Beschreibung der Kirche als Leib Christi, die für die Lehrverkündigung *Pius' XII.* leitend war, findet ihren Platz unter anderen biblischen Kirchenbildern (Schafstall, Pflanzung, Bauwerk, Familie, Tempel, Braut), wenn auch in einem eigenen, ausführlichen Artikel (LG 7). Das hierarchologische Leibmodell von *Mystici Corporis* ist hier abgelöst durch eine konsequent pneumatologische Perspektive. Der Geist Christi ist es, „der als der eine und gleiche im Haupt und in den Gliedern wohnt und den ganzen Leib so lebendig macht, eint und bewegt." Er ist das „Lebensprinzip" des Leibes und teilt „seine

3 Pesch, Konzil, 161.
4 Vorgrimler, in: Konzilskompendium, 106.
5 Pesch, Konzil, 171.

vielfältigen Gaben gemäß seinem Reichtum und den Erfordernissen der Dienste zum Nutzen der Kirche“ aus. Dem Haupt Christus müssen „alle Glieder ... gleichgestaltet werden, bis Christus Gestalt gewinnt in ihnen“.

1.1.2.2 Kirche als Volk Gottes

Leitender ekklesiologischer Begriff des Zweiten Vatikanischen Konzils ist nicht mehr „Leib Christi“, sondern „Volk Gottes“. Er wird in LG 9 biblisch begründet und erläutert. Die grundlegende Absicht, zuerst von der Einheit der ganzen Kirche und ihrer Sendung vor allen hierarchischen Unterschieden zu sprechen, wird anhand des Drei-Ämter-Schemas durchbuchstabiert (LG 10-12). Waren es nach *Mystici Corporis* nur die Amtsträger, die als die „ersten und vorzüglichen“ Glieder des Leibes, „die Ämter Christi, des Lehrers, Königs und Priesters“ fortzusetzen hatten, kommt die Teilnahme am Königtum, Priestertum und Prophetentum Christi nun dem ganzen Volk Gottes, allen Getauften zu.

Auf dem Hintergrund der jahrhundertelangen katholischen Abwehr und einzelner zögerlicher Ansätze der vorausgehenden Pius-Päpste ist die breite Entfaltung des Priestertums aller Gläubigen besonders bemerkenswert. LG 10 begründet dieses Priestertum unter Aufbietung aller in Frage kommenden neutestamentlichen Referenzstellen. Trotz des essentiellen Unterschieds[10] zwischen dem „gemeinsamen“ (*commune*) Priestertum aller Getauften und dem als „Priestertum des Dienstes“ (*sacerdotium ministeriale*) bezeichneten Amtspriestertum, betont der Text die gegenseitige Zuordnung beider. Sie habe ihren Grund darin, daß jedes „auf besondere Weise am Priestertum Christi teil[nimmt]“. Ausgeübt wird das „königliche Priestertum“ aller Gläubigen vor allem „im Empfang der Sakramente“ (ausführlich erläutert in LG 11), ferner „im Gebet, in der Danksagung, im Zeugnis eines heiligen Lebens, durch Selbstverleugnung und tätige Liebe“. Die Mitwirkung an der eucharistischen Darbringung wird – wie bereits in der Liturgiekonstitution – ausdrücklich vermerkt (LG 10), nicht ohne vorsorglich dem Mißverständnis einer „unterschiedslosen“ Darbringung von Amtsträgern und übrigen Gläubigen zu wehren (LG 11).

[10] Zur Bestimmung des Unterschieds mit Hilfe der Formel *essentia non gradu tantum* siehe den Abschnitt II / 1.3.1.

1.1.2.3 Amt als Ministerium

Von den Aussagen des Konzils zur hierarchischen Verfassung der Kirche ist hinsichtlich der Frage nach Wesen und Ort des Priesteramtes insbesondere folgender Grundsatz festzuhalten:

Anstelle des absoluten Begriffs „Hierarchie" bevorzugt das Konzil die Rede von der „hierarchischen Verfassung der Kirche" und bringt damit zum Ausdruck, daß die gesellschaftliche Verfaßtheit dem Wesen der Kirche als Gemeinschaft zwar nicht zeitlich, aber heilsgeschichtlich und sachlich nachgeordnet ist. „Nur weil ... Gemeinschaft ... ist, kann diese Gemeinschaft auch hierarchisch als Gesellschaft verfaßt und so als Heilsmittel ... überhaupt konstruiert werden."[11] Diese sachliche Nachordnung der Amtstruktur unter die kirchliche Gemeinschaft hat Konsequenzen für die Bestimmung der einzelnen Ämter. Sie werden als *ministeria* (LG 18 u.öfter), im Deutschen etwas holperig übersetzt mit „Dienstämter"[12], und als *verum servitium* (LG 24) bezeichnet. LG 24 beruft sich ausdrücklich auf den neutestamentlichen Begriff *diakonia*. Auf jeden Fall ist mit der Qualifikation des kirchlichen Amtes als „Dienst" nicht nur eine ethische, sondern eine grundlegend strukturelle Aussage getroffen.

1.1.2.4 Die bischöfliche Grundgestalt des Amtes

Das Konzil konzipiert das Weihesakrament nicht mehr vom Priesteramt und der Übertragung der eucharistischen Konsekrationsvollmacht her, sondern es stellt das Bischofsamt als die Grundgestalt des Amtes heraus. Dem Bischof ist die „Fülle des Weihesakramentes" übertragen (LG 21). Sie bezieht sich nicht nur auf das Amt (*munus*) der Heiligung, sondern auch auf die Ämter (*munera*) der Lehre und Leitung (LG 20.21). LG 25 hebt unter den Aufgaben der Bischöfe die besondere Bedeutung der Verkündigung hervor. Die Darlegung des Bischofsamtes anhand der drei *munera Christi* ersetzt die traditionelle Vorstellung der Übertragung einzelner Gewalten, seien es zwei (*potestas ordinis et iurisdictionis*) oder drei (*potestas sanctificandi, docendi et regiminis*). Die Begriffe *munus* und *potestas* werden terminologisch unterschieden. Der Text hütet sich, von drei

[11] Rahner, in: LThK.E1, 210.

[12] Die Tautologie kritisiert W. Beinert, Autorität um der Liebe willen, in: K. Hillenbrand (Hrsg.), Priester heute, Würzburg 1990, 32-66, hier: 35.

potestates zu reden. Den *munera* bzw. den *ministeria* liegt die eine *sacra potestas* zugrunde.

Mit der Betonung der bischöflichen Grundgestalt des Amtes geht die ekklesiologische Aufwertung der Teil- und Ortskirchen, ansatzweise auch der Ortsgemeinden (der „rechtmäßigen Ortsgemeinschaften") einher. Die eine und einzige Kirche besteht „in ihnen und aus ihnen" (LG 23) und ist in ihnen wahrhaft anwesend (LG 26). Der jeweilige Bischof ist ihr „sichtbares Prinzip und Fundament" (LG 23). Dies wird besonders deutlich in der Eucharistie, „die er selbst dabringt oder darbringen läßt" (LG 26). „Die Möglichkeit einer (ökumenisch höchst bedeutsamen) Ekklesiologie von der Wort und Altargemeinde her ist ... [damit] eröffnet und als legitim anerkannt."[13]

1.1.2.5 Kirche als Communio

Die Konzilstexte bieten zu wenig eindeutige Anhaltspunkte, um von einer Communio-Ekklesiologie als heimlicher Leitidee des Konzils[14] zu sprechen. Doch haben Aussagen wie die über die Gemeinschaft mit Gott und die Gemeinschaft der Eucharistie einen zwingenden ekklesiologischen Fluchtpunkt. Ein Kirchenverständnis, das vor allem auf die hierarchische Über- und Unterordnung und auf die strikte Abgrenzung von Klerikern und Laien bedacht ist, weil es in erster Linie diese für wesenhaft erachtet, läßt sich damit nicht harmonisieren.

Allerdings hat das Konzil die Fluchtlinie seiner Grundentscheidungen selbst nicht konsequent ausgezogen. Die Spuren des Kompromisses finden sich vor allem in den Aussagen zum Verhältnis der Ortskirchen zur Universalkirche, d.h. des Kollegiums der Bischöfe unter oder mit dem Papst. Der Begriff der *communio hierarchica* (LG 22) dokumentiert eher das „Nebeneinander von sakramentaler communio-Ekklesiologie und juristischer Einheitsekklesiologie"[15], als daß er die Fragen löst. Ebensowenig wagt das Konzil den „befreienden Durchbruch" (Pesch) dort, wo es um den engsten Sinn

[13] Rahner, in: LThK.E1, 244.

[14] Pesch, Konzil, 186. Zur Begründung einer Communio-Ekklesiologie aus den Konzilstexten siehe II / 3.3.1.2.

[15] W. Kasper, Kirche als communio. Überlegungen zur ekklesiologischen Leitidee des II. Vatikanischen Konzils, in: ders., Theologie und Kirche, Mainz 1987, 272-289, hier: 282.

von kirchlicher Communio geht: bei der Gemeinschaft im Sinne der Partizipation und Mitverantwortung aller."[16]

1.2 Ambivalenzen und Kompromisse

1.2.1 Das Laienkapitel der Kirchenkonstitution (LG 30-38)

„Nachdem die Heilige Synode von den hierarchischen Ämtern gehandelt hat, wendet sie ... bereitwillig ihre Aufmerksamkeit dem Stand der Christgläubigen zu, die man Laien nennt" (LG 30). Sie tut dies im vierten Kapitel der Kirchenkonstitution (sowie im Dekret über das Laienapostolat) in solcher Ausführlichkeit, daß man die Laien als „Hätschelkinder des konziliaren Kirchenverständnisses"[17] bezeichnet hat.

Die positiven Aussagen, die das Konzil über die Laien trifft, dokumentieren den epochalen Bewußtseinswandel, der sich inzwischen vollzogen hat: Die Laien nehmen teil „an der Heilssendung der Kirche selbst". Sie werden zu diesem Apostolat nicht erst durch die Amtsträger, sondern „vom Herrn selbst durch Taufe und Firmung bestellt" (LG 33). Das Apostolat der Laien ist nichts anderes als das Apostolat der Kirche selbst. Die Sendung der Kirche ist konkret nicht ohne die Laien zu verwirklichen. Zeugnis und Dienst der Laien wurzeln in der innigsten Verbindung mit dem Leben und der Sendung des Hohenpriesters Christus selbst (LG 34). Zur inhaltlichen Entfaltung greift das Konzil auch hier auf die Trias der Ämter Christi als Priester, Prophet und König zurück, derer die Laien durch die Taufe teilhaftig sind (LG 31.34-36).

Trotz solcher affirmativer Aussagen über die Laien bleibt das Kirchenbild des Konziltextes ambivalent. Geht man von seiner Endfassung aus, stellt sich die Frage, ob nach dem und über das hinaus, was über das Volk Gottes als Ganzes und alle Gläubigen formuliert wurde, überhaupt noch sinnvoll etwas über die „Laien" als einer eigenen und spezifischen Gruppe innerhalb der Kirche gesagt werden kann.[18] Das Unbehagen am Begriff „Laie", der – man kann es dre-

[16] Pesch, Konzil, 190.

[17] Pesch, Konzil, 204.

[18] „Das ist letzten Endes ebenso sinnvoll, wie wenn man die Bürger einer Stadt einteilen wollte in Stadträte und Nichtstadträte! Vielmehr sind alle Bürger, und einige von ihnen sind Amtsinhaber. So ist auch die Grundbestimmung der Kirchenglieder 'Glaubende'; einige Glaubende aber haben ein Amt" (Beinert, Autorität, 56).

hen und wenden wie man will – ein reiner Substraktionsbegriff (Volk Gottes minus die Amtsträger) bleibt, wird bereits in Konzilskommentaren artikuliert.[19] Zwar will LG 31 keine theologische Definition, sondern lediglich eine „Beschreibung ad hoc“[20] geben, um klarzustellen, vom wem im folgenden überhaupt die Rede ist, nämlich nicht von den „Gliedern des Weihestandes“ und auch nicht von den Ordensleuten. Die dann sofort nachgeschobene positive und wohlklingende Charakterisierung wird allerdings kaum den Anspruch erheben wollen, etwas Spezifisches über die Laien auszusagen. Denn auch Priester und Ordensleute sind ja Christgläubige, „die, durch die Taufe Christus einverleibt, zum Volk Gottes gemacht und des priesterlichen, prophetischen und königlichen Amtes Christi auf ihre Weise teilhaftig“ sind. Der einzige Unterschied bestünde darin, daß die Laien „zu *ihrem* Teil[21] (*pro parte sua*) die Sendung des ganzen christlichen Volkes in der Kirche und in der Welt ausüben“.

Der anschließende Versuch, diese *sua pars* konkreter zu fassen, indem man den Laien den „Weltcharakter“ zuschreibt, wirkt hilflos und wenig überzeugend. Zum einen räumt der Text selbst ein, daß auch die „Glieder des geweihten Standes ... bisweilen mit weltlichen Dingen zu tun haben, sogar in Ausübung eines weltlichen Berufes“. Zum anderen wäre die Forderung, daß sich die Träger des „heiligen Dienstamtes“ so weit als möglich aus der „Welt“ herauszuhalten hätten, mit ihrem apostolischen und missionarischen Grundauftrag kaum vereinbar (vgl. PO 4). Sofern LG 31 einfach die faktischen Lebensräume und Lebensverhältnisse der meisten Laien thematisieren will, ist damit nichts anderes gesagt, als daß Laien – wie alle anderen Christen auch – ihren Glauben dort zu leben und durch Wort und Tat zu bezeugen haben, wohin sie gestellt sind, und keinen Lebensbereich davon ausnehmen können. Sobald aus diesem faktischen Weltcharakter jedoch exklusiv komplementäre Zuordnungen und Abgrenzungen (Heilsdienst – Weltdienst) abgeleitet werden, leben darin die alten dualistischen Denkschemata fort, die mit den oben dargestellten Grundausssagen des Konzils eigentlich überwunden werden sollten.

Trotz allen gutgemeinten Mühens des Konzils um eine Aufwertung der Laien bleibt unverkennbar, daß eine wirklich positive Be-

[19] „Verständlicherweise war es dem Konzil nicht möglich, den in mehr als einer Hinsicht belastenden und leicht irreführenden Ausdruck ‘Laien’ zu vermeiden“ (H. Vorgrimler, in: Konzilskompendium, 115f.).

[20] Klostermann, in: LThK.E1, 264.

[21] Hervorhebung JM.

stimmung des Laien über das hinaus, was allgemein von jedem Christen zu sagen ist, nicht möglich ist. Man wird nicht umhinkommen, nüchtern einzugestehen, daß der Begriff Laie als solcher nur im Rahmen der Zwei-Stände-Ekklesiologie, und dort mit negativem Bedeutungsgehalt[22] (Nicht-Kleriker, untergeordnet, passiv etc.) sprachlogisch sinnvoll einzusetzen ist. So sehr es nämlich möglich ist, innerhalb des Volkes Gottes die spezifische Aufgabe der Amtsträger von der allgemeinchristlichen abzuheben, ist es unmöglich und widersinnig, eine spezifische Aufgabe von Laien vom allgemeinchristlichen Auftrag abheben zu wollen.

1.2.2 Das Priesterbild des Konzils

Die Aussagen des Konzils zum Priester- bzw. Presbyteramt[23] können als Seismograph dafür gelten, wie weit das Konzil selbst die Konsequenzen aus dem von ihm formulierten Wechsel der ekklesiologischen Perspektive gezogen hat. Unmittelbar mit dem Priesteramt beschäftigen sich vor allem LG 28 und das Dekret über Dienst und Leben der Priester *Presbyterorum Ordinis*.[24] Wieder spiegeln sich bereits in der jeweiligen Textgeschichte die wichtigsten Aspekte der Problematik.

1.2.2.1 LG 28

Während das erste Schema der Kirchenkonstitution (1962) überhaupt nur ganz kurz vom Priesteramt sprechen wollte, enthielt der zweite Entwurf (1963) bereits einen längeren Text, der auf Wunsch sehr vieler Bischöfe dann noch erweitert und unter folgenden vier Gesichtspunkten neugestaltet wurde: die Beziehung der Priester a) zu Christus, b) zum Bischof, c) zu den anderen Priestern, d) zu allen

[22] Gegen die beliebte Etymologie des Wortes Laie/*laicus* (zum Volk Gottes gehörig) hält es J.B. Bauer für wahrscheinlicher, daß *laicus* von Anfang als Unterscheidungsbegriff zum Klerus gebraucht wurde (J.B. Bauer, Die Wortgeschichte von „laicus", in: ZKTh 81 [1959] 224-228).

[23] Die Begriffe *presbyter* und *sacerdos* werden in den Konzilstexten nicht immer einheitlich verwendet.

[24] Wenn sich auch die Anliegen des Konzils in Text und Textgeschichte des Dekrets *Optatam totius* (zur Priesterausbildung) widerspiegeln, so kann dieses Dokument wegen seines geringeren dogmatischen Gewichts doch hier übergangen werden.

Gläubigen. Dieser Text war zugleich als theologische Grundlegung für das Priesterdekret gedacht, das parallel zu den Diskussionen um die Kirchenkonstitution erarbeitet wurde.[25]

Der Artikel begründet das Priesteramt theologisch in der Weihe und Sendung Christi, derer die Bischöfe von den Aposteln her teilhaftig sind und die sie „in mehrfacher Abstufung verschiedenen Trägern in der Kirche rechtmäßig weitergeben." Ohne eine Entscheidung im Hinblick auf die historische Problematik der Einsetzung der einzelnen Amtsstufen zu treffen,[26] hält der Text fest, daß das kirchliche Dienstamt als solches aus göttlicher Einsetzung (*divinitus institutum*) stammt (LG 28,1).

Die traditionelle Konzeption des Priesteramtes von der Konsekrationsvollmacht her – und damit des Weihesakramentes insgesamt vom Priesteramt her – ist aufgegeben. Entsprechend zu der im dritten Kapitel formulierten bischöflichen Grundgestalt des Amtes werden die Priester als „Mitarbeiter, als Hilfe und Organ der Ordnung der Bischöfe" bezeichnet. Sie „übernehmen zu ihrem Teil seine [sc. des Bischofs] Amtsaufgaben", indem sie „den ihnen zugewiesenen Anteil der Herde des Herrn" „heiligen und leiten" und dadurch den Bischof „gewissermaßen gegenwärtig machen" (LG 28,2). Ihr unmittelbarer „Anteil am Amt des einzigen Mittlers Christus" und ihre wirkliche „priesterliche Würde" stehen nicht in Frage, sind aber bezogen auf die „Stufe ihres Dienstamtes" (LG 28,1).

Der Text bezieht das Weihesakrament nicht mehr nur auf die im engen Sinn „priesterliche" (nämlich liturgisch-sazerdotale) Funktion, sondern hält fest, daß die Priester auch „zur Verkündigung der Frohbotschaft [und] zum Hirtendienst an den Gläubigen ... geweiht" werden (*consecrantur*) (LG 28,1). Analog zum Bischofsamt nimmt die Verkündigung die erste Stelle ein.

Trotz des erkennbaren Bemühens um neue Akzente in der Bestimmung des priesterlichen Amtes bleiben die traditionellen Vorstellungen und Sprachmuster weiterhin wirksam. Die Aussagen zur Funktion der Priester bei der Eucharistie sind wieder ganz geprägt vom alten Priester-Opfer-Konnex. Die in der Liturgiekonstitution grundgelegte Sichtweise von Liturgie als Feier der ganzen Kirche und der konkreten Gemeinde kommt nicht zur Anwendung. Die Priester üben ihr Amt „am meisten" in der eucharistischen Feier aus, „wobei sie in der Person Christi handeln und sein Mysterium ver-

[25] Zur Textgeschichte vgl.: Grillmeier, in: LThK.E1, 247-255.

[26] Zur Frage des *ius divinum* in der Amtstheologie des Konzils siehe II / 2.1.

künden ... und ... das Opfer Christi ... im Meßopfer bis zur Wiederkunft des Herrn ... vergegenwärtigen und zuwenden“ (LG 28,1).

Die Beziehung der Priester zu den „Gläubigen, die sie geistlich in Taufe und Lehre gezeugt haben“, wird in ziemlich paternalistischem Ton beschrieben. Die Priester sollen die „Fürsorge für die Gläubigen ... wie Väter in Christus wahrnehmen.“ Obwohl anderswo (PO 9) durchaus genannt, findet die Aufgabe der Zusammenarbeit mit den Gläubigen im Priesterartikel der Kirchenkonstitution keine Erwähnung.

1.2.2.2 Das Dekret über Dienst und Leben der Priester

Die deutlichste Illustration für das im Grunde inkompatible Nebeneinander zweier Priester- und damit Kirchenkonzeptionen bietet das Priesterdekret des Konzils und seine Textgeschichte:

Bevor sein erstes Schema überhaupt im Konzilsplenum besprochen werden konnte (dritte Sitzungsperiode), hatte es bereits mehrere Stadien durchlaufen.[27] Ein aus mehreren vorkonziliaren Entwürfen hervorgegangenes Schema *De Clericis* war aufgrund schriftlich eingereichten *animadversiones* der Konzilsväter zum *Schema de Sacerdotibus* umgearbeitet worden. Auf eine Entscheidung der zentralen Koordinationskommission hin wurde es zwischen der zweiten und dritten Sitzungsperiode auf zehn wesentliche Grundgedanken reduziert und den Konzilsvätern im April 1964 zugesandt.

Im Oktober 1964 wurden die wesentlich überarbeiteten und um zwei auf zwölf erweiterten Leitsätze unter dem neuen Titel *De vita et ministerio sacerdotali* in der Konzilsaula erstmals diskutiert. Eine sozusagen zum Ausgleich für diese drastische Kürzung geplante Botschaft der Konzilsväter an alle Priester der Welt erübrigte sich, als die Mehrheit der Konzilsväter den Leitsätze-Katalog als zu dürftig zurückwies und ein wirklich vollständiges Schema, vergleichbar etwa dem Schema über die Bischöfe oder dem über die Laien forderte. Am vorletzten Tag der dritten Sitzungsperiode erhielten die Väter dann mit dem Schema *De Ministerio et Vita Presbyterorum* einen fast völlig neuen Text. Bis Ende Januar 1965 gingen zu diesem 466 Ergänzungsvorschläge von 157 Bischöfen ein. In einer neuen Bearbeitung wurde der Text vom Konzil im Oktober 1965 wieder ver-

[27] Die Dekretsgeschichte schildert ausführlich J. Lécuyer, in: LThK.E3, 128-140. Vgl. ferner die eingehende Studie zum Priesterdekret von P.J. Cordes, Sendung zum Dienst, 1972.

handelt und als Basis einer letzten Überarbeitung akzeptiert. Nachdem diese erfolgt war, konnten am 12. November die Einzelabstimmungen beginnen. Nach Berücksichtigung der Modi (5671!) wurde das Dekret unter dem sprachlich eleganteren Titel *De Presbyterorum Ministerio et Vita* am 2. Dezember endgültig angenommen und fünf Tage später, am vorletzten Tag des Konzils, endgültig approbiert.

Bereits die wechselnde Terminologie der Überschriften zeigt die sachlichen Veränderungen an, denen der Text mehrfach unterworfen wurde. Da die zuständige Kommission (De Disciplina Cleri et Populi Christiani) für Fragen der Lehre nicht zuständig war, richtete sich ihre Arbeit ausschließlich darauf, ein Dekret über die Pflichten der Kleriker, ihre Disziplin, Frömmigkeit usw. zu verfassen, das ganz im Stil früherer päpstlicher Priesterexhorten verfaßt und vom Grundgedanken der priesterlichen *excelsitas* bestimmt war. Zwar hatte man schon im *Schema de Sacerdotibus* versucht, dem Text einen weniger juridischen und mehr theologischen und pastoralen Klang zu geben. Der Grundtenor blieb jedoch erhalten und bestimmte zunächst auch noch die zehn Leitsätze *De Sacerdotibus*.

Einen deutlichen Fortschritt bewirkten die schriftlichen Reaktionen und Anmerkungen, die die vorbereitenden Kommissionen vor Beginn der dritten Konzilsperiode erreichten. Insbesondere eine Eingabe der deutschsprachigen und skandinavischen Bischöfe, die sich zwischenzeitlich in Innsbruck getroffen hatten, lenkte den Blick darauf hin, daß der Priester zunächst ein Glied der christlichen Gemeinschaft ist und sich als „Bruder unter Brüdern“ verstehen und verhalten muß.

Nach den zwölf Leitsätzen mit dem Titel *De vita et ministerio sacerdotali* markiert die Überschrift des danach folgenden Dekretsentwurfs den entscheidenden Wechsel in der Perspektive: *De ministerio et vita presbyterorum*. „Man spricht nicht mehr vom Priestertum schlechthin (unter Einschluß der Bischöfe), sondern von den Priestern zweiten Ranges, dem Presbyterat. An erster Stelle wird der Dienst und nicht das Leben genannt, um damit zu zeigen, daß das Leben des Priesters bestimmt sein muß von den Erfordernissen des Dienstes und nicht umgekehrt: das ist schon ein Hinweis darauf, daß das Presbyterat nicht zuerst gegeben und empfangen wird zum geistlichen Wohl dessen, der es empfängt, sondern zum Dienst an den anderen.“[28] Sowohl inhaltlich, wie auch in Ton und Stil handelte es sich nun um einen völlig neuen Text, der zumindest in der Grund-

[28] Lécuyer, in: LThK.E3, 134.

ausrichtung auch für die weiteren Bearbeitungen als Basis dienen konnte.

Die verabschiedete Endfassung des Priesterdekrets trägt die Spuren dieser bewegten Textgeschichte. Zwar wurde unter dem Eindruck der Diskussionen zur Kirchenkonstitution eine dynamischere, missionarische Perspektive des Priesteramtes entwickelt, die sich an seinen Aufgaben orientiert, statt von einem herausgehobenen Status her zu denken, die traditionelle nachtridentische Konzeption wurde dabei jedoch nicht aufgegeben. Sie wirkt weiter und bleibt insbesondere im dritten Kapitel, das der priesterlichen Lebensgestaltung gewidmet ist, bestimmend.

Die Vorrede des Dekrets (PO 1) ist bestimmt vom den Willen zur Korrektur des bisherigen Musters. Nach einer einleitenden Bemerkung, die noch ganz im konventionellen Stil an „die große Würde (*excellentia*) des Priesterstandes" erinnert, wird das Thema sofort umgelenkt auf die „unstreitig immer schwierigere[n] Aufgaben", die den Priestern bei der Erneuerung der Kirche zukommen. Die geläufige zweigliedrige Begründungsstruktur aus Weihe und bischöflicher Sendung wird analog zum Bischofsamt als ganze bezogen auf den Anteil am dreifachen Amt Christi, des Lehrers, Priesters und Königs.

Das erste Kapitel („Das Priestertum und die Sendung der Kirche") rückt zunächst den umfassenden Horizont der ekklesiologischen Konzilsaussagen ins Blickfeld. PO 2 ist hier konsequenter als LG 28. Die Heiligungs- und Sendungsaussage aus Joh 10,36 wird nicht nur auf das Amtspriestertum bezogen, sondern bildet die Grundlage der heiligen und königlichen Priesterschaft aller Gläubigen. Ausführlich ist erst die Rede von der Sendung des ganzen Leibes der Kirche, an der jedes Glied Anteil hat (PO 2,1), bevor der besondere Dienst der Amtsträger zur Sprache kommt (PO 2,2). Dieser wird dann allerdings in den Sprachkategorien des traditionellen Modells beschrieben. Der Akzent liegt auf dem Besitz der Weihevollmacht zum Zwecke der Darbringung des Opfers und zur Nachlassung der Sünden. Durch das Sakrament der Priesterweihe wird die Teilnahme an der *auctoritas Christi* übertragen (PO 2,3). Zugrundegelegt ist das hierarchologische Leib-Modell. Das besondere Prägemal macht die Priester „dem Priester Christus gleichförmig, so daß sie in der Person des Hauptes Christus handeln können".

Die anschließenden Ausführungen über die Verkündigungsaufgabe des Priesters (PO 2,4) versuchen auf fast krampfhafte Weise eine Verbindung zur priesterlichen Opferfunktion herzustellen. Die Priester „[verwalten] das heilige Amt des Evangeliums ..., damit die

Völker eine wohlgefällige und im Heiligen Geist geheiligte Opfergabe werden.“ Daß hier zwei konkurrierende Konzeptionen zusammengebunden werden sollen, kann auch eine Formulierung wie die folgende nur schwer verschleiern: „Darauf [sc. die Feier der Eucharistie] zielt das Dienstamt der Priester, und darin findet es seine Vollendung. Denn ihr Dienst, der in der Verkündigung des Evangeliums seinen Anfang nimmt, schöpft seine ganze Kraft aus dem Opfer Christi.“

Das wörtliche Zitat von Hebr 5,1 am Beginn von PO 3 verrät die Befangenheit des Artikels im traditionellen Priestermodell.[29] Die Ortsbestimmung der Priester ist ambivalent. Zum einen wird ihre abgesonderte Stellung „aufgrund ihrer Berufung und Weihe“ betont, zum anderen soll sie diese weder von der Gemeinde noch von den Menschen und ihren Lebensverhältnissen trennen oder entfremden. Niemand wird in Frage stellen wollen, daß die Priester „Zeugen ... eines anderen als des irdischen Lebens sein“, und sich deshalb „dieser Welt nicht gleichförmig machen“ sollen, aber es ist nicht recht einzusehen warum sie dazu „innerhalb der Gemeinde des Gottesvolkes“, d.h. der in der Taufe mit diesem anderen Leben Beschenkten und Christus gleichförmig Gemachten, „abgesondert“ sein müssen.

Das zweite Kapitel erörtert die Aufgaben und die Beziehungen, in die die Priester gestellt sind. Hier ist wieder die dynamisch-missionarische Konzeption des Priesteramtes leitend. Wenn dabei auch der ekklesiale Aspekt zu kurz kommt, weil der Priester einseitig nur als Diener Christi dargestellt wird,[30] so ist dennoch das Bemühen nicht zu verkennen, den priesterlichen Sendungsauftrag in seiner ganzen Breite zu schildern, statt ihn einlinig an einer bestimmten Einzelvollmacht zu orientieren. Wie schon öfter dient auch hier die Trias der Ämter Christi als Leitfaden, und zwar in der Reihenfolge Verkündigungsamt (PO 4), Heiligungsamt (PO 5) und Hirtenamt (PO 6).

Die Verkündigungsaufgabe bleibt nicht nur auf den innerkirchlichen oder liturgischen Bereich bezogen. Sie wird „auf verschiedene Weise“, ausdrücklich auch gegenüber den Nichtglaubenden, ausge-

[29] „Der Artikel läßt erkennen, daß das erneuerte Priesterbild des Konzils ... nicht immer konsequent durchgehalten wird“ (Wulf, in: LThK.E3, 152). – „Es wird wörtlich Hebr 5,1 zitiert. Obwohl der Vers in der überlieferten Priestertheologie immer wieder auftaucht, muß man sich wundern, daß er vom Konzil an dieser Stelle herangezogen wird“ (Wulf, in: LThK.E3, 153).

[30] Wulf, in: LThK.E3, 158.

übt und durch eine „vorbildliche Lebensführung" der Priester unterstützt.

Unter dem Stichwort Heiligungswerk wird der priesterliche Dienst bei der Feier der Sakramente erläutert. Die Sprache ist hier von der Liturgiekonstitution geprägt. Bezeichnungen der Eucharistiefeier als „Quelle und Höhepunkt aller Evangelisation", als „Zusammenkunft ..., der der Priester vorsteht", als „Mitte der Gemeinschaft der Gläubigen" drängen die scholastisch-tridentinische Opferterminologie zurück. Dennoch trägt die Darstellung insgesamt dem personalen Aspekt und der Bedeutung der Sakramente als Selbstvollzüge der Kirche zu wenig Rechnung und verbleibt zu sehr in der traditionellen Spender-Empfänger-Perspektive.

Unter dem Aspekt Hirtenamt wird das gesamte Spektrum seelsorgerlichen Wirkens im Hinblick auf einzelne, auf bestimmte Zielgruppen (Jugend, Eheleute, Eltern, Ordensleute) und auf die christliche Gemeinde- und Gemeinschaftsbildung entfaltet. Zwar scheint in der Rede von der *potestas spiritualis* das traditionelle Vorstellungsmodell wieder durch, der Text betont aber, daß diese *potestas* ausdrücklich „zur Auferbauung (der Kirche) gegeben" wird. Die Bedeutung der Eucharistie als „Wurzel und Angelpunkt" des Gemeindeaufbaus wird eigens hervorgehoben.

Die folgenden Artikel sind der Beziehung der Priester zu den Bischöfen (PO 7), zu den anderen Priestern (PO 8) und zu den Laien (PO 9) gewidmet. Mit Nachdruck wird die Gleichheit, Verbundenheit und notwendige Zusammenarbeit der Priester mit allen Christgläubigen betont. Die Priester sind mit ihnen „Jünger des Herrn", „Brüder unter Brüdern", „Glieder ein und desselben Leibes Christi ..., dessen Auferbaung allen anvertraut ist." Sie sollen deshalb „die Würde der Laien und die bestimmte Funktion, die den Laien für die Sendung der Kirche zukommt, wahrhaft anerkennen und fördern", die ihnen gebührende Freiheit achten, auf ihren Rat hören, ihre vielfältige Charismen anerkennen und hegen und ihnen auch „vertrauensvoll ... Ämter (*officia*) zum Dienst in der Kirche anvertrauen." Die abschließende Mahnung an die Christgläubigen zur „Kindesliebe" gegenüber „ihren Hirten und Vätern" mutet nach all dem wie ein merkwürdiges Relikt aus längst vergangener Zeit an. Sie steht in offenkundigem Widerspruch zu dem partnerschaftlich-geschwisterlichen Verhältnis, das der Artikel beschreibt.

Während im ersten und zweiten Kapitel des Priesterdekrets abgesehen von Einzelmotiven die ekklesiologische Reformperspektive des Konzils leitend ist, verhält es sich im dritten Kapitel, das der Lebensführung der Priester gewidmet ist, umgekehrt. Hier sind die

Vorgaben der traditionellen Schemata dominant stehengeblieben. In bekannt nachtridentinisch-(neu-)scholastischer Manier wird hier die besondere Verpflichtung des Priesters zum Vollkommenheitsstreben aus seiner Priesterweihe, der dadurch bewirkten besonderen *configuratio Christi*, Christusrepräsentanz und „Christus-werkzeuglichkeit" motiviert. PO 12 erinnert zwar zunächst auch an die Taufweihe, in der die Priester „wie alle Christen, Zeichen und Geschenk der so hohen gnadenhaften Berufung zur Vollkommenheit empfangen haben". Ihre Bedeutung wird aber anschließend dadurch entwertet, daß das Weihesakrament als „neue Weihe" davon abgehoben und zur eigentlichen Grundlage einer besonderen Pflicht zum Vollkommenheitsstreben erklärt wird. Gewiß bedeutet es im Detail eine nicht unbedeutende Modifizierung der traditionellen Priesterspiritualität, wenn der gesamte priesterliche Dienst, die „aufrichtige und unermüdliche Ausübung" der priesterlichen Aufgaben selbst als Weg zur Heiligkeit empfohlen wird (PO 12.13) und nicht davon abgehobene, als Zusatzleistung zu erbringende, Frömmigkeitsübungen. Doch wirkt diese Dienstbezogenheit der Spiritualität auf der Basis der überkommenen Auffassungen aufgesetzt. Die „besonderen Erfordernisse für das geistliche Leben der Priester", die in PO 15f. dargelegt werden, bewegen sich konsequent auf der traditionellen Linie. Eingeschärft wird der Zölibat (PO 16) und der priesterliche Gehorsam (PO 15), verstanden ausschließlich im Sinne der hierarchischen Unterordnung unter Papst und Bischöfe.

Die dargestellten Konzilsdokumente weisen somit ein deutliches Gefälle auf. Der beherzte Mut der großen ekklesiologischen Grundaussagen wird umso mehr in Kompromißformulierungen verdünnt, je konkreter kirchlich-institutionelle Gegebenheiten betroffen sind. Der Transfer auf das Verständnis vom Priesteramt ist nicht wirklich geglückt. Es braucht nicht zu verwundern, wenn ein Text wie das Priesterdekret statt Ermutigung und Orientierung mittelfristig eher Verunsicherung und Enttäuschung bewirken mußte. Denn er stellt die Priester im Grunde in eine schizophrene Situation. Er verbindet, wie *Christian Duquoc* treffend zusammenfaßt, „die Aufnahme einer recht klassischen Theologie des Priestertums mit einer nicht mehr so traditionellen Vorstellung seiner Aufgaben. Der ständige Bezug auf die Heilige Schrift und die kirchliche Tradition kann nur schlecht verbergen, wie schwierig es ist, die Erfordernisse der heutigen Zeit mit der klassischen Theologie zu vereinbaren. Die nachtridentinische Theologie vom Priesteramt bildet hier nämlich den Sockel, auf dem die Reflexion aufbaut. Bekanntlich hat diese Theologie im 19. Jahrhundert zu einer Praxis geführt, die mehr durch Sakramentenspendung und rituelle Handlungen als durch missionarische Impulse geprägt war. Nun aber stellt dieses Dekret den Willen zu missionarischer Tätigkeit als Echtheitskriterium des priesterlichen Dienstes heraus."[31]

1.3 Leistungsfähigkeit und -grenzen der Begriffe

Das Konzil hat seinen Blick auf die gemeinsame Sendung des ganzen Volkes Gottes gerichtet und von dort her dem Begriff des allgemeinen bzw. gemeinsamen Priestertums zu seinem Recht in der katholischen Ekklesiologie verholfen. Die apologetisch vor allem von der Sorge um das Amtspriestertum motivierten Vorbehalte sind aufgegeben und das biblische Motiv vom königlichen Priestertum ist als Wesensaussage für die ganze Kirche akzeptiert worden. Zugleich wurde versucht, das kirchliche Amt aus seiner Engführung auf die sazerdotal-konsekratorische Funktion („Priester"-amt) zu lösen und seine Aufgaben anhand des Drei-Ämter-Christi-Schemas umfassender zu bestimmen.

Allerdings ist mit *Herbert Vorgrimler*[32] sowohl für die Rede vom Priestertum (sei es als *gemeinsames*, als *besonderes* oder als Priestertum *Christi*) als auch von den drei *munera Christi* zu fragen, ob sie für die intendierten Sachaussagen hinreichend tragfähige Begrifflichkeiten darstellen. Mit den begrifflichen Unklarheiten gehen sachliche Ungeklärtheiten Hand in Hand. Sie treten etwa in den Fragen nach der Zuordnung und Abgrenzung von gemeinsamem und besonderem

[31] C. Duquoc, Die Reform des Priesterstandes, in: H.J. Pottmeyer u.a., Die Rezeption des Zweiten Vatikanischen Konzils, Düsseldorf 1986, 369-383, hier: 371.

[32] „Problematisch ist ..., daß das Konzil die Redeweise von den drei 'Ämtern' Christi, dem Königtum, Priestertum und Prophetentum, von Calvin übernimmt und die beiden Elemente der Gesamtheit und der Hierarchie in der Kirche dadurch zu bewältigen versucht, daß es den Gedanken von gestufter und organischer Teilhabe an diesen Ämtern einführt. Es gibt sich keine Rechenschaft darüber, wie sehr es sich hier um Kunstbegriffe und um interpretationsbedürftige Schlußfolgerungen aus neutestamentlichen Theologoumena handelt. Das gilt auch für den dem Konzil so lieb gewordenen Begriff des 'gemeinsamen Priestertums', der den früheren des 'allgemeinen Priestertums' ersetzen sollte. Die alle Konzilstexte prägende Ängstlichkeit und die Rücksichtnahme auf die Minderheit bewirkten, daß ein Wesensunterschied des amtlichen vom gemeinsamen Priestertum behauptet wurde, ohne daß die Problematik des 'Priestertums' überhaupt in den Blick kam" (H. Vorgrimler, Die Volk-Gottes-Theologie des Zweiten Vatikanischen Konzils und die Folgen 30 Jahre „danach", in: BiLi 66 [1993] 67-72, hier: 68).

Priestertum und nach dem eigentlichen Ansatz- oder Integrationspunkt der amtspriesterlichen Aufgaben im Rahmen des Drei-Ämter-Schemas deutlich zutage.

Deshalb ist es angebracht, diese Begriffsproblematik einer genaueren Betrachtung zu unterziehen.

1.3.1 Das gemeinsame und das besondere Priestertum und ihr „essentieller" Unterschied (LG 10)

Auf die Formulierung in LG 10, wonach sich das gemeinsame Priestertum der Gläubigen und das Priestertum des Dienstes *essentia non gradu tantum*, „dem Wesen und nicht bloß dem Grade nach" unterscheiden, wird besonders in der jüngeren Amtsdiskussion häufig verwiesen. Ungeachtet der breiten Zustimmung zur gemeinten Sache, wird der Sprachgebrauch stets als unglücklich, mißverständlich und irreführend bedauert (z.B. Grillmeier, Beinert, Fries, Lehmann, Pottmeyer, Kehl, O.H. Pesch, Hilberath, Greshake). Mißverständlichkeiten ergeben sich zum einen daraus, daß durch das „nicht *bloß* dem Grade nach" suggeriert wird, daß ein gradueller Unterschied eben doch bestünde. Zum anderen wird durch die angesetzte Korrelation der beiden „Priestertümer" stillschweigend unterstellt, daß es sich dabei um vergleichbare Realitäten handelt. Dies ist jedoch nicht der Fall. Denn der Begriff „Priestertum" hat sich im Laufe seiner Geschichte mit sehr unterschiedlichen Konnotationen und Implikaten aufgeladen und kann deshalb recht verschiedenen Denk- und Interpretationsmodellen angehören.

1.3.1.1 Die unmittelbare Textgeschichte der Konzilsformulierung

Obwohl man nach den grundlegenden Aussagen des Konzils glauben konnte, die „lange gehegte Sorge, dem hierarchischen Priestertum zu nahe zu treten, [sei] überwunden"[33], offenbart das Ringen um die Begrifflichkeit in LG 10, wie wenig selbstverständlich der Gedanke des allgemeinen Priestertums für viele Konzilsväter noch war.[34] Die Debatte beschäftigte sich jedoch kaum mit der verhält-

[33] Jungmann, in: LThK.E1, 52.

[34] Zur Textgeschichte vgl. die Hinweise A. Grillmeiers (in: LThK.E1, 180ff.) sowie insbesondere die eingehende Erörterung anhand der verschiedenen Voten und Relationes durch B.J. Hilberath, Das Verhältnis von gemeinsamem

nismäßig abstrakten Formel *essentia non gradu tantum*, sondern bemühte sich um eine Qualifikation, die die Unterschiedenheit von allgemeinem und besonderem Priestertum unmittelbar zum Ausdruck bringt. Insbesondere die Vertreter des traditionellen juridischen Kirchenmodells hätten gern eine Begrifflichkeit gesehen, die von vorneherein das allgemeine Priestertum als „uneigentliches", „metaphorisches", „anfängliches" oder „gewisses" „Priestertum" gegenüber dem Amtspriestertum als „eigentlichem" (*proprium*) Priestertum abwertet; sie konnten sich jedoch nicht durchsetzen. Auch andere Vorschläge wie „geistliches Priestertum" oder „Priestertum des Lobes" für das Priestertum der Gläubigen bzw. „sakramentales" oder „stellvertretendes" Priestertum für das Amtspriestertum wurden als ungeeignet verworfen, weil die jeweilige spezifische Wirklichkeit der beiden „Priestertümer" damit gerade nicht ausgedrückt werden konnte.[35] Akzeptiert wurde schließlich eine Bezeichnung, die die theologische Kommission bei der Überarbeitung des Entwurfs zwischen der zweiten und dritten Sitzungsperiode aufgenommen hatte. Indem *sacerdotium universale* durch *sacerdotium commune,* „gemeinsames" Priestertum, ersetzt wurde, kam deutlicher zum Ausdruck, daß dieses Priestertum allen Gläubigen, nicht nur den Laien zukommt.

Die Formel *essentia non gradu tantum differant*, mit der das Konzil den Unterschied des „hierarchischen" oder „Dienst"-Priestertums von diesem gemeinsamen Priestertum zu bestimmen versucht, wurde von der nachtridentinischen Theologie geprägt, „um die Überlegenheit des kirchlichen Leitungsamtes als 'eigentliches Priestertum' gegenüber dem 'schattenhaften' Priestertum der ganzen Kirche auszudrücken."[36] Aufgegriffen wird sie von *Pius XII.* in einer

und amtlichem Priestertum in der Perspektive von LG 10, in: TThZ 94 (1985) 311-326, insbes. 316-319; (Fehlerhinweis S. 319: Die Relatio der theologischen Kommission zum endgültigen Text findet sich vol. III/pars **VI** 95f. und nicht III/IV 95f.).

35 Relatio zum 3. Schema: Acta Synodalia vol. III/pars I, 194ff.

36 A. Rajšp, „Priester" und „Laien", Düsseldorf 1982, 87. – „Das sogenannte allgemeine Priesterthum, dieses Steckenpferd der Pseudomystiker aller Zeiten, das heute noch bei den Angriffen gegen die Felsenburg der Kirche als Sturmbock dienen muß, ist nicht nur dem Grade, sondern dem Wesen nach verschieden von dem besonderen Priesterthume, ist gleichsam die Silhouette des letztern, setzt dieses voraus, wie der Schatten den Körper, von dem er geworfen wird" (Kössing, Art. Priester, Priesterthum, Kirchenlexikon VIII, 1852, 757f.).

Ansprache vor Kardinälen und Bischöfen.[37] Unter Berufung auf 1Petr 2,5.9 wird dort betont, daß weder geleugnet noch in Zweifel gezogen werden dürfe (*negari vel in dubium vocari non debet*), daß die Gläubigen ein *„sacerdotium"* [Anführungszeichen im Original!] haben, und daß dieses nicht geringgeschätzt oder geschmälert werden dürfe (*neque hoc parvi aestimare vel deprimere licet*). Doch sei entschieden festzuhalten (*firmiter tenendum*), daß dieses gemeinsame „Priestertum" aller Gläubigen, das durchaus ein hohes und geheimnisvolles ist (*altum utique et arcanum*), sich nicht nur dem Grade nach, sondern auch im Wesen unterscheidet von dem Priestertum [ohne Anführungszeichen!] im eigentlichen und wahren Sinn (*non gradu tantum, sed etiam essentia differre a sacerdotio proprie vereque dicto*). Letzteres bestehe in der *potestas*, in der Person des Hohenpriesters Christus (*cum persona Summi Sacerdotis Christi geratur*) das Opfer Christi selbst zu vollziehen (*perpetrandi ... ipsius Christi sacrificium*).[38]

Das Anliegen, das Pius XII. in diesem Text verfolgt, ist unschwer zu erkennen. Es ist dasselbe, das er der Sache nach auch schon in *Mediator Dei* zur Sprache gebracht hatte, allerdings ohne daß dort der Begriff „allgemeines Priestertum" selbst fiel.[39] Es geht um die spezifische und exklusive Opfergewalt des Amtspriesters, die durch die aus der Mysterientheologie gespeisten Vorstellungen vom gemeinsamen Opfern der *ekklesia* nicht aufgeweicht werden sollten. Wie bereits dargelegt, wurde die Diskussion um Wesen und Bedeutung auch des „Laien"-Priestertums auf dem Hintergrund des Priester-Opfer-Konnexes geführt und war von der Frage bestimmt, ob und inwieweit den Laien ein echtes Opfern zukommt, nicht nur im übertragenen Sinn, sondern „wirklich", d.h. auch beim Meßopfer. Wo ein solch „wirkliches" Opfern der Laien behauptet wurde, rief das sofort die Verteidiger der exklusiven Opfergewalt des Amtspriesters auf den Plan.

Das bedeutet, daß die Formel *essentia non gradu tantum* ursprünglich – wie auch noch im ersten Schema *De ecclesia* von 1963 – in einem anderen Kontext steht als im endgültigen Text LG 10. Durch Vorordnung der Thematik ins zweite Kapitel war aus dem Priestertum der Gläubigen ausdrücklich eine Prädikation für das ganze Volk Gottes geworden, die nun nicht mehr nur auf die Frage

[37] Ansprache *Magnificate Dominum*, gehalten am 2. November 1954, AAS 46 (1954) 666-677.

[38] AAS 46 (1954) 669.

[39] Siehe I / 2.3.2.

der eucharistischen Opferdarbringung bezogen war, sondern - wie der erste Abschnitt des Artikels deutlich macht - umfassend auf die Verkündigung der Machttaten Gottes und das Zeugnis für Christus gegenüber allen Menschen ausgerichtet ist. Die Formel *essentia non gradu tantum* stammt aber aus der sehr viel engeren Fragestellung der eucharistischen Konsekrationsgewalt und trägt damit jene Konzeption vom Priesteramt herein, die das Konzil eigentlich korrigieren wollte. Die Spuren dieser Konzeption lassen sich in LG 10,2 gut verfolgen, wenn die Funktion des Priesters bei der Eucharistiefeier ganz in traditioneller Sprache als Vollziehen des eucharistischen Opfers in der Person Christi (*sacrificium eucharisticum in persona Christi conficit*) erklärt und das königliche Priestertum der Gläubigen unter der Hand wieder zu einem Priestertum nur der Laien wird, wenn die Gläubigen „hingegen“ an der eucharistischen Darbringung mitwirken.

Genau besehen ist es aber nicht erst die Unterscheidungsformel *essentia non gradu tantum*, die Verwirrung stiftet; bereits der Begriff Priestertum ist wegen seines Weges durch verschiedene Bedeutungsebenen und Interpretationen alles andere als eindeutig. Deshalb erscheint es angebracht, die Berechtigung der Rede von Priestern und Priestertum ausgehend von den einschlägigen neutestamentlichen Stellen zu verfolgen. Aufgrund der großen kultterminologischen Zurückhaltung des Neuen Testaments bleiben die Referenzstellen spärlich.[40] Bei der Begründung des allgemeinen Priestertums spielt seit Luther 1Petr 2,5.9 die wichtigste Rolle. Die traditionelle Begründung des katholischen Priesteramtes rekurriert vorzugsweise auf die Hohepriesterchristologie des Hebräerbriefs. Die Tragfähigkeit dieser Bezüge soll im folgenden überprüft werden.

1.3.1.2 1Petr 2,5.9

Wie bereits dargelegt[41], zielt die Metapher „königliche Priesterschaft“ im Verbund mit weiteren Sprachbildern („lebendige Steine“, „geistiges Haus“, „erwähltes Geschlecht“ etc.) im ersten Petrusbrief darauf ab, bei den bedrängten Diasporachristen Kleinasiens den Glauben an ihre einzigartige Berufung und Erwählung durch Gott zu stärken. Die Bildsprache ist zum Teil aus der alttestamentlichen Erwählungsproklamation Ex 19,5f. entnommen. Weder hier noch

[40] 1Petr 2,5.9; Offb 1,6; 5,10; 20,6.

[41] Siehe I / 2.1.2.1.

dort erlaubt dieses „metaphorisch-analoge Sprachmodell“[42] (M. Theobald) irgendeinen Bezug, erst recht keine Frontstellung zu Amtsfunktionen innerhalb des Volkes Gottes. 1Petr kennt in 5,1-5 völlig unabhängig davon selbstverständlich ein Presbyteramt in der Gemeinde, und im alten Israel wäre „niemandem ... je eingefallen, daraus ein ‚allgemeines Priestertum‘ des ganzen Volkes [im Sinne levitisch-priesterlicher Opfertätigkeiten, JM] abzuleiten“[43]. Durch die unmittelbare Verbindung, die LG 10 zwischen beiden Themen herstellt, werden „zwei Konzepte zu einem Gespann vereint, die in sprachlogischer Hinsicht unterschiedlicher Natur sind“[44]. So betrachtet ist die Aussage *„essentia differant“* eigentlich viel zu schwach, um diesen Unterschied zu bezeichnen. Das Würdeprädikat „Priestertum“ für das Volk Gottes und der erst nachträglich für die kirchliche bzw. gemeindliche Amtstruktur entwickelte Begriff „Priestertum“ haben nichts miteinander zu tun. Sie sind eher äquivok denn analog zu verstehen.

1.3.1.3 Die Hohepriesterchristologie des Hebräerbriefs

Die Hohepriesterchristologie des Hebräerbriefs ist im Neuen Testament singulär und bildet auch keines der großen Themen altkirchlicher Christologie. Im Zusammenhang mit der als Opfer verstandenen Eucharistie spielte jedoch Hebr 7-10 auf dem Konzil von Trient eine wichtige Rolle bei der endgültigen Sazerdotalisierung des kirchlichen Amtes. Seitdem beanspruchte die katholische Amtstheologie den Hebräerbrief immer wieder als einen Kronzeugen für die Legitimation ihres Priesteramtes. Ein exegetisch ehrlicher Blick auf das Zeugnis des Hebräerbriefs kann allerdings die Augen vor der Problematik dieser Argumentationslinie nicht verschließen.

Hebr bietet eine „ganz im Zeichen der Kultkritik entfaltete kulttheologische Interpretation des Heilstodes Jesu“[45]. Dazu bezieht er sein wesentliches Grundmotiv aus der alttestamentlich-jüdischen Liturgie des Jom Kippur. In Entsprechung, Überbietung und Andersartigkeit zum jüdischen Hohenpriester, der jährlich einmal in das Allerheiligste des Tempels hineingeht, um dort opfernd Versöhnung

42 M. Theobald, Die Zukunft des kirchlichen Amtes, in: StZ 216 (1998) 195-208, hier: 203.

43 Haag, Worauf es ankommt, 74.

44 Theobald, Zukunft, 203.

45 E. Gräßer, An die Hebräer (EKK XVII/2), Neukirchen-Vluyn 1993, 236.

für die Sünden des Volkes zu erwirken, ist Jesus in das wirkliche Allerheiligste, nämlich in die unmittelbare Gegenwart Gottes selbst hineingegangen[46] und hat durch das Geschehen von Kreuz, Auferstehung und Himmelfahrt ein für allemal das „Opfer" für alle Sünden dargebracht.

Die theologische Stoßrichtung ist in gewisser Hinsicht vergleichbar mit der Gesetzestheologie des Paulus. Wie für Paulus Christus das Ende des Gesetzes als Heilsweg ist, so proklamiert Hebr das definitive Ende jeder kultischen Wirklichkeit, weil das einzig wahre Sühnopfer in der Kreuzeshingabe Christi ein für allemal geschehen ist.

Für die Legitimation des katholischen Priesteramtes ist Hebr denkbar ungeeignet, denn auf dieser Linie kann es neben und nach Christus keinen Priester und kein Priestertum mehr geben, auch nicht als Teilhabe am Priestertum Christi. Genausowenig können sich die tridentinischen Meßopfervorstellungen auf Hebr stützen, denn dort gibt es keine Denk- oder Vorstellungsverbindung zwischen dem hohepriesterlichen Handeln Jesu und der Eucharistie.

Wenn überhaupt im Anschluß an Hebr von einem Priestertum die Rede sein kann, dann nur in sehr abgeleitetem Sinne, gleichsam als Metapher einer Metapher. Insofern Christi Erlösungswerk, sein Tod und seine Auferstehung als Priestertum interpretiert werden, könnte man, wenn man will, den in der Taufe geschenkten Anteil an der Erlösung, das Getauftsein auf Christi Tod und das Hineingenommensein in seine Sendung zu den Menschen als Anteil an Christi Priestertum deuten. Dabei muß man sich aber bewußt bleiben, daß damit die religionsgeschichtliche und kulttheologische Primärbedeutung des Begriffes, die gerade für die Funktionsfähigkeit von „(Hoher)-Priester" als Interpretament in Hebr eine entscheidende Rolle spielt, verlassen ist. Anders als Christus ist der Christ ja nicht deshalb Priester, weil er selbst in das „Allerheiligste" gegangen und durch sein Opfer die Versöhnung der Sünden erwirkt hat, sondern nur insofern er ein durch Christus Erlöster und Versöhnter ist. Eine Verbindungslinie oder Zuordnung von gemeinsamem Priestertum der Christen und kirchlichem Priesteramt erlaubt Hebr noch weniger als 1Petr 2,5.9.

Generell ist festzuhalten, daß es im Neuen Testament nirgends um das Priestertum als solches geht. Die Vokabeln Priester, Priesterschaft etc. sind in seiner Sprachlogik nie Subjekt, sondern immer Prädikat. Eine Frage, die erst aus einem nachträglichen Interesse an

[46] F. Laub, Hebräerbrief (SKK 14), Stuttgart 1988, 102f.

das Neue Testament herangetragen wird, etwa „Was sagt das NT zum Thema Priester?" ist falsch gestellt. Das Neue Testament sagt nichts über Priester, sondern spricht mit Hilfe der Priestermetapher von der Würde und Erwählung der Christen (1Petr 2,5.9; ähnlich Offb) bzw. von der Heilsbedeutung von Tod und Auferstehung Christi (Hebr).

1.3.1.4 Teilhabe am Priestertum Christi

Die Analogiebildung gemeinsames/besonderes Priestertum in LG 10 erfolgt nicht auf der Basis des Neuen Testaments, sondern leitet sich von Thomas und der thomistischen Seinsphilosophie her.[47] Der Konzilstext beruft sich darauf, daß beide „Priestertümer" „auf je besondere Weise am Priestertum Christi teil[nehmen] (*suo peculari modo de uno Christi sacerdotio participiant*)". Nach den Kategorien der thomistischen Seinsphilosophie haben alle geschöpflichen Seienden nur Anteil am Sein. Dabei bestimmt die jeweils besondere Weise ihrer Teilhabe (*participatio*) ihr Wesen (*essentia*). Das Theologoumenon „Teilhabe am Priestertum Christi" fällt bei Thomas im Zusammenhang mit der Erörterung der Frage nach dem sakramentalen Charakter.[48] Er deutet das sakramentale Merkmal als ein Siegel, durch das der Gläubige unter anderem dazu bestimmt wird (*deputatur*), „das was zum Dienst Gottes gehört (*quae pertinent ad cultum Dei*), zu empfangen oder an andere weiterzugeben." Weil „der ganze heilige Dienst (*totus ritus*) der christlichen Religion vom Priestertum Christi hergeleitet" ist, ist das sakramentale Mal in besonderer Weise das Mal Christi. Die Gläubigen werden seinem Priestertum gleichgestaltet (*cuius sacerdotio configurantur fideles*), und zwar entsprechend den sakramentalen Charakteren. Diese sind deshalb nichts anderes als bestimmte, von Christus selbst hergeleitete Arten der Teilnahme am Priestertum Christi (*quaedam participationes sacerdotii Christi ab ipso Christo derivatae*).

Teilhabe am Priestertum Christi ist hier ein Synonym für Kultfähigkeit. Sie ermöglicht, daß jemand entweder aktiv kultische Akte vollziehen (im Falle des Ordo) oder davon heilswirksam profitieren kann (im Falle von Taufe und Firmung).

Anders als Thomas selbst interessiert sich die nachtridentinische und neuthomistische Theologie vor allem für das sakramentale Mal

[47] Vgl. dazu: Hilberath, Verhältnis, 321.
[48] S.Th. III 63,3.

der Priesterweihe, den *character sacerdotalis*. Nicht nur, daß jetzt eine Teilnahme am Priestertum Christi im eigentlichen Sinn nur noch den Amtspriestern zugesprochen wird, sie wird gleichzeitig bis zu einer Quasi-Identität gesteigert. Der Begriff *participatio* soll dabei die Existenz von Priestern trotz des gegenläufigen Zeugnisses des Hebr legitimieren. Der Priester ist wirklich Priester, weil er in der Messe ein wirkliches Opfer darbringt. Da aber sein Priestertum auf sakramentale Weise am Priestertum Christi teilhat und dieses repräsentiert, wenn er *in persona Christi* das Opfer vollzieht, wird die Einzigkeit des Priestertums Christi nicht angetastet.

Es zeigt sich erneut, daß die Zuordnung und Unterscheidung von gemeinsamem und hierarchischem Priestertum mit Hilfe der Formel *essentia non gradu tantum* überhaupt nur im Rahmen des mittelalterlich-nachtridentinischen Paradigmas eine sinnvolle Aussage bildet. Die in der Taufe geschenkte Würde und Erwählung (Priestertum im Sinne 1Petr 2,5.9) ist natürlich dem Grade nach nicht zu steigern, hat aber mit der Amtsstruktur der Kirche (Priesteramt) direkt nichts zu tun. Daß sich die beiden „wesensmäßig" unterscheiden, ist im Grunde trivial, denn es handelt sich dabei um einen Vergleich unvergleichbarer Gegenstände.

Ein unbefangener Blick auf den Kontext, in dem LG 10 steht, läßt zudem fragen, warum die Thematik des Dienstpriestertums im zweiten Kapitel der Kirchenkonstitution überhaupt aufgeworfen werden muß. Ihr Ort wäre eigentlich ~~eigentlich~~ erst im dritten Kapitel über die hierarchische Verfassung der Kirche. Das Bedürfnis, an dieser Stelle eine Gegenüberstellung und Abgrenzung der beiden „Priestertümer" vorzunehmen, schafft das Problem eigentlich erst, das es geklärt wissen möchte. Es resultiert ausschließlich aus nachtridentinischen Befangenheiten, die nicht zu trennen sind von der Engführung des kirchlichen Amtspriestertums auf die kultisch-konsekratorische Funktion.

1.3.2 Das Drei-Ämter-Schema

Die Konzilstexte sprechen nicht nur von der Teilhabe am Priestertum Christi, sondern ebenso und noch öfter von einer Teilhabe am dreifachen, nämlich priesterlichen, königlichen und prophetischen Amt Christi. Ursprünglich handelt es sich bei der Trias Priester, Prophet/Lehrer, König/Hirte um ein christologisch-doxologisches bzw. soteriologisches Modell. Im Zweiten Vatikanischen Konzil findet sie ihren vorzüglichen Anwendungsort jedoch in der

Ekklesiologie. Das Konzil bedient sich überall dort der Ämter-Trias als Darstellungraster, wo es darum geht, bisherige Engführungen zu überwinden und in einen weiteren Horizont zu stellen.

Das gilt zunächst und grundlegend für den Heilsauftrag der Kirche. Dieser kann endgültig nicht mehr nur als Ausspendung von Gnadengütern in Form und mittels von Sakramenten interpretiert werden, sondern er wird umfassend missionarisch, ausgerichtet auf die Verkündigung des Evangeliums an Menschheit und Welt, verstanden. Das biblische Grundwort, das Wesen und Existenz der Kirche bestimmt, heißt Sendung. Die Kirche lebt in der Sendung Christi, und sie hat diese Mission in der Geschichte weiterzutragen. Was damit inhaltlich gemeint ist, wird dargestellt und durchbuchstabiert unter den Aspekten des Priester-, König- und Prophetentums.

Diese Grundperspektive bestimmt auch das Verständnis von Wesen und Funktion des kirchlichen Amtes. Es kann definitiv nicht mehr von einer sakramentalen Ausspendungsfunktion, insbesondere der Konsekrationsvollmacht, her sinnvoll formuliert werden (als „Priester"amt im engen Sinn). In Entsprechung zur missionarischen Sendung der ganzen Kirche betont das Konzil die Verkündigung des Evangeliums als den wesentlichen Grundauftrag der Bischöfe und auch der Priester und entfaltet dazu ihren Dienst anhand der *tria munera* als Teilhabe am Lehr-, Priester- und Hirtenamt Christi.

Zugleich gibt das Konzil unter dem ekklesiologischen Leitbegriff Volk Gottes allen Getauften ihre Würde und Bedeutung als Subjekte der Kirche und in der Kirche zurück. Der missionarische Heilsauftrag der Kirche geht grundsätzlich alle an und ist von allen gemeinsam zu erfüllen. Anders als die Lehrverkündigung *Pius' XII.* spricht das Zweite Vatikanum die Teilhabe am Amt Christi, des Priesters, Propheten und Königs, nicht mehr nur den geweihten Amtsträgern, sondern allen Gläubigen zu und begründet damit ihren „aktiven Anteil am Leben und Tun der Kirche" (AA 10; cf. LG 34-36).

Sosehr die Öffnung traditioneller Engführungen auf die Fülle der Sendung der Kirche hin zu begrüßen ist, sind die terminologischen und sachlichen Grenzen der Ämter-Christi-Trias im Rahmen der Konzilstexte doch nicht zu übersehen. Im Kontext der Frage nach Wesen und Funktion des kirchlichen Amtes sind vor allem zwei Schwierigkeiten zu nennen:

(1) Die sogenannten drei Ämter sind weder in der Lage, die Sendung Christi erschöpfend zum Ausdruck zu bringen, noch sind sie adäquat voneinander unterscheidbar.[49] Sie speisen sich zwar aus

[49] Wulf, in: LThK.E3, 145.

biblischen Titulaturen, müssen aber mit Rücksicht auf die Dreizahl andere, z.T. neutestamentlich noch besser belegte (man denke z.B. an die Selbstbezeichnung Jesu als Arzt Mk 2,17 par.) übergehen.

Eine eindeutige Zuweisung bestimmter Einzelaufgaben ist nicht möglich. So ordnet man zwar das sakramentale Handeln der Kirche traditionellerweise beim Priester-/Heiligungsamt ein. Wenn man die Feier der Sakramente aber als die dichteste Form der Verkündigung begreift, ist es vom Verkündigungs-/Prophetenamt nicht zu trennen. Ebenso wird das Hirten-/Königs-/Leitungsamt schwerlich ausgeübt werden können, ohne das Evangelium zu verkünden und ohne dadurch und zugleich zur Heiligung der Kirche und ihrer Glieder beizutragen. Die Grenzen sind deshalb fließend, weil die drei Ämter Christi sowohl in ihrer Gesamtheit als auch jedes einzelne von ihnen immer den ganzen Auftrag, die ganze Sendung Christi meinen.

Übersieht man diese Eigenart und versucht man im Sinne einer amtstheologischen Systematik einzelne Funktionsbereiche genau abzugrenzen, dann provoziert eine unsachgemäße Fragestellung ebenso unsachgemäße Konsequenzen. Das *munera-Christi*-Schema kann zum einen dazu verleiten, das kirchliche Amt rein funktionalistisch als Addition recht verschiedener Aufgabenbereiche zu verstehen. Zusätzlich zu den traditionellen „priesterlichen" Aufgaben kämen dann einfach noch als weitere die der Verkündigung und der Leitung hinzu. Andererseits ist der Versuch, den „theologischen Ansatzpunkt zur Bestimmung des Wesens des Amtspriestertums" (Rahner) von einem dieser drei Ämter her auszumachen, ebenso beliebig wie müßig. Denn wegen der eben konstatierten metaphorischen Eigenart des *munus-triplex*-Schemas kann grundsätzlich jedes der drei sogenannten „Ämter" so gefüllt werden, daß es die beiden anderen in sich schließt.

(2) Eine zweite Schwierigkeit ergibt sich daraus, daß das Konzil das *munus-triplex*-Schema sowohl zur Bestimmung des Wesens und der Funktionen der Getauften allgemein als auch der Amtsträger speziell verwendet. Damit wird scheinbar zwangsläufig eine Kongruenz- bzw. Konkurrenzsituation erzeugt. Der allen Gläubigen zugesprochene Anteil an den drei *munera* wird unterlaufen, wenn es dann doch erst die Priesterweihe ist, die zur Ausübung dieser Ämter bevollmächtigt. Umgekehrt kann gefragt werden, wozu eine eigene Weihe nötig ist, um Aufgaben auszuüben, die grundsätzlich ohnehin der ganzen Kirche in all ihren Gliedern zukommen. Auf alle Fälle sind die konkreten Aufgaben von Priestern und Laien unter der *munus-triplex*-Perspektive im einzelnen nicht eindeutig und *exklusiv*

abzugrenzen, so daß es zu einem Nebeneinander der *munera* der Ordinierten und der Laien kommt.

Gegen die These von der angeblichen Kongruenz bzw. Konkurrenz der Ämter von Amtsträgern und Laien in den Texten des Zweiten Vatikanums macht *Ludwig Schick*[50] geltend, daß das Konzil bei der Benutzung der Ämter-Christi-Trias die „ontologische und existentielle Unterscheidung zwischen Geweihten und (nur) Getauften“[51] voll gewahrt habe. Die *munus-triplex*-Konzeption in den Aussagen über das Volk Gottes als ganzes bzw. über die Laien sei „fundamental verschieden“[52] von der, die den amtstheologischen Passagen zugrundeliegt, worauf bereits die jeweils verschiedenen Reihenfolgen von Priester, Prophet, König und die Vokabelvarianten (Hirt/König; Lehrer/Prophet) hindeuteten. Im ersten Fall greife das Konzil auf einen theologisch-anthropologischen Ternar zurück, der bereits in der Patristik – und zwar parallel zu einem christologisch-doxologischen – entwickelt wurde. Sowohl zur Interpretation des Beinamens Jesu als Christus als auch zur Erläuterung der Würde der Christen wurde dort auf die alttestamentlichen Stände Bezug genommen, die tatsächlich oder vermeintlich eine Salbung empfangen haben: Priester, Könige und Propheten. Die Konzilsaussagen über das Amt hingegen beruhten auf der unter dem Einfluß der protestantischen Theologie im 19. Jahrhundert entwickelten *Tres-potestates*-Lehre, die in der Lehrverkündigung der Päpste des 20. Jahrhunderts mit zunehmender Häufigkeit die bis dahin vorherrschende Zwei-Gewalten-Systematik verdrängt hatte.

Nach Martin Bucer und Andreas Osiander war es vor allem Johannes Calvin, der auf die alten Würdenamen (*axiomata*) Christi zurückgriff und sie als Ämter (*munera*), d.h. im Sinne von Funktionsaussagen, zur systematischen Darstellung der Soteriologie verwendete.[53] Katholischerseits versucht man ab dem 19. Jahrhundert, mit Hilfe des *tria-munera*-Christi-Schemas das Defizit der nachtridentischen Amtstheologie hinsichtlich der theologischen und praktischen Bewertung der Lehr- und Verkündigungsaufgabe aufzufangen, indem als Vollmachten der Amtsträger nicht mehr nur die Weihe- und Jurisdiktionsgewalt, sondern zusätzlich die Lehrgewalt angeführt

[50] L. Schick, Das Dreifache Amt Christi und der Kirche, Frankfurt/M. 1982; ders., Die Drei-Ämter-Lehren nach Tradition und Zweitem Vatikanischen Konzil, in: IKaZ 10 (1981) 57-66.

[51] Schick, Drei-Ämter-Lehren, 57.

[52] Schick, Drei-Ämter-Lehren, 66.

[53] Schick, Drei-Ämter-Lehren, 62.

wurden.[54] Dabei blieb durchaus strittig, ob letztere wirklich als eigenständige dritte Gewalt systematisch auszufalten oder lediglich als impliziter Bestandteil der beiden anderen Gewalten zu verstehen sei.

Anders als die *axiomata* Christi wurden die altkirchlichen Würdetitel der Christen erst vom Zweiten Vatikanum selbst in *munera* überführt, um dadurch das missionarische Engagement der Laien zu motivieren. Zugleich hat die Amtstheologie des Konzils den Begriff der *potestates* vermieden und konsequent durch *munera* ersetzt. Laut Schick habe das Konzil jedoch ausdrücklich den fundamental anderen Traditionszusammenhang der *axiomata/munera Christianorum* und der *potestates/munera* der Amtsträger gewahrt, so daß (gegen *Peter Eicher*[55]) von einer Konkurrenz der Drei-Ämter-Lehre zur hierarchischen Theorie keine Rede sein könne und von den *tria-munera* keine Infragestellung des ontologischen Unterschieds und der Zwei-Stände-Ekklesiologie ausgehe.[56]

Genau besehen sitzt der springende Punkt jedoch anderswo, als Schick darlegt. Eine Konkurrenz zwischen hierarchischer Theorie und Drei-Ämter-Lehre ist deshalb schlecht zu konstruieren, weil die Unvereinbarkeiten innerhalb der sog. Drei-Ämter-Lehre selbst angelegt sind. Der Befund ist hier der gleiche wie schon im vorigen Abschnitt 1.3.1 zum Begriff Priestertum. Die traditionsgeschichtlich bedingten und im Grunde nicht vergleichbaren Bedeutungsebenen, die dort aufgezeigt werden konnten, sind im wesentlichen dieselben, die Schick beim *tria-munera*-Schema nachweist: Würdetitel der Christen (1Petr), christologische Aussage (Hebr), amtstheologische Adaption (nachtridentinische Theologie auf dem Hintergrund der scholastischen *participatio*-Struktur). Damit ist jedoch nicht widerlegt, sondern vielmehr bestätigt, daß in den Konzilstexten zwei Kirchenkonzeptionen nebeneinander bestehen, die nicht miteinander vermittelt sind.[57] Die eine, die sich aus altkirchlichen Traditionen speist, bestimmt die großen ekklesiologischen Grundaussagen, die andere, die in der jüngeren nachtridentinisch-neuscholastischen Epoche ausgeprägt wurde, konnte sich vor allem in den unmittelbar amtstheologischen Passagen ein Überleben sichern.

[54] Schick, Drei-Ämter-Lehren, 62.

[55] P. Eicher, Priester und Laien – im Wesen verschieden?, in: G. Denzler (Hrsg.), Priester für heute, München 1980, 34-50.

[56] Schick, Drei-Ämter-Lehren, 66.

[57] H.J. Pottmeyer, Die zwiespältige Ekklesiologie des Zweiten Vaticanums – Ursache nachkonziliarer Konflikte, in: TThZ 92 (1983) 272-283.

Fest steht, daß das Konzil mit Hilfe des *tria-munera*-Schemas ausdrücklich die solidarische Verantwortung aller Gläubigen für den Heilsauftrag der Kirche betonen wollte. Daß durch die Übersetzung der *axiomata Christianorum* in *munera* Überlappungen mit vielen Funktionen und Aufgaben entstehen, die auch den Amtsträgern - aufgrund ihrer besonderen Verantwortung für den Heilsauftrag der Kirche - wesentlich zukommen, braucht nicht wegdiskutiert zu werden. Ob diese Überlappungen aber als (zu vermeidende) Konkurrenz interpretiert werden müssen, hängt vom Kirchenbild ab. Störend sind solche Überlappungen nämlich nur dann, wenn man im Vorstellungsmodell des dual-polar-komplementär gedachten Gegenübers von Klerikern und Laien befangen ist, anstatt bei Kirche an das durch das Amt strukturierte Miteinander aller Gläubigen zu denken.

Das Drei-Ämter-Schema, gleich in welcher Version, ist lediglich ein Darstellungsraster, das man nicht dehnen und pressen sollte. Trotz seiner bedeutenden Rolle in den Texten des Zweiten Vatikanums ist es für die Ekklesiologie nur von begrenztem Wert. Es taugt schlecht für exakte systematische Distinktionen und bereitet in der konkreten Ausfaltung nicht selten Schwierigkeiten.[58] Wichtiger als die traditionsgeschichtlich mehrdeutig aufgeladenen Begrifflichkeiten wie „Priestertum" oder „drei Ämter Christi" ist die damit gemeinte Sache, nämlich die eine Sendung Christi und aller, die ihm nachfolgen. Diese besteht in schlichter synoptischer Sprache inhaltlich darin, das Reich Gottes anzusagen und die Zeichen des (anbrechend-angebrochenen) Himmelreiches zu tun.

1.4 Nachkonziliare Befangenheiten

Es überrascht kaum, daß die nur zaghafte Konkretion der ekklesiologischen Konzilsaussagen auf das Priesteramt hin auch die unmittelbar nachkonziliaren Veröffentlichungen zur Amtsthematik bestimmen mußte. Zwar benennen nur wenige Autoren die Unvereinbarkeiten in den Texten ausdrücklich - die meisten interpretieren das Priesterbild des Konzils als ergänzende Korrektur bisheriger Einsei-

[58] Hingewiesen sei auf die recht mühsame inhaltliche Füllung des Königsamtes der Laien, das nur um den Preis eines Paradoxons gelingt: Die Jünger/die Laien sollen kraft dieser Gewalt, „in königlicher Freiheit stehen und durch Selbstverleugnung und ein heiliges Leben das Reich der Sünde in sich selbst besiegen, aber auch Christus in den anderen dienen und ihre Brüder in Demut und Geduld zu dem König hinführen, dem zu dienen herrschen bedeutet" (LG 36).

tigkeiten –, dennoch bleiben die von den Konzilstexten her vorgegebenen Brüche im Duktus der jeweiligen Darstellungen nicht verborgen. Eine Vorstellung entsprechender Beiträge – soweit möglich in chronologischer Reihenfolge – soll dies illustrieren:

Der kommentierenden Vermittlung der Konzilsergebnisse widmen sich die beiden unmittelbar nach dem Konzil (ital. 1965; dt. 1966) von *Guilherme Baraúna* herausgegebenen Sammelbände *De Ecclesia.*[59] Für unsere Fragestellung direkt relevant sind die darin enthaltenen Beiträge von *Emile Joseph de Smedt, Magnus Löhrer* und *Jean Giblet.*

• Emile Joseph de Smedt, Bischof von Brügge, war beim Konzil einer der profiliertesten Kritiker des ersten Schemas der Kirchenkonstitution. Vehement monierte er den Triumphalismus, Klerikalismus und Juridismus der Vorlage.[60] Die große Bedeutung, die er der Lehre vom allgemeinen Priestertum zumaß, belegt ein Hirtenbrief, der über die Grenzen seiner Diözese hinaus Interesse und Verbreitung fand.[61] Das Priestertum der Gläubigen ist auch Gegenstand seines Beitrags in De Ecclesia I.[62]

De Smedt unterstreicht die Lehre des Konzils, daß Christus „in jedem Gläubigen, in jedem Glied des Volkes Gottes ... seine Sendung weiterführen [will]“. Jeder, „der durch das Sakrament der Taufe in die Kirche eingegliedert wird, [erhält] schon allein dadurch diese priesterliche Weihe.“ Weil dieses Priestertum „*allen* Gläubigen gemeinsam ist“, würde man es „zu Unrecht ... ein Laienpriestertum nennen.“ Das Konzil bezeichne es deshalb als „gemeinsames Priestertum“. „Jede andere Teilnahme am Priestertum Christi ist nur Ausformung dieser fundamentalen Eingliederung“ (381).

Hinsichtlich der Abgrenzungsproblematik zwischen gemeinsamem und besonderem Priestertum (LG 10) hätte de Smedt – anders als der Konzilstext – lieber von einer „analogen Ähnlichkeit“ gesprochen. Als besondere Merkmale des Amtspriestertums stellt er heraus, „daß es ‘eine heilige Gewalt’ innehat zur Erfüllung seiner Aufgabe“ und dadurch „befähigt ist, als Mittler zu handeln: Es ist zugleich Repräsentant Christi als auch des ganzen christlichen Volkes“ (382).

Das Verhältnis zwischen den beiden „Priestertümern“ beschreibt de Smedt in eher traditionellem Sprachgewand. Zum einen bilde das allgemeine Priestertum den „Gegenstand und das Feld“ für die „Anwendung“ des Amtspriestertums. Zugleich und umgekehrt ist das allgemeine Priester-

[59] G. Baraúna (Hrsg.), De Ecclesia. Beiträge zur Konstitution „Über die Kirche“ des II. Vatikanischen Konzils (2 Bde), dt. Ausgabe besorgt von O. Semmelroth, J.G. Gerhartz und H. Vorgrimler, Freiburg - Frankfurt 1966.

[60] Pesch, Konzil, 142.

[61] E.J.de Smedt, Vom allgemeinen Priestertum der Gläubigen, München 1962.

[62] E.J.de Smedt, Das Priestertum der Gläubigen, in: Baraúna, De Ecclesia I, 380-392.

tum auf das Amtspriestertum angewiesen, denn „ohne die Austeilung der Gnaden, ohne die Verkündigung des Wortes Gottes, ohne die durch die Hierarchie gesicherte pastorale Leitung würden sich die Glieder des allgemeinen Priestertums der Führung und Hilfe berauben, die Christus ihnen durch den Heiligen Geist anbieten will" (382f.). Das Zusammenspiel aller Glieder der Kirche im Hinblick auf den gemeinsamen Auftrag, die Sendung der Kirche, kommt bei diesem Zuordnungsmodell kaum zum Tragen. Auch der anschließende Verweis auf die „Teilhabe am dreifachen Amt Christi" leistet dies nicht. Es ist zunächst das Amtspriestertum, das „ein Werk der Mitarbeit mit dem Hohenpriester Jesus Christus [ist], der hier bei und in seinem dreifachen Amt und seiner Funktion als Priester, Prophet und König gegenwärtig ist" (383). Erst danach wird davon gesprochen, „daß *auch*[63] das allgemeine Priestertum Teilnahme und Mitwirkung am dreifachen Amt Christi ist" (384).

In ähnlicher Weise spiegelt sich die Uneindeutigkeit der Konzilstexte bei der inhaltlichen Bestimmung des Priesteramtes wider: Dessen „Teilnahme an dem Amt Christi" wird zunächst beschrieben als Befähigung und Aufgabe der „Verkündigung des göttlichen Wortes an alle Menschen" (383). Doch haben die Priester „andererseits ... als Repräsentanten Christi und Ausspender seiner Geheimnisse die heilige Pflicht, bei der Feier des eucharistischen Opfers die Gaben der Gläubigen mit dem Opfer Christi zu vereinen" (384).

Wenn de Smedt anschließend die Teilnahme und Mitwirkung des allgemeinen Priestertums am dreifachen Amt Christi bescheibt, spricht er auf einmal – offenbar wider besseres Wissen – nur noch vom „allgemeinen Priestertum der Laien" (385). Wie in den Konzilstexten selbst bleiben die Ausführungen zum Königsamt der Laien sehr blaß.

Trotz seines engagierten Einsatzes für das allgemeine Priestertum kann de Smedt den traditionellen, durch Dualitäten, Komplementaritäten und den Vorrang des Amtspriestertums geprägten Vorstellungshorizont nicht überspringen: „*Auch*[64] die Laien nehmen ... an der Würde und dem Priesteramt Christi teil." Sie „machen ... von den ihnen zugemessenen Gaben Gebrauch in der Achtung vor dem von Christus eingesetzten Priesterstand." Die Laien werden „im Geist des Gehorsams und mit freudigem Eifer das annehmen, was die geweihten Hirten festsetzen, insofern sie in der Ausübung der Amtsgewalt und der Autorität die Stelle Christi vertreten." Von den Gliedern der Hierarchie ist verlangt, „daß sie sich über die Würde und eigenständige Verantwortung der Laien vollkommen im klaren sind" (392).

Aufs Ganze gesehen spricht de Smedt in dem „Das Priestertum der Gläubigen" überschriebenen Artikel eigentlich mehr vom Amtspriestertum. Das Priestertum der Gläubigen behandelt er vor allem als Priestertum der Laien. Die Bedeutung des gemeinsamen Priestertums als Ausdruck für die

[63] Hervorhebung JM.
[64] Hervorhebung JM.

Gesamtsendung der Kirche und die daraus erwachsenden Konsequenzen für die Amtsgestalt der Kirche können kontextbedingt offensichtlich noch nicht recht erfaßt werden.

- Der Beitrag von *Magnus Löhrer*[65] betont „Dienst" als Grundstruktur sowohl der Kirche insgesamt als auch ihres Amtes. Die Hierarchie steht „im Dienst des christlichen Volkes", ihre „Dienstfunktion" ist aber nur dann richtig gesehen, wenn sie „in die umfassendere Frage nach der allen Gliedern der Kirche zukommenden Dienstfunktion" eingeordnet ist. „Kirchlicher Dienst ist ... eine Aufgabe, die *allen Gliedern* der Kirche zukommt" (9). Der Geist weist den verschiedenen Gliedern je ihre Dienstaufgabe zu. Diese Dienstleistungen sind nie einseitig, sondern bilden stets „ein Zueinander der verschiedenen Dienste zur Auferbauung der ganzen kirchlichen Gemeinschaft" (10). Die Dienstordnung der Kirche ist christologisch begründet, denn die „Existenzform des Hauptes" bildet das „Lebensgesetz der Glieder" (11). Der christologische Rückbezug ist für den amtlichen Dienst entscheidend. Es ist „Dienst aus der Gesinnung des Herrn" (18).

„In diesem umfassenden ekklesiologischen und christologischen Zusammenhang" das „Besondere gerade des hierarchischen Dienstes in der Kirche richtig zu erfassen" ist zwar „von entscheidender Bedeutung", aber offensichtlich nicht einfach. Kirchliche Amtsträger als „menschliche Stellvertreter oder gar 'Nachfolger'" des Hirten Christus zu benennen, hält Löhrer für „eine völlig unbrauchbare Bezeichnung" (14), wie er überhaupt ein „gewisses Unbehagen" an der „Rede vom Hirten und vom Weiden der Herde" äußert, wenn diese „distanzlos von Christus und von den kirchlichen Amtsträgern gebraucht wird. Eine solche Rede müßte dann notwendig zu einer Überschätzung der Funktion der Hierarchie führen" (21). Der „amtliche Hirtendienst" ist nämlich „nicht nur durch das unvergleichliche Hirtenamt Christi begrenzt, sondern auch durch die diesem Volk zukommende Eigenständigkeit und die jedem Gläubigen geschenkte Gottunmittelbarkeit" (16). Da „der Missionsgedanke zu einer ständigen Blickweitung zwingt", gehe es nicht an, daß sich Amtsträger „nur auf die rein innerkirchlichen Belange fixier[en]", zugleich dürfe „die Erfüllung der Hirtenaufgabe am christlichen Volk nicht auf Kosten jener Selbständigkeit und Freiheit gehen ..., die den Laien in der Kirche zukommt" (16).

Auf dem Hintergrund von Löhrers klarem Blick für die Problematik komplementärer Abgrenzungs- und Zuordnungsversuche wirkt es um so bemühter, wenn er das Besondere des hierarchischen Amtes dann „in Sicht kommen" bzw. in der Kirchenkonstitution „aufscheinen" sieht, wenn das „Amt in seinem Gegenüber zur Gemeinde erfaßt wird" (11f.).

[65] M. Löhrer, Die Hierarchie im Dienst des christlichen Volkes, in: Baraúna, De Ecclesia II, 9-23.

• *Jean Giblet*[66] empfindet die Aufgabe, die Bedeutung der „Priester 'zweiten Grades'“ in der Kirchenkonstitution zu kommentieren, als „äußerst kompliziert“, weil dafür die Erklärungen zur Lehre über den *ordo episcoporum* vorausgesetzt werden müßten. Sein Beitrag beschränkt sich im wesentlichen auf eine referierende Wiedergabe von LG 28. Eine *kritische* Würdigung der dortigen Aussagen zum Priesteramt auf dem Hintergrund der ekklesiologischen Grundaussagen wird weitgehend vermieden. Giblet entgeht zwar nicht, daß die „Wiederherstellung der richtigen Perspektive nur eben angedeutet [ist]“, setzt aber darauf, daß sie „die Überlegung beherrschen [wird], die von jetzt an in der Kirche angestellt werden wird“ (192).

Die Charakterisierung des Amtes als „Dienst“ (*ministerium*) wird von Giblet zwar wiederholt erwähnt, in ihrer strukturellen Bedeutung im Hinblick auf die Kirche als Ganze jedoch nicht erfaßt: Die amtliche Sendung ist „im Wesentlichen ein Dienst ... und [setzt] die Teilnahme an der Gewalt des Aussendenden voraus“ (193). Zwar könne die Ausgestaltung der Teilnahme am einen *ministerium ecclesiasticum*, insbesondere bei den Priestern und Diakonen „je nach Umständen und Situationen variieren“, gemeinsam ist aber allen, daß sie „zusammen auf das eine Dienstamt hingeordnet sind: Sie müssen Christus, den Herrn, vertreten, der seine Kirche im Hinblick auf deren endzeitliche Vollendung sammelt und aufbaut“ (200). Dadurch erscheint die Ekklesiologie in Giblets Darstellung nicht nur „beherrscht von der Christologie“, sondern sie wird genau genommen übersprungen. Denn das hierarchische Amt „steht in seiner Gesamtheit in unmittelbarer Verbindung mit der Sendung Jesu Christi“, ohne daß der Gesamtauftrag der Kirche gleichzeitig Erwähnung fände.

Die Erläuterung der einzelnen Aufgaben der Amtsträger orientiert sich am Drei-Ämter-Schema. Indem das Konzil die „Aufgabe des Predigens ... als wesentliche[n] Aspekt des Priesteramtes [darstellt]“, stellt es das Gleichgewicht wieder her, das durch die gegenreformatorische Reaktion verlorengegangen war. Giblet weist darauf hin, daß „das Wort Gottes ... in der Kirche“ ist und „von der Kirche verkündigt“ wird, allerdings „vorzugsweise von der Hierarchie“ (201). Er unterstreicht, daß das Verkündigen der Frohbotschaft sich „normalerweise auf die eigentlich missionarische Tätigkeit der Priester“ bezieht, die deshalb „den direkten Kontakt mit der ungläubigen Welt“ aufnehmen und sich nicht nur „als Ermunterer einer bereits bestehenden Gemeinde“ verstehen sollen (202).

Als „die eigentliche seelsorgliche Aufgabe“ der Priester nennt Giblet den „Hirtendienst an den Gläubigen“ (202ff.). In der Betonung des eucharistischen Kultes in LG 28 erkennt er „die traditionelle Lehre ..., die immer schon die enge Verbindung des Priestertums mit dem eucharistischen Opfer unterstrichen hat“, weist aber zugleich auf die Perspektive

[66] J. Giblet, Die Priester „zweiten Grades“, in: Baraúna, De Ecclesia II, 189-213.

hin, in der die Lehre hier dargestellt wird: „Das Priestertum erscheint darin an der Nahtstelle zwischen dem Opfer Christi und dem der Gläubigen als Werkzeug der fortschreitenden Verwirklichung jener vollkommenen Gemeinschaft, die ihre Vollendung in der Parusie finden wird" (204). „Wer Priestertum sagt, der sagt auch Opfer." Deshalb bestehe auch das Priestertum der Gläubigen darin, „sich selbst täglich dem Vater dar[zu]-bringen". Da Christus zudem wollte, daß sein einziges Opfer, „sakramental in der Gemeinschaft der Gläubigen gegenwärtig würde", gibt es in der Kirche „ein sakramentales Priestertum, das kraft der Handlung des Priesters Christus selbst fähig ist, den Gläubigen dieses vollkommene Opfer sakramental gegenwärtig zu machen, mit dem sie ihr eigenes Opfer verbinden müssen" (205). Der Vorstellungshorizont der zwanziger bis vierziger Jahre ist in diesen Formulierungen unschwer zu erkennen.

Während die Beziehungen zwischen den Priestern bzw. zwischen Bischof und Priestern von der Brüderlichkeit bestimmt sein sollen (210), sind die zu den Gläubigen von der Väterlichkeit geprägt. Giblet nennt in diesem Zusammenhang die Verkündigung der Glaubenswahrheiten und die Spendung des Taufsakramentes. Die Autorität der Priester „ist klar bezeugt und muß auch tatsächlich ausgeübt werden; aber diese Autorität ist die Ausübung eines Dienstes: 'sie sollen so vorstehen und dienen'" (211).

- Ähnlich wie Giblet ist auch *Hermann Volk* in der traditionellen Korrelation von Priester und Opfer soweit befangen, daß ihm die Unvereinbarkeiten mit dem umfassenden ekklesiologischen Ansatz des Konzils verborgen bleiben.[67]

Der größere ekklesiologische Rahmen, innerhalb dessen das Priesteramt erst angemessen beschrieben werden kann, ist Volk durchaus bewußt. Er erörtert zunächst ausführlich „das Priestertum im Mysterium Christi" (22-46) und „das Priestertum in der Kirche" (47-87), bevor er sich der „Verwirklichung des Priestertums im Sinne des Konzils" (88-124) zuwendet. Das „priesterliche Strukturelement" der Kirche (das allgemeine Priestertum) sieht er darin gegeben, daß „als Antwort auf die priesterliche Hingabe Christi und in der Vereinigung mit Christus in seiner Hingabe an den Vater ... auch unsere Hingabe den Charakter des Priesterlichen [erlangt]" (49). Entscheidend ist dann aber, daß dank der Einsetzung des besonderen Priestertums und kraft der besonderen Vollmacht des Amtspriesters das Kreuzesopfer Christi bleibend gegenwärtig gesetzt werden kann (52-55).

Das Verhältnis zwischen dem Priester und dem Volke Gottes bzw. zwischen dem besonderen und dem allgemeinen Priestertum wird auch von Volk nach komplementären Mustern zu bestimmen versucht: Der Priester

[67] H. Volk, Der Priester und sein Dienst im Lichte des Konzils, Mainz 1966. Das Büchlein ist den Priestern des Bistums Mainz gewidmet und soll ihnen, die eine wesentliche Bedeutung für die „Verwirklichung des Konzils" und die „geistige Lebendigkeit der Kirche" haben, das Bild vermitteln, das das Konzil vom Priesteramt zeichnet.

steht „in seinem Dienst dem Volke Gottes ... gegenüber". Er ist „sichtbarer Ausdruck für das unsichtbare[!] Priestertum aller" (60). „Der Laie wird „in sich selbst durch den Geistlichen kompletiert" (68). „Im Geistlichen wird der geistliche Charakter auch der Laien deutlich, weil seine priesterlichen Dienste den Laien qualifizieren" (69).

Nur mühsam gelingt es Volk, Berechtigung und Notwendigkeit der Standesgliederung der Kirche aufzuzeigen: „Das Priesterliche gibt es ... nicht nur durch spezifische Tätigkeiten", „das Priestertum ist vielmehr standbildend". Seine Vollmacht ist nämlich eine „standbildende". Nur so „ermöglicht [sie] das priesterliche Tun". „Das Christliche [gibt es] überhaupt nicht ohne Stand" (62). Die Argumentation kulminiert in einem perfekten Zirkelschluß: Die Kirche kann „nicht nur aus Priestern bestehen; selbst wenn sie verheiratet wären, müßte es doch auch Laien geben. Wenn aber Laien, dann auch Priester" (69).

Zur Legitimation des Priesteramtes als besonderen Stand nimmt Volk die implizite Abwertung des Christseins als solchen in Kauf: „Jeder Christ ist von Taufe und Firmung und von der sakramentalen Ehe her in einem geistlichen Stand, ein geistlicher Mensch, und er soll dies auch darstellen. Trotzdem stellt sich die geistliche Seite des Christlichen darin noch nicht so deutlich dar, wie es möglich ist, und zwar nicht etwa deshalb, weil wir sündig hinter unserem christlichen Soll zurückbleiben, sondern weil darüber hinaus der geistliche Stand im besonderen möglich ist. Darin wird in einer Beschränkung etwas von dem deutlicher dargestellt, was in allem präsent ist" (69f.).

- Einer der wenigen Autoren, die ausdrücklich zur Sprache bringen, daß in den Konzilsdokumenten die Konsequenzen aus den ekklesiologischen Grundaussagen „nur sehr vorsichtig ... gezogen" worden sind, ist der Jesuit *Friedrich Wulf.*[68] Er konstatiert positiv, daß nach dem Ende der nachtridentinischen Epoche, das mit dem Konzil erreicht worden ist, „der geweihte Priester ... nicht mehr mit Vorzug als einer gesehen [wird], der dem Kirchenvolk gegenübersteht und ihm übergeordnet ist - obwohl seine besonderen Vollmachten und seine geistliche Führungsrolle von niemandem bestritten werden -, sondern als einer, der mitten in diesem Volk seinen Ort hat und zu dessen Dienst bestellt ist."[69] Er betont, daß „das hierarchische Amt eingebettet ist in das größere und umfassende Geheimnis Christi in der Kirche",[70] und merkt ebenso kritisch wie hellsichtig an, daß aus Furcht vor Verdunklung des Amtspriestertums „eine aufkommende Einsicht noch nicht sofort in Leben umgesetzt wird und vielleicht gar nicht so schnell umgesetzt werden kann. Es bedarf zuerst einer ... neuen Mentalität und einer gründlichen Wandlung tiefeingewurzelter Gewohnheiten, ehe das Verhältnis zwischen Priestern und Laien neue Formen brü-

[68] F. Wulf, Stellung und Aufgabe des Priesters in der Kirche nach dem Zweiten Vatikanischen Konzil, in: GuL 39 (1966) 45-61, hier: 48.

[69] Wulf, Stellung, 46.

[70] Wulf, Stellung, 47.

derlichen Zusammenwirkens annehmen wird." Wulf vermutet, daß man „nach einigen Jahrzehnten sogar urteilen [wird], daß auch das Priesterbild des Zweiten Vatikanischen Konzils, vor allem im Priesterdekret ... noch stark von paternalistischen Vorstellungen mitbestimmt ist."[71]

Wie sehr die „aufkommende Einsicht" auch bei Wulf selbst von „tiefeingewurzelten Gewohnheiten" gebremst bleibt, wird in einem Beitrag des Jesuiten zum Priesterzölibat anschaulich.[72] Mit großem argumentativen Aufwand versucht er die innere Notwendigkeit der Verknüpfung von Priesteramt und Ehelosigkeit nachzuweisen. Zu diesem Zweck beansprucht er das Theologoumenon von der Teilhabe am Priestertum Christi, obwohl es eigentlich der Kirche als ganzer zukommt, faktisch - abgesehen von den Ordensleuten - exklusiv für die Amtsträger. Wo „das Priestertum ganz gelebt wird, wo einer total von der Sendung durch Christus beansprucht wird", d.h. demnach in erster Linie im kirchlichen Priesteramt, da liege der Zölibat „ganz und gar auf der Linie seiner Erwählung".[73] Offenbar empfindet Wulf selbst die Brüchigkeit seiner Argumentation, denn „aus all dem ergibt sich, daß man den priesterlichen Zölibat durch eine rein theoretische, theologisch noch so tiefe Darlegung nicht hinreichend einsichtig machen kann. Es ist letztlich eine Frucht geistlicher Erfahrung, einer Erfahrung, die aus der Begegnung mit Christus kommt."[74]

Im Rahmen größer angelegter systematischer Arbeiten beschäftigen sich *Alois Winklhofer* und *Michael Schmaus* mit dem Priesterbild des Konzils. Nach dem Umbruch, den das Konzil in der Theologie freigesetzt hatte, waren die traditionellen Lehrbücher in weiten Bereichen überholt, die neuen und erneuerten Perspektiven jedoch noch kaum im größeren Stil „lehrbuchfähig". Nicht nur stellte sich das Aufgabenfeld der Theologie nach der Befreiung aus dem neuscholastischen Korsett erheblich differenzierter und pluraler dar, auch die Konzilsaussagen selbst mußten erst auf dem Weg der Fachdiskussion vertieft und verarbeitet werden. Das zweibändige Handbuch katholischer Dogmatik *Der Glaube der Kirche*, das *Michael Schmaus* trotz dieser Schwierigkeiten schon 1969/70 vorlegt, will „der gegenwärtigen theologischen Diskussion hilfreiche Orientierung [zu] bieten, ohne sich anheischig zu machen, in den umstrittenen Problemen endgültige Lösungen darzureichen".[75] Ebensowenig beansprucht das Buch über die Sakramente von *Alois Winklhofer*, eine „Sakramententheologie [zu sein], die an die Stelle des alten Traktats ... treten könnte", sondern will „unter besonderer Berücksichtigung der Probleme der Sakramentenseelsorge einige Punkte der Sakramentenlehre besonders [herausheben]".[76]

[71] Wulf, Stellung, 48.

[72] F. Wulf, Der christologische Aspekt des priesterlichen Zölibats, in: GuL 41 (1968) 106-122.

[73] Wulf, Aspekt. 121.

[74] Wulf, Aspekt, 122.

[75] M. Schmaus, Der Glaube der Kirche (Bd. 1), München 1969, VII.

[76] A. Winklhofer, Kirche in den Sakramenten, Frankfurt/M. 1968.

Seine Darlegungen zum Sakrament der Priesterweihe sollen zuerst in Blick genommern werden.

• Die wiederholten Bezugnahmen *Alois Winklhofers* auf die Taufe und die Firmung zeigen, daß er sich über die erstrangige Bedeutung der Grundsakramente vor jeder späteren Konkretisierung vollkommen im klaren ist. Die Priesterweihe ist zunächst nichts anderes als die „Aktuierung der Firmgnade auf eine bestimmte Sendung hin“ (205). Die Weihegnade bedeutet eine „Spezifizierung“ des „in der Taufe begründeten und individuell geprägten übernatürlichen Lebens neben einer Intensivierung desselben“. Die Taufe ist es, die den Christen im ontischen Sinne zu einem „zweiten Christus“ macht, die Weihe zielt dagegen nur auf den Dienst und das Amt. Der Geweihte erscheint „als ‘zweiter Christus’ im eigentlichen Sinn nur im tätigen Vollzug seines Amtes ... nicht schlechthin ... Sonst repräsentiert er Christus nur wie eben ein Getaufter auch“ (212). Gewiß kann der Priester „nach verrichteter Funktion“ nicht wie ein Funktionär in das Profanum zurückkehren, aber ebensowenig verbleibt „der Getaufte im Profanum“ (217).

Widersprüchlich werden die Darlegungen dort, wo Winklhofer die Besonderheit des geweihten Amtsträgers im Volk aller Getauften erklären will. Er versucht es mit Hilfe des feinen Unterschieds zwischen „herausnehmen“ und „herausheben“. Man kann zwar „nicht eigentlich sagen, daß der Geweihte aus dem Volke Gottes herausgenommen würde“ (214), dennoch gebe ihm der sakramentale Charakter eine „ihn unter allen Getauften heraushebende geistliche Individualität“ (213), die sich näherhin auf die „Berufung zu hierarchisch-eucharistischem Dienst“ (214) bezieht. Im Unterschied zum „tätigen und wahren Mitvollzug“ der Laien beim eucharistischen Opfer erklärt Winklhofer „die Mahlbereitung bei der Wandlung, also die Bereitung der eucharistischen Speise“ als den „eigentlichen weihepriesterlichen Beitrag“ bei der Eucharistiefeier. Der Priester ist es, „der mit seinem Tun der Liturgie erst die Bedeutung eines Handelns Christi gibt und es zum Kulte Christi erhebt“ (219). Winklhofer registriert, daß durch die Betonung der Verkündigung durch das Zweite Vatikanische Konzil „eine gewisse Akzentverlagerung etwa vom ‘Kultpriester’ zum ‘Seelsorger’“ (207) eingesetzt hat, warnt aber vor einer „Unterscheidung zwischen Kultpriestern und Seelsorgern innerhalb des Priesterstandes“ (214).

• Weil „das Amt und [der] Heilsdienst nicht losgelöst von der Gemeinschaft“ zu verstehen sind, verhandelt *Michael Schmaus*[77] die Fragen des Priesteramtes schwerpunktmäßig in der Ekklesiologie und nicht mehr im Ordokapitel der Sakramentenlehre. Die Hierarchie ist nicht als „ein Herrschaftssystem, sondern [als] ein Dienstsystem“ (104) zu verstehen, „Subjekt des Heiles ist zunächst die Gemeinschaft“ (106). Denn „die vom Zweiten Vatikanischen Konzil gelehrte Teilnahme an den Ämtern Christi

[77] M. Schmaus, Der Glaube der Kirche (Bd. 2), München 1970, hier: 245.

besagt nicht nur, daß die Getauften und Gefirmten fähig sind, Heilswirkungen von seiten der Amtsträger zu empfangen, sondern daß sie selbst heilsaktiv sind" (108). Energisch unterstreicht Schmaus, daß sich die Heilsaktivität der Laien nicht „nur 'nach außen', nämlich auf die 'Welt'" (108) richtet, während innerkirchliche Aufgaben nur durch Amtsträger auszuüben wären. Eine solche „These würde ... die Laien neuerdings zur Heilspassivität innerhalb der Kirche herunterdrücken und die Gefahr eines neuen innerkirchlichen Klerikalismus heraufbeschwören" (109).

Obwohl Schmaus den vom Konzil noch vereinzelt benutzten Ausdruck „Untergebene" für die Laien als „sorglose Konservierung" (103) kritisiert, sieht er die „Grundgliederung" in die beiden Stände von Klerikern und Laien als solche aufgrund der Bestimmung Jesu Christi „der Verfügung der Menschen entzogen" (99). Diese Unterscheidung sei „für das Verständnis des Gottesvolkes so wesentlich, daß ihre Aufhebung zur Zerstörung der prinzipiell von Christus selbst verfügten Ordnung führen würde" (100). Demgemäß wird die Priesterweihe als „Sakrament der Differenzierung innerhalb des Gottesvolkes" bezeichnet (431). Der Unterschied zwischen beiden „liegt nicht in der anthropologischen Dimension" (99), auch nicht „in verschiedenen Bereichen der Heilsaktivität, sondern in der Art der Heilsaktivität" (109), „in der theologischen Sphäre" (99). Zwar sei das sakramentale Prägemal des Priesters „primär funktional und nicht ontologisch zu verstehen", weil es „dem Empfänger eine besondere Teilnahme an der Sendung Christi und eine besondere Dienstaufgabe in der Kirche" gibt (244), umgekehrt wäre es aber „eine Überschätzung der Funktion und eine Unterschätzung des Ordo, wenn man den Grund für die Zugehörigkeit zum Klerus allein in der kirchlichen Tätigkeit sähe" (118).

Den „auf keine Weise auflösbaren Unterschied zwischen den geweihten und den nichtgeweihten Getauften" hatte Schmaus kurz zuvor schon in einem Festschriftbeitrag[78] hervorgehoben. Auch hier prallen in auffälliger Weise zwei unterschiedliche Blickrichtungen aufeinander, ohne eine überzeugende Synthese zu bilden. Schmaus betont die grundlegende Bedeutung der Lehre des Konzils von Trient, die „die Verwerfung einer doppelten Einseitigkeit in sich [schließe], erstens, daß die *Funktion* den Priester mache, zweitens daß ihn die Funktion des *Predigens* mache."[79] Das Zweite Vatikanische Konzil setze diese Lehre nicht außer Kraft und interpretiere sie auch nicht um, es nähme aber eine Reihe von wichtigen Ergänzungen vor, so daß die Trienter Aussagen als Elemente in eine umfassende Darstellung integriert würden. Unter den „Aufgaben, die den Priestern, und nur ihnen zukommen" nennt Schmaus mit Berufung auf das Konzil an erster Stelle die Verkündigungsaufgabe.[80] „Im Rahmen der dem Priester

[78] M. Schmaus, Das katholische Priestertum – ein soziologisches oder ein theologisches Phänomen?, in: A. Scheuermann / G. May (Hrsg.), Ius sacrum (FS Klaus Mörsdorf), München 1969, 3-14, hier: 9.

[79] Schmaus, Priestertum, 5.

[80] Schmaus, Priestertum, 9.

obliegenden Verkündigung ist die Leitung der Eucharistiefeier und die darin beschlossene Konsekration die wichtigste, nur dem Priester zukommende Aufgabe. Der innere Grund liegt in seiner besonderen Christusbildlichkeit, die ihn befähigt, Christus darzustellen und ihn sichtbar und hörbar zu machen."[81]

Als Folge der exklusiven Zuordnung der umfassenden Verkündigungsaufgabe zum Priesteramt stößt Schmaus auf „ein schweres Problem: Was bleibt den Laien?" Verhältnismäßig einfach ist für ihn diese Frage hinsichtlich der Eucharistie zu lösen, wo „die allein dem Priester zustehende Proklamation der Wandlungsworte" dahin zielt, „daß die Teilnehmer hier und jetzt in die Opferbewegung ihres Herrn, in seine Hinbewegung zum Vater, eingehen und so durch Christus zum Vater kommen."[82] Schwieriger stellt sich das Problem hinsichtlich der „dem Priester obliegende[n] Verkündigung" dar, denn „auch der Laie nimmt, wie das Zweite Vatikanische Konzil und die vorausgehende und nachfolgende Theologie unzählige Male und mit immer größerer Intensität und Tragweite erklärt, an Christi Aufgabe als Prophet, Hirte und Priester teil." Schließlich kommt Schmaus nicht umhin, einräumen zu müssen, daß sich der Unterschied „vielleicht ... überhaupt nicht adäquat bestimmen [läßt]. Dies wäre nicht verwunderlich, da ja jeder Getaufte berufen ist, die Großtaten Gottes zu verkünden."[83]

• Solche Kompromisse kommen für *Paul Mikat*[84] nicht in Frage: „wohl hat der Laie eine Verkündigungsaufgabe, die ihn in eigene Verantwortung entläßt, er wird aber gerade in seiner Verkündigung auf die Kirche und damit auf den Priester als Vermittler der Sakramente verweisen."[85] Die eigentliche Zusammenarbeit zwischen Priestern und Laien in der Gemeinde spiele sich zuerst und vor allem in Form der „Gemeinsamkeit bei der Feier der sakramentalen Handlungen, bei der Feier der heiligen Messe" ab.[86] „Jede andere Zusammenarbeit ... beruht auf dieser einen" und verlangt eine sorgfältige Unterscheidung der Funktionen von Priestern und Laien. Der Priester ist nämlich „derjenige, der durch die Weihe auf einen bestimmten, genau umgrenzten Bereich der Kirche hingeordnet ist: auf die Vermittlung von Wort und Sakrament", während der Laie auf den Weltcharakter festgelegt wird.[87]

• Ein Beispiel für die Schwierigkeiten, die aus den vielfältigen Implikationen des Begriffs Priestertum erwachsen, bietet *Otto Semmelroth*[88].

81 Schmaus, Priestertum, 11.
82 Schmaus, Priestertum, 12.
83 Schmaus, Priestertum, 13.
84 P. Mikat, Die Zusammenarbeit zwischen Priestern und Laien in der Gemeinde, in: Conc(D) 1 (1965) 743-747.
85 Mikat, Zusammenarbeit, 746.
86 Mikat, Zusammenarbeit, 745.
87 Mikat, Zusammenarbeit, 744.
88 O. Semmelroth, Das priesterliche Gottesvolk und seine amtlichen Führer, in: Conc(D) 4 (1968) 41-47.

Da Priestertum die umfassende Kennzeichnung der Eigenart des Gottesvolkes ist („gemeinsames" Priestertum), möchte er das geistliche Amt eigentlich zunächst als Führungs- und Ordnungsamt verstehen. Dies entspräche auch dem neutestamentlichen Befund, wonach „das geistliche Amt ... kaum direkt und unmittelbar als priesterliches Amt (im engen Sinne) erscheint".[89] „Es wäre aber ganz sicher falsch und der Lehre des Zweiten Vatikanischen Konzils nicht entsprechend, wollte man meinen, das Gottesvolk als ganzes sei nur (im engeren Sinne) priesterlich, ohne an der Führungsaufgabe gegenüber den Menschen teilzuhaben, und das geistliche Amt sei nur Hirtenamt, ohne der priesterlichen Aufgabe des Gottesvolkes in amtlich priesterlicher Funktion zu dienen."[90]

Um zu begründen, warum nicht nur die Führungs- und Ordnungsfunktion, sondern auch die priesterliche Funktion amtliche Träger braucht, und daraus den Unterschied zwischen gemeinsamem und besonderem Priestertum zu erklären, bleibt für Semmelroth nur der Rekurs auf das liturgisch-sakramentale Handeln der Kirche, insbesondere die Eucharistiefeier. „Gerade darin, daß in den Sakramenten das Priestertum des Gottesvolkes 'offiziell' vollzogen wird, bestätigt sich in besonderer Weise die Gemeinsamkeit des Priestertums." Zugleich werde im „Gegenüber von Spender (minister) und Empfänger" die „organische Struktur", der „Unterschied zwischen ministeriellem und gemeinsamem Priestertum" deutlich, ohne daß dies jedoch im Sinne einer Gegenüberstellung von handelndem Subjekt vs. passivem Objekt mißverstanden werden dürfe. Vielmehr sind beide „priesterlich handelnde Subjekte in der gemeinsamen Handlung, wenn auch der eine den eigentlichen Priester Christus repräsentiert, während der andere durch den Empfang des Sakramentes sich einbeziehen läßt in den Kultakt, insofern er Akt Christi ist".[91]

In dem Bewußtsein, daß es das konziliare Verständnis der Eucharistiefeier als gemeinsamer Mahlfeier zum Gedächtnis des einen und einzigen Opfers Christi nicht mehr erlaubt, das Besondere des Amtspriestertums in einer eigenständig verstandenen Opferfunktion zu suchen, macht Semmelroth als „Eigenart des besonderen Priestertums bei der Opferfeier" seinen „doppelt relativen Charakter" aus. „Die amtspriesterliche Funktion ist auf Christus bezogen, insofern der geweihte Priester bei der sakramentalen Kultfeier 'in persona Christi' handelt. Der erhöhte Christus ... hat ... sich im geweihten, ministeriellen Priestertum sichtbare Stellvertreter, Repräsentanten, Darsteller geschaffen. ... Die Funktion des Amtspriesters ist aber auch mit Bezug auf die Gemeinde relativ, insofern er im Dienst der Gemeinde das Opfer Christi in die sakramental sichtbare Gegenwart der feiernden Gemeinde versetzt."[92]

89 Semmelroth, Gottesvolk, 45.
90 Semmelroth, Gottesvolk, 41.
91 Semmelroth, Gottesvolk, 43.
92 Semmelroth, Gottesvolk, 46f.

Die Frage nach der Unterscheidung von gemeinsamem und besonderem Priestertum beschäftigt Semmelroth noch einmal im Zusammenhang mit der Teilhabe beider an den drei Ämtern Christi.[93] Da es sich beim „Geheimnis der Präsenz Christi" um „ein gemeinsames Merkmal des ganzes Gottesvolkes" handelt, stellt sich die Frage, „worin die Besonderheit seiner Verwirklichung im 'besonderen', amtlichen Priestertum gegenüber dem Gemeinsamen liegt".[94] Für Semmelroth steht grundsätzlich fest, daß „sowohl das gemeinsame wie das besondere Priestertum in der von Christus als strukturiertes Volk begründeten Kirche den Stifter- und Erhalterwillen Christi jeweils in der Geschichte [aktualisieren]",[95] so daß sich die Präsenz Christi auf die hierarchische Unterschiedenheit im Gottesvolk nicht weniger wie auf seine Gemeinsamkeit erstrecke.[96] Die Kirche übt das eine Christusamt, das sowohl in ein dreifaches (König, Prophet, Priester) wie in ein zweifaches (König, Priester bzw. Prophet, Priester) differenziert werden kann, sowohl im gemeinsamen Priestertum wie im geistlichen Amt aus. Dabei bezieht sich aber die heilsvermittelnde Funktion des gemeinsamen Priestertums auf den „Bereich der Stellung der Kirche als ganzer in und gegenüber der Welt", während das geistliche Amt auf den innerkirchlichen Lebensbereich ausgerichtet ist,[97] wo die Christen in der Begegnung mit ihm die Christusbegegnung vollziehen. Aufgrund dieser „Prägung" können sie dann, auch „die Hirten- und Führungsqualität des gemeinsamen Priestertums" – und zwar „lebensmäßig" – in Welt und Gesellschaft zur Geltung bringen.[98]

Daß die Reduktion der Wirksamkeit des Priesters nur auf den innerkirchlichen Bereich auch für Semmelroth selbst keine wirklich tragfähige Option darstellt, zeigt ein späterer Aufsatz[99]. Hier stellt er nach dem „Kultraum" und der „Gemeinde" durchaus auch „die menschliche Gesellschaft" als wichtigen „Funktionsbereich" dar, in dem der Priester „seinen Heilsdienst ausübt". Der Priester hat „ein spezifisches Verhältnis zur Welt ..., das von seinem Priestertum und nicht nur von seinem Mensch- und Christsein her bestimmt ist."[100] Er hat „gerade auch die gesellschaftskriti-

93 O. Semmelroth, Die Präsenz der drei Ämter Christi im gemeinsamen und besonderen Priestertum der Kirche, in: ThPh 44 (1969) 181-195.

94 Semmelroth, Präsenz, 182.

95 Semmelroth, Präsenz, 183.

96 Semmelroth, Präsenz, 184.

97 Semmelroth, Präsenz, 191.

98 Semmelroth, Präsenz, 195. – Die Auffassung, daß die Laien ihr Apostolat dadurch ausüben, daß sie aufgrund ihrer Begegnung mit Christus in seinen kirchlichen Stellvertretern die Wirksamkeit des Amtes in die Welt tragen, hatte Semmelroth bereits 1958 vorgetragen (Semmelroth, Amt, 259f.); siehe dazu: I / 3.1.6).

99 O. Semmelroth, Der Beruf des Priesters, in: LS 23 (1972) 15-23.

100 Semmelroth, Beruf, 21.

sche Funktion der Kirche inmitten und gegenüber der Gesellschaft besonders engagiert [zu] vertreten."[101]

• Einen sehr klaren Blick dafür, daß die Konsequenzen aus der Konzilsekklesiologie „noch lange nicht gezogen" sind (100), hat *Ruud J. Bunnik.*[102] Er stellt die grundsätzliche Frage, „wie es um die Haltbarkeit des traditionellen dogmatischen Traktates über das Amt steht. Wandelt sich auch dieser, und muß er sich nicht sogar wandeln im Rahmen der ganzen Entwicklung des theologischen Denkens?" (28). Die Sicht der Kirche als Mysterium und als Volk Gottes verlange danach, „daß der Unterschied zwischen Laie und Amtsträger auf ein äußerstes Minimum reduziert" (99) und „in die Einheit des gesamten Gottesvolkes" (41) gestellt werde. Allerdings seien die neuen Einsichten „mit Mühe einer Vergangenheit abgerungen, an der viele sehr stark hingen". Es brauche daher nicht zu verwundern, wenn die durch das Konzil formulierte Hinwendung von der Corpus-Christi- zur Volk-Gottes-Ekklesiologie „in vieler Hinsicht noch mehr guter Wille und Verheißung als Realisierung und Ausgleich" ist (41). Im einzelnen kritisiert Bunnik beispielsweise, daß das zweite Kapitel der Kirchenkonstitution zwar sehr stark die Einheit der innerkirchlichen Gruppierungen betont, „aber noch nicht zu einem kritischen Durchdenken der traditionellen Aufteilung und Umschreibung derselben gekommen" ist (42). Ferner lasse „das kleine Wörtchen 'auch'" in LG 34 vermuten, „daß das traditionelle klerozentrische Denken noch nicht ganz verschwunden ist. Das Priestersein des Laien ist keine sekundäre Teilnahme am Priestertum Christi, sondern gerade die primäre" (55f.). Auch die krampfhaft wirkende Dreiteilung der Ämter verrate, daß LG noch befangen ist im hierarchischen Denken. Es entstehe der Eindruck, „daß sich im Volk Gottes eine vertikale und hierarchische Unterordnung aufweisen lasse, wobei dieselbe Aufgabe mit jeweils weniger Selbständigkeit und Befugnis vorliegt. Es wird wiederholt darauf hingewiesen, daß ein wirklicher Unterschied zwischen Laie und Amtsträger besteht, aber dieser Unterschied wird eigentlich nirgends vertieft und explizit formuliert" (64). Bunnik vermutet: „Vielleicht liegt gerade in einer allzu leichten Übertragung des dreifachen Amtes Christi auf das kirchliche Amt eine Ursache für das vor allem katholischerseits so auffallend starke klerikal-hierarchische Denken" (64).

Bunniks eigene Befangenheit im traditionellen Denken verraten seine Erwägungen zum Spezifikum des kirchlichen Amtes, die mit den vorigen Aussagen nur schwerlich in Einklang zu bringen sind. Zwar gebe es von der Materie her keine absolut besonderen amtlichen Tätigkeiten, „aber die Arbeit, die der Amtsträger als solcher verrichtet, hat wohl eine eigene Signatur" (71f.). Diese bestünde darin, daß „im Apostel der Herr selber gegenwärtig" ist. Hier läge eine tiefe Wahrheit im traditionellen Anspruch, daß der Priester ein „zweiter Christus" ist (72). Zwar dürfe auch der Laie

[101] Semmelroth, Beruf, 22.

[102] R.J. Bunnik, Das Amt in der Kirche. Krise und Erneuerung in theologischer Sicht, Düsseldorf 1969.

überzeugt sein, daß in seinem Handeln der Wille des Herrn vollbracht wird, „aber die formelle Garantie dafür wird durch das Amt gegeben" (73). „Während der Begriff Laie im theologischen Sinn nur negativ umschrieben werden kann, hat der Begriff Amtsträger einen eigenen positiven Gehalt, nämlich die Repräsentation des Herrn" (83). „Es ist die spezifische Aufgabe der kirchlichen Amtsträger, in ihren Amtshandlungen den Herrn der Kirche zu repräsentieren. Während jeder Christ Zeuge des auferstandenen Herrn und verantwortlich für die Heiligung der Welt ist, sind die Amtsträger dies in besonderer Weise, weil ihnen die Hirtenaufgabe der episkopé auferlegt ist. Daraus folgt, daß es einen wirklichen Unterschied zwischen Laie und Amtsträger gibt" (76).

• Das Oszillieren zwischen einer beim Gesamtauftrag der ganzen Kirche ansetzenden Amtskonzeption und dem erforderlichen Tribut an die traditionelle Priestertheologie ist auch noch in *Bernard Dupuys* Beitrag zur Amtstheologie in der fünfbändigen heilsgeschichtlich konzipierten Dogmatik *Mysterium Salutis* zu verfolgen.[103] Auf der Basis des neutestamentlichen Grundworts *διακονία* unterscheidet Dupuy zwischen „dem Dienst ..., zu dem jeder Christ verpflichtet ist, und den Aufgaben, mit denen der Jünger beauftragt werden kann, um seiner von Gott erhaltenen Berufung zu entsprechen".[104] Die Zusage Christi an seine Jünger, „in ihrem Wort zugegen zu sein" (Lk 10,16) gelte zwar für jeden Jünger, für die Amtsträger der Kirche aber „a fortiori", denn sie sind „in der Kirche Gesandte und Repräsentanten Christi".[105] Die „Präsenz Christi in seinen Jüngern sichert ihnen eine Autorität, die sie im Namen des Herrn ausüben". Diese wird ihnen aber nur gewährt, „sofern sie demütig und willens sind, sich nicht damit zu brüsten" und unterscheidet sich „gänzlich von der weltlichen 'Gewalt' mit ihrer Zwangsausübung".[106] Die Autorität des kirchlichen Amtes besteht mehr in „Umsichtigkeit (*ἐπισκοπή*), die im Namen Christi ausgeübt wird", denn in einer „'Gewalt' im eigentlichen Sinn". Sie nimmt aber doch „die Form einer gewissen Vollmacht an". Dies würden mehrere Worte Jesu an seine Apostel deutlich zum Ausdruck bringen. So etwa der Auftrag „Tut dies, um meiner zu gedenken!" beim Letzten Abendmahl oder das Sendungswort Mt 28,18ff.[107]

103 B. Dupuy, Theologie der kirchlichen Ämter, in: MySal IV/2, Einsiedeln u.a. 1973, 488-523.
104 Dupuy, Theologie, 489.
105 Dupuy, Theologie, 490.
106 Dupuy, Theologie, 491.
107 Ebd.

2 Die nachkonziliare Verunsicherung über das Priesteramt und die Reaktion der theologischen Diskussion

Bis zum Zweiten Vatikanischen Konzil schien das Amt des Priesters in der katholischen Kirche im Grunde als eine selbstverständliche, nicht weiter zu hinterfragende Einrichtung akzeptiert zu sein. Deshalb war es für viele überraschend, daß unmittelbar nach diesem Konzil, das für so viele Bereiche kirchlichen Lebens als zukunftsweisender Impuls erlebt worden war, das Priesteramt in eine heftige Krise geriet. Die auffälligsten Symptome dieser Krise zeigten sich in drastisch sinkenden Eintrittszahlen in die Priesterseminarien und einer zugleich deutlich steigenden Zahl von Amtsniederlegungen und Laisierungsgesuchen. Weniger spektakulär, aber für die Verantwortlichen in der Kirchenleitung genauso besorgniserregend mußte die tiefe Verunsicherung und das Unbehagen sein, die den Klerus weithin erfaßt hatten.

Unter den vielfältigen Gründen, die zur nachkonziliaren Priesterkrise beigetragen haben, sind zunächst gesellschaftlich-soziologische zu nennen. Die Diskussion darüber ist gekennzeichnet von Schlagworten wie Säkularisierung, Entmythologisierung, Entsakralisierung und Demokratisierung. Der Begriff Säkularisierung steht für die Emanzipation der sozialen Systeme aus der Bevormundung und Normierung durch religiöse Institutionen wie die Kirche.[1] Unter dem Leitbegriff Entsakralisierung wird die Berechtigung sakraler, d.h. von der „Welt“ unterschiedener und ihr entzogener Bereiche überhaupt in Frage gestellt. Der Akzeptanz für einen sakralen, von der „Welt“, dem normalen Leben und den normalen Christen abgehobenen Stand (Klerus), wie die katholische Kirche über lange Zeit ihr Amt in Theorie und Praxis darzustellen und zu legitimieren gewohnt war, wurde gesellschaftlich der Boden entzogen.[2] Das wachsende demokratische Bewußtsein mußte zudem eine Institution, die sich

[1] N. Greinacher, Säkularisierung als soziologisches und theologisches Problem, in: LS 18 (1967) 305-311, hier: 305.

[2] Die notwendige „Entmythologisierung des Priesterberufes und der Priesterberufung“ erörtert F. Klostermann, in: Der Seelsorger 36 (1966) 10-21.

selbst wesentlich als hierarchisch definierte, zunehmend als fragwürdig erscheinen lassen.[3]

Das kirchliche Priesteramt als klerikal-hierarchischer Stand geriet aber nicht nur von außen her, sondern auch von innen her zunehmend unter Druck. Die zunächst gesellschaftlich motivierten Forderungen nach Entsakralisierung und Demokratisierung ließen sich - recht verstanden - als durchaus mit dem Christentum vereinbar aufzeigen.[4] Im Konzil hatte die Kirche grundsätzlich eine neue, positive Einstellung zur weltlichen Wirklichkeit gefunden,[5] so daß auch innertheologisch das Verständnis für die Notwendigkeit eines von der Welt und den sogenannten „Weltchristen" abgesetzten „geistlichen Standes" im Schwinden war. Vom Grundgedanken der Kirche als Volk Gottes her drängte sich zudem die Frage nach strukturell gewährleisteter Partizipation der Gläubigen an kirchlichen Entscheidungsvorgängen und der Ruf nach einer Demokratisierung der Kirche auf.

Noch unmittelbarer wurde das traditionelle Selbstverständnis vieler Priester von den Ergebnissen der exegetischen und historischen Forschung getroffen. Diese machten mehr und mehr bewußt, daß weder die Amtsbezeichnung „Priester" (*ἱερεύς*), noch ein im spezifischen Sinn „priesterliches", d.h. von Kult und Opfer her bestimmtes Verständnis des kirchlichen Amtes im Neuen Testament zu belegen ist. Die allmähliche „Sazerdotalisierung" des kirchlichen Amtsträgers ist vielmehr erst als Produkt einer geschichtlichen Entwicklung anzusehen, die ihren ersten großen Schub mit der Ausgestaltung der Kirche zur Großkirche in patristischer Zeit erfahren und ihren Höhepunkt in Trient durch die lehramtliche Festschreibung der Verknüpfung Meßopfer–Priesteramt erreicht hatte.

Schließlich zählen zu den verunsichernden Faktoren auch die näherhin dogmatisch-ekklesiologischen Fragestellungen, die sich vom Konzil her ergaben. Die traditionell sazerdotale Funktionsbestim-

3 Mit dem rechtssoziologischen und theologischen Phänomen Hierarchie befaßt sich der evangelische Jurist und Rechtshistoriker H. Dombois, Hierarchie. Grund und Grenze einer umstrittenen Struktur, Freiburg u.a. 1971.

4 Einen solchen Aufweis bieten z.B.: H. Schürmann, Neutestamentliche Marginalien zur Frage der „Entsakralisierung", in: Der Seelsorger 38 (1968) 38-48.89-104; H. Mühlen, Entsakralisierung. Ein epochales Schlagwort in seiner Bedeutung für die Zukunft der christlichen Kirchen, Paderborn 1971, K. Lehmann, Zur dogmatischen Legitimation einer Demokratisierung in der Kirche, in: Conc(D) 7 (1971) 171-181.

5 Als wichtigstes Dokument ist hier die Pastoralkonstitution *Gaudium et spes* zu nennen.

mung des Priesters trug im Rahmen der Konzilsekklesiologie nicht mehr, eine überzeugende Neuformulierung konnte aber, wie deutlich geworden ist, vom Konzil selbst nicht geleistet werden. Sie mußte der weiteren Entwicklung und Wirkungsgeschichte überlassen bleiben. Der Funktionsverlust des priesterlichen Amtes bzw. die Frage nach der Funktion des Priesteramtes in der Kirche sollte die nachkonziliare Amtsdiskussion am nachhaltigsten bestimmen.

Eine unübersehbare Flut von Artikeln, Aufsätzen und Sammelbänden zur Thematik des Priesteramtes, sehr häufig ursprünglich als Tagungsbeiträge und als Referate bei Priesterzusammenkünften konzipiert, dokumentiert den regen Diskussionsbedarf dieser Jahre. Die Veröffentlichungen lassen sich im wesentlichen folgenden Hauptanliegen zuordnen. Eine Gruppe von Beiträgen beschäftigt sich mit den biblisch-neutestamentlichen bzw. dogmengeschichtlichen Grundlagen des kirchlichen Priesteramtes (2.1). Eine andere bemüht sich darum, die Funktion des Priesteramtes auf dem Hintergrund des konziliaren Kirchenbildes neu zu formulieren (2.2). Eine dritte Gruppe schließlich hebt darauf ab, die Funktionsfrage zu umgehen oder ausdrücklich zurückzuweisen, indem sie die besondere christologisch-apostolische Legitimation des Amtes herauszustellen versucht (2.3).

2.1 Die Frage nach den neutestamentlichen und dogmengeschichtlichen Grundlagen des Priesteramtes

Das Konzil hatte sich mit den Fragen um die neutestamentliche Ämterordnung kaum beschäftigt und die geschichtlichen Fragen um die Entstehung der Ämter umgangen. Es begründete zwar (LG 28) das kirchliche Dienstamt als ganzes aus göttlicher Einsetzung (*divinitus institutum*), vermied aber eine ebenso konkrete Aussage hinsichtlich der einzelnen Amtsstufen Bischof, Priester und Diakon. Während Trient apodiktisch festgelegt hatte: „Si quis dixerit, in Ecclesia catholica non esse hierarchiam divina ordinatione institutam, quae constat episcopis, presbyteris et ministris: anathema sit,“[6] formuliert LG 28 zurückhaltender, daß das kirchliche Dienstamt „in verschiedenen Ordnungen ausgeübt [wird] von jenen, die schon seit alters (*ab antiquo*) Bischöfe, Priester, Diakone heißen.“

Dic Frage der göttlichen Einsetzung des Amtes als solches bzw. der einzelnen Amtsstufen bildet eines der Hauptanwendungsgebiete

[6] DH 1776.

der Lehre vom *ius divinum*, näherhin vom *ius divinum positivum*. Traditionellerweise suchte man den Beweis für die göttliche Urheberschaft der Kirche und ihrer konkreten Ordnung dadurch zu führen, daß man sich auf ausdrückliche Anordnungen Christi bzw. der Apostel berief. Diese wurden positivistisch und in historisierender Interpretation aus den Evangelien, der Apostelgeschichte oder den Briefen gewonnen. Angesichts des wachsenden historisch-kritischen Bewußtseins konnte diese Form des Nachweises nicht mehr überzeugen.

Den Anstoß zu einer neuen Diskussion und zu einer theologischen statt historischen Konzeption des *ius divinum* gab ein Aufsatz von *Karl Rahner* aus dem Jahre 1962.[7] Rahner integriert das Moment der Geschichtlichkeit in die Lehre vom *ius divinum*. Die Offenbarung Gottes vollzieht sich unter dem Beistand des Heiligen Geistes in den Entscheidungen der Menschen. Um die göttliche Urheberschaft der Kirche und ihrer Ordnung zu bekennen, ist man daher nicht positivistisch an den Nachweis einzelner Stiftungsakte gebunden. Die konstitutiven Momente für *ius divinum* sind stattdessen „Wesensgemäßheit", „Irreversibilität" und „Urkirchlichkeit"[8] der jeweils geschichtlich getroffenen Entscheidungen.

Das Interesse für die neutestamentlichen (bzw. patristischen) Grundlagen des kirchlichen Amtes entzündete sich am Begriff des Priesters und damit an der Frage nach der Berechtigung eines kirchlichen „Priester"amtes. Nicht allen, aber doch der Mehrheit der befragten katholischen Exegeten gelang es, konfessionelle Vorentscheidungen zugunsten des nüchternen neutestamentlichen Befundes hintanzustellen.[9]

7 K. Rahner, Über den Begriff des „Jus divinum" im katholischen Verständnis, Schriften V, 249-277. Die anschließende Diskussion referiert G. Bausenhart, Das Amt in der Kirche. Eine not-wendende Neubestimmung, Freiburg 1999, 27-41.

8 Das Kriterium der Urkirchlichkeit relativiert Rahner später: „Man sieht ... nicht recht ein, warum ein so verstandenes ius divinum sich nur in der apostolischen Zeit bilden könne ... Warum sollte man nicht auch solche späteren, wesensgemäßen Entscheidungen der Kirche nicht auch als ius divinum betrachten können, wenn sie wesensgemäß und irreversibel sind ...?" (Rahner, Vorfragen zu einem ökumenischen Amtsverständnis, QD 65, 1974, 34).

9 Einen zusammenfassenden Überblick bietet M. Houdijk, Eine Diskussion aus letzter Zeit über die neutestamentlichen Grundlagen des Priesteramtes, in: Conc(D) 8 (1972) 774-781.

2.1.1 Kirchliches Amt und Priesterbegriff

Das sachliche Problem um das kirchliche Priesteramt spiegelt sich in einem etymologischen. Das deutsche Wort Priester, ebenso wie das französische *prêtre* und das englische *priest*, leitet sich zwar von gr. *πρεσβύτερος* bzw. lat. *presbyter* her, der Bezeichnung eines auf jüdische Vorbilder zurückgehenden urchristlichen Ältestenamtes. Der Sache nach fungiert es jedoch als Übersetzung des gr. *ἱερεύς* bzw. lat. *sacerdos*. Dadurch ist es mit kultisch-rituellen Vorstellungsinhalten aufgeladen, die durch die Amtsbezeichnung Presbyter vermieden werden. Seit dem Mittelalter büßte der Begriff weiter an Eindeutigkeit ein, indem *sacerdos* unterschiedslos auf Bischof und Priester angewandt wurde. Das Zweite Vatikanische Konzil hatte im Bewußtsein dieser Problematik einigermaßen konsequent versucht, die Priester des zweiten Grades mit dem Wort *presbyteri* zu bezeichnen.

Mit Blick auf den neutestamentlichen Befund stellte sich jedoch grundsätzlicher die Frage, ob der Begriff „Priester" für den kirchlichen Leitungsdienst überhaupt angemessen ist. Unmißverständlich konfrontiert beispielsweise *Josef Blank* in einem Akademievortrag[10] mit der Tatsache, daß im Neuen Testament weder von kirchlichen Amtsträgern als Priestern die Rede ist, noch davon, daß sie priesterliche Funktionen ausüben. Im Gegenteil: Aufgrund der kritischen Distanz, die Jesus selbst zu priesterlich-kultischen Traditionen hatte, muß angenommen werden, daß die junge Kirche den Priestertitel und priesterliche Vorstellungsmuster mehr oder minder bewußt gemieden hat.

Einblick in frühkirchliche Gemeindestrukturen gewähren vor allem die Briefe des Paulus und der paulinischen Tradition. Die einschlägigen Stellen (1Kor 12,27-30, Röm 12,6-8, Eph 4,7-13) kennen eine Vielzahl von Funktionen, Dienstleistungen und Befähigungen. Genannt werden Apostel, Propheten, Lehrer, Wundertäter, Heilungsbegabte, Hilfsdienste, Verwaltungsaufgaben, Sprachengaben (1Kor 12), dazu die Gabe des Ermahnens, das Vorstehersein, das Barmherzigkeit-Üben (Röm 12) sowie Hirten (Eph 4). Einige dieser Bezeichnungen, etwa die 1Kor 12,28 genannten Apostel, Propheten und Lehrer, erscheinen besonders profiliert. Der Übergang zwischen solchen Funktionen, die wir heute als „Amt" bezeichnen würden, und den Befähigungen, die sonst in den Dienst der Gemeinde gestellt

[10] J. Blank, Kirchliches Amt und Priesterbegriff, in: Weltpriester nach dem Konzil (Münchener Akademieschriften 46), München 1969, 11-52.

werden, ist jedoch fließend.[11] Grundsätzlich handelt es sich bei all diesen Dienstleistungen um „der Kirche vom Heiligen Geist gewährte Gnadengaben“,[12] die in ihrer Verschiedenheit als „Glieder“ zusammenwirken im und zum „Leib Christi“.

Die etwas später hinzukommenden Bezeichnungen *ἐπίσκοπος* und *διάκονος* (z.B. Phil 1,1) entbehren jedes religiösen Klanges. „Der Ausdruck *ἐπίσκοπος* ist ausgesprochen farblos und allgemein“, er geht „auf sehr profane Amtsstellungen mit technischen oder finanziellen Obliegenheiten, etwa als Marktaufseher oder als Aufseher beim Bau“ zurück. „Es handelt sich um jemanden, der eine leitende Verwaltungsfunktion ausübt. Ein sakral-kultisches Moment liegt darin nicht.“[13]

Die wenigen Texte aus der neutestamentlichen Briefliteratur, die ausdrücklich von Priestern reden, beziehen diesen Terminus entweder auf Christus (Hebr) oder auf die Christen (1Petr 2,5.9, Apk 1,6; 5,10; 20,6), stellen aber keine Bezüge zu kirchlichen Amtsträgern her. Eigens erinnert Blank unter Verweis auf Kol 1,12 und 1Petr 5,2f. daran, „daß sich auch das Wort *κλῆρος*, ‘Erbe’, im Neuen Testament primär auf die ganze Gemeinde, die Kirche als solche, bezieht.“[14]

Paulus gebraucht zwar an einer Stelle (Röm 15,16) den Ausdruck *ἱερουργεῖν*, „den heiligen Dienst verrichten“, „priesterlich“ bzw. „als Priester handeln“ und bezeichnet sich als *λειτουργὸς Χριστοῦ Ἰησοῦ*. Gerade diese Stelle macht aber nach Blank deutlich, daß er „die priesterlich-sakrale Terminologie ... neu interpretiert, und zwar durch die Verkündigung des Evangeliums, die Heidenmission“. Die Bezeichnung *λειτουργός Χριστοῦ Ἰησοῦ* sei mit Blick auf Röm 13,6, wo Paulus auch die staatlichen Finanzbeamten als Liturgen Gottes bezeichnet, ebenfalls „ziemlich farblos zu übersetzen ...: als Diener oder Beamter Jesu Christi“.[15]

Sämtliche Stellen der synoptischen Tradition, in denen das Wort „Priester“ vorkommt beziehen sich auf das alttestamentlich-jüdische Priestertum. Jesus, der selbst viel mehr in der prophetischen Tradition beheimatet war als in den kultischen Traditionen Israels,[16] hat dieses Priestertum teils faktisch hingenommen, teils scharfe Kritik

[11] Blank, Amt, 22.
[12] Blank, Amt, 21.
[13] Blank, Amt, 24.
[14] Blank, Amt, 27.
[15] Blank, Amt, 29.
[16] Blank, Amt, 37.

daran geübt (z.B. im Gleichnis vom barmherzigen Samariter, in der Szene der Tempelreinigung).[17] Dem Zwölferkreis, dem als Repräsentant des eschatologischen Zwölfstämme-Volkes zweifellos eine Sonderstellung zukommt, wird nirgends eine priesterliche Funktion zugeschrieben. Selbst bei Lukas, der den Apostolat „von einer bestimmten theologischen Konzeption aus stark schematisiert", haben „Petrus und der Zwölferkreis in erster Linie eine Verkündigungsfunktion. Sie denken in keiner Weise daran, als Ersatz für das kultische Priestertum aufzutreten ... Zwar spricht Lukas vom Brotbrechen, womit wohl die Eucharistie gemeint ist, aber es wird zum Beispiel nicht gesagt, wie es dabei zuging, wer den Vorsitz führte usw. Auch wird die Eucharistie weder bei Lukas noch überhaupt irgendwo im Neuen Testament als Opfer bezeichnet."[18] Das Kernstück des traditionellen Ordo-Traktates, nämlich die Meinung, „Jesus habe beim letzten Abendmahl mit dem Wiederholungsbefehl 'Tut dieses zu meinem Gedächtnis' gleichsam die Priesterweihe eingesetzt, läßt sich angesichts der Texte ... exegetisch kaum halten. Es handelt sich [dabei] um eine dogmatische Interpretation aus späterer Zeit."[19]

Obwohl die christliche Urgemeinde eine ganze Reihe anderer Begriffe aus der alttestamentlich-jüdischen Tradition übernommen hat, wie etwa den wichtigen Begriff *ἐκκλεσία τοῦ θεοῦ*, findet sich die Bezeichnung „Priester" für neutestamentliche Amtsträger an keiner einzigen Stelle. Für den Exegeten ist es deshalb schwierig, den Begriff eines besonderen Amtspriestertums in der Kirche Jesu Christi zu rechtfertigen.[20]

Damit sei freilich „die Frage nach Sinn und Bedeutung des kirchlichen Amtes ... nicht erledigt, sondern ganz neu gestellt".[21] Grundlegend für alle Ämter und Dienste der Kirche ist der missionarische Verkündigungs- und Heilsauftrag Jesu. Diejenigen, die nach Ostern mit der Verkündigung des Auferstandenen vor der jüdischen Öffentlichkeit begannen, wurden vermutlich in der Urkirche als erste als Apostel bezeichnet. Mit wachsender Gemeindebildung kamen als zweite wesentliche Grundfunktion gemeindeinterne Leitungs- und Aufbauaufgaben hinzu. Hier ist der Ort, „wo im Laufe der Zeit das institutionelle und später auch das kultische Moment stärker in den Vordergrund trat".

17 Blank, Amt, 25.
18 Blank, Amt, 37.
19 Blank, Amt, 25.
20 Blank, Amt, 41.
21 Ebd.

Die Reduktion, Konzentration und zunehmende Institutionalisierung der Vielfalt der Dienste auf die Trias Episkopat, Presbyterat und Diakonat war mitbedingt durch die Auseinandersetzungen mit den verschiedenen Häresien, insbesondere der Gnosis und dem Montanismus, bedeutete aber auch eine Verarmung des kirchlichen Dienstes. Die Prophetie trat zurück und erlosch fast ganz, die Funktion der Lehrer und Evangelisten ging ganz in der Episkopal- und Klerikalstruktur auf.[22] Dafür orientierte man sich, wie 1Klem 40,5 u. 42,2-5 bezeugt, schon bald an der hierarchischen Ordnung des Alten Testaments und legte den Grundstein für die spätere Unterscheidung zwischen Klerikern und Laien.[23]

„Grundlegend bleibt ... das Verständnis des Amtes als *διακονία* und *οἰκονομία*, als Dienst und Haushalterschaft. Für beide Begriffe ist es kennzeichnend, daß sie dem Amt keinerlei selbständige Bedeutung zubilligen und es möglichst farblos von seiner Aufgabe, seiner Funktion her bestimmen. Es gibt also kein 'absolutes Amtsverständnis', das einfachhin sui juris wäre."[24] Die *διακονία* des Amtes steht in zweifacher Abhängigkeit: zum einen von Christus, dem Herrn der Kirche, dementsprechend ist es Christus-Dienst, zum anderen in Richtung auf die Gemeinde, die Glaubenden.

Von einer einheitlichen Amtsauffassung kann man im Neuen Testament nicht sprechen. Zwar zeigt sich besonders in den lukanischen Schriften „das starke Interesse ... an einer historischen Kontinuität, die dann später zum Gedanken der apostolischen Sukzession führt",[25] doch darf „das lukanische Verständnis nicht einseitig als das einzig richtige und maßgebliche angesehen werden". Die „historische Entwicklung in einer bestimmten Richtung bedeutet keineswegs schon eine Rechtfertigung derselben."[26] Wenn in den Pastoralbriefen die Bedeutung der Handauflegung herausgestellt wird, so zielt dieser Ordinationsritus auf die Wahrung der Kontinuität der Evangeliumsverkündigung und meint noch nicht eine sakramentale Weihegewalt ausschließlich im Hinblick auf die Eucharistie. Nach dem Tod der Apostel ging es um „die Wahrung und Sicherung des apostolischen Erbes, um die Abwehr der Häresien, insbesondere der Gnosis, den Rückgang des Enthusiasmus, den Ausbau der Gemeinden. Hinzu kommt der Trend zur großkirchlichen Entwicklung im

22 Blank, Amt, 42.
23 Blank, Amt, 32.
24 Blank, Amt, 43.
25 Blank, Amt, 44.
26 Blank, Amt, 45.

römischen Imperium bzw. der Oikumene und der Rückgang der eschatologischen Naherwartung."[27]

Einen wesentlichen Beitrag zur Ausbildung eines kirchlichen Priesterbegriffs schreibt Blank der Konkurrenz der heidnischen Kulte, Mysterienverbände und der Staatsreligion zu. „Wie sich das Christentum der Philosophie gegenüber als die wahre Philosophie verstand, so im Vergleich mit den Religionen als vera religio. Dies führte zur Übernahme einer Reihe von Vorstellungen, die damals wichtig waren. Als vera religio hatte die Kirche in der Eucharistie ein Opfer, das allen Opfern überlegen war, und damit drang auch der Priesterbegriff ein. Seit Konstantin dem Großen kam hinzu, daß den Bischöfen und Presbytern der Kirche Aufgaben zufielen, die bis dahin vom offiziellen Staatskult und seiner Priesterschaft wahrgenommen wurden. ... Die kirchlichen Amtsträger wurden zum privilegierten gesellschaftlichen Stand."[28]

2.1.2 Das Schreiben der Bischöfe des deutschsprachigen Raumes über das priesterliche Amt (1969/70)

Als Antwort auf die bedrängende Situation, „daß Zweifel und Kritik [am Priesteramt] nicht mehr wie bisher, bloß von außen, von Nichtgläubigen und Andersgläubigen an uns herangetragen werden, sondern daß im Innern der katholischen Theologie und des kirchlichen Bewußtseins selbst die Fragen sich mit zunehmender Schärfe stellen" legen die Bischöfe des deutschsprachigen Raumes 1969/70 eine „biblisch-dogmatische Handreichung" zum Priesteramt[29] vor. Das Schreiben möchte „inmitten der vielen Fragen die fundamentalen und auch für unsere Gegenwart gültigen Gehalte des kirchlichen beziehungsweise priesterlichen Amtes in den wichtigsten Zügen herausstellen" (Nr. 1).

27 Blank, Amt, 46.

28 Blank, Amt, 47. – Auf den Zusammenhang von Priesterbegriff und der Vorstellung der Eucharistie als Opfer hatten bereits früher einschlägige Beiträge von evangelischer Seite hingewiesen: Vgl. H.v. Campenhausen, Die Anfänge des Priesterbegriffs in der Alten Kirche, in: ders., Tradition und Leben, Tübingen 1960, 272-289; G.G. Blum, Eucharistie, Amt und Opfer in der Alten Kirche, in: Oekumenika. Jahrbuch für ökumenische Forschung, Gütersloh 1966, 9-60.

29 Schreiben der Bischöfe des deutschsprachigen Raumes über das priesterliche Amt, für den Bereich der deutschen Bischofskonferenz verabschiedet am 11. November 1969 (Die deutschen Bischöfe 0.3).

In seinem dogmengeschichtlichen Teil skizziert das Papier sehr ehrlich den „Gestaltwandel des priesterlichen Amtes“ (Nr. 25ff.), wie er aus den Schriften des Neuen Testaments und der Apostolischen Väter zu erheben ist. Die „mannigfache Streuung der Ämter und die aus den geschichtlichen Anknüpfungspunkten beziehungsweise den konkreten Bedürfnissen verständliche Differenzierung“ wird mit Verweis auf die recht unterschiedlichen Amtstrukturen in der Didache (Apostel und Propheten), im ersten Clemensbrief (kollegiale Verfassung, bestehend aus sog. Presbyter-Episkopen) und in den Briefen des Ignatius von Antiochien („monarchischer“ Episkopat) illustriert (Nr. 26). Die Verbindung des Vorsitzes beim Herrenmahl und der Aufgabe der Gemeindeleitung, die zunehmende Selbständigkeit des Presbyterdienstes und auch die bewußte Aufnahme der Bezeichnung „Priester“ bzw. „Hoherpriester“ für den kirchlichen Amtsträger (zunächst den Bischof) werden als Ergebnis einer geschichtlichen Entwicklung aufgezeigt. Als Momente, die die allmähliche Sazerdotalisierung begünstigt haben, nennt das Schreiben den Rekurs auf die alttestamentliche Typologie sowie die sorglosere Aufnahme überkommener außerchristlicher Würdenamen und Amtsbezeichnungen, nachdem sich die junge Kirche von Synagoge und Tempel gelöst hatte, und die stärker liturgisch ausgebaute Rolle des Bischofs etwa ab dem 3. Jahrhundert. Es räumt „die Zweideutigkeit dieses Rückgriffs“ ein, „weil damit der radikale Bruch mit dem vor- und außerkirchlichen Priestertum verdeckt werden könnte“ (Nr. 27).

Bedeutsamer als die dogmenhistorischen Einzelfakten – diese erfahren in der Forschung zum Teil unterschiedliche Datierungen und Akzentsetzungen – sind die hermeneutischen Grundsätze, zu denen sich die Bischöfe bekennen. „Die Kirche steht nicht unwiderruflich zu allen Wandlungen in ihrer Geschichte. Sie muß nicht alle Formen festhalten wollen, die je einmal kirchliche Ordnung oder kirchlicher Brauch waren. Sie darf aber auch nicht das Gewicht jahrhundertealter Tradition, erst recht nicht das der kirchlichen Lehre ignorieren. Vielmehr muß die Kirche sich immer erneut fragen, wie sie den christlichen Glauben am besten ursprungsgetreu und situationsgemäß verwirklichen kann“ (Nr. 25).

Leider muß festgestellt werden, daß der erste, biblische Teil des Schreibens diesen hermeneutischen Grundsätzen kaum gerecht wird. Das leitende Interesse, das Amt in der Kirche überhaupt und die priesterliche Eigenart dieses Amtes im besonderen neutestamentlich-historisch zu legitimieren, verhindert hier einen unvoreingenommenen und methodisch sauberen Umgang mit den neutestamentlichen Texten. Die Begründung des Amtes erfolgt einseitig von der Apostel- bzw. Apostolatskonzeption der lukanischen Schriften und der Pastoralbriefe her. Die Argumentation führt in bruchloser Linie von der besonderen Vollmacht Jesu Christi über den Apostolat zu den nachapostolischen Gemeindeämtern. Betont wird beispielsweise die unmittelbare Beteiligung der Jünger/Apostel an der Sendung Jesu Christi vom Vater, sowie ihre Ausstattung mit bestimmten Aufträgen und Vollmachten, „die nicht in gleichen Sinn und Umfang jedem Glied der Kirche gelten sollten" (Nr. 7). Das Zeugnis der Paulusbriefe für eine vielfältige, charismatisch gestaltete Ämter- und Dienstordnung in den frühchristlichen Gemeinden wird nicht eingebracht. Nur das Selbstverständnis des Paulus wird zur inhaltlichen Füllung des Apostolats herangezogen (Nr. 8), weil in dieser Hinsicht die Aussagen der lukanischen Schriften nicht ergiebig sind. Für Paulus sei der Apostolat ein Amt, für das er von jeher „ausgesondert" wurde. Der Apostel stehe der Gemeinde in einer „unaufhebbaren 'Opposition'" gegenüber, und zwar in der „'Opposition' ... einer besonderen Autorität". Er kann Glieder der Gemeinden an seinen Aufgaben teilnehmen lassen und seine persönlichen Vertrauten auch als seine Stellvertreter senden. Namentlich erwähnt werden - offenbar um die nahtlose Verbindung zu den Pastoralbriefen zu insinuieren - ausschließlich Timotheus und Titus (Röm 16,21; 1Thess 3,2; 2 Kor 7,15 u.a.). Die Gemeindeämter seien nach dem Zeugnis der Paulusbriefe vor allem bei Abwesenheit des Apostels nötig. „Sie sind nach dem Selbstverständnis der werdenden Kirche [im Apostolat] enthalten und werden in der nachapostolischen Zeit als eigene Ämter aus ihm herausgesetzt" (Nr. 10).

Die exegetische Argumentation des Schreibens basiert bis in wörtliche Formulierungen hinein auf Vorarbeiten von *Heinrich Schlier.*[30] Dies zeigt sich besonders deutlich in den Darlegungen über die „priesterliche Eigenart des Amtes" (Abschnitt I.2). Zwar wird eingeräumt (Nr. 14), daß „im Neuen Testament nicht ausdrücklich gesagt [ist], daß die Amtsträger auch für kultisch-sacerdotale Aufgaben bestellt sind", leitend ist jedoch die Vorstellung, daß in den neutestamentlichen Schriften „die entscheidenden Elemente eines solchen priesterlichen Amtes" bereitliegen,[31] die die spätere Entwicklung nicht nur rechtfertigen, sondern diese gleichsam keimhaft-

[30] H. Schlier, Grundelemente des priesterlichen Amtes im Neuen Testament, in: ThPh 44 (1969) 161-180; später noch einmal in leicht modifizierter Fassung veröffentlicht: Die neutestamentliche Grundlage des Priesteramtes, in: A. Deissler / H. Schlier / J.-P. Audet, Der priesterliche Dienst I. Ursprung und Frühgeschichte (QD 46), Freiburg 1970, 81-114.

[31] Schreiben Nr. 21; Schlier, Grundelemente, 171.

embryonal bereits enthalten, auch wenn dies der Kirche erst allmählich zu Bewußtsein kam. Angesichts des Fehlens ausdrücklich priesterlicher Amtstitulaturen hänge die Möglichkeit eines kirchlichen „Priester“amtes davon ab, „ob Christus selbst in der Fülle seiner Vollmacht ... priesterlich wirken will und ob er diese Intention mit dem Sendungsauftrag an seine Jünger verbunden hat“ (Nr. 14).

Eine solche Intention Jesu versucht nun das Bischofsschreiben bzw. *Heinrich Schlier* nachzuweisen, indem - gewissermaßen als Konvergenzbeweis - eine Fülle von Einzelstellen mit priesterlich-kultischen Konnotationen zusammengetragen wird. In vier Schritten wird aufzuzeigen versucht:

(1) Das Neue Testament versteht Christi Wirken als Priestertum und Priesteramt (Nr. 15). Hier trägt vor allem der Hebräerbrief die Beweislast, „der Sache nach“ aber auch all jene Stellen, „wo von Jesu Christi Hingabe“, „von dem gehorsamen, sühnenden und erlösenden Opfer seiner selbst für die Welt und für die Seinen“ die Rede ist.

(2) Das Priestertum Christi geht „in spezifischer Weise in den Apostolat ein“ (Nr. 17). Dies belege vor allem Paulus, der sein Verkündigungsamt ausdrücklich als eine „öffentlich-amtliche Opferliturgia für das Gemeinwesen der Welt“ (vgl. Röm 15,15f.) betrachte.

(3) „Wie der Apostolat, so ist auch das Volk Gottes priesterlich durch das neue und grundlegende Priestertum Christi“ (Nr. 19). Dieses einzigartige Priestertum des Volkes Gottes realisiert sich „in der Kraft des einen Opfers Jesu Christi, durch den einen Hohenpriester Christus, der durch den Dienst des besonderen Priestertums in jeder Eucharistiefeier mitten in seiner Gemeinde gegenwärtig wird, um deren Opfer mit dem seinen zu verbinden.“[32]

(4) Das kirchliche Gemeindeamt kann ebenfalls „priesterlich genannt werden“, weil es sich aus dem Amt der Apostel „heraussetzt“ und „durch diesen seinen Ursprung und seinen bleibenden Rückbezug auch in seiner priesterlichen Eigenart vom Wesensbild des Apostolates bestimmt“ ist (Nr. 21f.).

„Die innere Zuordnung des Vorsitzes bei der Eucharistiefeier und der Vollmacht der Sündenvergebung zum grundlegenden priesterlichen Dienst wird ... zwar [nur] ansatzweise bezeugt“ (Nr. 22), doch

[32] Hier weicht das Schreiben von der Schlier-Vorlage ab. Dort ist es der „priesterlich-apostolische Dienst, durch den in Evangelium und Existenz der eschatologische Priesterdienst Jesu Christi, sein Selbstopfer für die Welt, vergegenwärtigt wird“, der das priesterliche Volk, die Kirche „erzeugt“ (Schlier, Grundelemente, 168).

wird im „priesterlichen Tun des apostolischen Amtsträgers" „das Opfer ... Christi für die Welt in der Welt heilbringend gegenwärtig[ge]halten" (Nr. 23). In „unmittelbar nachneutestamentlicher Zeit" zeige sich dann, „daß die Leitung der Eucharistiefeier und die Sündenvergebung priesterliche Vollmachten sind, die nur dem Amtsträger zukommen" (ebd.).

Deutliche Kritik am methodischen Vorgehen des Schreibens bzw. Schliers übten vor allem die Neutestamentler *Wilhelm Pesch* und *Karl Kertelge.*[33] *Pesch* beklagt den „durchgehend apologetischen Ton mit seinen Einschränkungen und mit der aller Apologetik eigenen Unsicherheit" und die Blindheit des Schreibens „gegenüber den gegenwärtigen und zukünftigen Entwicklungsmöglichkeiten".[34] Er zeigt auf, daß die priesterlichen Attribute, die Paulus gelegentlich für sein eigenes Wirken verwendet, ein „gewagtes, ein großartiges Bild" sind, das es aber nicht erlaubt, Paulus ein priesterliches Selbstverständnis zu unterstellen, im Gegenteil: „er hebt alles Priesterliche auf, indem er es degradiert zur Bildsprache für sein 'unpriesterliches Tun'."[35] Ebensowenig gehe es an, „harmonisierend die viel spätere Reflexion des Hebräerbriefes der paulinischen Aussage vorzuordnen" oder aus den synoptischen Ausdrücken der Selbsthingabe Jesu (Mk 10,45; 14,24; Lk 22,19) eine „'priesterliche Eigenart' des Wirkens Jesu oder seines Selbstverständnisses" zu postulieren.[36] Unter Berufung auf eine Äußerung von Bischof *Hermann Volk*[37] weist Pesch darauf hin, daß die „Priester-Christologie des Hebräerbriefes, so einzigartig und genial sie im Neuen Testament dasteht, ... in Bezug auf ihre Methode und ihr Bildmaterial widersprüchlich und umstritten" bleibt.[38]

In ähnlicher Weise zieht *Karl Kertelge* die „volle Tragfähigkeit einzelner von Schlier angenommener Voraussetzungen" in Zweifel. Fragwürdig sei vor allem, daß sich Schlier am „Begriff des Priestertums als Leitidee einer theologischen Begründung des Amtes aus

33 W. Pesch, Priestertum und Neues Testament, in: TThZ 79 (1970), 65-83; K. Kertelge, Gemeinde und Amt im Neuen Testament, München 1972, 19-26.
34 Pesch, Priestertum, 68.
35 Pesch, Priestertum, 71.
36 Pesch, Priestertum, 72.
37 H. Volk, Der Priester und sein Dienst. Zum Schreiben der deutschen Bischöfe über das priesterliche Amt, in: Publik Jg. 3, Nr. 1 (2. Jan. 1970) 23-24: „Sein (scl. Jesu Christi) Priestertum ist allerdings so eigener Art, daß wir von uns aus es ebenso gut unterlassen könnten, ihn Priester zu nennen" (23).
38 Pesch, Priestertum, 73.

dem NT“ orientiert.[39] Zwar brauche das „systematisch-deduktive Vorgehen“ im Schreiben der deutschen Bischöfe „noch nicht von vornherein wissenschaftlich illegitim zu sein, es erfordert aber eine erhöhte Aufmerksamkeit, damit nicht das, was gesucht und erwiesen werden soll, durch die systematische Zielsetzung zugleich eingetragen wird.“[40] Grundsätzlich stellt Kertelge die Frage, „ob und warum man in einem Schreiben über das ‘priesterliche Amt’ unbedingt darauf Wert legen muß, daß sich schon im NT das Verständnis vom ‘Amt’ einer offenkundig späteren Ansicht von einem ‘Priester in der Kirche’ fügt. Darf und muß man ... so eindeutig entwicklungsgeschichtlich argumentieren, als ob die Kontinuität ... nur dadurch geleistet wäre, daß die späteren, doch immer auch wechselnden und austauschbaren Vorstellungen und Vollzüge schon embryonal im ‘Uramt’ angelegt erscheinen?“[41]

2.1.3 Grundfragen der Hermeneutik

Die Diskussion um das Schreiben des deutschen Bischöfe ließ deutlich werden, daß die Frage nach den bibelexegetischen Grundlagen bzw. den altkirchlichen Wurzeln des kirchlichen Priesteramtes nicht ohne Klärung ihrer hermeneutischen Voraussetzungen auskommt. Die Ergebnisse der exegetischen und historischen Forschungen belegen vor allem die große Vielfalt der Bedingungen, Situationen und Lösungsversuche, die die Amtsentwicklung der Kirche bestimmt haben. Sie zeigen auf, inwiefern ein bestimmter Entwicklungsschritt jeweils als Antwort und Reaktion auf Herausforderungen zu verstehen ist, die sich der Kirche historisch stellten, können aber „in keinem Fall gegenwärtige Lösungen des Amtsproblems in der Kirche legitimieren“.[42]

• Hinsichtlich der neutestamentlich-theologischen Begründung des kirchlichen Amtes formuliert *Karl Kertelge* „im Sinne einer Reflexion über die hermeneutischen Voraussetzungen“ wichtige Ansätze für eine „sachgemäße Fragestellung“.[43] Da die „*direkte* Ableitung der besonderen Dienste in der Kirche von Jesus selbst exegetisch nicht möglich erscheint“, komme der „Frage nach einer *mittelbaren*

[39] Kertelge, Gemeinde, 19.
[40] Kertelge, Gemeinde, 25.
[41] Kertelge, Gemeinde, 26.
[42] J. Martin, Die Genese des Amtspriestertums in der frühen Kirche (Der priesterliche Dienst III, QD 48), Freiburg 1972, 17.
[43] Kertelge, Gemeinde, 26-30.

Ableitung erhöhte Bedeutung“ zu. Die theologische Begründung des kirchlichen Amtes habe von der Herkunft der Kirche von Jesus auszugehen. Trotz der besonderen Bedeutung, die den „Zwölf“ zukommt, darf nicht übersehen werden, daß sie „zunächst doch die von Jesus ins Leben gerufene neue Heilsgemeinde dar[stellen] und nicht nur ein der Gemeinde von vornherein gegenüberstehendes ‘Amt’“.[44] Alle einzelnen Funktionen und Ämter, die sich in der Kirche herausbildeten, verstanden sich immer als Teilnahme an der einen Grundfunktion der Kirche, nämlich der Verkündigung des Evangeliums. „Diese Grundfunktion der Kirche trat in ihrem ältesten Stadium besonders eindrucksvoll im Apostelamt hervor. Dieses kann daher im *sachlichen*[45] Sinne als das kirchliche ‘Uramt’ gelten.“[46] „Die Frage, wozu das Amt dient, ist nicht von der Frage zu lösen, wozu die Kirche dient.“[47] Die Exegese muß den Möglichkeiten und Grenzen ihrer Methode Rechnung tragen. Sie kann durch das Aufzeigen des neutestamentlichen Befundes die Geschichte der Anfänge des Christentums erhellen und diesen Befund von der eigentlichen und zentralen Sache des Christentums, nämlich der Verkündigung des Evangeliums her deuten. Die theologische Begründung des Amtes ist aber keine exegetische, sondern eine dogmatische Aufgabe.

• Als Historiker richtet *Jochen Martin*[48] kritische Anfragen an die von katholischen Theologen, namentlich auch von *Karl Rahner*[49] gepflegte Unterscheidung „zwischen einem geschichtlicher Bedingtheit nicht unterliegenden ‘Wesen’ des Priestertums und dessen jeweils konkreter historischer Ausformung.“ Nicht nur der Historiker besitze „kein Instrumentarium, um Göttliches von Menschlichem zu unterscheiden“,[50] auch für den Theologen müsse „die Unterscheidung zwischen Geschichtlichem (und damit Wandelbarem) und Absolutem - oder zwischen Wesentlichem und Unwesentlichem - ... zum zentralen Problem“ werden. Denn man kommt „an der Tatsache nicht vorbei, daß [das Wort der Offenbarung] einerseits nur geschichtlich mitgeteilt sein, andererseits auch immer nur geschichtlich

44 Kertelge, Gemeinde, 27.
45 Hervorhebung JM.
46 Kertelge, Gemeinde, 28.
47 Kertelge, Gemeinde, 29.
48 J. Martin, Die Genese des Amtspriestertums in der frühen Kirche (Der priesterliche Dienst III, QD 48), Freiburg 1972.
49 Martin bezieht sich auf K. Rahner, Der theologische Ansatzpunkt für die Bestimmung des Wesens des Amtspriestertums, in: Conc(D) 5 (1969) 194-197.
50 Martin, Genese, 10.

angeeignet werden kann".[51] Das Bemühen der Theologen, zwischen Göttlichem und Menschlichem, „Wesen" und „Gestalt" zu unterscheiden, „hat dazu geführt, daß [sie] selten die Geschichte ganz ernst genommen haben. Sie haben entweder Teilabschnitte der Geschichte aus ihrem geschichtlichen Kontext herausgenommen und ihnen den Charakter geschichtsloser Absolutheit zugeschrieben – man sprach dann von 'echte(r) und gültige(r) Entwicklung' [Küng], von einer 'Zeit der Offenbarung im Vollzug' [Fransen] oder davon, daß Entwicklungen des apostolischen Zeitalters 'irreversibel und bleibend verpflichtend und in diesem Sinne *iuris divini*' [Rahner] sein können – oder Geschichte abgewertet in dem Sinn, daß man die geschichtlichen Bedingtheiten von Geschehnissen, Institutionen und Strukturen, die man für 'bleibend verpflichtend' hielt, nicht wahrnahm."[52]

- Darauf, daß es sich bei der „Unterscheidung zwischen Inhalt und Form" oder „zwischen Kern und Schale (wandelbaren und unwandelbaren Elementen)" um „nachträgliche Hilfsbegriffe handelt", weist *Alexander Gerken*[53] hin. „Es ist nicht möglich, vor oder in dem Ereignis der Übersetzung der Botschaft in eine andere Begriffs- oder Denkform Kern und Schale ein für allemal zu unterscheiden." Die Verheißung des Geistes, der die Identität der Kirche garantiert, entbindet sie nicht von den Bedingungen der Geschichte und davon, daß ihr Weg „mit Pilgerschaft und Glaubenswagnis zu tun hat. Die Identität der ihr anvertrauten Botschaft bleibt ihrem Können und Verfügen im tiefsten entzogen."[54] Der Glaube an den Beistand des Geistes schließt aber nicht aus, sondern gerade ein, daß wir in einem „Prozeß der wachen Reflexion" die gelungene Übersetzung des neutestamentlichen Grundimpulses in die Denk- und Vorstellungskategorien einer anderen Epoche ebenso feststellen können, wie „die nicht oder nicht ganz gelungene Übersetzung und damit die Überformung biblischer Anstöße durch fremdes Denken".[55]

Angewendet auf die Fragen zum kirchlichen Amt bedeutet dies: Eine Sichtweise, die die konkreten geschichtlichen Entwicklungsformen von heutigen Frage- und Problemstellungen her wertet und

[51] Martin, Genese, 11.
[52] Ebd.
[53] A. Gerken, Theologie der *Eucharistie*, München 1973. Gerken reflektiert über „Wahrheit und Dogmengeschichte" (61-65) im Hinblick auf die Entwicklung des Eucharistieverständnisses. Seine Überlegungen sind grundlegender Natur und gelten genauso für die Hermeneutik des kirchlichen Amtes.
[54] Gerken, Eucharistie, 62.
[55] Gerken, Eucharistie, 63.

benutzt, um gegenwärtige Strukturen entweder zu legitimieren oder zu kritisieren, gibt sich nur zum Schein geschichtsbezogen, denkt aber in Wahrheit ungeschichtlich. Das gilt für die klassische Interpretationsfigur katholischer Amtstheologie, die die altkirchliche Entwicklung nur zu gern als organischen Prozeß der Bewußtwerdung und Ausgestaltung der der Kirche bereits keimhaft eingestifteten Strukturen und deshalb als normative Vorgabe jeder künftigen Entwicklung sehen will, genauso wie für das auf protestantischer Seite gepflegte Grundmuster, das diese Entwicklung als Beginn eines fortwährenden Abfalls vom urkirchlichen Ideal verstehen mochte. Die „grundsätzliche theologische Entscheidungsfrage" besteht nicht erst darin, ob man „die historisch zu fassende Entwicklung als Entfaltung des im Wesen der Kirche beschlossenen Kerns ansieht oder als Abfall von ihrem Wesen" und ob man sie damit zusammenhängend als „beliebig oder providentiell, veränderbar oder irreversibel"[56] betrachtet, sondern zuvor darin, ob man die Entwicklung des kirchlichen Dogmas - und analog der kirchlichen Amtsstruktur - als linear verlaufenden Vorgang interpretiert oder als einen in jeder Epoche je neu zu leistenden Übersetzungsprozeß von einer Denkform und Sprache in eine andere versteht, bei dem stets bewußt bleibt, daß Inhalt und Form einer Aussage nicht voneinander unterscheidbar und ablösbar sind wie ein Gefäß von seinem Inhalt, so daß der Inhalt einer bestimmten Aussage abstrichslos einfach von einer Denkform in die andere umgegossen werden könnte.

Indem historische Forschung aufzeigt, in welcher Weise die Lösungen der ersten Jahrhunderte geschichtlichen Bedingungen unterworfen waren, wird deutlich, wie Sinn und Auftrag des Amtes für die Kirche (= sein Wesen), das vom Neuen Testament her grundlegend als Dienst, also als Funktion für ein größeres Ganzes charakterisiert ist, sich nur dadurch verwirklichen können, daß es je plausible Formen annimmt. Ob und inwieweit dabei auch mit dem Wesen der Kirche und ihrer Sendung nicht vereinbare bzw. hinderliche Elemente ins Amt eingetragen wurden, kann erst nachträgliche Reflexion wahrnehmen. Es bleibt der Zeit, in der der Entwicklungsprozeß selbst stattgefunden hat, verborgen.

Die altkirchliche Entwicklung kann als Beispiel dafür gelesen werden, wie die wesentliche Grundfunktion der Evangeliumsverkündigung unter den Bedingungen der Großkirche nur zu erfüllen war, wenn die Strukturen der Kirche und die Funktion ihres Amtes

[56] E. Dassmann, Das kirchliche Amt im Widerstreit, in: ders., Ämter und Dienste in den frühen christlichen Gemeinden, Bonn 1994, 34-48, hier: 43.

allgemein verstehbar waren und deshalb bestimmten Erfordernissen der gesellschaftlichen Mentalität entsprachen.[57] Verglichen mit dem, was neutestamentlich über das Amt zu sagen ist, läßt sich für die Zeit der Patristik eine Verschiebung der Akzente beobachten. Der Dienst der identitätswahrenden Lehrverkündigung und der einheitswahrenden Gemeindeleitung wird zunehmend im Rahmen der Liturgie realisiert. In dem Maß, wie Liturgie und Kult als „zentrale Aufgaben" von der Kirche wahrgenommen werden, rückt auch die kultische Funktion des Amtes in den Vordergrund.

2.1.4 Zur Hermeneutik der Amtsaussagen des Tridentinums

In ähnlicher Weise stellte sich die hermeneutische Frage auch in bezug auf die lehramtlichen Aussagen des Trienter Konzils. Abgesehen von wenigen älteren Äußerungen[58] bietet überhaupt erst das Tridentinum qualifizierte Lehraussagen zum Priesteramt. Diese waren wirkungsgeschichtlich durch den „naiven Lehramtspositivismus"[59] der nachtridentinischen Schultheologie so bestimmend geworden, daß die vier Kapitel der Trienter „Doctrina de Ordine" und die acht „Canones" als die Lehre der Kirche zum (Priester-) Amt überhaupt angesehen wurden. Da im Verständnis katholischer Theologie die Legitimität eines Neuansatzes „aus der kritischen Würdigung bisheriger Aussagen"[60] nachzuweisen ist, kam in der Amtsdiskussion nach dem Zweiten Vatikanum der Frage nach Umfang und Gewicht der tridentinischen Ordolehre einige Bedeutung zu.

Aus dem hier verhandelten Zeitraum liegen dazu Beiträge von *Karl Lehmann*, *Karl J. Becker*, *Wilhelm Breuning*, *Alexandre Ganoczy* und *Joseph Ratzinger*[61] vor. Sie kommen darin überein, daß

[57] So war beispielsweise für den sukzessiven Ausschluß von Frauen aus Lehr- und Verkündigungsfunktionen die fehlende Akzeptanz in der heidnisch-antiken Gesellschaft ausschlaggebend, wie Rosemarie Nürnberg nachweist („Non decet neque necessarium est, ut mulieres doceant." Überlegungen zum altkirchlichen Lehrverbot für Frauen, in: JAC 31 [1988] 57-73).

[58] Zu nennen ist hier die Aussage des IV. Laterankonzils (1215), nur der Priester könne die eucharistische Gegenwart bewirken (DH 802), und das Armenierdekret (DH 1310ff.), das Aussagen zu Materie und Form der Sakramente trifft, die jedoch hinsichtlich des Ordo durch die Apostolische Konstitution *Sacramentum Ordinis* (1947, DH 3857-3861) überholt sind.

[59] Lehmann, Problem, 150.

[60] Breuning, Amt, 37.

[61] **K. Lehmann**, Das dogmatische Problem des theologischen Ansatzes zum Verständnis des Amtspriestertums, in: Existenzprobleme des Priesters

man dem Anliegen des Tridentinums nicht gerecht wird, wenn man das in *doctrina* und *canones* niedergelegte Endergebnis[62] als *die* Lehre dieses Konzils zum kirchlichen Amt überhaupt betrachtet. „Die Lehre des Konzils von Trient über das Priestertum war in ihren [sc. der Konzilsväter, JM] Augen verpflichtend, aber nicht erschöpfend."[63] Die Konzilsväter hatten weder vor, eine vollständige Lehre der katholischen Amtsauffassung vorzulegen, noch waren sie - wegen des fehlenden Konsenses in vielen Punkten, insbesondere hinsichtlich des Bischofsamtes - dazu in der Lage. Wie sowohl die Konzilsakten als auch die Reformdekrete belegen, wird „das Konzil von Trient ... nicht richtig verstanden, wenn man in der Konsekrations- und Absolutionsvollmacht den einzig gültigen und exklusiven Ansatz zum Verständnis des katholischen Amtspriestertums sucht."[64] Da für eine eigene positive Ordokonzeption unter den Konzilsvätern zu wenig gemeinsame Substanz gegeben war, die Notwendigkeit einer Lehrentscheidung über das Priestertum aber von Anfang an feststand, begnügte sich das Konzil damit, unbestrittene Grundüberzeugungen gegen die Angriffe der Reformatoren zu verteidigen. Dieses strikt anti-thetische Verfahren des Konzils ist der Grund dafür, daß das tridentinische Ordodekret mehr ein dürres Gerippe als eine eigentliche Lehre vom kirchlichen Amt bilden kann. „Die Doctrina muß ihrer eigenen Intention nach als apologetischer Versuch interpretiert werden, der nur einen bescheidenen negativen Mindestkonsens darstellt"[65] und im wesentlichen auf die „Rechtfertigung des faktisch in der Kirche ausgeübten Amtes"[66] hinausläuft. „Um in der

(Münchener Akademieschriften 50), München 1969, 121-175, hier: 135-150; **K.J. Becker**, Wesen und Vollmachten des Priestertums nach dem Lehramt (Der priesterliche Dienst II, QD 47), Freiburg 1970, 56-109; **W. Breuning**, Amt und geschichtliche Kirche. Probleme der lehramtlichen Aussagen über das Priestertum, in: Cath(M) 24 (1970) 37-50; **A. Ganoczy**, „Größe und Elend" der tridentinischen Ämterlehre, in: Conc(D) 8 (1972) 741-747; **J. Ratzinger**, Opfer, Sakrament und Priestertum in der Entwicklung der Kirche, in: Cath(M) 26 (1972) 108-125, hier: 115-124. Neueren Datums ist die umfassende Studie von **J. Freitag**, „Sacramentum ordinis" auf dem Konzil von Trient, Innsbruck 1991.

62 K. Lehmann faßt die Entscheidungen, die Trient zum Ordo traf, sachlich in drei Punkten zusammen: „1. Es gibt ein sichtbares Priestertum des Neuen Bundes. 2. Dieses Priestertum wird durch das Weihesakrament übertragen. 3. Mit dem Ordo verbindet sich die unaufgebbare hierarchische Struktur der Kirche." (Lehmann, Problem, 142).

63 Becker, Wesen, 109.

64 Lehmann, Problem, 149f.

65 Breuning, Amt, 41.

66 Lehmann, Problem, 141.

Kirche wieder Ordnung (l'ordre) zu schaffen, hat das Tridentinum sich Gedanken über das Sakrament des Ordo (l'Ordre) gemacht."[67]

Das Hauptdefizit der tridentinischen Lehre besteht darin, daß sie die ekklesiologische Begründung und Verortung des kirchlichen Priesteramtes schuldig bleibt. „Die Lehre vom 'ministeriellen' Priestertum ... ordnet den neutestamentlichen Priester zwar dem einzigen Priestertum Christi ein und unter, begründet aber ein solches Priestertum noch nicht als eine sinnvolle Einrichtung der Kirche. Sie zeigt, daß ein solches Priestertum dem einzigen Priestertum Christi zwar nicht zu widersprechen braucht, weist aber allein noch nicht auf, worin der Sinn eines solchen Priestertums besteht."[68] Die tiefere Ursache der Unzulänglichkeiten dieses Konzils erkennt *Ganoczy* „im Fehlen einer wirklichen Theologie des Wortes, einer Theologie, die das hermeneutische Prinzip für seine Aussagen über das Amt hätte bilden müssen." Erst dem Zweiten Vatikanischen Konzil gelang es, „den Vorrang, welchen es dem Amt der Verkündigung, der Lehre und des Zeugnisses im Gesamtzusammenhang einer umfassenden Ekklesiologie zuspricht", von einer Theologie des Wortes her „zu motivieren". „Der eigentliche Dialog zwischen Luther und Rom hat erst auf dem Zweiten Vatikankonzil stattgefunden."[69]

2.2 *Neuformulierung der Funktion des Amtes*

Der Verlust der überkommenen Selbstverständlichkeiten traditioneller Amtslegitimierung (positiver Stiftungsakt Christi) mußte um so schwerer wiegen, als auch die traditionelle Funktionsbestimmung des Priesteramtes (seine Handlungslegitimierung[70]) im Rahmen des nachkonziliaren Kirchenverständnisses nicht mehr trug. Das Konzil hatte Amt grundsätzlich als Dienst (*ministerium*) definiert. Für viele

67 Ganoczy, Größe, 741.

68 Breuning, Amt, 44.

69 Ganoczy, Größe, 742.

70 W. Siebel unterscheidet drei Ebenen der Legitimierung von Macht in sozialen Systemen. Die *Amtslegitimierung* „stellt die Frage nach dem Amt und seiner Berechtigung im Rahmen des ganzen Sozialsystems und seiner Tradition" (in der Kirche z.B. göttliche Stiftung), die *Personlegitimierung* „stellt die Frage nach der rechtmäßigen Amtsübernahme durch den Inhaber" (in der Kirche z.B. durch Ordination). Die *Handlungslegitimierung* ist am wenigsten deutlich zu erfassen. Sie stellt die Frage, „ob das Handeln der Herrschaftsperson dem Recht (nicht nur im Sinne eines positiven Gesetzes) entspricht". (W. Siebel, Die Ausübung der Macht in der heutigen Kirche, in: Conc(D) 24 [1988] 196-202, hier: 197).

Priester stellte sich die Frage nach dem konkreten „Wozu“ ihres Dienstes nicht nur theoretisch, sondern existentiell. Den konkretesten Antwortversuch in dieser verunsichernden Situation bildet der Ansatz beim Charisma der Gemeindeleitung (2.2.1), der auch in Karl Rahners Überlegungen eine Rolle spielt, dort aber von einer umfassenderen Perspektive umfangen wird (2.2.2).

2.2.1 Das Amt als das Charisma der Gemeindeleitung

2.2.1.1 Amt als Charisma

Eine wichtige Rolle bei der nachkonziliaren Suche nach einem tragfähigen Neuansatz des Amtsverständnisses spielte die Rückbesinnung auf Leben und Struktur der frühesten christlichen Gemeinden. Hatte sich die traditionelle Schultheologie einseitig auf das relativ späte Zeugnis der Pastoralbriefe und der Apostelgeschichte mit ihrer dezidierten Betonung der institutionellen amtlichen Ordnung gestützt, so gilt das Interesse nun verstärkt der „charismatischen Struktur“[71] der Gemeinden der protopaulinischen Briefe.

Lange Zeit war in der katholischen Kirche von Charismen, wenn überhaupt, dann nur in Form des Gegensatzpaares *Amt vs. Charisma* (Kirche des Amtes vs. Kirche des Geistes) die Rede gewesen. Charismen wurden verstanden als außergewöhnliche und vorübergehende Erscheinungen, die für die junge Kirche zur Erleichterung des Anfangs hilfreich gewesen sein mögen. Jede spätere Berufung auf sie wurde jedoch als Schwärmertum diskreditiert und als antiinstitutioneller und antihierarchischer Affront abgewehrt.

Im Zusammenhang mit der erneuerten Sicht der Kirche als Gemeinschaft und Leib Christi wurden auch die Charismen wiederentdeckt und eine „ausdrücklichere Theologie des Charismatischen in der Kirche entwickelt“.[72] Anstelle vom Gegensatz Amt vs. Charisma sprach man nun davon, daß beide, *Amt und „freies“ Charisma*[73], gleichermaßen zum Leben und Wesen der Kirche gehören.

Nun fanden die Charismen auch Eingang in die offizielle Lehrverkündigung der Kirche. Das Zweite Vatikanische Konzil spricht

[71] H. Küng, Die charismatische Struktur der Kirche, in: Conc(D) 1 (1965) 282-290.

[72] K. Rahner, Bemerkungen über das Charismatische in der Kirche, Schriften IX, 415-431, hier: 415.

[73] K. Rahner, Die Träger des Selbstvollzugs der Kirche, in: HPTh I, ^{2}1970, 157-232, hier: 164 ff.

verhältnismäßig ausführlich, und zwar stets in bezug auf die Laien, von den Charismen.[74] Allerdings steht, wie *Karl Rahner* kritisch anmerkt, „trotz der Vorordnung des zweiten Kapitels über das Volk Gottes vor das dritte über das Amt die Amtskirche immer noch im Mittelpunkt der ekklesiologischen Betrachtung. ... Früher wurde fast nur das Amt in der Ekklesiologie betrachtet und es im besten Fall auch als Vermittlung von Charismen gesehen, heute wird das Charismatische in etwa als die notwendige Motorik des Institutionellen empfunden."[75]

Ein genauerer Blick auf die paulinischen Texte (1Kor 12, Röm 12) zeigt, daß der ursprüngliche Ort der Charismen bei Paulus nicht die Frage nach der Gemeindeverfassung ist. Sie sind „Interpretament und paränetisches Korrektiv"[76] zu den in der korinthischen Gemeinde hochgeschätzten, aber in elitärem Egoismus befangenen *pneumatika*. Aufsehenerregende und spektakuläre Erscheinungen, wie beispielsweise die Glossolalie, galten bei den Korinthern als Erweis besonderen Geistbesitzes. Dagegen betont Paulus mit dem Begriff *charisma* die Hinordnung der jedem individuell zugeteilten Begabungen auf den Nutzen der anderen und den Aufbau der Gemeinde als entscheidendes Kriterium. Der Geist ist nicht nur „geschenkte Kraft", sondern zugleich „verpflichtende Norm".[77] Der paulinische Begriff Charisma ist eng verknüpft mit dem Bild vom Leib und seinen Gliedern. Genauso wie und indem der eine Geist in der Vielfalt der Geistesgaben die Einheit der Gemeinde wirkt, bildet er die verschiedenen Glieder zur Ganzheit des Leibes Christi.

Neben einer deutlichen Relativierung der aufsehenerregenden Gaben zugunsten der gewöhnlichen belegen die Charismenlisten (1Kor 12,7-11.28; Röm 12,6-8), daß Paulus auch solche Funktionen, die amtliche Elemente[78] enthielten oder als „Ämter" anzusehen sind, ja sogar das Apostelamt unter die Charismen zählt. Auch die besonderen Dienste stehen für Paulus „nicht außerhalb der 'charismatischen Ordnung' der Gemeinde oder gar über ihr, sondern

[74] LG 4.7.12; PO 9; AA 3.30.

[75] Rahner, Bemerkungen, 419.

[76] U. Brockhaus, Charisma und Amt. Die paulinische Charismenlehre auf dem Hintergrund der frühchristlichen Gemeindefunktionen, Wuppertal 1972, 238.

[77] Brockhaus, Charisma, 239.

[78] Brockhaus zeigt auf, „daß die sich in den frühchristlichen Gemeinden des paulinischen Missionsgebietes entwickelnden Funktionen von Anfang an auch amtliche Element wie Dauer, Autorität, Titel, Legitimierung, Sonderstellung und Vergütung enthielten, wenn auch nie alle diese Elemente auf einmal". (Brockhaus, Charisma, 237).

sie gehören grundsätzlich unter den Begriff des von Gott gewirkten Charismas wie alle anderen Träger christlich-gemeindlicher Lebensvollzüge."[79] Der Begriff Charisma im genuin paulinischen Sinn erlaubt demnach weder eine konfrontative Gegenüberstellung noch ein dualistisch-dialektisches Nebeneinander von Amt und Charisma.

Auf der Grundlage des ursprünglichen paulinischen Charismenbegriffes beginnt man in der nachkonziliaren Ekklesiologie, das Amt im Rahmen der umfassenderen und „bleibenden charismatischen Struktur"[80] zu verorten und das Charisma als „Ordnungsprinzip der Kirche"[81] zu betrachten. Amt, verstanden als „gnadenhafte Berufung zu einer Funktion in der Gemeinde"[82], ist selbst ein Charisma. Es ist als solches Geschenk Gottes an seine Gemeinde. Es dient aber nur dann zu ihrem Aufbau, wenn es die Verschiedenheit und Gleichwertigkeit aller Charismen respektiert und sie zur Entfaltung kommen läßt. Entscheidend ist das Zusammenwirken aller unter der alleinigen Herrschaft Christi und nicht eine Über- und Unterordnung zwischen unterschiedlichen Schichten der Gemeinde.[83]

2.2.1.2 Amt als „Gemeindeleitung" (Walter Kasper)

Auf dem Hintergrund des paulinischen Charismenmodells schlägt *Walter Kasper*[84] als „Ausgangspunkt für ein neues Verständnis des priesterlichen Amtes"[85] das Charisma der Gemeindeleitung vor. Die-

79 Kertelge, Gemeinde, 109.

80 H. Küng, Die charismatische Struktur der Kirche, in: Conc(D) 1 (1965) 282-290; ders., Die Kirche, Freiburg ³1969, 215-230.

81 G. Hasenhüttl, Charisma. Ordnungsprinzip der Kirche, Freiburg u.a. 1969.

82 G. Hasenhüttl, Die Charismen im Leben der Kirche, in: Der Seelsorger 39 (1969) 167-174, hier: 173.

83 Hasenhüttl fragt: „Was wird aus einer Gemeinde, was wird aus der Kirche, wenn die Tröster fehlen oder wenn Menschen zu trösten versuchen, obwohl ihnen ein anderes Charisma, etwa das eines Lehrers oder Hirten, zu eigen ist, aber eben nicht das eines Trösters? Das wäre eine trostlose Kirche! Aber auch dann werden die Glaubenden wenig Trost erhalten, wenn diese Gabe nicht als konstitutives Element der Gemeinde gesehen, sondern nur so nebenbei zugelassen wird" (Charismen, 171).

84 W. Kasper, Neue Akzente im dogmatischen Verständnis des priesterlichen Dienstes, in: Conc(D) 5 (1969) 164-170; ders., Die Funktion des Priesters in der Kirche, in: GuL 42 (1969) 102-116 (später aufgenommen in: ders., Glaube und Geschichte, Mainz 1970, 371-387); ders., Kollegiale Strukturen in der Kirche, in: Sein und Sendung 1 (1969) 5-55; sowie in späteren Beiträgen (siehe Literaturverzeichnis) wiederholt.

85 Kasper, Akzente, 166.

ser Ansatz ermögliche es, das Priesteramt „nicht mehr in erster Linie von seiner kultisch-sakramental-konsekratorischen Funktion und von seiner ontologischen Amtsvollmacht her, sondern von seiner kirchlich-sozialen Funktion her“[86] zu bestimmen. Als Charisma der Leitung kann das kirchliche Amt „nicht alle anderen Charismen in seiner Hand vereinigen; seine Funktion ist nicht die Kumulation, sondern die Integration aller Charismen. Es ist für das geordnete Zusammenwirken und die Einheit aller Charismen verantwortlich; es dient damit in besonderer Weise der Einheit der Kirche.“[87]

Aus dieser Grundaufgabe ergeben sich organisch die Einzelfunktionen des priesterlichen Amtes. Weil sich die Einheit der Kirche konkret in der Einheit des Bekenntnisses, der Eucharistiefeier und aller anderen Sakramente und im gegenseitigen Dienst der Liebe vollzieht, ist das Priesteramt dem Dienst des Wortes, dem Dienst der Sakramente, vor allem der Eucharistie, und dem Dienst der gemeinsamen Diakonie besonders zugeordnet.[88] Wenn auch zum Dienst am Wort zunächst alle Christen berufen sind, so kommt dem Amt doch eine „für die Einheit der Kirche in der Verkündigung und im Bekenntnis richtungsweisende Funktion“ zu. Indem dem Priesteramt - wegen des ihm aufgetragenen umfassenden Dienstes an der Einheit - der Vorsitz bei der „dichtesten“ Realisierung der Einheit, der Eucharistiefeier innerlich notwendig zusteht, „entgeht die priesterliche Konsekration der Gefahr eines magischen Mißverständnisses“. So erweist sich der Ansatz bei der Gemeindeleitung durchaus als fähig, „die wesentlichen traditionellen Elemente [der Lehre vom priesterlichen Amt, JM] in sich aufzunehmen und wieder zu einem verständlichen Ganzen zu integrieren.“[89]

Dankbar aufgenommen wurden die Überlegungen Kaspers von der Pastoraltheologie. Im Zusammenhang mit der vom Konzil her (LG 26) eingeleiteten Aufwertung der konkreten Gemeinde als Verwirklichung von Kirche am Ort erkannte man in der „Gemeindeleitung“ ein durchaus plausibles Leitbild für das Selbstverständnis des Priesters und die Priesterausbildung.[90]

[86] Kasper, Akzente, 167.

[87] Kasper, Akzente, 166.

[88] Kasper, Akzente, 168.

[89] Kasper, Akzente 167.

[90] H. Fischer, N. Greinacher, F. Klostermann, Die Gemeinde (Pastorale), Mainz ²1970; F. Klostermann, Priester für morgen - pastoraltheologische Aspekte, in: W. Pesch / P. Hünermann / F. Klostermann, Priestertum - kirchliches Amt zwischen gestern und morgen, Aschaffenburg 1971; F. Klostermann, Gemeinde - Kirche der Zukunft. Thesen - Dienste - Modelle, Freiburg 1974;

Mit größerer Zurückhaltung und deutlichen Vorbehalten reagierte man auf systematisch-theologischer Seite:

- *Wilhelm Breuning* beanstandete eine „allzu arme Beschränkung des Amtes auf eine - wohl oder übel notwendige - Leitungsfunktion" und sah die Gefahr, daß damit aus dem Amt von neuem eine „bloße, leere Autoritätsstruktur" gemacht würde, die sich mit dem vom Neuen Testament her geforderten Dienst und seiner Integration in das Lebensganze der Gemeinschaft nicht vereinbaren lasse.[91]

- In ähnlicher Weise machte *Karl Lehmann* darauf aufmerksam, daß auch mit der Neukonzeption des kirchlichen Amtes als Gemeindeleitung die Realisierung des Grundsinnes „Diakonia" keineswegs gesichert ist. „Bleibt die Gemeindeleitung eine leere Autoritätsstruktur, die weitgehend nur funktional und organisatorisch gesehen wird, dann wiederholen sich auf der Ebene einer 'technischen' Funktionalität nur wieder alle jene Einwände, die früher in einem anderen Horizont gegen eine extrem verrechtlichte, nur jurisdiktionelle Betrachtung des Amtes erhoben wurden."[92] Lehmann befürchtet, daß heute durch die Anwendung moderner und manipulativer Techniken der Menschenführung der „nur organisatorisch fungierende Gemeindeleiter [sogar] noch gefährlicher wird". Er räumt aber grundsätzlich „die unbestreitbar positiven Elemente der Konzeption des geistlichen Amtes als Gemeindeleitung"[93] ein und erkennt sie unter der Vorausetzung, daß sie sich „der zentralen christologisch-apostolischen Begründung ... nicht verschließt und die Grenzen einer funktionalen Betrachtungsweise anerkennt", als durchaus „entwicklungsfähig" an.[94]

- In schärferer Form kritisiert *Herbert Vorgrimler* Kaspers Ansatz als eine unzulässige Zurückstellung der „christologischen und sakramentalen Elemente des Priestertums". Gemeindeleitung wäre damit „primär eine soziologische Größe". Eine ekklesiologische Konzeption des Priestertums könne überhaupt nicht mehr begründen, warum der Leiter eines derartigen kirchlich-gesellschaftlichen Gebildes ein sakramental geweihter Priester sein muß. „Wenn das Prie-

F. Klostermann (Hrsg.), Der Priestermangel und seine Konsequenzen (Schriften der Kath. Akademie in Bayern, Bd. 79), Düsseldorf 1977.

91 W. Breuning, Zur Frage nach dem Sinn des priesterlichen Dienstes, in: TThZ 77 (1968) 353-365, hier: 358.

92 K. Lehmann, Zur Theologie der *Gemeindeleitung*, in: Pastoraltheologische Informationen 1970, 2-31, hier: 21f.

93 Lehmann, Gemeindeleitung, 23.

94 Lehmann, Gemeindeleitung, 30.

stertum der Kirche gerettet wird, dann nicht von Gemeindeleitern und anderen Managern, sondern von solchen, die durch das Für-uns-Sein Jesu mitgerissen sind."[95]

Die Polemik verwundert. Kasper hatte sich ausdrücklich gegen ein „aktualistisches" Mißverständnis verwahrt und betont, daß die Gemeindeleitung wie jede Funktion letztlich etwas Ontologisches ist und den Menschen in dem bestimmt, was er zutiefst „ist". „Der priesterliche Dienst ist deshalb nie nur ein 'Job'", sondern er „liegt ... auf der Ebene des Lebensprojektes". Auch ist „die Einheit der Kirche, der diese Funktion zugeordnet ist, ... nicht nur eine soziologische Größe", sondern stets „Einheit im einen Herrn und im einen Geist. ... Das Amt läßt sich nicht in eine rein soziologische Funktion innerhalb der Kirche auflösen."[96]

Um der Integration traditioneller Gesichtspunkte willen war Kasper sogar soweit gegangen, eine „für das priesterliche Amt konstitutive Spannung zwischen Amt und Charisma" zu postulieren und diese der Lehre vom unauslöschlichen Merkmal zuzuordnen[97], obwohl er damit die Grundlage seines Ansatzes, den Charismenbegriff im ursprünglichen paulinischen Sinn, verließ. Statt von der Leitungsfunktion *als* Charisma inmitten vieler anderer charismatisch fundierter Funktionen, Dienste und Aufgaben innerhalb der Gemeinde, war nun wieder die Rede vom Charisma als einer vom Amt selbst verschiedenen Befähigung, derer der Priester zur rechten Erfüllung seiner Aufgabe bedarf. Erneut ist zu konstatieren, daß das dual-polare Denkmodell (konstitutive Spannung von Amt und Charisma, Gegenüber von Amt und Gemeinde bzw. Charismen) mit dem kommunional-strukturalen (Amt als Charisma inmitten von Charismen, von denen jedes den anderen „gegenüber" ist) nicht in Einklang zu bringen ist.

2.2.1.3 Kirchlicher Leitungsdienst

Die Kritik an Kaspers Entwurf, sofern sie nicht auf einem generellen Vorbehalt gegenüber einer funktionalen Bestimmung des Amtes überhaupt beruhte, galt zum einen dem für manche Ohren zu

[95] H. Vorgrimler, Der theologische Ort des Priesters, in: HPTh IV, 432-451, hier: 446; (später aufgenommen in ders., Wegsuche. Kleine Schriften zur Theologie. Band II, Altenberge 1998, 190-214).

[96] Kasper, Akzente, 167f.

[97] Kasper, Akzente, 168.

oberflächlichen Klang des Begriffes Gemeindeleitung, zum anderen einer allzu dezidierten Zuspitzung auf diese Funktion als „Spezifikum" des priesterlichen Amtes.[98] Letzteres ist leicht verständlich, wenn man berücksichtigt, daß sich hier immer Theologen äußern, die selbst Priester sind, die sich aber in der Funktion eines Gemeindeleiters nur selten und höchstens „nebenberuflich" erleben können.

Darin, daß auf dem Boden der Konzilsekklesiologie das Amt nur innerhalb und nicht vor, neben oder über der Kirche anzusetzen und eine seinsmäßige Höherstellung des Amtsträgers gegenüber dem Nichtamtsträger auszuschließen ist, herrschte weitgehende Übereinstimmung.

- *Herbert Vorgrimler* etwa bezeichnet die Begriffe „Hierarchie" und „hierarchisch" als „theologisch fragwürdig". Die bis ins Zweite Vatikanum hinein praktizierte Unterscheidung von „Hirten" und „Gläubigen" zeige, „daß man in Kategorien des Gegenüber und des Übereinander statt in solchen des Ineinander und Füreinander denkt."[99]

- *Wilhelm Breuning* bekennt sich von der paulinischen Charismenordnung her zum „Modell der ‘offenen Struktur’" und zu einem „funktionalen Ganzheitsdenken", in dem nicht „der Aktivität auf der einen die Passivität auf der anderen Seite" zugeordnet ist, sondern „der Aktivität auf der einen auch eine Aktivität auf der anderen Seite [entspricht]".[100] In einer solchen „charismatisch-pneumatischen Kirchenordnung" ist das Amt „- wie alles, was es außer Christus gibt - eine relative Größe" (30). Es ist „‘relativ’ zu Christus", weil jede Vollmacht in der Kirche nie eine „absolute, allein in ihrer eigenen Autorität stehende Größe", sondern immer die Vollmacht „dessen [ist], der allein der Herr ist" (37). Es ist „auch ‘relativ’ zur Kirche", freilich nicht in dem Sinne, „daß die Gemeinde demokratisch als Souverän dem Amtsträger seine Funktionen zuwiese, sondern indem sie durch ihr Verhalten die Sorge des Amtsträgers erst sinnvoll macht" (30). „Die von Christus Gesendeten sind keine Superkirche, sondern sie kommen aus der Kirche aller und sie stehen in der Kirche aller - und, auch das muß man deutlich sagen, sie haben nicht *mehr* Christusgemeinschaft als alle, die in der Taufe in Christi Tod hineingetauft wurden und in der Eucharistie den Christus für alle

[98] So stößt sich Vorgrimler vor allem daran, daß im Ansatz Kaspers „mit gewisser Emphase Gemeindeleitung zum Spezifikum des priesterlichen Dienstes" erklärt wird (Vorgrimler, Ort, 445).

[99] Vorgrimler, Ort, 439.

[100] W. Breuning, Zum Verständnis des Priesteramtes vom „Dienen" her, in: LebZeug o.Jg. (1969) 1/24-40, hier: 29.

genießen dürfen". Wer deshalb bei einem solchen Ansatz den Eindruck einer Demontage [sc. des kirchlichen Amtes] habe, müsse sich ernstlich fragen, „ob er nicht doch noch in einer falschen Konzeption denkt" (37). Freilich kann niemand den Glauben verkünden „ohne die Autorität Christi ... Aber der Glaube Christi ist nirgendwo anders zu finden als in der Kirche, die die Gemeinschaft der Gläubigen ist. Auch das Amt hat ihn nicht für sich allein irgendwo, wo die Gläubigen nicht herankämen" (38). Den Dienst des Priesters erläutert Breuning ähnlich wie Kasper von der „Funktion der Koordination" her „als konkreten Aufbaudienst für die Kirche". „Koordination ist eine Tätigkeit in der Gemeinde, die voraussetzt, daß der Koordinator nicht alles tut." Koordination in der Gemeinde bedeutet dabei, „verbindlich" zu wirken, und zwar sowohl die innere Kommunikation der Gemeinde als auch ihre Verbindung mit der Gesamtkirche betreffend (39). Zwar hat sich das Amt schon immer als Dienst begriffen, aber zu sehr hätten sich die Träger des Amtes exklusiv als Diener Christi verstanden. „Das hat sie in der Gemeinschaft der Gläubigen einsam gemacht." Die Präsenz Christi ist aber seine ganze Kirche. „Je mehr die Priester sich als Diener Christi wieder *in* die Gemeinde hineinstellen, je mehr auch ihre Bedeutung nicht nur abstrakt von Christus, sondern konkret von ihrer Aufgabe in der Kirche her gesehen wird, umso mehr öffnet sich ihnen wieder ein Raum, in dem sie dienen können" (39f.).

• Seinen „Brüdern im kirchlichen Dienst als Hilfe zwischen den Zeiten" widmet *Hans Küng* das Büchlein *Wozu Priester?*[101]. Er möchte damit „eine zugleich zeitoffene als auch ursprünglich christliche, eine grundsätzliche und möglichst konkrete Antwort geben" (8). Er betont, „daß es unzulässig ist, unter Überspringen der kirchlichen Gemeinschaft direkt von einer Vollmacht Jesu auf die Vollmacht eines kirchlichen 'Amtes' ... zu schließen" (25). Auf der Grundlage des Neuen Testamentes, das auf die geläufigen Äquivalente unseres Begriffes „Amt" verzichtet, ist Macht in der Kirche nie als Herrschaft, sondern immer nur als Dienst zu verantworten. Deshalb sollte das durch Pseudo-Dionysios in die Kirche eingeführte „Wort von der 'heiligen Herrschaft' (Hierarchie) ... als irreführend aufgegeben werden" (29). Als Oberbegriff für die vielfältigen, stets unkultischen und unsakralen neutestamentlichen Funktionsbezeichnungen (Vorsteher, Episkopen, Diakone, Älteste, Hirten, Leitende, nie „Priester") dürfte sich die Rede vom „kirchlichen 'Leitungsdienst' oder 'Vorsteherdienst' bzw. 'Leiter' oder 'Vorste-

[101] H. Küng, Wozu Priester? Zürich - Einsiedeln - Köln 1971.

her' (der Gemeinde, der Diözese oder Landeskirche usw.) empfehlen" (31f.). Küng weist darauf hin, „daß auch nach Paulus nicht alle Dienste oder Charismen ständige öffentliche Gemeindedienste sind" (32). Doch ist der kirchliche Leitungsdienst eine „permanente, gegebenenfalls befristete Funktion, die auf einer die Person wirklich und bleibend bestimmenden Berufung (Charisma) aufruht" (69). Im Zusammenhang mit diesen besonderen charismatischen Diensten, „also dem Gefüge der ständigen öffentlichen Gemeindedienste, kann man von der diakonischen Struktur der Kirche reden, die einen bestimmten Aspekt der allgemeinen, grundlegenden charismatischen Struktur der Kirche darstellt". Die kirchenbegründende Funktion und Bedeutung des Apostolats steht außer Frage, jedoch ist die „*grundlegende* 'apostolische Nachfolge' ... die der Kirche überhaupt und die eines jeden einzelnen Christen" (33).

Was die Lehre vom sakramentalen Charakter des Priesters angeht, die in der traditionellen Priesteramtsdogmatik einen zentralen Platz einnimmt, so erinnert Küng an den nach Umfang und Inhalt doch eher begrenzten Stellenwert dieses Theologoumenons. Bei Augustinus, „der den unauslöschlichen sakramentalen Charakter 'erfunden' hat", handele es sich lediglich „um eine ad hoc gegebene pragmatische Begründung [der Unwiederholbarkeit der Taufe gegen die Donatisten], über die er nicht weiter reflektierte". Erst über die Spekulationen der mittelalterlichen Theologie, die das Konzil von Trient schließlich festschrieb, „wurde das, was als unprätentiöse Idee und Notlösung eines großen Theologen begonnen hatte, mehr als tausend Jahre später zu einem mit Exkommunikationsandrohung geschützten Dogma der Kirche", ohne daß es jedoch bis heute „jemandem gelungen wäre, auch nur die Existenz eines solchen von Geist, Taufe oder Ordination und der dort mitgeteilten 'Gnade' unterschiedenen Charakters aus der Schrift oder der alten Tradition zu beweisen" (53f.).

Die Gestalt des kirchlichen Leitungsdienstes müsse deutlich machen, daß nicht nur gilt „sacramenta propter homines", sondern auch „ministeria propter homines" (62). Küng bedauert das immer noch zu geringe Bewußtsein dafür, „wie groß vom Evangelium her, das auch in dieser Hinsicht kein Gesetz ist, die Freiheit der Kirchengemeinschaft in der konkreten Gestaltung des kirchlichen Leitungsdienstes ist und wie groß somit die Möglichkeiten sind, um auf die differenzierten Erfordernisse des heutigen Menschen in der heutigen Gesellschaft einzugehen" (62). Verlangt sei heute „eine funktionale Begründung des Leitungsdienstes, und zwar von einer Funktion her, die nicht primär sakramental-konsekratorisch zu verstehen ist, sondern als eine primär kirchlich-soziale“ (69). Der kirchliche Leitungsdienst darf nicht „eine alle übrigen Funktionen aufsaugende autokratische Behörde sein“, sondern steht „inmitten einer Vielfalt anderer Charismen und Funktionen“ als „stimulierender, koordinierender, integrierender Dienst an der Gemeinde und an den anderen Diensten“ (69f.). Er kann je nach Zeit und Ort flexibel, mobil und pluriform gestaltet sein (71), ist aber nie in die willkürliche Verfügung der Menschen gestellt, „sondern ein Dienst, der sich als die Realisierung einer Vollmacht des Herrn der Gemeinde und als freie Gabe des Geistes verstehen darf: ein Dienst, der auf einer von der Gemeinschaft zu überprüfenden Berufung Gottes im Geiste Jesu Christi beruht“ (72).

Aufgrund der charismatischen Struktur der Kirche ergibt sich, daß weder „die Vollmacht der Gemeinde als einer Gemeinschaft in Freiheit, Gleichheit und Brüderlichkeit ... einfach vom Leitungsdienst deduziert werden“, noch umgekehrt „die Vollmacht des Leitungsdienstes ... einfach von der Vollmacht der Gemeinde, vom allgemeinen Priestertum abgeleitet werden“ kann (83). „Zusammengehörigkeit *und* Unterscheidung von Leitungsdienst und Gemeinde ... ist wichtig. *Alle* Vollmacht in der Kirche leitet sich aber letztlich vom Herrn und seinem Geist her und bleibt zu ihm in Unmittelbarkeit“ (84).

Die „spezifische Funktion des Gemeindeleiters“ besteht in der „‘Auferbauung der Gemeinde’ im vollen biblischen Sinn“ und geschieht „grundlegend im Dienst des Wortes“ (91). „Nichts wäre falscher, als im Kirchenleiter eine Art von Funktionär, Bürokraten und Manager der Kirche zu sehen“ (90).

• Die Perspektive vom priesterlichen Amt als Dienst an den vielfältigen Diensten, Aufgaben und Begabungen in einer Gemeinde floß auch ein in den Beschluß *Dienste und Ämter* der Gemeinsamen Synode der Bistümer der Bundesrepublik Deutschland (1976). „Durch Verkündigung, Spendung der Sakramente, Bruderdienst, Auferbauung und Leitung der Gemeinde und nicht zuletzt durch sein persönliches Zeugnis soll der Priester die anderen zu ihrem eigenen Dienst bereit und fähig machen. Der Priester soll daher Charismen entdecken und wecken, er soll sie beurteilen und fördern und für ihre Einheit in Christus Sorge tragen. Diesen Dienst kann er nur tun in lebendigem Austausch und brüderlicher Zusammenarbeit mit allen anderen Diensten und mit allen Gliedern der Gemeinde.“[102] Der

[102] Gemeinsame Synode der Bistümer in der Bundesrepublik Deutschland, Beschlüsse der Vollversammlung, Freiburg 1976, 619.

Synodentext betont gleichzeitig, daß diese horizontal-funktionale Sicht zu einer vertikalen, die die Sendung des Priesters von Christus und der Priesterweihe her begründet, nicht im Widerspruch steht. „Beide Gesichtspunkte ... müssen einander in der rechten Weise zugeordnet werden“ (619). Zu fragen bleibt allerdings, ob die Aussage, das Amt stünde „sowohl in der Gemeinde wie ihr gegenüber“ (607) für die Ortsbestimmung des Priesters wirklich hilfreich ist, oder nicht eher als unvermeidliches Produkt der von den Unentschiedenheiten des Konzils her auferlegten Aporie zwischen hierarchisch-dualistischem und kommunialem Kirchenverständnis gelesen werden muß.

2.2.2 Das Amt als Dienst am Ereignis des Wortes (Karl Rahner)

Die ekklesiologisch-funktionale Perspektive ist ebenfalls bestimmend für die Konzeption des kirchlichen Amtes bei *Karl Rahner.*[103] Auch er sieht den Priester „von vorneherein auf eine Gemeinde hin[geordnet]“[104], läßt aber offen, „wie diese Gemeinde selber genauer soziologisch verfaßt ist“. Dadurch vermag Rahners Ansatz leichter die vielfältigen konkreten Aufgabenfelder von Priestern theologisch zu integrieren.

Die Basis für Rahners Bestimmung des Amtspriestertums bildet die von ihm maßgeblich mitentwickelte Theologie des Wortes und sein Verständnis von Kirche als dem „Grundsakrament des Heiles in der Welt“. Die Kirche ist „die bleibende Aktualität des geschichtlich ergehenden, eschatologisch siegreichen, exhibitiven Verheißungs-

[103] Die Gesamtheit der Arbeiten Karl Rahners zu Fragen des kirchlichen Amtes ist Gegenstand der Dissertation von U. Möbs, Das kirchliche Amt bei Karl Rahner, Paderborn u.a. 1992. Deshalb kann sich diese Darstellung auf solche Beiträge Rahners beschränken, die seinen Ansatz grundlegend vorstellen und für die hier verhandelte Phase der nachkonziliaren Amtsdiskussion unmittelbar relevant waren: Vom Sinn des kirchlichen Amtes, Freiburg 1966; Dogmatische Grundlagen des priesterlichen Selbstverständnisses, in: Mitten in dieser Welt. 82. Deutscher Katholikentag, Paderborn 1968, 96-115; Der theologische Ansatzpunkt für die Bestimmung des Wesens des Amtspriestertums, in: Conc(D) 5 (1969) 194-197 (später in: Schriften IX, 366-372); Theologische Reflexionen zum Priesterbild von heute und morgen, in: Weltpriester nach dem Konzil, München 1969.

[104] Rahner, Ansatzpunkt, 196.

wortes Gottes in Jesus Christus".[105] Ihr ist die immer neue Vergegenwärtigung dieses - ereignishaften - Wortes in allen Dimensionen des Menschen und in den verschiedensten Vollzugsformen (lehrhaft, gesellschaftlich, rechtlich, sakramental, prophetisch) aufgetragen. Diese Aufgabe kommt ihr grundsätzlich als ganzer in all ihren Gliedern zu.

Damit ist jedoch nicht ausgeschlossen, daß der institutionalisierte und autoritative Vollzug dessen, was die Kirche als Ganzes ist, dem Dienst sakramental bevollmächtigter Amtsträger anvertraut wird. Den Priester bestimmt Rahner als den „auf eine - wenigstens potentiell gegebene - Gemeinde bezogene[n], im Auftrag der Kirche als ganzer und so amtlich redende[n] Verkünder des Wortes Gottes derart, daß ihm die sakramental höchsten Intensitätsgrade dieses Wortes anvertraut sind."[106] Die Notwendigkeit eines solchen Amtes ist mit dem Wesen der Kirche als gesellschaftlich-geschichtlicher Größe gegeben. Als solche muß sie „Leitungsfunktionen haben ..., durch die sie für den Einzelnen in ihr und um sie herum greifbar und wirksam wird."[107]

Sieht man das Amtspriestertum in dieser Weise von der Kirche her und „nicht als eine Vollmacht, die der Kirche als dem Volk Gottes im ersten Ansatz gegenübersteht", dann ist Vorsicht geboten, „wenn man nach dem spezifisch Eigentümlichen des ministerialen Priestertums gegenüber den übrigen Gliedern der Kirche fragt."[108] Rahner konstatiert „eine fast neurotisch anmutende Unsicherheit hinsichtlich des priesterlichen Selbstverständnisses" und erinnert nüchtern daran, daß „nach katholischer Lehre und Praxis" wenig von dem, „was die normale Tätigkeit eines Seelsorgepriesters ausmacht, ... nicht auch von einem 'Laien' getan werden könnte.". Die Frage, die, „wenn auch im Stil der üblichen Schultheologie selbst, die Aufgabe des ministerialen Priestertums in seine einzelnen Teile zerlegt" und nach der Einzelfunktion sucht, die exklusiv nur vom ordinierten Priester ausgeübt werden kann, sei „falsch gestellt"[109]: „Eine sakramentale Ordination ist in ihrem Wesen und ihrer Sinnhaftigkeit nicht davon abhängig, daß sie sich auf etwas bezieht und

[105] In dieser Form ohne genauere Stellenangabe zitiert von H. Fries, Das Problem des Amtes in der Sicht katholischer Theologie, in: KuD 18 (1972) 118-138, hier: 133.

[106] Rahner, Ansatzpunkt, 196.

[107] Rahner, Reflexionen, 100.

[108] Rahner, Reflexionen, 101.

[109] Rahner, Reflexionen, 102.

etwas heiligt, was sonst überhaupt nicht gegeben wäre."[110] „Die Grundfrage hinsichtlich des Wesens des Amtspriestertums ist also nicht die: Was kann der Priester allein?, sondern die: Ist das, was der Priester konkret in seinem Amt übernimmt und vollbringt, ein vom Wesen der Kirche selbst her sinnvoller Komplex von Aufgaben und Funktionen, der das Amt legitimiert, diesen Komplex als eine Einheit zu verstehen und ihn in sakramentaler Bevollmächtigung einem Menschen als Inhalt eines besonderen Status in der Kirche zu übertragen?"[111] Die konkrete Gestalt dieses Funktionenkomplexes kann kirchen- wie profansoziologisch äußerst variabel sein. Unbeschadet des bleibenden Wesens des Amtspriestertums ist „der Kirche dogmatisch ein fast unbegrenzter Spielraum eingeräumt ..., ihr Amt so zu konkretisieren und aufzugliedern, daß es ihrer Sendung und der heutigen Situation wirklich entspricht."[112]

Den Versuch, das Wesen des Amtspriestertums schon im ersten Ansatz „von jenen sakramentalen Vollmachten her [zu bestimmen], die ihm nach konziliarer Lehre (vor allem im Tridentinum) im Unterschied zum Laien und den niedrigeren Stufen des hierarchischen Amtes (vor allem dem Diakon) allein zukommen"[113], hält Rahner, nicht zuletzt wegen seiner mangelhaften biblischen Begründung, nicht mehr für tragfähig. Die traditionelle sakramentale Perspektive wird – als Konsequenz der Bestellung des Priesters zum amtlichen Verkünder des Wortes – in den ekklesiologisch-funktionalen Ansatz integriert. „Es gibt nach katholischem Glaubensverständnis im Wort der eucharistischen Anamnese, im Wort der Versöhnung im Bußsakrament und dessen Vollendung in der Krankensalbung Intensitätsgrade dieses Wortes, zu deren Vollzug mindestens im Normalfall des kirchlichen Lebens diese sakramentale Bestellung eine unerläßliche Voraussetzung bildet, damit in der Kirche alles 'in Ordnung' geschieht."[114]

Wic in einer jeden Gesellschaft hat das Amt auch und vor allem in der Kirche dienende Funktion. „Keine Gesellschaft ist einfach nur durch das Amt; sie geht ihm vielmehr in wesentlichsten Hinsichten – ontologisch, wenn auch nicht notwendig zeitlich – voraus."[115] Unter den „theologischen Wesensgrenzen" des hierarchischen Amtes, dessen es sich bewußt bleiben muß, erinnert Rahner daran, daß

[110] Rahner, Reflexionen, 103.
[111] Rahner, Reflexionen, 104.
[112] Rahner, Ansatzpunkt, 196f.
[113] Rahner, Ansatzpunkt, 194.
[114] Rahner, Reflexionen, 108.
[115] Rahner, Sinn, 29f.

„die Gestuftheit der kirchlich-gesellschaftlichen Funktion ... keine gleiche Gestuftheit der Nähe zu Gott in Gnade und Liebe [impliziert]. ... *Die* Nähe, auf die es im Tiefsten allein ankommt, die Selbstmitteilung Gottes in seinem Geist, in der Liebe zu Gott und zum Menschen, zu Gott im geliebten Menschen, ist kein Standesprivileg des Klerus.“[116] In diesem Zusammenhang macht Rahner den zwar „banalen“, aber doch „im Grunde zutreffend[en]“ Vergleich mit einem Schachklub. Entscheidend ist, daß gut Schach gespielt wird. Dazu ist es „gewiß nicht notwendig“, „vielleicht oft nicht einmal gut“, daß der beste Spieler auch Vereinsvorsitzender ist. „Aber der beste Spieler steht doch in seinem Klub, gemessen an dessen letztem Sinn, an der Spitze. Und der Vorsitzende darf nicht meinen, er sei der beste Spieler, weil er Vorsitzender ist.“[117]

2.3 Christologisch-apostolische Begründung des Priesteramtes

Wie bereits erwähnt, wurden die oben dargelegten Bemühungen um eine konkrete ekklesiologische Verortung und funktionale Bestimmung des Priesteramtes von vielen, insbesondere von Pastoraltheologen, begrüßt und als sowohl plausible wie - im Hinblick auf die Priesterausbildung - praktikable Neuformulierung des Priesteramtes gesehen. Gleichzeitig stießen sie aber auf anderer Seite auf deutliche Zurückhaltung und Kritik. Geargwöhnt wurde insbesondere, daß der funktionale Ansatz das Priesteramt zu einer bloß äußerlichen, rein organisatorischen Funktion absinken lasse, die ohne existentielles Engagement und dauerhafte Bindung auskommt und aus dem Priester einen „Funktionär“ im profansoziologischen Sinne macht. Die Rede sei nämlich nicht mehr von eigentlichen Ämtern, „sondern lediglich [von] Dienstleistungen, die faktisch getan werden müssen, weil nun einmal eine Gemeinschaft nicht anders funktionieren kann. Der berufsmäßige Einsatz einzelner für solche Dienste hat aber rein pragmatischen Charakter; ... Eine solche Auffassung kann leicht die Tendenz entwickeln, das Priestertum lediglich als eine Art Job zu betrachten, als ein ‘Amt’, bei dem man sowohl im Dienst wie auch ‘außer Dienst’ sein kann; man tut, was vorgeschrieben ist, um hernach aber wieder Privatmann zu sein und nur sich selbst zu gehö-

[116] Rahner, Sinn, 30.
[117] Rahner, Sinn, 31.

ren.“[118] Die Angst vor dieser „unheimlichen Alternative“ zum gewiß „unwiederbringlich zerbrochenen“ traditionellen Bild des „Sacerdoten“ wurde zusätzlich genährt von Diskussionen um zum Teil weitreichende Reformvorschläge, wie etwa der Vorstellung von „Priestern auf Zeit“, die ihre Dienste nebenberuflich oder lebenszeitlich befristet einer Gemeinde zur Verfügung stellen könnten.

Auf diesem Hintergrund sah sich die Gegenseite herausgefordert, die unabdingbare christologische Grundlage des Priesteramtes und die unverzichtbare existentiell-spirituelle Verwurzelung des Priesters in Jesus Christus besonders zu betonen. Der Grundsinn des Amtes stehe und falle mit dem christologisch-apostolischen Ansatz. „Eine primär ekklesiologische Betrachtung holt die Anforderungen nicht mehr überzeugend ein.“[119] Denn dabei komme man „meist nicht viel weiter als bis zu der Forderung eines ‘besonderen’ Dienstes, der aus den Prinzipien der Arbeitsteilung und Spezialisierung, charismatisch ausgelegt, gefolgert wird und der unter dem Gesichtspunkt der ausgeübten Autorität eine Art beauftragter Sprecherrolle einnimmt.“[120]

Der Auffassung, daß es das kirchliche Priesteramt nicht ohne christologisches Fundament gibt und der „genuine und autoritative Dienst am Evangelium nicht denkbar ist ohne das radikale, persönliche Engagement eines gläubigen Menschen“[121], ist uneingeschränkt zuzustimmen. Leider geraten aber einlinig christologisch-apostolisch argumentierende Priesteramtskonzeptionen regelmäßig dann in eine nicht hinnehmbare Schieflage, wenn das christologische Fundament bzw. die persönliche Christusbindung zum unterscheidenden Spezifikum des Amtes erklärt und damit implizit den übrigen Christen abgesprochen oder nur in minderer Qualität zuerkannt wird.

2.3.1 Joseph Ratzinger

Für *Joseph Ratzinger*, der seine „biblische Besinnung“ über den „Sinn des priesterlichen Dienstes“ als „Momentaufnahme eines Amateurs“ verstanden wissen will,[122] liegt der „eigentliche Definiti-

[118] J. Ratzinger, Zur Frage nach dem Sinn des priesterlichen Dienstes, in: GuL 41 (1968) 352.

[119] K. Lehmann, Das priesterliche Amt im priesterlichen Volk, in: Gemeinde des Herrn. 83. Deutscher Katholikentag (Trier 1970), Paderborn 1970, 247-261, hier: 255.

[120] Lehmann, Amt, 250.

[121] H. Schuster, (Vorwort), in: Diakonia 4 (1969) 1.

[122] Ratzinger, Frage, 348.

onspunkt des neutestamentlichen Amtes, ... in dem dieses Amt sich sowohl vom vorchristlichen Sacerdotium wie auch vom bloßen Pragmatismus und Funktionalismus wesentlich unterscheidet, ... [im] Gedanken der Sendung" (356). Die Grundlage der neutestamentlichen Dienste sieht er in der Berufung der Zwölf (Mk 3,13-19). Demnach ist der „neutestamentliche Dienst" „zunächst Antwort auf einen Ruf und Annehmen *seines* [sc. Christi] Willens". Der Herr „ruft nicht die herbei, die selber Lust haben, das zu tun, und die hierin ihrem Willen folgend kommen, sondern er ruft die, die *er* will." Das geistliche Amt in der Kirche beruhe deshalb auf der „Wachheit des Hörens" und auf der „Gesinnung des Dieners". Das macht seine – dogmatisch wie spirituell bedeutsame – „bleibende Grundbestimmung" aus. „Es ist für den Träger dieses Amtes konstitutiv, einem anderen Willen zu Diensten zu sein" (353f.).

Die Tatsache, daß die oben genannte Perikope das literarische Schema der alttestamentlichen Prophetenberufungen zugrundelegt „und nicht etwa an die Traditionen des Buches Leviticus, an die Formen des Tempelpriestertums nach der Ordnung Aarons" anknüpft, sei von großer Bedeutung. Sie zeige, „daß hier auf dem Grund des neutestamentlichen Amtes die prophetische Idee sichtbar wird", und mache es daher unmöglich, „Amt und Charisma in der Form zu scheiden und gegenüberzustellen, wie das heute vielfach geschieht" (354).

Die innere Struktur des priesterlichen Dienstes charakterisiert Ratzinger mit Berufung auf V.14 („...damit sie mit ihm seien und damit er sie sende...") als „Paradoxie zwischen Innerlichkeit und Dienst" (355). Das „Sein mit ihm und das Sein, um gesandt zu werden" bilden die beiden „Pole des priesterlichen Dienstamtes", eine „oft bis zum Zerreißen führende Spannung".

Im Unterschied und in Antithese zu den sazerdotalen Funktionen des Spätjudentums sei das neutestamentliche Dienstamt wesentlich nicht durch „sein Ererbtsein und durch den kultischen Dienst", sondern „durch Gerufensein von Jesus und durch Gesandtsein für die Menschen definiert" (356). „Der christliche Priester ist im Gegensatz zum jüdischen und erst recht zum heidnischen sacerdos nicht eigentlich und primär Kultdiener, der ein bestimmtes Ritual abwickelt, sondern Gesandter, der die Sendung Christi auf die Menschen hin, sein *καλεῖν* (Rufen) zur *ἐκ-κλησία* (zur Gemeinde der Heraus-Gerufenen) fortsetzt" (356).

Ähnlich wie Rahner interpretiert auch Ratzinger die traditionelle Rolle des Priesters als „Liturge der eucharistischen Feier" vom Verkündigungsauftrag her. „Christliche Liturgie ist nicht ritueller Vollzug, bei dem ein Sacerdot Gott ein versöhnendes Opfer darbringt, sondern sie ist bevollmächtigte Verkündigung von Tod und Auferstehung des Herrn, von solcher Vollmacht, daß in ihr jenes Geschehen selbst anwesend gemacht wird" (356f.).

Die vordringlichste Aufgabe des Priesters, „Rufer auf Christus hin" zu sein, tangiert nicht nur sein Tun, sondern auch sein Sein. Als Gesandter ist für ihn das „Sein-für-einen-Anderen" konstitutiv. Der Priester „ist enteignet zugunsten dessen, den er vertritt und zugunsten derer, vor denen er ihn vertritt" (357). Indem er so „seine Existenz gleichsam nach beiden Seiten hin aufschneiden läßt", nimmt er teil an der Verheißung der „Sendungsexistenz" Christi selbst. „Er war so sehr Gesandter, daß man seine Existenz als 'relatio subsistens' beschreiben darf". Weil er „nichts Eigenes neben dem Vater sich vorbehält, weil er total relativ, bezogen ist, fällt seine Existenz ganz mit der des Vaters zusammen, ist er ganz eins mit ihm. Als der total Weggegebene ist er der total zu sich Gekommene: Sohn Gottes, wesenseins mit Gott" (357f.). Vom Sendungsgedanken her ist das neutestamentliche Amt „seiner Struktur nach Vikariat, Stehen für einen anderen, nämlich für Jesus Christus. " (358).

Die anhand von Mk 3,13-19 entworfene Grundbestimmung des priesterlichen Amtes unterstreicht Ratzinger durch „einige Streiflichter auf das Konzilsdekret über Dienst und Leben der Priester" (360). Auch hier ist der „Priester wesentlich Evangelist". Die Grundkategorie der Sendung bildet „den Konstruktionspunkt seiner Existenz". „Nicht Kulthandwerker, sondern Wortbedenker hat der Priester zu sein" (363). Der „Anspruch des Wortes", das er zu verkündigen hat, verlange „die immer weitergehende Ausscheidung des Ich aus [seinem, JM] Wort, die ... den ganzen Menschen ... in die wahre Selbstlosigkeit hinein befreit" (364).

Für die Zuordnung von Priester und Laie greift Ratzinger auf das bekannte Augustinuswort zurück: „Für euch bin ich Bischof, mit euch bin ich Christ." Möglicherweise klinge hier ein Gedanke der augustinischen Trinitätstheologie an, wonach die drei göttlichen Personen „nur jeweils als Relation auf den anderen hin sind, während sie absolut, d.h. bloß in sich und für sich genommen, nicht Vater, Sohn oder Geist, sondern einfach Gott sind." Das Amt sei demnach bestimmt durch die Relation des „Für euch", des „Pro vobis", während Ratzinger das Christsein als solches – in einer nicht unwesentlichen und bezeichnenden Abwandlung des ursprünglichen Augustinuswortes – als Sein „Ad se" charakterisiert wissen will. „Für sich gesehen und auf sich allein hin gesehen ist jeder nur Christ und kann nichts Höheres sein ... 'Pro vobis', d.h. in der Relation auf die anderen hin, allerdings in einer unumstößlichen und den Betroffenen in seinem ganzen Sein tangierenden Relation, wird man Träger des Amtes. Amt und Relation sind identisch, Amtsein und Relationsein fallen ineinander" (371). Mit Hilfe dieser „an die Trinitätstheologie angelehnten Formel" beginnt für Ratzinger das „immerwährende Paradox", „wie die Identität des für alle einen Christseins (das 'allgemeine Priestertum') und die Realität des besonderen Amtes zusammen bestehen", „durchsichtig zu werden" (371).

In der Unabhängigkeit der geistlichen Vollmacht von der Gemeinde komme die Struktur des Glaubens selbst zum Ausdruck, „der nicht Produkt der Gemeinde, sondern ihr Gegenüber ist". „Der Positivismus der Handauflegungsreihe entspricht der Positivität des Christlichen, seinem Von-außen-Sein." Die Handauflegung sei deshalb primär Symbol dafür, „daß geistliche Vollmacht im Christlichen nicht von unten und von innen, sondern von oben und von außen kommt, d.h. für das der Gemeinde entzogene Pneuma selbst" (376).

Die Konzeption als „Sendungsexistenz" und die Betonung des „Gegenüber zur Gemeinde" als „Ausdruck der Exteriorität der Gnade"[123] behält Ratzinger in den wesentlichen Grundzügen in allen seinen Beiträgen zur Priesteramtsfrage[124] bei.

Darstellung und Argumentation Ratzingers sind nicht frei von recht problematischen Elementen. Sowohl bei der christologischen Verankerung wie auch bei der Ableitung des Amtes vom Apostolat der Zwölf (bzw. seiner inhaltlichen Füllung durch das paulinische Apostolatsverständnis[125]) wird nicht hinreichend deutlich gemacht, daß es sich dabei nur um theologische und nicht um historische Aussagen handeln kann. Überhaupt werden nicht selten - unterschwellig bis offenkundig - in historisierender Weise Argumente unterlegt, die einer sorgfältigen Hermeneutik schwerlich standhalten. Ratzinger

[123] Ratzinger, Gemeinschaft, 112.

[124] J. Ratzinger, Das geistliche Amt und die *Einheit* der Kirche, in: Cath(M) 17 (1963) 165-179 (später aufgenommen in: Das neue Volk Gottes, Düsseldorf 1969, 105-120); Der Priester im *Umbruch* der Zeit, in: KlBl 49 (1969) 251-254; Bemerkungen zur Frage der apostolischen *Sukzession*, in: K. Schuh (Hrsg.), Amt im Widerstreit, Berlin 1973, 37-45; Die kirchliche Lehre vom sacramentum ordinis, in: IKaZ 10 (1981), 435-445 (später aufgenommen in: Theologische Prinzipienlehre, München 1982, 251-263); Der Priester als Mittler und Diener Christi im Licht der neutestamentlichen Botschaft, in: Prinzipienlehre, 281-299 (im Kern ein Tagungsbeitrag von 1969); Zur Gemeinschaft gerufen. Kirche heute verstehen, Freiburg 1991 (98-123: IV. Vom Wesen des Priestertums).

[125] Ratzinger, Gemeinschaft, 110ff.

spricht beispielsweise recht unbefangen und ohne eingehendere Differenzierung von den „Anfängen des geistlichen Amtes in der Zeit des historischen Jesus“[126], er liefert eine „Skizze des biblischen *Tatbestandes*“[127], die das katholische Verständnis bestätige, „für das Kirche im Vollsinn nur da ist, wo die Einheit mit den legitimen Zeugen nicht zerbrochen ist“[128], er erklärt, daß mit der Identifikation des Apostels als Mit-Presbyter (1Petr 5,1-4) „eine eigentlich neutestamentliche Theologie des Priestertums geschaffen ist“[129], und kann „ganz klar sagen, daß am Ende des apostolischen Zeitalters im Neuen Testament eine ausgebildete Theologie des neutestamentlichen Priestertums vorliegt, die der Kirche zu treuen Händen übergeben ist und die im Auf und Ab der Geschichte die unverlierbare Identität des Priesters begründet.“[130]

Ratzingers Amtsverständnis beruht auf einem unausgewogenen Kirchenverständnis. Die Kirche ist in seiner Sicht vor allem eine ideal-universalistische Größe. Die Gemeinde, die als konkrete Versammlung der Christinnen und Christen vor Ort Kirche realisiert und repräsentiert, bleibt in seinem Denken deutlich unterbelichtet. Sie wird vor allem im Zusammenhang mit bedrohlichen Demokratisierungsforderungen oder ungehörigen Funktionalisierungsbestrebungen genannt. Ratzingers Blick richtet sich fast ausschließlich auf die Gesamtkirche: „Der Glaube des Christen ist nicht Privatglaube, ... er ist vielmehr Glaube der Gesamtkirche ... Amtsträger werden heißt Diener dieses nur in der Gemeinschaft mit der ganzen Kirche möglichen Glaubens zu sein. Daher kann die Amtsbestellung nicht aus der privaten Vollmacht von Einzelgemeinden, sondern nur aus der Einheit der Gesamtkirche kommen.“[131]

Den zweiten Pol bilden in Ratzingers Kirchenbild die einzelnen Gläubigen, vorzugsweise „einfache“, „die zwar weder im Rundfunk reden noch in der Zeitung schreiben, aber in unseren Kirchen beten und das eigentliche Rückgrat ihrer Existenz sind“.[132] Ihnen gilt der Dienst des Priesters. In diesem wächst „aus der inneren Gemeinschaft mit Christus ... von selbst auch die Beteiligung an seiner Liebe

[126] Ratzinger, Einheit, 169.
[127] Hervorhebung JM.
[128] Ratzinger, Einheit, 179.
[129] Ratzinger, Gemeinschaft, 116.
[130] Ratzinger, Gemeinschaft, 117.
[131] Ratzinger, Sukzession, 43.
[132] Ratzinger, Umbruch, 252.

zu den Menschen, an seinem Willen, sie zu retten und ihnen zu helfen."[133]

Um noch einmal Ratzingers Interpretation des bekannten Augustinuswortes aufzugreifen: Ratzinger kennt den einzelnen Christen („ad se“) und den Amtsträger („pro vobis“), aber er übersieht das „mit euch“ Augustins, das schwerlich nur universal-abstrakt gelebt werden kann, sondern im konkreten Miteinander (miteinander glauben, beten, handeln ...) „vor Ort“ verwirklicht werden will.

Eine auffallend erbaulich-suggestive Sprache paart sich in Ratzingers Beiträgen nicht selten mit einer assoziativ-spekulativ vorgehenden Beweisführung. Auf eine mehr oder minder nachvollziehbare Assoziation wird eine spekulative Argumentationskette aufgesetzt, die leicht vergessen lassen kann, daß die Basis, auf der sie aufbaut, nicht wirklich gesichert ist.

2.3.2 *Paul Josef Cordes*

Paul Josef Cordes legt 1972 eine ausführliche exegetisch-historische und systematische Studie zum Konzilsdekret *Vom Dienst und Leben der Priester*[134] vor. Eingehend zeichnet er darin den in der Dekretsgenese mühsam zurückgelegten Weg vom traditionell klerikalen Priesterverständnis mit seiner ausgeprägten Standesfrömmigkeit zum verabschiedeten Dokument nach, das der Sendung der Kirche als ganzer und der Wirklichkeit des gemeinsamen Priestertums Rechnung zu tragen versucht. Die verbliebenen Ambivalenzen im endgültigen Text werden aufmerksam registriert. Cordes stellt fest: Der „Weisung des Konzils [fehlt] die Überzeugungskraft einer von der Sache selbst her zureichend gelungenen 'Synthese'. Die Verlautbarungen machen manchmal einen unausgereiften, wenig homogenen Eindruck und verleiten so von sich selbst her zu eklektizistischen Interpretationen. Es ist demnach kein Zufall, daß in der Frage des Presbyteramtes die unterschiedlichen theologischen Lager nach dem Konzil in alle Richtungen auseinanderstoben“ (307).

Festzuhalten sei, daß vom Konzil her „das Amtspriestertum nur aus seinem Ansatz in und aus seiner Verbindung mit dem Laienpriestertum zu denken [ist], in dessen Funktion es steht. Mit diesem 'Grund' ist der theologische Ort des Amtsträgers und dessen Beziehungsfeld ein für allemal fixiert.“ Dennoch dürfe das priesterliche

[133] Ratzinger, Gemeinschaft, 121.
[134] P.J. Cordes, Sendung zum Dienst, Frankfurt 1972.

Amt nicht nach demokratischem Modell verstanden werden (115). Cordes benennt den verunsichernden „Profilverlust", den das Priesteramt durch die „notwendige Neuakzentuierung des Amtes ... und die berechtigte Abweisung der Rolle des Priesters als Kultträger" erfahren hat (117), und sucht vom Priesterdekret her nach seiner spezifischen Kennzeichnung. Das Drei-*munera*-Schema, wiewohl bei der inhaltlichen Entfaltung des Priesterdienstes hilfreich, trägt dazu nichts bei, da „sich viele Glieder der Kirche Aufgaben unterziehen, die mit *munus* benannt werden, und erst recht muß man sagen, daß die Weitergabe der Botschaft Jesu jedem Christen zur Pflicht gemacht ist" (161). Da die Frage nach dem kennzeichnenden Spezifikum des Presbyters gegenüber dem Nicht-Ordinierten auf der Ebene der Funktionen weder im Sinne von „Sonderbefähigungen" noch von „Alleinzuständigkeiten" bestimmt werden kann, muß nach „dem Tun vorausliegenden Bedingungen", nach dem „Ermöglichungsgrund" (161) der greifbaren Tätigkeiten gefragt werden. Cordes erörtert dazu die besondere Sinngebung der *potestas*-Vorstellung durch den Begriff *ministerium*, die Frage des Christus-Bezugs des Amtsträgers und die Bedeutung der Ordination.

Hinsichtlich des spezifischen Christus-Bezugs des Priesters stellt er fest, daß sich das Konzil von der statischen, dem Sein verpflichteten Repraesentatio-Christi-Auffassung (sacerdos alter Christus), wie sie die vorkonziliaren Priesterenzykliken beherrscht hat, abgewandt und statt dessen eine dynamische, ausschließlich auf das Handeln des Amtsträgers bezogene Vorstellung der Gegenwart Christi entwickelt habe. Kennzeichnend dafür sei der weitgehende Verzicht auf die Formulierungen *Christum repraesentare* bzw. *personam Christi gerere.* Statt dessen verwende das Konzil den Ausdruck *in persona Christi (Capitis) a g e r e.* „Die beiden erstgenannten Formulierungen beschreiben auf ihre Weise das Gegenwärtigseinlassen: Die besondere Relation zwischen 'Darstellendem' und 'Dargestelltem' beschränkt sich nicht auf bestimmte Zeiten oder Tätigkeiten ..., sondern setzen eine permanente, die Tätigkeit selbst überdauernde Vergegenwärtigung an, die als 'Quasi-identität' verstanden werden könnte. – Im Gegensatz dazu ist der zweite Ausdruck vielmehr von dynamischer Veränderung gekennzeichnet. ... [Die Formel] intendiert nicht eigentlich die Positionsklärung oder gar Aufwertung des Dar-stellenden, sondern seine subsidiär-diensthafte Einordnung in das von Gott gewirkte Heilsgeschehen" (185f.). Mit der Benennung Christi erfolge „die eindeutige Bestimmung der Ermöglichung des Tuns: „Es ist Christus, der dem Tun des Presbyters Wirksamkeit gibt. Darin liegt die unersetzbare, einzigartige Kompetenz des Presbyters“ (207).

Cordes' Auffassung vermag nicht recht zu überzeugen. Die Formel *in persona Christi (capitis)* agere erscheint als Konzilsdefinition für das Spezifikum des Amtspriesters deutlich überinterpretiert zu sein. Daß das Konzil in der Grundtendenz vom nachtridentinischen, seinsmystisch geprägten Priesterverständnis als *alter Christus* Abstand nehmen wollte, ist zweifellos richtig. Es ist aber nicht nachzuvollziehen, daß es diese Korrektur maßgeblich durch die Formel in persona Christi agere vorgenommen hätte, indem es den Akzent auf das agere gelegt hätte. Bei der Phrase *in persona Christi (capitis)* agere (PO 2; LG 28,1), conficere (LG 10,2), praeesse (SC 33,2) handelt es sich um eine geläufige Wendung traditioneller Amtsaussagen. Sie bezieht sich fast immer (mit Ausnahme von LG 21,2, wo sie auf das Bischofsamt bezogen wird) auf die Rolle des Priesters bei der Eucharistiefeier, insbesondere bei der Konsekration.

Auch in der Sache erscheint Cordes' These wenig tragfähig. Zu Ende gedacht mündet sie entweder in einen reinen Funktionalismus oder verlangt doch wieder nach der permanenten Christuspräsenz im Amtsträger, die Cordes eigentlich ausgeräumt sehen will. Konkret: Gilt das in persona Christi agit vom Priester, der beispielsweise eine Religionsstunde hält, mit einer Gruppe ein Schriftgespräch führt oder sich um einen Obdachlosen kümmert? Oder will man dies alles nicht als „eigentliche“ Amtstätigkeiten des Priesters verstehen? Dann gelangt man wieder zur Abgrenzung bestimmter amtlicher Einzelfunktionen (in erster Linie die Spendung der Sakramente) und nicht zu einer integralen Gesamtgestalt der presbyteralen Funktion in der Kirche, die sich in vielen - größtenteils nicht exklusiven - Einzeltätigkeiten artikuliert. Will man dem breiten und umfassenden Tätigkeitsfeld des Priesters, wie es das Konzil gerade anhand der drei Ämter umschrieben hat, die Präsenz Christi nicht absprechen, dann kommt man nicht umhin, mit der beständigen Gegenwart Christi im Amtsträger zu rechnen. Der Unterschied zwischen einer ständig iterierenden „Aktualisierung“ und einer statisch verstandenen „Dauerpräsenz“ ist dann nicht so groß, wie Cordes glauben machen will.

2.3.3 *Hans Urs von Balthasar*

Wie bereits seine älteren Arbeiten[135] kreisen auch *Hans Urs von Balthasars* nachkonziliare Beiträge zur Amtsthematik[136] mit Vorliebe um das „Paradox" von amtlicher Vollmacht im Sinne real auszuübender „Befehlsgewalt" und persönlicher „Selbstenteignung" des Amtsträgers hinein in die „Existenzform totaler Verfügbarkeit".

Das Modell der Demokratie, in dem die Amtsführung der Kontrolle und dem kritischen Gehorsam der Gehorchenden unterliegt, könne „in der Verfassung des alt- und neutestamentlichen Gottesvolkes, die nicht demokratisch, sondern theokratisch und christokratisch ist", keine Geltung haben. „Denn hier wird die Vollmacht nicht vom Volk, sondern von Gott und Christus verliehen."[137] Die Verleihung amtlicher Vollmacht ist nach Christus aber nur möglich „in engster Verbindung mit einer Existenzform ..., die einerseits Forderung totaler Verfügbarkeit für den Auftrag sein muß", und anderseits den „nachkommenden Beamteten" die existentielle Teilnahme an der „Priester-Opfer-Identität" Jesu verheißt.[138]

Als biblisches Leitbild für das, „was im Neuen Testament kirchliches Priestertum genannt werden kann und muß"[139], verweist Balthasar energisch auf das Hirtenbild. Anders als die Versuche, von einer fragwürdigen Verknüpfung von Aussagen des Hebr mit 1Petr 2,5.9 her das neutestamentliche Priestertum gleichzeitig in Abhebung und doch in notwendigem Zusammenhang mit dem allgemeinen Priestertum der Gläubigen zu begründen, gewährleiste nur das Bild von Hirt und Herde jenes „ursprüngliche Gegenüber", jene „Opposition und Reziprozität", die jede Identifizierung ausschließen. Das Hirtenbild „sagt gleichzeitig das Amtliche (das Gegenüber zur Herde) und das Personale (Sorge und Vertrauensverhältnis), Abstand und Verbundenheit aus."[140] Das Urbild dieses Verhältnisses ist durch Christus, den guten Hirten, der Kirche eingestiftet. „Diese Stiftung ist nicht einzuebnen auf die Herkunft aller persönlichen Charismen

[135] Siehe I / 3.1.7.

[136] H.U.v. Balthasar, Der Priester im Neuen Testament. Eine Ergänzung, in: GuL 43 (1970) 39-45; Amt und Existenz, in: Die *Wahrheit* ist symphonisch, Einsiedeln 1972, 116-130; Der Priester in der *Kirche*, in: LS 23 (1972) 4-15; Priester des Neuen Bundes, in: *Pneuma* und Institution, Einsiedeln 1974, 340-368.

[137] Balthasar, Wahrheit, 116.

[138] Balthasar, Wahrheit, 119.

[139] Balthasar, Der Priester im Neuen Testament, 43.

[140] Balthasar, Der Priester im Neuen Testament, 45.

von Gott (Rö 13,3), d.h. auf die Gottunmittelbarkeit und damit die Freiheit eines jeden Christen."[141] Gewiß ergehe der Aufruf zur Nachfolge an jeden. „In diesem Sinn wird die ganze Kirche ein priesterliches Volk sein ... Der ganze mystische Leib Christi hat dieser 'Welt' gegenüber eine miterlösende Funktion und entsprechende Aufgabe der Verkündigung des Bekenntnisses." Aber das erlaube „keine Nivellierung der besonderen Sendung und Vollmacht".[142] Die biblischen Motive Sendung, Vollmacht, Hirtesein kommen darin überein, daß sie eine „grundlegende Opposition" schaffen. Es wäre nämlich sinnlos, sich eine Herde aus lauter Hirten vorzustellen.[143] Würde man diese Opposition aus dem Christentum ausklammern, würde nicht nur die Kirche, sondern selbst die Christologie und Trinitätslehre zerstört und es bliebe nur noch ein „formloser Brei von ethischen Lebensanweisungen übrig".[144] Gerade Paulus denke nicht daran, „als ein Exponent des 'allgemeinen Priestertums' der Gemeinde aufzutreten", sondern verstehe sich in einem „höchst bewußten 'hirtlichen' Gegenüber".[145]

Der Priester ist nach Balthasar der „Repräsentant der alles grundlegenden und bleibend aktuellen Vertikalen im christlichen Gefüge".[146] Er steht im „Kreuzpunkt" zwischen menschlicher Horizontalität und dem „vertikalen Verhalten Gottes". Er ist „dazu ausersehen", die „ärgerliche", „unbequeme", „Entscheidung fordernde" „Präsenz" von Gottes Wort und Sakrament in den Menschen wachzuhalten.[147] Im Christentum ist nämlich nicht „alles auf Anthropologie reduzierbar". „Wer nicht von vorneherein darauf gefaßt ist, im Christentum einem mehr-als-menschlichen Moment zu begegnen", den wird der „Schock", den ihm eine Christologie und Ekklesiologie von unten ersparen wollte, „um so härter treffen".[148] Als „dauerndes Zeichen" des vertikalen Einbruchs Gottes muß der Priester „als etwas Fremdes, soziologisch nicht Aufzuarbeitendes gespürt und aufgefaßt werden". Er darf und kann „gerade *kein* soziologisches Selbstverständnis innerhalb des Gesellschaftsgefüges haben".[149]

141 Balthasar, Der Priester im Neuen Testament, 45.
142 Balthasar, Pneuma, 363.
143 Balthasar, Pneuma, 362.
144 Balthasar, Pneuma, 364.
145 Balthasar, Pneuma, 365.
146 Balthasar, Kirche, 8.
147 Balthasar, Kirche, 7.
148 Balthasar, Kirche, 5.
149 Balthasar, Kirche, 7.

Die „Urstruktur der Kirche", wonach es stets „einzelne, vorweg Erwählte - zunächst jedenfalls die 'Zwölf' - [sind], die einen Grund dafür legen, daß es so etwas wie ein allgemeines 'Volk Gottes', einen 'Leib Christi', einen 'Tempel des Heiligen Geistes' überhaupt geben kann", ist „vom Gründer gefügt", „von den ersten Gemeinden sofort übernommen worden" und „wird im letzten Buch der Bibel als eine sogar in die Ewigkeit Gottes hinein fortdauernde Grundverfassung geschildert" (Apk 21,14).[150] Das Amt, dem von Christus „Vollmacht" verliehen ist, ist „für die Charismen da", die ohne Amt „sofort ausarten und die Einheit der Kirche, die ihr höchstes Gut ist, zerstören" würden. Das Dienstamt nimmt dabei die Demütigung in Kauf, sich „genau aufgrund seiner Funktion unbeliebt" zu machen.[151]

Balthasar plädiert mit Nachdruck für die Beibehaltung des Zölibats. Wenngleich es auch möglich wäre, daß Priester heiraten, so bedeutete es doch ein „Absinken von dem Ideal", das „dem Amtsträger am meisten zugestaltet ist". „Wenn, wie sicher feststehen dürfte, der Herr beim letzten Abendmahl gefastet hat, *um* sich ganz als Speise und Trank an die Seinen verteilen zu können ..., dann wird auch diese Enthaltsamkeit des 'Mitarbeiters' die angemessenste Lebensform sein, um sich mit dem Herrn zusammen an die Kirche verteilen zu lassen, in einer geheimnisvollen quasi-eucharistischen Fruchtbarkeit."[152]

Keine Einwände hat Balthasar gegen eine Entlastung des Priesters durch „partielle Dienste" der Gemeinde. Er erinnert an die zahlreichen Mitarbeiter des Paulus, „darunter nicht wenige Frauen". „Aber alle diese Einsätze 'auf Zeit' und 'unter bestimmten Bedingungen und Vorbehalten' ziehen allesamt ihre Berechtigung aus dem totalen Dienst, der in der Mitte der Kirche steht und keinesfalls 'auf Zeit' und 'unter Vorbehalten' geleistet werden kann."[153] Die „Endgültigkeit des Entschlusses zum Priestertum" macht den „absolut endgültigen, eschatologischen Charakter der Tat Gottes in Christus" sichtbar. „Gewiß: er wird schon sichtbar in den Christen, die radikal ernst machen mit ihrer Taufe. Aber wer erzieht sie in diesen Ernst hinein und erhält sie darin, wenn nicht jener in das Wesen der Kirche hinein Enteignete, den wir Priester nennen, und der es durch

[150] Balthasar, Kirche, 8f.
[151] Balthasar, Kirche, 9.
[152] Balthasar, Kirche, 11.
[153] Balthasar, Kirche, 12.

sein Dasein fertigbringen muß, die Christen zu ihrer eigenen Entscheidung hin zu entflammen?“[154]

Die (ausschließliche) eucharistische Vollmacht der von Jesus Gesendeten ergebe sich - trotz des „immer wieder als befremdend und schmerzlich empfundenen“ Schweigens der neutestamentlichen Texte - „zwingend“ von der Wortverkündigung und dem besonderen „transliterarischen Charakter“ des Wortes im Neuen Bund her. Die „Sendung der Apostel durch Christus, die ein besonderer, den übrigen Gläubigen gegenüber klar abgehobener Akt ist, der die Sendungsexistenz Christi in besonderer Weise in ihnen perennieren läßt“, müsse zusammengesehen werden „mit dem Auftrag Christi, das Andenken an seine eucharistische Hingabe ebenfalls in der Kirche fortdauern zu lassen“. Da die Eucharistie der Höhepunkt christlicher Verkündigung ist, besitzt „der mit der Sendungsvollmacht zur Kirchengründung Begabte, zugleich in die Opferexistenz Christi hinein Expropriierte, ... innerhalb seiner kirchenbegründenden Vollmacht, durch die er gleichzeitig ein eucharistisch Enteigneter ist, auch die Vollmacht, das im tiefsten kirchenbegründende Sakrament des ‘einen Brotes’ zu feiern, wodurch die Gemeinde zu ‘einem Leibe’, zum ‘Leib Christi’ wird“.[155]

Balthasars Priesterverständnis kam spürbar zum Zuge bei der Vorbereitung und Durchführung der römischen Bischofssynode 1971. Als Kommissionsmitglied wirkte er mit am Studienbericht, den eine Untergruppe der Internationalen Theologenkommission erarbeitete.[156] Als theologischer Berater von Kardinal Joseph Höffner, der bereits den Vorsitz in der vorsynodalen Vorbereitungskommission geführt hatte und der der synodale Berichterstatter für den doktrinären Teil war, war er am Werdegang des Synodendokumentes[157] wesentlich mitbeteiligt. Sein Einfluß ist in beiden Texten an signifikanten Formulierungen leicht zu erkennen. Das gilt beispielsweise für die starke Betonung des Hirt-Herde-Bildes, das als Beleg für die biblische Auffassung gelesen wird, daß das Gottesvolk nicht anders als hierarchisch geordnet gedacht werden kann[158], für das „wunderbare Paradox der Heilsordnung“, das der Presbyter „in sei-

[154] Balthasar, Kirche, 13.

[155] Bathasar, Pneuma, 352.

[156] Dt. Ausgabe: Internationale Theologienkommission, *Priesterdienst*, Einsiedeln o.J.

[157] Bischofssynode 1971, Das *Priesteramt*. Eingeleitet von J.Kard. Höffner. Mit einem kurzen Kommentar von H.U.v. Balthasar, Einsiedeln 1972.

[158] Theologenkommission, Priesterdienst, 38; cf. Bischofssynode, Priesteramt, Nr. 12.

ner Person" „darlebt",[159] oder für den Zölibat, durch den der Priester nicht nur „bereiter und verfügbarer seinem Herrn nach[folgt]", sondern auch „mit österlicher Freude ...bereit [ist], den Kreuzweg mitzugehen, und ... sich gleichsam eucharistisch mitverteilen lassen [möchte]"[160].

Darüber hinaus läßt Balthasar sein persönliches Amtsverständnis ausgiebig in seinen Kommentar zum Synodentext[161] einfließen. Im Gegensatz zur sog. „induktiven" Richtung, die „von den realen Schwierigkeiten der heutigen Priester" auszugehen versucht, bekennt er sich zur „deduktiven" Methode, die nach seinem Verständnis als einzige „diesen Schwierigkeiten aus der Tiefe des Glaubens [antwortet]"(14). Die Kirche „und in ihrer Mitte sehr nachdrücklich der amtliche Priester" ist die „heilsame und ärgerliche Gegenwart" Christi. Der Priester „muß und kann" „gerade aufgrund seiner Amtlichkeit der christologischen Synthese Gegenwartskraft geben" (26). „Wer sich in die Kontemplation der Offenbarung vertieft, wird in Jesus den 'Herrn', das heißt Gott erkennen, wird ihn ... auch in seiner Kirche wahrnehmen, und zwar, wenn sein Blick tief genug dringt, gerade auch im priesterlichen Dienstamt, das der Gemeinde erst die lebendige Anwesenheit ihres Herrn verbürgt" (29).

Eine große Bedrohung für den Christusbezug der Gemeinde stellen für Balthasar offenbar der in der Gemeinde wirkende Heilige Geist und die Charismen dar. „Einzig das Gegenüber von Amt und Gemeinde [verhindert] das Gefährlichste ..., was der Kirche zustoßen könnte: daß sie sich als 'charismatische', 'pneumatische', im Heiligen Geist 'mündige' Gemeinde über sich selbst schlösse - sie besitzt ja angeblich das Zeugnis des Geistes in sich! - und damit ihres Charakters als Leib eines erhöhten Hauptes, als Braut eines ihr gegenüberstehenden Bräutigams verlustig ginge. Nur durch das Amt - wie immer die Person, die es innehat, charismatisch begabt sein mag oder nicht - kann die stets drohende gnostische Charismatik ...überwunden werden" (44). Der Priester muß ein „wesentlich Einsamer" sein und sein können, wie auch „Christus ... als der Gottmensch, der als einziger 'von oben kam' (vgl. Joh 3,13), sein Leben lang wesentlich einsam" war (51). Die mit der priesterlichen Sendung wesentlich verbundene „übernatürliche Einsamkeit" würde durch die Aufhebung des Zölibats nur „auf unechte Weise" verschleiert (87). Der Priester ist nämlich „aus dem Gottesvolk heraus-

159 Theologenkommission, Priesterdienst, 90.
160 Bischofssynode, Priesteramt, Nr. 20a.
161 S.o. Anm. 157.

genommen, um sich ganz in die große Sendebewegung, die von Christus her durch die Kirche zur Welt geht, hineinzustellen“ (64).

Die Wortverkündigung des Priesters sei dadurch auf die Sakramentenverwaltung hin orientiert, daß sie „hinarbeite[t] auf die innere Kommunikation der Gläubiggewordenen mit den kirchlich-sozialen Gestalten der Gegenwart [des] fleischgewordenen Wortes, d.h. mit den Sakramenten“ (63). Vom Klerus ist „in voller Konkretheit“ zu verlangen, „daß er eine lebendige, glaubhafte und wirksame Darstellung des Gesamtmysteriums der Kirche sei: unsichtbar und sichtbar zugleich, hierarchisch und brüderlich zugleich, christologisch geordnet und pneumatologisch frei und gelockert zugleich, gestalthaft geschlossen und sich selbst transzendierend zugleich“ (85). Da es „für das Einmalige ‘Unterscheidende der kirchlichen Kommunio’ sonst nirgends ein genaues Vorbild gibt“, ist die „Harmonie“ zwischen Priestern und Laien ständig bedroht. „Nur auf sich selbst, nur auf Christus und die trinitarische ‘hierarchisch-kommunitäre’ Gemeinschaft blickend, kann die Kirche ihrer eigenen Idealgestalt nachstreben“. Gegenüber den strukturellen Realisationsformen dieser Communio in Pastoral- und Priesterräten meldet Balthasar große Vorbehalte an. Die Kirche in ihrer „unverfügbaren, vom Heiligen Geist erweckten Lebendigkeit“ dürfe nicht durchgehend verplant werden. „Die nachhaltigsten Wirkungen sind in der Kirche von Heiligen ausgegangen, die ihr unversehens von Gott geschenkt wurden und die dann freilich zuweilen ... zu ‘Planern’ des Reiches Gottes auf Erden geworden sind“ (91).

Abgesehen von der Kritik, die die von Balthasar maßgeblich geprägte Amtstheologie der Bischofssynode von 1971 erfahren hat,[162] ist zu fragen, ob Balthasars Antwort auf die Probleme der Priester nicht um einen zu teuren Preis erkauft wird. Um eines unterscheidbaren geistlichen Profils des priesterlichen Amtes willen produziert seine „deduktive Methode“ ständig Dualismen, die auseinanderreißen, was eigentlich zusammengehört. Aufhorchen läßt auch Balthasars höchst defensive Einstellung zu den exegetischen und historischen Methoden. Eine „ernsthafte exegetische Textanalyse“ setze die „rechte sachliche Haltung“ zu ihrem „– einzigartigen! – Gegenstand“ voraus. Die Kontinuität der lebendigen Tradition der Kirche, „in der allein Schrift verstanden und Zugang zum Quell der Wahrheit gewährleistet wird“, verbiete es, „die Gewichte zwischen den Büchern des Neuen Bundes oder deren einzelnen Teilen oder Aspekten so abzustufen, daß gewisse als bloße ‘Interpretamente’ ...

[162] Siehe dazu den nächsten Abschnitt 2.3.4.

gedeutet bzw. weggedeutet oder schlechthin durch andere, dem heutigen Bewußtsein näherstehende ersetzt werden könnten". Keine „noch so einschneidende" textkritische Arbeit, „keine exegetische und historische Problematik" könne und dürfe die unmittelbare Beziehung zum Herrn „trüben".[163]

2.3.4 Das Priester-Dokument der römischen Bischofssynode 1971

Wie schon erwähnt, war die von Balthasar vertretene „deduktive" Amtstheologie auch bei der römischen Bischofssynode 1971 bestimmend.[164] Daß sich die Synode mit der Priesterfrage beschäftigen müsse, war bereits früh als äußerst dringlich eingestuft und verlangt worden.[165] Das Synodendokument[166] benennt in seiner „Beschreibung der Lage" (Nr. 2-8) in Grundzügen und schlagwortartig die vielfältigen Schwierigkeiten und Anfragen, denen sich viele Priester aus äußeren wie inneren Gründen ausgesetzt fühlen (Säkularisierung, Entsakralisierung, Funktionsverlust).

Lösung und Hilfe für diese Probleme wird jedoch ausschließlich von der Betonung der besonderen christologisch-apostolischen Legitimation (Nr. 9-11), der einzigartigen Bedeutung der hierarchischen Gestalt und der exklusiven eucharistischen Vollmacht (Nr. 12) des Priesteramtes her angeboten. Die vom Konzil neu ins Licht gestellte „überlieferte fruchtbare Lehre vom allgemeinen Priestertum der Gläubigen" findet zwar Erwähnung, hat aber keinen Einfluß auf die Konzeption des Priesteramtes. Vielmehr wird beklagt, daß jetzt „das Pendel nach der anderen Seite" ausschlage und deshalb die „Stellung des priesterlichen Dienstamtes in der Kirche [verdunkelt] und die Gemüter mancher Priester und Laien stark [beirrt]" würden (Nr. 4b-5). Der Ansatz des Konzils bei der Verkündigung als der konstitutiven Klammer der priesterlichen Aufgaben ist wieder aufgegeben worden, auch wenn der Priester „Diener des Wortes" genannt wird.[167] Das Synodendokument verschiebt die Akzente wieder deut-

[163] Balthasar, in: Priesteramt, 37f.

[164] Vgl. Die Priesterfrage auf der römischen Bischofssynode, in: HerKorr 25 (1971) 529-536. Der Beitrag bietet einen ausführlichen Bericht über den Synodenverlauf.

[165] Vgl. Kurzinformation in: HerKorr 24 (1970) 541.

[166] Bischofssynode 1971, Das Priesteramt (siehe Anm. 157).

[167] H. Vorgrimler, Das Priesterdokument der römischen Bischofssynode 1971 in ökumenischer Sicht, in: ders. (Hrsg.), Amt und Ordination in ökumenischer

lich in Richtung der sakramentalen Funktionen des Priesters, insbesondere die Feier der heiligen Eucharistie, bei der das „priesterliche Dienstamt ... seine größte Intensität [erreicht]" und bei der „einzig der Priester ... in der Person Christi handeln [kann], wenn es darum geht, dem Opfermahl ... vorzustehen und es gültig zu vollziehen" (Nr. 12,7).

Ein Schritt über die Lehre des Konzils hinaus wird lediglich insofern getan, als erstmals Existenz und Funktion des Priester selbst ausdrücklich als sakramental bezeichnet werden:[168] „Der Priester ist das Zeichen des von Gott ausgehenden Heilsplans ... Er setzt Christus als den Erlöser des ganzen Menschen auf sakramentale Weise unter den Brüdern gegenwärtig, sowohl in ihrem persönlichen wie in ihrem sozialen Leben" (Nr. 12,8). Zwar ist „die Kirche als ganze ... der Zeuge und das wirksame Zeichen [der] Einigung", aber sie ist dies „ganz besonders durch ihr priesterliches Dienstamt" (Nr. 7,6). Deshalb werden „alle Gläubigen brüderlich [ermahnt], Jesus Christus den Herrn, wie er in seiner Kirche fortlebt und auf eine besondere Weise in seinen amtlichen Dienern wirkt, aufmerksam zu betrachten, um zu verstehen, weshalb die Christengemeinschaft ihre Sendung ohne priesterliches Dienstamt nicht voll zu erfüllen vermag" (Nr. 8,2).

Durch die Ordination wird der Priester „Christus angestaltet und ihm geweiht". Diese „prägende Wirklichkeit" bleibt nicht nur lebenslänglich, sie macht den Priester „in der Mitte der Christengemeinschaft, die aus dem Geist lebt, ... trotz seiner Schwachheiten [zum] Unterpfand der Heilsgegenwart Christi" (Nr. 13).

Zwar weiß das Dokument darum, daß der Priester die Berufung, Christus gleichförmig zu werden, mit den anderen Getauften gemeinsam hat, aber „außerdem hat er, wie die Zwölf, eine besondere Nähe zu Christus und nimmt teil an seiner Sendung als höchster Hirte" (Nr. 19,2). Die „ganze Regel priesterlicher Existenz" möchte das Synodendokument zusammengefaßt sehen in den Worten Jesu: „Für sie weihe ich mich: damit auch sie geweiht seien in der Wahrheit" (Joh 17,19) (Nr. 19,2).[169]

Sicht (Der priesterliche Dienst V, QD 50), Freiburg 1973, 278-303, hier: 283; (aufgenommen in: ders., Wegsuche. Kleine Schriften zur Theologie. Band II, Altenberge 1998, 217-244).

[168] Vorgrimler, Priesterdokument, 281.

[169] Die Studie der Internationalen Theologenkommission wollte in Joh 17,17 („Vater, weihe sie in der Wahrheit: dein Wort ist Wahrheit.") sogar „eine echte Weiheformel" „für die Einsetzung ins Priesteramt" sehen (Theologenkommission, Priesterdienst, 59).

Anders als Balthasar[170] beklagten diejenigen, die sich von der Synode einen ermutigenden Schritt in Richtung einer Lösung der akuten Probleme erwartet hatten, „das magere Ergebnis“, das „im wesentlichen die bisherige Doktrin [bekräftigte] und ... unbeirrbar an der bisherigen Struktur und Disziplin [festhielt]“.[171] In einem „Zeitbericht“ zur „Priesterfrage auf der römischen Bischofssynode“ resümiert die Herder-Korrespondenz: Das „hauptsächliche Handicap“ lag „ganz offensichtlich darin, daß man nochmals den Priester als Amtsträger und als Lebensform rein in sich betrachtete und sich nicht die Frage der Funktionalität des kirchlichen Amtes insgesamt stellte. Das Erstaunliche: die Gemeinde, die lokale Kirche, ohne die der geistliche Amtsträger weder theologisch noch funktionalsoziologisch zu begreifen ist, kam nur am Rande zur Sprache. Die christologische Rede vom Priestertum aller Gläubigen blieb zu abstrakt, um den Konnex Priester–Gemeinde einigermaßen überzeugend darzustellen.“[172]

Für Beobachter der vorsynodalen Diskussion kam das Synodenergebnis nicht überraschend. Bereits die Vorbereitungspapiere weckten Befürchtungen, „die vielbeschworene ‘Krise’ des Priesteramtes“ bewältigen zu wollen, indem man „zum vorkonziliaren Startplatz zurückzupfeifen“[173] versucht. Das gilt insbesondere für die offizielle Arbeitsgrundlage (AGS) *Das priesterliche Dienstamt*[174], die sich unter anderem auf die bereits erwähnte Studie der Internationalen Theologenkommission stützt, dabei aber „so ziemlich alles an bibeltheologischer und traditions- und dogmengeschichtlicher Aussage ausklammert, was nicht grosso modo der Bestätigung der Verfas-

170 „Die Synode hat ..., wohl wissend, was sie tat, den engen Weg eingeschlagen, unter dem Zeichen ihrer ersten christologischen These. Sie rechnet, was das Priestertum angeht, mit einer Durststrecke, zieht aber wenige gute Priester mit vollem Einsatz einer Großzahl mittelmäßiger mit halbem Einsatz vor. ... Auch die Synode wollte von einem ‘Sazerdotalismus’ konstantinischer Prägung zurück ins Urchristliche; aber während manche Theologen hofften, dort dem protestantischen Gemeindediener zu begegnen, traf sie auf ihrem Rückweg Den, der die Frage Quo Vadis stellt, und wußte wieder, daß es im Priesterdienst um eine Teilhabe an seinem unnachahmlichen Dienst geht, an Ihm selbst, der Priester und Opfer zugleich ist“ (H.U.v. Balthasar, Zur Priesterfrage an der Bischofssynode 1971, in: IKaZ 1 (1972), 73-78, hier: 78).

171 Die Priesterfrage auf der römischen Bischofssynode, in: HerKorr 25 (1971) 536.

172 Ebd.

173 Cordes, Sendung, 307.

174 Das priesterliche Dienstamt. Eine Arbeitsgrundlage für die Diskussion in der allgemeinen Bischofssynode, München 1971.

ser diente“ und damit „noch ‘systemstabiler’ erscheint“ als der Studienbericht selbst[175].

In einem Gutachten, „das trotz seiner knappen Diktion wohl zum Durchdachtesten gehört, was im Vorfeld der Bischofssynode zur theologischen Problematik der Priesterfrage ... gesagt wurde“,[176] bezeichnet *Walter Kasper*[177] diesen Entwurf „für jeden, der sich von der Synode noch etwas erhofft hat, [als] eine einzige Enttäuschung“.[178] Er kritisiert daran den einseitigen Denkansatz, die einseitige Methode und die „supernaturalistische und fideistische Einstellung“, mit der man sich „jede Möglichkeit verbaut, die konkreten Probleme, wie sie heute anstehen, anzupacken.“ Er zeigt auf, daß für die AGS „das Geheimnis ... nicht etwas [ist], auf das man am Ende des Suchens stößt, sozusagen der äußerste Horizont, der sich aller menschlichen Denkbarkeit, Planbarkeit und Machbarkeit entzieht. Geheimnis ist hier vielmehr ein heuristisches Prinzip, das man von vornherein in die Rechnung einbezieht, das von menschlichem Denken und Argumentieren dispensiert, und über das man nachher dennoch erstaunlich viele und exakte Angaben machen kann. Das Geheimnis wird zu einem Gegenstandsbereich neben anderen; man kann darüber praktisch ebenso Bescheid wissen wie über anderes auch, nur eben im Glauben und unter Leitung des Lehramtes.“[179] Das Dokument setze voraus, „was erst begründet werden müßte und was heute vielen nicht mehr selbstverständlich ist: das gemeinsame und das hierarchische Priestertum unterscheiden sich dem Wesen und nicht nur dem Grade nach. Zumindest könnte man erwarten, daß das Dokument wenigstens erklärt, worin dieser Wesensunterschied besteht“.[180] Der Ausgangspunkt beim Amt und seinen Vollmachten und die Frage nach dem „Proprium und Specificum“ des Amtes auf dieser Basis „verrennt sich sehr bald in alle möglichen ausweglosen Sackgassen“. Mit Rahner versteht Kasper den Sinn der Ordination nicht darin, „daß sie etwas gibt, was sonst in der Kirche gar nicht gegeben wäre“, sondern darin, „den der Kirche als ganzer gegebe-

[175] Vgl. Die Priesterfrage steht zur Entscheidung, in: HerKorr 25 (1971) 343-348, hier: 343; Der Beitrag bietet eine ausführliche Darstellung und differenzierte Diskussion beider Vorbereitungspapiere.

[176] Die Priesterfrage steht zur Entscheidung, in: HerKorr 25 (1971) 344.

[177] W. Kasper, Das priesterliche Dienstamt. Bemerkungen zu der Vorlage für die Bischofssynode 1971, in: Diak 2 (1971) 222-232.

[178] Kasper, Dienstamt, 222.

[179] Kasper, Dienstamt, 224.

[180] Kasper, Dienstamt, 227.

nen Auftrag als Sendung der Kirche zu vollziehen".[181] Die Frage dürfe deshalb nicht lauten „was ist uns besonders vorbehalten?, sondern: was ist uns besonders aufgetragen?"[182]

2.3.5 *Karl Forster*

Die beunruhigend weite Verbreitung eines „horizontalen" Amtsverständnisses insbesondere unter den Priestern jüngerer Jahrgänge, die die 1971 im Auftrag der Deutschen Bischofskonferenz durchgeführte Priesterumfrage ergeben hatte, bildet den Hintergrund von *Karl Forsters* „Theologische[n] Überlegungen zur gegenwärtigen Verunsicherung über das Amt".[183] Für ihn sind „Priester ... in der Gemeinschaft des neutestamentlichen Gottesvolkes [deshalb, JM] notwendig, weil Jesus Christus für die Verwirklichung seiner Sendung an alle Getauften eine Sendung an einzelne ausgesprochen und ihnen gemeinsam in einer geordneten Weise den Dienst an der Einheit der Kirche anvertraut hat" (52).

Die „Grundstruktur der Sendung und Vollmacht" war „für den historischen Jesus Mitte und Grund seines Wirkens" (47). „Diese Sendung, über die insbesondere das johanneische Schrifttum des Neuen Testament theologisch reflektiert, setzt sich von Jesus her zu den Jüngern fort (Joh 20,21: 'Wie mich der Vater gesandt hat, so sende ich euch')" (40). Die „Ordnungsstruktur, die Vollmacht begründet und mit Vollmacht beauftragt", findet Forster grundgelegt in den ausgewählten Zwölf des Jüngerkreises, innerhalb dieser im engeren Kreis der Drei (Simon, Jakobus, Johannes), schließlich in der Sonderstellung des Simon Petrus (40).

Dieses „Profil von Gliederung und gegenseitiger Zuordnung", die sich am „besondere[n] Auftrag der Zwölf innerhalb des Auftrages an den Jüngerkreis" zeigt, erachtet er als normative Bedingung dafür, daß „die Kirche das Sakrament der handelnden und wirkenden Gegenwart Jesu Christi ist" (46f.).

181 Kasper, Dienstamt, 228.

182 Kasper, Dienstamt, 229.

183 K. Forster, Das Amt in der Kirche. Theologische Überlegungen zur gegenwärtigen Verunsicherung über das Amt, in: ders., Glaube und Kirche im Dialog mit der Welt von heute I, 1982, 33-57 (Vortrag vom Oktober 1973, erstmals veröffentlicht in: Militärseelsorge 16. Jg., 1. April 1974). – K. Forster war an Plan und Thematik der Befragung federführend mitbeteiligt und hat auch den theologischen Kommentarband herausgegeben (Priester zwischen Anpassung und Unterscheidung, Freiburg 1974).

Gefahren für diese positiv vorgegebene Grundstruktur sieht Forster zum einen aus gewissen Bestrebungen nach einer „Fundamentaldemokratisierung“ der Kirche erwachsen. Wenn es auch „möglich, ja sinnvoll und geboten“ sein mag, „darüber nachzudenken, wo und in welcher Weise Formen des Zueinander und Miteinander von Amtsträgern und Gliedern der Kirche gefunden werden können, die sich im gesellschaftlichen und geschichtlichen Erfahrungsbereich menschlicher Gemeinschaftsformen bewährt haben“, so dürfe doch „bei ihrer Übernahme auf kirchliche Strukturen und Vorgänge das Grundmodell der von der Kirche und in der Kirche zu repräsentierenden Autorität ihres einen Herrn Jesus Christus“ nicht verdeckt werden (47).

Noch mehr sei „die Forderung der Funktionalisierung von Autorität und Amt in der Kirche“ dazu angetan, „kirchliches Amt und kirchliche Autorität von ihrer Innenseite her auszuhöhlen“ (48). Eine nur mehr funktionale Sicht des kirchlichen Amtes, die die „Sendungs-, Auftrags- und Repräsentationsdimension von Jesus Christus her“ ausklammert, leugne „ - gewollt oder ungewollt - die Tatsache, daß es innerhalb der von Jesus Christus in diese Welt gesendeten Kirche eine besondere Sendung gibt, die von der Sendung der Zwölf ihren Ausgang genommen hat“ (51).

Nach Forster ist „der für die frühe Kirche und für die Tradition seither“ entscheidende Gedanke der, „daß das Wesen des Apostolates in der besonderen, das Hauptsein des erhöhten Herrn geschichtlich gegenwärtig haltenden Christusrepräsentation besteht“ (54). Diese „vertikale Komponente in der Sicht des kirchlichen Amtes“ dürfe „niemals preisgegeben werden“ (55).

2.3.6 Leo Scheffczyk

Für *Leo Scheffczyk*[184] ist es ein dringendes Anliegen, die „autoritative Über- oder Unterordnung“ von Amt und Gemeinde zu

[184] L. Scheffczyk, Das allgemeine und besondere Priestertum, in: KlBl 50 (1970) 331-334; Die Vollmacht des Amtsträgers in dogmatischer Sicht, in: KlBl 53 (1973) 121-126; Die Sakramentalität der Priesterweihe, in: Klerusverband in Bayern (Hrsg.), Die Sendung des Priesters, Augsburg 1971, 65-80; Die Christusrepräsentation als Wesensmoment des Priesteramtes, in: ders., Schwerpunkte des Glaubens (= Ges. Schriften 1), Einsiedeln 1977, 367-386; Verschiedene Ämter - ein *Gottesvolk*, in: W. Sandfuchs (Hrsg.), Die Kirche, Würzburg 1978, 57-67. Die jüngeren Beiträge bieten keine wesentlich veränderten Perspektive: „Stellvertretung“ und Sendung des Priesters, in: ders.,

verteidigen. Auch den Begriff des „Gegenüberstehens bzw des Sich-Gegenüber-Seins beider“ liest er bereits als Verwässerung dieser wesentlichen Struktur.[185] Schwierigkeiten, das notwendige Spannungsverhältnis beider hinreichend deutlich zu machen, ergäben sich, „wenn man die Kirche mit dem vom Zweiten Vatikanischen Konzil bevorzugt gebrauchten Namen ausstattet, nämlich mit der Kennzeichnung als ‘Volk Gottes’“.[186] Besonders gefährdet werde diese Ordnung durch die „Funktionalisierung von Autorität und Amt“, bei der „naturnotwendig die Gemeinde ein Übergewicht bekommen muß“.[187] „Es existierte dann keine verpflichtende Autorität, sondern nur bittende oder mahnende Weisung, keine Unterordnung, sondern nur gegenseitige Abhängigkeit, keine auf Weihe beruhende bleibende Vollmacht, sondern nur der ständige Dialog.“[188]

Vor allem aber finde das funktionale Denken mit seinem Bestreben nach einer Reform der kirchlichen Amtsautorität kaum einen Zugang zum christologischen Wesensgrund der Kirche. Als „Zweckmäßigkeitsdenken“ argumentiere es „nur in sehr geringem Maße theologisch“. Als negatives Beispiel führt Scheffczyk Rahners Schachklubvergleich an.[189] Außerdem liege ihm eine unzulängliche Auffassung von der Kirche und ihrem Wesen zugrunde.

Das Kirchenverständnis Scheffczyks orientiert sich an der zwar traditionellen, aber auf dem Hintergrund des konziliaren ekklesiologischen Lernprozesses nicht mehr unproblematischen *Corpus-Christi*-Vorstellung in ihrer streng hierarchologischen Variante. „Die Kirche ... ist der fortlebende Christus, der als Haupt im Leibe der Kirche gegenwärtig ist.“ Alle „entscheidenden Lebensbetätigungen der Kirche“, sind „wesentlich Taten und Wirkungen des anwesenden Christus“. Da Christus aber nicht mehr in „sichtbar-geschichtlicher und physischer Weise“ handeln kann, führt er seine Heilstaten „in Weiterführung des Gesetzes der Menschwerdung vermittels von Menschen als lebendigen Werkzeugen und als seinen Repräsentanten“

Glaube als Lebensinspiration (= Ges. Schriften 2), Einsiedeln 1980, 413-425; In persona Christi. Zur Theologie und Spiritualität des Priestertums, in: E. Kleindienst u.a. (Hrsg.), Kirche im Kommen (FS J. Stimpfle), Frankfurt/M. 1991, 497-516; sowie die themenrelevanten Beiträge in: Glaube in Bewährung (= Ges. Schriften 3), St. Ottilien 1991.

185 Vollmacht, 122. – 1991 scheint sich Scheffczyk mit der Vorstellung eines „dialektischen Gegenübers“ angefreundet zu haben (In persona Christi, 510).

186 Scheffczyk, Gottesvolk, 58.

187 Scheffczyk, Vollmacht, 122.

188 Scheffczyk, Gottesvolk, 59.

189 Scheffczyk, Vollmacht, 123.

fort. Als solche kommen wegen der „sichtbar-zeichenhaften" Struktur der Kirche nur die Amtsträger in Frage. Diese repräsentieren „den Ursprung, den auctor, die Autorität im absoluten Sinne, das heißt Christus selbst", und zwar „als mittlerisches Haupt der Gläubigen".[190]

Für den Nachweis der „inneren Notwendigkeit der Ämter in der Kirche" - damit meint Scheffczyk den Nachweis dafür, „daß eine solche zeichenhaft-repräsentative Autorität in der Kirche von Christus tatsächlich auch begründet wurde"[191] - biete das Apostelamt den „günstigsten Ausgangspunkt".[192] Da die Autorität der Apostel auf „der Besonderheit der persönlichen Berufung" und „in ihrem inneren seinshaften Verhältnis zu Christus" beruhe, könne keine Rede davon sein, daß das Amt keine andere Sendung hätte wie die Gesamtkirche.[193] Von einem funktionalen Zweckmäßigkeitsdenken her wäre eine solche Auswahl und Begrenzung der Zahl in der Berufung einzelner nicht zu erklären. „Autorität als Eigenschaft des Auktors einer Sache oder einer Ordnung verlangt auch dies, daß der Auktor seine Vollmacht an ganz bestimmte, ausgewählte Nachfolger weitergibt. Nur so ist gewährleistet, daß seine Autorität erhalten und das von ihm Geschaffene in seiner Hand bleibt."[194] Selbstverständlich erfließe „aus der Tatsache der Repräsentation Christi im Amt des Apostels eine hohe Autorität", eine „Überhobenheit gegenüber der Gemeinde".[195] Deshalb müsse es „bedenklich stimmen", wenn die heutige Theologie das Autoritätsmoment mehr oder weniger absichtlich „zugunsten der demokratischen Gemeindeelemente" zurücktreten läßt und hervorhebt, „daß der Apostel in der Gemeinde steht, daß er auf die Gemeinde angewiesen ist, daß er von ihr Trost erwartet und in ihr nicht herrschen, sondern dienen soll".[196]

Entschieden verwahrt sich Scheffczyk dagegen, aus ökumenischen Rücksichten den Begriff Priesterweihe durch Ordination zu ersetzen. Damit würde im Ansatz der katholische Sakramentsbegriff verfehlt. Die Gnade der Priesterweihe „bewirkt eine Angleichung an Christus als das mittlerische und erlöserische Haupt der Mensch-

190 Scheffczyk, Vollmacht, 124.
191 Ebd.
192 Scheffczyk, Gottesvolk, 60.
193 Scheffczyk, Vollmacht, 124; Gottesvolk 61. Scheffczyk polemisiert hier gegen eine These, die im Memorandum der Arbeitsgemeinschaft der ökumenischen Universitätsinstitute vorgetragen wurde.
194 Scheffczyk, Vollmacht, 125.
195 Scheffczyk, Christusrepräsentation, 375.
196 Scheffczyk, Vollmacht, 125.

heit". Sie vermittelt dem so Geweihten „in höchster und abschließender Weise die Teilhabe am mittlerischen und erlöserischen Leben Christi, wie das in der Taufe nur in vorbereitendem Maße geschehen kann. Von daher datiert auch jener Unterschied zwischen der Sendung des Priesters und der des Laien, den das Zweite Vatikanum im Anschluß an Formulierungen, die schon die mittelalterliche Theologie kannte, als „'agere in persona Christi', als Handeln in der Person Christi, des Hauptes, bezeichnete". Vom Priester „etwas so Anspruchsvolles und Großes auszusagen" ist nur auf der Grundlage „der in der Weihe erfolgenden Angleichung an die Person Christi als des Hauptes" möglich.[197]

In auffallenden Anklängen an Vorstellungsmodelle der dreißiger Jahre[198] sieht Scheffczyk das Weiheamt, das „weder zur Herrschaftsstellung der einen, noch zur Bevormundung der anderen geschaffen" ist, „in Weiterführung der von Christus begründeten Heilsordnung wesentlich aus zwei Gründen in der Kirche gestiftet: Damit Christus der Ursprung des Heils bleibt ..., und damit der heilsuchende Mensch in Bezug auf sein Heil nicht den Unsicherheiten seiner Subjektivität ausgesetzt wird; denn ohne das sichtbare heilsmittlerische Christusamt in der Kirche wäre der Mensch entweder auf sich selbst oder (wie es heute schon vorgeschlagen wird) auf den Mitmenschen als Gnadenträger angewiesen."[199]

Für Scheffczyk ist klar: „Wenn man das Wesen des Apostolats als Christusrepräsentation immer bedächte und dann die Abhängigkeit der Ämter in der Kirche vom Apostolat anerkennen würde, hätte man sich vieler in der heutigen Amtsdiskussion künstlich aufgeworfener Probleme entledigt, z.B. des Problems, ob die Gemeinde den Amtsträger formell berufen dürfe oder ob die Aufgaben des Apostels aufgeteilt werden dürften, d.h. ob das Amt in der Kirche innerlich aufgefächert werden dürfe. Von dem Gedanken der Christusrepräsentation her sind solche Versuche innerlich unmöglich."[200]

Der Vollständigkeit halber müssen an dieser Stelle auch die Beiträge von *Johann Auer*[201], *Michael Seybold*[202] und *Anton Zie-*

197 Scheffczyk, Vollmacht, 126.
198 Vgl. C. Feckes, N. Rocholl.
199 Scheffczyk, Vollmacht, 126.
200 Scheffczyk, Vollmacht, 125.
201 J. Auer, Dogmatische Gedanken zum Priesterbild von heute, in: GuL 40 (1967) 423-442; ders., Die Priesterweihe, in: Sakramente der Kirche (KKD VII), Regensburg 1972, 295-367; ders., Berufungen (Charismen), Dienste, Ämter (Sendungen) in der missionarischen Kirche als „universalem Heilssa-

genaus[203] erwähnt werden. Sie stimmen in ihren grundlegenden Topoi mit der hier referierten Auffassung von Leo Scheffczyk überein.

2.4 Berechtigung und Reichweite einer christologisch-apostolischen Amtsbegründung

2.4.1 Die apostolische Signatur der Kirche („Nachfolge der Apostel“)

Die „christologisch-apostolische“ Amtsbegründung beruft sich auf die Sendung und Bevollmächtigung der Apostel durch Christus und die Weitergabe dieser Sendung samt der dazugehörenden Vollmacht(en) an ihre „Nachfolger“, die kirchlichen Amtsträger. Als historische Aussage - und als solche wird sie in der Regel zumindest *auch* insinuiert - hält die Auffassung einer solch direkten Linie Christus-Apostel-Amtsträger dem kritischen Befund nicht stand. Aber auch als theologisch gemeinte Feststellung stellt sich die „Nachfolge der Apostel“ erheblich differenzierter dar als das geläufige Vorstellungsmuster vorgibt:

Entgegen der selbstverständlichen Rede von „den Aposteln“ und einer bisweilen recht unbefangenen Verknüpfung lukanischer und paulinischer Apostolatsaussagen, ist der neutestamentliche Apostelbegriff alles andere als einheitlich. Paulus, der in seinen Briefen „das älteste und repräsentativste Zeugnis für die Bedeutung des Apostelamtes im Urchristentum“[204] gibt, kennt bereits „Apostel vor mir“ (Gal 1,17ff.), einen mehr oder weniger fest umrissenen Kreis, der in und um Jerusalem zu lokalisieren ist. Mit Sicherheit gehörten Kephas/Petrus und Jakobus zu diesem Kreis, höchstwahrscheinlich die Zwölf, vermutlich auch das Röm 16,7 genannte Ehepaar Andronikus und Junia.[205] Auch Paulus selbst rechnet sich als „zuletzt“

krament“, in: Die Kirche - Das allgemeine Heilssakrament“ (KKD VIII), Regensburg 1983, 157-169.

202 M. Seybold, „Priester auf ewig“? Dogmatische Anmerkungen zur Laisierung von Priestern, in: ThGl 62 (1972) 401-416.

203 A. Ziegenaus, Zum Selbstverständnis des Priesters in Zeiten des Umbruchs, in: FoKTh 2 (1986) 253-267.

204 Kertelge, Gemeinde, 79.

205 J. Roloff, Art. Apostel/Apostolat/Apostolizität, I. Neues Testament, TRE 3, 430-445, hier: 433f.; (anders K. Kertelge, Art. Apostel, LThK^3 I, 1993, der Andronikus und Junia dem antiochenischen Apostolatstypus zuordnet); Roloff verwendet noch die Lesart Junias. Nach den Untersuchungen von Bernadette Brooten ist die Lesart Junia zweifelsfrei als die ursprüngliche nachgewiesen:

Hinzugekommener (1Kor 15,8) dazu. Konstitutiv für den Jerusalemer Apostelbegriff ist die Erscheinung des Auferstandenen, durch den sich der Apostel zum Zeugnis für diesen bzw. zur Verkündigung des Evangeliums beauftragt weiß.

Biographisch ist Paulus selbst zunächst im antiochenisch-syrischen Bereich verwurzelt. Dort hatte sich ein anderer, „pneumatisch-charismatisch begründeter Apostolat mit klarer Ausrichtung auf die Mission“ ausgeprägt.[206] Das Modell dieses antiochenischen Apostelbegriffs ist in Apg 13,1-4 noch greifbar. Als entscheidendes Kriterium gilt hier die besondere Geistbegabung. Sie legitimiert den missionarischen Verkünder. Auch die Gegner des Paulus in 2Kor müssen - trotz ihrer Herkunft aus dem palästinischen Judentum - diesem Typus zugerechnet werden. Wegen seiner gesetzesfreien Heidenmission unter Legitimationsdruck, rückt Paulus entschiedener an das Jerusalemer Apostolatsverständnis heran, wenn sich auch weiterhin bei ihm gewisse Momente des charismatischen Wanderapostolats finden.[207] Charakteristisch für das Selbstverständnis des Paulus als „Apostel Jesu Christi“ ist die in der unmittelbaren Begegnung mit dem Auferstandenen *christologisch* begründete Sendung zur Verkündigung des *Evangeliums* von Tod und Auferstehung des Herrn und die Ausrichtung der Verkündigung auf die Gründung von *Gemeinden*.

Im Unterschied zur paulinischen Apostolatskonzeption handelt es sich beim lukanischen Apostelbegriff um ein rückprojizierendes Konstrukt. Der wachsende Abstand weckte in der jungen Kirche das Bedürfnis nach Vergewisserung in der Kontinuität mit dem irdischen und erhöhten Herrn. Dem trägt Lukas Rechnung, indem er den Zwölferkreis, der seine ursprüngliche Funktion als Repräsentant des jüdischen Zwölf-Stämme-Volkes im Zuge der Intensivierung der Heidenmission verloren hatte, theologisch und vor allem ekklesiologisch wiederaufwertet.[208] „Die Zwölf“, in der frühen christlichen Tradition keineswegs identisch mit „den Aposteln“, werden in der Konzeption des Lukas zu den „zwölf Aposteln“ im exklusiven Sinne. Entscheidende Voraussetzung für ihr Apostelsein ist, daß sie nicht nur Zeugen der Auferstehung sind, sondern zuvor Augenzeugen des geschichtlichen Weges Jesu waren, „angefangen von der

„Junia ... hervorragend unter den Aposteln“ (Röm 16,7), in: Elisabeth Moltmann -Wendel (Hrsg.), Frauenbefreiung, München ²1978, 148-151.

206 Roloff, Apostel, 435.

207 Roloff, Apostel, 436f.

208 L. Oberlinner, Die Apostel und ihre Nachfolger, in: A. Vögtle / L. Oberlinner, Anpassung oder Widerspruch, Freiburg 1992, 9-39, hier: 24f.

Taufe des Johannes bis zu dem Tag, an dem er von uns ging und (in den Himmel) aufgenommen wurde“ (Apg 1,21f.). Konsequenterweise muß Lukas dem Paulus den Apostelnamen vorenthalten, obwohl er als dreizehnter „Zeuge“ nicht nur in die den Aposteln übertragene Aufgabe der Verkündigung eingebunden ist, sondern diese auch weiterführt. Im Auftrag der Verkündigung können und müssen die zwölf Apostel Nachfolger haben, nicht jedoch in ihrer „heilsgeschichtlich einmaligen Stellung“ als „personales Bindeglied zwischen Jesus und der Kirche“. Diese Funktion ist nicht übertragbar.[209] Hier hat die Rede von einer „Nachfolge der Apostel“ eine deutliche Grenze.

Das Anliegen der Vergewisserung zum Ursprung hin bestimmt auch den Apostelbegriff in den deutero- und nachpaulinischen Schriften. Anders als bei Lukas geht es hier jedoch nicht um die Augenzeugenschaft mit dem geschichtlichen Jesus, sondern um die „Kontinuität zum Evangelium des Paulus und zu dessen Stellung als Apostel [, die] zum Maßstab des rechten Glaubens erhoben wird“.[210] Der unmittelbare Zusammenhang zwischen dem Apostolat des Paulus und der bedrängenden Frage der Tradition kommt bereits darin zum Ausdruck, daß diese Briefe, 20-40 Jahre nach dem Tode des Apostels, in seinem Namen verfaßt werden.[211] Abgesehen von der fiktiven Selbstbezeichnung des Verfassers als Apostel rekurriert der Epheserbrief mit der formelhaften Gruppenbezeichnung „die Apostel und Propheten“ auf die maßgeblichen Gestalten der Anfangszeit, die als erste das Evangelium verkündet haben, die das „Fundament“ und die „Norm für den rechten Glauben“ bilden und die „Garanten der die Kirche tragenden Tradition“ sind.[212] Die Pastoralbriefe setzen den Akzent etwas anders, indem sie vor allem den personalen Bezug der Apostelschüler zum „Verkünder, Apostel und Lehrer“ Paulus unterstreichen und damit betonen, „wie grundlegend wichtig es für die Gemeinden ist, daß sie mit *seinem* Evangelium übereinstimmen und in *seiner* Nachfolge bleiben.“[213] Auch die Nachfolger der Apostelschüler und damit die aktuellen Amtsträger der Gemeinden werden in den Blick genommen. Die Mahnung zur rechten Ausübung des übertragenen Amtes, die explizit an die Apostelschüler Timo-

[209] Oberlinner, Apostel, 30.
[210] Oberlinner, Apostel, 31.
[211] Roloff, Apostel, 440.
[212] Oberlinner, Apostel, 31ff.; Roloff, Apostel, 440.
[213] Oberlinner, Apostel, 34f.

theus und Titus ergeht, gilt indirekt ihnen. Ohne Zweifel ist in den Pastoralbriefen ein Schema der Sukzession erkennbar.

Entgegen der traditionellen katholischen Auffassung[214] geht es in den Sukzessionsaussagen der Pastoralbriefe weder um die normative Festschreibung einer bestimmten Amtsstruktur noch um die Legitimation der Amtsträger. „Höchstes Prinzip ist die unverfälschte Weitergabe des der Kirche von Gott anvertrauten Evangeliums."[215] Im Abwehrkampf gegen die Gnosis, die sich auf geheime Überlieferungen (*pl.*!) aus der Apostelzeit beruft, machen die Pastoralbriefe den Anspruch der kirchlichen Verkündigung als der wahren Überlieferung (*sg.*!) dadurch geltend, daß sie die ungebrochene Kette der Zeugen seit den Aposteln aufzeigen.[216] „Sie setzen ein festes Relationsgefüge zwischen Amt und Evangelium als selbstverständlich voraus, aber die Prärogative hat dabei eindeutig das Evangelium."[217]

Der neutestamentliche Apostelbegriff ist also geprägt vom nicht unbedeutenden Wandel in der Perspektive, der sich beim Übergang von der apostolischen zur nachapostolischen Kirche ereignet hat. Das Selbstverständnis der historischen Apostel ist ganz ausgerichtet auf die Verkündigung des *Evangeliums*. Die nachfolgenden Generationen vergewissern sich ihrer Identität als Kirche Christi, indem sie festhalten an dem Evangelium, das die *Apostel* verkündet haben. Das Kennzeichen „apostolisch" kommt der ganzen Kirche zu, nicht weil es in ihr Amtsträger gibt, die sich über eine formale Handauflegungskette als „Nachfolger der Apostel" definieren, sondern weil sie das wahre Evangelium verkündet und immer wieder neu Gestalt werden läßt. Zur Legitimation des kirchlichen Amtes ist die „Nachfolge der Apostel" im Sinne einer exklusiven Linie von Vollmachtsempfang und -weitergabe, die die apostolische Signatur der Kirche und ihrer Verkündigung als ganzer übergeht, weder historisch haltbar noch theologisch besonders tauglich.

Auf einer anderen Ebene als die amtslegitimierende Inanspruchnahme der Apostel liegt ihre Bedeutung als „Leit-Bilder"[218] oder „Prototypen" eines jeden kirchlichen Leitungs- und Verkündigungsdienstes. Hier ist der rechte Ort, von der unverzichtbaren personalen

214 Diese wird beispielsweise vertreten von H. Schlier, Die Zeit der Kirche, Freiburg ³1962.

215 G. Lohfink, Die Normativität der Amtsvorstellungen in den Pastoralbriefen, in: ThQ 157 (1977) 93-106, hier: 105.

216 J. Ratzinger, Primat, Episkopat und successio apostolica, in: K. Rahner / J. Ratzinger, Episkopat und Primat (QD 11), Freiburg 1961, 37-59; hier: 48f.

217 Lohfink, Normativität, 105.

218 Küng, Wozu Priester, 96.

Bindung des Amtsträgers an den berufenden und sendenden Herrn der Kirche und dem radikalen In-Anspruch-genommen-sein für das Evangelium zu sprechen. Die Lebensgestalt des/der Verkündenden steht im Dienst des zu verkündigenden Evangeliums und verlangt gegebenenfalls das Zurückstellen sekundärer Bindungen. Denn die Wirksamkeit des Wortes der Verkündigung ist nicht unabhängig von der existentiellen Glaubwürdigkeit der Zeugen. Hier hat die mehrfach vorgetragene Kritik Balthasars an einem erst nachträglich hinzupostulierten, im Grunde aber hinsichtlich der Wirksamkeit amtlichen Handelns auch verzichtbaren Amtsethos ihre Berechtigung, wenngleich Zweifel angemeldet werden dürfen, ob die von ihm formulierte „personale Enteignung“ wirklich eine christliche Option darstellt. Die Grundhaltungen apostolischer Existenz, wie sie in der synoptischen Aussendungsregel beschrieben (Mk 6,6bff., par.) oder wie sie am plastischsten an Paulus ablesbar sind, bleiben ein stets gültiger und wohl nie ganz eingeholter Maßstab eines jeden kirchlichen Dienstes, der umso mehr verpflichten muß, je umfassender und – wenn man so will – „amtlicher“ der jeweilige Dienst innerhalb des Gesamtauftrags der Kirche ist.

2.4.2 Die christokratische Engführung

Daß es das Amt in der Kirche Christi nicht ohne christologische Grundlage gibt, ist an sich so selbstverständlich, daß es dafür keines eigenen Nachweises bedarf. Wenn Christus die alles tragende Wirklichkeit der Kirche ist, dann kann nichts von dem, was wesentlich zu ihr gehört und was sie zu ihrem Auftrag notwendig braucht, als von diesem Fundament getrennt gedacht werden. Diese konstitutive christologische Verankerung wird von *ekklesiologisch-funktional* argumentierenden Amtskonzeptionen normalerweise auch nicht geleugnet. Problematisch an den meisten dezidiert *christologischen* Ansätzen ist aber – neben der eben schon kritisierten historisierenden Sprechweise –, daß sie die christologischen Begründungszusammenhänge christomonistisch reduzieren und den Zusammenhang von Christologie und Ekklesiologie bzw. von Christologie, Pneumatologie und Ekklesiologie nicht hinreichend in die Konzeption einbeziehen. Dadurch erscheint Christus seiner Kirche einerseits merkwürdig fern (als „Gegenüber“, als vom Leib getrenntes „Haupt“) und zugleich in einer nahezu physisch-konkreten Weise Einfluß nehmend, nämlich durch Amtsträger. Das Amt, definiert als „Repräsentation“ Christi, auf der Seite Christi der Gemeinde „gegenüber“ und ausgestattet mit der „Vollmacht“ Christi, erscheint als das notwendige Instrument, damit der erhöhte Herr überhaupt in seiner Kirche wirken kann. Die Gemeinde darf zwar mit der Gegenwart und dem Wirken des *Geistes* in ihr rechnen, entbehrt aber als „nur charismatische“ Gemeinde ohne das Amt jedes Christusbezugs. Übersehen wird bei dieser Argumentation, daß die Gegenwartsweise des erhöhten Herrn in seiner Kirche nicht das Amt, sondern der Geist ist. Wenn Christus durch den Amtsträger an seiner Kirche handelt, dann nicht anders als durch seinen Geist. Und indem die Gemeinde das vielfältige Wirken des Geistes, d.h. die Charismen, zu denen auch das Amt gehört, in ihrer Mitte erkennt, anerkennt und dankbar annimmt, erfährt sie sich als Gemeinde Christi, des Herrn.

Die Einseitigkeiten und Verzerrungen christomonistischer Amtsbegründungen werden bereits in der Diskussion des hier verhandelten Zeitraums mehrfach und unter verschiedenem Blickwinkel registriert und kritisiert:

- *Wilhelm Breuning*[219] bejaht ausdrücklich, daß es in der Kirche apostolische Vollmacht gibt und daß diese nicht von „unten“, sondern vom Herrn her kommt. Doch müsse sich die „Theologie der Sendung“, wie sie bereits 1Clem 42-44 mit der „berühmten Sendungslinie“ „Gott - Christus - Apostel - Bischöfe“ entwirft und wie sie später als „Theologie der kirchlich-amtlichen Stellvertretung“ entwickelt wird, fragen lassen, ob das mit ihr grundgelegte hierarchische Denken „nicht auch wesensfremde Züge in die Theologie des Apostolats hereingetragen“ habe.[220] Da der innerste Sinn der Herrschaft Christi darin liegt, daß Christus Macht hat, sich mitzuteilen, können kirchliche Vollmachtsträger für sich „nicht mehr von Christus und seiner Herrschaft reservieren, als sie allen mitteilen“. Die Repräsentation oder Stellvertretung Christi kann nicht für sich allein stehen und darf nicht in die Vorstellung der Kirche als Pyramide münden. „Die Kirche teilt nicht Christus einfachhin mit, sondern wie sie ihn besitzt: als die Gemeinschaft mit ihm. Die Linie der Sendung läuft also in der Geschichte des Volkes Christi nicht absolut, sondern stets relativ zu der Wirklichkeit der Kirche, daß sie Christusgemeinschaft ist.“[221] Zwischen der Christusgemeinschaft als Ausgangspunkt und als Ziel der Kirche „kann sich keine Superkirche von besonders Bevorzugten etablieren“. Weil der Amtsträger, auch

[219] W. Breuning, Zur Frage nach dem Sinn des priesterlichen Dienstes, in: TThZ 77 (1968), 353-365.
[220] Breuning, Frage, 359.
[221] Breuning, Frage, 359f.

wo er „in wirklicher Vollmacht handelt ...[,] nur in der Sendung Christi stehen [kann], wenn er *zuerst* schon der Kirche als Ganzer angehört", kann man ihn nicht einfachhin auf seiten Christi der Kirche gegenüberstellen.[222]

- *Peter Hünermann*[223] untersucht die Sprache, „in der gemeinhin vom Amt und seiner Vollmacht in der Kirche gesprochen wird" und diagnostiziert ihre eigentümliche Ambivalenz. „Sie ist geprägt in einer 'theistischen' Sprachepoche, in der Gott de facto weithin der gebrauchte war. So kann man diese Aussagen über das Amt leicht im Sinne eines grundsätzlichen Gebrauchens Gottes mißverstehen. Das Amtsverständnis gewinnt für den heutigen Menschen dann unmittelbar magische Züge."[224] Bei Aussagen über Weitergabe der göttlichen Vollmacht von Christus über die Apostel zu den Bischöfen und Priestern könne leicht der Eindruck entstehen, „hier handle es sich um eine Stufenleiter, wo jeder Schritt durch eine direkte und formale göttliche Garantie abgesichert ist. ... Die Gültigkeit, sichergestellt durch die juristisch legitime Übertragung ist jener Bedingungszusammenhang, welcher bewirkt, daß das, was innerhalb dieses Gefüges geschieht, mit den Worten 'Gott', 'göttlich' zu bezeichnen ist." Damit wird „die Amtsstruktur mit ihren Gesetzmäßigkeiten und Normen [zu jener] Gebrauchsstruktur, innerhalb deren[!] von Gott gesprochen werden muß".[225] Das gleiche Denk- und Sprachmodell finde sich in einer bestimmten – „fraglichen" – Christologie, nach der „Jesus hier oder dort seine Göttlichkeit gebrauchen kann, wo seine Göttlichkeit zu diesem oder jenem dienen kann, also etwa zum Sündenvergeben, zum Wunderwirken, zur Einsetzung von Sakramenten ...". Genauso wie beim eben skizzierten Amtsverständnis gibt es dann „eine ganz bestimmte Reihe von Tatsachen, für die man Gott braucht und benötigt." Umgekehrt ist der Mensch „gleichsam gezwungen, die Worte 'Gott', 'göttlich' zu gebrauchen", „wo solche Phänomene auftauchen".[226]

Die gegenwärtige Amtskrise in der katholischen Kirche erkläre sich zu einem guten Teil daraus, daß diese Sprach- und Denkmuster der „theistischen" Epoche nicht mehr überzeugen und als „magi-

222 Breuning, Frage, 360f.

223 P. Hünermann, Die Rede von Gott und das kirchliche Amt, in: W. Pesch, P. Hünermann, F. Klostermann (Hrsg.), Priestertum – kirchliches Amt zwischen gestern und morgen, Aschaffenburg 1971, 36-70; (später aufgenommen in ders., Ekklesiologie im Präsens, Münster 1995, 204-227).

224 Hünermann, Rede, 45f.

225 Hünermann, Rede, 47.

226 Hünermann, Rede, 51.

scher Rest"[227] empfunden werden. Demgegenüber wäre eine Amtstheologie gefragt, die der „'Unbrauchbarkeit' Gottes" Rechnung trägt und von Gott nicht so spricht, als könne man sich auf ihn berufen. Die Bedingungen der Endlichkeit sind nämlich für den Gläubigen die gleichen wie für den Nicht-Gläubigen. Der Gläubige darf aber darauf vertrauen, daß seine - unter der Bürde verantwortlicher Entscheidung vollbrachte - Tat „nicht nur endlich, vergänglich und damit nichtig ist, sondern daß sie im Geiste bewahrt und aufgehoben ist und daß der Geist selbst dort, wo seine Schuld durchschlagen sollte, seiner Schwachheit zu Hilfe kommen wird."[228]

Ein Modell dafür, wie trotz der grundsätzlichen Befangenheit in der „theistischen" Situation das Bewußtsein um die „Unbrauchbarkeit" Gottes bewahrt werden konnte, findet Hünermann in den Ordinationsformularen der *traditio apostolica* Hippolyts.

„Konstitutiv für die legitime Betrauung mit dem Bischofsamt ... sind die Wahl durch die Gemeinde und die Handauflegung durch einen der anwesenden Bischöfe. Nun heißt es im Ordinationsgebet, daß der von der Gemeinde ausgewählte Kandidat von Gott selbst zum Episkopat erwählt wurde." Dieser Wechsel des Subjektes (Gott selbst hat gewählt - die Gemeinde hat gewählt) darf als „Glaubensbekenntnis"[229] gelesen werden, „daß gerade im freien und verantwortlichen einhelligen Tun der Gemeinde sich das Wirken Gottes ereignete: nicht danach oder daneben, sondern im geisterfüllten Vollzug der Freiheit. Die Wahl wäre dann verstanden als ein Akt des Glaubens. Im Glauben darf die Gemeinde darauf vertrauen, daß sie der unbedingten Nähe Gottes dort nicht beraubt wird, wo sie jemanden auswählt, der durch die Früchte des Geistes bewährt ist ... Hier handelt die Gemeinde unter dem Antrieb des Geistes. ... Nicht sie braucht Gott, um ihrem Tun eine göttliche Legitimität zu verleihen, sondern Gott gebraucht sie."[230] Damit ist auch die Weihehandlung „keine Weitergabe okkulter Kräfte und magischer Vollmachten". „Der ordinierende Bischof gibt keine ihm zum Gebrauch überlassene, göttliche Bevollmächtigung als Verfügender weiter. Er gebraucht Gott nicht." Dasselbe gilt für die Amtsausübung des Geweihten. Auch er kann seine Akte nicht „einfach als geistgeprägte, vom Geist garantierte bezeichnen". Er darf sich aber vom Geist ge-

[227] Vgl. das gleichnamige Buch von G. Hierzenberger, Der magische Rest, Düsseldorf 1969.

[228] Hünermann, Rede, 58.

[229] Hünermann, Rede, 64.

[230] Hünermann, Rede, 62.

tragen wissen, wo er aus Glauben handelt, ebenso wie die Gemeinde im Glauben gewiß sein darf, „daß die unwürdige Amtsverwaltung sie nicht einfach der ein für allemal geschehenen Nähe Gottes beraubt“.[231]

• *Heribert Mühlen*[232] erklärt eine Amtstheologie, die von monarchischen Repräsentationsvorstellungen bestimmt ist, als Nachwirkung der zu Ende gehenden konstantinischen Epoche und ihres „vortrinitarisch-monokratischen Programms“: „Ein Gott ... - eine Herrschaft des Vaters - ein Logos - ein Kaiser - eine Welt: Innerhalb einer konkreten menschlichen beziehungsweise kirchlichen Gemeinschaft kann letztlich verantwortlich immer nur *ein einziger* den *einen* Gott repräsentieren. Einheit kann dementsprechend nur durch die Uniformität des Denkens und Handelns gewahrt bleiben.“[233] Dieser „Monotheismus“ sei der zutiefst theologische Grund für die „exklusive Aussonderung der Amtsträger“ und für den „epochalen Zwang, den einen Amtsträger an der Spitze der Gemeinde, der Diözese, der Weltkirche fortschreitend mit Gott fast zu identifizieren beziehungsweise in *exklusiver* Weise zum ‘Stellvertreter Gottes’ zu erklären.“[234] Eine solche „theokratisch-monotheistisch begründete Aussonderung des Amtsträgers“ bezeichnet Mühlen als „radikal einseitig“.[235]

Demgegenüber sei „weder damals noch später auch nur im Ansatz versucht worden, die kirchlichen Strukturen, die Besonderheit des Amtsträgers, von einer genuin trinitarischen Glaubenserfahrung her zu entwerfen“. Für einen „epochal neuen“ und „genuin pneumatisch-ekklesiologischen“ Ansatz wären die „neutestamentlichen Aussagen von dem einen Pneuma, das ein und dasselbe in den vielen ist“,[236] das in jedem einzelnen je nach seiner Eigenart gegenwärtig ist und das alle miteinander vermittelt, einzubeziehen. Während nach altbundlicher Vorstellung der heilige vom profanen Bereich streng getrennt sein mußte und die Aussonderung der Priester die Funktion hatte, die Gegenwart des heiligen Gottes zu vermitteln, ist das entscheidend Neue der neubundlichen Glaubenserfahrung, „daß nicht nur das ganze Gottesvolk oder eine bestimmte Gruppe in ihm ‘heilig’, das heißt aus den anderen Völkern oder eben auch aus dem

231 Hünermann, Rede, 63f.
232 H. Mühlen, Die Besonderheit des kirchlichen Leitungsdienstes, in: F. Hahn u.a., Dienst und Amt. Überlebensfrage der Kirche, Regensburg 1973, 77-103.
233 Mühlen, Besonderheit, 90.
234 Mühlen, Besonderheit, 89.
235 Mühlen, Besonderheit, 91.
236 Ebd.

Gottesvolk ausgesondert ist, sondern daß jeder *einzelne* heilig ist".[237] Nach neutestamentlichem Verständnis ist „jeder Christ ... für jeden jener besondere und ausgezeichnete Ort, an welchem Gott gegenwärtig ist und sich erfahren läßt." Damit ist aber nicht jegliche Besonderung aufgehoben. Vielmehr ist „jeder von jedem ausgesondert"[238], wie auch alle mit je verschiedenen Gaben ausgestattet sind. „Die Kataloge der Gnadengaben schließen positiv aus, daß irgendeine von ihnen in gleicher Weise allen Gliedern der Gemeinde zukomme." „Man kann geradezu sagen: Der Heilige Geist wirkt die Ungleichheit aller."[239] Nirgendwo werde aber gesagt, daß er sich „so mit einem einzelnen Menschen, etwa mit dem Amtsträger, verbindet, daß sich daraus eine Getrenntheit von Klerikern und Laien ergäbe".[240]

• Den Zusammenhang der Amtskrise mit dem Zusammenbruch der „hierokratischen Ordo-Konzeption von Antike und Mittelalter" am Ende des „konstantinischen Zeitalters" und die Notwendigkeit einer christologisch-ekklesiologisch vertieften Theologie des Amtes formuliert auch *Wolfgang Beinert*[241]. Er betont, daß das Heilsgeschehen nach Christus „niemals unweltlich und unmenschlich, sondern in den Strukturen der Welt und unter Beteiligung der Menschen" ergeht und daß die Gegenwart Christi - anders als „'in jener Zeit' seiner historischen Existenz" - sich stets „im Heiligen Geist" ereignet.[242] Die inkarnatorische und pneumatische Struktur der Heilsvermittlung und Heilspräsenz Christi gilt bleibend für die ganze apostolische und priesterliche *communio* der Kirche und für das in ihr und für sie gegebene Amt.

• *Hermann Josef Pottmeyer*[243] erinnert daran, daß der ursprüngliche Ort des Amtes in der Kirche der ekklesiologische Zusammenhang ist. Erst „das nachapostolische Amt erhält immer deutlicher eine christologische Dimension". Dem Vorsteheramt wächst „immer ausgeprägter die Aufgabe der zeichenhaften Repräsentation Christi" zu, in deren Rahmen die priesterlich-sacerdotale Kennzeich-

[237] Mühlen, Besonderheit, 86.
[238] Mühlen, Besonderheit, 87.
[239] Mühlen, Besonderheit, 88.
[240] Mühlen, Besonderheit, 91.
[241] W. Beinert, Das Amt, die *Ämter* und die Gemeinde, in: ThGl 65 (1975) 38-60.
[242] Beinert, Ämter, 41.
[243] H.J. Pottmeyer, Das Bleibende an Amt und Sendung des Presbyters. Die ekklesiologische Einordnung des Priesteramtes als Anliegen gegenwärtiger Theologie, in: LS 21 (1970) 39-48.

nung des kirchlichen Amtes theologisch überhaupt nur zu verstehen ist.[244] Problematisch am traditionellen Amtsverständnis sei, daß die grundlegend brüderliche, priesterliche und charismatische Struktur der ganzen Kirche in Vergessenheit geraten ist. „Die zunehmend kopflastige Bestimmung der ekklesialen Wirklichkeit ... brachte auch das Amt in ein isoliertes und überbetontes Gegenüber zur Gemeinde, indem sie ... die Christuswirklichkeit der Kirche immer ausschließlicher im Amt verankerte und von diesem garantiert sein ließ."[245] „Um den Repräsentationsgedanken von seiner isolierten Überbetonung zu entlasten, erscheint es notwendig, die christologische und ekklesiologische Dimension des Amtes wieder in ein ausgeglicheneres Verhältnis zu bringen."[246] Pottmeyer macht darauf aufmerksam, daß es „durchaus nicht der Amtsträger allein [ist], der in der Kirche Christus repräsentiert". Die Funktion des Amtes dürfe nicht einbahnig von Christus her und nicht im Gegenüber zum Volk gezeichnet werden. Außerdem „ist wieder bewußt zu machen, daß der Aufbau der Kirche als des Leibes Christi nicht auf den Ausbau des hierarchischen Amtes zielt, ... sondern auf den Reichtum der Christuswirklichkeit im Gottesvolk insgesamt".[247]

Die Sensibilität für die Defizite und Einseitigkeiten christomonistischer Amtsbegründungen, die diese Autoren zeigen, bedeutet nicht, daß sie selbst immer frei wären von den Nachwirkungen der traditionellen Sprach- und Vorstellungsmuster. So erscheinen die skizzenhaften Konkretisierungen und „bipolaren" Synthesen, die entwickelt werden, nicht selten recht angestrengt. Auffällig ist etwa bei *Beinerts* Beitrag das Bemühen um den Erhalt der Qualifikation „priesterlich", zumindest als „formale Bestimmung", auch wenn diese „schwer inhaltlich aufzufüllen" ist.[248] *Pottmeyer* weist dem Amt den Auftrag zu, „die Differenz zwischen Christus und Gottesvolk offen[zu]halten" und sieht darin, „daß diese Aufgabe gerade mit dem Amt verbunden wird, in dem sich normalerweise die Selbstidentifikation der Gruppe verdichtet darstellt", dessen „spannungsgeladenen und höchst anspruchsvollen Charakter".[249] *Hünermann*, dem es um die „notwendige Duplizität und Verschrän-

[244] Pottmeyer, Das Bleibende, 43.
[245] Pottmeyer, Das Bleibende, 45.
[246] Pottmeyer, Das Bleibende, 46.
[247] Pottmeyer, Das Bleibende, 47.
[248] Beinert, Ämter, 51.
[249] Pottmeyer, Das Bleibende, 46.

kung"[250] der beiden idealtypischen Amtskonzeptionen (Amt als repraesentatio Christi - Amt als Repräsentation der Kirche) zu tun ist, und der die Unvereinbarkeit des traditionellen potestas-Begriffs (im Lat. mit Akkusativ konstruiert, im Dt. als „Gewalt *über*") mit einem Amtsverständnis als „Dienst" (immer *für etwas*) klar erfaßt,[251] schreibt den „institutionalisierten Diensten" die Repräsentation Christi als des Hauptes seines Leibes, den „vielfältigen allgemeinen und zugleich individuellen Dienste[n] der einzelnen und der Gruppen in der Kirche" die Repräsentation Christi „nach der ganzen Fülle seines lebendigmachenden und Leben vermittelnden Geistes" zu.[252]

Normalerweise finden sich solche Repräsentationsaussagen als typische Elemente christomonistisch geprägter Amtskonzeptionen. Deshalb seien sie im folgenden noch näher in Blick genommen und auf ihre Tragfähigkeit für die Bestimmung des Priesteramtes hin untersucht.

2.4.2.1 Die Repräsentationsaussagen und der character indelebilis sacerdotalis

Als theologischer Begriff ist *repraesentatio* relativ jung. *Karl Rahner* erkennt darin noch keinen wirklichen terminus technicus, sieht ihn aber als geeignet an, „durchgängige, wenn auch sehr abwandelbare und analoge, zwischen zwei Wirklichkeiten bestehende Verhältnisse zu bezeichnen". Die „gewisse Gegenwart des Repräsentierten" im Repräsentierenden kann „von einer bloßen *mittel*haften Funktion ... bis zu einer strengen Übergeordnetheit und Macht des Repräsentierenden gegenüber dem Dritten" gemeint sein.[253] Insofern ist der Begriff nicht besonders präzise und dadurch leicht mißbrauchbar.

Die Deutung des Amtes als *repraesentatio Christi* kann einmal dazu verwendet werden, die Person des Amtsträgers nachdrücklich zu relativieren. Es ist ja immer Christus selbst, der in und an seiner

[250] P. Hünermann, Kirche und Amt - Marginalien zum Amtsverständnis, in: GuL 48 (1975) 285-299, hier: 296.

[251] P. Hünermann, Eucharistie - Gemeinde - Amt, in: SOG der Diözese Speyer (Hrsg.), Das Recht der Gemeinde auf Eucharistie, Trier 1978, 30-46, hier: 35.

[252] P. Hünermann, Ordo in neuer Ordnung? Dogmatische Überlegungen zur Frage der Ämter und Dienste in der Kirche heute, in: F. Klostermann (Hrsg.), Der Priestermangel und seine Konsequenzen (Schriften der Kath. Akademie in Bayern Band 79), Düsseldorf 1977, 58-94, hier: 70.

[253] K. Rahner, Art. Repräsentation, in: LThK² VIII, 1963.

Kirche handelt. Der Amtsträger hat lediglich auf den in seiner Kirche eigentlich, immer und überall handelnden Christus zu verweisen. Zum anderen ist die *repraesentatio*-Vorstellung dazu geeignet, die Person und Bedeutung des Priesters in bedenklicher Weise zu überhöhen. Der Verweis auf den durch ihn repräsentierten Christus rechtfertigt dann seine herausgehobene Sonderstellung. Weil christomonistische Amtskonzeptionen in der Regel vor den vielfältigen, charismatisch differenzierten Weisen der Gegenwart und des Handelns Christi durch den Geist die Augen verschließen, münden die Repräsentationsaussagen hier zwangsläufig in die zweite Alternative.

Als neutestamentliche Belege für die Auffassung, die wesentliche Aufgabe und besondere Bestimmung des Priesters läge darin, Christus (in der Kirche bzw. als „Gegenüber" zur Gemeinde) zu repräsentieren, werden immer wieder neben 2Kor 5,20 gern Mt 10,40, Lk 10,16, Joh 13,20 sowie die johanneischen Sendungsaussagen an die Jünger herangezogen. Verschwiegen wird dabei in der Regel, daß das Neue Testament derartige „Repräsentationsaussagen" nicht nur im Bezug auf die Apostel/Jünger verwendet, sondern beispielsweise auch im Bezug auf „ein solches Kind" (Mk 9,37 par.) und auf den „geringsten Bruder" (Mt 25,40). Ebenso breit spricht das Neue Testament das Handeln „im Namen", „in der Kraft Christi" oder in der Verbindung mit ihm allen Glaubenden zu. Die Verbundenheit mit Christus ist Bedingung jeglicher Wirksamkeit der Gläubigen überhaupt:[254] „Alles, was ihr in Worten und Werken tut, geschehe im Namen Jesu, des Herrn" (Kol 3,17). „Getrennt von mir könnt ihr nichts tun" (Joh 15,5). Am allerwenigsten rechtfertigen die johanneischen Sendungsaussagen (Joh 17,18; 20,21) eine exklusive Inanspruchnahme durch Amtsträger. „Bei Joh hören wir nichts von der Bildung eines Zwölferkreises, ... auch von einer Jüngeraussendung zur Zeit Jesu erfahren wir nichts."[255] Die johanneischen Jünger werden auch nie als Apostel bezeichnet (gegen Ratzinger[256]). Die Jünger in Joh „sind zunächst die engeren Gefährten Jesu, dann auch seine ernstlichen Anhänger, schließlich übertragen alle späteren Gläubigen."[257] Das Johannesevangelium liefert die stärksten Argu-

[254] Eine Fülle neutestamentlicher Belegstellen bietet A. Rajšp, „Priester" und „Laien", Düsseldorf 1982, 25f.

[255] R. Schnackenburg, Das Johannesevangelium III. Teil, Freiburg u.a. 1975, 234.

[256] J. Ratzinger spricht unbefangen davon, daß die Parallelisierung zwischen der Sendung Jesu und derjenigen der Apostel im vierten Evangelium besonders deutlich durchgeführt sei (Ratzinger, Gemeinschaft, 106).

[257] Schnackenburg, Johannesevangelium, 237.

mente *gegen* eine exklusive Inanspruchnahme neutestamentlicher Repräsentations- und Sendungsaussagen für das Amt.

Der Sache nach finden sich die wesentlichen Gesichtspunkte amtstheologischer Repräsentationsaussagen mitsamt den eben bemerkten Ambivalenzen bereits im Zusammenhang mit der traditionellen Lehre vom *character indelebilis sacerdotalis*.

Die Anfänge des Charakterbegriffes in der frühen Kirche – als Kronzeuge wird gewöhnlich Augustinus genannt, der mit Hilfe des Bildwortes *character* (= Brandsiegel, Münzprägung) die Unwiederholbarkeit der Taufe und der Ordination gegen die Donatisten verteidigt – berühren eine Frage, die „überhaupt nicht so sehr vom Priester aus als vielmehr von der Kirche und der Gemeinde aus gestellt wird".[258] Der Kontext ist ein gnaden- und sakramententheologischer. Es geht um die Heilsgewißheit oder zumindest die Sakramentengewißheit der Gemeinde, die nicht überprüfen kann, ob ihr Bischof in den Wirren von Verfolgungen und Häresien heimlich vom Glauben abgefallen ist oder in Todsünde lebt. Ein häretischer Bischof stünde nicht mehr in der Kirche. „Er hat den Heiligen Geist verloren und kann darum auch nicht weitergeben, was er selbst nicht mehr besitzt. Seine Weihe mag ausreichen, aber sein Christentum langt nicht."[259] Die Vorstellung des priesterlichen Charakters bringt zum Ausdruck, daß der in seiner Kirche wirkende Herr von den menschlichen Schwächen und dem Versagen der Amtsträger unabhängig bleibt. Der Charakter ist demnach ein „Demutszeichen" und steht für „die Bescheidenheit verratende Erkenntnis, daß menschliches Können oder Versagen die *dominica sacramenta* weder zu füllen noch gänzlich zu entleeren vermag."[260]

Der ursprüngliche Kontext der Charaktervorstellung wird in den systematischen Versuchen der Scholastik mehr und mehr verlassen. Das Lehrstück wird „in bedenklicher Weise aus dem Zusammenhang isoliert und in einer schier unerschöpflichen Begriffsaufspaltung ausgeästelt"[261]. Thomas von Aquin interpretiert das sakramentale Merkmal zunächst mit Alexander von Hales als Hinweis auf die Gleichgestaltung (*configuratio*) mit Christus, setzt aber dadurch ei-

258 Campenhausen, Anfänge, 283.

259 E. Dassmann, Charakter indelebilis. Anmaßung oder Verlegenheit?, in: ders., Ämter und Dienste in den frühen christlichen Gemeinden, Bonn 1994, 114-128, hier: 124.

260 Dassmann, Charakter, 125.

261 G. Bachl, Anmerkungen zur Lehre vom sakramentalen Charakter, in: K. Böcklinger (Hrsg.), Priesterbild im Wandel (FS Alois Gruber), Linz 1972, 129-165, hier: 135.

gene Akzente, daß er es näherhin als Teilnahme am Priestertum Christi bestimmt. Der Christ wird dadurch zu kultischen Vollzügen befähigt. Angesichts der breiten Divergenz der Schulmeinungen über das Wesen des Charakters beschränkte sich das Konzil von Trient darauf, lediglich die Existenz eines solchen Merkmals festzuhalten,[262] enthielt sich aber ausdrücklich jeder näheren Bestimmung. Einzig der Zusammenhang zur Nichtwiederholbarkeit der betroffenen Sakramente Taufe, Firmung und Priesterweihe wird ausgesagt, aber durch die vage Formulierung „*unde* iterari non possunt" bewußt nicht näher präzisiert.[263] Anhaltspunkte für eine nähere Unterscheidung des Merkmals des Weihesakramentes von dem der beiden anderen Charaktersakramente gibt Trient nicht.

Das dinghaft-physische Verständnis, das im augustinischen Bildwort in gewisser Weise angelegt war, wurde nach den Aussagen des Tridentinums weiter verstärkt. Das Interesse fixierte sich dabei zunehmend auf den Weihecharakter. Dieser wurde zum Konstruktionspunkt des Weihesakramentes überhaupt. In den neuscholastischen Dogmatiken des 19. und 20. Jahrhunderts gilt der Charakter als die wesentlichste Wirkung der Priesterweihe. An ihn sind die übernatürlichen Vollmachten und Gewalten geknüpft. Er bewirkt die wesentliche Unterscheidung von den Laien, begründet die Erhabenheit des Priesterstandes und bindet den Priester dauernd an den klerikalen Stand, so daß er nie wieder Laie werden kann.[264] Der Bedeutungsgehalt des ursprünglichen „Demutszeichens" hat sich damit im Grunde ins Gegenteil verkehrt.

Während des Zweiten Vatikanischen Konzils gehörte der priesterliche Charakter zum „unreflektiert gebrauchten Begriffsrepertoire"[265]. In den Konzilstexten selbst findet er sich im Bezug auf den Presbyter nur ein einziges Mal. Nach PO 2 zeichnet die Priesterweihe „die Priester durch die Salbung des Heiligen Geistes mit einem besonderen Prägemal aus und macht sie auf diese Weise (*sic*) dem Priester Christus gleichförmig, so daß (*ita ut*) sie in der Person des Hauptes Christus handeln können (*agere valeant*)." Entgegen der Anregung, das kausativ verbindende *sic* zu streichen, hatte die zuständige Kommission an dieser Formulierung festgehalten. *Cordes* erkennt die Problematik dieser „Zusammenfassung des Ordinations-

262 DH 1609, 1767, 1774.

263 H. Legrand, Das „unauslöschliche Merkmal" und die Theologie des Weiheamtes, in: Conc(D) 8 (1972) 262-267, hier: 264.

264 Siehe I / 1.2.

265 P.J. Cordes, Sendung zum Dienst, Frankfurt 1972, 257.

geschehens auf die Aussage von der Übertragung des 'Charakters'". Wieder einmal wird der Charakter isoliert. Er scheint „als solcher die formale und wesentliche Wirkung des Sakramentes" und das Fundament allen amtlichen Handelns zu sein, obwohl mit dem „hohen Grad der Formalisierung dieses Begriffes" eine „große inhaltliche Unbestimmtheit" einhergeht.[266]

Die Vielfalt nachkonziliarer Interpretationsversuche[267] zum Weihecharakter offenbart die weitgehende Ratlosigkeit hinsichtlich des traditionellen Theologoumenons. An der Verteidigung des Merkmals als „ontologischer Partizipation am Priesteramt Christi"[268] waren besonders die Vertreter des „christologischen" Ansatzes interessiert. Der Verweis auf das obligative Moment des unauslöschlichen Merkmals zielt hier häufig auf die Berufstreue des Priesters und fungiert als Argument gegen den „Priester auf Zeit"[269]. Demgegenüber betonten die Vertreter des „ekklesiologisch-funktionalen" Ansatzes den geringen Aussagegehalt der Lehraussage (Nichtwiederholbarkeit bestimmter Sakramente) und ihre eher untergeordnete Stellung innnerhalb der Hierarchie der Wahrheiten. Jedenfalls erkennt man im *character indelebilis* nicht mehr den „Punkt, an dem eine Neubesinnung auf den Charakter des kirchlichen Amtes ansetzen kann."[270] *Gottfried Bachl* warnt davor, Sprachregelungen zu erzwingen, „ehe die Wahrheitsfrage wirklich durchgestanden ist"[271], und *Ernst Dassmann* plädiert dafür, die Lehre „im Augenblick unbeachtet im *depositum fidei* der Kirche ruhen" zu lassen.[272]

In ihrer Grundsubstanz bekennen sowohl die Repräsentationsaussagen als auch die Charakterlehre stets den in seiner Kirche in allen wesentlichen Vollzügen, und deshalb *auch* durch das Amt wirkenden Christus. Sobald man sie, wie das beim „christologischen" Priestermodell geschieht, zu Exklusivaussagen über den Priester erklärt, bedeutet das „im Grunde eine Leugnung des Priestertums aller Getauften; es entzieht dem christlichen Apostolat seine christologische Grundlage und entwertet so das christliche Apostolat selbst. Dies würde ja für den 'Laien' bedeuten, daß er, im Gegensatz zum Pres-

266 Cordes, Sendung, 258.

267 Einen Überblick über die verschiedensten Ansätze gibt H. Wieh, „Priester auf Zeit" contra „character indelebilis"?, in: ThGl 65 (1975) 19-37.

268 J. Ambaum, Die Identität des Priesters. Bemerkungen zum ontologischen und funktionalen Amtsverständnis, in: IKaZ 10 (1981) 421-434, hier: 434.

269 Legrand, Merkmal, 263.

270 Dassmann, Charakter, 127.

271 Bachl, Anmerkungen, 130.

272 Dassmann, Charakter, 127.

byter, nicht glauben dürfte, Christi Wirken sei mit seinen Anstrengungen und Christus selbst ergänze sein Unvermögen. Sein apostolisches Wirken wäre demnach wirkungslos: 'ohne mich könnt ihr nichts tun' (Joh 15,5).“[273]

2.4.2.2 Repraesentatio Christi capitis?

Neben der Formel *repraesentatio Christi* bzw. *in persona Christi (agere)* gebrauchen Vertreter des „christologischen“ Priestermodells gerne auch die erweiterte Variante *repraesentatio Christi capitis* bzw. *in persona Christi capitis (agere)*, um die besondere Rolle des Priesters im Unterschied zu den Laien zu bestimmen. Oft wird zwischen beiden Varianten nicht ausdrücklich unterschieden. Die Apposition *caput* bedeutet dann einfach eine zusätzliche Verstärkung der christokratischen Perspektive und will offenbar sagen: *Weil* Christus das Haupt der Kirche ist, muß er von Amtsträgern sichtbar dargestellt werden. Nicht selten reagiert die betonte Bezugnahme auf Christus, *das Haupt*, auf die Einsicht, daß alle Christen, in der Taufe Christus gleichförmig geworden, diesen repräsentieren und in seiner Person bzw. in seinem Namen handeln. Man versucht also das unterscheidende Spezifikum des Priesters dadurch zu bestimmen, daß man die Christusrepräsentation auf verschiedene Aspekte aufteilt. Der Priester repräsentiert dann Christus, *insofern* er das Haupt ist.

Die Denkfigur ist nicht neu. Eine solche hervorgehobene Betonung der Hauptesfunktion Christi vor oder gegenüber dem ganzen Leib und die Identifikation dieser Funktion mit dem Klerus bildete stets ein typisches Element der hierarchologischen *Corpus-Christi*-Ekklesiologie, lehramtlich formuliert durch *Pius XII.* in *Mystici Corporis.*[274] Der Versuch, das Spezifikum des Priesters als *repraesentatio Christi capitis* zu bestimmen, fällt damit offenkundig in jene ekklesiologische Konzeption zurück, die das Zweite Vatikanische Konzil hinter sich gelassen hat. Das Konzil hat zwar unter anderen biblischen Bildern für die Kirche auch das traditionsreiche Leib-Christi-Bild aufgenommen (LG 7), kennt aber weder eine derartige Gegenüberstellung von Haupt und Leib noch eine exklusive Repräsentation Christi, des Hauptes, durch Amtsträger.[275]

[273] Rajšp, Priester, 28.
[274] Siehe I / 3.1.
[275] Siehe II / 1.1.2.1.

Die Verschiedenheit im Leib der Kirche beruht nach LG 7 nicht auf einer Unterscheidung und Gegenüberstellung von Haupt und Leib, sondern ist gewirkt vom Geist, der „als der eine und gleiche im Haupt und in den Gliedern wohnt“ und „seine vielfältigen Gaben gemäß seinem Reichtum und den Erfordernissen der Dienste zum Nutzen der Kirche austeilt.“ Jede Gleichgestaltung mit Christus und jede Teilhabe an ihm ist immer Gleichgestaltung und Teilhabe mit und an Christus, also dem Haupt. Denn „das Haupt dieses Leibes ist Christus ... Alle Glieder müssen ihm gleichgestaltet werden.“ Indem wir „durch seine Kraft uns gegenseitig Dienste leisten zum Heil“ wachsen wir „in allem auf ihn hin ..., der unser Haupt ist“. Entsprechend der allumfassenden Wirksamkeit des Hauptes Christus in seiner Kirche begründet AA 3 auch Pflicht und Recht der Laien zum Apostolat ausdrücklich mit „ihrer Vereinigung mit Christus, dem Haupt“. Es ist daher nicht möglich, die Formel *in persona Christi capitis* als spezifische Bestimmung des Priesters zu interpretieren.

Zurecht fragt der französische Exeget *Franz-Xaver Durwell*: „Aber in wessen Namen sollten denn die Laien handeln in der Ausübung ihres Priestertums? Sicher im Namen Christi, und also Christi des Hauptes. Die gesamte Kirche, Priester und Laien, bildet den Leib, dessen Haupt Christus ist, und bezieht von ihm jede Gnade und Aktivität; ebenso handelt sie in der Gesamtheit durch den, der das Haupt ist, und kann ihrerseits die Rolle des Hauptes erfüllen gegenüber jedem, der des Heiles bedarf.“[276] Auch *Aleksander Rajšp* kann solchen „abstrakten Unterscheidungen“ keine Bedeutung für die Konstitution der Kirche beimessen, „weil es einfach nicht möglich ist, mit einer Person ganz und zugleich nur unter einem Aspekt vereinigt zu sein.“[277]

2.4.3 Funktional oder ontologisch – eine Scheinalternative

In auffallender Weise richtet sich die Abwehr der meisten Vertreter des „christologischen“ Priestermodells gegen den Begriff Funktion im Zusammenhang mit der Bestimmung des priesterlichen Amtes. Die Worte „Funktion“ bzw. „funktional“ ordnet man dabei einem rein säkular-soziologischen Denkhorizont zu. Der Priester, so wird befürchtet, wird durch eine funktionale Sicht zum bloßen „Funk-

[276] F.-X. Durwell, Le Prêtre dans l'Église, in: Lumen Vitae XXIV, 1969, 137, zit. bei Rajšp, Priester, 19.

[277] Rajšp, Priester, 20.

tionär", der aus Zweckmäßigkeitsgründen bestimmte Dienstleistungen in der Institution Kirche äußerlich erfüllt, ohne davon existentiell berührt zu sein. Das Amt der Kirche wäre so nicht mehr als geistlich-sakramentale Wirklichkeit erkennbar, sondern würde eingeebnet in säkulare Kategorien. Der Priester würde beliebig austauschbar mit „Funktionären" anderer gesellschaftlicher Institutionen. Demgegenüber sei das Amt der Kirche eine eigene Realität, die man gerade nicht oder nicht nur funktional sehen dürfe, weil sie nur von ihren ontologischen Grundlagen her wirklich zu verstehen sei. Die ontologische Grundlage des Priesteramtes ist die christologische. Nur von Christus her, nicht aber über funktionale Bestimmungen werde man der Wirklichkeit des Priesteramtes gerecht.

Dazu ist zunächst zu sagen, daß ein Verzicht auf die Funktionsperspektive gar nicht möglich ist. Das belegen ontologisch-christologisch argumentierende Priesteramtskonzeptionen selbst. Sie kommen ohne Funktionsaussagen nicht aus und münden bisweilen sogar in einen radikaleren Funktionalismus (*in persona Christi agere*), als die entschiedensten Vertreter eines „funktionalen" Modells vorschlagen. Sowohl die Bestimmung des Amtes als *pro vobis* (Ratzinger) als auch die *repraesentatio Christi (capitis)* sind Funktionsaussagen, wenn auch sehr formale. Zurecht kritisiert *Severino Dianich*, daß mit solchen Bestimmungen, das Amt „zu etwas Imposantem und doch Leerem" zugleich wird: „Zu etwas allzu Imposantem, weil es Christus als totales Haupt der Kirche darstellt; zu etwas allzu Leerem, weil man nicht sagt, worin das Amt als Haupt der Kirche handeln kann; somit ist es gefährlicherweise fähig, jeden beliebigen Dienst zu beinhalten und im Namen Christi ausüben zu können."[278]

Auch das nachtridentinisch-neuscholastische Amtsverständnis, das den Priester in einem Höchstmaß ontologisch qualifiziert (*alter Christus*), ist funktionsorientiert. Auf der erhabenen Seinsbestimmung beruhen die übernatürlichen Gewalten des Priesters und damit seine Funktion als Verwalter und Ausspender der Gnadengüter, insbesondere der Sakramente.

Den Vorwurf, das Nachdenken über „echte und zeitgerechte Funktionen" des kirchlichen Amtes sei „Nivellierung des Ganzen auf einen soziologischen Funktionalismus" hat schon früh *Alois Mül-*

[278] S. Dianich, Das ordinierte Amt zwischen den Riten und den Fakten, in: Conc(D) 16 (1980) 186-190, hier: 187.

ler[279] zurückgewiesen. Es sei falsch, auf dem Hintergrund einer „allzu massiven Weihetheologie" die Begriffe Funktion und Weihe gegeneinander auszuspielen. „In der Gemeinschaftswirklichkeit der Kirche mußten von Anfang an bestimmte Funktionen stabil (institutionell) erfüllt werden. Dazu braucht es von Natur aus eine Beauftragung, Beorderung, eine 'Ordination' vonseiten[!] der Gemeinschaft. Eine offizielle Beorderung in der Gemeinde des Auferstandenen ist eine Beorderung 'im Heiligen Geist', da die ganze Kirche Gemeinschaft des Heiligen Geistes ist."[280]

Die Funktionsperspektive ist auch deshalb nicht zu dispensieren, weil das Zweite Vatikanum das Amt der Kirche nun einmal wesenhaft als Funktion bestimmt hat. Nichts anderes besagt die Qualifikation als *ministerium*, Dienst. Gerade wenn Dienst und Dienen nicht zu einem erst nachträglich gesetzten Amtsethos und zu einer lediglich individuell empfohlenen Grundhaltung verkommen soll, die schlimmstenfalls auch fehlen kann, muß Funktion als Wesensbestimmung des Amtes ernstgenommen werden. „Etwas ist nur dann Dienst, wenn es bezogen ist auf das Ganze. Schlägt es um in das Gegenteil und wird Machtanspruch, der das Ganze auf sich bezieht, dient es nicht mehr dem Ganzen und ist kein kirchlicher Dienst mehr."[281]

Die Kirchenkonstitution ordnet mit Bedacht das Kapitel über die hierarchische Verfassung den Grundausssagen über die Gesamtwirklichkeit der Kirche nach und macht damit deutlich, daß das Amt immer Amt *in* der Kirche und keine absolute Größe vor oder neben ihr ist. Sinn und Wesen des Amtes sind nicht in sich selbst und aus sich selbst zu gewinnen, sondern nur von dem größeren Zusammenhang her, auf den es hingeordnet ist. Wenn aber das Amt *in* der Kirche ist, ist es Funktion. Das spezifische Profil, das den Amtsträger von einem säkularen „Funktionär" in einer Partei, einem Verein oder dem Staat unterscheidet, bestimmt sich aus seiner Hinordnung auf die *Kirche*. Weil es die Kirche *Christi* ist, der er zu dienen hat, sind christologisches Fundament und funktionale Bestimmung des Priesteramtes nicht zu trennen.

279 A. Müller, Das moderne Priesterbild, pastorale Einordnung des priesterlichen Dienstes, in: Mitten in dieser Welt. 82. Deutscher Katholikentag, Paderborn 1968, 115-127, hier: 120f.; ders., Funktion und Ordination, in: Diakonia 6 (1975) 1-2.

280 Müller, Funktion, 2.

281 J. Duss-von Werdt, Was kann der Laie ohne den Priester?, in: Conc(D) 4 (1969) 284-288, hier: 286.

Bei der Unterscheidung von funktionaler und ontologischer Amtsbestimmung handelt es sich um eine Scheinalternative. Denn ontologische Aussagen ziehen zwangsläufig funktionale nach sich. Das wußte schon die Scholastik (*agere sequitur esse*). Aber auch Funktionen betreffen und prägen das Sein. Das neutestamentliche Wort für Funktion, Charisma, ist eine seinshafte Bestimmung. Wer die Gabe des Lehrens hat, *ist* etwas anderes als der, der die Gabe des Tröstens hat. Eine Vorsteher *ist* etwas anderes als ein Heiler. Das Auge ist etwas anderes als der Fuß, und zwar nicht deshalb, weil es mehr zum Leib gehören würde oder weil es enger mit dem „Haupt" verbunden wäre, sondern weil das Auge zum Sehen da ist und der Fuß zum Gehen. Ontologie und Funktionalität können nicht gegeneinander ausgespielt werden, weil die funktionale Sichtweise eine ontologische ist.

Aus philosophischer Perspektive grundlegend erarbeitet und dargestellt hat diese Zusammenhänge *Heinrich Rombach*.[282] Rombach zeigt auf, „daß der Grundzug der Relationalität als eine eigengesetzliche ontologische Bestimmungsmöglichkeit schon vor einem halben Jahrtausend gesehen wurde", wenngleich er „bis heute noch nicht in seinen radikalen Möglichkeiten zu Ende gedacht" wurde.[283] Die neuzeitliche Geistesgeschichte ist dabei, die im Hochmittelalter entwickelte Substanz- oder Partizipationsontologie durch eine Struktur- oder Funktionsontologie abzulösen. Während die klassische Substanzontologie das jeweilige Wesen (*essentia*) einer Sache nur über eine im Grunde dinghafte Vorstellung graduell verschiedener Teilhabe am Sein (Gott) zu formulieren weiß, bestimmt sich in einer strukturalen Ontologie das jeweilige „Moment" von seinen funktionalen Bezügen her.

Entwickelt hat sich strukturontologisches Denken zuerst in der theologischen Metaphysik. Nikolaus von Cues erkannte die Grenzen des Partizipationsmodells für die Bestimmung des Verhältnisses von Gott und Welt. „Ist Gott das Absolute selbst, so darf es nichts geben außer ihm. Das einzelne Geschöpf darf also nichts ‘außerhalb’ Gottes sein. Es kann aber auch nicht ‘in’ Gott einen ‘Teil’ ausmachen, da Gott das Einfache ist und Teile in sich nicht kennt." Eine „Teilhabe" ist nicht möglich, „wenn das Woran der Teilhabe nicht selber Teile hat." Man kann sich auch nicht damit helfen, „daß man sagt, die Wesenheit eines jeden einzelnen Geschöpfes enthielte die

[282] H. Rombach, Strukturontologie, Freiburg - München ²1988; ders., Substanz, System, Struktur (2 Bde.), Freiburg 1965/66.

[283] Rombach, Strukturontologie, 25.

Gesamtwesenheit Gottes, jedoch in unendlicher Abschwächung. Was soll 'Abschwächung' heißen? Entweder ergibt sich die Abschwächung aus Gott, und das kann nicht sein, da in ihm kein Prinzip der Schwäche ist, oder sie ergibt sich aus dem Geschöpfe, und das kann auch nicht sein, da sich das Geschöpf erst aus der Abschwächung ergeben soll. So ist der Gedanke der Partizipation ontologisch nicht präzis."[284]

Zwar ist somit funktionalontologisches Denken schon von seinen Wurzeln her alles andere als säkular-soziologisch. Doch zeigen die Diskussionen um das Amtsverständnis, wie schwer der Abschied von der klassischen Substanzontologie fällt, obwohl die Aporien und Widersprüche, die das „ontologisch-christologische" Priestermodell zumutet, offenkundig sind. Dabei ginge es im Prozeß der Strukturalisierung „nicht, wenn richtig verstanden, um 'Angleichung an das moderne Leben', sondern um die Findung der Formen, die die Religion heute lebbar machen, und zwar exakt als dieselbe, die sie in anderen Zeiten und unter anderen Formen war."[285]

In seinem Grundriß der Sakramententheologie, mit dem *Theodor Schneider*[286] 1979 die „Vielzahl von Äußerungen und Hinweisen, von Umakzentuierungen und Neuansätzen"[287] in diesem Bereich zusammenfaßt und bündelt, kritisiert er Versuche, die Krise des Priesteramtes durch eine „nun erst recht" scharfe Betonung der traditionellen Theologie des Priesteramtes lösen zu wollen. Solche Stimmen vergäßen, „daß die kirchliche Lehre von der Weihe, wie die kirchliche Verkündigung insgesamt, grundsätzlich einen 'Zeitindex' an sich trägt, zumindest in der Weise, daß eine bestimmte Grundaussage und Grundstruktur den jeweiligen Zeitverhältnissen vermittelt und verständlich gemacht werden muß." „Die Universalität erfordert die jeweilige Konkretisierung."[288]

Ohne die Grenze des Demokratiegedankens in der Kirche zu verschweigen - die Kirche ist „nicht ihr eigener Souverän"- verlangt er „erheblich mehr 'Demokratie' in der Kirche, nicht als Ersatz für den Geist Gottes, sondern als brauchbares Instrument des Geistes Gottes".[289] „Jeder Christ hat seine Funktion im Ganzen." Das heißt nicht, „daß jeder alles kann und tut". „Auch die Amtsträger" haben

[284] Rombach, Strukturontologie, 40f.
[285] Rombach, Strukturontologie, 13.
[286] Th. Schneider, Zeichen der Nähe Gottes, Mainz 1979 (leicht überarbeitete Fassung [7]1998).
[287] Schneider, Zeichen, 15.
[288] Schneider, Zeichen, 238.
[289] Schneider, Zeichen, 242.

am „priesterlichen Charakter des Gottesvolkes teil, nicht nur als Gläubige ..., sondern auch nach der Maßgabe ihrer besonderen Funktion, die ja zur Auferbauung des ganzen notwendig ist.“ Diese „unverzichtbare Funktion“ der Amtsträger am priesterlichen Wirken der Gesamtkirche besteht darin, daß „sie die beauftragten, durch Handauflegung mit dem Heiligen Geist erfüllten Leiter und Hirten der Gemeinde sind“. Deswegen sind sie auch die Vorsteher der Eucharistiefeier, nicht aber, „weil sie ‘zu Priestern ordiniert’ wären“.[290]

[290] Schneider, Zeichen, 245.

3 Auf der Suche nach den Konturen eines tragfähigen Amtsverständnisses und einer funktionsfähigen Amtsgestalt

Unter dem Eindruck der nachkonziliaren Verunsicherung, rückläufiger Eintritts- und steigender Austrittszahlen von Priesterkandidaten und Priestern sowie der gesellschaftlichen Infragestellung des Priesteramtes hatte sich die erste große Diskussionswelle darum bemüht, das theologische Profil des Priesteramtes neu zu formulieren. Sie konnte weiterführende Ansätze aufzeigen, die auch in der pastoralen Praxis und Ausbildung rezipiert wurden (Amt als Charisma der Gemeindeleitung). Trotzdem nahm das Bemühen, das in Frage gestellte Amt durch deduktive Legitimation („Christusamt“) zu stabilisieren, eher zu als ab.

Mit Ausgang der siebziger Jahre rückt nun stärker als vorher das Verhältnis von Amt und Gemeinde in den Mittelpunkt der Diskussion. Der Gedanke, daß das Amt nicht in sich und als solches, sondern nur in Relation zur Kirche/Gemeinde zu verstehen ist, gehörte zwar zu den Standardaussagen nachkonziliarer Darstellungen zum Priesteramt, die Tragweite dieser Feststellung wurde jedoch umso deutlicher, je mehr der Zusammenhang Gemeinde–Amt durch den inzwischen spürbar werdenden Priestermangel gefährdet erschien. Einer wachsenden Zahl von Gemeinden konnte kein eigener Priester mehr zugeordnet werden. Konstitutive Gemeindevollzüge, die nach katholischem Verständnis den ordinierten Amtsträger erfordern, insbesondere die Feier der Eucharistie, waren damit bedroht.

Der zunehmende Priestermangel hatte die Bereitschaft kirchlicher Entscheidungsträger gefördert, in stärkerem Maße als bisher „Laien“ mit Seelsorgsaufgaben zu betrauen. Der neugeschaffene Beruf der Pastoralreferent/inn/en eröffnete sogenannten Laientheologen und -theologinnen, die nicht Priester werden wollten oder konnten, eine Möglichkeit, ihre Qualifikation auch in der unmittelbaren Seelsorgsarbeit in den Pfarreien einzubringen. Ihre theologische Legitimation fanden die neuen pastoralen Berufe in den Konzilsaussagen zum Laienapostolat (LG, AA). LG 33 hatte nicht nur die grundsätzliche Teilnahme (*participatio*) aller Christgläubigen an der Heilssendung der Kirche betont, sondern ihnen auf der Grundlage von Taufe und Firmung auch die Möglichkeit „zu unmittelbarerer Mitarbeit (*cooperatio*) mit dem Apostolat der Hierarchie" zuerkannt, bis hin zu der Befähigung, „von der Hierarchie zu gewissen kirchlichen Ämtern (*munera*) herangezogen zu werden, die geistlichen Zielen dienen". Dabei sollte es sich „um eine Berufung bzw. Mandatierung der Laien gerade in ihrem Laiencharakter"[1] handeln. Die Auffassung, „daß die Laien durch die Übernahme solcher Mandate ... zu Gliedern der Hierarchie"[2] würden, wurde unter anderem auch deshalb abgelehnt, weil es einer erneuten Geringschätzung von Taufe und Firmung gleichkäme, wenn Laien im Hinblick auf solche Aufgaben und Ämter doch erst Kleriker werden müßten.[3]

Die ursprüngliche Konzeption der neuen Seelsorgsberufe als echtes und reines Laienapostolat ließ sich jedoch in der Praxis nur bedingt aufrechterhalten. Wegen des anhaltenden und wachsenden Bedarfs rückten pastorale Laienberufe recht bald und nicht bloß vorübergehend an die Stelle fehlender Priester. Sie übernahmen nicht nur Einzelfunktionen, die zuvor normalerweise von Priestern geleistet worden waren, sondern wurden immer öfter mit umfassenden Seelsorgsaufgaben bis hin zur faktischen Gemeindeleitung betraut.[4] Vorenthalten bleiben mußten ihnen solche Vollzüge, die nach kirchlicher Lehre strikt an den geweihten Priester gebunden sind. Im Gegenzug drohte damit das Priesteramt wieder auf jene Einzelfunktionen reduziert zu werden, die Weihevollmacht voraussetzen. Der Mangel an ordinierten Amtsträgern ließ die „Überlegungen, das Priesteramt aus kultisch-sacerdotaler Verengung zu befreien, in eine hilf- und fruchtlose Kreisbewegung auslaufen, in der sich prinzipielle Entgrenzung und faktisch notwendige Beschränkung auf das 'Wesentliche' nie gegenseitig einholen."[5]

Im Rahmen des immer noch nachwirkenden Zwei-Stände-Denkens (Amtsträger–Laien) muß das Nebeneinander ordinierter und nichtordinierter Amtsträger aporetisch bleiben. Versuche, die Identität des priesterlichen Amtes durch deduktiv-defensive Abgrenzung von Aufgaben und Kompetenzen sicherzustellen, lassen sich mit dem vom Konzil betonten umfassenden Sendungsauftrag aller Gläubigen

1 Klostermann, in: LThK.E1, 270.
2 Ebd.
3 In diesem Sinne äußert sich M. Schmaus (Der Glaube der Kirche, V/1, München [2]1982, 274).
4 Die kirchenrechtliche Grundlage dafür bildet seit 1983 can. 517 §2.
5 L. Zirker, Leben im Dialog. Perspektiven für ein zeitgemäßes Priesterbild, Mainz 1976, 46.

schwer vereinen und sind auch in der Praxis kaum durchzuhalten.[6] Konturen einer weiterführenden Amtskonzeption kann die vertiefte Besinnung auf das aller funktionalen Verschiedenheit vorausliegende Wesen der Kirche als Gemeinschaft der Getauften aufzeigen. Zunehmend wird deutlich, daß sich ein tragfähiges Amtsverständnis in einer funktionsfähigen Amtsgestalt realisieren und die Kirche die ihr gegebene Freiheit in der konkreten Ausgestaltung ihres Amtes nutzen muß, will sie ihrem konstitutiven Grundauftrag unter den Bedingungen der heutigen Zeit treu bleiben.

3.1 Aspekte der Wiedereinbindung des Amtes in die Kirche

„Die Geschichte ist weder eine solche des vollen Verlusts oder totalen Gewinns, aber sie ist Geschichte der zu wahrenden Chancen."[7] Dies gilt auch und besonders hinsichtlich der Theologie des priesterlichen Amtes. So wenig es einer kritischen Theologie erlaubt ist, „die Tradition abzuschreiben", indem sie in der mittelalterlich-(nach)tridentinischen Ausgestaltung des Amtes nichts anderes als die Verfälschung des frühchristlichen oder altkirchlichen Ideals sieht, so wenig darf sie in Blindheit gegenüber den Verlustseiten dieser Entwicklung „die Geschichte einfach fest- und fortschreiben" wollen. Der geschichtliche Weg der Kirche von der altchristlichen Gemeinde zur Staatskirche im 4./5. Jahrhundert und zur *ecclesia universalis* im Mittelalter erforderte einen tiefgreifenden Wandel der Struktur und Ordnung ihrer Ämter und Dienste. Der „unausweichliche Schatten" dieser Entwicklung wurde im Laufe des 20. Jahrhunderts immer deutlicher verspürt. Die klassische Amtstheologie „mit ihren präzisen Unterscheidungen zwischen Klerikern und Laien, Amt und Gewalt, sakramental-priesterlicher und kirchlich-jurisdiktionaler Gewalt" hatte „die frühkirchliche Überzeugung von der Einheit von Gemeinde und Leitungsamt"[8] nicht bewahren können und führte zu einer „Entfremdung des Gemeindevorstehers innerhalb der Kirche, zu einer kultischen Verzeichnung seines Dienstes und seiner Funkti-

6 Am augenscheinlichsten wird diese Problematik im Bereich der Liturgie. Vgl. hierzu M. Klöckener / K. Richter (Hrsg.), Wie weit trägt das gemeinsame Priestertum? (QD 171), Freiburg 1998.

7 L. Hödl, Das priesterliche Amt in der Kirche, in: MThZ 34 (1983) 22-36, hier: 22.

8 Hödl, Amt, 23.

on und nicht zuletzt auch zu einer Überforderung und monastischen Überformung des sogenannten priesterlichen Lebens".[9]

Die wesentlichen Verlustmomente der traditionellen Amtstheologie faßt *Ludwig Hödl* in vier Thesen zusammen:[10]

(1) „In der theologischen Aufspaltung von Amt und Gemeinde büßte das kirchliche Amt – in der Theorie und im praktischen Vollzug – den für das Amt wesenhaften Bezug und Lebenszusammenhang mit der Gemeinde ein."

(2) „Im Auseinander von Kirche und Amt traten auch im Amtsverständnis sakramentale Vollmacht und Jurisdiktion (hoheitliche Gewalt) auseinander."

(3) „Indem das kirchliche Amt den ekklesialen Bezug einbüßte, verlor die Gemeinde das Bewußtsein und Selbstverständnis des priesterlichen Gottesvolkes."

(4) „Im Auseinander von Gemeinde und Amt wurde nicht nur das Selbstverständnis der Gemeinde als priesterliches Volk beeinträchtigt, auch der Auftrag zur Evangelisation der Welt wurde gelähmt und gehemmt."

Da das Zweite Vatikanische Konzil bei seinem Bemühen, „der Aufspaltung und Trennung von Gemeinde und Amt, Dienst und Vollmacht, Charisma und Institution" entgegenzuwirken, „oft auf halbem Wege stehen blieb",[11] bleibt es der Kirche in unseren Tagen aufgetragen, die „Chancen [der] Erneuerung des priesterlichen Amtes und der priesterlichen Gemeinde heute"[12] umzusetzen und zu nutzen.

Der wachsende Druck der Personalsituation ließ die theologische Diskussion die konkreten Gesichtspunkte der notwendigen Wiedereinbindung des kirchlichen Amtes in den Lebenszusammenhang der Gemeinde verstärkt in Blick nehmen. Einen breiten Raum nehmen die Fragen um den Zusammenhang von Gemeinde und Eucharistie, Gemeindeleitung und Eucharistievorsitz (3.1.1) und um die Ausrichtung der Ordination auf die konkrete Kirche hin (3.1.2) ein. Der Verweis auf die dem sakramentalen Amt vorausliegende Sakramentalität der Kirche (3.1.3) hat auch Auswirkungen auf die ekklesiologische Interpretation der neu entstandenen pastoralen „Laien"berufe (3.1.4).

[9] Hödl, Amt, 22 (Schillebeeckx referierend).
[10] Hödl, Amt, 24-26.
[11] Hödl, Amt, 28
[12] Hödl, Amt, 33.

Auch wenn im Rahmen dieser Untersuchung auf den interkonfessionellen Dialog zur Amtsfrage nicht ausführlicher eingegangen werden kann, sei auf die ökumenische Tragweite einer verstärkten Rückbesinnung der katholischen Amtstheologie auf das altkirchliche Modell hingewiesen. Zwar hatte die Verknüpfung der beiden Anliegen Reform und Anerkennung kirchlicher Ämter durch das Memorandum der Arbeitsgemeinschaft ökumenischer Universitätsinstitute (1973) eine kontroverse Diskussion über die tatsächlich schon erreichte Annäherung in der Amtsfrage provoziert.[13] Der Sache nach trifft es jedoch zweifellos zu, daß die Amtswirklichkeit der frühen Kirche sowohl ein kritisches Korrektiv für das Amtsverständnis der jeweiligen Einzelkirchen als auch eine Basis für eine Verständigung in dieser Frage bildet.[14]

3.1.1 Gemeinde(leitung) und Eucharistie(vorsitz)

Daß der Priestermangel in absehbarer Zeit ein ernstes Problem werden würde, war bereits Anfang der siebziger Jahre nach den starken Einbrüchen bei den Nachwuchszahlen abzusehen. Wirklich alarmierend wird er empfunden, seit für eine wachsende Zahl von Gemeinden kein eigener oder gar kein Priester mehr zur Verfügung steht. Gewiß konnte ein großer Teil von Aufgaben durch ehren-, haupt- und nebenamtlich tätige Laien wahrgenommen werden. Häufig wirkte der Mangel an Priestern sogar als Stimulans, durch das Laien aus einer verinnerlichten Passivität herausgeholt und zu ihrem ureigenen Apostolat ermutigt wurden. Programmatisch hatte die Würzburger Synode formuliert: „Aus einer Gemeinde, die sich pastoral versorgen läßt, muß eine Gemeinde werden, die ihr Leben im gemeinsamen Dienst aller und in unübertragbarer Eigenverantwor-

13 Reform und Anerkennung kirchlicher Ämter. Ein Memorandum der Arbeitsgemeinschaft ökumenischer Universitätsinstitute, München - Mainz 1973. Die anschließende Diskussion dokumentiert K. Schuh (Hrsg.), Amt im Widerstreit, Berlin 1973; vgl. ferner: K. Lehmann, Nach dem Streit um das „Ämtermemorandum", in: Cath(M) 28 (1974) 157-160.

14 Vgl. die einschlägigen Dokumente des ökumenischen Gesprächs zur Amtsfrage: die anglikanisch/römisch-katholische Erklärung *Amt und Ordination* („Canterbury-Erklärung", 1973, DwÜ I 148-155), den Bericht der Gemeinsamen Römisch-katholischen/Evangelisch-lutherischen Kommission *Das geistliche Amt in der Kirche* (1981, DwÜ I 329-357) sowie insbesondere die Konvergenzerklärung der Kommission für Glauben und Kirchenverfassung *Taufe, Eucharistie und Amt* („Lima-Dokument", 1982, DwÜ I 545-585).

tung jedes Einzelnen gestaltet."[15] Tatsächlich wurde der Weg „von der versorgten zur selbst sorgenden Gemeinde" oftmals erst unter dem Druck der Verhältnisse beschritten, d.h. als sich die „Versorgung" mit Priestern nicht mehr aufrechterhalten ließ.

Je mehr in den Gemeinden vor Ort das Bewußtsein, Kirche zu sein, und die Bereitschaft, Kirche verantwortlich mitzugestalten, erstarkte, desto schmerzlicher mußte es empfunden werden, wenn die regelmäßige Feier der Eucharistie, in der sich Kirche am dichtesten verwirklicht, wegen des Fehlens von Priestern nicht mehr gewährleistet blieb. Der Einsatz von Ruhestands-, Ordens- oder hauptberuflich anderweitig tätigen Priestern schafft hier nur vorübergehend und bedingt Abhilfe. Als Dauerlösung vermag es weder in menschlicher noch in theologischer Hinsicht zu überzeugen, wenn ein Priester der Eucharistie der Gemeinde vorsteht, ohne mit ihr zu leben und in sie eingebunden zu sein. Dadurch wird einer erneuten Isolation des Amtes von der kirchlichen Gemeinschaft, der es dienen soll, Vorschub geleistet. Angestoßen durch die Personallage setzte eine verstärkte Reflexion auf die ekklesiologische Bedeutung der Eucharistie feiernden Gemeinde ein. Sie artikulierte sich in der Formel vom „Recht der Gemeinde auf Eucharistie".[16]

Die Frage, ob einer kirchlichen Gemeinschaft allein wegen des Fehlens gültig ordinierter und damit konsekrationsbefähigter Amtsträger jede Möglichkeit abgesprochen werden muß, die Eucharistie gültig zu feiern, war bereits seit Anfang der siebziger Jahre Gegenstand des ökumenischen Gesprächs.[17] Auf dem Hintergrund der vom Vierten Laterankonzil (1215) formulierten Lehre[18] steht einer vollen, auch die eucharistische Mahlgemeinschaft einschließenden Einheit

[15] Synode, 602.

[16] Die Veränderungen im Verständnis des Rechtes der Gläubigen auf den Empfang der geistlichen Güter (Wort Gottes und Sakramente) von einem bloßen Korrelat zu den Klerikerverpflichtungen (can. 682 CIC/1917) zu einem notwendigen Implikat des Kirchenverständnisses des Zweiten Vatikanums (can. 213 CIC/1983) und die daraus resultierenden Konsequenzen behandelt aus kirchenrechtsgeschichtlicher Perspektive J. Olschewski, Das Recht auf Sakramentenempfang. Zur Entwicklung eines Fundamentalrechtes der Gläubigen vom Konzil von Trient bis zur Gegenwart, Frankfurt/M. 1998.

[17] Eine Darstellung der Diskussion bieten: P. Bläser, Zur Diskussion um die Bedeutung des Amtes für den Vollzug der Eucharistie, in: Cath(M) 26 (1972) 86-107; H. Schütte, Amt, Ordination und Sukzession, Düsseldorf 1974, 323-326.

[18] „ ... Und dieses Sakrament kann freilich nur ein Priester vollziehen, der gültig geweiht wurde, entsprechend den Schlüsseln der Kirche, die Jesus Christus selbst den Aposteln und ihren Nachfolgern gewährte" (DH 802).

mit den „getrennten Kirchlichen Gemeinschaften" das „Fehlen des Weihesakramentes" (*defectus ordinis*) entgegen. Dieser Mangel wird aus katholischer Sicht als Grund dafür angeführt, daß diese „die ursprüngliche und vollständige Wirklichkeit (*substantia*) des eucharistischen Mysteriums nicht bewahrt haben", obwohl sie „bei der Gedächtnisfeier des Todes und der Auferstehung des Herrn im heiligen Abendmahl [bekennen], daß hier lebendige Gemeinschaft mit Christus bezeichnet werde, und ... seine glorreiche Wiederkunft [erwarten]" (UR 22).

Zur Entschärfung des Problems von Amt und Eucharistiegemeinschaft verweisen katholische Theologen auf den ursprünglicheren und umfassenderen Zusammenhang von Kirche und Eucharistie. So fragt beispielsweise *Wolfgang Beinert*[19], „ob das katholische Amtsverständnis und die reformatorische Wirklichkeit des Amtes ein unüberwindliches Hindernis für die Anerkennung der eucharistischen Realität dortselbst bilden".[20] Er zeigt auf, daß die Differenz des Amtes zur Gemeinde „nicht in einer exklusiven Vollmacht, sondern in einer besonderen Sendung in die Kirche hinein besteht".[21] Weil nicht nur die Eucharistie die Kirche, sondern ebenso die Kirche die Eucharistie wirkt, ist diese Feier grundsätzlich „Sache aller in der Kirche". Die Leitung der Eucharistiefeier durch den ordinierten Amtsträger bildet die Konsequenz seines besonderen Vorsteherdienstes zur Auferbauung der Kirche. „Die dem Amt wesentlich zukommende kirchliche Funktion der *οἰκοδομή* konkretisiert sich in der Verkündigung des Wortes Gottes in allen seinen Formen, vor allem in der Proklamation seines Leidens und Sterbens und seiner Auferstehung in der Eucharistiefeier."[22]

So gesehen sind auch für das Amt in den reformatorischen Kirchen „Vollmachten hinsichtlich der Eucharistie" nicht auszuschließen. Wenn - wie das Konzil dies tut - „den reformatorischen Kirchen der Name und die Qualität von Kirche zuerkannt" wird und sie - nach den Worten des Ökumenischen Direktoriums - „trotz der Mängel, die ihnen nach unserem Glauben anhaften, nicht ohne Bedeutung und Gewicht im Geheimnis des Heiles" sind, dann „muß bei ihnen in irgend einer Weise auch die Realität des kirchlichen Amtes" und damit der Eucharistie vorhanden sein.[23] „Wo Kirche ist, da ist

[19] W. Beinert, Amt und *Eucharistiegemeinschaft*, in: Cath(M) 26 (1972) 154-171.

[20] Beinert, Eucharistiegemeinschaft, 167.

[21] Beinert, Eucharistiegemeinschaft, 164.

[22] Beinert, Eucharistiegemeinschaft, 167.

[23] Ebd.

auch Amt, sakramentale Ordination und apostolische Sukzession."[24] Die Anerkennung des kirchlichen Charakters einer kirchlichen Gemeinschaft impliziert - wenigstens im Ansatz - die Anerkennung ihres Amtes und ihres Abendmahls.

Das innerkatholische Problem von Priestermangel, Gemeinde und Eucharistie unterscheidet sich zwar von der ökumenischen Fragestellung insofern, als es hier nicht um einen *defectus* in bezug auf das Weihesakrament geht, sondern einfach konkret Amtsträger fehlen. Die Öffnung der Perspektive von der exklusiven Konsekrationsvollmacht zur umfassenderen Kirchenwirklichkeit lenkt jedoch auch hier den Blick auf die ekklesiologische Relevanz der betreffenden kirchlichen Gemeinschaft, d.h. hier konkret der Ortsgemeinde.

Die Grenzen der traditionellen Verhältnisbestimmung von Eucharistie, Gemeinde und Amt und die Konsequenzen aus der vom Zweiten Vatikanum eröffneten Sichtweise erörtert eingehend *Peter Hünermann*[25]. Er konstatiert „den vollkommenen Ausfall einer Reflexion über die Gemeinde"[26] in der Eucharistielehre. Nach der „klassischen Synthese" des Thomas von Aquin ist Eucharistie „im zeichenhaften Geschehen Fortwirkung und Auswirkung des Lebens und Sterbens Jesu Christi durch die reale Präsenz seines Leibes und Blutes. Dieses Wirken zielt auf die Auferbauung und Vollendung seines mystischen Leibes, der Kirche. Der Priester ist dabei notwendig als der aus Vollmacht Handelnde. Er allein vermag in der Person Jesu Christi dieses Sakrament zu setzen."[27] Die den Gottesdienst feiernde Gemeinde kommt bei Thomas nirgends in den Blick. Die Gläubigen sind lediglich „Zuschauer jenes dramatischen Geschehens, das sich vorne abspielt". In der Eucharistielehre des Thomas ist Jesus Christus „eigentliches unsichtbares Subjekt dieses Sakramentes" und der Priester „sichtbares handelndes Subjekt". „Die Gemeinde befindet sich demgegenüber im Zustand der Subjektlosigkeit. Ja, nicht einmal die Kirche als mystischer Leib Jesu Christi fungiert hier als eigenes Subjekt. Sie ist Objekt der sakramentalen Handlung."[28]

[24] Beinert, Eucharistiegemeinschaft, 170.

[25] P. Hünermann, Eucharistie - Gemeinde - Amt. Dogmatische Reflexionen zur gegenwärtigen Problemlage, in: SOG Speyer (Hrsg.), Das Recht der Gemeinde auf Eucharistie, Trier 1978, 30-46; (später aufgenommen in ders., Ekklesiologie im Präsens, Münster 1995, 228-247).

[26] Hünermann, Eucharistie, 30.

[27] Hünermann, Eucharistie, 32.

[28] Ebd.

Unter dem Einfluß der spätmittelalterlichen Meßopfertheorien verschärfte sich die Problematik weiter. Die Vorstellung von der Eucharistie als „nahezu völlig verselbständigte[s] priesterliche[s] Opfer“ provozierte die Kritik der Reformatoren. Der „schüchterne Ansatz des Trienter Konzils“, die Kirche als „Subjekt des Mitvollzuges“ der Eucharistie wieder ins Spiel zu bringen[29], „zeitigte zunächst keine Wirkungsgeschichte. Die Kirche handelt durch Priester. Sie treten wiederum alleine in Erscheinung.“[30]

Erst das Zweite Vatikanische Konzil hat den tridentinischen Ansatz „weiter ausgezogen“. Nicht nur abstrakt die Kirche, sondern konkret die Gläubigen bringen durch die Hände der Priester das Opfer dar (SC 48). „Gerade die Nennung der Gläubigen als handelnder Subjekte in der Eucharistiefeier führt nun die Väter des 2. Vatikanischen Konzils dahin, auch von den Gemeinden zu reden.“[31] LG 26 erkennt „zum erstenmal in der Geschichte lehramtlicher Dokumente seit dem Mittelalter“ die Ortsgemeinden als „eigenständige theologische Größe“, als Kirche im vollen Sinn an.

Die Grenzen des Zweiten Vatikanums liegen jedoch im Amtsbegriff. Das Festhalten an der „Kategorie der ‘potestas’“ verstellte den Blick auf die „eigenständige Rolle“ und die „volle Subjekthaftigkeit“ der Gemeinden. „Das bedeutet konkret, daß auch nach dem 2. Vaticanum und entsprechend der Ekklesiologie des 2. Vaticanums von einem Recht der Gemeinden auf Eucharistie noch gar nicht gesprochen werden kann.“ Das Konzil hat zwar „eine weitere, vollere Sicht der Zeichenhaftigkeit, d.h. der Sakramentalität [der Eucharistie] gewonnen“, indem es diese Feier als Ausdruck des Mysteriums Christi *und* der Kirche versteht, es hat aber nicht mehr reflektiert, „was damit im Grunde über die feiernde Gemeinde gesagt wird“.[32]

Denkt man die vom Zweiten Vatikanum eingeschlagene Richtung weiter, dann ist „die Feier der Eucharistie eine kommunikative Handlung konstitutiver Art für die Gemeinde“. Umgekehrt gilt: „Ohne die Feier der Eucharistie gibt es keine Konstitution von Gemeinde als Gemeinde ... Erst in der Feier der Eucharistie wird der eigentlich konstitutive Akt der Gemeinde gesetzt, eine Handlung, die nun von der Gemeinde, zu der auch der bevollmächtigte Amtsträger gehört, im ganzen vollzogen wird.“[33] Zwar ist Kirche nicht

[29] DH 1741: „... der *von der Kirche* durch die Priester ... geopfert werden sollte ...“.

[30] Hünermann, Eucharistie, 34.

[31] Ebd.

[32] Hünermann, Eucharistie, 36.

[33] Hünermann, Eucharistie, 39.

„Gemächte der Menschen", weil sie „ihren Grund in Jesus Christus hat". Doch „real wird sie durch die Konstitution der Gemeinden und ihre Zusammengehörigkeit". Ebenso gehört amtliche Verkündigung und Leitungsvollmacht „als Element zum Konstitutionsprozeß der Gemeinden und der Kirche". Doch „im Amt ist Kirche allererst formal und dem Anspruch nach da, aber noch nicht der realen Substanz nach". Die „realen Subjekte, aus denen sich Kirche als Kirche der Realität nach erbaut", sind die Gemeinden. Sie bilden die „Basis der Kirche". In ihnen erscheint „konkret das Wesen der Kirche".[34] Für die Bestimmung des Amtes bedeutet dies: Die geläufige Sicht, daß das Amt wesentlich „das 'Zuvor' der Offenbarung repräsentiert", ist durch die Betrachtungsweise zu ergänzen, daß es zugleich, und zwar „unter dem Gesichtspunkt der Realität", aus der Gemeinde „geboren" ist und der Amtsträger „wesentlich in der Gemeinde" steht.[35]

Für Hünermann bedeutet die Subjekthaftigkeit der Gemeinde keineswegs „Autonomie, Unabhängigkeit, Souveränität", sondern sie erweist sich „als vom Heiligen Geist vermittelte Eigen- und Selbständigkeit".[36] „Die Gemeinde, welche zur Subjekthaftigkeit erwacht ist ..., weiß sich selbst als Werk des Herrn. Sie bekennt, daß sie sich dem erhöhten Herrn und seinem Geist, nicht sich selbst verdankt. So erkennt sie auch, daß der Dienst, dessen sie bedarf, ein Dienst sein muß, der in der Vollmacht des Herrn, nicht einfach im Namen der Gemeinde ausgeübt wird. In der Präsentation geeigneter Kandidaten, in der Bitte um Ordination und die Einreihung dieses Gemeindegliedes in die apostolische Sukzesion der Amtsträger vollzieht sich so die Gemeinde selbst als vom Geiste Jesu Christi getragene und belebte Ortskirche."[37]

Aufgrund der dargelegten theologischen Zusammenhänge kritisiert Hünermann Praktiken wie die Zusammenlegung von Gemeinden einfach nach der Zahl der verfügbaren Priester. Dadurch „macht man die Gemeinden in einer extremen Weise zu Objekten". Sie werden „im Grunde zu Zuschauern wiederum jenes Geschehens degradiert, das der Priester als einziges handelndes Subjekt geschichtlich repräsentiert". Der Umgang mit der personell schwierigen Situation erweise sich als Prüfstein dafür, inwieweit man „einem überholten Potestasdenken den Abschied gibt zugunsten des Dienstcharakters

[34] Hünermann, Eucharistie, 40.
[35] Hünermann, Eucharistie, 41f.
[36] Hünermann, Eucharistie, 43.
[37] Hünermann, Eucharistie, 42.

des Amtes und der Subjekthaftigkeit der Gemeinde".[38] Für die Praxis folgert Hünermann:

„1. Wo eine Gemeinde existiert, hat sie das Recht, zu sein."

„2. Eine existierende Gemeinde hat die Pflicht zur sonntäglichen Eucharistiefeier, aber auch das Recht dazu."

„3. Pflicht und Recht der Gemeinde in bezug auf die sonntägliche Eucharistiefeier gehen die Gemeinde selbst als Subjekt dieser Pflicht und dieses Rechtes an."

„4. Der Bischof als verantwortlicher Leiter der Diözese hat die Pflicht und das Recht, Bedingungen für die Präsentation der Kandidaten und deren Qualifikation aufzustellen."

„5. Es scheint weder theologisch noch kanonistisch möglich zu sein, daß ein Bischof bzw. der Episkopat der Kirche bei Mangel an Kandidaten, die das Charisma der Ehelosigkeit besitzen, die Ordination von nichtzölibatären Kandidaten schlechthin verweigert und einer Anzahl von Gemeinden damit den konstitutiven Grundvollzug der Eucharistiefeier unmöglich macht."[39]

Radikalere Konsequenzen aus dem Dienstcharakter des Amtes und der ekklesialen Dimension der Eucharistie zieht *Edward Schillebeeckx*[40]. Er unterscheidet streng eine pneumatische, am Wesen der Kirche orientierte Amtsauffassung des ersten Jahrtausends von dem durch unmittelbar christologische Begründung privatisierten Verständnis des zweiten Jahrtausends. Maßgeblich ist für ihn erstere. Sie sei dadurch gekennzeichnet, daß die aufgrund soziologischer Gesetze „spontan von unten" entstehenden Ämter ebenso spontan als „Geschenk des Herrn" bzw. des Geistes „von oben" interpretiert wurden.[41] Wie das Neue Testament belege, hat sich das Amt „nicht aus der Eucharistie oder der Liturgie und um diese herum entwik-

38 Hünermann, Eucharistie, 43.

39 Hünermann, Eucharistie, 44-46.

40 E. Schillebeeckx, Die christliche Gemeinde und ihre Amtsträger, in: Conc(D) 16 (1980) 205-227; ders., Das kirchliche Amt, Düsseldorf 1981; ders., Christliche Identität und kirchliches Amt, Düsseldorf 1985. – Einzelne der in diesen Veröffentlichungen dezidiert vorgetragenen Thesen klingen bereits in einem älterem Beitrag Schillebeeckx' an, so z.B. die „grundsätzliche Möglichkeit eines kirchlich-gültigen Amtes, das 'praeter ordinem', das heißt außerhalb der geltenden Kirchenordnung, zustande kommt, nämlich aus dem charismatischen Drängen einer Apostolisch begründeten Gemeinde, die sich in einer ... Notsituation befindet." (E. Schillebeeckx, Theologische Überlegungen zur heutigen Priesterkrise, in: ders., Gott, Kirche, Welt, Mainz 1970, 173-210, hier: 194; eine Kurzfassung desselben Beitrags: ders., Theologie des kirchlichen Amtes, in: Diak 1 (1970) 147-160).

41 Schillebeeckx, Amt, 13.78.111 u. öfter.

kelt ..., sondern aus dem apostolischen Auftrag der Gemeinde durch Verkündigung, Ermahnung und Leitung. Amt, ganz gleich welcher Art, hat mit der Gemeindeleitung zu tun".[42]

Ein Recht auf Vorsteher hat die Gemeinde schon in einer soziologischen Betrachtungsweise.[43] Aus der primären Beziehung zwischen der Gemeinde und dem Gemeindevorsteher geht als zweite diejenige zwischen dem Gemeindevorsteher und der Eucharistie feiernden Gemeinde hervor.[44] Deshalb sei derjenige, der befugt ist, eine Gemeinde zu führen, ipso facto auch befugt, der Eucharistie vorzustehen und braucht dazu keine andere Ermächtigung als die einfache Tatsache, daß er Leiter der Gemeinde ist.[45] Daß eine Gemeinde wegen Priestermangels gehindert wäre, die Eucharistie zu feiern, sei für die frühe Kirche „theologisch undenkbar". „Denn in diesem Fall wählt die Gemeinde sich einen Vorsteher und läßt ihm die Hände auflegen, so daß sie auch Eucharistie feiernde Gemeinde, das heißt 'Gemeinde Gottes' sein kann. Die evangelische Vitalität der Gemeinde ist dann der entscheidende Faktor, nicht das Potential an zuvor, wie und wo auch immer, präparierten, verfügbaren priesterlichen *Mann*schaften."[46]

Unter der Überschrift „Vorsitz eines Laien bei der Eucharistiefeier?"[47] spitzt Schillebeeckx seine These auf den Fall zu, daß der Gemeindeleiter, dem unter normalen Umständen wesensgemäß die Leitung der Eucharistiefeier zukommt, fehlt. In solch außerordentlichen Fällen könnten dann von der Gemeinde auch „andere hervorragende Leute" aufgefordert werden, „der Gemeinde (und somit auch der Eucharistiefeier) vorzustehen, und würden „durch diese ekklesiale Billigung der Gemeinde ipso facto Amtsträger" werden. In ähnlicher Weise hätten die Presbyter der Alten Kirche, die „damals dazu ... keineswegs geweiht waren", weil der Bischof allein der eigentliche Leiter der Gemeinde war, mit dem Wachstum der Gemeinden die Befugnis erlangt, der Eucharistie vorzustehen, indem sie zu Gemeindeleitern auf kleinerer Ebene wurden.

Schillebeeckx' Bemühen, durch eine kritische Auseinandersetzung mit der Geschichte des kirchlichen Amtes ein besseres Verständnis und Lösungsansätze für die Probleme der Gegenwart zu gewinnen, fand nur bedingt Zustimmung. Seine bisweilen etwas

42 Schillebeeckx, Amt, 57.
43 Schillebeeckx, Gemeinde, 207.
44 Schillebeeckx, Gemeinde, 211.
45 Schillebeeckx, Gemeinde, 212.
46 Schillebeeckx, Amt, 73.
47 Schillebeeckx, Amt, 87f.

großzügige Interpretation exegetischer und historischer Einzelfakten bot der Kritik eine breite Angriffsfläche.[48] Den Beanstandungen versuchte Schillebeeckx in *Christliche Identität und kirchliches Amt* (1985) Rechnung zu tragen, indem er seine Thesen umfassender und differenzierter begründete.

Am meisten Anstoß erregte die - in *Christliche Identität* dann nicht mehr wiederholte - Behauptung, daß die Gemeinde im Notfall den Vorsteher der Eucharistie selbst bestimmen könne. *Walter Kasper*[49], der die umfassendste und differenzierteste Besprechung bietet, sieht diese These „durch ihre eigene Widersprüchlichkeit widerlegt. Sie hebt die ekklesiale Einbindung der Eucharistie, von der sie ausgeht, in der Konsequenz auf." „Gerade wenn man mit Schillebeeckx und in Übereinstimmung mit dem letzten Konzil die ekklesiale Dimension der Eucharistie ernst nimmt", verbiete es sich, daß eine Gemeinde eigenmächtig ihren Eucharistievorsteher bestellt. „Wenn nämlich die Eucharistie das Sakrament der Einheit und das Band der Liebe ist ..., dann ist die Feier der Eucharistie in einer Ortskirche nur in Gemeinschaft mit allen anderen Ortskirchen und mit der in Raum und Zeit universalen, einen, katholischen und apostolischen Kirche möglich."[50]

Die grundsätzliche These Schillebeeckx', daß das kirchliche Amt „um der christlichen Identität willen notwendig" ist und „die kirchliche Glaubensgemeinschaft ... ein Gnadenrecht auf amtlichen Beistand [hat], wie sie ein Recht auf die Feier der Eucharistie hat", würdigt Kasper als eine „(im guten Sinn) radikale Position ..., welche zu Ende gedacht so oder so zu (im guten Sinn) radikalen praktischen Konsequenzen führen muß."[51] In seinem zweiten Buch gelinge es Schillebeeckx deutlich zu machen, daß er nicht jede, sondern allein eine unvermittelte christologische Begründung des Amtes ablehnt. „Es geht ihm um ekklesiologische, letztlich pneumatologische Vermittlung amtlicher Autorität mit all ihren Konsequenzen, welche dies für die Wahl der Amtsträger, die Mitsprache der Gemeinde, das Eingehen auf die 'Bedürfnisse' der Gemeinde usw. hat. In diesem Sinn bedeutet sein Buch in der Tat ein Plädoyer für den Menschen in der Kirche und für das Subjektsein aller in der Kirche. Dieses Anlie-

48 Vgl. z.B. E. Dassmann, Das kirchliche Amt im Widerstreit. Zur Begründung und Entfaltung der Ämter in der Alten Kirche, in: Pastoralblatt 34 (1982) 34-45.

49 W. Kasper, Das kirchliche Amt in der Diskussion, in: ThQ 163 (1983) 46-53.

50 Kasper, Diskussion, 53.

51 W. Kasper, Rez. zu E. Schillebeeckx, Christliche Identität und kirchliches Amt, in: ThQ 166 (1986) 156-158, hier: 157.

gen wird man nicht dick genug unterstreichen und nicht entschieden genug bejahen können."[52]

Vor Walter Kasper hatte bereits *Joseph Ratzinger*[53] die Reduktion des Amtes auf eine „strenge Gemeindlichkeit" und die damit - trotz anderslautender Beteuerungen - gegebene „Autonomisierung" der Gemeinde in Schillebeeckx' Ansatz kritisiert. Die „scheinbar so einsichtige und einleuchtende Formel vom 'Recht der Gemeinde auf Eucharistie'" (301) verkenne - ebenso wie die ihr zugrundeliegende eucharistische, allein von der Ortsgemeinde her aufgebaute Ekklesiologie -, daß „die Einheit mit allen anderen 'Gemeinden' ... ein inneres Konstitutiv der Eucharistiefeier selbst" ist (308). Das äußere Zeichen dafür, daß „keine Gruppe sich selbst zur Kirche machen kann, sondern nur Kirche *wird*, indem sie sich von der Gesamtkirche her als Kirche empfängt", ist die „Successio apostolica" (309).

Der Begriff der Eucharistie ebenso wie der des Priestertums (302) werde regelmäßig verändert, wenn diese „'Amtsbindung' der Eucharistie" vernachlässigt wird (309). Eucharistie werde dann „zum Gemeindemahl, zum Selbstvollzug der Gemeinde, die darin die Symbole der Interaktion ihrer Glieder findet". Anstelle wirklicher „Be-rufe" gäbe es dort nur noch Funktionen. „Die Gefahr, daß Gemeinde endlich zur bloßen Freizeitinsel wird, liegt dann bedrohlich nahe" (310).

Ratzinger unterstreicht mit Nachdruck und unter Berufung auf das Zweite Vatikanum den „bischöflichen Charakter der Eucharistie und der Ortskirche" (309). Der Begriff Gemeinde sei dem Konzil fremd. Ratzinger räumt zwar „Ansatzpunkte für die Ausbildung eines Gemeindebegriffs" in einigen Konzilstexten ein, diese seien aber von einer festen Terminologie noch weit entfernt (305). Das Kirchenrecht anerkenne nur ein Recht der einzelnen Gläubigen auf die Sakramente[54], spreche aber nicht von der Gemeinde als Subjekt von Rechten (303/313). Um „für katholische Theologie wirklich brauchbar zu werden" (310), müsse der Begriff „Gemeinde" erst von reformatorischen, anti-katholischen Implikaten (306f.) und von basisdemokratischen Vorstellungen (310) gereinigt werden.

In sachlicher Hinsicht ist Ratzingers Einspruch gegen eine unbedachte Verabsolutierung der Einzelgemeinde grundsätzlich berech-

52 Kasper, Rez. Schillebeckx, 158.

53 J. Kard. Ratzinger, Das Recht der Gemeinde auf Eucharistie? Die „Gemeinde" und die Katholizität der Kirche, in: Theologische Prinzipienlehre, München 1982, 300-314.

54 Ratzinger bezieht sich auf can. 682 CIC/1917. Die entsprechende Norm firmiert im CIC/1983 unter can. 213.

tigt. Er wird, wie bereits deutlich wurde, von Kasper, ferner auch von *Paul Weß*[55], geteilt. Ratzingers auffallend defensiver Grundton gegenüber dem Gemeindebegriff läuft jedoch Gefahr, die Entstellungen des Kirchenbildes durch eine einseitig „katholisch"-universalistische Sicht zu unterschätzen. Der Stachel der Frage bleibt, ob einer Pfarrgemeinde, die - wie nicht selten der Fall - auf eine jahrhundertelange Geschichte christlichen Glaubens am Ort zurückblicken kann, von heute auf morgen die Verbindung mit der Gesamtkirche, und damit ihr eigenes Kirchesein und ihre Eucharistiefähigkeit abgesprochen werden kann, nur weil der Bischof ihr keinen Priester mehr zuweisen kann. „Geistliche Fruchtbarkeit" vor allem daran zu messen, ob Kirche „genügend Priester hervorbringt und ... genügend Menschen zum ungeteilten, auch ehelosen Dienst für Gottes Reich zu begeistern vermag",[56] und Wünsche nach breiteren Zugangswegen zum Priesteramt als „organisatorische Manipulation" zu diskreditieren, mit der lediglich „geistliche Not" „verdeckt" werden soll,[57] muß für denjenigen zynisch klingen, der weiß, wieviele Christinnen und Christen heute im Bewußtsein ihrer Berufung als Getaufte und Gefirmte mit hohem persönlichem Einsatz Kirche vor Ort mitgestalten und lebendig erhalten.

Die unverminderte Dringlichkeit des Problems spiegelt sich in mehreren Beiträgen der neunziger Jahre, in denen erneut an die ekklesiologische Bedeutung der Wechselbeziehungen von Eucharistie und Kirche, Gemeindeleitung und Eucharistievorsitz erinnert wird und Konsequenzen in Bezug auf eine Änderung der Zulassungsbedingungen zum Amt angemahnt werden.[58] Der große dogmengeschichtliche und argumentative Aufwand[59] steht dabei nicht immer im Verhältnis zum - zumindest in bezug auf die Zölibatsfrage -

55 P. Weß, Ihr alle seid Geschwister, Mainz 1983, 29f.

56 Ratzinger, Recht, 313.

57 Ratzinger, Recht, 314.

58 **P. Walter**, Gemeindeleitung und Eucharistiefeier. Zur theologischen *Ortsbestimmung* des Amtes, in: B. Fraling - H. Hoping - J.C. Scannone (Hrsg.), Kirche und Theologie im kulturellen Dialog (FS P. Hünermann), Freiburg 1994, 378-391; ders., Vorsteher der Eucharistie und Gemeindeleitung, in: LS 46 (1995) 193-198; **D. Wiederkehr**, Wer A sagt, sollte auch B sagen, in: Diak 28 (1997) 174-179; **C. Böttigheimer**, Mysterium Christi und sakramentales Amt. Zur Problematik von Gemeinden ohne sonntägliche Eucharistiefeier, in: StZ 215 (1997) 117-128; **W. Beinert**, Eucharistie wirkt Kirche - Kirche wirkt Eucharistie, in: StZ 215 (1997) 665-677, ders., Ekklesiologische Konsequenzen einer Theologie der Eucharistie, aaO. 736-746.

59 Vgl. insbesondere Böttigheimer, Mysterium.

dogmatisch unproblematischen Lösungsvorschlag, ist aber aus dem beklagten Entscheidungsstau (D. Wiederkehr) zu erklären.

Der breite Konsens darüber, daß den ekklesiologischen und sakramententheologischen Zusammenhängen auf Dauer nicht Rechnung getragen werden kann, ohne weitere Zugänge zum Priesteramt zu eröffnen, darf freilich nicht darüber hinwegtäuschen, daß eine solche Maßnahme allein noch nicht die ekklesiale Einbindung des Amtes gewährleistet. *Peter Walter* registriert, „daß die traditionelle Fixierung auf das Gegenüber von Priester und einzelnen Gläubigen bisweilen noch immer, zumindest unterschwellig, die Situation bestimmt“, solange zur Aufrechterhaltung eines hohen Meß-Angebots immer noch Priester aus einer nahegelegenen Bischofs- oder Universitätsstadt engagiert werden.[60] Nicht erst der Eucharistievorsitz, sondern bereits die umfassende, öffentlich wahrgenommene Funktion der Gemeindeleitung setzt nach „gemeinchristlicher Überlieferung“ eine „amtliche Bestellung“, also die Ordination voraus.[61] Dabei stellt eine „im Vergleich mit früheren Epochen stärker kooperativ wahrgenommene Gemeindeleitung ... theologisch kein Problem dar, entspricht sie doch der grundsätzlichen Einbindung des Amtes in die allen Getauften gemeinsame Sendung“. Die umfassende Gemeindeleitungsfunktion kann jedoch „nicht auf die unabdingbare Kernfunktion der Leitung der Eucharistiefeier reduziert werden, ebensowenig wie die Gemeinde selbst auf die Eucharistiefeier reduziert werden darf“.[62]

3.1.2 Relative Ordination

Zusammen mit der Eucharistielehre hatte seit dem Mittelalter auch die Theologie und Praxis des Ordo den Bezug zur konkreten Gemeinde eingebüßt. Das Geschehen der Ordination interessierte ausschließlich unter sakramententheologischer Perspektive. In den mittelalterlichen Ordinationsriten waren die zentralen Charakteristika durch eine Fülle sekundärer Hinzufügungen verdunkelt. Dadurch rückte die Frage nach den zur Gültigkeit des Sakramentes erforderlichen Kernbestandteilen in den Vordergrund. Die Ordination (Priesterweihe) wurde vor allem als Spender-Empfänger-Geschehen und in ihren Wirkungen für den Empfänger dargestellt. Mit der Fixie-

[60] Walter, Vorsteher, 194.
[61] Walter, Vorsteher, 196.
[62] Walter, Ortsbestimmung, 390f.

rung auf die Minimalgestalt des Sakramentes (Gültigkeit) waren andere Elemente, die nach altkirchlicher Überzeugung und Praxis zur integralen Gestalt der Ordination dazugehörten, wie die Bindung an eine bestimmte Kirche, die Wahl durch die Gemeinde oder ein echter Amtsauftrag, aus dem Blickfeld geraten. Die Übertragung der Leitung (Jurisdiktion) einer konkreten Kirche wurde als separater Vorgang gesehen und spielte in der Theologie des Ordosakramentes keine eigentliche Rolle mehr.

Der Alten Kirche war eine solche Trennung von „Weihegewalt" und „Jurisdiktionsgewalt" fremd. Als Kronzeugen für das altkirchliche Amtsverständnis führt *Edward Schillebeeckx* den berühmten Kanon 6 des Konzils von Chalcedon an, „der in juristischer Form die Auffassung und Praxis der frühen Kirche hinsichtlich des Amtes vorzüglich wiedergibt" und auch von patristischer Theologie und frühkirchlichen Liturgien - Schillebeeckx geht insbesondere auf die *Traditio apostolica* des Hippolyt ein - anschaulich bestätigt wird.[63] Der Kanon erklärt solche Weihen für ungültig, die absolut (*apolelymenôs*), also ohne Bindung des Kandidaten an eine bestimmte Gemeinde erfolgen. „Nur jemand, der durch eine bestimmte Gemeinde (Volk mit seinen Leitern) berufen wird, ihr Vorsteher und Leiter zu sein, empfängt wirklich die 'ordinatio'." Der ursprüngliche Begriff der „ordinatio" meine noch nicht Weihe, sondern besage „eine Eingliederung oder 'Inkorporation' als Amtsträger in eine Gemeinde.[64] Um „in Kraft zu sein", gehört zu ihm wesentlich „die Berufung, das Mandat oder die Sendung durch eine bestimmte christliche Gemeinde ". Eine „einwandfreie Liturgie der Handauflegung" allein bleibt nach dem Kanon 6 „null und nichtig", wenn damit nicht „eine Berufung *durch* eine Ortskirche und *für* eine Ortskirche erfolgt" ist.[65]

Bedenken gegen Schillebeeckx' Auffassung entzündeten sich nicht am unbestrittenen Faktum der relativen Ordinationspraxis der Alten Kirche, sondern an dessen „überzogener Interpretation" (Kasper) und gewissen Unschärfen im Ordinationsverständnis. „Unter der Hand wird bei ihm [sc. Schillebeeckx] aus der Ordination in einer Gemeinde und für eine Gemeinde die Ordination durch eine bestimmte Gemeinde und von einer bestimmten Gemeinde."[66] Aus der altkirchlichen Einheit von *praesentatio* (Wahl und Bestellung durch die Gemeinde), *ordinatio* (Handauflegung und Gebet) und

[63] Schillebeeckx, Amt, 68.
[64] Schillebeeckx, Amt, 69.
[65] Schillebeeckx, Amt, 70.
[66] Kasper, Diskussion, 50.

acclamatio (Akzeptation durch die Gemeinde) bei der Bestellung der Amtsträger dürfe nicht geschlossen werden, die Handauflegung wäre „eine bloße liturgische Überhöhung und Verzierung der Bestellung durch die Gemeinde“ und „kein ebenso konstitutives Element und deshalb u.U. auch entbehrlich gewesen“.[67]

Abgesehen von der Kritik an einer Reihe vereinseitigender Aussagen in Schillebeeckx' Darstellung, wird sein Grundanliegen, daß die privatisierende Engführung im traditionellen Amtsverständnis zu überwinden ist, geteilt. In sehr differenzierter und ausgewogener Form wertet *Hervé Legrand*[68] den bereits erwähnten Weiheritus des Hippolyt als „heuristisches Modell für die Charakterisierung der pastoralen Dienste und die solidarische Verantwortung aller Christen“ (126) aus. Ähnlich wie schon früher Hünermann[69] und gestützt durch liturgiewissenschaftliche Studien[70] zeigt er das Ineinanderwirken „vier verschiedener Instanzen“ bei der Bischofsweihe (der „Ordinierung eines Kleinstadtpfarrers“) im beginnenden 4. Jahrhundert auf. Wahl und Weihe bilden ein einziges liturgisches Geschehen, an dem die Christen der Ortskirche, die Leiter der Nachbarkirchen, der Neugeweihte und der Heilige Geist „als Erster und Letzter und immer Gegenwärtiger bei einer Weihe“ (132) teilhaben.

Die aktive Beteiligung der Getauften an der Wahl ihres Bischofs weise auf die solidarische Verantwortung der Christen hin, „was das Leben ihrer Kirche betrifft“. „Die Mitglieder der Ortskirche bürgen für die Tauglichkeit des Gewählten und nach manchem Rituale sogar für seinen Glauben“. Daran werde deutlich, „daß die Verantwortung für den apostolischen Glauben von der gesamten Ekklesia solidarisch getragen wurde“ (128). Die Auffassung, „daß die Kirche selbst im Bereich des Glaubens verantwortliches Subjekt ist“ zeigt sich auch im „Verbot an die regierenden Bischöfe, ihren Nachfolger selbst zu weihen“ (129) und in der förmlichen Rezeption des neugeweihten Bischofs durch die Ortskirche.

Das Verhältnis einer Kirche zu ihrem Hirten ist jedoch nicht demokratischer Natur. „Es ist nicht das Verhältnis von Wählern zu ihren Abgeordneten.“ Denn trotz „der aktiven Mitwirkung oder

[67] Kasper, Diskussion, 50; ähnlich Dassmann, Das kirchliche Amt im Widerstreit, in: Pastoralblatt 34 (1982) 34-45.

[68] H. Legrand, Das Amt in der Ortskirche, in: P. Eicher, Neue Summe Theologie Bd. 3, Freiburg 1989, 116-181 (orig. frz.: Les ministères de l'Église locale, in: Initiation à la pratique de la théologie, Bd. III, Paris 1983, 181-273).

[69] P. Hünermann, Die Rede von Gott und das kirchliche Amt, (s.o. II / 2.4.2).

[70] Z.B.: A. Jilek, Initiationsfeier und Amt, Frankfurt/M. 1979.

wenigstens Zustimmung der ortsansässigen Christen“ wird der künftige Bischof „keinesfalls von ihnen allein ordiniert“. „Er ist Gabe Gottes an die Kirche.“ Da der Hauptakteur der Weihe der Heilige Geist ist, geschieht die Weihe in Form der Epiklese. In den drei untrennbaren Vorgängen von „Zeugnis, Epiklese und Rezeption“ erkennt Legrand einen „mächtigen Wall gegen die Versuchung, die Weihe auf das allzu vereinfachte und vereinfachende Schema einer direkt einem geeigneten Subjekt übertragenen gültigen Amtsvollmacht zu verkürzen“ (129f.).

Dieselben drei Elemente, Zeugnis, Epiklese und Rezeption, bestimmen auch die Rolle der Nachbarbischöfe. Sie „bezeugen im Namen der Gesamtkirche den apostolischen Glauben der Kirche, in welcher die Weihe stattfindet, sowie den Glauben ihrer eigenen Ortskirchen“. Als „Diener des Heiligen Geistes inmitten der Epiklese der ganzen christlichen Versammlung“ hat ihre Rolle „eigenes Gewicht und ist unersetzbar“. Das aktive Subjekt der Epiklese ist freilich die gesamte versammelte Gemeinde. „Auf diese Weise verbinden sich Tradition, in erster Linie durch die Bischöfe sichtbar gemacht, und Communio, vor allem durch die Ekklesia ausgedrückt“. Jegliche „Hierarchologie, der es darum geht, die Tradition zu monopolisieren oder allein zu hüten“, ist damit „vollkommen ausgeschlossen“ (130).

Eine „unüberhörbare Anfrage an unser gegenwärtiges Verhalten vor allem hinsichtlich der Theologie der Berufung zum Weiheamt“ vernimmt Legrand aus der altkirchlichen Berufungspraxis. Berufung ist etwas Objektives. „Bei der Weihe kümmert man sich sehr viel weniger um die Person des zu Weihenden ... als vielmehr um den Aufbau der Kirche“. Der Neugeweihte war „kein Kandidat im politischen Sinn des Wortes. Er ‘hat’ die Berufung nicht, ist vielmehr durch die Kirche zu diesem Amt aufgerufen, und das oft gegen seinen Willen.“ Dagegen lege man heute – „nicht ohne eine gewisse logische Inkohärenz“ – „größten Nachdruck auf den Wunsch, Priester zu werden“. Als wunderbar gelte es, „Priester oder Diakon werden zu wollen, aber – nicht wahr? – als ein schmähliches Unterfangen, nach dem Bischofsamt zu streben!“ (131).

„Durch seine Weihe wird der Bischof zum Band der Kirche“ (131). Er vertritt sowohl seine Kirche gegenüber allen anderen Kirchen als auch die Universalkirche seiner eigenen Kirche gegenüber. Er vertritt in seinem Amt Christus, jedoch nicht in unmittelbarem Sinn, sondern „nur in seiner Eigenschaft als Diener der Kirche ..., insofern er also in der Kirche bleibt oder weiterhin von ihr anerkannt wird“ (132).

Legrand versteht das Zeugnis der Traditio Apostolica Hippolyts nicht als Modell, das für die Kirche von heute, die in einem völlig anderen geschichtlichen und gesellschaftlichen Kontext lebt, einfach übertragbar wäre, weist aber doch auf seine Fruchtbarkeit für eine Reihe heutiger Fragestellungen und Probleme hin. Es ermögliche unter anderem „im Rahmen der Ortskirche die gleiche Würde aller Christen, ihre gemeinsame Verantwortung und die Eigenart des ordinierten Amtes zu bedenken, ohne jede abstrakte Gleichmacherei", zeige die „geläufige Auffassung, die Berufung zum Priestertum gründe im persönlichen Wunsch und in der subjektiven Entscheidung des betreffenden Kandidaten ... als wenig traditionsgemäß" auf und lehre verstehen, „wie wenig Sinn die absolute Ordination (ohne Bischofssitz) von Bischöfen und Priestern (Verwechslung von Ordensleben und presbyteralem Leben) ... besitzt" (156f.).

3.1.3 Das sakramentale Amt im Sakrament Kirche

Nach katholischem Verständnis ist die Ordination ein Sakrament. Der traditionelle, im Mittelalter ausgearbeitete und maßgeblich von Thomas von Aquin beeinflußte Sakramentenbegriff meint ein von Christus eingesetztes äußeres Zeichen (bestehend aus Materie und Form), das – die rechte Intention des Spenders vorausgesetzt[71] – untrüglich innere Gnade bewirkt. Das Konzil von Trient hat die Zahl der Sakramente auf sieben festgelegt und Sakramentalität der Ordination und des Ordo gegen die Reformatoren verteidigt.[72]

Gerade im Zusammenhang mit dem Ordo werden die Grenzen und Probleme des traditionellen Sakramentenbegriffes besonders deutlich. Abgesehen von den Schwierigkeiten, die sich bei sachgerechter Exegese für den Nachweis der Einsetzung durch Christus ergeben,[73] erscheint vor allem die einseitig individualisierende Prägung des mittelalterlich-tridentinischen Begriffs wenig geeignet, das Wesen des Amtes als Dienst, d.h. als Bezogensein auf eine bestimmte Aufgabe in und für Kirche, zu erfassen.

Aus terminologischen Gründen bildet die Sakramentalität der Ordination auch einen der Differenzpunkte mit den Kirchen der Reformation.[74] „In ökumenischer Verantwortung" hält es deshalb *Peter*

[71] DH 1312.
[72] DH 1601. 1766. 1773.
[73] Siehe II / 2.1.
[74] P. Neuner, Ökumenische Theologie, Darmstadt 1997, 227.

Neuner[75] für „ertragreicher“, anstelle des Begriffs „die Inhalte, die sich mit der katholischen Lehre von der Sakramentalität der Ordination verbinden“ festzuhalten. Sakramentalität des Ordo drücke aus, „daß das Amt von Christus stammt“ und sich nicht aus der Gemeinde durch Delegation ableitet. Das Amt steht im Volk, trete ihm aber auch in Vollmacht gegenüber. Zwar gelte das Handeln *in persona Christi* „sicher auch für andere Christen“, der Priester tut es aber öffentlich in seiner Gemeinde. Weil man sich ein Sakrament nie selbst spenden, sondern es nur empfangen kann, werde durch die Sakramentalität des Amtes die „Verpflichtung auf das, was von außen zukommt (extra nos), und über das sich nicht verfügen läßt, ... ausgedrückt.“ Sie besage ferner, „daß dem Amtsträger die göttliche Verheißung auf Dauer zugesagt ist“, mache deutlich, das das Amt, das durch die Ordination verliehen wird „nicht nur von einem fremden Heil spricht, sondern reales Heil vermittelt“ und rücke die „Einigung der Gemeinde durch Wort und Sakrament, nicht die Verwaltung und Bürokratie“ ins Zentrum.

Die „Frage einer historisch isolierten Einsetzung des Amtes“ ist damit zugunsten von „Einzelaspekten“, die auf Christus zurückgeführt werden können, umgangen. Zweifelhaft erscheint jedoch, ob jener ekklesiologischen Dimension des Sakramentenbegriffes ganz entsprochen wird, die das Zweite Vatikanische Konzil neu hat aufleuchten lassen.

„Die Rezeption der sakramentalen Ekklesiologie durch das Konzil ist ein theologiegeschichtliches Ereignis.“[76] Ihre wichtigsten Wegbereiter im 20. Jahrhundert waren die beiden Jesuitentheologen *Otto Semmelroth*[77] und – stärker den Zeichencharakter betonend – *Karl Rahner*. Rahner erkennt als Defizit des traditionellen Sakramentenverständnisses, daß „die Kirche [dabei] nur noch als die Verwalterin dieser Gnadenmittel zum individuellen Heil, gewissermaßen als Lieferantin himmlischer Gnadenschätze“ erscheint.[78] Dagegen ist für Rahner wie für seinen Ordensbruder Semmelroth die Kirche selbst das „Ursakrament“, das den Einzelsakramenten vorausliegt und sich in ihnen in besonders verdichteter Weise aktualisiert. „Die Kirche ist die amtliche Präsenz der Gnade Christi in der öffentlichen Geschich-

[75] P. Neuner, Ämter und Stände in der Kirche, in: W. Beinert (Hrsg.), Glaubenszugänge Bd. 2, Paderborn - München 1995, 532-573, hier: 548-550.

[76] W. Beinert, Die Sakramentalität der Kirche im theologischen Gespräch, in: Kirche und Sakrament (Theologische Berichte IX), Zürich 1980, 13-66, hier: 34.

[77] O. Semmelroth, Die Kirche als Ursakrament, Frankfurt/M. ³1963.

[78] K. Rahner, Kirche und Sakramente (QD 10), Freiburg 1960, 9.

te der einen Menschheit."[79] Sie setzt die „eschatologische Realpräsenz des siegreichen und endgültig in die Welt eingestifteten Gnadenwillens Gottes in Christus"[80] fort und läßt sie in der Welt gegenwärtig bleiben. Wie bei Christus „der Unterschied zwischen seiner Gottheit und Menschheit unvermischt, obzwar ungetrennt, obwaltet", so sind auch bei ihr „Zeichen und Sache, geschichtliche Greifbarkeit und Heiliger Geist nie dasselbe", aber „auch nicht mehr trennbar".[81]

Ausgehend von der sakramentalen, d.h. der inkarnatorischen Struktur der Kirche versucht Rahner die Verknüpfung des „ekklesiologischen Aspekts" mit den Sakramenten als „Ereignissen in der individuellen Heilsgeschichte des Empfängers" aufzuzeigen.[82] Die hier zu beobachtende erneute Ausrichtung auf die Individualperspektive ist aus der vorkonziliaren Situation verständlich, wirkt jedoch beim Ordo, wie wir bereits gesehen haben,[83] sehr bemüht.

Die wichtigsten Aussagen des Zweiten Vatikanischen Konzils zur Sakramentalität der Kirche finden sich in der Kirchenkonstitution. Im Horizont des biblisch-patristischen Begriffs Mysterium nennt LG 1 die Kirche „in Christus gleichsam das Sakrament, das heißt Zeichen und Werkzeug für die innigste Vereinigung mit Gott wie für die Einheit der ganzen Menschheit". Die wesentlich inkarnatorische (d.h. sakramentale) Struktur dieses Zeichens der Einheit erläutert LG 8:

> „Die mit hierarchischen Organen ausgestattete Gesellschaft und der geheimnisvolle Leib Christi, die sichtbare Versammlung und die geistliche Gemeinschaft, die irdische Kirche und die mit himmlischen Gaben beschenkte Kirche sind nicht als zwei verschiedene Größen zu betrachten, sondern bilden eine einzige komplexe Wirklichkeit, die aus menschlichem und göttlichem Element zusammenwächst. Deshalb ist sie in einer nicht unbedeutenden Analogie dem Mysterium des fleischgewordenen Wortes ähnlich."

Das inkarnatorische Prinzip besagt nichts anderes als die „Anwesenheit der Transzendenz in der Empirie". „Daß sich im Kategorialen Transzendenz mitteilt: das ist Sakramentalität."[84] Weil das

[79] Rahner, Kirche und Sakramente, 18.
[80] Rahner, Kirche und Sakramente, 17.
[81] Rahner, Kirche und Sakramente, 18.
[82] Rahner, Kirche und Sakramente, 73.
[83] Siehe I / 3.1.3.
[84] A. Müller, Amt als Kriterium der Kirchlichkeit? Kirchlichkeit als Kriterium des Amtes?, in: Kirche und Sakrament (Theologische Berichte IX), Zürich 1980, 97-129, hier: 118.

Amt wesentlich zur Kirche gehört, hat es an ihrer sakramentalen Struktur teil und ist sakramental. Anders als für Peter Neuner ist für *Alois Müller* die Frage der Sakramentalität des Amtes nicht so sehr eine der „Sprachregelung“, sondern „vielmehr der theologischen Denkkategorien“.[85] Daß Kirche strukturiert sein muß und eine Gemeinde spätestens dann, wenn sie es „in ihrem Selbstverständnis auf Dauer, auf Stabilität abgesehen hat“, in irgendeiner Form zum „Amtsmodell“ greifen muß, ist zunächst eine anthropologische und soziologische Selbstverständlichkeit.[86] „Die Frage, ob damit nicht das Amt in der Kirche von unten, soziologisch, naturalistisch begründet werde, statt von oben, von Christus her, stellt sich rechtens nicht“, denn es handelt sich dabei um zwei verschiedene Dimensionen derselben Sache. „Es ist humanwissenschaftlich selbstverständlich, daß diejenigen, welche mit Jesus waren, seine Jünger waren, seine Auferstehung bezeugten, daß diese Gemeinden gründeten und in den Gemeinden ‘die Angesehenen’ (Gal 2,2-9) waren. Diese aber waren es wiederum, welche sich als von Christus vollmächtig gesandt verstanden und bezeugten. So ist dies eine Einheit: Der (psychologisch selbstverständlichen) empirischen Genese der Kirche entsprach deren theologische Struktur.“ Die theologisch „erste und bleibende *Grund*struktur“ der Kirche „prägt sich ab in der empirischen *Gründungs*struktur“.[87]

Von entscheidender Bedeutung für eine solche sakramentale Sicht ist die unaufgebbare Verbindung von Pfingst- und Osterereignis. Der „abwesende Auferstandene“ ist in seiner Gemeinde anwesend und leitet sie „durch den Geist“. „In der (humanwissenschaftlich analysierbaren) Empirie der Kirche verwirklicht sich ihre Transzendenzdimension, ist sie ‘Leib Christi’, ist sie vom Heiligen Geist beseelt.“[88] Weil es „nichts im eigentlichen Sinn ‘Kirchliches’ [gibt], das transzendenzlos wäre“, ist auch das kirchliche Amt „ein ‘geistliches Amt’“, und zwar gerade „*als* empirisch plausibel und notwendig entstandenes“.[89]

Den Terminus *ius divinum* interpretiert Müller als „die unverlierbare geistliche Wirklichkeit der Kirche und in der Kirche“. Dem inkarnatorischen Prinzip würde es widersprechen, diese „auf genau bestimmte Formen ein für allemal festlegen“ und einschränken zu

[85] Müller, Kriterium, 118.
[86] Müller, Kriterium, 117.
[87] Ebd.
[88] Ebd.
[89] Müller, Kriterium, 118.

wollen.[90] Das Empirische ist nämlich „seiner Natur nach wandelbar, wenn es auch hic et nunc eindeutig sein muß. Die Unwandelbarkeit der Transzendenz beschwören zu wollen durch Unwandelbarkeit ihrer empirischen Vermittlungsgestalt verfälscht gerade das Verständnis der Transzendenz. Das Göttliche ist eben das, was sich mit keiner kreatürlichen Wirklichkeit gleichsetzen läßt, was sich aber durch sie mitteilt."[91]

Die Ordination ist nach Müller „nicht darum Sakrament, weil sie durch eine liturgische Handlung mit 'Materie und Form' vollzogen wurde, sondern das 'sakramentale', geistliche Amtsverständnis und die rituelle Einsetzungshandlung sind eine einzige Perspektive".[92] Unabhängig von der Frage, ob sich die Handauflegung als ausdrücklich und bewußt geübte sakramentale Materia der Ordination lückenlos nachweisen läßt, war der Umgang mit kirchlichen Ämtern nie „rein organisatorisch, transzendenzlos". „Die Einweisung ins kirchliche Amt, von Anfang an verstanden nicht einfach als 'Anstellung', nicht einfach als rechtliche Kompetenzerteilung, sondern als 'Geistverleihung', eben als Sendung zu einer Tätigkeit, welche Tätigkeit Christi und seines Geistes inkarnieren soll, wurde liturgisch, epikletisch vorgenommen."[93]

Im Vergleich mit Müllers konsequent inkarnatorisch argumentierendem Verständnis der Sakramentalität des Amtes fällt die Schwäche in Neuners Interpretationsversuch auf. Die empirisch-anthropologische Dimension des Sakramentenbegriffs kommt bei Neuner nicht recht zum Zuge. Der Begriff Sakramentalität wird nur mit der christologischen Begründung des Amtes, der Verpflichtung auf das „extra nos" und der Verheißung göttlichen Beistands für den Amtsträger in Verbindung gebracht. Die Bedenken *Alexandre Ganoczys*, daß in der sakramentalen Terminologie leicht das menschliche Element zu kurz komme,[94] zeigen sich als nicht unbegründet. Basis für ein sowohl innerkatholisch tragfähiges wie ökumenisch vermittelbares Verständnis des sakramentalen Amtes kann nur ein unverkürzter Sakramentsbegriff sein, bei dem die menschlich-göttliche Grundstruktur der Kirche dem Ordo und allen anderen Einzelsakramenten vorausliegt und daher die unverlierbare Prägung aller kirchlicher Vollzüge bildet.

[90] Müller, Kriterium, 118.
[91] Müller, Kriterium, 119.
[92] Ebd.
[93] Müller, Kriterium, 118f.
[94] A. Ganoczy, Einführung in die katholische Sakramentenlehre, Darmstadt 1979, 113f.

3.1.4 Neue Ämter?

Die Rückbesinnung auf die dem Amt wesentliche Relationalität spiegelt sich in der Diskussion um den ekklesiologischen Ort der neu entstandenen Pastoralberufe wider. Je deutlicher das kirchliche Amt als eine im Hinblick auf die Sendung der ganzen Kirche und ihrer Glieder notwendige Dienstfunktion erkannt wird, die als solche stets Geschenk des in seiner Kirche durch den Geist anwesenden und sie erhaltenden Herrn ist, umso fraglicher erscheint es, ob Frauen und Männer, die - wenn auch ohne sakramentale Ordination - traditionelle Amtsfunktionen dauerhaft ausüben[95], weiterhin als „Laien" zu bezeichnen sind.

Unter der Prämisse der Zwei-Stände-Polarität („Amtsträger oder Laie?") entscheidet sich die Frage nach dem ekklesiologischen Ort der Pastoral- und Gemeindereferentinnen und -referenten im Grunde daran, ob man das Faktum der Weihe oder den ekklesiologischen Stellenwert der faktisch ausgeübten und auszuübenden Funktion als Kriterium wählt. Entsprechend unterscheidet *Christoph Kohl*[96] bei den verschiedenen Ansätzen zwischen einer deduktiven und einer induktiven Denk- und Fragerichtung.

So verschieden die Motive für die jeweilige Grundoption sind, so breit ist auch das Variantenspektrum innerhalb derselben. Während die Würzburger Synode auf der Grundlage der allgemeinen Berufung der Laien eine Teilnahme am amtlichen Auftrag der Kirche vorsieht und damit den pastoralen Beruf von der - durch Taufe und Firmung begründeten - allgemeinen Sendung der Laien unterscheidet, möchten bereits die Grundsätze „Zur Ordnung der pastoralen Dienste" der Deutschen Bischofskonferenz (1977) auch den pastoralen Beruf der Laien allein von Taufe und Firmung her als Weltdienst verstanden und vom ordinierten Amt deutlich abgegrenzt wissen. Geht es *Gis-*

[95] Ein Amt ist für gewöhnlich gekennzeichnet durch „Dauerstellung (wenn auch nicht unbedingt lebenslänglich), Anerkennung durch die Gemeinschaft (normalerweise greifbar in einer festen Amtsbezeichnung), Autorität und Würde, geordnete Bestellung, rechtliche und finanzielle Absicherung" (W. Beinert, Amt - Tradition - Gehorsam, Regensburg 1998, 41).

[96] C. **Kohl**, Amtsträger oder Laie? Die Diskussion um den ekklesiologischen Ort der Pastoralreferenten und Gemeindereferenten, Frankfurt/M. 1987. Kürzere Zusammenfassungen über die wesentlichen Eckpunkte der Diskussion seit der Würzburger Synode bieten: **P. Neuner**, Ekklesiologie, in: W.Beinert (Hrsg.), Glaubenszugänge Bd. 2, Paderborn 1995, 557-560 und **C. Friesl**, Die Utopie als Chance, Innsbruck 1996, 125-148.

bert Greshake[97] bei der strikten Qualifikation des Pastoralreferenten als Nicht-amtsträger ausschließlich um die Profilierung und Sonderstellung des Priesters, spricht *Hermann Josef Pottmeyer*[98] trotz der klaren Trennungslinie zum ordinierten Amt den Laien im pastoralen Beruf doch noch eine Teilhabe am „kirchlichen Amt im weiteren Sinn" zu.

Peter Hünermann[99] erinnert an die Vollmacht der Kirche zur konkreten Ausgestaltung des einen Ordo je nach geschichtlichen Notwendigkeiten und erkennt in der „Schaffung des Instituts der Pastoralassistenten" eine Neuaufgliederung des Ordo im Sinne einer weiteren Ordostufe.[100] Dagegen geht *Ferdinand Klostermann*[101] konsequent von der christlichen Grundberufung zum Apostolat und von der gemeinsamen Verantwortung aller Kirchenglieder aus und bringt im großen, charismatisch strukturierten Spektrum möglicher Realisationsformen dieser Berufung auch das besondere kirchliche Mandat der Laien im pastoralen Dienst unter. Dieses ist mit einer ausdrücklichen „Heranziehung", „Beauftragung" oder „Missio" verbunden, verlange aber keine Weihe, solange es nicht de facto die umfassende geistliche Leitung einer christlichen Gemeinde umfaßt. Zu einem solchen Leitungsdienst müßte dann auch sakramental ordiniert werden. Ebenso verlangt *Karl Rahner*[102] zumindest für solche „Pastoralassistenten, die in Pfarreien ohne Priester als dauernde und normale Seelsorger wirken", daß ihnen auch die aus dem Grundwesen des Auftrags zur Gemeindeleitung erfließenden sakramentalen Vollmachten zuerkannt werden müßten. Er fragt: „Wenn die Kirche, die das Grundsakrament ist, ein dauerndes Amt verleiht, das für ihre Wirklichkeit von erheblicher Bedeutung ist, kann sie dann gleichzeitig nicht-wollen, daß ein solches Amt an der Verheißung partizipiert, die Gott der Kirche schenkt?"[103]

97 G. Greshake, Der theologische Ort des Pastoralreferenten und sein Dienst, in: LS 29 (1978) 18-27.

98 H.J. Pottmeyer, Thesen zur theologischen Konzeption der pastoralen Dienste und ihrer Zuordnung, in: ThGl 66 (1976) 313-331.

99 P. Hünermann, Ordo in neuer Ordnung?, in: Klostermann (Hrsg.), Priestermangel, 90-94.

100 Ähnlich äußert sich P. Neuner, „Die Kirche entwickelt heute neue Ämter", in: HerKorr 49 (1995) 128-133.

101 Für die Bibliographie der einschlägigen Beiträge Klostermanns vgl. C. Kohl, Amtsträger und C. Friesl, Utopie.

102 K. Rahner, Pastorale Dienste und Gemeindeleitung, in: StZ 195 (1977) 733-743.

103 Rahner, Dienste, 738.

Hinsichtlich der Fragestellung nach den Konturen eines tragfähigen Amtsverständnisses dokumentiert die Diskussion um den ekklesiologischen Ort der neuen Pastoralberufe anschaulich die Grenzen des bipolar-dualen Kirchenmodells. Die strikte Abgrenzung Amtsträger–Laie wird zwar kirchenamtlich mit wachsendem Nachdruck festgeschrieben, erweist sich aber weder in der Theorie als überzeugend noch in der Praxis als durchführbar.[104] Gleichgültig, ob man die neuen pastoralen Berufe lieber dem Amt zugehörig oder als besondere Form des Laienapostolats sehen oder wegen der recht unterschiedlichen konkreten Ausformungen innerhalb der jeweiligen Berufe die Zuordnung von Fall zu Fall vornehmen möchte, ergibt sich eine differenziertere Struktur als die schlichte Zwei-Stände-Gliederung. In Weiterführung eines Vorschlags von *Rolf Zerfaß* unterscheidet *Christoph Kohl*[105] christliches, pastorales und amtliches Handeln. *Peter Neuner*[106] erinnert an die Unschärfen, die „es ja auch bei der Abgrenzung und Verhältnisbestimmung der traditionellen Stufen des ordinierten Amtes, also zwischen Bischof, Priester und Diakon [gibt], ohne daß die Kirche daran zugrundegehen würde oder in ihrer amtlichen Struktur gefährdet wäre."[107] Das Zweite Vatikanum spreche von der Teilhabe der Priester am Bischofsamt als der Vollform des Amtes, ohne Art und Weise dieser Teilhabe genauer zu klären. „Wie soll man sich vorstellen, daß ein Sakrament in abgestufter Weise gespendet wird? Wie ist so etwas theologisch zu quali-

[104] Einen vorläufigen Höhepunkt der Abgrenzungsbemühungen bildet die Instruktion zu einigen Fragen über die Mitarbeit der Laien am Dienst der Priester vom 15. August 1997 (VApS 129). Vgl. dazu: **P. Hünermann**, Laien nur Helfer?, in: HerKorr 52 (1998) 28-31; **P. Meisenberg**, Die römische Instruktion über die Mitarbeit der Laien. Theologische Perspektiven und kirchliche Konsequenzen, in: Pastoralblatt 50 (1998) 48-56; **H. Pree**, Die Laieninstruktion 1997 - eine kanonistische Glosse, in: AnzSS (1998) 62-66; **W. Beinert**, Einige Fragen zum Kirchenbild einer römischen Instruktion, in: AnzSS (1998) 67-72; **M. Theobald**, Die Zukunft des kirchlichen Amtes. Neutestamentliche Perspektiven angesichts gegenwärtiger Blockaden, in: StZ 216 (1998) 195-208; **S. Knobloch**, Zurück vor das Konzil? Zur römischen Instruktion über die Mitarbeit der Laien am Dienst der Priester, in: Orientierung 62 (1998) 50-54; **B.J. Hilberath**, Theologie des Laien, in: StZ 217 (1999) 219-232; **K. Koch**, Pastorale Konsequenzen nach der Laien-Instructio, in: US 54 (1999) 229-135.

[105] C. Kohl, Zwischen Laien und Amtsträgern?, in: R. Birkenmaier (Hrsg.), Werden und Wandel eines neuen kirchlichen Berufs, München u.a. 1989, 29-69, hier: 52-58.

[106] P. Neuner, „Die Kirche entwickelt heute *neue Ämter*", in: HerKorr 49 (1995) 128-133.

[107] Neuner, neue Ämter, 133.

fizieren? All das hat das Konzil offengelassen und mit dieser Unklarheit kann die Kirche offenbar recht gut leben." Analoges könnte für die pastoralen Laienmitarbeiter gelten.[108] „Die Kirche hatte früher Ämter, die es inzwischen nicht mehr gibt und sie entwickelt heute neue Ämter, die ihr zukünftiges Bild vermutlich in entschiedender Weise mitprägen und verändern werden."[109]

3.2 *Harmonisierungs- und Stabilisierungsversuche*

Die akute Verunsicherung vieler Priester, die die unmittelbar nachkonziliaren Jahre bestimmt hatte, hatte sich zu Beginn der achtziger Jahre gelegt. Die explosive Diskussion, die sich in einer Flut von Veröffentlichungen zum Thema niedergeschlagen hatte, ebbte etwas ab. Dennoch war die Identitätskrise des Priesteramtes nicht behoben. Auch stagnierte die Zahl der Priestamtskandidaten auf niedrigem Niveau. Das Thema Amt blieb auf der Tagesordnung des theologischen Gesprächs. Charakteristisch für viele Beiträge ist das Bemühen, wesentliche Grundaussagen aus den gängigen Haupttypen theologischer Amtsbegründung in irgendeiner Form miteinander zu vermitteln und daraus Leitlinien für die Praxis des kirchlichen Amtes und die Existenz der Amtsträger zu formulieren.

- Jenseits der vielen wissenschaftlichen Einzelerörterungen möchte *Karl Lehmann*[110] vom „Ursprung" her die „bleibenden Strukturen des kirchlichen Amtes" freilegen. Er ist überzeugt: „Je radikaler das geistliche Amt aus seinen Wurzeln heraus verstanden und vor allem gelebt wird, um so bahnbrechender und überzeugender wird es sein."[111] Vor allem innerkirchlichen Amt stehe das „Ur-Amt" Jesu, „dem alle amtlichen Aufträge und Vollzugsformen letztlich entstammen". Die Demut des Jüngers und Dieners, „nur Platzhalter für einen anderen zu sein", „enthüllt zugleich die Größe seines Auftrages: Er spricht im Namen Jesu Christi selbst."[112] Das Vermächtnis Jesu, in dem das Amt gründet, komme besonders in der Abendmahlsszene zum Ausdruck: „Tut dies zu meinem Gedächtnis!" Von daher sei verständlich, „warum das geistliche Amt erst nach dem Tod und der Auferstehung Jesu Christi deutlich und in konkre-

[108] Neuner, neue Ämter, 130.
[109] Neuner, neue Ämter, 133.
[110] K. Lehmann, Der Auftrag des Amtes in der heutigen Kirche, in: IKaZ 10 (1981) 446-457.
[111] Lehmann, Auftrag, 446.
[112] Lehmann, Auftrag, 447.

teren Formen sichtbar wird". Das Amt ist gleichen Ursprungs wie die Kirche, aber „daß es ein Amt gibt, darüber kann die Kirche selbst nicht befinden. Es ist ihr vom Herrn vorgegeben und eingestiftet."[113]

Wirklich sinnvoll werde der Begriff „Amt" jedoch erst nach dem Übergang von der apostolischen zur nachapostolischen Zeit. Daraus, daß vorher „der Apostel selbst für die von ihm gegründeten Gemeinden verantwortlich blieb", erkläre sich, daß beispielsweise in den frühen paulinischen Briefen „keine ausgeprägten Spuren eines innerkirchlichen Gemeindeamtes" zu finden sind. „Bedenkt man ein wenig diese fundamentalen, heute leider oft verschütteten Grundzusammenhänge, dann klären sich manche Nebel auf, die sich über diese Fragen durch viele voreilige Thesen gelegt haben."[114]

Als „konstitutive Ursprungsmerkmale des kirchlichen Amtes" hält Lehmann zum einen fest, daß „unter keinen Umständen verdunkelt werden [darf], daß der Amtsträger zuerst und ganz und gar Christ sein muß und darum selbst mitten in der Gemeinde ist, nicht einfach über ihr".[115] Das geistliche Amt „besteht seinem Wesen nach nicht in einer Steigerung und Intensivierung des Christseins". Als zweites bleibendes Strukturmerkmal führt Lehmann „die christokratische Natur" des Amtes an. Das Spezifikum des Amtes besteht im „Bevollmächtigtsein zum Sprechen und Handeln im Namen Christi". Darin liege sowohl die „Armut des Amtes" (nicht in eigener Machtvollkommenheit, sondern im Namen Jesu Christi) als auch sein „verborgener Reichtum".[116]

- *Peter Hünermann* greift auf grundsätzliche Erwägungen zurück, die er bereits 1975 vorgelegt hatte,[117] und versucht, das christologische (Amt als Repräsentation Christi) und das ekklesiologische Verständnis (Amt als Repräsentation der Kirche) durch die Verschränkung der beiden „Konstruktionsprinzipien" Vollmacht und Gemeinschaft zu verbinden. „Bei Jesus Christus ist die Dualität von Vollmacht, die von ihm ausging, und der Gemeinschaft, in der sein Geist lebte[,] trotz des eschatologischen Charakters seiner Botschaft ('daß alle eins seinen') nicht aufgehoben. Daher muß sich diese

[113] Lehmann, Auftrag, 448.
[114] Lehmann, Auftrag, 449.
[115] Lehmann, Auftrag, 450.
[116] Lehmann, Auftrag, 451.
[117] P. Hünermann, Mit dem Volk Gottes unterwegs. Eine geistliche Besinnung zur Theologie und Praxis des kirchlichen Amtes, in: GuL 54 (1981) 178-187; ders., Kirche und Amt – Marginalien zum Amtsverständnis, in: GuL 48 (1975) 285-299.

Doppelung auch in der Kirche durchhalten."[118] Die Kirche, Amtsträger und Gemeinden stünden so „ständig vor der Aufgabe, ein Gefüge, ein Miteinander hervorzubringen, das gekennzeichnet ist durch ein Verhältnis wechselseitiger unbedingter Anerkennung von Amtsträger und Gemeinden im Heiligen Geist, ein Verhältnis der Freiheit".[119]

• Als einen Vermittlungsversuch zwischen dem traditionellen Standpunkt, der den Priester als Repräsentanten, Stellvertreter oder Erscheinungsform Jesu Christi definiert, und dem „progressiven" Ansatz Schillebeeckx' stellt *Paul Weß* seine sowohl systematisch als auch pastoral praktisch orientierte Veröffentlichung *Ihr alle seid Geschwister* vor.[120] Ausgangspunkt seiner Überlegungen ist die sehr optimistische Auffassung einer vom Ethos der Geschwisterlichkeit geprägten, mündigen Gemeindekirche. In einem „relativen, vorläufigen Gegenüber" (als Apostel oder als Gemeindeleiter) stehe der Priester nur, „wo es noch keine Gemeinde gibt" oder solange diese im Glauben oder in der Leitung noch nicht mündig ist. Diese Rolle als Apostel oder Gemeindeleiter gehört deshalb nur zu den sekundären Aufgaben des priesterlichen Amtes.[121] Das „eigentliche Wesen des Amtspriestertums" liege darin, „von der Gesamtkirche eingesetztes Verbindungsglied einer Gemeinde bzw. Diözese zur Gemeinschaft der Gemeinden zu sein. ... Das so verstandene Bischofs- bzw. Priesteramt stellt seinen Träger nicht über die Gemeinde, sondern läßt ihn zunächst einmal Bruder oder Schwester in einer solchen sein, setzt ihn aber zusätzlich und durch ihn die Diözese bzw. Gemeinde in eine ausdrückliche Beziehung zur Gesamtkirche und durch sie zu Jesus Christus."[122]

3.2.1 Doppelte Repräsentation (Gisbert Greshake)

In breiter angelegter Form versucht *Gisbert Greshake*[123] dem Bedürfnis vieler Priester nach Orientierung und Stabilisierung inmitten

[118] Hünermann, Volk Gottes, 182.

[119] Ebd.

[120] P. Weß, Ihr alle seid Geschwister, Mainz 1983. Als Reaktion auf die kritische Rezension von L. Lies, in: ZKTh 108 (1986) 176-179 versucht Weß eine Weiterführung der hier vorgetragenen Thesen (ZKTh 108 [1986] 179-185).

[121] Weß, Geschwister, 110.

[122] Weß, Geschwister, 90.

[123] G. Greshake, Priestersein, Freiburg (^{1}1982) ^{5}1991 (gegenüber den früheren Auflagen erweitert um ein siebtes Kapitel, das eine Auseinandersetzung mit

der anhaltenden Amtsdiskussion zu entsprechen. Sein Buch *Priestersein* erhebt den Anspruch, „nicht allein den Diskussionsstand der letzten Jahre in Sachen Amt aufzuarbeiten, sondern auch im nur schwer überblickbaren Geflecht heutiger theologischer Thesen und Gegenthesen, Meinungen und Überzeugungen, Hypothesen und Polemiken die Konturen eines Priesterbildes zu entwerfen, das sowohl der Heiligen Schrift und der kirchlichen Tradition entspricht als auch der heutigen Situation und dem gegenwärtigen theologischen Forschungsstand gerecht wird" und das, wie der Autor hofft, „nicht zuletzt ... eine Orientierung für priesterliche Existenz darstellen kann" (3).

Die „funktionalen" Amtskonzeptionen, die seit dem Konzil von der Theologie entwickelt worden sind, erscheinen Greshake dafür nicht tragfähig zu sein. Viele dieser Aussagen über das Amt könnten zwar „gewiß richtig verstanden werden", doch im Grunde sei der Verstehensansatz beim Charisma der Gemeindeleitung nicht in der Lage, „das Wesen des kirchlichen Amtes und der priesterlichen Weihe" (24) auszuschöpfen, weil er die Sonderstellung des Amtes in *einen* Dienst „unter den anderen Befähigungen, Diensten und Aufgaben *in* der Kirche" (22) einebnet. In einem „Gegen-Pendelschlag gegen ein übersteigertes vorkonziliares Amtsverständnis" werde hier die christologische Grundlage des Amtes (besondere und direkte Berufung, Sendung und Beauftragung durch Christus) ersetzt durch die Auffassung, daß die Kirche das Amt „gleichsam als notwendige Funktion aus sich heraus gesetzt hat" (25).

Die unmittelbare Legitimation des Amtes von Christus her, die den Priester durch die Weihe zum Repräsentanten Christi macht und der Gemeinde und allen Charismen gegenüberstellt, ist für Greshake unabdingbar dafür, daß Christus als „das bleibende Voraus der Kirche" erkannt und nicht kurzschlüssig das Handeln der Kirche mit dem Handeln Christi identifiziert wird. Greshake möchte als Bild für die Wirklichkeit der Kirche über das geläufige Leib-Christi-Motiv die Kirche als „Braut Christi" nicht in Vergessenheit geraten lassen, „die in grenzenloser Bedürftigkeit und Armut alles von ihm empfängt" und als „creatura verbi" ihren Grund „'extra se' – außerhalb ihrer selbst" hat. Die „Differenz" zwischen Christus und der Kirche bilde das entscheidende Grunddatum für den Glauben. Die Aufgabe

kritischen Reaktionen auf das Buch und einen Rückblick auf die zwischenzeitlich erschienenen Beiträge zur Amtsdiskussion bietet). Ders., Vom Heilsdienst des Priesters. Grundzüge einer Theologie des kirchlichen Amtes, in: ders., Gottes Heil – Glück des Menschen, Freiburg 1983, 285-322.

des Amtes bestehe darin, diese „Differenz“, „das bleibende Voraus Christi in seiner Kirche zu bezeugen und in den zentralen Lebensvollzügen der Kirche zur Geltung zu bringen“ (27).

In der Verwiesenheit des Volkes Gottes auf den durch Weihe legitimierten Amtsträger werde „die ‘inkarnatorische Struktur’ aller Heilsvermittlung deutlich“ (29). Weil der Amtsträger Christus im „zeichenhaft-sakramentalen Sinn“ (29) vergegenwärtigt, bildet die Amtlichkeit der Heilsvermittlung kein Hindernis für die Gottunmittelbarkeit des Christen. Vielmehr ermögliche sie diese erst, indem sie von den Verstellungen „durch die Bindung an die religiöse Großartigkeit und das subjektive religiöse Pathos einer Person“ oder „durch deren Grenze und Misere“ befreit (64). Gerade die „zunächst befremdliche Objektivität“ der „sakramental-amtlichen Christus-Repräsentation“ vermag den Gläubigen „an die objektive Wirklichkeit Christi selbst“ statt an eine menschliche Person zu binden (52).

Greshake räumt ein, daß eine solch starke Betonung der Christus-Repräsentation als Spezifikum des Amtes den Eindruck erwecken kann, „daß hier das Amt gegenüber der Kirche ungebührlich in den Vordergrund tritt und damit ein überholtes und verkürztes vorkonziliäres Kirchenverständnis repristiniert wird“, weist eine solche Auffassung aber als Mißverständnis zurück. Als kirchen- und gemeindetheologische Grundlage seiner Konzeption erwähnt er die Communio-Ekklesiologie des Zweiten Vatikanischen Konzils, „wonach das entscheidende Strukturmoment der Kirche nicht Über- und Unterordnung ist, d.h. die Differenz von Klerus und Laien, sondern die brüderliche Gemeinschaft aller Christen und ihr Austausch im gegenseitigen Dienst“ (29f.).

Um seine, bei der Differenz zu den anderen Charismen ansetzende Sicht des Amtes „ins rechte Gleichgewicht“ zu bringen, widmet er ein eigenes, kürzeres Kapitel dem Gesichtspunkt „Amt als ‘Repräsentation’ der Kirche“. Beide Dimensionen, Amt als Amt Christi und als Amt der Kirche, seien in einem trinitarischen Amtsverständnis zusammenzulesen. Weil der Vater nicht nur den Sohn sendet, dessen Sendung durch das „doppelte Gegenüber“ (zum sendenden Vater und zum Sendungsziel Welt) charakterisiert ist, sondern auch den Heiligen Geist, „um durch ihn alles Geschaffene in die Einheit des dreifaltigen Gottes ‘hineinzuziehen’“, ist das „Volk Gottes geprägt von der ‘objektiven Gestalt’ Christi und vom ‘inneren Leben des Geistes’“ (90f.).

Das Amt stehe „im Schnittpunkt von auctoritas (Christi) und communio (des Heiligen Geistes)“ (92). Es hat „gegenüber dem Laientum sakramental die Sendung Christi zu vergegenwärtigen“. Das

Laientum aber bezeugt „den Empfang des Heilswerkes Christi", bringt „dessen innere geistgewirkte Fruchtbarkeit zur Geltung" und gibt sie an Kirche und Welt weiter. Auf eine zusammenfassende Formel gebracht stellt der Priester „'in persona Christi' ... das Haupt der Kirche, 'in persona ecclesiae' den durch den Heiligen Geist zusammengefügten und von ihm erfüllten Leib Christi dar". Insofern das Amt Repräsentation der Kirche ist, „hängt es wesentlich von der Zustimmung der Gemeinde ab", und doch steht es „als Christus-Repräsentation den übrigen Gläubigen gegenüber". „Christologisch ist es auf Grund von Sendung und Weihe dazu bestimmt, das Werk Christi in Wort, Heiligung und Weisung sakramental weiterzugeben ... Pneumatologisch dagegen steht das Amt mitten im Lebensgefüge der Kirche als deren amtliches Organ". Nur in der „gegenseitigen Differenz und Zuordnung" von Amt und Gemeinde ereigne sich die „Fülle Gottes" (92f).

Das Wesen des Priesters als „Repräsentant, Stellvertreter" und „Erscheinungsform Jesu Christi" erlaubt es nach Greshake nicht, den Priesterberuf mit anderen „ähnlichen", „gesellschaftsrelevanten" Berufen zu vergleichen oder auf eine Linie zu stellen. Die besondere Sendung durch den Herrn der Kirche verlangt vom Amtsträger, an Jesus Christus, der „Grundgestalt allen Priestertums" Orientierung und Maß zu nehmen (109). Die Einheit von Sendung und Existenz, die an Jesus abzulesen ist, „hat auch im Leben des kirchlichen Amtsträgers weiterzugehen" (117). „Es geht ganz wesentlich darum, daß der beauftragte Jünger in seiner persönlichen Existenz und Lebensform – wie Jesus selbst – den Einbruch der Gottesherrschaft, das 'Ganz-Andere' des Reiches in dieser Welt anschaulich darstellt" (119).

Dem neuzeitlichen „Verdacht, es handle sich bei der amtlichen Vermittlung des Christus-Mysteriums um gut verkappte Herrschaftsideologie, um dogmatisch unaufgeklärten Sakramentalismus, um klerikale Gängelungsstrategien" sei nur zu begegnen, wenn im amtlich-institutionellen Vorgang auch der existentielle Vollzug zu spüren, „der Priester in seiner persönlichen Existenz der Erstbetroffene ... und in seinem Lebensvollzug von der Nachfolge Christi und vom Kommen des Reiches geprägt ist" (122). Deshalb sei der Priester zwar nicht zu einer „größeren", wohl aber zu einer „anderen Heiligkeit" als die übrigen Gläubigen berufen (123).

Relativ spät (im fünften von den sechs Kapiteln der ersten Auflage) geht Greshake auf die Qualifikation des kirchlichen Amtes als Dienst ein. Das Maßnehmen an der *diakonia Christi* „führt das neutestamentliche Priestertum nicht in die 'Hochwürdigkeit', in einen

Stand besonderer Auserwähltheit, in eine 'Überkaste', sondern in den schmutzigen Dienst. Dieser Dienst, nicht aber eine soziologische Funktionalisierung oder eine plattfüßige Ent-Theologisierung des Amtes ... ist die wahre 'Entideologisierung' eines sakral überlasteten Priesterbildes der Vergangenheit". Das Besondere des kirchlichen Amtes bestehe in der Berufung zum Sklave-Sein (155).

Der Priester ist in die nicht aufzulösende Grundspannung von „In-Sein" und „Gegenüber-Sein" gestellt. Zur Bewältigung dieser Gratwanderung empfiehlt Greshake, daß der Priester überall dort, „wo nicht seine geistliche, vom Herrn ermächtigte Autorität im Spiel ist ... auf alles 'Gegenüber' verzichten und sich, auch bei gemeindlichen Entscheidungen, als ein Glied der Gemeinde, als Mitchrist unter Christen verstehen" soll. (161). Konkret kritisiert Greshake mehrfach[124] eine unreflektierte Konzelebrationspraxis. Abgesehen von Anlässen, bei denen die Gestalt der Kirche als *communio* besonders anschaulich werden soll, sei nicht einzusehen, „weshalb der Priester sich auch da, wo dieser Dienst nicht erforderlich ist, ins 'sakramentale Gegenüber' zur Gemeinde stellt", anstatt durch sein schlichtes Mitfeiern unter dem Volk Gottes das „'Mitsein' des Amtes mit den übrigen Christen" zur Darstellung zu bringen (189f.).

Mit Cordes möchte Greshake vermeiden, „die sakramental vermittelte Gegenwart Christi im Amtsträger als statisch-substanzhafte Präsenz zu denken". Die Vollmacht des Priesters ist „handlungsbezogen, seine Christus-Repräsentation hat ihren 'Ort' in bestimmten sakramentalen 'Situationen'". Als solche nennt Greshake: Wortverkündigung, Sakramentenspendung, Gemeindeleitung im Sinne von Zurüstung der Gemeinde zur Nachfolge Christi (161).

Greshake versichert wiederholt, daß seine Sicht des priesterlichen Amtes nichts zu tun habe, mit einem „klerikal-triumphalistischen Repräsentationsverständnis". Die Charakterisierung durch die beiden *repraesentationes* möchte er ausdrücklich als schärfste kritische Instanz, gegen „jedes klerikalistische Verhalten, jede[n] hierarchischen Triumphalismus, jedes Sich-über-die Gemeinde-Hinwegsetzen" verstanden wissen (189).

Ohne die ehrliche Absicht des Autors in Frage zu stellen, ist jedoch nicht zu übersehen, daß der Duktus des Buches in eine andere

[124] G. Greshake, Konzelebration der Priester, in: E. Klinger - K. Wittstadt (Hrsg.), Glaube im Prozeß (FS Karl Rahner), Freiburg 1984, 258-288; ders.; Wider die derzeitige Konzelebrationspraxis der Priester. Ein Plädoyer, in: LS 41 (1990) 367-375.

Richtung steuert. Kritische Rezensionen[125] vermerken den stark „apologetisch-postulatorischen" Grundzug in vielen Passagen des Buches. Die große hermeneutische Unbefangenheit Greshakes bei der Rekonstruktion der geschichtlichen Entwicklung des Amtes und die weithin spürbaren Bemühungen um Harmonisierung disparater Einzelbefunde werden mehrfach als zumindest fragwürdig beurteilt. Indem „einige doch knirschende Mißtöne im Panorama der Geschichte überdeckt werden", stimmt am Ende „trotz aller horrenden Ärgerlichkeiten aus 20 Jahrhunderten doch immer alles, d.h. zwar nicht alles, aber eben das Ganze".[126] *Wilhelm Zauner* bezweifelt, „ob der Gedanke der Repräsentation tatsächlich der gemeinsame Nenner aller Brüche des Amtsverständnisses im Lauf der Geschichte gewesen ist", und stellt darüber hinaus die Frage, „ob eine solche Konzeption von dem freigehalten werden kann, was Herbert Vorgrimler mit Bezug auf Hans Urs von Balthasar eine 'falsche, angemaßte Repräsentationsmystik' nennt." Die Warnung Vorgrimlers scheint ihm insbesondere im Hinblick auf Greshakes - als Vermittlungsversuch zwischen kontroversen Positionen gemeintes - „trinitarisches Amtsverständnis" berechtigt.[127]

Zauner führt speziell diesen Kritikpunkt nicht weiter aus, rührt damit aber wohl an das theologisch-systematische Kernproblem der Konzeption. Die christologische und die pneumatologische Perspektive werden von Greshake nämlich nicht wirklich in einer trinitarischen Sicht verschränkt, sondern lediglich addiert und bleiben dadurch im Grunde nebeneinander stehen. Ihre Zuordnung ist - „dialektisch" - vom Leser bei der Lektüre der Einzelkapitel „wohl zu beachten" (30), wird aber vom Autor nicht überzeugend geleistet. Zwar ist davon die Rede, daß die Sendung Christi nicht vom Wirken des Geistes getrennt werden kann (90), dennoch bleibt eine dualistische Sicht bestimmend, die von zwei Sendungen ausgeht. Der Vater sendet nicht nur den Sohn, er sendet *auch* den Heiligen Geist (90). Das Volk Gottes ist „geprägt von der 'objektiven Gestalt' Christi *und* vom 'inneren Leben' des Geistes" (91). Das Amt ist Amt Christi *und* Amt der Kirche (89).

[125] **N. Brox**, Priesterideal - welcher Preis?, in: Orientierung 46 (1982) 150-152.175f.; **P. Lippert**, Zum Thema Priestertum: ein wichtiges Buch, kritisch zu lesen, in: ThG 25 (1982) 347-350; **W. Zauner**, Rez. in: ThPQ 132 (1984) 91-93.

[126] Lippert, Thema, 349.

[127] Zauner, Rez., 91.

Die „trinitarische Spannung“ macht Greshake sogar zum Verstehensrahmen für menschliche Konflikte zwischen Amt und Gemeinde: Aufgrund der menschlichen „Gebrochenheit und sündhaften Begrenztheit“ „wird dem amtlichen Handeln ‘im Namen Christi’ ... nicht in jedem Fall die willig-spontane Entgegennahme der Gemeinde im Heiligen Geist korrespondieren“ (95). Dann dränge „die nicht gelungene Übereinstimmung von der im Amt sakramental erscheinenden objektiven Christusgestalt und dem im Geist verwirklichten subjektiven Leben der Kirche ... das Amt in die reine Amtlichkeit, in die ‘Verhüllungs- und Verdemütigungsform *reiner* Vollmacht’“ (97). Ähnlich wie Balthasar, auf den er sich bisweilen ausdrücklich beruft, konstruiert Greshake damit mehr oder minder unterschwellig einen merkwürdigen Antagonismus zwischen Christus und dem Geist, als ob es nicht der Geist *Christi* wäre, durch den die Kirche und jedes ihrer Glieder lebendig ist (Röm 8,9), als ob Christus nur oder zuerst durch das Amt und nicht stets durch den Geist in seiner Kirche gegenwärtig wäre und als ob Christus nicht durch den Geist als der Herr erkannt würde (vgl. 1Kor 12,3).

In engem Zusammenhang mit dem Mangel an echter christologisch-pneumatologischer Verschränkung in Greshakes Konzeption steht die latent monophysitische Schieflage der zugrundegelegten Christologie. Diese ist vor allem an dem Stellenwert ablesbar, der der konkret menschlichen, d.h. der soziologischen, psychologischen, empirischen Seite des Amtes zukommt, d.h. besser: nicht zukommt. Die „‘inkarnatorische Struktur’ aller Heilsvermittlung“ wird zwar zur Legitimation des Amtlichen und seiner „zunächst befremdlichen Objektivität“ bemüht (29.52): „Heil ist keine bloß geistige, ins Subjektive zerrinnende und darum auch von subjektiven Projektionen entstellbare Wirklichkeit, sondern es begegnet im Objektiven, Gestalthaften, Sinnhaft-Leiblichen, Institutionellen, kurz: ‘im Fleisch’“ (29). Die konkret menschlich-leibliche, d.h. auch empirisch faßbare und analysierbare Gestalt des Amtes bleibt aber aus dem theologischen Nachdenken weitgehend ausgeklammert. Indem die Fragen der „persönlichen Begabung und Tüchtigkeit“, des „subjekthaften Könnens“ (63f.), der konkreten soziologischen und psychologischen Bedingungen und Blockaden für eine glaubwürdige Amtsgestalt theologisch weitgehend diskreditiert und dispensiert werden, wird aus dem gläubigen Vertrauen auf den in seiner Kirche trotz all ihrer menschlichen Gebrochenheiten wirkenden Christus ein apriorisches Kalkulieren mit der Objektivität der Christuswirklichkeit, das die konkrete Gestalt des Priesteramtes jeder Überprüfung durch humanwissenschaftliche Kriterien enthebt. Dadurch bleibt das Amt, obzwar als inkarnatorisches Strukturmoment behauptet, im Grunde fleischlos und blutleer. Die oben genannten Rezensionen bemängeln die fehlende Auseinandersetzung mit der „Welt von heute" (Lippert), mit dem umfangreichen emprischen Datenmaterial, das zum Thema Priesteramt vorliegt (Zauner) und mit berufs- und kirchensoziologischen Fragen. Sie kritisieren das undifferenzierte Gegeneinander-Ausspielen eines Dienstes an „religiösen Bedürfnissen" mit dem Dienst am Reich Gottes (Lippert) und die Immunisierung gegen jede Form konkreter Verifizierbarkeit (Brox). „Der hohe Gehalt an Spiritualität entrückt die Argumentation bisweilen in eine Sphäre der Unangreifbarkeit." Doch wird „Spiritualität ... so zu einem Spiritualismus, der vom Opfer spricht und sich doch den gestellten Aufgaben entzieht".[128]

Daß Greshake mit dem Begriff des Sakramentalen vor allem auf die „ungeheure Differenz" (66) zwischen dem Zeichen und dem Bezeichneten abhebt, ist die logische Folge aus dieser reduzierten Christologie. Zwar will sich Christus den Gläubigen „in den von ihm in Dienst genommenen und befähigten Zeichen", zu denen – für Greshake „zunächst einmal und wesentlich" – das Amt gehört (50), vermitteln. Die letzte Radikalität dieser Aussage wird jedoch umgangen, die eigentliche Sinnspitze der Sakramentalität abgebrochen. Sie würde besagen, daß die konkret irdisch menschliche, und das heißt die immer auch empirisch analysierbare, kritisierbare, korrektur- und reformbedürftige Gestalt zum Werkzeug von Gottes Heilszuwendung und Ort seiner Gegenwart in der Welt wird, ohne dadurch den Bedingungen ihrer menschlich-irdischen Verfaßtheit enthoben zu werden. Stattdessen wird der Begriff Sakramentalität bei Greshake einseitig mit dem „ab extra" des Heilshandelns Gottes und mit dem unaufgebbaren Voraus und Gegenüber Christi zur Kirche in Verbindung gebracht, das nach Greshake nur dadurch bewahrt werden kann, indem es der Gemeinschaft der Glaubenden in Gestalt von Amtsträgern vor Augen gehalten wird (67).

Auch wenn der Autor es explizit dementiert und in mehreren Passagen immer wieder das Gegenteil beteuert, leistet seine Konzeption erneut einem enthobenen Priesterideal Vorschub, das seine Identität maßgeblich aus der Abgrenzung von allen anderen Gläubigen bezieht. Wie in allen Repräsentations-Konzeptionen läuft die Inanspruchnahme der Christus-Repräsentation als *Spezifikum* des Amtsträgers zwangsläufig auf eine Abwertung der Taufe und eine Entchristologisierung der Sendung, des Auftrags und der Spiritualität

[128] Zauner, Rez., 92.

aller Christen hinaus.[129] Die Ergänzung durch den Aspekt der *repraesentatio ecclesiae* schafft dazu keinen wirklichen Ausgleich, sondern verschärft die Sache eher noch. Es wird noch weniger deutlich, wo der eigene, unvertretbare Platz der Laien sein soll, wenn auch ihr Part bereits repräsentativ und korporativ vom Amtsträger übernommen wird.

Indem einer charismatisch-funktionalen Perspektive zu Beginn die amtstheologische Leistungsfähigkeit abgesprochen wird, wird der Dienstcharakter des Amtes, erklärtermaßen „eine der großen, durchgehenden Perspektiven des II. Vatikanischen Konzils“ und „Generalnenner“ seiner Aussagen über das Amt (153), doch wieder nur zu einer sekundär nachgeschobenen Aufgabe für Spiritualität und Ethos des Amtsträgers, ohne aber strukturbildend zu sein. Die Verantwortung für eine glaubhafte Gestalt des Priesteramtes tragen damit allein die einzelnen Priester. *Peter Lippert* empfindet denn auch „wie bei manchen früheren Priesterbüchern ... etwas *drückend* Forderndes ... Da stimmt so vieles, und doch stimmt es nicht recht froh, ebensowenig wie das bei jenen Priesterabhandlungen der Fall ist, aus denen Ressentiment gegen die Kirche und eine doch bedrückende Flachheit und Kurzatmigkeit spricht. Was noch aussteht, wäre eine Synthese, nicht nur spekulativ, sondern auch atmosphärisch.“[130]

3.2.2 Verwandte Konzeptionen

Kritiklos übernommen wird Greshakes Entwurf von *Eva-Maria Faber*. Ihr Beitrag zur Amtsstruktur der Kirche[131] präsentiert sich inhaltlich im wesentlichen als Kopie seiner Konzeption. Einige Linien werden von ihr besonders scharf nachgezeichnet. Eine starke Betonung erfährt die „unerbittliche Objektivität“ des Amtlichen „jenseits subjektiver menschlicher Qualitäten“ (100), wodurch die Verwiesenheit der Kirche und der einzelnen Christen auf Gott, ihr Geschenkt-, Verdankt- und Vorgegeben-sein überhaupt erst gewährleistet bleibe. Ohne „verobjektivierende institutionalisierte Formen“ würde der „ungreifbare Gott“ zu einem „überall greifbaren und erst recht verfügbaren Gott“ (100). Anders als bei der „Ausstrahlungskraft der Charismen, die sich unlöslich mit menschlichen Fä-

[129] Vgl. II / 2.4.2.1.
[130] Lippert, Thema, 350.
[131] Eva-Maria Faber, Kirche – Gottes Weg und die Träume der Menschen, Würzburg 1994, 92-124.

higkeiten und auch Eigenarten verbinden“, und die „stets strittig“ bleiben und unterschiedlich ankommen, sei der Glaubende bei amtlichen Vollzügen herausgefordert, „durch die besondere Aura des Priesters oder aber durch seine menschliche Armseligkeit hindurchzustoßen auf das ihm zugesagte Handeln Gottes“. Damit bedeute das Amt eine „befreiende Versachlichung“ (101).

Äußerst reserviert begegnet Faber Beiträgen aus der Gemeindetheologie, die „die Identität der Gemeinde als Frucht eines (fortdauernden) Kommunikationsprozesses“ verstünden. Die Neubesinnung auf das Subjektsein der Gemeinde dürfe nicht verkennen, daß solche Kommunikationsvorgänge „letztlich nur auf das Nachbuchstabieren der (vor-)gegebenen Identität“ zielen können. Dabei genüge es nicht, daß diese „Gratuität“ auf einer transzendentalen Ebene grundsätzlich bejaht und anerkannt wird. Sie muß „auf ihre Konsequenzen und konkreten Ausdrucksformen hin befragt werden“ (105). Durch die „Bindung wesentlicher kirchlicher Vollzüge an das Amt“ komme „sichtbar zum Ausdruck, daß nicht die Kirche und nicht bestimmte Glieder der Kirche Subjekt des kirchlichen Lebens sind, sondern daß Gott selbst der Begegnende und Handelnde sein will“. Für die Lebendigkeit der Kirche sei entscheidend, daß die Bedeutung der Amtsstruktur „als die Einbruchsstelle Gottes und als das Aufgebrochensein der Kirche auf Gott“ erkannt und verstanden wird (112).

Hintergrund solch hypertroph anmutender Aussagen über das Amt ist Fabers Auffassung von der konkreten heilsgeschichtlichen Situation der Kirche und des einzelnen Christen. Von den beiden eschatologischen Spannungspolen des „Schon“ und des „Noch-nicht“ betont die Autorin vor allem letzteren: „Der Christ ist noch nicht am Ziel, er lebt noch im Glauben, nicht im Schauen, und er hat den Glauben noch nicht als festen Besitz. Er muß sich stets neu vom Wort der Verkündigung treffen lassen, muß sich je neu der sakramental vermittelten Gnade öffnen, muß sich je neu in Dienst nehmen lassen. Weder das Heil noch der Dienst an der Sendung Christi ist eine *immer schon* gegebene Wirklichkeit.“ Deshalb müsse es in der Kirche einen „Ort geben, wo ganz konkret sichtbar wird, daß das Wort Christi uns *von außen* trifft, daß es der intersubjektiven Interpretation und Verfügung *entzogen* ist. Es muß erfahrbar werden, daß das Wort Gottes der menschlichen Weisheit *gegenübertritt*, unableitbar und von ihr unverfügbar“ (114). Die amtliche Verkündigung, die „unter Umständen nachdrücklich und autoritativ jene Aspekte der christlichen Botschaft zu Geltung“ bringen muß, „die der Zeitgeist in den Hintergrund rückt“, sei nicht zuletzt deshalb unverzichtbar, weil „die Zeit, in der sich die eschatologische Verheißung aus Jer 31,33f ('Und niemand braucht die Seinen noch zu belehren ... Sie alle werden mich erkennen')“ nach Fabers Diagnose noch nicht gekommen sein kann (117). „Der Christ ist nicht die schon endgültig mündig gewordene, freie Person, sondern ist immer auch erst noch zu befreien“ (124). Daher brauche es das Amt als „Instanz, die sich ungefragt und darum unbequem zu Wort meldet“, das als Gegenüber auftritt und „die einzelnen wirklich aus sich und den eigenen Vorstellungen herauszuholen vermag“ (123).

Grundsätzlich ist an Fabers Konzeption die Frage zu richten, ob sie der Bedeutung der Taufe, dem entscheidenden Grund-*datum* (dem Vor-*gegebenen*) im Leben des Christen, angemessen Rechnung trägt. Faber bedauert „eine merkwürdige Verlegenheit, ein persönliches Handeln Gottes in bestimmten Ereignissen zu bezeugen“ (114). Müßte ein solches Zeugnis nicht auch für katholische Christinnen und Christen beim Geschehen der Taufe und nicht bei der Objektivität des Amtes seinen Ausgang nehmen? Von daher wäre zu überprüfen, ob die Bereitschaft des Christen zur freien Hingabe an den Willen Gottes und das Gespür einer Gemeinde für ihre gottgeschenkte Identität ohne das ständige „äußere Korrektiv“ des Amtes so niedrig eingeschätzt werden müssen.

Zu fragen ist ferner, ob das „Geschenkhafte des Charismas“ wirklich auf einer so anderen Ebene als „die Objektivität des Amtes“ (99) liegt. Eine solche Unterscheidung ist nur möglich, wenn der Begriff Charisma ausschließlich im „subjektiv-enthusiastischen“ Sinn verstanden wird. Der paulinische Charismenbegriff, und dieser sollte theologisch maßgeblich sein, ist jedoch (gerade als Korrekturbegriff gegen die korinthischen *pneumatika*) nicht von seinem objektiven Kriterium zu trennen: der Ausrichtung auf den Aufbau der Gemeinde.

Während von Faber eine bestimmte, pessimistische Interpretation der heilsgeschichtlichen Situation der Kirche als Begründungszusammenhang für die Amtsstruktur der Kirche herangezogen wird, versucht *Gerhard Ludwig Müller*, die konkreten Geschichtsmomente für die wesentliche Bestimmung des kirchlichen Amtes möglichst auszublenden. Gewiß bietet seine einbändige *Katholische Dogmatik*[132] nicht den Rahmen für eingehendere Diskussionen, sondern ist

[132] G.L. Müller, Katholische Dogmatik, Freiburg 1996, 615-626: Die sakramental-charismatische Verfassung der Kirche, 741-756: Das Weihesakrament – die Übertragung geistlicher Vollmacht zum Vollzug der Heilsdienstes Christi in seiner Kirche.

als Lehrbuch einer möglichst kompakten Darstellung der zentralen Inhalte verpflichtet. Umso stärker fällt die wiederholte Absage an geschichtlich-empirische Verstehensmodelle auf. Das „sakramentale Wesen der Kirchenverfassung“ entzieht diese von vorneherein „naturrechtlichen und rein soziologischen Kategorien“ (615). Von diesem Standpunkt aus werden laufend Alternativen aufgemacht, die näher betrachtet keine sind oder zumindest keine sein müßten. „Die Kirche ... hat den Vorgang der Differenzierung ihrer Ämter und die Ausbildung einer klaren theologischen Kontur der einzelnen Amtsstufen nicht als einen Vorgang verstanden, der ihr von äußeren Umständen aufdiktiert worden wäre“ (z.B. als organisatorische Notwendigkeit etwa im Kampf gegen Häretiker und Schismatiker), *sondern* „als eine Wirkung des Heiligen Geistes“ (619). „Die von den Gläubigen erwartete Unterordnung unter die ‘Diakonia des bischöflichen Hirtenamtes’ (LG 24) ergibt sich nicht pragmatisch aus den Erfordernissen einer funktionierenden Religionsgesellschaft, *sondern* hat ihren Ursprung in der sakramentalen Sendung der Kirche“ (617). „Das priesterliche Amt wird ... nicht aus soziologischen Notwendigkeiten einer Institution oder eines religiösen Sozialverbandes abgeleitet, *sondern* von einer personalen Sendungsrelation“ (755).[133]

Das Apostolat der Laien „als authentische Ausübung der Heilssendung der Kirche“ (616) und eine charismatische Differenzierung der Kirche (754) werden zwar referiert und erwähnt, lassen sich aber schwer zusammenbringen mit der dominanten (dualistischen) Perspektive, die die Wirksamkeit Christi nach Haupt (repräsentiert durch das Amt) und Leib (der die Kirche ist) unterscheidet. „Das Amt fungiert als sakramentale Vergegenwärtigung der Hauptesfunktion Christi an seinem Leib, der Kirche“ (755). Das Weihesakrament ist das „Zeichen für das Gegenüber von Christus als Haupt und Bräutigam der Kirche und der Kirche als seinem Leib und seiner Braut“, weshalb es „nur Kandidaten männlichen Geschlechts gültig empfangen können“ (748). „Zum sakramentalen Wesen [der] priesterlichen ekklesialen Gemeinschaft gehört ..., daß zeichenhaft der Vorrang Christi und sein Gegenüber zur Gemeinde sichtbar wird. So wird der priesterliche Dienst der Kirche durch die Kirche als Leib Christi ausgeübt, aber nicht weniger durch Christus, insofern er das Haupt und der bleibende Ursprung der kirchlichen Heilssendung ist“ (753). Sowohl die „inkarnatorisch begründete Einheit mit Christus“ als auch die „bleibende Unterschiedenheit“

133 Hervorhebungen jeweils JM.

von ihm wird durch das Amt und den wechselseitigen Bezug Vorsteher–Gemeinde dargestellt (755).

3.2.3 Rezeption und Rezitation

Ungeachtet kritischer Einwürfe konnte sich die von Greshake vorgelegte Konzeption in der ekklesiologischen und sakramententheologischen Literatur der achtziger und neunziger Jahre etablieren. In den nun in größerer Zahl erscheinenden systematisch-theologischen Lehr- und Handbüchern werden Aussagen wie die „wesenhafte Christusrepräsentation", die notwendige Vergegenwärtigung des „bleibenden und unabdingbaren Voraus Christi gegenüber der Kirche", die „komplementäre" Zuordnung der *repraesentatio Christi* und der *repraesentatio ecclesiae* im Amtsträger und das sowohl *in* der Gemeinde als auch ihr *gegenüber* Stehen des Priesters als nahezu stereotype Formeln rezitiert. Die Frage, inwieweit die Implikationen solcher Aussagen mit dem kommunial-charismatischen Kirchenbild vereinbar sind, zu dem sich die meisten Autoren explizit bekennen, wird nicht gestellt, drängt sich aber in der Regel wegen der mangelnden inneren Schlüssigkeit der Darstellung auf:

- *Heinrich Döring* beginnt seine Darlegung über den „apostolischen Dienst der Kirche" mit der „wichtigen Feststellung": „Nach dem Zeugnis des Neuen Testaments eignet der Kirche eine ausgesprochen charismatische Struktur. Von ihr ist auch die gesamte Ämterstruktur umgriffen. Sie ist größer als diese selbst. Grundsätzlich wird man sagen müssen: 'Die Gemeinde würde ihre Grundstruktur aufgeben, würde sie nicht von den Charismen leben'."[134] Auch bei den „Grundzügen katholischer Ämterlehre" wird eingangs daran erinnert, daß „die Kirche als *ganze* das Sakrament und die Präsenz der unbedingt zugesagten Liebe Gottes" ist. Die Besonderheit des Amtes in der Kirche besteht darin, „daß es als Charisma unter Charismen damit beauftragt ist, die Begabungen und Fähigkeiten in der Kirche auf den 'Aufbau' der Kirche hinzulenken".[135]

Wesentlich für das katholische Grundverständnis des kirchlichen Amtes sind dann aber die „*beiden* unabdingbaren Pole 'Christus *und* die Kirche'. Das Amt in der Kirche ist auch das Amt Jesu Christi und hat Christus als „Erlöser und Bräutigam", der seine Kirche „stets voraus" bleibt, zu repräsentieren, „ohne daß der Amtsträger

[134] H. Döring, Grundriß der Ekklesiologie, Darmstadt 1986, 225.
[135] Döring, Grundriß, 251.

dadurch außerhalb der kirchlichen Communio geraten muß". Die „entscheidende 'Grunddifferenz'" innerhalb der kirchlichen Communio sei somit „im Grunde ... der in der Kirche lebende Christus selbst".[136]

• In ähnlicher Weise betont *Herbert Vorgrimler* als „eigentümliches, spezifisch katholisches Verständnis des Verhältnisses von Dienstamt und Gemeinde", daß einerseits „alle zusammen die Einheit der Kirche" und „mit Jesus Christus zusammen einen Leib, eine Glaubensgemeinschaft im Heiligen Geist" bilden, andererseits „das dienende Amt eine Art 'Voraus' oder 'Gegenüber' zur Gemeinde" darstellt.[137] Die „Boten oder Zeugen" stünden jedoch nicht an der Stelle des Hauptes, „so daß sie im Leib Christi das Haupt, die einfachen Gläubigen aber Glieder wären", sondern sind lediglich „Zeichen oder Hinweis auf jenes grundlegende, einmalige Voraus und Gegenüber, das Jesus Christus selber ist und bleibt".[138] Dieses „Voraus" und „Gegenüber" müssen und können sie nicht „in Person sein", sondern sie verweisen nur durch ihr Tun darauf. Dies werde durch die Lehre vom „sakramentalen Charakter" zum Ausdruck gebracht.[139] Als „konkrete Ausgestaltungen, die den innersten Sinn des Amtes verdunkeln und positive Wirkungen behindern", kritisiert Vorgrimler dann die „faktische Teilung der Kirche in die zwei Klassen Klerus und Laien", die „faktisch ausgeübte Herrschaft vieler Amtsträger" und eine „juridische Sprache", die „die zum Aufbau und Leben der Kirche notwendigen Gaben 'Vollmachten' (potestates)" nennt.[140]

• *Medard Kehl* stellt das erneuerte Kirchenverständnis des Zweiten Vatikanischen Konzils grundlegend in trinitarisch-kommunionaler Perspektive dar. Die Kirche ist das „'Sakrament der Communio Gottes'; als solches bildet sie die vom Hl. Geist geeinte, dem Sohn Jesus Christus zugestaltete und mit der ganzen Schöpfung zum Reich des Vaters berufene Gemeinschaft der Glaubenden."[141] Da die „geistgewirkte Gleichrangigkeit aller ... das Fundament jeder kirchlichen Lebensordnung und Struktur" bildet, ist die Vorstellung von der Kirche als einer *societas inaequalis* grundsätzlich überwunden.

[136] Döring, Grundriß, 252.
[137] H. Vorgrimler, Sakramententheologie, Düsseldorf 1987, 263.
[138] Vorgrimler, Sakramententheologie, 264.
[139] Vorgrimler, Sakramententheologie, 265.
[140] Vorgrimler, Sakramententheologie, 265f.
[141] M. Kehl, Die Kirche, Würzburg 1992, ^{2}1993, 51.

Der Begriff Laie ist im Grunde ein „entbehrlicher“.[142] Das gemeinsame Volk-Gottes-Sein geht allen Unterscheidungen voran.[143]

„Nüchtern“ sei aber „das Faktum zur Kenntnis [zu] nehmen“, daß „nach dem Verständnis der Tradition und auch des 2. Vatikanischen Konzils“ die Kirche „synodal und ‘hierarchisch’ zugleich verfaßt“ ist.[144] Entgegen vieler mißverständlicher und historisch überholter Bedeutungen, möchte der Begriff „Hierarchie“ jedoch nicht „die differenzierte Vielfalt der Gemeinschaft uniformierend ein[ ]engen“, sondern meint das „einheitsstiftende und integrierende Moment innerhalb der Communio“.[145] „Ohne den Anschein argumentativer Verrenkung oder gar Ideologisierung“ erwecken zu wollen, versucht Kehl, die „strukturelle Spannung in der Kirche“ aus der „theologischen Spannung zwischen pneumatologischer und christologischer Dimension“ plausibel zu machen.[146] Jesus Christus ist der „normative Ursprung und die verbindliche Vorgabe aller Lebensvollzüge der Kirche“. „Gerade das gehorsame Sich-Einstimmen der Kirche auf das Wort, den Willen und den Weg Jesu Christi, das bereitwillige Sich-Zugestaltenlassen der Kirche an die Gestalt des menschgewordenen Wortes verbindet – in der Kraft des Heiligen Geistes (LG 7) – den Leib mit seinem Haupt.“[147] Durch das „strukturelle Gegenüber von Amt und Gemeinde“ soll genau diese Beziehung sakramental dargestellt werden. „Die entscheidende theologische Begründung dafür, daß das sakramentale Amt nicht nur ein Charisma unter anderen ist, sondern darüberhinaus den einzelnen Charismen und der Gemeinde als ganzer verbindlich *gegenüber* (aber nicht ‘*über*’ ihr) steht und zum vollmächtigen Dienst an ihrer Einheit berufen ist, liegt in seiner geistgeschenkten Befähigung ‘in persona Christi capitis’ zu handeln ..., d.h. auf sakramental-zeichenhafte Weise das Wirken des Hauptes Christus *in* seiner Kirche und *für* sie darzustellen.“[148]

Kehl scheint die mangelhafte Stringenz dieser These selbst zu registrieren: „Wenn überhaupt mitten in der Kirche Christus als Haupt der Kirche sakramental-strukturell dargestellt werden kann, dann wird sich das theologisch nur so legitimieren lassen, daß diese Darstellung gerade den Dienst und die Hingabe Jesu an seine Kirche

[142] Kehl, Kirche, 123.
[143] Kehl, Kirche, 106f.
[144] Kehl, Kirche, 104.
[145] Kehl, Kirche, 105.
[146] Kehl, Kirche, 106.
[147] Kehl, Kirche, 111.
[148] Kehl, Kirche, 111f.

vergegenwärtigt."[149] Damit hat erneut ein im Grunde nachträglich hinzupostuliertes Amtsethos die Last einer überladenen Amtskonzeption zu tragen.

In der „'repraesentatio Christi' als des wahren Hirten seiner Gemeinde" macht Kehl ein wesentliches Moment der „strukturellen Kontinuität" zwischen Jünger- und Jüngerinnenkreis Jesu, den nachösterlichen Aposteln und dem urchristlichen Leitungsamt aus. „Da Kirche ... nicht aus sich selbst, nicht aus dem 'consensus fidelium' heraus entspringt und existiert, sondern sich dem Sammlungsruf Jesu Christi verdankt und an die verbindliche Vorgabe des Christusgeschehens rückgebunden bleibt, darum stellt das kirchliche Amt zugleich auch immer diese Beziehung der Kirche zu ihrem Haupt Jesus Christus dar.... Die zeichenhafte Repräsentanz bzw. Transparenz Jesu Christi im Amt ('in persona Christi capitis' ...) befähigt es, *in* der Kirche auch vollmächtig ihr *gegenüber* zu handeln."[150] Eine gewisse Relativierung erfährt die Rede von der Christusrepräsentanz des Amtsträgers bei Kehl dadurch, daß er als wichtiges Kriterium für eine „gelingende Christustransparenz" vom Amt verlangt, „sich immer wieder in die anderen, genauso auf Jesus zurückgehenden Weisen seiner Repräsentanz zu integrieren und sich von ihnen relativieren zu lassen, vor allem von den Kleinen, den Kindern (Mk 9,37) und den geringsten der Brüder und Schwestern Jesu (Mt 25,40.45)".[151]

• *Siegfried Wiedenhofer*[152] geht aus von einer „komplexen Handlungseinheit der Kirche". Diese sei in zweifacher Weise strukturiert. Eine christologische (amtliche) und eine pneumatologische (charismatische) Dimension stehen in einem „komplexen Verhältnis" zueinander und bilden ein „eigentümliches Strukturmuster".[153] Das ordinierte Amt müsse zugleich christologisch und pneumatologisch-ekklesiologisch verstanden werden. Konkret führt Wiedenhofer aus: „Der Amtsträger handelt (besonders deutlich in der gottesdienstlichen Versammlung) 'in persona Christi', repräsentiert also durch Weihe und Sendung Christus ... in und vor der Gemeinde, und zu-

[149] Kehl, Kirche, 112.
[150] Kehl, Kirche, 433.
[151] Kehl, Kirche, 319,
[152] S. Wiedenhofer, Das katholische Kirchenverständnis. Ein Lehrbuch der Ekklesiologie, Graz u.a. 1992, 213-231: Die Grundvollzüge und ihr Subjekt Gemeinde und Amt. Eine leicht gekürzte Fassung desselben Beitrags ist enthalten in: Th. Schneider (Hrsg.), Handbuch der Dogmatik. Band 2, Düsseldorf 1992, 102-112.
[153] Wiedenhofer, Kirchenverständnis, 219.

gleich 'in persona Ecclesiae', repräsentiert also als Vorsitz der Gemeinde Glaube und Handeln der ganzen Gemeinde (die mit vielfältigen Gaben des Heiligen Geistes erfüllt ist)." Nur beides zusammen lasse „im Heilszeichen dieses kirchlichen Dienstes amtliche und charismatische Struktur der Kirche sich neu verbinden".[154]

• Nur schwache Spuren der Repräsentations-Konzeption finden sich bei *Franz-Josef Nocke*[155]. Angesichts des Wandels von der „Priesterkirche" zum „Volk Gottes", „wird der Priester nicht mehr die Kirche schlechthin verkörpern, sondern nur eine bestimmte Funktion oder einen bestimmten Dienst in der Kirche".[156] Die verschiedenen Versuche (Rahner, Kasper, Greshake), das Proprium dieses Dienstes in einer Grundaussage zu formulieren versucht Nokke in den größeren Zusammenhang des Dienstes zu stellen, „zu dem die Kirche als ganze berufen ist". „Weil die Kirche nicht sich selbst zu verkündigen hat, sondern das ihr vorgegebene und sie immer auch in Frage stellende Gotteswort, deshalb braucht sie die Rolle des Verkünders, welcher der Gemeinde gegenübertritt – und insofern, in der Ausübung dieses Dienstes, Christus repräsentiert. Damit Gemeinschaft realisiert wird, bedarf es des zusammenführenden, inspirierenden, Fähigkeiten weckenden Dienstes, der als Dienst an der Einheit bezeichnet werden kann, Und weil dieser Dienst wesentlich zur Kirche gehört, wird er auch in den zentralen liturgischen Feiern der Kirche in Erscheinung treten."[157]

• In einer thesenhaften Skizze versucht *Jürgen Werbick* das „Profil eines communio-dienlichen hierarchischen Amtes" zu umreißen.[158] Im Unterschied zu den sonstigen Ausführungen seines Buches wirkt die Terminologie hier streckenweise recht verschwommen. Nach den Zeugnissen des Neuen Testaments sei das kirchliche Amt „von genau begrenzter ekklesialer Bedeutung". „Das die christliche Gemeinde ihrem Gemeindesein Begründende ist nämlich nicht eigentlich durch das Amt vermittelt", vielmehr sind „alle Glieder der Communio ... aufgrund der ihnen von Gott zuteil gewordenen Geistesgabe dazu berufen, Jesus Christus leibhaft darzustellen und seinen Geist in ihrem Leben Gestalt gewinnen zu lassen".[159] Die be-

154 Wiedenhofer, Kirchenverständnis, 226.
155 F.J. Nocke, Spezielle Sakramentenlehre (Priesterweihe), in: Schneider, Handbuch II, 344-362.
156 Nocke, Priesterweihe, 344.
157 Nocke, Priesterweihe, 353f.
158 J. Werbick, Kirche. Ein ekklesiologischer Entwurf für Studium und Praxis, Freiburg u.a. 1994, 371.
159 Ebd.

sondere Aufgabe des kirchlichen Amtes besteht – „im Umkreis der vielfältigen Charismen“ – im „gemeindeleitenden Dienst an der ekklesialen Communio“.[160] Es soll durch Verkündigung und Feier der Sakramente, insbesondere des Herrenmahls, „die Gemeinde im Geist Jesu Christi um die ‘Sache Jesu’ ... versammeln“, die Gläubigen anregen, „sich dem Inhalt ihres Glaubens zu öffnen“, ferner die „verschiedenen Gaben auf diese gemeinsame Sache hin“ koordinieren und integrieren. Dadurch werde es schließlich „zur Repräsentation der gemeinsamen Sache des Glaubens gegenüber den Glaubenden selbst und nach außen hin“. Die Amtsträger tragen „in der besonderen, aber eben nicht exklusiven Nachfolge der kirchenleitenden Apostel ... von Amts wegen für die unverkürzte ‘geistliche’ Präsenz der ‘Sache Jesu’ unter den Glaubenden Sorge“.[161]

In dieser Hinsicht habe „die viel beklagte und häufig zu bloßer Starrheit verkommene Traditionsbestimmtheit des kirchlichen Amtes ... eine für die Identität der kirchlichen Communio unverzichtbare Bedeutung. In ihr kommt die Vorordnung und Vor-Gegebenheit der in Jesus Christus endgültig erschienenen und in der Kirche ‘tradierten’ ... heilsamen Gottes-Wahrheit *gegenüber* der Glaubens-Subjektivität der einzelnen Gemeindemitglieder zum Ausdruck.“[162] Der Ort des Amtes bleibt in Werbicks Ausführungen unklar: Da seine Sendung „nicht auf eine Ermächtigung durch die Gemeinde ..., sondern auf den göttlichen Auftrag [zurückgeht], die in Jesus Christus zugänglich gewordene Gottes-Wahrheit möglichst unverfälscht zu vergegenwärtigen“, steht es „auch *im Gegenüber* zur Gemeinde“. Doch komme den Amtsträgern dieser Auftrag „nicht exklusiv, aber in spezifischer Weise zu; sie haben ihn *inmitten*[163] der Gemeinde und in der Kraft des Heiligen Geistes zu realisieren, der die ganze Gemeinde in die Vergegenwärtigung der Gottes-Wahrheit einbeziehen will; sie haben ihn zu realisieren, indem sie die personale Bindung an diese Wahrheit institutionell repräsentieren.“[164]

• In einer „ersten, vorläufigen Definition“ versteht *Franz Courth* das kirchliche Amt „als besonderen Dienst an der gemeinsamen Sendung der Kirche“.[165] Wie viele andere Autoren versucht

[160] Werbick, Entwurf, 372.
[161] Ebd.
[162] Werbick, Entwurf, 374.
[163] Hervorhebung JM.
[164] Werbick, Entwurf, 374.
[165] F. Courth, Die Sakramente. Ein Lehrbuch für Studium und Praxis der Theologie, Freiburg 1995, 294.

auch er, die beiden Grundtypen der nachkonziliaren Amtsdiskussion, „eine christozentrische und eine ekklesiozentrische Sehweise", „komplementär" zu verbinden. Einerseits bleibt „die Christusrepräsentanz ein integraler Bestandteil gerade auch des ekklesiologisch ansetzenden Amtsverständnisses". Denn nur von hierher lasse sich letztlich „die soteriologische Vollmacht des kirchlichen Amtes begründen: Es ist besonderes Mandat Jesu": Andererseits „bedarf der christozentrische Ansatz ekklesiologischer Perspektiven; denn jedes Amt wird ja in und für die Kirche ausgeübt".[166] Bei Courths Erklärung der Bedeutung der Ordination ist von einer gegenseitigen Ergänzung dieser beiden Gesichtspunkte nicht mehr viel zu spüren. Die „Befähigung" zur „besonderen Christusrepräsentanz" kann nur „durch einen vermittelnden Akt Christi selbst ermöglicht werden". Das sakramentale Zeichen bewirkt, „daß der Ordinand Gesandter des Herrn und Verwalter seiner Geheimnisse wird". Nur so „kann der Geweihte geben, was des Menschen Maß und Grenze übersteigt und wahrhaft Gottes ist". Im Sakrament der Ordination „begegnet kirchliches Amt in konzentriertester Form".[167]

• *Peter Neuner* beklagt einerseits, daß „die Idee von der Kirche als Volk Gottes" in der Praxis „noch nicht strukturbildend geworden ist" und statt dessen mit der „Warnung vor einer 'Klerikalisierung der Laien und einer Laisierung des Klerus'" Laien und Klerus „doch wieder in gegenseitiger Ausschließlichkeit festgeschrieben werden".[168] Andererseits füllt er den Begriff der „Sakramentalität des Amtes" mit der Herkünftigkeit des Amtes von Christus her, dem Handeln des Amtsträgers „in persona Christi" und der Verpflichtung auf das „extra nos".[169]

• Nach *Günter Koch*[170] richten sich die „Erwartungen und Hoffnungen" von Gemeinden und Amtsträgern, die „der Gefahr entgehen möchte[n], in [ihrer] eigenen Subjektivität zu ersticken", nicht unwesentlich auf die „durch die Weihe verbürgte Begegnungsmöglichkeit mit dem lebendigen Christus".[171] Das „Vertrauen auf" bzw. die „Sehnsucht nach dem Weihesakrament" bräuchten „keineswegs eine Flucht aus der Brüchigkeit der eigenen Existenz in die

166 Courth, Sakramente, 295.
167 Courth, Sakramente, 304.
168 P. Neuner, Ekklesiologie – Die Lehre von der Kirche, in: Beinert (Hrsg.), Glaubenszugänge II, 536.
169 Neuner, Ekklesiologie, 549. - Vgl. oben II / 3.1.3.
170 G. Koch, Sakramentenlehre – Das Heil aus den Sakramenten, in: Beinert (Hrsg.), Glaubenszugänge III, (480-499: Das Weihesakrament).
171 Koch, Sakramentenlehre, 482.

falsche Sicherheit angemaßter Autorität zu sein", sondern böten „angesichts der Größe der Aufgabe, Christus und sein Wirken in dieser Welt zu vergegenwärtigen ... für den Geweihten eine echte Befreiung und Entlastung".[172]

Über die einschlägige theologisch-systematische Lehrbuchliteratur hinaus bildet die Formel von der „Repräsentation Christi als Hirt und Haupt der Kirche" eine Standardaussage in bischöflichen Verlautbarungen:

- Die Erklärung der deutschen Bischöfe *Der pastorale Dienst in der Pfarrgemeinde* (28.9.1995)[173] versucht, mit ihrer Hilfe das Wesen des amtlichen Priestertums im Unterschied zu den vielfältigen ehren-, neben- und hauptamtlichen Diensten zu bestimmen. Das Papier versteht sich als „Konsens-Dokument", das für die vielfältigen Bemühungen der einzelnen Diözesen um konkrete Modelle einer sogenannten kooperativen Pastoral einen „gemeinsamen Korridor" (4) umschreiben möchte. Skizziert werden soll ein „Konzept für die Profilierung und die wechselseitige Zuordnung der verschiedenen pastoralen Dienste", das „ein sinnvolles Zusammenwirken der durch die sakramentale Weihe verliehenen Ämter mit den aus Taufe und Firmung ermöglichten ... kirchlichen Diensten von Laien" unterstützen soll (5).

Das Dokument setzt an bei der „Teilhabe aller Getauften und Gefirmten am Dienst Jesu Christi zum Heil aller Menschen": „Die Kirche als ganze ist Subjekt des ihr von Jesus Christus anvertrauten Heilsdienstes" (7). „Das Wesen der Kirche als Communio erfordert eine kooperative Pastoral" (10). Diese Perspektive wird bei der Beschreibung der konkreten Tätigkeitsfelder und Aufgaben der verschiedenen kirchlichen Dienste weitgehend durchgehalten.

Um so befremdlicher erscheint die gehäufte Zitation stereotyper amtstheologischer Repräsentations-Formeln:

> „Der Priester lebt als Glied des Leibes Christi in der Gemeinde und steht ihr zugleich gegenüber als Repräsentant des Hauptes der Kirche" (8). „Das besondere Priestertum des kirchlichen Amtes vergegenwärtigt den Dienst Jesu Christi als des Herrn und Hauptes der Kirche und stellt ihn dar. Er weist auf die fundamentale Abhängigkeit der Kirche von Jesus Christus hin." „Der Dienst der Leitung der Gemeinde als sakramentale Repräsentation des Hirtenamtes Jesu Christi ist an die sakramentale Weihe ... gebunden" (12). „Der Priester ist berufen, Jesus Christus, den Herrn und Hirten der Kirche und jeder Gemeinde verge-

[172] Koch, Sakramentenlehre, 483.
[173] Die deutschen Bischöfe 54.

genwärtigend darzustellen" (15). „Das kirchliche Amt entsteht nicht aus der Gemeinde, sondern ist von Jesus Christus eingesetzt, um ihn als Herrn und Haupt der Kirche vergegenwärtigend darzustellen" (16).

• Die Erklärung *Der pastorale Dienst in der Pfarrgemeinde* basiert in ihren theologischen Grundlinien auf einem Referat von Bischof *Walter Kasper*, gehalten bei einem Studientag der Deutschen Bischofskonferenz im Februar 1994[174]. Auch hier wird – trotz der Aussagen zur fundamentalen Gleichheit aller Christen, die auch das besondere Priestertum des kirchlichen Amtes umgreift – das „Wesen des kirchlichen Amtes" als „Repräsentation Jesu Christi als Herr und Haupt der Kirche" bestimmt. „Priester und Hirte kann nur sein, wer von Jesus Christus gesandt ist und in seinem Namen sprechen und handeln kann ... Die Sendung des Amtes in die Kirche und in die Gemeinde hinein (und nicht aus ihrer Mitte heraus) bringt zeichenhaft das 'Voraus' Jesu Christi, das 'extra nos' des Heils, den Geschenk-, Gnaden- und Zuspruchscharakter des Christseins zum Ausdruck."[175] Die grundlegende Aufgabe des Amtes, die sich aus seinem Wesen ergibt, besteht darin, „von Jesus Christus her, in seinem Namen und in seinem Dienst ... die einzelnen Christen wie die Gemeinde insgesamt zu ihrem Dienst zu[zu]rüsten ..., d.h. es soll Charismen entdecken und wecken, sie befähigen, ermutigen, begleiten, fördern und sammeln, zusammenführen und zusammenhalten."[176]

• Des weiteren kommt die Argumentationsfigur, das priesterliche Amt verdeutliche das „ab extra" des Heilshandelns Christi, zur Anwendung in der pastoralen Handreichung *Die Sorge der Kirche um die Kranken* (20.04.1998)[177]. Sie soll hier die exklusive Bindung der Krankensalbung an einen priesterlichen Spender auch dort rechtfertigen, wo die umfassende Krankenseelsorge maßgeblich durch Diakone, Pastoral- und Gemeindereferentinnen und -referenten geleistet wird. In der amtlichen Spendung dieses Sakramentes durch einen Priester, der gegebenfalls erst „von außen" herbeigeholt werden muß, werde „in besonderer Dichte zeichenhaft deutlich und real vollzogen", daß Christus es ist, „der gewissermaßen 'ab extra' – 'von außen' – in die Nöte, Grenzen und Abgründe des Menschen eintritt und ihm immer wieder sich selbst und seine rettende Gegenwart zusagt". „Daß aber Christus selbst der Handelnde ist, und nicht

[174] W. Kasper, Der Leitungsdienst in der Gemeinde, Referat beim Studientag der Deutschen Bischofskonferenz, 23. Februar 1994 (Arbeitshilfen 118).

[175] Kasper, Leitungsdienst, 8.

[176] Kasper, Leitungsdienst, 9.

[177] Die deutschen Bischöfe 60.

ein noch so gläubig und liebevoll handelnder Christ oder eine liebevolle Gemeinde, wird gerade darin zeichenhaft deutlich, daß ein durch Weihe und Sendung in Dienst genommener Amtsträger die Sakramente spendet, also jemand, der nicht unbedingt 'legitimiert' ist durch personale Nähe zum Empfänger, sondern durch die 'Objektivität' von Weihe und Sendung, d.h. durch Christus selbst, und gerade so auf den Herrn und sein Heilshandeln verweist" (40).

Das Beispiel zeigt mit aller wünschenwerten Deutlichkeit, wie ein bestimmter Typ von Amtsbegründung das christliche und pastorale Handeln aller anderen Gläubigen geistlich entwertet und christologisch aushöhlt. In wessen Kraft kann ein Christ oder eine Gemeinde denn „gläubig und liebevoll" handeln, wenn nicht in der Kraft Christi? Und wie soll Christus durch das Leben und den Dienst der Christen in der Welt gegenwärtig sein können, wenn deren liebenden Sorge für ihre Mitmenschen der Verweischarakter auf ihn, den guten Hirten abgesprochen wird?

• Zum Abschluß der Rezeptionsbeispiele sei auf eine pneumatologisch getarnte Variante des geläufigen repräsentativ-christologischen Priestermodells verwiesen, die *Bertram Stubenrauch*[178] aufgebracht hat. Er referiert zunächst hellsichtig die Auswirkungen der geistvergessenen Theologie des Westens auf das Kirchenverständnis: die Zweiteilung in Geweihte (sog. „Geistliche") und Laien und eine monarchisch-hierarchische, patro- und christozentrische Sicht von Kirche. Der Heilige Geist spielte in diesem Denken nur insofern eine Rolle, als er sich – „streng den Dienstweg von oben nach unten" beachtend – „vom Haupt der Kirche, dem Papst, ... über die säuberlich gestuften Stände des mystischen Christusleibes an die Glaubenden" mitteilte. Damit war er „unter der Hand zu einer Funktion der Christologie und der Ekklesiologie geworden", die vorgefaßte Strukturen nicht veränderte, sondern bestätigte (63).

Was Stubenrauch dann als „Vision von der Kirche als einer 'strukturierten Gemeinschaft im Heiligen Geist'"(60) skizziert, stellt im Grunde nichts anderes dar als eine recht mühsam wirkende Neuauflage geläufiger dualistischer Konzeptionen. Stubenrauch geht aus von einer zweifachen Wirkweise des Pneumas in der Kirche: „Es tritt einerseits der neuen Glaubensgemeinschaft gegenüber, um sou-

[178] B. Stubenrauch, Ein Auftrag – viele Beauftragte. Zur dogmatischen Begründung von Priester- und Pastoraldiensten, in: F. Genn (Hrsg.), Aufbau und Aufbruch, Trier 1997, 59-79. (Vgl. auch die jüngere Veröffentlichung Stubenrauchs: Priesterlicher Dienst vor dem Anspruch der Lehre, in: ders. (Hrsg.), Christsein als Priester: was verbindet und trägt, Trier 1999, 115-136).

verän und gewissermaßen von außen her an ihr zu handeln. Andererseits stiftet es sich der Kirche ein, um sie von innen her zu einer ihr eigenen Souveränität zu bevollmächtigen" (65). Die „zweigestaltige ekklesiale Wirkweise des Heiligen Geistes" bedeutet in ihrer „amtstheologischen Konkretion": Zusätzlich zu jenem Amt, das wesentlich als „vikariale Christusrepräsentation" (66) zu begreifen ist und das der Kirche „als vom Geist erhellte Vorgabe des Ursprungs" (72) eingestiftet ist, um „ihre bleibende Abhängigkeit vom erhöhten Herrn zum Ausdruck" zu bringen (70), „sind Ämter zu postulieren, deren Sendung der pneumatischen Souveränität der Kirche entspringt" (71). In dieser „ekklesialen Souveränität" liege der „genuine Ort der nicht-priesterlichen Dienste" (72).

Stubenrauch räumt ein, daß der konkrete Dienst dieser beiden Amtsformen auf weite Strecken zusammenfallen wird (74), sieht sie aber aufgrund ihrer unterschiedlichen Genesen (christogen-ekklesiogen) aus einer je spezifischen Spiritualität heraus agieren: Im Unterschied zum priesterlichen Amt, das - begründet vom Geist als dem „Gott *über ihr*" [sc. der Kirche] - „als reiner Durchgabedienst verstanden werden muß", fordern die Dienste, die der Geist als der „Gott *in ihr*" erweckt, „nicht - wie im Fall des Christusvikariates - eine 'Ausscheidung des Ich' ..., damit ein anderer zu Wort kommt", sondern ruhen „im Gegenteil auf menschlichen Fähigkeiten auf" und „überhöhen" sie (68).

„Der Priester verkündet das Evangelium aus einer Spiritualität heraus, die vom eigenen Tun abzusehen und für das Wirken des einzigen und eigentlichen Priesters Jesus Christus offenzustehen vermag. Darum setzt sein Dienst eine Spiritualität der leeren Hände voraus. Demgegenüber bezeugt der nichtpriesterliche Amtsträger das Evangelium in einer Spiritualität, die sich an den Bedürfnissen der Kirche orientiert und davon ausgeht, daß im Heiligen Geist jeder menschliche Beitrag zur Verwirklichung des Evangeliums unterfangen und überhöht wird" (74). Trotz des Einwandes, daß sich in Praxis und Frömmigkeit die genannten Ebenen nicht unterscheiden lassen, möchte Stubenrauch an seinem Vorschlag „zumindest als heuristisches Prinzip" festhalten. Er setzt darauf, daß eine „auf den Ursprung konzentrierte, genotypische Spiritualität ... auf Dauer, wenn man sie ernsthaft lebt, nicht ohne phänotypische Folgen bleiben" wird (75).

3.3 Der Presbyter in der Communio der Kirche

So sehr die oben referierten Beiträge und Dokumente prinzipiell unterstreichen, daß das kirchliche Amt *innerhalb* der Kirche und ihrer Sendung zu verstehen ist, so sehr schrecken sie zugleich davor zurück, die Konsequenzen dieser Grundaussage auszubuchstabieren. Die logischen Brüche bleiben unübersehbar. Das kompromißhafte Nebeneinander eines grundsätzlich kommunionalen Kirchenbildes mit - zumindest tendenziell - christomonistischen Amtsaussagen ermöglicht keine in sich schlüssigen und dadurch überzeugenden Konzeptionen.

Diese zwiespältige Situation wurzelt theologisch gesehen in einer mangelhaften Verbindung der christologischen mit der pneumatologischen Dimension. Die westliche Ekklesiologie hat gerade erst begonnen, ihr pneumatologisches Defizit aufzuarbeiten. Statt zu einer wirklichen Verschränkung kommt es häufig nur zur (nachträglichen) Addition eines pneumatologischen Elements. Es bleibt eine Aufgabe der in Entwicklung befindlichen Communio-Ekklesiologie, alle Aussagen über die Kirche und ihr Amt von der pneumatologischen Perspektive her zu durchdringen (3.3.1).

An Entwürfen, die diese Anforderungen erfüllen, fehlt es nicht (3.3.2). Ihre wirksame Rezeption und konkrete, d.h. auch kirchenstrukturelle Umsetzung steht jedoch noch aus.

3.3.1 Die Überwindung der christomonistischen Ekklesiologie

3.3.1.1 Die Wiederentdeckung des Heiligen Geistes

„Die hierarchologische Ekklesiologie beruht auf einer halbierten Christologie, genauer auf einer einseitigen Hervorhebung der Beziehung der Kirche zu Jesus Christus als ihrem geschichtlichen Ursprung, dessen Vermittlung allein dem apostolischen Amt zugeschrieben wird. Ihr je neuer Ursprung aus der beständigen Gegenwart des erhöhten Christus im Hl. Geist, der in den vielen wirkt, also die pneumatologisch-charismatische Dimension der Kirche wird dadurch unterbewertet, oder genauer: sie wird wesentlich auf die amtliche und sakramentale Vermittlung eingeschränkt."[179] Die Überwindung des geschichtlich gewordenen Antagonismus von Amt

[179] H.J. Pottmeyer, Die zwiespältige Ekklesiologie des Zweiten Vatikanums - Ursache nachkonziliarer Konflikte, in: TThZ 92 (1983) 272-283, hier: 282.

und Gemeinde (Institution und Charisma, Amt und Dienst) hängt daher wesentlich von der pneumatologischen Durcharbeitung der gesamten Ekklesiologie ab.

Wie *Hermann Josef Pottmeyer*[180] aufzeigt, hat das Zweite Vatikanum zwar damit begonnen, „die Bedeutung des Heiligen Geistes für die Ekklesiologie wiederzuentdecken" und „das christomonistische Kirchenmodell ... in seiner Einlinigkeit" zu durchbrechen.[181] Frucht dieser Wiederentdeckung sind „die drei wichtigsten ekklesiologischen Neuansätze des Konzils": die Lehre von der gemeinsamen Würde und Berufung aller Glaubenden (LG 14), die Lehre von den Charismen (LG 12) und die Sicht der Kirche als *communio ecclesiarum* (LG 13.26). Die Vermittlung der christologischen und pneumatologischen Dimension ist dem Konzil jedoch nicht gelungen. „Es überwiegt in den Texten die juridisch gewendete christologische Ableitung des Priesteramtes."[182] Die Tatsache, „daß das letzte Konzil der pneumatologischen Dimension der Kirche nicht genügend Rechnung getragen hat und noch weniger zu einer konsequenten trinitarisch begründeten Ekklesiologie vorgestoßen ist", macht Pottmeyer für „viele Schwierigkeiten und Rückschläge des Reformprozesses ...verantwortlich".[183]

Die „Wahrheitsmomente" des christomonistischen Kirchenmodells, „daß Christus allein Grund und Herr der Kirche ist und bleibt und daß seine bleibende Gegenwart in Wort und Sakrament durch Menschen vermittelt wird, die in seiner Sendung stehen", darf die andere Wahrheit nicht vergessen machen: „daß der Christus praesens im Geist wirkt, daß der Geist in den Glaubenden fruchtbar ist und zu leben beginnt und daß Kirche die Versammlung aller vom Geist Belebten ist". Im christomonistischen Modell mit seinem „statischen Gebrauch des Begriffs Repräsentation" stehe „das Amt einseitig der Gemeinde gegenüber. Es kommt zu einem Dualismus von Amt und Gemeinde, weil der alle verbindende Geist fehlt, der die communio bewirkt."[184] Eine solche Ekklesiologie, die vom Heiligen Geist lediglich in bezug auf das Amt spricht (Amtscharisma, unfehlbares Charisma der Wahrheit des Lehramtes), kritisiert Pottmeyer auch als „christologisch bedenklich". „Sie steht in Gefahr, das bleibende Gegenüber von Christus und Kirche aus dem Blick zu verlieren, da sie

[180] Pottmeyer, Ekklesiologie und ders., Amt als Dienst - Dienst als Amt, in: LS 33 (1982) 153-158.
[181] Pottmeyer, Amt, 155.
[182] Pottmeyer, Amt, 157.
[183] Pottmeyer, Amt, 154.
[184] Ebd.

dieses im Gegenüber von Amt und Gemeinde institutionalisiert zu haben meint."[185] Symptom einer „geistvergessenen Theologie" ist die „falsche Alternative" „Amt als Dienst oder Dienst als Amt". „Nur im Geist wird aus einem Amt ein Dienst und aus einem Dienst ein Amt."[186]

Mit der Bestimmung des kirchlichen Amtes als Dienst hat das Konzil wieder „biblischen Boden für die kirchliche Amtsauffassung" gewonnen. Trotz der mangelhaften Durchdringung von Christologie und Pneumatologie darf nicht übersehen werden, „daß das Konzil das Amt nicht als Dienst an der Kirche als Organisation versteht, auch nicht nur als Dienst am Evangelium und an den Sakramenten, sondern wirklich an den Menschen, ‘pro hominibus’, unter denen die Amtsträger leben" und „daß die Rede vom Dienst und Dienen nicht als moralisch-aszetische Anweisung gemeint ist, sondern als wahre Wesensbestimmung des kirchlichen Amtes". „Wer deshalb nun vom Amt in der Kirche sprechen will, kann dieses nicht mehr als Amt neben die Dienste stellen. Es ist *Dienst* unter anderen Diensten." *Amt* ist dieser Dienst, weil er „das Ganze der Gemeinde und ihren alle verbindenden konstitutiven Grund betrifft. Es geht deshalb nicht mehr an, wie es seit dem Mittelalter geschah, das Amt als potestas zu bestimmen. Amt *ist* nicht Vollmacht, wohl *hat* es Vollmacht, um seinen Dienstauftrag erfüllen zu können."[187]

Den „unüberwundenen Antagonismus" der westlichen Ekklesiologie sieht Pottmeyer auch in dem Gegensatz am Werk, „der heute zwischen einer sogenannten ‘Amts- oder Oberkirche’ und einer ‘Kirche von unten’ konstruiert wird". Er deutet eine solche Rede als Signal für „eine Störung der kirchlichen communio und communicatio" und vermutet als Grund dafür „das Nachhinken einer pneumatologisch begründeten und geforderten Praxis des Umgangs miteinander". „Wenn es wahr ist, daß der Geist nicht nur in den Hirten wirkt, sondern auch in den Ortskirchen und -gemeinden vielfältige Geistesgaben wirksam sind, so gehört es zum Dienst der Hirten, diese Erfahrungen ernstzunehmen."[188]

Die „fällige Vermittlung der christologischen und pneumatologischen Dimension", die die Basis der „Gleichung von Amt als Dienst und Dienst als Amt" bildet, verlange nach einer „trinitarisch begründeten Ekklesiologie" und einem „lebendigen Vollzug", bei dem

[185] Pottmeyer, Amt, 155.
[186] Pottmeyer, Amt, 153.
[187] Pottmeyer, Amt, 156.
[188] Pottmeyer, Amt, 158.

„keiner dieser trinitarischen Bezüge unterbewertet oder vergessen wird“.[189]

3.3.1.2 *Grunddaten einer Communio-Ekklesiologie*

Als Leitidee für eine solch trinitarisch begründete Ekklesiologie rückt etwa ab Mitte der achtziger Jahre das für die Alte Kirche und die Ostkirchen bis heute bedeutsame Communio-Modell verstärkt ins Blickfeld. 20 Jahre nach dem Zweiten Vatikanischen Konzil erklärt die Außerordentliche Bischofssynode 1985 die Communio-Ekklesiologie zur „zentralen und grundlegenden Idee der Konzilsdokumente“[190]. Zwar deutet der uneinheitliche Sprachgebrauch in den Konzilstexten (*communio*, *communitas*, *societas*, *participatio*)[191] darauf hin, daß *communio* dort nicht ohne weiteres als reflexer ekklesiologischer Schlüsselbegriff fungiert. In der ersten unmittelbar nachkonziliaren Rezeptionsphase spielte die Orientierung am Leitbild „Volk-Gottes“ für das Kirchenverständnis die größere Rolle.[192] Doch erscheint Communio geeignet, die Grundintention von *Lumen gentium*, d.h. das Anliegen der überwältigenden Mehrheit der Bischöfe, zu fassen: den Ansatz bei der Berufung und Sendung der ganzen Kirche und all ihrer Glieder, worauf dann erst in einem zweiten Schritt die spezifischen Aufgaben, Berufungen, Charismen und Ämter in Blick zu nehmen sind.

Muß man in bezug auf die Konzilsdokumente von einer „sich erst herausbildenden Begrifflichkeit“ (Kasper) sprechen, so ist der kirchliche Sprachgebrauch heute erst recht verwirrend. Das liegt an den vielfältigen, zum Teil widersprüchlichen Implikationen, die mit diesem Begriff verbunden sind. Auf den Mißbrauch von Communio als

[189] Pottmeyer, Amt, 158.

[190] Schlußdokument der Außerordentlichen Bischofssynode 1985, VApS 68, 13.

[191] W. Kasper, Kirche als communio. Überlegungen zur ekklesiologischen Leitidee des II. Vatikanischen Konzils, in: ders., Theologie und Kirche, Mainz 1987, 272-289, hier: 275.

[192] Mit dem ursprünglichen Kontext (Auseinandersetzung mit dem hierarchischen Kirchenmodell) der Begriffe „Volk Gottes“ und „Communio“ auf dem Zweiten Vatikanum und den „Problemen, die entstehen können, wenn die beiden Begriffe allzu unbedacht verwendet werden“, befaßt sich H. Vorgrimler, Volk Gottes oder Communio? in: H. Keul / H.J. Sander (Hrsg.), Das Volk Gottes – ein Ort der Befreiung (FS E. Klinger), Würzburg 1998, 41-53 (wiederveröffentlicht in: ders., Wegsuche II, 57-71) und ders., Die Volk-Gottes-Theologie des Zweiten Vatikanischen Konzils und die Folgen 30 Jahre „danach“, in: BiLi 66 (1993) 67-72 (Wegsuche II, 47-57).

bloßer „Beschwörungsformel", mit der unter Verweis auf die geheimnisvolle Tiefendimension der Kirche (Communio-„Geheimnis") von notwendigen Strukturreformen abzulenken versucht wird,[193] hat wiederholt *Bernd Jochen Hilberath* hingewiesen. Er plädiert jedoch nicht für einen Verzicht auf die Communio-Idee, sondern sucht das „Projekt" Communio-Ekklesiologie als Aufgabe für Theologie und kirchliche Praxis zu beschreiben und - nicht zuletzt auch im interdisziplinären Gepräch Sozial- und Kommunikationswissenschaften - anzugehen.[194]

In Abgrenzung zu - teilweise bewußt gepflegten - Mißverständnissen erläutert Hilberath „Grundgegebenheiten einer Communio-Ekklesiologie":[195]

Communio-Ekklesiologie meine nicht ein - im Gegenzug zu einer hierarchisch-juridischen „Ekklesiologie von oben" entworfenes - Programm einer „Ekklesiologie von unten". Kirche sei weder Kirche „von unten" („Menschenwerk") noch Kirche „von oben" (vom Amt her entworfen), sondern „auf der grundlegenden Ebene" eine Kirche „von innen". „Damit soll gemeint sein, daß Kirche nicht aus sich selbst lebt, sondern daß sie Frucht, Zeichen und Werkzeug des Heilswillens des dreieinigen Gottes ist. Zentrum, Lebensprinzip der Kirche ist die Gemeinschaft des dreieinigen Gottes".

Der wichtige Hinweis auf die „primär durch die Eucharistie vermittelte Teilgabe an der göttlichen Communio" darf nicht dazu verleiten, bei einer bloßen „Beschwörung des 'brüderlichen' oder manchmal auch 'geschwisterlichen' Geistes" stehenzubleiben. Soll Kirche Sakrament, Zeichen und Werkzeug der göttlichen Communio

[193] Vgl. das oben (Anm. 190) genannte Schlußdokument der Bischofssynode 1985 sowie das Schreiben der Glaubenskongregation an die Bischöfe der katholischen Kirche über einige Aspekte der Kirche als Communio vom 28. Mai 1992, AAS 85 (1993) 838-350 (VApS 107).

[194] B.J. Hilberath, Kirche als communio. Beschwörungsformel oder Projektbeschreibung?, in: ThQ 174 (1994) 45-65; ders., „Participatio actuosa". Zum ekklesiologischen Kontext eines pastoralliturgischen Programms, in: H. Becker / B.J. Hilberath / U. Willers (Hrsg.), Gottesdienst - Kirche - Gesellschaft, St. Ottilien 1991, 319-338. Als ein „Werkstattbericht" des Communio-Projektes versteht sich: B.J. Hilberath (Hrsg.), Communio - Ideal oder Zerrbild von Kommunikation? (QD 176), Freiburg 1999. Eine griffige Darstellung für einen breiteren Leserkreis bietet: B.J. Hilberath, Zwischen Vision und Wirklichkeit. Fragen nach dem Weg der Kirche, Würzburg 1999.

[195] B.J. Hilberath, Zum ekklesiologischen Ort der „Laien im pastoralen Dienst", in: B. Fraling / H. Hoping / J. Scannone (Hrsg.), Kirche und Theologie im kulturellen Dialog (FS P. Hünermann), Freiburg u.a. 1994, 363-377; hier: 371-373.

sein, so muß dies auch an ihrem äußeren Erscheinungsbild ablesbar sein. Sie „muß sich selber als Communio organisieren. Konstruktionspunkt einer Communio-Ekklesiologie kann also nicht die Hierarchie sein." Denn „innerhalb einer Kirche, die als ganze von der Teilhabe an der Communio des dreieinigen Gottes lebt, kann es keine Heilsvermittlung 'von oben nach unten' geben."

Als „hölzernes Eisen" kritisiert Hilberath die Kompromißformulierung *communio hierarchica.*[196] Soll mit „Hierarchie"/„hierarchisch" die unverzichtbare Bedeutung des Amtes in der Kirche verteidigt werden, so ist darauf hinzuweisen, daß diese von der Communio-Ekklesiologie nirgends bestritten wird. „Kirche im Rahmen und auf der Basis der gemeinsamen Berufung und Sendung aller" ist jedoch etwas anderes als eine bloße „Addition von Gemeinde und Amt, Communio und Hierarchie".

Wesentlich für eine Communio-Eklesiologie, die Kirche als Sakrament versteht, ist die „Verbindung von außen und innen, von äußerem Zeichen und innerer Heilswirklichkeit, von Theologie und Soziologie". Geht man von der sakramentalen Struktur der Kirche aus, dann „ist all das, was zum Menschsein gehört, möglicher legitimer Ausdruck". „Kirche ist ... nicht 'ganz anders'." Daß sie als institutionelle Größe Funktionen, Dienste und Ämter hat und braucht, ist „nur 'natürlich'". Aufgabe der Theologie ist es zu fragen, welche spezifischen Funktionen die Sendung der Kirche verlangt und welche Kriterien sich aus dem spezifischen Auftrag der Kirche für die Wahrnehmung dieser Ämter und Funktionen ergeben.

Wie im Laufe der nachkonziliaren Amtsdiskussion bereits mehrfach festzustellen war, hat sich das bipolar-dualistische Denkmodell (Klerus–Laien) und seine Derivate (Amt–Gemeinde, Heilsdienst–Weltdienst, christologisch begründetes Amt - pneumatologisch begründete Charismen, christogenes Amt - ekklesiogene Dienste, Amt als „Gegenüber" zur Gemeinde) immer deutlicher als Sackgasse erwiesen. Es bietet keinen geeigneten Rahmen, die wesentlichen ekklesiologischen Grundaussagen des Konzils in kirchliche Wirklichkeit umzusetzen, sondern führt regelmäßig zu Aporien in Theorie und Praxis. Dabei muß stets implizit zurückgenommen oder abgeschwächt werden, was zuvor explizit behauptet und betont wurde: die gleiche Würde aller Getauften und die gemeinsame Verantwortung aller Glieder der Kirche an Auftrag und Sendung der Kirche. Dagegen ermöglicht die Communio-Perspektive, ohne Abstriche von

[196] Dazu ausführlich: B.J. Hilberath, Communio hierarchica. Historischer Kompromiß oder hölzernes Eisen?, in: ThQ 177 (1997) 202-219.

der Einheit der Sendung und der je spezifischen Konkretisierung in verschiedene Aufgaben, Funktionen, Begabungen, Ämter und Dienste zu sprechen. Dazu genügt es allerdings nicht, die Communio-Theologie nur als „sympathischen, spirituell ansprechenden Mantel“ um den „‘harten Kern’ der Papstdogmen des 1. Vatikanums“ zu betrachten.[197] Soll aus einem Schlüsselbegriff nachkonziliarer Ekklesiologie gelebte Kirchenwirklichkeit werden, müssen auch „Funktion und Anwendung des Kirchenrechtes ... neu durchdacht werden.[198]

3.3.1.3 Empirische Sozialgestalt und sakramentale Struktur der Kirche

Der enge Zusammenhang von Kirche als Communio und Kirche als Sakrament ist bereits angeklungen. Sollen die konziliaren Leitideen nicht durch einen tendenziellen ekklesiologischen Monophysitismus ausgedünnt werden, ist auf die inkarnatorische Logik in den Schlüsselstellen der Kirchenkonstitution (LG 1 und 8) sorgsam zu achten. Die „sakramentale Struktur“ der Kirche besagt demnach, daß sich ihre geistliche Tiefendimension (das „Göttliche“) stets in empirisch-sichtbarer Gestalt (im „Menschlichen“) mitteilt, ohne daß die Bedingungen des „Menschseins“ dadurch aufgehoben oder gemindert würden. Das Konzil meint mit *mysterium/sacramentum* „nicht die geheimnisvolle innere Seite der Kirche, die sich jeder Betrachtung von außen, also etwa mit soziologischen oder psychologischen Augen, entziehe. Gemeint ist zwar die Tiefendimension, aber gerade als eine, die sich ausdrückt, die im Sichtbaren erscheint. Das Geheimnis der Kirche liegt nicht in einer verborgenen Innerlichkeit, sondern darin, daß sich der Heilige Geist die Gemeinschaft der Menschen als Instrument seines Heilshandelns erwählt.“[199] Die „sakramentale Struktur“ enthebt keinen Bereich der sichtbaren Wirklichkeit Kirche seinen irdisch-geschichtlichen Bedingungen.[200]

Gewendet auf das Amt bedeutet dies: „Wenn die Sozialgestalt der Kirche im umfassenden Sinn sakramentales Zeichen sein soll, dann

[197] Kehl, Kirche, 368.

[198] R. Puza, Kirchenrecht und Communio, Perspektiven auf dem Weg zu einem diakonischen Kirchenrecht in der Communio, in: ThQ 178 (1998) 194-208, hier: 198.

[199] B.J. Hilberath, Vorgaben für die Ausarbeitung der Communio-Ekklesiologie, in: ders. (Hrsg.), Communio - Ideal oder Zerrbild, 277-297, hier: 279.

[200] Vgl. II / 3.1.3.

ist nicht jede beliebige Sozialgestalt angemessen."[201] Die Kirche hat die Pflicht, ihre äußere Sozialgestalt, wozu ihre amtliche Verfassung maßgeblich gehört, an ihrer Bestimmung auszurichten, Zeichen und Werkzeug der Communio Gottes mit dem Menschen und der Menschen untereinander zu sein. Damit korresponierend hat sie auch alle Freiheit, ihr Amt „funktionstauglich", d.h. so zu gestalten, daß es der Sendung und dem Auftrag der Kirche (ihrem Wesen) gerecht wird.

Daß die „Wahrheit des kirchlichen Amtes eine geschichtliche" ist und das kirchliche Amt als „soziales Phänomen" („Institution") nach der „Logik institutioneller Wahrheit (Legitimität) gedacht werden muß", weist eingehend *Guido Bausenhart*[202] auf. Wie der geschichtliche Wandel der Gestalt des kirchlichen Amtes beweise, hat die Kirche faktisch die Freiheit zur Ausgestaltung in Anspruch genommen, „ohne daß sie je dabei seine Substanz berührt sah und auch ohne bei aller Vielfalt aufzuhören, von dem einen Ordo zu sprechen".[203] Die Denkfigur der traditionellen Wesensmetaphysik (Substanz und Akzidenz, „bleibender, verpflichtender 'Gehalt' und 'Gestalt'") wird in der Philosophie des 20. Jahrhunderts mehr und mehr relativiert. Dafür kommt das „Phänomen der Geschichtlichkeit radikal neu in den Blick". Es werde deutlich, „daß sich nur geschichtlich zeigt und nur geschichtlich zugänglich ist, was es mit der Wirklichkeit, hier: mit dem kirchlichen Amt in Wahrheit auf sich hat. Tradition, Rezeption und Konsens sind an dieser Stelle die ebenso philosophischen wie theologischen Stichworte. In der Rezeption ist die Identität je neu hervorzubringen."[204]

Das kirchliche Amt ist als Institution zu beschreiben, d.h. „als ein im Interesse ihrer Identität unverzichtbares geschichtliches Vermittlungsmoment der Kirche in ihrem gläubigen Selbstvollzug. Seine Wahrheit liegt in seinem 'Sinn'". „Sinn" meint hier seine „Funktion" in der „Lebenswelt".[205] Bausenhart zeigt auf, „daß eine soziale Einheit bestimmte Handlungsformen entwickelt, sie unmittelbarer Disposition entzieht und so verbindlich macht, auf Dauer anlegt und darin Vollzüge regelt, in denen es um ihr Überleben und ihre Identität geht. Die Logik von Institutionen erweist sich so als

201 P. Hünermann, Volk Gottes – katholische Kirche – Gemeinde, in: ThQ 175 (1995), 32-45, hier: 33.

202 G. Bausenhart, Das Amt in der Kirche. Eine not-wendende Neubestimmung, Freiburg 1999.

203 Bausenhart, Amt, 18f.

204 Bausenhart, Amt, 14.

205 Bausenhart, Amt, 120.

eine der Vermittlung oder Ermöglichung. Krisen offenbaren über den Verlust an konsenserzielender, sozialintegrativer, identitätsverbürgender und motivbildender Plausibilität die Desintegration sozialer Institutionen und stellen deren Legitimität in Frage. Die Fragwürdigkeit von Institutionen schwindet mit dem neuen Erweis ihrer Leistungsfähigkeit und dem wiederhergestellten Einverständnis der sozialen Einheit über deren Angemessenheit.“[206]

Mit dem Zweiten Vatikanischen Konzil habe die Kirche den „Versuch einer Selbstvergewisserung ... in einer neuen geschichtlichen Situation (‘Aggiornamento’)“ unternommen. „Dieser geschichtliche Übergang der Kirche tangiert notwendig auch Theologie und Praxis des kirchlichen Amtes.“ Als „geschichtliches Phänomen“ kann es sich weder den „großen geschichtlichen Umbrüchen“ noch den „geschichtlichen Veränderungsvorgängen“ der Kirche entziehen.[207]

Vor der Gefahr, daß „ekklesiale Rivalität“ und „binnenkirchlicher Narzißmus“ „die vom Zweiten Vatikanischen Konzil für die katholische Kirche wiederentdeckte inkarnatorische und sakramentstheologische Logik“ verschütten, warnt *Józef Niewiadomski*[208]. Der „verlorengegangene inkarnatorische Aspekt“ ist nicht durch eine „Strategie der Wiederholung von bekannten Formeln und deren zunehmende Mystifizierung“ zu retten, schon deswegen nicht, „weil sie jeglicher Erfahrungsbasis im kirchlichen Alltag enthoben bleibt“.[209] „Die (noch) normative Vorentscheidung für eine bestimmte, kulturell geprägte und jahrhundertelang bewährte Form des hierarchischen Amtes (männlicher, zölibatärer, hauptamtlich angestellter und besoldeter Amtsträger)“ und die davon bestimmten „pastoralen Strategien“ provozieren auf längere Sicht eine „Sinnentleerung“ dessen, was eigentlich gerettet werden soll: die „sakramentale Dimension des kirchlichen Handelns und des dogmatischen Kerns des hierarchischen Amtes selbst“.[210]

Die „soziologische Notwendigkeit“ des Amtes, die sich vor allem aus der „Frage nach der Einheit und Leitung der Gemeinde“ ergibt, und die „sakramententheologische Dimension“ dürfen nicht gegen einander ausgespielt werden. Vielmehr führe die amtstheologische

[206] Bausenhart, Amt, 14.
[207] Bausenhart, Amt, 227.
[208] J. Niewiadomski, „Menschen, Christen, Priester ...“. Dogmatische Überlegungen zur Amtstheologie auf dem Hintergrund der Diskussion über „kooperative Seelsorgemodelle“, in: ThPQ 143 (1995) 159-169.
[209] Niewiadomski, Menschen, 160.
[210] Niewiadomski, Menschen, 164.

Frage „vom soziologisch Notwendigen zum theologisch Notwendenden“.[211] Wenn die „‘Reservierung’ einzelner Vollzüge für den Geweihten“ unverständlich wird, weil der „Gesamtzusammenhang des christlichen Lebens“ nicht mehr gegeben ist, werde „Sakramentalität zu Magie“.[212]

Niewiadomski macht auch auf die „Kehrseite der inkarnatorischen Logik und deren weitreichende theologische Konsequenzen“ aufmerksam. Die „Zweideutigkeit des Zeichens“, also hier des Amtes, enthalte ein theologisch relevantes Konfliktpotential, das letztlich wiederum nur auf sakramentaler Ebene und nicht durch eine - ob nun konservativ oder progressiv motivierte - „moralisierende Logik der Anklage und Diffamierung der Amtsträger“ gelöst werden kann.[213]

3.3.2 Kirchliches Leitungsamt: ein „Modus des Christseins“

Sollen die wesentlichen ekklesiologischen Leitgedanken des Konzils nicht in Frage gestellt werden, kann eine überzeugende Ortsbestimmung des kirchlichen Amtes nicht im Rahmen von dualbipolaren Gliederungsmodellen vorgenommen werden. Das Wesen der Kirche als Communio verlangt nicht eine „hierarchische“, sondern eine charismatische Grundstruktur, die der Vielfalt je besonderer Begabungen, Dienste, Funktionen und Ämter Rechnung trägt.

Zurecht fragt *Hubert Müller*[214], ob es nicht richtiger wäre, „die Formulierung von der ‘allgemeinen Berufung zum Christsein’ zu überbieten und stattdessen zu unterscheiden zwischen der grundlegenden, *gemeinsamen* Berufung aller Gläubigen und den je *besonderen* Berufungen, die der Geist schenkt“. Dies „hätte den Vorteil, daß nicht einem durch unterschiedliche Stände begründeten Trennungsdenken Vorschub geleistet, auch nicht einem Minimalismus das Wort geredet würde, der möglicherweise aus der Formulierung von der allgemeinen Berufung herausgelesen weden könnte, sondern daß die je persönliche Berufung und Sendung des einzelnen angesprochen und damit sein geistliches Selbstwert- und Sendungsbewußtsein gestärkt würde.“

[211] Niewiadomski, Menschen, 163f.
[212] Niewiadomski, Menschen, 165.
[213] Niewiadomski, Menschen, 166f.
[214] H. Müller, Die gemeinsame Berufung der Christen und besondere Berufungen in der Kirche, in: ThPQ 128 (1980) 358-367, hier: 359f.

In ähnlicher Weise merkt *Klaus Hemmerle*[215] am Beginn seines „theologischen Versuchs einer geistlichen Ortsbestimmung des Priesters“ an, daß es nicht nur die allgemeine Berufung, „sondern die je eigene und einzelne eines jeden von uns“ gibt.[216] „Jeder Christ [ist] ein Geschenk an die Welt; jeder Christ ein Geschenk an Gott; jeder Christ ein Geschenk an die Kirche, an Bruder und Schwester im Glauben.“[217] Im folgenden wird allerdings der Eindruck erweckt, es gebe im Unterschied zur je besonderen Berufung eines jeden Christen die „besonders“ besondere Berufung in die Nachfolge als Apostel. Zwar sei die Beziehung zu Jesus Christus für den Priester „nicht im vorhinein eine andere als für jeden anderen Christen. Aber die uns Christen, uns Glaubenden gemeinsame und doch jedem Christen je einzeln eigene Beziehung zu Jesus Christus gerinnt in ihm notwendigerweise zu einer solchen Dichte, daß sie von daher Form und Inhalt seines Lebens und Lebenswerkes bestimmen.“[218]

Ein Prüfstein für die Tragfähigkeit der jeweiligen Amtskonzeption kann die Frage sein, ob im Vergleich zur besonderen Aufgabe des Priesteramtes die Rede von der gleichen Würde aller Getauften und von der gemeinsamen Berufung und Sendung der ganzen Kirche darin nur in diffuser Allgemeinheit und Grundsätzlichkeit verbleibt, oder ob dabei wirklich mit einer Vielzahl und Verschiedenheit je besonderer und gleichwertiger Konkretionen gerechnet ist, durch die Christus - stets im Heiligen Geist - in seiner Kirche und in jeder Gemeinde gegenwärtig ist. Von einer solchen Perspektive, in der der traditionelle ekklesiologische und amtstheologische Christomonismus überwunden wird, zeigen sich die folgenden Beiträge geleitet.

3.3.2.1 Hervé Legrand

Die an der Ordinationsliturgie Hippolyts als heuristischem Modell ausgerichtete Konzeption *Hervé Legrands* ist in ihren zentralen Aussagen bereits zur Sprache gekommen.[219] Legrand macht das „allgemeine und einheitliche Modell des Weiheamtes“ in den abendländischen Kirchen für die „religiöse Abwertung der Laien“ und für die „Autonomisierung der Seelsorger gegenüber der Ekkle-

[215] K. Hemmerle, Gerufen und verschenkt, München - Zürich - Wien 1986.
[216] Hemmerle, Gerufen, 38.
[217] Hemmerle, Gerufen, 37.
[218] Hemmerle, Gerufen, 50f.
[219] Siehe II / 3.1.2.

sia" verantwortlich.[220] Jede Formulierung der Identität des Priesters, „die eine religiöse Abwertung der Laien einschließt, ist nicht nur falsch, sondern darüberhinaus gefährlich, da sie zur Säkularisierung beiträgt" (122). Er konstatiert, daß „das versteifte Binom Kleriker-Laien" nicht mehr funktioniert. Eine Reform seines „gewohnten Funktionierens" erweise sich „weder als dringend noch als nützlich", denn „unter diesen Umständen könnten die Priester weiterfahren, ihre Identität aus sich selbst zu schöpfen, auf autonomisierende Weise wie bisher". Dagegen müsse die „Theologie des Weiheamts und der Ortskirche" neu durchdacht und gestaltet werden, und zwar „als wahre Ekklesiologie gemeinsamen Christseins" (124).

Anders als in der „pyramidalen und klerikalen Ekklesiologie" (139) des christomonistischen Amtsmodells verliere in einem ausgewogen trinitarisch strukturierten Modell „die Problematik eines Aufbaus - oder einer Reform - der Kirche 'von unten her' im Gegensatz zu einem Aufbau 'von oben her' ihren Sinn". Die Notwendigkeit, trinitarisch zu denken, ersetzt jedoch nicht das christologische Fundament des Weiheamtes durch ein sogenanntes pneumatologisches. „Das Amt ist sehr wohl ein Amt Christi und bleibt es. Dies kann es aber nur sein und bleiben in der Gemeinschaft des Heiligen Geistes" (141). „Die Weiheämter gehören in den Bereich des Charismatischen und sind demnach nicht in erster Linie hierarchisch zu verstehen" (142).

Funktion und Auftrag des Weiheamtes, zu dem ihm in der Weihe das Charisma verliehen wird, besteht in der Leitung der Kirche bzw. im „Vorsitz" beim Aufbau der Kirche. Der Begriff „Vorsitz" sei zum einen „genuin patristisch", zugleich erlaube er, „Nachdruck darauf zu legen, daß ein Vorsitzender nicht alle Rollen selbst innehat" (134). Aus dem Auftrag zum Aufbau der Kirche resultiert der Auftrag, „auch den Sakramenten vorzustehen", nicht aber daraus, daß „man ein 'Priestertum' empfangen hat" (136). Der Begriff „Priestertum" bildet ihm Neuen Testament niemals eine Grundlage des kirchlichen Amtes, sondern besagt, daß jeder Christ „in Christus unmittelbaren Zugang zu Gott hat" (147). „Das Neue Testament begründet die Ämter in ihrer Vielfalt nicht durch das, was man 'allgemeines Priestertum' nennt, sondern durch die Charismen des Heiligen Geistes" (148). Die Ordination verleihe „nicht das Priestertum, sondern beauftragt auch zum priesterlichen Dienst", d.h. dazu, das Heilswerk Christi sakramental zu vergegenwärtigen". „Der um-

[220] H. Legrand, Das Amt in der Ortskirche, in: P. Eicher, Neue Summe Theologie Bd. 3, Freiburg 1989, 116-181, hier: 116.

fassende Begriff ist das Vorsteheramt und nicht das Priesteramt" (148). Von daher sei es „keine sehr glückliche Sache", wie LG 10 das „gemeinsame Priestertum" und „Amtspriestertum" nebeneinanderstellt. „Das gemeinsame Priestertum und das Hirtenamt sind zwei Wirklichkeiten, zwischen denen keine wahre Analogie besteht (sie unterscheiden sich dem Wesen nach)" (149).

3.3.2.2 Walter Simonis

Walter Simonis[221] beklagt, daß „die traditionelle christologische, oder richtiger: 'jesulogische' Engführung" der abendländisch-westlichen Ordo-Theologie „gar nicht mehr wirklich zum Tragen kommen läßt, daß es doch der Geist ist, in dessen Anwesen und Wirken durch die Kirche und ihr geschichtliches Existieren das kirchliche Amt gründet" (246). In seinem eigenen amtstheologischen Entwurf hält Simonis das pneumatologische und geschichtliche Verfaßtsein der Kirche konsequent durch.

Die „Mitteilung des Geistes an die Kirche" sei „theologisch-heilsgeschichtlich" als ein „öffentliches, sozusagen amtliches, offizielles Geschehen" zu sehen. Sie gilt „der *ganzen* Kirche", nicht nur „der Kirche 'als ganzer'". In der Sendung und Begabung jedes einzelnen konkretisiert sich grundsätzlich „die offiziell amtliche Sendung des Gottesvolkes. Jeder Christ ist in diesem Sinne Inhaber und Träger des Amtes der Kirche" (162).

Beim besonderen apostolischen Amt in der Kirche handelt es sich um ein Moment des „geschichtlichen Existenzvollzuges des Volkes Gottes". „Gerade als apostolisches, um der Sendung der Kirche in der Welt willen wirkliches Amt, das als solches ein konkret greifbares und sichtbares Moment des apostolischen Wesens der Kirche als ganzer ist, ist es ebenso endlich begrenzt und wandelbar in seinen Formen und Gestalten, wie das geschichtliche Existieren des Gottesvolkes als ganzen" (173).

Sowenig wie eine historische Gründung oder Stiftung der Kirche und bestimmter Ämter durch Jesus selbst nachweisbar ist, könne eine solche durch den auferweckten und erhöhten Herrn als Grund und Ursprung der besonderen Leitungsgewalt in der Kirche geltendgemacht werden. „Nicht Christus, sondern der Geist Christi ist der

[221] W. Simonis, Glaube und Dogma der Kirche: Lobpreis seiner Herrlichkeit (Eph 1,14). Leitfaden der katholischen Dogmatik nach dem Zweiten Vatikanum, St. Ottilien 1995, hier insbes. 161-184. 236-250.

wirkende Herr in der Kirche, der sie sendet und ermächtigt" (247). Insofern Kirche als organisierte Gemeinde „aufgrund des geistgewirkten Glaubens" entstand, „daß Gott Jesus auferweckt hat und dies von heilsentscheidender Bedeutung ist" (180), gründet die dem Amt eigene Autorität im „geschichtlichen Glaubenwollen", ja sogar „Dennoch-weiterglauben-Wollen" (181) des ganzen Gottesvolkes und ist durchaus ein „demokratisch begründetes Phänomen" (175). Die Autorität des Leitungsamtes ist „nicht eine der Kirche irgendwie von außen vor-gesetzte Gewalt *über* die Kirche ..., sondern ist die Autorität der Kirche und in der Kirche" (173).

Beim priesterlichen, königlichen und prophetischen Amt der ganzen Kirche handelt es sich nicht um drei verschiedene, aufteilbare Ämter, sondern um drei konkretisierende „Aspekte des einen amtlichen Volk-Gottes-Seins". Gemeint ist damit nichts geringeres, „als die Nachfolge Jesu zu leben" (163).

Als „problematisch, wenn nicht irreführend" (236) kritisiert Simonis die Redeweise vom allgemeinen bzw. besonderen Priestertum. Die Auslegung des allgemeinen Priestertums in der katholischen Dogmatik sei „bis heute belastet von der traditionellen Vorstellung einer wesensmäßig in zwei Klassen ... eingeteilten Kirche", die vom Zweiten Vatikanum „erst ansatzweise und prinzipiell einer Revision unterzogen", aber „nicht schon in jeder Hinsicht überwunden wurde" (165). Es werde aus dem abstrakten Begriff „allgemeines Priestertum" nicht recht deutlich, daß „in Wirklichkeit ... jeder einzelne Christ vom Geist nicht zu einem allgemeinen, sondern zu seinem je besonderen, persönlichen priesterlichen Dienst in Anspruch genommen und ermächtigt" wird. „Da jeder auf seine Weise teilhat an dem einen Priestertum Jesu Christi, wenn anders es der eine Geist Christi ist, der jeden und alle sendet, kann es prinzipiell nur ein kirchliches Priestertum geben. Somit kann der Unterschied zwischen dem sogenannten allgemeinen und dem sogenannten besonderen Priestertum nur ein solcher sein, wie er grundsätzlich zwischen allen 'besonderen Priestertümern' (in denen sich erst das eine allgemeine Priestertum verwirklicht) vorliegt". Doch „mag es auch hingehen, das institutionelle Amt als etwas 'wesensmäßig' anderes und Eigenes zu bezeichnen", wenn man „das institutionelle Verfaßtsein eines Volkes, einer Gesellschaft als solches als etwas 'wesensmäßig' anderes betrachten will als das Individuum in seiner Individualität" (236). In der Sache ebenso korrekt sei es aber, ausgehend „von der grundsätzlichen Einheit des kirchlichen Amtes ... das institutionalisierte Amt als spezifische Konkretisierung dieses einen Amtes zu bezeichnen, an welchem auf seine jeweils verschiedene, individuelle Weise jeder Christ teilhat" (236).

Das Amt muß „in seiner Funktionalität verstanden“ werden als Dienst am geschichtlichen Existieren des Volkes Gottes. Gerade so ist es „sozusagen die ausdrückliche Verdichtung des kirchlichen Wesens“. Das Amt ist kein „unmittelbares In-Erscheinung-Treten Gottes in der Welt. Es bleibt irdisch-endliche Wirklichkeit, und je mehr es in seiner bloßen Funktionalität wirklich wird, desto mehr erscheint es auch in seiner wahren Menschlichkeit“. Denn „Teilhaben an Gottes wirklichem Anwesen ist nicht ein mehr und mehr Sichauflösen und Ersetztwerden des geschöpflichen Seins durch Gott; sondern das je intensivere Teilhaben an Gott ist auch ein je intensiveres Selbstsein des Geschöpfes, und mit seinem je intensiveren, wirklichen Zeichensein wächst gleichsam auch sein Nur-Zeichensein“ (237).

Das „eigentliche handelnde ‘Subjekt’ des Weihesakramentes“ ist – ebenso wie bei Taufe und Firmung – der Heilige Geist. Von ihm empfängt der Weihekandidat Sendung und Ermächtigung zu seinem Dienst. „Die Weihe macht ihn zum Teilhaber an der amtlichen, institutionalisierten Weise der Kirche, ihrer prophetischen, priesterlichen und königlichen Sendung in der Welt nachzukommen“ (239). „Das Eigene und Neue des Ordo-Sakramentes“ liegt in eben *dieser* Sendung und Ermächtigung, die als solche nicht ‘Thema’ von Taufe und Firmung war“. Es geht bei der Weihe nicht um das „Grundsätzliche und Umfassende des Christ*seins*“, sondern „um ein *bestimmtes Tun*“ (239). Nicht „erst aufgrund ihrer je persönlichen Kompetenz und Fähigkeit“ haben die Inhaber des institutionalisierten Amtes in der Kirche „ein größeres Maß an Verantwortung und Autorität in der Kirche“, sondern kraft ihres Amtes, das „als solches vom ganzen Gottesvolk im Glauben gewollt ist“ (244). Es ist „die von der Kirche als ganzer im Glauben bejahte und gelebte und gerade in ihrer Geschichtlichkeit gottgewollte Rechtsordnung und Verfassung ..., die ihrem amtlichen Tun sein eigenes Gewicht und Ansehen verleiht“ (244).

Da der Amtsträger „in exponierter Weise“ an der Sendung und Ermächtigung der Kirche teilhat, ist er auch „in besonders intensiver Weise zur Nachfolge Jesu Christi“ berufen. Mißverständlich sei jedoch die traditionelle Redeweise, der Amtsinhaber handle *in persona Christi*, „es sei denn, daß damit nur gesagt sein soll, daß das amtliche Geschehen in der Kirche geschieht kraft der Präsenz des Geistes, den Gott ‘dem geliebten Sohn Jesus Christus gegeben hat’ (Formel der Bischofsweihe)“ (245). Auch die exponierte, amtliche Nachfolge“ ist „nicht ein irdisch-geschichtliches Vertreten Jesu, sondern eben Nachfolge, die sozusagen ihr eigenes, neues, je geschichtliches Gesicht hat“ (246). Besonders irreführend sei „die Redeweise, Jesus Christus sei das Haupt der Kirche, wenn dieses Haupt-der-Kirche-Sein im Sinne eines Genetivus objectivus ... und nicht eines Genetivus subjectivus verstanden wird. Klar sollte gesagt werden: Haupt und Herr *der* Kirche ist Gott selbst, der sich seinem Volke mitteilt, in ihm anwest und wirkt durch seinen Geist. *In* dieser Kirche als ganzer, ist selbstverständlich Jesus, der erhöhte Herr und ‘Erstgeborene’, das Haupt. Der Geist Gottes schließt ja, bildlich gesprochen, alle zur Einheit *eines* Leibes zusammen. Aber das Haupt, um im Bilde zu bleiben, steht nicht über und außerhalb des Leibes Kirche“ (246).

3.3.2.3 Aleksander Rajšp

Bereits 1979 hat *Aleksander Rajšp*[222] die dringend fällige „Reintegration des priesterlichen Leitungsamtes in die Kirche als priesterliches Volk Gottes“ angemahnt. Die Kernthese seiner Dissertation wurde 1982 unter dem Titel *„Priester“ und „Laien“*[223] veröffentlicht, blieb aber – anders als Greshakes im selben Jahr erschienene Monographie *Priestersein* und abgesehen von einigen freundlich zustimmenden Rezensionen[224] – bislang so gut wie unbeachtet[225]. Nichtsdestoweniger dürfte es sich dabei um einen der überzeugendsten Beiträge für das Verständnis des kirchlichen Priesteramtes handeln.

Weil es für eine vertiefte Ekklesiologie nicht genügt, „den vom Konzil zwar bejahten, jedoch auf wenige und unvollständige Aussagen beschränkten priesterlichen Charakter der gesamten Kirche mehr oder weniger verkürzt als ein bloßes Epitheton ornans zu betrachten, das für das dogmatische Verständnis des ‘Priesters’ kaum von Bedeutung ist und lediglich die ‘Laien’ in einer bedrängten Situation der Kirche zu einem gewissen ‘Apostolat’ motivieren soll“ (152), geht Rajšp konsequent von der fundamentalen Bedeutung der Taufe aus. Sie bildet die ontologische Grundlage allen christlichen Handelns, auch der spezifischen Aufgabe des Presbyters.

[222] Diss.masch., Trier 1979.

[223] A. Rajšp, „Priester“ und „Laien“. Ein neues Verständnis, Düsseldorf 1982.

[224] z.B. W. Beinert, in: ThGl 72 (1982) 469f.

[225] G. Greshake, der sich in Priestersein ^{5}1991 nicht nur mit der Kritik an seiner Konzeption auseinandersetzt, sondern auch einen Literaturbericht über die wichtigsten amtstheologischen Beiträge seit 1982 bietet, erwähnt Rajšp lediglich kurz in einer Anmerkung (248, Anm. 8), ohne jedoch auf seine These näher einzugehen.

Sowohl die verschiedenen repräsentationschristologischen Definitionsversuche des Presbyteramtes (in der Person Christi bzw. Christi des Hauptes handeln) als auch die Vorstellung einer Konzentration der gesamten priesterlichen Sendung der Kirche im Presbyter erkennt Rajšp als „unzulänglich" (16-46). „Sämtliches Leben und Handeln eines jeden Christen ist begründet in seiner sakramentalen und personalen Bindung an das Haupt der Kirche und erhält von ihm, Christus, all seine übernatürliche Kraft" (23). Jedes echte christliche Handeln ist „Teilnahme an der Heilssendung der Kirche selbst" und vollzieht sich „nicht nur 'in persona Ecclesiae' ..., sondern gleichzeitig auch 'in persona Christi Capitis'". Die ekklesiologische und christologische Dimension lassen sich „voneinander ebensowenig trennen, wie sich die Kirche von Christus trennen läßt" (24). „Alle Christen sind ... aufgrund der Taufe bevollmächtigte Repräsentanten Christi und echte Autoritätsträger in der Kirche" (26).

Die Verschiedenheit in der Kirche ist mit dem Neuen Testament nicht in der Person Christi, sondern in den verschiedenen Gnadengaben zu begründen (20). Aufgrund des Taufpriestertums haben „alle Christen einen charismatischen Dienst zu erfüllen" (102). Die besondere Aufgabe, empirisch gesprochen: die Funktion (102) des Presbyterates, besteht in der Leitung der Gemeinde, im Vorstehen (nicht Gegenüberstehen!) im Namen Christi (31-34). Das Spezifikum des Presbyterates ist somit „in seiner ekklesiologischen Dimension" zu sehen: „während alle Christen offiziell handeln können im Namen Christi des Hauptes ..., bezieht sich das offizielle Handeln des Presbyters im Namen Christi des Hauptes immer auf die Gemeinde als ganze" (42). Mit Recht wird dem Presbyter „eine größere Verantwortung für die Gemeinde 'ad intra' und 'ad extra' zugemessen" (45). Er handelt auf seine Weise (suo modo) in der Person Christi, nämlich indem er Vorsteher ist (46). Das gilt auch für sein Handeln bei der Eucharistiefeier. „Der Presbyter feiert die Eucharistie ... als Vorsteher der eucharistischen Versammlung ... [Dabei] ist er nicht mehr Priester (Sacerdos) oder Mittler als andere Gläubige, sondern auf seine spezifische Weise ('suo modo': SC 29; vgl. LG 11)" (54).

Eine Ortsbestimmung des Presbyters „gegenüber" zur Gemeinde sei deshalb nicht möglich, weil „gegenüber" der Gemeinde nur die „Nicht-Gemeinde" stehen kann, der Presbyter seinen spezifischen Dienst aber, „wie alle anderen Christen als Repräsentanten Christi auch, nach göttlichem Recht nur 'in der Kirche'" erfüllen kann (33). Auch das „Spezifische eines 'Laien' besteht nicht in einem Gegenüber [zum] Leitungsamt und damit zum 'Klerus', sondern in dem je eigenen Charisma des 'Laien'". Die „bipolare Aufteilung in 'hierarchisches Apostolat' ... und 'Laienapostolat'" hält Rajšp deshalb für „nicht sehr sinnvoll" (45).

Sowenig - wie die nachkonziliare Diskussion betone - die „grundsätzliche Gleichheit" aller Christen „mit einer Uniformität gleichgesetzt" werden darf, sowenig ist die Verschiedenheit in der Kirche durch eine zweifache Teilhabe am Priestertum Christi, als *sacerdotium commune* und als *sacerdotium ministeriale*, sinnvoll auszusagen. Nicht Bipolarität, die das Neue Testament nicht kennt, sondern „charismatisch-funktionale Vielfalt" strukturiert die „Einheit-Gleichheit in der Kirche" (138f.). Rajšp weist auf den „trinitarischen Ursprung aller Charismen" hin. „In allen Charismenträgern lebt und wirkt ... der eine und derselbe Gott, der eine und derselbe Herr, Christus, durch den einen und denselben Geist" (109). Die „Verschiedenheit der Gnadengaben" kann deshalb „nicht als Folge einer Verschiedenheit in der Gnadenfülle gedeutet werden" (107). „Jede Gabe enthält die Fülle der Gnade" (108). Auch der Unterschied der besonders hervorgehobenen Charismen (Apostel, Lehrer, Propheten) liege „nicht in einem 'Mehr' an Charisma oder Pneuma", sondern in ihrer jeweils besonderen Art.

Im Unterschied zu einseitig funktionalistischen Priesteramtskonzeptionen, die unter Berufung auf die singuläre Konzilsformulierung *ut ... agere valeant* (PO 2) die Wirkung der presbyteralen Ordination nur auf das Handeln des Priesters beziehen möchten, betont Rajšp die „ontologische Dimension der presbyteralen Ordination" (57-62). Sie ist „nicht ... nur eine Teilnahme 'am *Amt* Christi', denn Funktion ist im Christentum auch Sein" (58). „Der Presbyter vollzieht ... seinen Dienst aufgrund seiner spezifischen sakramentalen, ontologischen Consecratio, verstanden als eine sichtbare Mitteilung der unsichtbaren Gnade des Heiligen Geistes ... bzw. als ein 'wahrhaft geistliches Ereignis', durch das er, wie jeder Christ, 'in seiner *ganzen Existenz* in Anspruch genommen' wird, 'und betroffen ist in dem, was er ist, und nicht nur in dem, was er gerade tut'" (59).

„Das Presbyterat ist zwar nicht die einzige, wohl aber eine echte 'Repraesentatio Christi', und dies durch die gesamte Existenz des Presbyters" (60). Wenn auch die Gnade der Presbyterweihe wie jede Gnade „nicht „nur" der persönlichen Heiligung des Presbyters" dient, so ist doch „undenkbar, daß sich der Presbyter durch die treue Erfüllung seines Dienstes nicht persönlich heiligen würde" (64). Denn „eine Gnade, die den Menschen, der sie empfängt, also auch den Presbyter, nicht persönlich heiligt, ist für diesen Menschen keine Gnade. Wenn nun die Gnade der Ordination die gesamte Existenz des Presbyters erfaßt und diese in den Dienst der Gemeinschaft stellt, dann bleibt dem Presbyter keine andere Dimension für seine persönliche Heiligung als eben diese selbe, in der er durch die empfangene Gnade ganz in den Dienst an der Gemeinde gestellt ist" (64). Der „definitive Charakter der Presbyterweihe", der in der Treue Gottes gründet, erlaube dem Presbyter keinen Rückzug von seinem Dienst (66). Dies bedeute aber nicht, daß er ihn immer ausüben muß. „Im Falle ... funktionale[r] Unfähigkeit [sc. menschliche Behinderungen, Alter, Krankheit] kann und sollte sich der Presbyter wie der Bischof zurückziehen (vgl. CD 31.21), ehe er den Menschen, für die er sich ein für allemal engagiert hat und denen er treu bleiben will, unter Umständen mehr Schaden als Nutzen zufügen und in diesem Sinne untreu werden könnte." Das „menschliche und christliche Engagement des Priesters" muß von Dauer sein, der „funktionale Aspekt" kann „zeitlich begrenzt" sein. „Das Festhalten von Priestern im Dienst *um jeden Preis* [ist] nur aus der Sicht einer klerikalen Kaste heraus leicht zu verstehen" (67).

Selbst eine „Ausübung" des presbyteralen Dienstes in der „Ewigkeit" ließe sich schwerlich bestreiten. Wenn im Tod des Menschen seine ganze Geschichte mit all ihrer Bedeutsamkeit in die Ewigkeit Gottes eingeht, dann verwandelt der Tod „den Presbyter nicht in einen 'Nicht-Presbyter' ('Laien'), sondern vermittelt ihm, wie Christus und mit ihm allen Gläubigen, auf seine Weise die ewige Vollendung" (68).

Im „Taufpriestertum", dem „fundamentalen Priestertum" (69), sind „alle besonderen Berufungen und Weihen ... bereits keimhaft enthalten" als verschiedene Formen und Weisen der einen Grundberufung (70). Deshalb kann das Presbyterat keine davon „*wesentlich* verschiedene Existenz" bedeuten, sondern es bildet „eine *spezifisch* neue und bereichernde persönliche Option unter vielen anderen möglichen und bereichernden persönlichen Optionen für dieselbe fundamentale und höchste christliche Existenz, die allen gemeinsam ist" (86).[226] Das wichtigste Ereignis „auch im Leben von Bischöfen und Päpsten" bleibt die Taufe (85). „Diese sakramentale Wirklichkeit der ganzen Kirche und damit der ganzen christlichen Existenz jedes ihrer Glieder aufgrund der Taufe müßte in Zukunft stärker und deutlicher ins Licht gerückt werden, um eine falsche Verselbständigung einzelner Sakramente, vor allem des Sakramentes der Ordination, zu vermeiden" (89).

[226] Hervorhebungen JM.

Zusammenfassung und Ertrag

(1) Im Laufe der mittelalterlich-nachtridentinischen Epoche der katholischen Kirchen- und Theologiegeschichte hatte sich ein ekklesiologisches Gesamtkonzept verfestigt, das Wesen und Auftrag der Kirche maßgeblich durch sazerdotale und sakrifizielle Kategorien definierte. Nach diesem Denk- und Sprachmuster waren der Kirche als unmittelbar von Christus eingesetzter Gnaden- oder Heilsanstalt die Erlösungsfrüchte des Opfertodes Christi anvertraut. Der Inbegriff kirchlichen Handelns bestand darin, diese Gnadengüter, die man hauptsächlich in den Sakramenten, vornehmlich in der Eucharistie enthalten sah, an die Gläubigen auszuspenden und so das Werk Christi (sein Priestertum) auf Erden fortzusetzen.

Die Auffassung, daß dieser Heilsauftrag der Kirche ausschließlich durch Priester geleistet werden kann, die durch das Sakrament der Priesterweihe mit besonderen, übermenschlichen Befähigungen und Vollmachten (Konsekration, Sündenvergebung) ausgestattet sind, bildete die Grundlage für die als konstitutiv betrachtete und für diese Epoche typische Zwei-Stände-Gliederung in (übergeordnete) Kleriker und (untergeordnete) Laien. Von zentraler Bedeutung für das kultisch-sazerdotale Priesterverständnis – und damit für eine sazerdotal geprägte Grundkonzeption vom kirchlichen Amt überhaupt – war die Vorstellung von der Messe als einer in irgendeiner Weise eigenständigen Opferhandlung, die – wenn auch als „Fortsetzung“ oder in „sakramentaler Repräsentation“ des Priestertums Christi – den Priester als den maßgeblich agierenden „Opferer“ erfordert.

(2) Dieses ekklesiologische Grundmodell blieb weiterhin leitend, als unter dem Einfluß der sogenannten „Bewegungen“ der Zwischenkriegszeit die Kirche als Gesamtheit aller Gläubigen (Leib Christi) wiederentdeckt wurde, die Laien als nicht nur rezeptiv-passive Heilsempfänger, sondern als aktiv-konstitutive Glieder der Kirche neu ins Bewußtsein traten und in diesem Zusammenhang das biblische Motiv des königlichen Priestertums aller Getauften (allgemeines Priestertum, „Laienpriestertum“, Taufpriestertum) Ein-

gang in die katholische Ekklesiologie fand. Im Rahmen des sakrifiziell definierten Kirchenverständnisses suchte man - in analoger Weise - auch dieses allgemeine Priestertum mit Hilfe des paradigmatischen Zusammenhangs von Priestertum, Opferbefähigung und Meßopfer zu deuten.

Die Annahme eines auch auf kultische Funktionen zu beziehenden „Laienpriestertums" schien sich zudem von Beiträgen aus der liturgischen Bewegung her nahezulegen. Die Mysterientheologie hatte - anknüpfend an das realsymbolische Denken der Antike - das Wesen der Liturgie als darstellende und darbringende Handlung der ganzen Kirche wieder ins Bewußtsein gehoben und den Subjektcharakter der feiernden Ekklesia neu betont.

Da der scheinbare Widerspruch zwischen dem erneuerten Verständnis der Eucharistie als gemeinsamer Opferdarbringung der ganzen Kirche und den tridentinischen Aussagen zur exklusiv amtspriesterlichen Konsekrationsbefähigung und -befugnis in der Unvereinbarkeit zweier verschiedener theologischer Denk- und Sprachmodelle wurzelte, konnte er in der Diskussion nicht ausgeräumt werden.

Die lehramtliche Klärung durch Pius XII. verblieb im Rahmen des traditionellen Vorstellungsmodells. Zwar wurden in ekklesiologischer wie liturgietheologischer Hinsicht einzelne - vornehmlich pastoral-praktische - Impulse aus den Arbeiten der vorausliegenden Jahrzehnte aufgegriffen und gewürdigt, normativ blieb jedoch die deuteropaulinisch-hierarchologische Leib-Christi-Konzeption (Christushaupt–Leib) und die strikte Abgrenzung von (eigentlichem) Amtspriestertum und gemeinsamem „Priestertum", insbesondere hinsichtlich der exklusiven Konsekrationsvollmacht des Amtspriesters.

(3) Das Zweite Vatikanische Konzil hat nicht nur in bezug auf das Priesteramt, sondern in seiner ekklesiologischen Gesamtkonzeption das sazerdotal-sakrifizielle Modell aufgebrochen. Es versteht die Kirche als Mysterium im biblisch-frühchristlichen Sinn und legt Wesen und Sendung der Kirche ausgehend vom gemeinsamen Auftrag des ganzen Volkes Gottes dar. Dabei versucht es mit Hilfe des ursprünglich christologisch-soteriologischen Tria-Munera-Schemas (Priester–König–Prophet) eine umfassendere inhaltliche Beschreibung sowohl dieses Grundauftrags als auch der je spezifischen Aufgaben der Amtsträger und der Laien zu geben.

Als leitende Perspektive kirchlichen Selbstverständnisses rückt die missionarische Verkündigung des Evangeliums in den Vordergrund, zu der alle Glieder der Kirche auf ihre Weise berufen, gesandt und beauftragt sind. Hintergrund und Basis dieser Neuformulierung des kirchlichen Auftrags bildet neben einer vertieften Theologie des Wortes (Wort als Selbstoffenbarung Gottes) die Besinnung auf die den einzelnen Sakramenten vorausliegende Sakramentalität der ganzen Kirche. Der Blick richtet sich somit nicht mehr auf die Kirche als Heilsanstalt, die die geordnete Ausspendung von Gnadenmitteln (Sakramenten) regelt, sondern man beginnt, die Kirche selbst und als ganze als das Grund- bzw. Ursakrament zu betrachten, das als irdisch-sichtbares Zeichen und Werkzeug die Zuwendung Gottes zum Menschen vergegenwärtigt und wirkt.

(4) Allerdings konnte das Konzil seinen ekklesiologischen Grundentwurf nicht konsequent ausbuchstabieren. Insbesondere die amtstheologische Konkretisierung im Hinblick auf Wesen und Aufgabe der Ordostufe des Priesters kam nicht ohne irritierende Rückgriffe auf das alte Denk- und Sprachmodell aus.

Die Verwendung des vieldeutigen Begriffs „Priestertum" zur Kennzeichnung der gemeinsamen Würde, Berufung und Sendung aller Getauften (LG 10) verführte zur unglücklichen Gegenüberstellung von gesamtchristlichem Grundauftrag (*sacerdotium commune*) und amtlichem Dienst (*sacerdotium ministeriale*). Indem das Konzil für die Zuordnung und Abgrenzung der beiden „Priestertümer" die traditionelle Formel *essentia non gradu tantum differant* heranzog, wurde erneut die Vorstellungskategorie exklusiv amtspriesterlicher Opfervollmacht samt ihren ekklesiologischen Implikationen eingetragen.

Die Klerus-Laien-Dichotomie konnte vom Konzil zwar aus einem vertikalen Gliederungsmodell (Über-, Unterordnung) in ein horizontales („gegenüber") überführt, jedoch als solche nicht überwunden werden. Als Symptome dieses unbewältigten Dualismus sind die Versuche zu verstehen, das Profil des amtspriesterlichen Auftrags in Abgrenzung bzw. Komplementarität zu dem der Laien anstatt in Bezug auf das Strukturganze der Kirche zu bestimmen.

(5) Verstärkt durch den gesamtgesellschaftlichen Säkularisierungsschub der späten sechziger Jahre wirkte sich die vom Konzil angestoßene Korrektur des traditionellen Paradigmas zunächst in einer weitreichenden Verunsicherung über Legitimation und Funktion des kirchlichen Priesteramtes aus. Sie schlug sich unter anderem in teilweise drastischen Einbrüchen bei den Priesterzahlen nieder.

Eine restaurierend-stabilisierende Antwort auf die aufgebrochenen Fragen versucht das sogenannte christologisch-apostolische

Priestermodell zu geben. Zwar werden die signifikanten Spitzenaussagen des nachtridentinischen Amtsverständnisses (z.B. *sacerdos alter Christus*) weitgehend vermieden, doch ist in zentralen Argumentationsfiguren wie der Betonung einer mehr oder minder unmittelbaren Sendungslinie Christus–Apostel–kirchliche Amtsträger, der hierarchologisch gefüllten Christus-Caput-Konzeption, der nachdrücklichen Hervorhebung des *character indelebilis sacerdotalis* und der Auffassung von einer notwendigen amtlichen Repräsentation des „Voraus" Christi im „Gegenüber" zur Gemeinde der modifizierte Rückgriff auf typische Elemente des nachtridentinisch-(neu)scholastischen Paradigmas zu erkennen.

Trotz der formalen und expliziten Berufung auf das Zweite Vatikanische Konzil erweisen sich solche Aussagen als nicht geeignet, den ekklesiologischen Grundlinien dieses Konzils umfassend Rechnung zu tragen. Wegen der christomonistisch verengten Perspektive geht die hervorgehobene bis exklusive Beanspruchung des ontologischen Christusbezugs als „Spezifikum" des Amtsträgers stets zu Lasten der christologischen Verankerung des Gesamtapostolats der Kirche und aller Getauften.

(6) Eine zukünftig tragfähige Amtskonzeption setzt die konsequente Weiterführung und vertiefte Ausarbeitung der ekklesiologischen Leitlinien des Konzils voraus. Eine große Bedeutung kommt dabei der Überwindung des pneumatologischen Defizits im Kirchenverständnis zu. Die Einsicht, daß die lebendige Gegenwart Christi in seiner Kirche grundlegend durch den Geist garantiert ist, „relativiert" (im wörtlichen Sinn) die Rolle des Amtes und läßt die umfassendere Grundstruktur der Charismen neu in den Blick kommen.

Indem das Amt auf das Gesamt der kirchlichen Communio – statt nur auf einen „gegenüberstehenden" Pol (die Laien) – bezogen wird, kann seiner Charakterisierung als Dienst (*ministerium*) grundlegend – und nicht bloß im Sinne einer ethischen Empfehlung – Rechnung getragen werden. Eine Wesensaussage über das kirchliche Amt läßt sich deshalb nicht durch Umgehen der Kategorie Funktion, sondern nur auf der Basis funktional-ontologischen Denkens gewinnen.

Als irdisch-geschichtliche Größe, wie sie von ihrem Stifter gewollt ist, braucht die Kirche soziologisch notwendig ein Amt. Insofern die empirische Verfaßtheit der Kirche ein konstitutives Wesensmoment ihrer sakramentalen Struktur darstellt, ist die konkrete Ausgestaltung dieses Amtes nicht in ihr freies Belieben gestellt, sondern unterliegt dem Kriterium, inwieweit sie zur Erkennbarkeit und Wirksamkeit der Kirche als „Sakrament, das heißt [als] Zeichen und Werkzeug für die innigste Vereinigung mit Gott wie für die Einheit der ganzen Menschheit“ (LG 1) beiträgt.

(7) Auf der Basis des gemeinsamen christlichen Grundauftrags (Verkündigung des Evangeliums) kommt es dem Amt in spezifischer Weise zu, dafür Sorge zu tragen, daß die Kirche ihrer Sendung treu bleibt und so ihre Identität als Kirche Jesu Christi wahrt. Dies umfaßt in inhaltlicher Hinsicht die doppelte Aufgabe, in der Gemeinschaft der Glaubenden die bleibende Bindung an den Ursprung zu bewahren und sie zur stets neuen Verwirklichung ihrer Sendung im Heute anzuhalten.

In formaler Hinsicht ist das Amt gekennzeichnet als Leitungsdienst. Entsprechend der ihm jeweils anvertrauten *portio populi dei* kommen dem Amtsträger alle diejenigen Kompetenzen und Vollmachten zu, die notwendig zur Ausübung dieses Auftrags gehören (z.B. Vorsitz bei der Feier der Sakramente).

Presbyter für eine Gemeinde zu sein ist *eine* spezifische Verwirklichungsform (Charisma) der christlichen Grundberufung. Als solche bestimmt dieser Auftrag in grundlegender Weise die konkreten Bedingungen der menschlichen und christlichen Existenz des Amtsträgers und bildet für ihn den Weg, auf den er gerufen und der ihm gewiesen ist, um Christus nachzufolgen und in der Verbundenheit mit ihm zu wachsen.

Daß der Kirche im Übergang in eine neue geschichtliche und gesellschaftliche Situation ein grundlegender Strukturwandel „als Aufgabe und Chance“ bevorsteht, hat Karl Rahner bereits 1972 im Kontext der Würzburger Synode mit prophetischem Weitblick dargelegt. Seine Forderung nach einer „entklerikalisierten Kirche“, deren Amt und Amtsträgern ihre spezifische Eigentümlichkeit „nicht durch eine Herkunft [zukommt, die sie] zunächst einmal von der Kirche als Gemeinschaft aller Christen distanzieren würde“, sondern sich vom Wesen der Kirche als der geisterfüllten Gemeinschaft aller an Jesus Christus Glaubenden“ bestimmt,[1] ist bis heute nicht überholt. Im Gegenteil: Die Aufgabe scheint heute, fast 30 Jahre später, um so dringlicher, je mehr zugleich die Ängste vor dem Verlust früherer Plausibilitäten wachsen.

1 K. Rahner, Strukturwandel der Kirche als Aufgabe und Chance. Neuausgabe, Freiburg 1989, 71f.

Um so dankbarer darf man zur Kenntnis nehmen, wenn Papst Johannes Paul II. das Zweite Vatikanische Konzil als „ein Ereignis der Vorsehung“ bezeichnet, „durch das die Kirche die unmittelbarere Vorbereitung auf das Jubiläum des Jahres zweitausend in Gang gesetzt hat“[2] und die „möglichst getreue Anwendung der Lehre des II. Vatikanums auf das Leben jedes einzelnen und der ganzen Kirche“[3] anmahnt. In einer solchen geistlichen Perspektive läßt sich auch die unvermeidliche Übergangskrise, in der sich die Kirche und ihr Priesteramt derzeit befinden, weniger als Bedrohung, denn als providentielle Einladung zu neuen Wegen begreifen.[4] Die Kirche mit allen, die in ihr Leitungsverantwortung tragen, darf in gläubiger Gelassenheit damit rechnen, daß ihr Herr selbst durch seinen Geist am Werk ist, wenn sie sich anschickt, entstellende Dualismen zu überwinden, um als der eine Leib Christi in der Vielfalt seiner Glieder in wirksamerer Weise Zeichen und Werkzeug Gottes in der Welt von heute und morgen zu sein.

[2] Johannes Paul II., *Tertio millenio adveniente*, Apostolisches Schreiben an die Bischöfe, Priester und Gläubigen zur Vorbereitung auf das Jubeljahr 2000, 10. November 1994, AAS 87 (1995) 5-41 (VApS 119), Nr. 18.

[3] *Tertio millenio adveniente*, Nr. 20.

[4] Vgl. B. Häring, Heute Priester sein, Freiburg 1995, 124.

Literatur

Adam, Karl, Das Wesen des Katholizismus, Düsseldorf [6]1931.

Adam, Karl, Ekklesiologie im Werden?, in: ThQ 122 (1941) 145-166.

Albrecht, Barbara, Stand und Stände. Eine theologische Untersuchung, Paderborn 1962.

Alfaro, Juan, Bibeltheologische Grundlegung der Ämter Christi, in: MySal III/1, Einsiedeln u.a. 1970, 650-708.

Amann, Thomas A., Laien als Träger von Leitungsgewalt? Eine Untersuchung aufgrund des Codex Iuris Canonici, St. Ottilien 1996.

Ambaum, Jan, Die Identität des Priesters. Bemerkungen zum ontologischen und funktionalen Amtsverständnis, in: IKaZ 10 (1981) 421-434.

Antweiler, Anton, Vom Priestertum, Essen 1932.

Antweiler, Anton, Furt und Brücke. Über die Aufgaben des Priesterstandes, in: W. Corsten u.a. (Hrsg.), Die Kirche und ihre Ämter und Stände (FS J. Frings), Köln 1960, 73-92.

Antweiler, Anton, Der Priester heute und morgen. Erwägungen zum Zweiten Vatikanischen Konzil, Münster 1967.

Arbeitsgemeinschaft ökumenischer Universitätsinstitute, Reform und Anerkennung kirchlicher Ämter. Ein Memorandum der Arbeitsgemeinschaft ökumenischer Universitätsinstitute, München - Mainz 1973.

Arens, Anton, Die Entwicklung des Priesterbildes in den kirchenamtlichen Dokumenten von der Enzyklika „Menti Nostrae“ Papst Pius' XII. (1950) bis zur Gemeinsamen Synode der Bistümer in der Bundesrepublik Deutschland (1975), in: ders. (Hrsg.), Pastorale Bildung, Trier 1976, 7-35.

Arnold, Franz Xaver, Grundsätzliches und Geschichtliches zur Theologie der Seelsorge. Das Prinzip des Gott-Menschlichen, Freiburg 1949.

Arnold, Franz Xaver, Kirche und Laientum, in: ThQ 134 (1954) 263-289.

Atzberger, Ludwig, *siehe* Scheeben, Matthias Joseph.

Audet, Jean-Paul, Priester und Laie in der christlichen Gemeinde. Der Weg in die gegenseitige Entfremdung, in: A. Deissler / H. Schlier / J.-P. Audet, Der priesterliche Dienst I. Ursprung und Frühgeschichte (QD 46), Freiburg 1970, 115-175.

Auer, Johann, Corpus Christi Mysticum. Das „Leib-Modell“ in seiner Bedeutung für das Verständnis der Kirche und ihrer Ämter, in: W. Corsten u.a. (Hrsg.), Die Kirche und ihre Ämter und Stände (FS J. Frings), Köln 1960, 1-23, sowie in: MThZ 12 (1961) 14-38.

Auer, Johann, Dogmatische Gedanken zum Priesterbild von heute, in: GuL 40 (1967) 423-442.

Auer, Johann, Die Priesterweihe, in: Sakramente der Kirche (KKD VII), Regensburg 1972, 295-367.

Auer, Johann, Berufungen (Charismen), Dienste, Ämter (Sendungen) in der missionarischen Kirche als „universalem Heilssakrament", in: Die Kirche - Das allgemeine Heilssakrament" (KKD VIII), Regensburg 1983, 157-169.

Aufderbeck Hugo, Das gemeinsame Werk. Gedanken über Bischof, Priesterschaft und Gemeinde, Regensburg 1972.

Außerordentliche Bischofssynode 1985, Schlußdokument (VApS 68).

Aymans, Winfried, „Volk Gottes" und „Leib Christi" in der Communio-Struktur der Kirche, in: TThZ 81 (1972) 321-334.

Aymans, Winfried, Apostolische Autorität im Volke Gottes, in: TThZ 86 (1977) 279-295.

Baas, L.C., Die Zusammenarbeit von Laienschaft und Hierarchie in der Katholischen Aktion, in: Y. Congar (Hrsg.), Das Bischofsamt und die Weltkirche. Stuttgart 1964, 477-515.

Bachl, Gottfried, Anmerkungen zur Lehre vom sakramentalen Charakter, in: K. Böcklinger (Hrsg.), Priesterbild im Wandel (FS A. Gruber), Linz 1972, 129-165.

Bacht, Heinrich, Priesterliche Spiritualität nach dem II. Vatikanischen Konzil, in: ThGl 58 (1968) 201-213, und in: ThJb(L) 1970, 289-299.

Backes, Ignaz, Das allgemeine Priestertum. Spekulative Darlegung, in: TThZ 56 (1947) 212-220.

Balthasar, Hans Urs von, Sponsa Verbi (= Skizzen zur Theologie 2), Einsiedeln 1960.

Balthasar, Hans Urs v., Der Priester im Neuen Testament. Eine Ergänzung, in: GuL 43 (1970) 39-45.

Balthasar, Hans Urs v., Zur Priesterfrage an der Bischofssynode 1971, in: IKaZ 1 (1972) 73-78.

Balthasar, Hans Urs v., Amt und Existenz, in: ders., Die Wahrheit ist symphonisch, Einsiedeln 1972, 116-130.

Balthasar, Hans Urs v., Der Priester in der Kirche, in: LS 23 (1972) 4-15.

Balthasar, Hans Urs v., Priester des Neuen Bundes, in: Pneuma und Institution (= Skizzen zur Theologie 4), Einsiedeln 1974, 340-368.

Balthasar, Hans Urs v., Der Priesterstand, in: ders., Christlicher Stand, Einsiedeln 1977, 203-216.

Bärenz, Reinhold, Der Gang auf dem Wasser. Priester und Gemeinde auf dem Weg, Regensburg 1989.

Barth, Hans-Martin, Einander Priester sein. Allgemeines Priestertum in ökumenischer Perspektive, Göttingen 1990.

Bartmann, Bernhard, Lehrbuch der Dogmatik, Freiburg ²1911.

Bartmann, Bernhard, Das Priestertum Christi und das sakramentale Priestertum, in: ThGl 23 (1931) 1-15.

Bastian, Hans-Dieter (Hrsg.), Kirchliches Amt im Umbruch, Mainz - München 1971.

Bauer, Johannes Bapt., Die Wortgeschichte von „laicus“, in: ZKTh 81 (1959) 224-228.

Baumgartner, Konrad, Der Wandel des Priesterbildes zwischen dem Konzil von Trient und dem II. Vatikanischen Konzil, München 1978.

Baur, Jörg (Hrsg.), Das Amt im ökumenischen Kontext. Eine Studienarbeit des Ökumenischen Ausschusses der VELKD, Stuttgart 1980.

Bausenhart, Guido, Das Amt in der Kirche. Eine not-wendende Neubestimmung, Freiburg 1999.

Bautz, Joseph, Grundzüge der Christlichen Apologetik, Mainz 1887.

Bautz, Joseph, Grundzüge der Katholischen Dogmatik (4 Teile), Mainz ^{2}1899-1903.

Beck, Irene, Sakrale Existenz. Das gemeinsame Priestertum des Gottesvolkes als kultische und außerkultische Wirklichkeit, in: MThZ 19 (1968) 17-34.

Becker, Karl, Wesen und Vollmachten des Priestertums nach dem Lehramt (Der priesterliche Dienst II, QD 47), Freiburg 1970.

Beinert, Wolfgang, Das Konzil und die Laien, in: StZ 176 (1965) 561-570.

Beinert, Wolfgang, Amt und Eucharistiegemeinschaft, in: Cath(M) 26 (1972) 154-171.

Beinert, Wolfgang, Das Amt, die Ämter und die Gemeinde, in: ThGl 65 (1975) 38-60.

Beinert, Wolfgang, Die Sakramentalität der Kirche im theologischen Gespräch, in: Kirche und Sakrament (Theologische Berichte IX), Zürich 1980, 13-66.

Beinert, Wolfgang, Rez. zu A. Rajšp, „Priester“ und „Laien“, in: ThGl 72 (1982) 469f.

Beinert, Wolfgang, Was gilt der Laie in der Kirche?, in: StZ 205 (1987) 363-378.

Beinert, Wolfgang, Autorität um der Liebe willen, in: K. Hillenbrand (Hrsg.), Priester heute, Würzburg 1990, 32-66.

Beinert, Wolfgang, Eucharistie wirkt Kirche - Kirche wirkt Eucharistie, in: StZ 215 (1997) 665-677.

Beinert, Wolfgang, Ekklesiologische Konsequenzen einer Theologie der Eucharistie, in: StZ 215 (1997) 736-746.

Beinert, Wolfgang, Amt - Tradition - Gehorsam, Regensburg 1998.

Beinert, Wolfgang, Einige Fragen zum Kirchenbild einer römischen Instruktion, in: AnzSS (1998) 67-72.

Berg, Werner, „Volk Gottes“ - ein biblischer Begriff?, in: W. Geerlings / M. Seckler (Hrsg.), Kirche sein (FS H.J. Pottmeyer), Freiburg - Basel - Wien 1994, 13-20.

Bernards, Matthäus, Zur Lehre von der Kirche als Sakrament, in: MThZ 20 (1969) 29-54.

Bertsch, Ludwig, Profil des Priesters heute, in: Pastoralblatt 33 (1981) 293-301.
Bischofssynode 1971, Das Priesteramt. Eingeleitet von J.Kard. Höffner. Mit einem kurzen Kommentar von H.U.v. Balthasar, Einsiedeln 1972.
Blank, Josef, Kirchliches Amt und Priesterbegriff, in: Weltpriester nach dem Konzil (Münchener Akademieschriften 46), München 1969, 11-52.
Blank, Josef, Das Herrenmahl als Mitte der christlichen Gemeinde im Urchristentum, in: SOG Speyer (Hrsg.), Das Recht der Gemeinde auf Eucharistie, Trier 1978, 8-29.
Blank, Josef, Vom Urchristentum zur Kirche. Kirchenstrukturen im Rückblick auf den biblischen Ursprung, München 1982.
Blank, Josef, Art. Priester/Bischof, A. Religionsgeschichtlich-bibeltheologische Perspektive, in: NHThG 4, 1991, 269-286.
Bläser, Peter, Zur Diskussion um die Bedeutung des Amtes für den Vollzug der Eucharistie, in: Cath(M) 26 (1972) 86-107.
Bläser, Peter u.a., Amt und Eucharistie, Paderborn 1973.
Bläser, Peter u.a., Ordination und kirchl. Amt, Paderborn 1976.
Blum, Georg Günter, Eucharistie, Amt und Opfer in der Alten Kirche. Eine problemgeschichtliche Skizze, in: Oekumenika. Jahrbuch für ökumenische Forschung, Gütersloh 1966, 9-60.
Böcklinger, Karl (Hrsg.), Priesterbild im Wandel (FS A. Gruber), Linz 1972.
Böttigheimer, Christoph, Mysterium Christi und sakramentales Amt. Zur Problematik von Gemeinden ohne sonntägliche Eucharistiefeier, in: StZ 215 (1997) 117-128.
Böttigheimer, Christoph, Eucharistie und Amt aus ökumenischer Sicht, in: US 54 (1999) 191-203.
Breid, Franz (Hrsg.), Der Dienst von Priester und Laie, Steyr 1991.
Breuning, Wilhelm, Zur Frage nach dem Sinn des priesterlichen Dienstes, in: TThZ 77 (1968) 353-365.
Breuning, Wilhelm, Zum Verständnis des Priesteramtes vom „Dienen" her, in: LebZeug o.Jg. (1969) 1/24-40.
Breuning, Wilhelm, Amt und geschichtliche Kirche. Probleme der lehramtlichen Aussagen über das Priestertum, in: Cath(M) 24 (1970) 37-50.
Breuning, Wilhelm, Ist die Kirche Gemeinde – ist die Gemeinde Kirche?, in: Gemeinde des Herrn. 83. Deutscher Katholikentag (Trier 1970), Paderborn 1970, 230-246.
Brinkmann, Bernhard, Die Apostolische Konstitution Pius' XII. „Sacramentum ordinis", in: ThQ 130 (1950) 311-336; vgl. ThQ 136 (1956) 314-324.
Brinktrine, Johannes, Die Lehre von den heiligen Sakramenten der katholischen Kirche (2. Bd.), Paderborn 1962.
Brinktrine, Johannes, Die Lehre von der Kirche, Paderborn 1964.

Brockhaus Ulrich, Charisma und Amt. Die paulinische Charismenlehre auf dem Hintergrund der frühchristlichen Gemeindefunktionen, Wuppertal 1972.

Brooten, Bernadette, „Junia ... hervorragend unter den Aposteln“ (Röm 16,7), in: E. Moltmann-Wendel (Hrsg.), Frauenbefreiung, München ^{2}1978, 148-151.

Brosseder, Hubert, Das Priesterbild in der Predigt, München 1978.

Brox, Norbert, Priesterideal - welcher Preis?, in: Orientierung 46 (1982) 150-152.175f.

Brox, Norbert, Die Entwicklung der kirchlichen Verfassung, in: ders., Kirchengeschichte des Altertums, Düsseldorf 1983, 89-110.

Brox, Norbert, Der erste Petrusbrief (EKK XXI), Zürich - Einsiedeln - Köln ^{3}1989.

Brox, Norbert, Die Pastoralbriefe, Regensburg ^{5}1989.

Bunnik, Ruud J., Das Amt in der Kirche. Krise und Erneuerung in theologischer Sicht, Düsseldorf 1969.

Campenhausen, Hans v., Die Anfänge des Priesterbegriffs in der alten Kirche, in: ders., Tradition und Leben, Tübingen 1960, 272-289.

Campenhausen, Hans v., Kirchliches Amt und geistliche Vollmacht in den ersten drei Jahrhunderten (BeitrHistTheol 14), Tübingen ^{2}1963.

Casel, Odo, Das Gedächtnis des Herrn in der altchristlichen Liturgie (Ecclesia orans II), Freiburg 1918.

Casel, Odo u.a. (Hrsg.), Jahrbuch für Liturgiewissenschaft, Münster 1921-1941.

Casel, Odo, Die Liturgie als Mysterienfeier (Ecclesia orans IX), Freiburg 1922.

Casel, Odo, Die Mönchsweihe, in: JLW 5 (1925) 1-47.

Casel, Odo, Das Mysteriengedächtnis der Meßliturgie im Licht der Tradition, in: JLW 6 (1926) 113-204.

Casel, Odo, „Katholische Kultprobleme“, in: JLW 7 (1928) 105-124.

Casel, Odo, Mysteriengegenwart, in: JLW 8 (1929) 145-224.

Casel, Odo, Prophetie und Eucharistie, in: JLW 9 (1929) 1-19.

Casel, Odo, Die Meßopferlehre der Tradition, in: ThGl 23 (1931) 351-367.

Casel, Odo, Das christliche Kultmysterium, Regensburg ^{4}1960 (^{1}1932).

Castillo, José Maria, Priesteramt, Bischofsamt, Papstamt, in: I. Ellacuria / J. Sobrino (Hrsg.), Mysterium liberationis: Grundbegriffe der Theologie der Befreiung, Luzern 1996.

Commer, Ernst, Die Beziehungen der hl. Eucharistie zur Kirche und ihrem Priestertum, in: JPhST 15 (1901) 156-165.

Commer, Ernst, Die Kirche in ihrem Wesen und Leben dargestellt, Wien 1904.

Congar, Yves, Der Laie, Stuttgart 1957.

Congar, Yves, Priester und Laien im Dienst am Evangelium, Freiburg 1965.

Congar, Yves, Heilige Kirche, Stuttgart 1966.
Cordes, Paul Josef, Sendung zum Dienst. Exegetisch-historische und systematische Studien zum Konzilsdekret „Vom Dienst und Leben der Priester“, Frankfurt 1972.
Cordes, Paul Josef, „Sacerdos alter Christus“? Der Repräsentationsgedanke in der Amtstheologie, in: Cath(M) 26 (1972) 38-49.
Cordes, Paul Josef, Amtstheologie unter dem Einfluß empirischer Kategorien, in: StZ 197 (1979) 829-841.
Courth, Franz, Die Sakramente. Ein Lehrbuch für Studium und Praxis der Theologie, Freiburg 1995.
Courth, Franz, Kirchliches Amt mit und ohne sakramentale Weihe, in: KlBl 76 (1996) 125-127.
Dassmann, Ernst, Das kirchliche Amt im Widerstreit. Zur Begründung und Entfaltung der Ämter in der Alten Kirche, in: Pastoralblatt 34 (1982) 34-45.
Dassmann, Ernst, Entstehung und Begründung der kirchlichen Ämter in der Alten Kirche, in: IKaZ 22 (1993) 350-362.
Dassmann, Ernst, Ämter und Dienste in den frühen christlichen Gemeinden, Bonn 1994.
Dassmann, Ernst, Jesus und die kirchlichen Ämter. Wollte Jesus keine Zwei-Stände-Kirche? (Rez. zu E. Haag, Worauf es ankommt), in: Pastoralblatt 49 (1997) 234-240.
Deimel, Ludwig, Leib Christi. Sinn und Grenzen einer Deutung des innerkirchlichen Lebens, Freiburg 1940.
Delahaye, Karl, Diener des Bundes, in: OrdKor 6 (1965) 141-147.
Denzler, Georg (Hrsg.), Priester für heute, München 1980.
Denzler, Georg (Hrsg.), Weshalb Priester?, München 1982.
Descamps, Albert (Hrsg.), Priester - Beruf im Widerstreit? Eine Konfrontation des Amtspriestertums mit den Herausforderungen unserer Zeit, Innsbruck - Wien - München 1971.
Deschwanden, L. v., Eine Rollenanalyse des kath. Pfarreipriesters, in: IJRS (1968) 123-157.
Dianich, Severino, Das ordinierte Amt zwischen den Riten und den Fakten, in: Conc(D) 16 (1980) 186-190.
Dias, Patrick V., Dogmatische Überlegungen zu Amt, Vollmacht und Weihe, in: W. Pesch u.a., Zum Thema Priesteramt, Stuttgart 1970, 54-76.
Die deutschen Bischöfe, Schreiben über das priesterliche Amt (1969/70), Bonn 1970 (Die deutschen Bischöfe 0.3).
Die deutschen Bischöfe, Der pastorale Dienst in der Pfarrgemeinde (28. September 1995, Bonn 1995 (Die deutschen Bischöfe 54).
Die deutschen Bischöfe, Die Sorge der Kirche um die Kranken (20. April 1998), Bonn 1998 (Die deutschen Bischöfe 60).
Diekamp, Franz, Katholische Dogmatik nach den Grundsätzen des heiligen Thomas (3 Bde.), Münster ^{2}1917/1918/1920.

Dillersberger, Josef, Eine neue Meßopfertheorie?, in: ThGl 22 (1930) 571-588.

Dombois, Hans, Hierarchie. Grund und Grenze einer umstrittenen Struktur, Freiburg u.a. 1971.

Döring, Heinrich, Grundriß der Ekklesiologie, Darmstadt 1986.

Drewermann, Eugen, Kleriker. Psychogramm eines Ideals, München 1989.

Duchesne, Jean, Jedem was er braucht. Gedanken über das katholische Priestertum, in: IKaZ 10 (1981) 403-409.

Dupuy, Bernard, Besteht ein dogmatischer Unterschied zwischen der Funktion der Priester und der Funktion der Bischöfe?, in: Conc(D) 4 (1968) 268-274.

Dupuy, Bernard D., Theologie der kirchlichen Ämter, in: J. Feiner, / M. Löhrer (Hrsg.), MySal IV/2, Einsiedeln u.a. 1973, 488-523.

Duquoc, Christian, Die Reform des Priesterstandes, in: H.J. Pottmeyer / G. Alberigo / J.-P. Jossua, Die Rezeption des Zweiten Vatikanischen Konzils, Düsseldorf 1986, 369-383.

Durst, Bernhard, Dreifaches Priestertum, Neresheim 1946.

Durst, Bernhard, Das Wesen der Eucharistiefeier und des christlichen Priestertums, Neresheim 1953.

Durst, Bernhard, Die Eucharistiefeier als Opfer der Gläubigen, Rottenburg a. N. 1960.

Durst, Bernhard, Inwiefern ist die Eucharistiefeier ein wahres Opfer Christi und der Gläubigen?, in: ThGl 53 (1963) 176-207.268-287.

Durwell, Franz-Xaver, Ist der Priester erstlich Apostel oder Liturge?, in: ThG 9 (1966) 79-85.

Durwell, Franz-Xaver, Priestertum und Kirche, in: ThG 13 (1970) 10-18.

Duss-von Werdt, Joseph, Was kann der Laie ohne den Priester?, in: Conc(D) 4 (1969) 284-288.

Eicher, Peter, Art. Hierarchie, in: NHThG 2, 1991, 330-349.

Eicher, Peter, Priester und Laien - im Wesen verschieden? in: G. Denzler (Hrsg.), Priester für heute, München 1980, 34-50.

Eisen, Ute E., Amtsträgerinnen im frühen Christentum. Epigraphische und literarische Studien, Göttingen 1996.

Eisenhofer, Ludwig, Konnten jemals Laien die Messe feiern?, in: KlBl 10 (1929) 541-543.660.

Eisenhofer, Ludwig, Die ausschließliche Konsekrationsgewalt der Priester, in: KlBl 12 (1931) 49-51.

Eissing, D., Ordination und Amt des Presbyters, in: ZKTh 98 (1976) 35-51.

Emeis, Dieter, Leben mit Weihemangel, in: AnzSS (2000) 51-59.99-105.147-153.

Enzler, Franz (Hrsg.), Priester - Presbyter. Beiträge zu einem neuen Priesterbild, München 1968.

Ernst, Josef, Das Amt im Neuen Testament - Gestalt und Gehalt, in GuL 70 (1980) 72-85.
Ernst, Josef, Amt und Autorität im Neuen Testament, in: ThGl 50 (1968) 170-183; und in: ThJb(L) 1970, 255-266.
Exeler, Adolf / Pottmeyer Hermann Josef, Neue Amtsstrukturen in der Kirche, in: A. Exeler (Hrsg.), Fragen der Kirche heute, Würzburg 1971, 157-182.
Faber, Eva-Maria, Kirche - Gottes Weg und die Träume der Menschen, Würzburg 1994.
Fahrnberger, Gerhard, Bischofsamt und Priestertum in den Diskussionen des Konzils von Trient, Wien 1970.
Feckes, Carl, Das Mysterium der heiligen Kirche, Paderborn 1934 (^{3}1951).
Feckes, Carl, Die Kirche als Herrenleib, Köln 1949.
Feckes, Carl, Das katholische Priestertum in der Sicht Scheebens, in: Kölner Pastoralblatt 7 (1955) 347-354.
Filthaut, Theodor, Die Kontroverse über die Mysterienlehre, Warendorf 1947.
Finkenzeller, Josef, Zum Verständnis des kirchlichen Amtes heute, in: ThG 17 (1974) 207-217.
Finkenzeller, Josef, Kirchliche Ämter und Dienste, in: ThG 21 (1978) 136-149.
Finkenzeller, Josef, Überlegungen zum Verständnis des kirchlichen Amtes aus dogmatischer Sicht, in: W. Friedberger / F. Schneider (Hrsg.), Theologie, Gemeinde, Seelsorger, München 1979, 11-37.
Fischer, Henry / Greinacher, Norbert / Klostermann, Ferdinand, Die Gemeinde (Pastorale), Mainz ^{2}1970.
Fischer, Henry, Charismen und Dienste in der Gemeinde, in: TThZ 79 (1970) 101-122.
Fittkau, Gerhard, Der Begriff des Mysteriums bei bei Johannes Chrysostomus. Eine Auseinandersetzung mit dem Begriff des „Kultmysteriums" in der Lehre Odo Casels, Bonn 1953.
Forster, Karl (Hrsg.), Klerikalismus heute? (Studien und Berichte der Katholischen Akademie in Bayern 26), Würzburg 1964.
Forster, Karl (Hrsg.), Priester zwischen Anpassung und Unterscheidung, Auswertungen und Kommentare zu den im Auftrag der Deutschen Bischofskonferenz durchgeführten Umfragen unter allen Welt- und Ordenspriestern der Bundesrepublik Deutschland, Freiburg 1974.
Forster, Karl, Das Apostolat der katholischen Laien und ihr Anteil am gemeinsamen Priestertum der Kirche, in: LebZeug 33 (1978) 58-71.
Forster, Karl, Das Amt in der Kirche. Theologische Überlegungen zur gegenwärtigen Verunsicherung über das Amt, in: ders., Glaube und Kirche im Dialog mit der Welt von heute I, Würzburg 1982, 33-57.
Fragen um das kirchliche Amt in unserer Zeit. Theologische Fortbildung der Priester im Bistum Regensburg, Regensburg 1972.

Fransen, Piet F., Die Priesterweihe in: H. Fries (Hrsg.), Wort und Sakrament, München 1966, 209-225.

Fransen, Piet F., Einige Apekte zum Prozeß der Amtsdogmatisierung, in: Conc(D) 8 (1972) 753-759.

Franz, Reinhold P., Vom Geheimnis der Priester, München 1958.

Freitag, Josef, „Sacramentum ordinis" auf dem Konzil von Trient, Innsbruck 1991.

Freitag, Josef, Sakramentale Sendung. Gabe und Aufgabe des sacramentum ordinis (PWB-Sonderdruck 29), Freiburg [2]1996.

Freiwald, Jan, Das Verhältnis von allgemeinem Priestertum und besonderem Amt bei Luther, Heidelberg 1994.

Frieling, Reinhard, Amt. Welchen Sinn hat die Amtsdiskussion?, in: Konfessionskundliches Institut (Hrsg.), Kommentar zu den Lima-Erklärungen über Taufe, Eucharistie und Amt, Göttingen 1983, 106-159.

Fries, Heinrich, Das Problem des Amtes in der Sicht katholischer Theologie, in: KuD 18 (1972) 118-138.

Fries, Heinrich, Reform und Anerkennung kirchlicher Ämter, in: Cath(M) 27 (1973) 188-208.

Fries, Heinrich, Was heißt Anerkennung der kirchlichen Ämter?, in: StZ 191 (1973) 507-515.

Friesl, Christian, Die Utopie als Chance. Lage und Zukunft der „LaientheologInnen", Innsbruck - Wien 1996.

Fuchs, Josef, Magisterium, Ministerium, Regimen. Vom Ursprung einer ekklesiologischen Trilogie, Bonn 1941.

Fuchs, Ottmar, Ämter für eine Kirche der Zukunft. Ein Diskussionsanstoß, Luzern 1993.

Ganoczy, Alexandre, „Größe und Elend" der tridentinischen Ämterlehre, in: Conc(D) 8 (1972) 741-747.

Ganoczy, Alexandre, Einführung in die katholische Sakramentenlehre, Darmstadt 1979.

Ganoczy, Alexandre / Hahn, Ferdinand u.a., Das Streit um das Amt in der Kirche. Ernstfall Ökumene, Regensburg 1983.

Garhammer, Erich, Unnütze Knechte?, Regensburg 1989.

Gastgeber, Karl, Leben und Dienst des Priesters gemäß den aktuellen pastoralen Situationen, in: ThJb(L) 1970, 300-308.

Gebauer, Roland, Amt - Charisma - Gemeinde, in: US 54 (1999) 178-190.

Gemeinsame Synode der Bistümer in der Bundesrepublik Deutschland, Beschlüsse der Vollversammlung, Freiburg 1976.

Gemmel, Jakob, Die Autorität in der übernatürlichen und natürlichen Ordnung, in: Schol 15 (1940) 186-203.

Gerken, Alexander, Theologie der Eucharistie, München 1973.

Giblet, Jean, Die Priester „zweiten Grades“, in: G. Baraúna (Hrsg.), De Ecclesia. Beiträge zur Konstitution „Über die Kirche“ des II. Vatikanischen Konzils II, Freiburg/Frankfurt 1966, 189-213.

Giblet, Jean (Hrsg.), Vom Christus zur Kirche, Wien 1966.

Gihr, Nikolaus, Die heiligen Sakramente der katholischen Kirche (2 Bde.), Freiburg 1897/1903.

Gloßner, Michael, Lehrbuch der katholischen Dogmatik nach den Grundsätzen des heiligen Thomas, Regensburg 1874.

Goddijn, Walter, Der soziale Status des Priesters in der Kirche, in: HPTh IV, Freiburg 1969, 423-431.

Goertz, Harald / Härle, Wilfried, Art. Priester/Priestertum II/1. Allgemeines Priestertum. Systematisch-theologisch, in: TRE 27, 1997, 402-410.

Goertz, Harald, Allgemeines Priestertum und ordiniertes Amt bei Luther, Marburg 1997.

Gnilka, Joachim, Geistliches Amt und Gemeinde nach Paulus, in: Kairos 11 (1969) 95-104.

Goldbrunner, Josef, Berufsprobleme des Priesters heute, in: TThZ 79 (1970) 345-354.

Graber, Rudolf, Die dogmatischen Grundlagen der Katholischen Aktion, Augsburg 1932.

Graber, Rudolf, Christus in seinen heiligen Sakramenten, München 1937.

Grabmann, Martin, Katholisches Priestertum und Vollkommenheitsideal nach der Lehre des hl. Thomas v. Aquin, in: ZAM 2 (1927) 189-209.

Grasmück, Ernst Ludwig, Vom Presbyter zum Priester. Etappen der Entwicklung des katholischen Priesterbildes, in: P. Hoffmann (Hrsg.), Priesterkirche, Düsseldorf 1987, 96-131.

Gräßer, Erich, An die Hebräer (EKK XVII/2), Neukirchen-Vluyn 1993.

Greinacher, Norbert, Säkularisierung als soziologisches und theologisches Problem, in: LS 18 (1967) 305-311.

Greinacher, Norbert, Das Recht der Gemeinde auf einen eigenen Priester, in: Conc(D) 16 (1980) 195-199.

Greinacher, Norbert, Vom Priester zum Gemeindeleiter, in: ders. (Hrsg.), Christsein als Beruf, Zürich - Einsiedeln - Köln 1981.

Grelot, Pierre, Das kirchliche Amt im Dienst des Gottesvolkes, in: J. Giblet (Hrsg.), Vom Christus zur Kirche, Wien 1966, 203-221.

Greshake, Gisbert, Der theologische Ort des Pastoralreferenten und sein Dienst, in: LS 29 (1978) 18-27.

Greshake, Gisbert, Priestersein, Freiburg 1982, ^{5}1991.

Greshake, Gisbert, Priestersein. Grundzüge einer Theologie des kirchlichen Amtes, in: F. Walper (Hrsg.), Priester, Mitarbeiter Christi. Studientagung der Österreichischen Bischofskonferenz 1982, Wien 1982, 5-44.

Greshake, Gisbert, Vom Heilsdienst des Priesters. Grundzüge einer Theologie des kirchlichen Amtes, in: ders., Gottes Heil - Glück des Menschen, Freiburg 1983, 285-322.

Greshake, Gisbert, Konzelebration der Priester. Kritische Analyse und Vorschläge zu einer problematischen Erneuerung des II. Vatikanischen Konzils, in: E. Klinger / K. Wittstadt (Hrsg.), Glaube im Prozeß. Christsein nach dem II. Vatikanum. (FS K. Rahner), Freiburg u.a. 1984, 258-288.

Greshake, Gisbert, Wider die derzeitige Konzelebrationspraxis der Priester. Ein Plädoyer, in: LS 41 (1990) 367-375.

Gröber, Conrad (Hrsg.), Art. Priestertum, in: Handbuch der religiösen Gegenwartsfragen, Freiburg 1937, 524-529.

Gröber, Conrad, Der Gottesmann. Die Priesterpersönlichkeit nach der Heiligen Schrift und Geschichte, Freiburg 1947.

Grosche, Robert, Das allgemeine Priestertum, in: ders., Pilgernde Kirche, Freiburg 1938, 159-204.

Guardini, Romano, Vom Sinn der Kirche, Mainz 1922.

Gutberlet, Constantin, Dogmatische Theologie, *siehe* Heinrich, Johann Baptist.

Gutberlet, Constantin, Lehrbuch der Apologetik. III. Bd., Münster 1894.

Gutiérrez, José Luis, Diakonie und Vollmacht - Vom Dienst des Priesters, in: FoKTh 3 (1987) 82-100.

Guyot, Jean (Hrsg.), Das apostolische Amt, dt. Mainz 1961.

Haag, Herbert, Worauf es ankommt. Wollte Jesus eine Zwei-Stände-Kirche?, Freiburg 1997.

Hahn, Ferdinand, Die Vorstellung vom hohepriesterlichen Messias und die urchristliche Tradition, in: ders., Christologische Hoheitstitel, Göttingen ^{3}1966, 231-241.

Hahn, Ferdinand, Neutestamentliche Grundlagen für eine Lehre vom kirchlichen Amt, in: ders. u.a., Dienst und Amt, Regensburg 1973, 7-40.

Hahn, Ferdinand, Charisma und Amt, in: ZThK 76 (1979) 419-449.

Hahne, Werner, Vom „besonderen Priestertum“ zur Diakonie der Leitung. Ein Beitrag zur Kärung der theologischen Grundlagen des Leitungsdienstes in der Kirche, in: N. Schuster / U. Moser (Hrsg.), Kirche als Beruf. Neue Wege jenseits falscher Erwartungen, Mainz 1996.

Hainz, Josef (Hrsg.), Kirche im Werden, München - Paderborn - Wien 1976.

Hallermann, Heribert, Seelsorger - Priester - Pfarrer. Anmerkungen zum Amt des Pfarrers aus kirchenrechtlicher Sicht, in: KlBl 77 (1977) 151-153.

Hamer, Jérôme, Die ekklesiologische Terminologie des Vatikanum II und die protestantischen Ämter, in: Cath(M) 26 (1972) 146-153.

Hanson, Richard P.C., Amt/Ämter/Amtsverständnis, V. Alte Kirche, in: TRE 2, 1978, 533-552.

Häring, Bernhard, Heute Priester sein. Eine kritische Ermutigung, Freiburg - Basel - Wien 1995.

Hasenhüttl, Gotthold, Charisma. Ordnungsprinzip der Kirche, Freiburg u.a. 1969.

Hasenhüttl, Gotthold, Die Charismen im Leben der Kirche, in: Der Seelsorger 39 (1969) 167-174.

Hasenhüttl, Gotthold, Das kirchliche Vorsteheramt - Seine Funktion und seine Entwicklung, in: Pro Oriente 1 (1975) 53-63.

Hastings, Adrian, Das theologische Problem der Ämter in der Kirche, in: Conc(D) 5 (1969) 171-176.

Haufe, Christoph Michael, Das allgemeine Priestertum im Katholizismus der Gegenwart, Diss. Leipzig 1961.

Haunerland, Winfried, Die Primiz, Studien zu ihrer Feier in der lateinischen Kirche Europas, Regensburg 1997.

Heimerl, Hans, Kirche, Klerus und Laien. Unterscheidungen und Beziehungen, Wien 1961.

Heinrich, Johann Baptist / Gutberlet, Constantin, Dogmatische Theologie (10 Bde, ab Bd. VII von C. Gutberlet), Münster 1873-1904.

Hemmerle, Klaus, Zukunft der Priester - Priester der Zukunft, in: KlBl 50 (1970) 365-368.

Hemmerle, Klaus, Funktionale Interpretation des priesterlichen Dienstes?, in: K. Forster (Hrsg.), Priester zwischen Anpassung und Unterscheidung, Freiburg 1974, 27-40.

Hemmerle, Klaus, Gerufen und verschenkt, München - Zürich - Wien 1986.

Hernoga, Josef, Das Priestertum, Frankfurt/M. 1997.

Herrmann, Horst, Der priesterliche Dienst IV. Kirchenrechtliche Aspekte der heutigen Problematik (QD 49), Freiburg 1972.

Hettinger, Franz, Lehrbuch der Fundamental-Theologie oder Apologetik, Freiburg [2]1888.

Hierzenberger, Gottfried, Der magische Rest, Düsseldorf 1969.

Hierzenberger, Gottfried (Hrsg.), Priester gestern - Priester morgen. Kritische Perspektiven, Wien 1969.

Hilberath, Bernd Jochen, Das Verhältnis von gemeinsamem und amtlichem Priestertum in der Perspektive von LG 10, in: TThZ 94 (1985) 311-326.

Hilberath, Bernd Jochen, „Participatio actuosa". Zum ekklesiologischen Kontext eines pastoralliturgischen Programms, in: H. Becker / B.J. Hilberath / U. Willers (Hrsg.), Gottesdienst - Kirche - Gesellschaft. Interdisziplinäre und ökumenische Standortbestimmungen nach 25 Jahren Liturgiereform (Pietas Liturgica 5), St. Ottilien 1991, 319-338.

Hilberath, Berd Jochen, Kirche als communio. Beschwörungsformel oder Projektbeschreibung?, in: ThQ 174 (1994) 45-65.

Hilberath, Bernd Jochen, Zum ekklesiologischen Ort der „Laien im pastoralen Dienst", in: B. Fraling / H. Hoping / J. Scannone (Hrsg.), Kirche und Theologie im kulturellen Dialog (FS P. Hünermann), Freiburg u.a. 1994, 363-377.

che und Theologie im kulturellen Dialog (FS P. Hünermann), Freiburg u.a. 1994, 363-377.

Hilberath, Bernd Jochen, Communio hierarchica. Historischer Kompromiß oder hölzernes Eisen?, in: ThQ 177 (1997) 202-219.

Hilberath, Bernd Jochen, Halbherzig, in: ThQ 178 (1998) 61-63.

Hilberath, Bernd Jochen (Hrsg.), Communio - Ideal oder Zerrbild von Kommunikation? (QD 176), Freiburg 1999.

Hilberath, Bernd Jochen, Theologie des Laien, in: StZ 217 (1999) 219-232.

Hilberath, Bernd Jochen, Zwischen Vision und Wirklichkeit. Fragen nach dem Weg der Kirche, Würzburg 1999.

Hillenbrand, Karl (Hrsg.), Priester heute. Anfragen, Aufgaben, Anregungen, Würzburg 1990.

Hillenbrand, Karl / Kehl, Medard (Hrsg.), Du führst mich hinaus ins Weite. Erfahrungen im Glauben - Zugänge zum priesterlichen Dienst, Würzburg 1991.

Hillenbrand, Karl, Das Priesterbild des II. Vatikanums. Überlegungen aus der „Folgegeneration", in: W. Weiß (Hrsg.), Zeugnis und Dialog (FS K. Wittstadt), Würzburg 1996, 343-361.

Hintzen, Georg, Das gemeinsame Priestertum aller Gläubigen und das besondere Priestertum des Dienstes in der ökumenischen Diskussion, in: Cath(M) 45 (1991) 44-77.

Hödl, Ludwig, Die kirchlichen Ämter, Dienste und Gewalten im Verständnis der scholastischen Theologie, in: FS 43 (1961) 1-21.

Hödl, Ludwig, Die Lehre von den drei Ämtern Jesu Christi in der dogmatischen Konstitution des II. Vatikanischen Konzils „Über die Kirche", in: Wahrheit und Verkündigung II (FS M. Schmaus), München u.a. 1967.

Hödl, Ludwig, Das priesterliche Amt in der Kirche, in: MThZ 34 (1983) 22-36.

Hödl, Ludwig, Die Einsetzung der kirchlichen Ämter und Dienste durch Jesus Christus, in: R. Beer (Hrsg.), Diener in Eurer Mitte (FS A. Hoffmann), Passau 1984, 185-205.

Hoffmann, Adolf, Zur Lehre vom weihepriesterlichen Opferakt, in: ThGl 30 (1938) 280-298.

Hoffmann, Paul, Priestertum und Amt im Neuen Testament. Eine Bestandsaufnahme, in: ders. (Hrsg.), Priesterkirche, Düsseldorf 1987, 12-61.

Hoffmann, Paul, Evangelium ohne Priester?, in: Peter Eicher (Hrsg.), Der Klerikerstreit, München 1990, 157-175.

Hofmann, Fritz, Der Kirchenbegriff des hl. Augustinus, München 1933.

Hofrichter, Peter, Amt und Amtsverständnis in der Urkirche, in: HlD 45 (1991) 4-19.

Holböck, Ferdinand, Das ewige Priestertum Jesu Christi, in: H. Pfeil (Hrsg.), Unwandelbares im Wandel der Zeit, Aschaffenburg 1976, 150-170.

Houdijk, Marinus, Eine Diskussion aus letzter Zeit über die neutestamentlichen Grundlagen des Priesteramtes, in: Conc(D) 8 (1972) 774-781.

Hübner, Reinhard M., Die Anfänge von Diakonat, Presbyterat und Episkopat in der frühen Kirche, in: A. Rauch / P. Imhof (Hrsg.), Das Priestertum in der Einen Kirche. Diakonat, Presbyterat und Episkopat, Regensburger Ökumenisches Symposion 1985, Aschaffenburg 1987, 45-89.

Hünermann, Josef, Sein und Sendung des Priesters nach dem Konzil, in: Sein und Sendung. Monatsschrift des katholischen Klerus 31 (1966) 160-167.209-215.258-264.309-316.349-356.402-408.448-455.493-503.

Hünermann, Peter, Die Rede von Gott und das kirchliche Amt, in: W. Pesch / P. Hünermann / F. Klostermann, Priestertum - kirchliches Amt zwischen gestern und morgen, Aschaffenburg 1971, 36-70.

Hünermann, Peter, Kirche und Amt - Marginalien zum Amtsverständnis, in: GuL 48 (1975) 285-299.

Hünermann, Peter, Ordo in neuer Ordnung? Dogmatische Überlegungen zur Frage der Ämter und Dienste in der Kirche heute, in: F. Klostermann (Hrsg.), Der Priestermangel und seine Konsequenzen (Schriften der Katholischen Akademie in Bayern 79), Düsseldorf 1977, 58-94.

Hünermann, Peter, Eucharistie - Gemeinde - Amt. Dogmatische Reflexionen zur gegenwärtigen Problemlage, in: SOG der Diözese Speyer (Hrsg.), Das Recht der Gemeinde auf Eucharistie, Trier 1978, 30-46.

Hünermann, Peter, Mit dem Volk Gottes unterwegs. Eine geistliche Besinnung zur Theologie und Praxis des kirchlichen Amtes, in: GuL 54 (1981) 178-187.

Hünermann, Peter, Ekklesiologie im Präsens, Münster 1995.

Hünermann, Peter, Volk Gottes - katholische Kirche - Gemeinde, in: ThQ 175 (1995) 32-45.

Hünermann, Peter, Laien nur Helfer?, in: HerKorr 52 (1998) 28-31.

Imhof, Paul, Amt. Aspekte des neutestamentlichen Priestertums, in: GuL 64 (1991) 1 6.

Internationale Theologienkommission, Priesterdienst, Einsiedeln o.J.

Javierre, Antonio, Zur klassischen Lehre von der apostolischen Sukzession, in: Conc(D) 4 (1968) 242-247.

Jilek, August, Initiationsfeier und Amt. Ein Beitrag zur Struktur und Theologie der Ämter und des Taufgottesdienstes in der frühen Kirche, Frankfurt/M. 1979.

Jilek, August, Bischof und Presbyterium, in: ZKTh 106 (1984) 376-401.

Joest, Wilfried, Amt und Ordination - unüberholbare Strukturen?, in: KuD 17 (1971) 75-85.

Johannes Paul II., Pastores dabo vobis. Nachsynodales Apostolisches Schreiben über die Priesterausbildung, 25. März 1992, AAS 84 (1992) 657-804 (VApS 105).

Johannes Paul II., Ordinatio sacerdotalis. Apostolisches Schreiben über die nur Männern vorbehaltene Priesterweihe, 22. Mai 1994, AAS 86 (1994) 545-548 (VApS 117).

Johannes XXIII., Sacerdotii nostri primordia, Rundschreiben zum hundertsten Todestag des heiligen Johannes Maria Vianney, 1. August 1959, AAS 51 (1959) 545-579.

Johannes XXIII., Geistliches Tagebuch und andere geistliche Schriften, Freiburg ^{2}1964.

Jorissen, Hans, Bemerkungen zum „charakter indelebilis" des Amts-Priestertums, in: F. Groner (Hrsg.), die Kirche im Wandel der Zeit (FS J. Höffner), Köln 1971, 217-225.

Jürgensmeier, Friedrich, Der mystische Leib Christi als Grundprinzip der Aszetik, Paderborn 1933, ^{3}1934.

Kaczynski, Reiner, Das Vorsteheramt im Gottesdienst nach dem Zeignis der Ordinationsliturgie des Ostens und Westens, in: LJ 35 (1985) 69-84.

Kaiser, Matthäus, Macht oder Vollmacht? Zum Verständnis der sacra potestas, in: R. Beer (Hrsg.), Diener in Eurer Mitte (FS A. Hoffmann), Passau 1984, 318-332.

Kaiser, Matthäus, Absolute Ordination?, in: H. Roßmann / J. Ratzinger (Hrsg.), Mysterium der Gnade (FS J. Auer), Regensburg 1975, 183-194.

Kamphaus, Franz, Priester aus Passion, Freiburg u.a. 1993.

Käppeli, Thomas, Zur Lehre des hl. Thomas von Aquin vom Corpus Christi mysticum, Freiburg/CH 1931.

Karrer, Leo, Art. Laie/Klerus, in: NHThG 3, 1991, 177-206.

Käsemann, Ernst, Leib und Leib Christi. Eine Untersuchung zur paulinischen Begrifflichkeit, Tübingen 1933.

Käsemann, Ernst, Amt und Gemeinde im Neuen Testament, in: Exegetische Versuche und Besinnungen I, Göttingen 1960, 109-135.

Kasper, Walter, Neue Akzente im dogmatischen Verständnis des priesterlichen Dienstes, in: Conc(D) 5 (1969) 164-170.

Kasper, Walter, Die Funktion des Priesters in der Kirche, in: GuL 42 (1969) 102-116.

Kasper, Walter, Kollegiale Strukturen in der Kirche, in: Sein und Sendung 1 (1969) 5-55.

Kasper, Walter, Glaube und Geschichte, Mainz 1970.

Kasper, Walter, Das priesterliche Dienstamt. Bemerkungen zu der Vorlage für die Bischofssynode 1971, in: Diak 2 (1971) 222-232.

Kasper, Walter, Die Träger der kirchlichen Sendung, in: ders., Die Heilssendung der Kirche, Mainz 1971, 47-89.

Kasper, Walter, Zur Frage der Anerkennung der Ämter in den lutherischen Kirchen, in: ThQ 151(1971) 97-109.

Kasper, Walter, Konvergenz und Divergenz in der Amtsfrage, in: Conc(D) 8 (1972) 297-299.

Kasper, Walter, Ökumenischer Konsens über das kirchliche Amt?, in: StZ 191 (1973) 219-230.

Kasper, Walter, Neue Aspekte im Verständnis des Priesteramtes, in: ThPQ 122 (1974) 6-13.

Kasper, Walter, Die schädlichen Nebenwirkungen des Priestermangels, in: StZ 195 (1977) 189-203.

Kasper, Walter, Sein und Sendung des Priesters. Gedanken über die Zukunft des priesterlichen Dienstes, in: ders., Zukunft aus dem Glauben, Mainz 1978, 85-112.

Kasper, Walter, Das kirchliche Amt in der Diskussion. Zur Auseinandersetzung mit E. Schillebeeckx' „Das kirchliche Amt" (Düsseldorf 1981), in: ThQ 163 (1983) 46-53.

Kasper, Walter, Rez. zu E. Schillebeeckx, Christliche Identität und kirchliches Amt, in: ThQ 166 (1986) 156-158.

Kasper, Walter, Die bleibende Herausforderung durch das II. Vatikanische Konzil. Zur Hermeneutik der Konzilsaussagen, in: ders., Theologie und Kirche, Mainz 1987, 290-299.

Kasper, Walter, Kirche als communio. Überlegungen zur ekklesiologischen Leitidee des II. Vatikanischen Konzils, in: ders., Theologie und Kirche, Mainz 1987, 272-289.

Kasper, Walter, Der Leitungsdienst in der Gemeinde, Referat beim Studientag der Deutschen Bischofskonferenz (23. Februar 1994), Bonn 1994 (Arbeitshilfen 118).

Kehl, Medard, Kirche als Institution, Frankfurt/M. 1976.

Kehl, Medard, Die Kirche. Eine katholische Ekklesiologie, Würzburg 1992.

Keller, Max, „Volk Gottes" als Kirchenbegriff. Eine Untersuchung zum neueren Verständnis, Zürich, Köln 1970.

Keller, Michael, Katholische Aktion. Eine systematische Darstellung ihrer Idee, Paderborn 1933.

Kellner, Thomas, Kommunikative Gemeindeleitung. Theologie und Praxis, Mainz 1998.

Kerkhofs, Jan / Zulehner, Paul M. (Hrsg.), Europa ohne Priester, Düsseldorf 1995.

Kertelge, Karl, Gemeinde und Amt im Neuen Testament, München 1972.

Kertelge, Karl (Hrsg.), Das kirchliche Amt im Neuen Testament, Darmstadt 1977.

Kertelge, Karl, Offene Fragen zum Thema „geistliches Amt" und das neutestamentliche Verständnis von der „Repräsentation Christi", in: R. Schnackenburg u.a. (Hrsg.), Die Kirche des Anfangs (FS H. Schürmann), Freiburg u.a. 1977, 583-605.

Kertelge, Karl, Das Apostelamt des Paulus, in: ders., Grundthemen paulinischer Theologie, Freiburg 1991.

Kessler, Michael (Hrsg.), Ordination – Sendung – Beauftragung. Anfragen und Beobachtungen zur rechtlichen, liturgischen und theologischen Struktur, Tübingen - Basel 1996.

Klasvogt, Peter / Lettmann, Reinhard (Hrsg.), Priester mit Profil. Zur Zukunftsgestalt des geistlichen amtes, Paderborn 2000.

Klauck, Hans-Josef, 1. Korintherbrief (Neue Echter Bibel NT 7), Würzburg ^{2}1987.

Klauck, Hans-Josef, Gemeinde – Amt – Sakrament, Würzburg 1989.

Klein, Hermann u.a. (Hrsg.), Der Dienst in der Gemeinde, Düsseldorf 1986.

Kleinheyer, Bruno, Die Priesterweihe im römischen Ritus, Trier 1962.

Kleinheyer, Bruno, Handauflegung zur Geistmitteilung oder: Der Geist weht, wo die Kirche feiert, in: LJ 30 (1980) 154-173.

Kleinheyer, Bruno, Ordination und Beauftragungen, in: H.B. Meyer u.a. (Hrsg.), Gottesdienst in der Kirche. Handbuch der Liturgiewissenschaft VIII. Sakramentliche Feiern II, Regensburg 1984, 7-65.

Kleinheyer, Bruno, Ordinationsfeiern, in: LJ 41 (1991) 88-118.

Klerusverband in Bayern, Die Sendung des Priesters. Studientagung des Klerusverbandes in Bayern, Augsburg 1971.

Klöckener, Martin / Richter, Klemens (Hrsg.), Wie weit trägt das gemeinsame Priestertum? Liturgischer Leitungsdienst zwischen Ordination und Beauftragung (QD 171), Freiburg 1998.

Klostermann, Ferdinand, Das christliche Apostolat, Innsbruck-München 1962.

Klostermann, Ferdinand, Prinzip Gemeinde. Gemeinde als Prinzip des kirchlichen Lebens und der Pastoraltheologie als der Theologie dieses Lebens (Wiener Beiträge zur Theologie Bd.11), Wien 1965.

Klostermann, Ferdinand, Entmythologisierung des Priesterberufes und der Priesterberufung, in: Der Seelsorger 36 (1966) 10-21.

Klostermann, Ferdinand, die Berufung zum Vorsteherdienst des Neuen Bundes, in: HPTh IV, Freiburg 1969, 451-469.

Klostermann, Ferdinand, Priester für morgen, Innsbruck - Wien - München 1970.

Klostermann, Ferdinand, Priester für morgen – pastoraltheologische Aspekte, in: W. Pesch / P. Hünermann / F. Klostermann, Kirchliches Amt zwischen gestern und morgen, Aschaffenburg 1971.

Klostermann, Ferdinand, Thesen zum kirchlichen Vorsteheramt und seiner zeitgemäßen Auffächerung, in: Diak 3 (1973) 175-179.

Klostermann, Ferdinand, Gemeinde – Kirche der Zukunft. Thesen – Dienste – Modelle (2 Bde.), Freiburg 1974.

Klostermann, Ferdinand (Hrsg.), Der Priestermangel und seine Konsequenzen (Schriften der Katholischen Akademie in Bayern 79), Düsseldorf 1977.

Knobloch, Stefan, Zurück vor das Konzil? Zur römischen Instruktion über die Mitarbeit der Laien am Dienst der Priester, in: Orientierung 62 (1998) 50-54.

Knoch, Otto, „Ihr sollt niemand auf Erden euren Vater nennen!" (Mt 23,9). Biblische Überlegungen zu Eigenart und rechtem Vollzug des Bischofs- und Priesteramtes, in: R. Beer (Hrsg.), Diener in Eurer Mitte (FS A. Hoffmann), Passau 1984, 46-63.

Koch, Günter, Sakramentenlehre - Das Heil aus den Sakramenten, in: W. Beinert (Hrsg.), Glaubenszugänge Bd. 3, Paderborn 1995, 309-523.

Koch, Kurt, Atheismus des kirchlichen Amtes?, in: ders., Aufbruch statt Resignation, Zürich 1990, 91-97.

Koch, Kurt, Pastorale Konsequenzen nach der Laien-Instructio, in: US 54 (1999) 229-135.

Koch, Otto, Charisma und Amt: Ordnungselemente der Kirche Christi, in: SNTU 8 (1983) 124-161.

Koch, Otto, Die Funktion der Handauflegung im Neuen Testament, in: LJ 33 (1983) 222-235.

Kohl, Christoph, Amtsträger oder Laie? Die Diskussion um den ekklesiologischen Ort der Pastoralreferenten und Gemeindereferenten, Frankfurt/M. 1987.

Kohl, Christoph, Zwischen Laien und Amtsträgern?, in: R. Birkenmaier (Hrsg.), Werden und Wandel eines neuen kirchlichen Berufs. Sechzig Jahre Seelsorgshelferinnen/Gemeindereferent(inn)en, München 1989, 29-69.

Kolbe, Ferdinand, Die liturgische Bewegung, Aschaffenburg 1964.

Kongregation für den Klerus, Direktorium für Dienst und Leben der Priester, 31. Januar 1994, VApS 113.

Kongregation für den Klerus u.a., Instruktion zu einigen Fragen über die Mitarbeit der Laien am Dienst der Priester, 15. August 1997, AAS 89 (1997) 852-877 (VApS 129).

Kongregation für den Klerus, Der Priester, Lehrer des Wortes, Diener der Sakramente und Leiter der Gemeinde für das dritte christliche Jahrtausend, Rundschreiben vom 19. März 1999 (VApS 139).

Kongregation für die Glaubenslehre, Sacerdotium ministeriale. Schreiben an die Bischöfe der katholischen Kirche über einige Fragen bezüglich des Dieners der Eucharistie, 6. August 1983, AAS 75 (1983) 1001-1009.

Kongregation für die Glaubenslehre, Schreiben an die Bischöfe der katholischen Kirche über einige Aspekte der Kirche als Communio, 28. Mai 1992, AAS 85 (1993) 838-850 (VApS 107).

Koster, Mannes Dominikus, Ekklesiologie im Werden, Paderborn 1940.

Kötting, Bernhard, Amt und Verfassung in der Alten Kirche, in: W. Pesch u.a., Zum Thema Priesteramt, Stuttgart 1970, 25-53.

Kötting, Bernhard, Zur Frage der „successio apostolica" in frühkirchlicher Sicht, in: Cath(M) 27 (1973) 234-247.

Krämer, Peter, Dienst und Vollmacht in der Kirche. Eine rechtstheologische Untersuchung zur Sacra-Potestas-Lehre des II. Vatikanischen Konzils, Trier 1973.

Kraxner, Alois, Gemeinde auf sich selbst gestellt – ohne hauptamtlichen Priester, in: ThPQ 124 (1976) 370-376.

Krebs, Engelbert, Dogma und Leben. Die kirchliche Glaubenslehre als Wertquelle für das Geistesleben (2 Bde.), Paderborn I. 1919 ³1930, II. 1925.

Krebs, Engelbert, Vom königlichen Priestertum des Volkes Gottes, Freiburg ⁴1925.

Krebs, Engelbert, Christus und der Priester, Augsburg 1931.

Krieger, Walter / Schwarz, Alois (Hrsg.), Amt und Dienst. Umbruch als Chance, Österr. Pastoraltagung 28.-30. Dez 1996, Würzburg 1996.

Küng, Hans, Strukturen der Kirche (QD 17), Freiburg 1962.

Küng, Hans, Die charismatische Struktur der Kirche, in: Conc(D) 1 (1965) 282 -290.

Küng, Hans, Die Kirche, Freiburg ³1969.

Küng, Hans, Thesen zum Wesen der apostolischen Sukzession, in: Conc(D) 4 (1968) 248-251.

Küng, Hans, Was ist die Kirche?, Freiburg u.a. 1970.

Küng, Hans, Das Amt in der Kirche, in: US 25 (1970) 107-115.

Küng, Hans, Wozu Priester?, Zürich - Einsiedeln - Köln 1971.

Kuß, Otto, Kirchliches Amt und freie geistliche Vollmacht, in: ders., Auslegung und Verkündigung I. Aufsätze zur Exegese des Neuen Testaments, Regensburg 1963, 272-280.

Lais, Hermann, Gedanken zu den Meßopfertheorien, in: J. Auer / H. Volk (Hrsg.), Theologie in Geschichte und Gegenwart (FS M. Schmaus), München 1957, 67-88.

Laub, Franz, Hebräerbrief (SKK NT 14), Stuttgart 1988.

Laurentin, René, Zur Klärung des Begriffs „Charisma", in: Conc(D) 13 (1977) 551-556.

Lederhilger, Severin, Kooperative Seelsorge und die Frage nach dem Amt, in: ThPQ 142 (1994) 123-136.

Legrand, Hervé-Marie, Das „unauslöschliche Merkmal" und die Theologie des Weiheamtes, in: Conc(D) 8 (1972) 262-267.

Legrand, Hervé-Marie, Das Amt in der Ortskirche, in: P. Eicher, Neue Summe Theologie Bd. 3., Freiburg 1989, 116-181.

Lehmann, Karl, Das dogmatische Problem des theologischen Ansatzes zum Verständnis des Amtspriestertums, in: Existenzprobleme des Priesters (Münchener Akademieschriften 50), München 1969, 121-175.

Lehmann, Karl, Das priesterliche Amt im priesterlichen Volk, in: Gemeinde des Herrn. 83. Deutscher Katholikentag (Trier 1970), Paderborn 1970, 247-261.

Lehmann, Karl, Zur Theologie der Gemeindeleitung, in: Pastoraltheologische Informationen 1970, 2-31.

Lehmann, Karl, Zur dogmatischen Legitimation einer Demokratisierung in der Kirche, in: Conc(D) 7 (1971) 171-181.

Lehmann, Karl, Ämteranerkennung und Ordinationsverständnis, in: Cath(M) 27 (1973) 248-262.

Lehmann, Karl, Nach dem Streit um das „Ämtermemorandum". Kleine Antwort auf W. Pannenbergs Beitrag, in: Cath(M) 28 (1974) 157-160.

Lehmann, Karl, Der Auftrag des Amtes in der heutigen Kirche, in: IKaZ 10 (1981) 446-457.

Lehmann, Karl, Das geistliche Amt im ökumenischen Gespräch, in: LS 33 (1982) 158-164.

Lehmann, Karl / Schlink, Edmund (Hrsg.), Evangelium - Sakrament - Amt und die Einheit der Kirche, Freiburg - Göttingen 1982.

Leitmaier, Charlotte, Morphologie der kirchlichen Strukturen. Divinisierung des kirchlichen Amtes als Gefahr für den Glauben, in: Diak 21 (1990) 100-106.

Leuninger, Ernst, Die Entwicklung der Gemeindeleitung, St. Ottilien 1996.

Lies, Lothar, Rez. zu: SOG Speyer, Das Recht der Gemeinde auf Eucharistie, in: ZKTh 102 (1980) 243-245.

Lies, Lothar, Rez. zu: P. Weß, Ihr seid alle Geschwister, in: ZKTh 108 (1986) 176-179.

Lippert, Peter, Die Kirche Christi, Freiburg ²1935 (¹1934).

Lippert, Peter, Zum Thema Priestertum: ein wichtiges Buch, kritisch zu lesen, in: ThG 25 (1982) 347-350.

Lips, Hermann von, Glaube - Gemeinde - Amt. Zum Verständnis der Ordination in den Pastoralbriefen (FRLANT 122), Göttingen 1979.

Lohfink, Gerhard, Die Normativität der Amtsvorstellung in den Pastoralbriefen, in: ThQ 157 (1977) 93-106.

Löhrer, Magnus, Zur Theologie von Geistlichem Amt und Gemeinde, in: M. Roesle / O. Cullmann (Hrsg.), Begegnung der Christen (FS O. Karrer), Stuttgart - Frankfurt ²1960, 210-234.

Löhrer, Magnus, Die Hierarchie im Dienst des christlichen Volkes, in: G. Baraúna (Hrsg.), De Ecclesia. Beiträge zur Konstitution „Über die Kirche" des II. Vatikanischen Konzils II, Freiburg/Frankfurt 1966, 9-23.

Loosen, Josef, Kirche aus Priestern und Laien, in: ThJb(L) 1970, 390-404.

Lortz, Joseph, „Priestertum des Altars" oder „Priestertum des Wortes"? Kritische Bemerkungen zu einem Buch von Daniel Olivier, in: Cath(M) 28 (1974) 71-77.

Lubac, Henri de, Betrachtung über die Kirche, Graz - Wien - Köln 1954.

Lubac, Henri de, Die Kirche. Eine Betrachtung, 1968.

Lubac, Henri de, Corpus mysticum. Kirche und Eucharistie im Mittelalter, Einsiedeln 1969.

Lülsdorff, Raimund, Das kirchliche Amt in der Darstellung des Catechismus Romanus, in: Cath(M) 47 (1993) 76-88.

Lülsdorff, Raimund, „Volk Gottes“ und „Leib Christi“. Ein Zwiespalt in der Ekklesiologie des Zweiten Vatikanischen Konzils?, in: Pastoralblatt 49 (1997) 99-107.

Malmberg, Felix, Ein Leib - ein Geist, Freiburg 1960.

Martin, Jochen, Die Genese des Amtspriestertums in der frühen Kirche (Der priesterliche Dienst III, QD 48), Freiburg 1972.

März, Claus-Peter, Hebräerbrief (Neue Echter Bibel NT 16), Stuttgart 1989.

Mausbach, Joseph, Grundzüge der Katholischen Apologetik, Münster 1916.

May, Georg, Priester und priesterliche Lebensform in der Kirchenkrise der Gegenwart, Wien 1977.

Mayer, Harding u.a. (Hrsg.), Dokumente wachsender Übereinstimmung (I: 1931-1982, II: 1982-1990), Paderborn 1983/1992.

McKenzie, John, Amtsstrukturen im Neuen Testament, in: Conc(D) 8 (1972) 239-245.

Meisenberg, Paul, Die römische Instruktion über die Mitarbeit der Laien. Theologische Perspektiven und kirchliche Konsequenzen, in: Pastoralblatt 50 (1998) 48-56.

Menke, Karl-Heinz, Zu der Frage: „Was wird aus der Gemeindeleitung?“, in: Pastoralblatt 47 (1995) 186-187.

Mercier, Désiré, Priesterwürde und Priesteramt (Exerzitienvorträge vor Mechelner Seminaristen), Dülmen 1910.

Mercier, Désiré, Stille Stunden des Priesters, Limburg ^{2}1922.

Merklein, Helmut, Das kirchliche Amt nach dem Epheserbrief, München 1973.

Merklein, Helmut, Paulinische Theologie in der Rezeption des Kolosser- und Epheserbriefes, in: K. Kertelge (Hrsg.), Paulus in den neutestamentlichen Spätschriften (QD 89), Freiburg 1981, 25-69.

Merklein, Helmut, Der paulinische Leib-Christi-Gedanke, in: M. Böhnke / H.-P. Heinz (Hrsg.), Im Gespräch mit dem dreieinen Gott (FS W. Breuning), Düsseldorf 1985.

Meuzelaar, Jacobus J., Der Leib des Messias, Assen 1961.

Mersch, Émile, Le corps mystique du Christ, Louvain 1933.

Mikat, Paul, Die Zusammenarbeit zwischen Priestern und Laien in der Gemeinde, in: Conc(D) 1 (1965) 743-747.

Mitterer, Albert, Geheimnisvoller Leib Christi nach St. Thomas v. Aquin und nach Papst Pius XII., Wien 1950.

Möbs, Ulrich, Das kirchliche Amt bei Karl Rahner, Paderborn u.a. 1992.

Mödlhammer, Johann Werner, Anmerkungen zum priesterlichen Amt im theologischen und gesellschaftlichen Heute, in: HlD 28 (1974) 64-72.

Mödlhammer, Johann Werner, Amt und Gemeinde nach den Dokumenten des Zweiten Vatikanischen Konzils und des ökumenischen Dialogs, in: HlD 50 (1996) 11-18.
Moede, Gerald F., Amt und Ordination in der ökumenischen Diskussion, in: H. Vorgrimler (Hrsg.), Amt und Ordination in ökumenischer Sicht (Der priesterliche Dienst V, QD 50), Freiburg 1973, 9-71.
Möhler, Johann Adam, Rez. zu Th. Katerkamp, Des ersten Zeitalters der Kirchengeschichte erste Abtheilung, in: ThQ 5 (1823) 484-532.
Möhler, Johann Adam, Die Einheit der Kirche oder das Prinzip des Katholizismus (hrsg. v. J.R. Geiselmann), Darmstadt 1957.
Mörsdorf, Klaus, Die Entwicklung der Zweigliedrigkeit der kirchlichen Hierarchie, in: MThZ 3 (1952) 1-16.
Mörsdorf, Klaus, Einheit in der Zweiheit. Der hierarchische Aufbau der Kirche, in: AkathKR 134 (1965) 80-88.
Mörsdorf, Klaus, Die Zusammenarbeit von Priestern und Laien in ekklesiologisch-kanonistischer Sicht, in: H. Gehring (Hrsg.), Grundfragen der Zusammenarbeit von Priestern und Laien (Veröffentlichungen der Kath. Akademie Freiburg 11), Karlsruhe 1968, 13-20.
Mörsdorf, Klaus, Das eine Volk Gottes und die Teilhabe der Laien an der Sendung der Kirche, in: K. Siepen u.a. (Hrsg.), Ecclesia et ius (FS A. Scheuermann), Paderborn 1968, 99-119.
Mühlen, Heribert, Entsakralisierung, Ein epochales Schlagwort in seiner Bedeutung für die Zukunft der christlichen Kirchen, Paderborn 1971.
Mühlen, Heribert, Die Besonderheit des kirchlichen Leitungsamtes, in: F. Hahn u.a., Dienst und Amt. Überlebensfrage der Kirche, Regensburg 1973, 77-103.
Mühlen, Heribert, Das mögliche Zentrum der Amtsfrage, in: Cath(M) 28 (1973) 329-351.
Müller, Alois, Das moderne Priesterbild, pastorale Einordnung des priesterlichen Dienstes, in: Mitten in dieser Welt. 82. Deutscher Katholikentag (Essen 1968), Paderborn 1968, 115-127.
Müller, Alois, Funktion und Ordination, in: Diak 6 (1975) 1-2.
Müller, Alois, Was für Priester sind wir?, in: Diak 10 (1979) 289-291.
Müller, Alois, Amt als Kriterium der Kirchlichkeit? Kirchlichkeit als Kriterium des Amtes?, in: Kirche und Sakrament (Theologische Berichte IX), Zürich 1980, 97-129.
Müller, Gerhard Ludwig, Katholische Dogmatik, Freiburg 1996.
Müller, Hubert, Die gemeinsame Berufung der Christen und besondere Berufungen in der Kirche, in: ThPQ 128 (1980) 358-367.
Müller, Otfried, Zur Krise im heutigen Selbstverständnis des katholischen Priesters, in: ThJb(L) 1970, 309-335.
Müller-Erb, Rudolf, Der Laie in der Kirche, in: ThQ 130 (1950) 184-196.
Mysterium. Gesammelte Arbeiten Laacher Möche, Münster 1926.

Neumann, Johannes, Der theologische Grund für das kirchliche Vorsteheramt nach dem Zeugnis der Apostolischen Väter, in: MThZ 14 (1963) 253-265.

Neuner, Peter, Der Laie und das Gottesvolk, Frankfurt/M. 1988.

Neuner, Peter, „Die Kirche entwickelt heute neue Ämter". Ein Gespräch mit dem Münchner Dogmatiker Peter Neuner, in: HerKorr 49 (1995) 128-133.

Neuner, Peter, Ekklesiologie - Die Lehre von der Kirche, in: W. Beinert (Hrsg.), Glaubenszugänge Bd. 2, Paderborn - München 1995, 401-578.

Neuner, Peter, Das kirchliche Amt: Identität im Wandel, in: J. Kerkhofs / P.M. Zulehner (Hrsg.), Europa ohne Priester, Düsseldorf 1995, 178-207; und in: W. Krieger / A. Schwarz (Hrsg.), Amt und Dienst - Umbruch als Chance, Würzburg 1996, 9-33.

Neuner, Peter, Ökumenische Theologie, Darmstadt 1997.

Neunheuser, Burkard, Der positive Sinn der päpstlichen Grenzsetzung in der Enzyklika „Mediator Dei", in: A. Mayer / J. Quasten / B. Neunheuser (Hrsg.), Vom christlichen Mysterium, Düsseldorf 1951, 344-360.

Neunheuser, Burkard, Mysteriengegenwart. Ein Theologoumenon inmitten des Gesprächs, in: ALW 3/1 (1953) 104-122.

Niebecker, Engelbert, Das allgemeine Priestertum aller Gläubigen, Paderborn 1936.

Niemand, Christoph, „.. damit das Wort Gottes nicht in Verruf kommt", in: ThPQ 144 (1996) 351-361.

Niewiadomski, Jozef, „Menschen, Christen, Priester ...". Dogmatische Überlegungen zur Amtstheologie auf dem Hintergrund der Diskussion über „kooperative Seelsorgemodelle", in: ThPQ 143 (1995) 159-169.

Nocke, Franz-Josef, Priesterweihe, in: Th. Schneider (Hrsg.), Handbuch der Dogmatik. Bd. 2, Düsseldorf 1992, 344-361.

Nürnberg, Rosemarie, „Non decet neque necessarium est, ut mulieres doceant." Überlegungen zum altkirchlichen Lehrverbot für Frauen, in: JAC 31 (1988) 57-73.

Oberlinner, Lorenz, Die Apostel und ihre Nachfolger, in: A. Vögtle / L. Oberlinner, Anpassung und Widerspruch, Freiburg 1992, 9-39.

Oberlinner, Lorenz, Anpassung oder Widerspruch? Die christliche Gemeinde am Beginn des 2. Jahrhunderts nach den Pastoralbriefen, in: A. Vögtle / L. Oberlinner, Anpassung oder Widerspruch, Freiburg 1992, 92-114.

Olschewski, Jürgen, Das Recht auf Sakramentenempfang. Zur Entwicklung eines Fundamentalrechtes der Gläubigen vom Konzil von Trient bis zur Gegenwart, Frankfurt/M. 1998.

Oswald, Johannes Heinrich, Die dogmatische Lehre von den heiligen Sakramenten der katholischen Kirche (2 Bde.), Münster ^{5}1894.

Ott, Ludwig, Grundriß der Dogmatik, Freiburg 1952.

Ott, Ludwig, Das Weihesakrament (HDG IV/5), Freiburg 1969.

Paarhammer, Hans (Hrsg.), Im Dienst des Guten Hirten. Papst Johannes Paul II. an die Priester, Thaur/Tirol 1993.

Pascher, Josef, Rundschreiben Pius' XII. über die Liturgie „Mediator Dei", in: ThGl 37/38 (1947/48) 185-199.

Persson, Per Erik, Repraesentatio Christi. Der Amtsbegriff in der neueren römisch-katholischen Theologie, Göttingen 1966.

Pesch, Otto Hermann, Das Zweite Vatikanische Konzil (1962-1965). Vorgeschichte - Verlauf - Ergebnisse - Nachgeschichte, Würzburg 1993.

Pesch, Wilhelm, Kirchlicher Dienst und Neues Testament, in: ders. u.a., Zum Thema Priesteramt, Stuttgert 1970, 9-24.

Pesch, Wilhelm, Priestertum und Neues Testament, in: TThZ 79 (1970) 65-83.

Pesch, Wilhelm, Zu Texten des Neuen Testaments über das Priestertum der Getauften, in: O. Bücher / K. (Hrsg.), Verborum Veritas (FS G. Stählin), Wuppertal 1970, 303-315.

Pesch, W. / Hünermann, P. / Klostermann, F., Priestertum und kirchliches Amt zwischen gestern und morgen (Der Christ in der Welt Reihe XII Bd. 5), Aschaffenburg 1971.

Peters, Klaus, Repräsentation nach der Lehre des II. Vatikanischen Konzils, Trier 1976.

Pfnür, Vinzenz, Kirche und Amt. Neuere Literatur zur ökumenischen Diskussion um die Amtsfrage (Catholica Beiheft 1), Münster 1975.

Philips, Gérard, Der Laie in der Kirche. Eine Theologie des Laienstandes für weitere Kreise, Salzburg 1955.

Philips, Gérard, L'église et son mystère au IIe Concile du Vatican. Histoire, texte et commentaire de la Constitution Lumen Gentium (2 Bde.), Paris 1967/68.

Picard, Paul, Die gegenwärtige Diskussion um die priesterliche Existenz, in: GuL 41 (1968) 21-44.

Pilgram, Friedrich, Physiologie der Kirche, Mainz 1860, ^{2}1931.

Pin, Emile, Die Differenzierung im Verständnis der priesterlichen Funktion, in: Conc(D) 5 (1969) 177-184.

Pirklbauer, Birgit L., Priesteridentität zwischen Kirche und Gesellschaft. Diskussionsbeiträge aus soziologischer Theorie und Empirie, Linz 1998.

Pius X., Haerent animo. Mahnwort an den katholischen Klerus anläßlich seines fünfzigsten Priesterjubiläums, 4. August 1908, ASS 41 (1908) 555-577.

Pius XI., Ad catholici sacerdotii, Rundschreiben über das Priestertum, 20. Dezember 1935, AAS 28 (1936) 5-53.

Pius XII., Solemnis conventus. Ansprache an die Kleriker von Rom, 24. Juni 1939, AAS 31 (1939) 245-251.

Pius XII., Mystici Corporis. Rundschreiben über den Mystischen Leib Jesu Christi und unsere Verbindung in ihm mit Christus, 29. Juni 1943, AAS 35 (1943) 193-248.

Pius XII., Mediator Dei. Rundschreiben über die heilige Liturgie, 20.November 1947, AAS 39 (1947) 521-595.

Pius XII., Menti nostrae. Apostolische Ermahnung über die Förderung der Heiligkeit des Priesterlebens, 23. September 1950, AAS 42 (1950) 657-702.

Pohle, Joseph, Lehrbuch der Dogmatik (3 Bde), Paderborn 1905/1906.

Poschmann, Bernhard, „Mysteriengegenwart“ im Licht des hl. Thomas, in: ThQ 116 (1935) 53-116.

Pottmeyer, Hermann Josef, Das Bleibende an Amt und Sendung des Presbyters. Die ekklesiologische Einordnung des Priesteramtes als Anliegen gegenwärtiger Theologie, in: LS 21 (1970) 39-48.

Pottmeyer, Hermann Josef / Kötting, Bernhard / Walf, Knut, Der priesterliche Dienst, in: ThRv 69 (1973) 177-190.

Pottmeyer, Hermann Josef, Thesen zur theologischen Konzeption der pastoralen Dienste und ihrer Zuordnung, in: ThGl 66 (1976) 313-331.

Pottmeyer, Hermann Josef, Die Zuordnung von Laien und Priestern im pastoralen Dienst, in: LS 29 (1978) 9-18.

Pottmeyer, Hermann Josef, Amt als Dienst - Dienst als Amt, in: LS 33 (1982) 153-158.

Pottmeyer, Hermann Josef, Die zwiespältige Ekklesiologie des Zweiten Vaticanums - Ursache nachkonziliarer Konflikte, in: TThZ 92 (1983) 272-283.

Pree, Helmuth, Priester ohne Amt, in: ThPQ 141 (1993) 54-64.

Pree, Helmuth, Die Laieninstruktion 1997 - eine kanonistische Glosse, in: AnzSS (1998) 62-66.

Premm, Matthias, Kathol. Glaubenskunde III/2, Wien 1955.

Die Priesterfrage steht zur Entscheidung, in: HerKorr 25 (1971) 343-348.

Die Priesterfrage auf der römischen Bischofssynode, in: HerKorr 25 (1971) 529-536.

Das priesterliche Dienstamt. Eine Arbeitsgrundlage für die Diskussion in der allgemeinen Bischofssynode, München 1971.

Przywara, Erich, Corpus Christi mysticum - Eine Bilanz, in: ZAM 15 (1940) 197-215.

Puza, Richard, Kirchenrecht und Communio, Perspektiven auf dem Weg zu einem diakonischen Kirchenrecht in der Communio, in: ThQ 178 (1998) 194-208.

Puzik, E. / Kuss, O. (Hrsg.), Sacramentum Ordinis. Geschichtliche und systematische Beiträge, Breslau o.J.

Rademacher, Arnold, Die Kirche als Gemeinschaft und Gesellschaft. Eine Studie zur Soziologie der Kirche, Augsburg 1931.

Rahner, Karl, Schriften zur Theologie (I-XVI), Einsiedeln 1954-1984.

Rahner, Karl, Das Laienapostolat, in: Schriften II, 1955, 339-373.

Rahner, Karl, Priesterliche Existenz, in: Schriften III, 1956, 285-312.
Rahner, Karl, Über den Begriff des „Jus divinum" im katholischen Verständnis, in: Schriften V, 1962, 249-277.
Rahner, Karl, Grenzen der Amtskirche, in: Schriften VI, 1965, 499-520.
Rahner, Karl, Sakramentale Grundlegung des Laienstandes in der Kirche, in: Schriften VII, 1966, 333-350.
Rahner, Karl, Der eine Mittler und die Vielfalt der Vermittlungen, in: Schriften VIII, 1967, 218-235.
Rahner, Karl, Bemerkungen über das Charismatische in der Kirche, in: Schriften IX, 1970, 415-431.
Rahner, Karl, Zum Selbstverständnis des Amtspriesters, in: Schriften X, 1972, 448-466.
Rahner, Karl, Der theologische Ansatzpunkt für die Bestimmung des Wesens des Amtspriestertums, in: Conc(D) 5 (1969) 194-197 (und in: Schriften IX, 1970, 366-372).
Rahner, Karl, Das Dynamische in der Kirche, Freiburg 1958.
Rahner, Karl, Kirche und Sakramente (QD 10), Freiburg 1960.
Rahner, Karl, Die vielen Messen und das eine Opfer (QD 31), Freiburg 1966.
Rahner, Karl, Vom Sinn des kirchlichen Amtes, Freiburg 1966.
Rahner, Karl, Das geistliche Amt in der Kirche, Freiburg 1967.
Rahner, Karl, Knechte Christi. Meditationen zum Priestertum, Freiburg 1967.
Rahner, Karl, Dogmatische Grundlagen des priesterlichen Selbstverständnisses, in: Mitten in dieser Welt. 82. Deutscher Katholikentag (Essen 1968), Paderborn 1968, 96-115.
Rahner, Karl, Theologische Reflexionen zum Priesterbild von heute und morgen, in: Weltpriester nach dem Konzil (Münchener Akademieschriften 46) München 1969, 91-118.
Rahner, Karl, Die Träger des Selbstvollzugs der Kirche, in: HPTh I, Freiburg ²1970, 157-232.
Rahner, Karl, Strukturwandel der Kirche als Aufgabe und Chance, Freiburg 1972, ²1989.
Rahner, Karl, Vorfragen zu einem ökumenischen Amtsverständnis (QD 65), Freiburg 1974.
Rahner, Karl, Die siebenfältige Gabe, 1975.
Rahner, Karl, Pastorale Dienste und Gemeindeleitung, in: StZ 195 (1977) 733-743.
Rajšp, Aleksander, „Priester" und „Laien". Ein neues Verständnis, Düsseldorf 1982.
Ranft, Joseph, Die Stellung der Lehre von der Kirche im dogmatischen System, Aschaffenburg 1927.
Ratzinger, Joseph, Volk und Haus Gottes in Augustins Lehre von der Kirche, München 1954.

Ratzinger, Joseph, Primat, Episkopat und successio apostolica, in: K. Rahner / J. Ratzinger, Episkopat und Primat (QD 11), Freiburg 1961, 37-59.

Ratzinger, Joseph, Das geistliche Amt und die Einheit der Kirche, in: Cath(M) 17 (1963) 165-179.

Ratzinger, Joseph, Zur Frage nach dem Sinn des priesterlichen Dienstes, in: GuL 41 (1968) 347-376.

Ratzinger, Joseph, Das neue Volk Gottes, Düsseldorf 1969.

Ratzinger, Joseph, Der Priester im Umbruch der Zeit, in: KlBl 49 (1969) 251-254.

Ratzinger, Joseph, Opfer, Sakrament und Priestertum in der Entwicklung der Kirche, in: Cath(M) 26 (1972) 108-125.

Ratzinger, Joseph, Bemerkungen zur Frage der apostolischen Sukzession, in: K. Schuh (Hrsg.), Amt im Widerstreit, Berlin 1973, 37-45.

Ratzinger, Joseph, Die kirchliche Lehre vom sacramentum ordinis, in: IKaZ 10 (1981) 435-445.

Ratzinger, Joseph Kardinal, Theologische Prinzipienlehre, München 1982.

Ratzinger, Joseph, Die Ekklesiologie des Zweiten Vatikanischen Konzils: IKaZ 15 (1986) 41-52.

Ratzinger, Joseph, Unser Auftrag, Würzburg 1990.

Ratzinger, Joseph, Zur Gemeinschaft gerufen, Freiburg 1991.

Rauch, Albert / Imhof, Paul (Hrsg.), Das Priestertum in der Einen Kirche, Aschaffenburg 1987.

Rehberger, Karl, Das Priesterbild der frühen Kirche, im 11. Jahrhundert und am Vorabend der Reformation, in: K. Böcklinger (Hrsg.), Priesterbild im Wandel (FS A. Gruber), Linz 1972, 49-71.

Remmers, Johannes, Apostolische Sukzession der ganzen Kirche, in: Conc(D) 4 (1968) 251-258.

Rendtorff, Trutz (Hrsg.), Charisma und Institution, Gütersloh 1985.

Rocholl, Norbert, Vom Laienpriestertum, Paderborn 1939 (^{2}1940).

Rohde, Joachim, Urchristliche und frühkatholische Ämter, Berlin 1976.

Rohls, Jan, Das geistliche Amt in der reformatorischen Theologie, in: KuD 31 (1985) 135-161.

Rohrbasser, Anton, Heilslehre der Kirche, Dokumente von Pius IX. bis Pius XII., Freiburg/CH 1953.

Rohrbasser, Anton, Sacerdotis imago. Päpstliche Dokumente über das Priestertum von Pius X. bis Johannes XXIII., Freiburg/CH 1962.

Roloff, Jürgen, Art. Amt/Ämter/Amtsverständnis, IV. Im Neuen Testament, in: TRE 2, 1978, 509-533.

Roloff, Jürgen, Art. Apostel/Apostolat/Apostolizität, I. Neues Testament, in: TRE 3, 1978, 430-445.

Rombach, Heinrich, Substanz, System, Struktur (2 Bde), Freiburg 1965/66.

Rombach, Heinrich, Strukturontologie. Eine Phänomenologie der Freiheit, Freiburg - München ^{2}1988.

Röser, Johannes, Trends, Studien, Aussichten zum geistlichen Amt, in: CiG 48 (1996) 299f./307f.

Rossum, Guilelmus M. van, C.SS.R, De essentia Sacramenti Ordinis. Disquisitio historico-theologica, Freiburg 1914, Rom ²1932.

Ruffini, Eliseo, Der Charakter als konkrete Sichtbarkeit des Sakraments in Beziehung zur Kirche, in: Conc(D) 4 (1968) 47-53.

Ruh, Ulrich, Im Spannungsfeld von Gemeinde und Amt. Zum Stand der katholischen Amtsdiskussion, in: HerKorr 39 (1985) 130-133.

Saier, Oskar, „Communio" in der Lehre des Zweiten Vatikanischen Konzils. Eine rechtsbegriffliche Untersuchung, München 1973.

Sattler, Dorothea, Zum römisch-katholischen Amtsverständnis, in: US 54 (1999) 213-228.

Schäfer, Philipp, Bischof und Presbyter, in: R. Beer (Hrsg.), Diener in Eurer Mitte (FS A. Hoffmann), Passau 1984, 243-261.

Schäfer, Theo, Diener der Einheit. Gedanken zum Priesterbild nach dem Konzilsdekret „Presbyterorum Ordinis", in: H. Hammans u.a. (Hrsg.), Geist und Kirche (Gedenkschrift H. Schauf), Paderborn 1990, 17-34.

Schanz, Paul, Die Lehre von den heiligen Sakramenten der katholischen Kirche, Freiburg 1893.

Schanz, Paul, Apologie des Christenthums. Dritter Theil: Christus und die Kirche, Freiburg ²1897.

Scheeben, Matthias Joseph / Atzberger, Ludwig, Handbuch der katholischen Dogmatik IV/1.2, Freiburg 1898/1903.

Scheeben, Matthias Joseph, Die Mysterien des Christentums, Freiburg ³1958.

Scheffczyk, Leo, Das allgemeine und besondere Priestertum, in: KlBl 50 (1970) 331-334.

Scheffczyk, Leo, Die Sakramentalität der Priesterweihe, in: Klerusverband in Bayern (Hrsg.), Die Sendung des Priesters, Augsburg 1971, 65-80.

Scheffczyk, Leo, Das kirchliche Amt im Verständnis der katholischen Theologie, in: K. Schuh (Hrsg.), Amt im Widerstreit, Berlin 1973, 17-25.

Scheffczyk, Leo, Die Vollmacht des Amtsträgers in dogmatischer Sicht, in: KlBl 53 (1973) 121-126.

Scheffczyk, Leo, Die Christusrepräsentation als Wesensmoment des Priesteramtes, in: ders., Schwerpunkte des Glaubens (Ges. Schriften 1), Einsiedeln 1977, 367-386.

Scheffczyk, Leo, Verschiedene Ämter – ein Gottesvolk, in: W. Sandfuchs (Hrsg.), Die Kirche, Würzburg 1978, 57-67.

Scheffczyk, Leo, Das Sakrament der Weihe im Glauben der Kirche, Freiburg 1979.

Scheffczyk, Leo, „Stellvertretung" und Sendung des Priesters, in: ders., Glaube als Lebensinspiration (Ges. Schriften 2), Einsiedeln 1980, 413-425.

Scheffczyk, Leo, Das Amt in der Kirche. Friedliche Erwägungen zu einem umstrittenen Thema (Antwort des Glaubens 43), Freiburg 1981.

Scheffczyk, Leo, Glaube in der Bewährung (Ges. Schriften 3), St. Ottilien 1991.

Scheffczyk, Leo, In persona Christi. Zur Theologie und Spiritualität des Priestertums, in: E. Kleindienst u.a. (Hrsg.), Kirche im Kommen (FS J. Stimpfle), Frankfurt/M. 1991, 497-516.

Scheffczyk, Leo, Die Communio: Priesterliches Amt und priesterliches Volk, in: ders., Aspekte der Kirche in der Krise, Siegburg 1993, 84-102.

Schelkle, Karl H., Jüngerschaft und Apostelamt. Eine biblische Auslegung des priesterlichen Dienstes, Freiburg ³1965.

Schelkle, Karl H., Dienste und Diener in den Kirchen der neutestamentlichen Zeit, in: Conc(D) 5 (1969) 158-164, und in: ThJb(L) 1970, 267-276.

Schelkle, Karl H., Charisma und Amt, in: ThQ 159 (1979) 243-254.

Scheller, Emil Justus, Das Priestertum Christi im Anschluß an den heiligen Thomas von Aquin. Vom Mysterium des Mittlers in seinem Opfer und unserer Anteilnahme, Paderborn 1934.

Schick, Ludwig, Die Drei-Ämter-Lehren nach Tradition und Zweitem Vatikanischen Konzil, in: IKaZ 10 (1981) 57-66.

Schick, Ludwig, Das Dreifache Amt Christi und der Kirche, Frankfurt/M. 1982.

Schierl, Josef, In Christus. Deutschsprachige Stimmen zur Verbindung der Gläubigen mit Christus im Vorfeld der Enzyklika Pius' XII. „Mystici Corporis" (1943), Regensburg 1994.

Schillebeeckx, Edward, Theologische Überlegungen zur heutigen Priesterkrise, in: ders., Gott, Kirche, Welt (Ges. Schriften 2), Mainz 1970, 173 -210.

Schillebeeckx, Edward, Theologie des kirchlichen Amtes, in: Diak 1 (1970) 147-160.

Schillebeeckx, Edward, Die christliche Gemeinde und ihre Amtsträger, in: Conc(D) 16 (1980) 205-227.

Schillebeeckx, Edward / Metz, Johann Baptist, Das Recht der Gemeinde auf Vorsteher, in: Conc(D) 16 (1980) 155-156.

Schillebeeckx. Edward, Das kirchliche Amt, Düsseldorf 1981.

Schillebeeckx, Edward, Christliche Identität und kirchliches Amt, Düsseldorf 1985.

Schilson, Arno, Einheit und Vielfalt in der Berufung zum Priestertum, ThGl 58 (1968) 183-200.

Schilson, Arno, Theologie als Sakramententheologie. Die Mysterientheologie Odo Casels, Mainz 1982.

Schlier, Heinrich, Die Zeit der Kirche, Freiburg ³1962.

Schlier, Heinrich, Die „Liturgie“ des apostolischen Evangeliums (Röm 15, 14-21), in: O. Semmelroth (Hrsg.), Martyria, Leiturgia, Diakonia (FS H. Volk), Mainz 1968, 247-259.

Schlier, Heinrich, Grundelemente des priesterlichen Amtes im Neuen Testament, in: ThPh 44 (1969) 161-180.

Schlier, Heinrich, Die neutestamentlichen Grundlage des Priesteramtes, in: A. Deissler / H. Schlier / J.-P. Audet, Der priesterliche Dienst I. Ursprung und Frühgeschichte (QD 46), Freiburg 1970, 81-114.

Schlier, Heinrich, Die Kirche in den Pastoralbriefen, in: MySal IV/1, Einsiedeln u.a. 1972, 179-186.

Schlier, Heinrich, Neutestamentliche Grundelemente des Priesteramtes, in: Cath(M) 27 (1973) 209-233.

Schmaus, Michael, Katholische Dogmatik (3 Bde), München $^{1+2}$1938-1941.

Schmaus, Michael, Katholische Dogmatik (5 Bde), München $^{3-4}$1948-1958, $^{5+6}$1954-1964.

Schmaus, Michael, Das katholische Priestertum - ein soziologisches oder ein theologisches Phänomen?, in: A. Scheuermann / G. May (Hrsg.), Ius sacrum (FS K. Mörsdorf), München 1969, 3-14.

Schmaus, Michael, Einige Bemerkungen zu dem Konzilsdekret über Dienst und Leben der Priester, in: ThJb(L) 1970, 277-288.

Schmaus, Michael, Der Glaube der Kirche (2 Bde), München ^{1}1969/70.

Schmaus, Michael, Der Glaube der Kirche (7 Bde), St. Ottilien ^{2}1979-82.

Schnackenburg, Rudolf, Das Johannesevangelium III. Teil, Freiburg u.a. 1975.

Schnackenburg, Rudolf u.a. (Hrsg.), Die Kirche des Anfangs (FS H. Schürmann), Freiburg u.a. 1977, 529-582.

Schnackenburg, Rudolf, Ursprung und Sinn des kirchlichen Amtes, in: ders., Maßstab des Glaubens, Freiburg u.a. 1978, 119-154.

Schnackenburg, Rudolf, Charisma und Amt in der gegenwärtigen neutestamentlichen Forschung, in: T. Rendtorff (Hrsg.), Charisma und Institution, Gütersloh 1985, 350-365.

Schnackenburg, Rudolf, Charisma und Amt in der Urkirche und heute, in: MThZ 37 (1986) 233-248.

Schneider, Herbert, Die Bischofssynode und das Priesterbild, in: OrdKor 31 (1990) 433-440.

Schneider, Theodor, Zeichen der Nähe Gottes, Mainz 1979 (^{7}1998).

Schnell, Ursula, Das Verhältnis von Amt und Gemeinde im neueren Katholizismus, Berlin - New York 1977.

Schrage, Wolfgang, Der erste Brief an die Korinther (EKK VII/3), Zürich u.a. 1999.

Schuh, Karlheinz (Hrsg.), Amt im Widerstreit, Berlin 1973.

Schulte, Raphael, Theologische Überlegungen zur Sakramentalität des kirchlichen Amtes, in: ders. u.a. (Hrsg.), Leiturgia, Koinonia, Diakonia (FS F. König), Wien u.a. 1980, 391-414.

Schulte, Raphael, Erneuertes Kirchen- und Priesterverständnis als aktueller Auftrag, in: J. Kremer (Hrsg.), Aufbruch des Zweiten Vatikanischen Konzils heute, Innsbruck - Wien 1993, 73-102.
Schulz, Bruno, das kirchliche Amt – auch Faktor oder nur Funktion?, in: K.W. Kraemer / K. Schuh (Hrsg.), Priesterbild im Wandel, Essen 1970.
Schulz, Hans-Joachim, Die Grundstruktur des kirchlichen Amtes im Spiegel der Eucharistiefeier und der Ordinationsliturgie des römischen und des byzantinischen Ritus, in: Cath(M) 29 (1975) 325-340.
Schulz, Hans-Joachim, Das Priestertum nach dem Zeugnis der altkirchlichen Ordinationsliturgien, in: A. Rauch / P. Imhof, Das Priestertum in der Einen Kirche. Diakonat, Presbyterat und Episkopat, Regensburger Ökumen. Symposion 1985, Aschaffenburg 1987, 93-109.
Schürmann, Heinz, Neutestamentliche Marginalien zur Frage der „Entsakralisierung“, in: Der Seelsorger 38 (1968) 38-48.89-104.
Schürmann, Heinz, Im Knechtsdienst Christi. Beiträge zur weltpriesterlichen Existenz, Paderborn 1998.
Schütz, J. Georg, Das ordinationsgebundene Amt: „Sakramentales Zeichen“ oder „Sakrament“?, in: Cath(M) 41 (1987) 143-165.
Schuster, Heinz, (Vorwort), in: Diakonia 4 (1969) 1-2.
Schuster, Heinz, Spiritualität des Priesters, in: Conc(D) 5 (1969) 189-194.
Schütte, Heinz, Amt, Ordination und Sukzession im Verständnis evangelischer und katholischer Exegeten und Dogmatiker der Gegenwart sowie in Dokumenten ökumenischer Gespräche, Düsseldorf 1974.
Seibel, Wolfgang, Das Recht der Gemeinde auf Priester, in: StZ 210 (1992) 1-2.
Semmelroth, Otto, Kirche, Laie, Sendung, in: TThZ 64 (1955) 332-340.
Semmelroth, Otto, Das Geistliche Amt, Frankfurt/M. 1958.
Semmelroth, Otto, Die Kirche als Ursakrament, Frankfurt/M. [3]1963.
Semmelroth, Otto, Das priesterliche Gottesvolk und seine amtlichen Führer, in: Conc(D) 4 (1968) 41-47.
Semmelroth, Otto, Gemeinsames und amtliches Priestertum, in: Pastoralblatt 20 (1968) 5-16.
Semmelroth, Otto (Hrsg.), Martyria – Leiturgia – Diakonia, Mainz 1968.
Semmelroth, Otto, Die Präsenz der drei Ämter Christi im gemeinsamen und besonderen Priestertum der Kirche, in: ThPh 44 (1969) 181-195.
Semmelroth, Otto, Der Charakter des Priesteramtes in der Kirche, in: Pastoralblatt 23 (1971) 258-261.
Semmelroth, Otto, Der Beruf des Priesters, in: LS 23 (1972) 15-23.
Seybold, Michael, „Priester auf ewig“? Dogmatische Anmerkungen zur Laisierung von Priestern, in: ThGl 62 (1972) 401-416.
Seybold, Michael, Die Kirche als Mysterium in ihren Ämtern und Diensten. Dogmatische Orientierung, in: B. Mayer / M. Seybold, Die Kirche als Mysterium in ihren Ämtern und Diensten (= Extemporalia 5), Eichstätt - Wien 1987, 43-88.

Siebel, Wigand, Die Ausübung der Macht in der heutigen Kirche, in: Conc(D) 24 (1988) 196-202.
Siefer, Gregor, Zur Soziologie des Priesterbildes, in: Diakonia 2 (1967) 129-142.
Siefer, Gregor, Der Priester - ein geweihter Mann?, in: Diakonia 4 (1969) 35-52. 106-113.
Siefer, Gregor, Sterben die Priester aus? Soziologische Überlegungen zum Funktionswandel eines Berufsstandes, Essen 1973.
Simar, Hubert Theophil, Lehrbuch der Dogmatik, Freiburg [4]1899.
Simon, Paul, Das Priestertum als Stand und der Laie, Salzburg-Leipzig 1938.
Simonis, Walter, Glaube und Dogma der Kirche: Lobpreis seiner Herrlichkeit (Eph 1,14). Leitfaden der katholischen Dogmatik nach dem Zweiten Vatikanum, St. Ottilien 1995.
Smedt, Emile Joseph de, Vom allgemeinen Priestertum der Gläubigen (Hirtenwort), München 1962.
Smedt, Emile Joseph de, Das Priestertum der Gläubigen, in: G. Baraúna (Hrsg.), De Ecclesia. Beiträge zur Konstitution „Über die Kirche“ des II. Vatikanischen Konzils I, Freiburg/Frankfurt 1966, 380-392.
Söding, Thomas, Blick zurück nach vorn. Bilder lebendiger Gemeinden im Neuen Testament, Freiburg 1997.
Söll, Georg, Das Priestertum der Kirche. Ein Desiderat der Ekklesiologie und ihrer Verkündigung, in: J. Auer / H. Volk, Theologie in Geschichte und Gegenwart (FS M. Schmaus), München 1957, 181-198.
Specht, Thomas, Lehrbuch der Dogmatik (2 Bde), Regensburg 1907/08.
Specht, Thomas, Lehrbuch der Apologetik oder Fundamentaltheologie, Regensburg 1912.
Staudinger, Josef, Jesus und sein Priester. Gedanken über die Größe und die Heiligkeit des Priestertums, Freiburg 1936.
Stockmann, Peter, Außerordentliche Gemeindeleitung. Historischer Befund - Dogmatische Grundlegung - Kirchenrechtliche Analyse - Offene Positionen, Frankfurt/M. 1999.
Stockums, Wilhelm, Das Priestertum, Freiburg 1934.
Stockums, Wilhelm, Der Beruf zum Priestertum, Freiburg 1934.
Stockums, Wilhelm, Priestertum und Aszese, Freiburg 1938.
Strobel, August, Der erste Brief an die Korinther, Zürich 1989.
Stubenrauch, Bertram, Ein Auftrag - viele Beauftragte. Zur dogmatischen Begründung von Priester- und Pastoraldiensten, in: F. Genn (Hrsg.), Aufbau und Aufbruch. Kirche auf dem Weg zum Jahr 2000, Trier 1997, 59-79.
Stubenrauch, Bertram, Priesterlicher Dienst vor dem Anspruch der Lehre, in: ders. (Hrsg.), Christsein als Priester: was verbindet und trägt, Trier 1999, 115-136.

Sustar, Alois, Das Priesterbild des Zweiten Vatikanischen Konzils, in: F. Enzler (Hrsg.), Priester - Presbyter. Beiträge zu einem neuen Priesterbild, Luzern 1968, 37-52.

Thaler, Anton, Gemeinde und Eucharistie. Grundlegung einer Ekklesiologie Freiburg/CH 1988.

Theobald, Michael, Die Zukunft des kirchlichen Amtes. Neutestamentliche Perspektiven angesichts gegenwärtiger Blockaden, in: StZ 216 (1998) 195-208.

Trilling, Wolfgang, Vollmacht und Dienst. Zur Diskussion um das kirchliche Amt, in: StZ 187 (1971) 297-308.

Tromp, Sebastian, Corpus Christi quod est ecclesia, Rom 1937.

Umberg, Johann Bapt. SJ, Die These von der Mysteriengegenwart, in: ZKTh 52 (1928) 357-400.

Umberg, Johann Bapt. SJ, Der Ritterschlag der katholischen Aktion, Innsbruck 1931.

Vanhengel, Marcel C., Die Rolle des Priesters in der Symbolik der Sakramente, in: ThG 9 (1966) 137-144.

Venetz, Hermann Josef, Vielfältige Leitungsmodelle im NT, in: LS 46 (1995) 188-198.

Verweyen, Hansjürgen, Gottes letztes Wort, Düsseldorf 1991.

Vetter, Johannes, Der heilige Augustinus und das Geheimnis des Leibes Christi, Mainz 1929.

Vischer, Georg H., Apostolischer Dienst. Fünfzig Jahre Diskussion über das kirchliche Amt in Glauben und Kirchenverfassung, Frankfurt/M. 1982.

Vogt, Hermann J., Bemerkungen zur frühen Amts- und Gemeindestruktur, in: ThQ 175 (1995) 192-198.

Vögtle, Anton, Kirche und Amt im Werden, in: MThZ 28 (1977) 158-179.

Vögtle, Anton, Die Dynamik des Anfangs. Leben und Fragen der jungen Kirche, Freiburg 1988.

Volk, Hermann, Der Priester und sein Dienst im Lichte des Konzils, Mainz 1966.

Volk, Hermann, Der Priester und sein Dienst. Zum Schreiben der deutschen Bischöfe über das priesterliche Amt, in: Publik Jg. 3, Nr. 1 (2. Jan. 1970) 23-24.

Volk, Hermann, Priestertum heute, Rodenkirchen 1972.

Vorgrimler, Herbert, Der theologische Ort des Priesters, in: HPTh IV, Freiburg 1969, 432-451.

Vorgrimler, Herbert, Das Priesterdokument der römischen Bischofssynode 1971 in ökumenischer Sicht, in: ders. (Hrsg.), Amt und Ordination in ökumenischer Sicht (Der priesterliche Dienst V, QD 50), Freiburg 1973, 278-303.

Vorgrimler, Herbert, Sakramententheologie, Düsseldorf 1987.

Vorgrimler, Herbert, Die Volk-Gottes-Theologie des Zweiten Vatikanischen Konzils und die Folgen 30 Jahre „danach“, in: BiLi 66 (1993) 67-72.

Vorgrimler, Volk Gottes oder Communio? in: H. Keul / H.J. Sander (Hrsg.), Das Volk Gottes - ein Ort der Befreiung (FS E. Klinger), Würzburg 1998, 41-53.

Vorgrimler, Herbert, Wegsuche. Kleine Schriften zur Theologie. Band II, Altenberge 1998.

Wagener, Ulrike, Die Ordnung des „Hauses Gottes“. Der Ort von Frauen in der Ekklesiologie und Ethik der Pastoralbriefe (WUNT 2/65), Tübingen 1994.

Wagner, Harald, Zur Problematik des „ius divinum“, in: TThZ 88 (1979) 132-144.

Wagner, Harald, Das Amt im Kontext der Communio-Ekklesiologie, in: Cath(M) 50 (1996) 34-44.

Waldenfels, Hans, Anspruch auf einen Priester?, in: Conc(D) 16 (1980) 190-195.

Walter, Eugen, Eucharistie und Kirche, in: ThGl 31 (1939) 285-295.

Walter, Eugen, Diener des Neuen Bundes, Frankfurt/M. 1940.

Walter, Eugen, Weihe- und Laienpriestertum. Das eine Priestertum der Kirche, in: K. Borgmann (Hrsg.), Volksliturgie und Seelsorge, Kolmar o.J. (ca. 1942) 31-37.

Walter, Eugen, Quellen lebendigen Wassers, Freiburg 1953.

Walter, Peter, Gemeindeleitung und Eucharistiefeier. Zur theologischen Ortsbestimmung des Amtes, in: B. Fraling / H. Hoping / C. Scannone, Kirche und Theologie im kulturellen Dialog (FS P. Hünermann), Freiburg 1994, 378-391.

Walter, Peter, Vorsteher der Eucharistie und Gemeindeleitung, in: LS 46 (1995) 193-198.

Weber, Leonhard M., Muß sich auch das Priesterbild wandeln?, in: ThJb(L) 1970, 336-354.

Weber, Wilhelm (Hrsg.), Macht, Dienst, Herrschaft in Kirche und Gesellschaft, Freiburg 1974.

Weinzierl, Erika, Der Antimodernismus Pius' X., in: dies. (Hrsg.), Der Modernismus, Graz - Wien - Köln 1974, 235-255.

Weiser, Alfons, Gemeinde und Amt nach dem Zeugnis der Apostelgeschichte, Stuttgart 1983.

Weiß, Hans-Friedrich, Der Brief an die Hebräer, Göttingen 1991.

Werbick, Jürgen, Kirche. Ein ekklesiologischer Entwurf für Studium und Praxis, Freiburg 1994.

Weß, Paul, Ihr alle seid Geschwister. Gemeinde und Priester, Mainz 1983.

Weß, Paul, Repräsentant Christi oder Repräsentant der Gemeinschaft mit Christus?, in: HlD 45 (1991) 67-74.

Wiedenhofer, Siegfried, Das katholische Kirchenverständnis. Ein Lehrbuch der Ekklesiologie, Graz u.a. 1992.

Wiedenhofer, Siegfried, Ekklesiologie, in: Th. Schneider (Hrsg.), Handbuch der Dogmatik (Band 2), Düsseldorf 1992, 47-154.

Wiederkehr, Dietrich, Wer A sagt, sollte auch B sagen, in: Diak 28 (1997) 174-179.

Wieh, Hermann, „Priester auf Zeit“ contra „character indelebilis“?, in: ThGl 65 (1975) 19-37.

Wikenhauser, Alfred, Die Kirche als der mystische Leib Christi nach dem Apostel Paulus, Münster 1937, [2]1940.

Will, Josef, Die Katholische Aktion. Biblische und dogmatische Grundlagen, München 1932.

Winklhofer, Alois, Kirche in den Sakramenten, Frankfurt/M. 1968.

Winter, Alois, Das komplementäre Amt, in: IKaZ 7 (1978) 269-281.

Wulf, Friedrich, Stellung und Aufgabe des Priesters in der Kirche nach dem Zweiten Vatikanischen Konzil, in: GuL 39 (1966) 42-61.

Wulf, Friedrich, Der christologische Aspekt des priesterlichen Zölibats, in: GuL 41 (1968) 106-122.

Zauner, Wilhelm, Rez. zu Greshake, Priestersein, in: ThPQ 132 (1984) 91-93.

Ziegenaus, Anton, Zum Selbstverständnis des Priesters in den Zeiten des Umbruchs, in:FoKTh 2 (1986) 253-267.

Zirker, Leo, Leben im Dialog. Perspektiven für ein zeitgemäßes Priesterbild, Mainz 1976.

Zizioulas, Joannes D., Priesteramt und Priesterweihe im Licht der östlich-orthodoxen Theologie, in: H. Vorgrimler (Hrsg.), Amt und Ordination in ökumenischer Sicht (Der priesterliche Dienst V, QD 50), Freiburg 1973, 72-113.

Zmijewski, Josef, Paulus - Knecht und Apostel Christi, Stuttgart 1986.

Zollitsch, Robert, Amt und Funktion des Priesters. Eine Untersuchung zum Ursprung und zur Gestalt des Presbyterats in den ersten zwei Jahrhunderten, Freiburg - Basel - Wien 1974.

Zweites Vatikanisches Konzil, Lumen gentium. Dogmatische Konstitution über die Kirche, 21. November 1964, AAS 57 (1965) 5-75.

Zweites Vatikanisches Konzil, Presbyterorum ordinis. Dekret über Dienst und Leben der Priester, 7. Dezember 1965, AAS 58 (1966) 991-1024.

Personenregister

Adam, K. 45–48, 56, 60f
Alexander v. Hales 251
Ambaum, J. 253
Arens, A. 14, 19
Atzberger, L. 22–26, 31
Auer, J. 237
Augustinus v. Hippo 42–45, 209, 217, 251
Bachl, G. 251, 253
Balthasar, H.U.v. 118–122, 125, 223–229, 231, 242, 295f
Baraúna, G. 167
Bartmann, B. 22–25, 27, 29f
Bauer, J.B. 145
Bausenhart, G. 184
Becker, K.J. 198f
Beinert, W. 141, 143, 154, 247f, 267f, 275, 281, 285, 287, 328
Bellarmin, R. 90f
Bertram, A. 38
Blank, J. 185–189
Blum, G.G. 189
Böttigheimer, C. 275
Breuning, W. 198f, 200, 205, 207f, 243f
Brinktrine, J. 23
Brockhaus, U. 202
Brooten, B. 238
Brox, N. 53, 295, 297
Bucer, M. 164
Bunnik, R.J. 179
Calvin, J. 153, 164
Campenhausen, H.v. 189, 251
Casel, O. 68–71, 74–86, 97, 135
Commer, E. 22, 24, 28
Congar, Y. 98–106, 122f, 125
Cordes, P.J. 220–222, 231, 252f
Courth, F 307f
Dassmann, E. 197, 251, 253, 273, 278
Denzler, G. 12
Dianich, S. 256
Diekamp, F 22, 25
Dillersberger, J. 81f, 84
Dombois, H. 182
Döring, H. 302f
Drewermann, E. 14
Dupuy, B. 180
Duquoc, C. 152f
Durst, B. 55f, 59f, 103
Durwell, F-X. 255
Duss-von Werdt, J. 257
Eicher, P. 165
Eisenhofer, L. 79f
Faber, E.-M. 298–300
Feckes, C. 45, 50f, 56–58, 62
Filthaut, T. 68
Fischer, B. 96
Fischer, H. 204
Forster, K. 233f
Franzelin, J.B. 45
Freitag, J. 199
Fries, H. 154
Friesl, C. 285f
Ganoczy, A. 198–200, 284
Gerken, A. 44, 72–74, 196
Giblet, J. 167, 170f
Gihr, N. 22, 24f, 27, 29–31
Goertz, H. 54
Graber, R. 38f, 55
Grasmück, E.L. 19
Gräßer, E. 158
Greinacher, N. 181, 204

Greshake, G. 135, 154, 286, 290–298, 302, 306, 328
Grillmeier, A. 146, 154
Gröber, C. 24
Grosche, R. 38f, 55f, 62–64
Guardini, R. 36, 49, 69
Gutberlet, C. 22, 26f, 29
Haag, H. 54, 158
Häring, B. 337
Härle, W. 54
Hasenhüttl, G. 203
Heinrich, J.B. 22
Hemmerle, K. 323
Hernoga, J. 14
Herwegen, I. 68
Hettinger, F 22, 27, 28
Hierzenberger, G. 245
Hilberath, B.J. 154, 160, 287, 317–319
Hippolyt v. Rom 245, 277f, 280, 323
Hödl, L. 263f
Hoffmann, A. 81, 84f
Höffner, J. 226
Hofmann, F 42f
Holböck, F 41
Houdijk, M. 184
Hünermann, P. 244–246. 248f, 268–271, 278, 286f, 289f, 320
Ignatius v. Antiochien 80, 190
Innozenz III. 91
Jilek, A. 278
Johannes Paul II. 10f, 337
Johannes XXIII. 31, 33f
Jungmann, J.A. 154
Junia 238f
Jürgensmeier, F. 41
Käppeli, Th. 41
Käsemann, E. 41
Kasper, W. 14, 142, 203–208, 232f, 273–275, 277f, 306, 310, 316
Katschthaler, J.B. 26,
Kehl, M. 154, 303–305, 319
Keller, M. 39
Kerkhofs, J. 11,
Kertelge, K. 193–195, 203, 238
Klostermann, F 144, 181, 204f, 262, 286
Knobloch, S. 287
Koch, G. 308f
Koch, K. 287
Kohl, C. 285, 287
Kolbe, F 77f, 96
Konstantin d.Gr. 189
Koster, M.D. 44, 46–48, 81, 85f
Kötting, B. 44
Krebs, E. 49f, 52, 54, 56f,
Krieger, W
Küng, H. 14, 196, 201, 203, 208f, 241
Lais, H. 73
Laub, F 159
Lécuyer, J. 147f
Legrand, H.-M. 252f, 278–280, 323f
Lehmann, K. 154, 182, 198f, 205, 215, 265, 288f
Leo XIII. 20
Lippert, P. 51f, 295, 297f
Lohfink, G. 241
Löhrer, M. 167, 169
Lubac, H.d. 44
Lukas 187, 239f
Luther, M. 53f, 157, 200
Malmberg, F 45f
Maria 45, 113, 122
Martin, J. 194–196
Mausbach, J. 22
Meisenberg, P. 287
Menenius Agrippa 42
Mercier, D. 31
Merklein, H. 42
Mersch, É. 41, 46
Mikat, P. 176
Möbs, U. 211
Möhler, J.A. 36f, 45f
Mühlen, H. 131f, 182, 246f
Müller, A. 257, 282–284
Müller, G.L. 300

Müller, H. 322
Nagel, E. 96
Neuner, P. 37, 98, 101, 280f, 283–288, 308
Neunheuser, B. 69, 86, 95, 97
Niebecker, E. 38f, 55, 85
Niewiadomski, J. 321f
Nikolaus v. Cues 258
Nocke, F-J. 306
Nürnberg, R. 198
Oberlinner, L. 239f
Olschewski, J. 266
Osiander, A. 164
Oswald, J.H. 22, 24–28, 30
Ott, L. 23
Ottaviani, A. 138
Paarhammer, H. 12,
Passaglia, C. 45
Paulus 41f, 47, 66, 159, 185f, 191–193, 202, 209, 224f, 238–240, 242
Pesch, O.H. 131, 133, 137–139, 142f, 154, 167
Pesch, W. 193
Petrus 122, 187, 233, 238
Petrus Lombardus 23
Pilgram, F 40
Pius X., 20, 31–34, 63
Pius XI. 32f, 37, 84f
Pius XII., 14, 25, 33f, 38, 48, 87, 89, 91, 94, 126, 132, 135, 139, 155f, 162, 333
Pohle, J. 22, 27, 29
Poschmann, B. 81, 83f
Pottmeyer, H.J. 154, 165, 247f, 286, 313–316
Pree, H. 287
Premm, M. 23
Przywara, E. 40, 45
Pseudo-Dionysios 208
Puza, R. 319
Rahner, K. 14, 73, 184, 195f, 201f, 211–214, 216, 232, 235, 249, 281f, 286, 306, 336
Rajšp, A. 15, 250, 254f, 328–330
Ranft, J. 23
Ratzinger, J. 14, 42f, 44, 198f, 215–220, 241, 250, 256, 274f
Richter, K. 263
Rocholl, N. 38f, 55f, 61f, 65
Rohrbasser, A. 31–34, 87, 91
Roloff, J. 238–240
Rombach, H. 258f
Röser, J. 11,
Rossum, G.M.v. 25
Schanz, P. 22, 31
Scheeben, M.J. 22f, 45, 50, 85
Scheffczyk, L. 14, 234–238
Scheller, E.J. 52
Schick, L. 164f
Schillebeeckx, E. 13f, 264, 271–274, 277f, 290
Schilson, A. 68–71, 74
Schlier, H. 191–193, 241
Schmaus, M. 35, 39, 55f, 65–67, 85, 110f, 125, 173–176, 262
Schnackenburg, R. 250
Schneider, Th. 259f
Schnell, U. 41
Schrader, C. 45
Schrage, W. 42
Schuh, K. 265
Schürmann, H. 182
Schuster, H. 215
Schütte, H. 266
Semmelroth, O. 35, 112–117, 125, 128, 176–178, 281
Seybold, M. 237f
Siebel, W. 200
Simar, H.T. 22f
Simon, P. 38f
Simonis, W. 325f
Smedt, E.J.d. 167f
Söll, G. 109–111, 125
Specht, T. 22, 24f, 29
Staudinger, J. 31
Stockums, W. 31
Stohr, A. 96
Stubenrauch, B. 311f
Theobald, M. 158, 287

Thomas v. Aquin 52, 60, 82–85, 111, 160, 251, 268, 280
Tromp, S. 41, 138
Umberg, J.B. 38
Verweyen, H. 89
Vianney, J.M. 34
Volk, H. 171f, 193
Vorgrimler, H. 139, 144, 153, 205–207, 229f, 295, 303, 316
Walter, E. 35, 56, 63–65, 78, 102
Walter, P. 275f
Weinzierl, E. 31
Werbick, J. 306f
Weß, P. 275, 290
Wiedenhofer, S. 305f
Wiederkehr, D. 275f
Wieh, H. 253
Wikenhauser, A. 41
Will, J. 38
Winklhofer, A. 173f
Wulf, F. 150, 162, 172f
Zauner, W. 295, 297
Zerfaß, R. 287
Ziegenaus, A. 238
Zirker, L. 262
Zulehner, P.M. 11

Sachregister

Das Sachregister berücksichtigt auch solche Stellen, an denen das jeweilige Stichwort zwar nicht wörtlich fällt, aber der Sache nach davon die Rede ist.

Abendmahl, (Letztes) 27, 44, 72, 74, 93, 180, 187, 225, 267f, 288
Ad catholici sacerdotii 32f, 84f
Aeterni Patris 20
Alte Kirche, Patristik 19, 38f, 42, 44, 53, 69, 74, 138, 158, 165, 182, 184, 190, 198, 277, 282, 316, 324, 333
Altes Testament 53, 57, 59, 61, 73, 157f, 164, 186-188, 190, 216, 223
Ämter Christi, Drei-Ämter-Schema, *munera Christi*, *munus triplex*, *tria munera* 49, 89, 100-102, 107, 114, 121f, 124f, 140f, 143, 149f, 153f, 161-166, 170, 174, 178f, 221f, 333
Antike 19, 52, 68, 70f, 76, 198, 247, 333
Antimodernismus 20, 37
Apologetik 23, 39f, 54f, 127f, 139, 153, 193, 199, 295
Apostel 27, 29f, 39, 41, 59, 64f, 70, 79, 92f, 107, 120, 146, 179f, 184f, 187f, 190-192, 195, 201f, 219, 226, 236-244, 250, 266, 289f, 305, 307, 323, 330, 335
Apostelgeschichte 184, 201, 239f
Armenierdekret 25, 198
Ausspendung von Gnadengütern s. Sakramentenspendung
Autorität 45, 51, 77, 191, 202, 236
- Christi 149, 207f, 234, 236, 292
- des Amtes bzw. Amtsträgers 92, 119f, 205, 215, 234-236, 273, 285, 294, 309, 326f. 329
Berufung 112, 120, 138, 150, 152, 157, 174f, 180f, 203, 209f, 216, 230, 236, 262, 275, 277, 279, 280, 285f, 291, 294, 314, 316, 318, 322f, 331, 336
Bischof
- Bischofsamt, bischöflich, Episkopat 19f, 25, 37, 39, 54, 65, 80, 85, 105, 135, 138, 141f, 145-149, 151f, 162, 171, 183, 185, 188-190, 199, 208, 217, 222, 243-245, 271f, 274f, 278–280, 287, 290, 301, 331
- Bischöfe 12, 26, 31, 96, 145, 147f, 156, 167, 189f, 190, 192–194, 251, 309f, 316f, 337
Bischofskonferenz, Deutsche 189, 233, 285, 310
Bischofssynode, Außerordentliche 316f
Bischofssynode, römische 226, 228-233
Braut Christi 43, 77, 118, 139, 227, 291, 301
Catechismus Romanus 20, 82, 84
Charakter, Prägemal, sakramentales, *character indelebilis* 20, 25,

29f, 33f, 46f, 57, 60, 81f, 85f, 91, 109, 117, 149, 160f, 174f, 209, 249-253, 303, 335
Charisma, charismatisch 105, 118-120, 191, 201-204, 206f, 209f, 215f, 227, 239, 243, 248, 250, 258, 261, 264, 271, 286, 291f, 298, 300-302, 304-307, 310, 313f, 316, 318, 322, 324, 329f, 335f
Christus Caput (s.a. Haupt) 127, 221f, 254f, 256, 304f, 329, 335
Christus, fortlebender 24, 45, 49, 60, 230, 235
Christus, zweiter, *sacerdos alter Christus* 29f, 33f, 174, 179, 221f, 256, 335
communio 19, 142f, 228, 247, 279, 292, 294, 303f, 306f, 309, 313-320, 322, 335
communio hierarchica 142, 228, 318
Communio-Ekklesiologie 16, 142, 292, 313, 316-319
defectus ordinis 267f
Demokratie, Demokratisierung 51, 65, 78, 181f, 207, 219, 221, 223, 234, 236, 259, 274, 278, 326
Diakon, Diakonat 170, 183, 186, 188, 208, 213, 279, 287, 310
diakonía 120, 141, 180, 188, 204f, 209, 293, 301
Didache 80, 190
Dienstcharakter des Amtes 35, 64, 118f, 125, 141, 148, 152, 169f, 174, 188, 197, 200, 210, 221, 249, 257, 270f, 298, 335
Diözese s. Ortskirche
Direktorium für Dienst und Leben der Priester 12
Dogmengeschichte 15, 183, 190, 196, 231, 275
Drei-Ämter-Schema s. Ämter Christi
Ehe 23, 88, 90
Einsetzung, göttliche, des Amtes (s.a. *ius divinum*) 27, 30, 119, 127f, 139, 146, 183, 187, 280f
Ekklesiologie (als dogmat. Traktat) 23, 35, 37, 40, 46-49, 65, 109f
Empirie 47, 139, 282-284, 296f, 301, 319-322, 329, 335
Engel 20, 25, 34, 51, 91
Entmythologisierung 181
Entsakralisierung 181f, 229
Episkopat, monarchischer 190
Erhabenheit, Würde des Priesters, *excelsitas*, *excellentia* 20, 25, 29-34, 57, 64, 67, 85, 92, 109f, 118, 148ff, 174, 236, 252, 256, 293
essentia non gradu tantum 140, 154-157, 161, 334
Ethos des Amtsträgers 118f, 121, 242, 257, 298, 305, 335
Eucharistie 19, 35f, 44f, 55, 57f, 63f, 66-68, 103, 105-107, 110, 114, 119, 134-137, 140-142, 146, 150f, 157-159, 168, 170, 174, 176f, 187-190, 192f, 204, 207, 222, 226, 230, 260f, 264, 266-269, 271-276, 307, 317, 329, 332f
Eucharistievorsitz 187, 190, 192, 204, 264-276
excelsitas, *excellentia* s. Erhabenheit
Exegese 16, 40, 63, 182, 187, 191, 194f, 220, 228f, 273, 280
extra nos 281, 284, 308, 310
Frau, Frauen 198, 225
Funktion(en) des Amtes, funktionales Amtsverständnis 14f, 23f, 26, 29, 35, 53-68, 75-79, 81, 83, 85, 87, 93, 99f, 104, 113-115, 117, 119, 121f, 124, 126ff, 135f, 146, 153, 157f, 161-164, 169, 174-177, 182f, 185, 187f, 195, 197f, 200-214,

216, 219-222, 225, 230, 234-236, 240, 242, 246, 248f, 253-260, 263f, 267, 274, 276, 285, 291, 298, 324, 327, 329-331, 334f
Funktionsverlust 183, 229
Gegenreformation s. Reformation
Gegenüber (von Priestern und Laien, zur Gemeinde) 51, 53, 62, 64, 66, 92, 115, 136f, 166, 169, 172, 177f, 191, 195, 203, 206f, 211f, 216, 218, 223f, 227, 235f, 242, 244, 248, 250, 254f, 276, 281, 290-294, 297, 299-307, 309, 311, 314f, 318, 323, 329, 334f
Gegenwart Christi 134, 136, 221f, 227f, 230, 233, 243, 247, 250, 294, 297, 310, 313f, 335
Geheimnis (s.a. Mysterium) 23, 25, 27, 29, 135, 138, 168, 172, 178, 232, 308, 317, 319
Gehorsam 32f, 51, 96, 110, 119f, 122, 152, 168, 223
Gemeinde, Ortsg., Pfarrg. 16, 19, 41f, 49, 53, 62-66, 74, 76-79, 82, 100, 102, 105, 107, 112-116, 120, 127, 135-137, 142, 146, 150f, 158, 169f, 176-178, 185f, 188, 191f, 195, 202-204, 206-212, 215f, 218f, 224-227, 231, 234f, 245-248, 250f, 257, 260f, 263-279, 281, 283, 285f, 289294, 296, 299-311, 314f, 318, 321, 323, 326, 329, 331, 335f
Gemeindeleitung s. Leitung
Gemeindereferent/in 285, 310
Gemeinsame Synode 14, 210f, 265, 285, 336
Gemeinschaft, Kirche als (s.a. communio, Communio-Ekklesiologie, Kultgemeinschaft) 27, 36, 40, 45, 47-51, 64-66, 87, 94, 99-105, 111, 117, 123f, 134f, 139, 141-143, 169, 174, 201, 205, 208f, 219, 228, 233, 246, 257, 263, 273, 282, 289, 304, 311, 336
Gesamtkirche, Universalkirche, Weltkirche 42, 65, 77, 111, 208, 219, 236, 246, 260, 274f, 279, 290
Gewalt s. Vollmacht
Gewaltübertragung 24-28
Gnadenanstalt s. Heilsanstalt
Gnadenmittel 23-25, 28, 51, 99-101, 105f, 110, 124
Gnosis 188, 227, 241
Gründonnerstagsbriefe 12
Haerent animo 31f
Handauflegung 25, 27, 109, 188, 218, 241, 245, 260, 277f, 284
Häresie, Häretiker 188, 251, 301
Haupt (des Leibes) 41f, 45, 47, 50, 56, 61, 64, 76, 81, 88f, 90f, 93f, 103, 116, 122, 134, 137-140, 149, 169, 235f, 242, 254-256, 258, 293, 301, 303-305, 309-311, 328f, 333, 335
Hebräerbrief 30, 52, 150, 157-161, 165, 186, 192f, 223
Heilige Schrift 19, 27, 39, 64, 79f, 134, 152, 209, 228, 291
Heiliger Geist, Pneumatologie 13, 40, 42, 45, 88, 90, 109, 139, 150, 168f, 186, 202, 206, 209f, 214, 217f, 227f, 230, 242f, 245-247, 250f, 255, 259f, 270f, 273, 278f, 282-285, 289f, 292f, 295f, 301, 303-307, 311-319, 322-328, 330, 335, 337
Heiligkeit des Priesters (s.a. Erhabenheit) 20, 30-34, 109, 293
Heilsanstalt, Gnadenanstalt 23f, 26, 28, 36, 40, 49-51, 99, 101, 123, 332, 334
Hermeneutik des kirchlichen Amtes 190, 194-200, 218, 295

Hierarchie, hierarchisch 24, 33, 37-41, 46f, 49-51, 56f, 62, 77-80, 88-90, 92f, 95, 99-107, 110, 115, 117-120, 122f, 127, 134, 138-143, 149, 152-155, 161, 165, 168-170, 172, 174, 178f, 182f, 188, 199, 207f, 211, 213, 226, 228f, 232, 235, 243, 248, 253f, 257, 262, 279, 282, 294, 304, 306, 311, 313, 317f, 321f, 324, 330, 335
Hirte 161, 164, 223
- Christus als (guter) H. 12, 169, 176, 223, 230, 305, 309, 311
- Amtsträger als H.n 46, 90, 107, 110, 151, 168, 185, 203, 207f, 260, 278, 310, 315
- H. und Herde 169, 223f, 226
- Hirtenamt 49, 79, 100, 114, 120, 121, 146, 150f, 162f, 169f, 177f, 180, 301, 309, 325
Hoherpriester, Christus als H. 26, 29f, 50, 52, 62, 77-79, 82, 93, 143, 156-160, 168, 190, 192
in persona Christi (agere) 83, 93, 106, 127, 136f, 146, 149, 157, 161, 177, 221f, 237, 254-156, 281, 293, 304f, 308, 327, 329
in persona ecclesiae 293, 306, 329
Inkarnation, Menschwerdung 45, 105, 113, 122, 139, 235, 247, 282-284, 292, 296f, 301, 319, 321f
Institution, Kirche als 99f, 105, 118, 120, 123, 181, 188,196, 256, 264, 293, 296, 298, 301, 307, 314, 320f, 326
Instruktion zu Fragen der Mitarbeit von Laien 12, 287
Internationale Theologenkommission 226f, 230f
Investitur 19, 283
ius divinum 27, 184
Jurisdiktionsvollmacht s. Vollmacht
Katechismus der Katholischen Kirche 12
Katholische Aktion 33, 36-38, 51, 53, 67, 122
Kirchenbild s. Ekklesiologie
Kirchenkonstitution s. *Lumen Gentium*
Klemensbrief, erster 188, 190, 243
Klerikalismus 167, 175, 179
Klerus, Kleriker, klerikal 20, 27f, 31-34, 37f, 41, 49, 62, 64, 67, 80, 88, 95, 101, 112, 115, 118, 120f, 123-125, 142, 145, 147f, 166, 175, 179, 181f, 186, 188, 214, 220, 228, 247, 252, 254, 262f, 292-294, 303, 308, 318, 324, 329, 331f, 334
Kommunikation 208, 228, 269, 299, 317
Konsekration, Wandlung 26, 56, 59-62, 75, 79, 83, 85f, 104, 106f, 135, 176, 204, 222, 266, 268, 332
Konsekrationsvollmacht s. Vollmacht
Konzelebration 135, 294
Konzilien
- K. v. Chalcedon 277
- Viertes Laterank. 198, 266
- K. v. Trient 20, 54, 72f, 78, 80-82, 84, 87, 92f, 95, 97f, 104f, 136, 138, 151, 158f, 175, 182f, 198-200, 209, 213, 252, 269, 280
- Erstes Vatikan. K. 45, 131
- Zweites Vatikan. K. 11, 14-16, 19, 21f, 54, 65f, 97f, 127, 131-179, 181-183, 185, 198, 200f, 204, 207, 211, 220ff, 229f, 235, 237, 252, 254, 257, 262, 264, 267, 269, 273f, 281f, 291f, 298, 303f, 314ff, 318f, 321f, 328, 333-335, 337
Kult, kultisch 29f, 53, 60, 63f, 70, 84, 103f, 106-108, 110f, 114,

117, 125f, 157-161, 170, 174, 177f, 182, 185-187, 189, 191f, 198, 204, 216f, 221, 252, 262f, 332f

Kultgemeinschaft 46, 68, 85

Kultmysterium s. Mysterium

Laienapostolat 37-40, 53, 56, 67, 105, 110, 116, 125, 127, 143, 261f, 265, 286f, 301, 328, 330

Laientheologen, Laientheologie 115, 261

Legitimation des (Priester-)Amtes 16, 30, 68, 119, 127f, 139, 158f, 161, 172, 181, 183, 190, 194, 197, 200, 202, 213, 229, 241, 245, 261, 291f, 296, 304, 311, 320, 334

Leib, Leib Christi, Herrenleib, *Corpus Christi mysticum* 25, 32, 40-50, 56, 59f, 62, 72f, 82-84, 87-92, 99-103, 107, 111, 116, 127, 134, 136f, 139f, 143f, 149, 151, 179, 186, 201f, 224-227, 235, 242, 248f, 254f, 258, 268, 282f, 291, 293, 301, 303f, 309, 328, 332f, 337

Leitung, Leitungsamt, Gemeindeleitung 19, 38, 46, 52, 79, 89, 94, 107, 141, 155, 163, 168, 176, 185, 187, 190, 193, 198, 201, 203-210, 212, 241, 261-265, 267, 270, 272, 275-277, 286, 290f, 294, 305, 309, 321f, 324-326, 328f, 336f

Leitungsgewalt s. Vollmacht

Liturge 75-79, 135, 186

Liturgie, liturgisch 36, 47, 55, 67f, 70f, 74-78, 80f, 85-87, 91f, 95f, 97, 101, 103f, 106f, 110, 125f, 133-137, 146, 158, 174, 190, 192, 198, 216, 263, 271, 277f, 284, 306, 333

Liturgiekonstitution s. *Sacrosanctum Concilium*

Liturgische Bewegung 16, 21, 36, 46, 55, 63, 68, 85, 95f, 133, 333

Lumen Gentium 133, 135, 137-147, 149, 154, 156-158, 160-162, 167, 169f, 179, 183, 202, 204, 222, 254f, 257, 261, 269, 282, 301, 304, 314, 319, 325, 329, 335

Mediator Dei 87, 91-97, 103, 117, 126, 134, 156

Menschwerdung s. Inkarnation

Menti nostrae 14, 33, 132

Messe 28 61, 72f, 75, 79, 81-83, 92, 96, 134, 161, 176, 332

Meßopfer 56, 63, 65, 72f, 86, 92–95, 147, 156, 159, 182, 333

Meßopferdekret 136

Meßopferfrüchte 73, 81, 85, 94

Meßopfertheorien 72f, 81, 269

ministerium 141f, 147f, 170, 200, 221, 257, 335

Mittelalter 19, 23, 44, 52, 72, 74, 79, 136f, 161, 185, 209, 237, 247, 258, 263, 269, 276, 280, 315, 332

Mittlerfunktion
- Christi 32, 100f, 110, 139, 146, 236f
- des Priesters, des Amtes 30, 32, 52, 57, 61f, 76, 93, 99f, 107f, 111, 136, 167, 176, 218, 237, 329

Monarchie, monarchisch 51, 246, 311

Monophysitismus 296, 319

munera Christi, munus triplex s. Ämter Christi

Mysterienlehre, Mysterientheologie 67-72, 75, 77, 79, 81, 86, 95f, 333

Mysterium, Kultmysterium 45, 50-52, 68-71, 74-78, 81, 86, 106f, 135, 138f, 146, 171, 179f, 189,

228, 267, 269, 282, 293, 319, 333
Mystici Corporis Christi 41, 48, 87-91, 138-140, 254
Nachfolge Christi 55, 63, 166, 169, 209, 224, 293f, 323, 326f, 336
Nachfolge, apostolische, *successio apostolica* 39, 59, 65, 92, 188, 209, 238-242, 266, 268, 274, 307, 327
Neues Testament 35, 41f, 53f, 57, 59, 61, 63f, 70, 84, 86, 89, 92, 103, 109, 118f, 140f, 157-160, 163f, 177, 180, 182-188, 190-198, 200, 205, 208, 216f, 219, 223, 226, 233, 238, 241, 246f, 250f, 258, 271, 293, 302, 306, 324, 329f
Ökumene, ökumenische Bewegung 46, 142, 184, 236, 265-268, 280, 284
Ontologie, ontologisches Amtsverständnis, ontologischer Unterschied 12, 14, 16, 23, 29f, 43f, 71, 73f, 164f, 175,328, 330, 335
Opfer, Opferdarbringung (s.a. Meßopfer) 19, 24, 26-30, 33f, 50, 52-67, 72-74, 76f, 79-86, 90-95, 104, 102-111, 113-115, 117, 127, 134-137, 140, 142, 146f, 149f, 156-159, 161, 168, 170f, 174, 177, 182, 187, 189, 192f, 217, 223, 226, 230f, 269, 297, 332f
- Opfer Christi, Kreuzesopfer 24, 26, 30, 33, 50, 61, 67, 70, 72-74, 81f, 84, 90, 92f, 95, 102, 104f, 113f, 135f, 147, 150, 156, 159, 171, 177, 192, 193, 226, 332
Opfergewalt s. Vollmacht
Ordinatio sacerdotalis 12
Ordination, Priesterweihe 23, 25, 27-29, 31, 35, 39, 60, 65-67, 78-80, 85, 88, 90, 92f, 102, 107f, 112, 117, 125, 141, 146, 149, 152, 161, 163, 174f, 187f, 200, 209, 211f, 221, 230, 232, 236, 245, 251f, 257, 264, 268, 270f, 276f, 280f, 284f, 308, 323f, 330f, 332
Ordo, *ordo* 23, 31, 35, 56, 62-68, 107-109, 160, 170, 175, 187, 198-200, 247, 276, 277, 280-282, 284, 286, 320, 325, 327, 334
Ortskirche, Diözese 142, 209, 246, 270f, 273f, 277-280, 290, 309, 315, 324
participatio s. Teilhabe
Pastoralbriefe 32, 188, 191, 201, 240f
Pastoralreferent/in 261, 285f, 310
Pastoraltheologie 204, 214
Pastores dabo vobis 12
Patristik s. Alte Kirche
Petrusbrief, erster 53, 55, 109, 134, 156-161, 165, 186, 219, 223
Pfarrgemeinde, Ortsgemeinde 49, 268f, 274f, 309f
Pneumatiker 42, 79f
pneumatologische Perspektive s. Heiliger Geist
porrectio instrumentorum 25
potestas s. Vollmacht
Presbyter, Presbyterat 145, 147f, 158, 183, 185, 188-190, 219-222, 226, 252, 254, 272, 280, 313, 328-331, 336
Presbyterorum Ordinis 133, 145-153, 173, 202, 222, 252, 330
Priesterausbildung 33, 145
Priesterbegriff 182, 184-189
Priesterkrise, Priestermangel 11-14, 16, 131, 183, 189, 261, 265, 268, 272, 288, 334, 337
Priesterspiritualität, Standesfrömmigkeit 61, 131, 148, 152, 215f, 220, 235, 297f, 312

Priesterweihe s. Ordination
Priesterwürde s. Erhabenheit
Realsymbol 44, 68, 74, 333
Reformation, Reformatoren, Gegenreformation 20, 27, 40, 54f, 72, 199, 267, 269, 274, 280
Regierungsgewalt s. Vollmacht
repraesentatio Christi 41, 76, 106, 113-116, 120f, 127, 136, 152, 161, 167f, 174, 177, 180, 221, 234-237, 246-256, 289-294, 297, 301f, 305f, 308-312, 314, 329f, 335
repraesentatio ecclesiae 76, 167, 249, 289, 298, 302, 306
Repräsentationsfunktion 41, 46, 57, 72, 127f, 224, 246, 270, 290, 292f, 295, 297f, 306f, 332
sacerdos alter Christus s. Christus, zweiter
sacerdos alter Christus s. Christus, zweiter
Sacerdotii nostri primordia 34
Sacerdotium ministeriale 12
Sacramentum Ordinis 25
Sacrosanctum Concilium 97, 222, 269, 329
Sakramentalität 81f, 269, 282, 284, 297, 322
- der Kirche 102, 105f, 116, 138f, 264, 282, 334f
- des Amtes, der Priesterweihe 20, 23, 27, 31, 84, 108, 280f, 283f, 308
Sakramentenspender, -empfänger, Sakramentenspendung, Ausspendung von Gnadengütern 23-29, 31, 39, 51, 58, 62, 66f, 75, 77, 87, 93-95, 114, 127, 136, 140, 151, 153, 162, 168, 171, 177, 210, 222, 256, 276, 280, 282, 310f, 332, 334
Säkularisierung 181, 229, 255 257, 259, 324, 334
Sazerdotalisierung 158, 182, 190
Scholastik, Neuscholastik 16, 20, 22-36, 41, 46-48, 52, 78f, 81, 87, 92f, 95, 97f, 123f, 127, 132, 138, 165, 173, 251f, 256, 258, 335
Seelsorge, Seelsorger 11, 212, 261f, 286, 310, 323
Sichtbarkeit (der Kirche, des Amtes, des Opfers) 26, 28, 3040, 42-44, 46-49, 51, 54f, 59-61, 65, 70, 72, 74, 76f, 81, 89f, 92, 94, 122-127, 135, 139, 172, 177, 235-237, 254, 268, 282, 299, 301, 319, 325, 330
Soziologie, soziologisch 14, 181f, 205f, 211, 213f, 224, 231, 255, 256, 259, 271f, 283, 294, 296f, 301, 318f, 321f, 335
Stand, besonderer, geistlicher (s.a. Klerus) 26, 28, 30f, 34, 38f, 58, 60, 62. 111, 121, 127, 144, 149, 168, 172, 174, 189, 252, 294
Standesfrömmigkeit s. Priesterspiritualität
Stellvertreter, Stellvertretung, Vikariat (s.a. *repraesentatio*) 61, 45, 93, 104, 106, 112, 115, 168-170, 177-179, 191, 243, 246, 290, 293
successio apostolica, s. Nachfolge, apostolische
Taufe (u. Firmung) 36, 39, 54, 60, 67, 79, 92, 102-104, 109, 111, 116f, 120, 134, 143f, 147, 150, 152, 159-161, 167, 171f, 174, 207, 209, 225, 237, 240, 251f, 254, 261f, 285, 297, 300, 309, 327-329, 331
Teilhabe, Teilnahme, *participatio* 90, 93, 101, 122, 143, 160, 165, 170, 182, 195, 258f, 261, 316, 318, 327, 329
- am Priestertum Christi 62, 64, 79, 85, 102, 117, 121, 140,

149, 153, 159-162, 167f, 173-175, 178f, 223, 231, 237, 252f, 255, 309, 330
- am Amt 38, 121f, 170, 285-287
- an der Liturgie, am eucharistischen Opfer, *participatio actuosa* 77f, 90f, 93-96, 103, 111, 119, 134f, 174
Theologie des Wortes 200, 211, 334
Tradition, *traditio* 84, 104f, 152, 164, 185-187, 190, 200, 209, 216, 228, 231, 234, 239f, 245, 263, 279, 291, 304, 320
tria munera s. Ämter Christi
Trinität, trinitarisch 217f, 224, 228, 246, 292, 295f, 303, 314-316, 324, 330
Tübinger Schule 20, 36
Überordnung, Unterordnung 39, 41, 90, 93, 103, 113, 142, 152, 175, 179, 203, 234f, 249, 292, 301, 332, 334
Universalkirche s. Gesamtkirche
Verkündigung, Wortverkündigung 19f, 54, 60, 66f, 70, 108-110, 113-115, 120, 134, 141, 146, 149f, 157, 162-164, 168, 170f, 174-176, 186-188, 192, 195, 197f, 200f, 204, 210, 216f, 224, 226, 228f, 239-242, 259, 267, 270, 272, 281, 23f, 299, 307, 314, 333, 336
Volk Gottes, Gottesvolk 47, 53, 57, 61f, 85, 138, 140, 143-145, 156, 158, 162, 164, 179, 182, 192, 202, 212, 225, 235, 292, 294f, 304, 308, 316, 325, 327f, 333
Vollmacht, *potestas*, (Amts-)Gewalt 19f, 23-32, 39f, 50-52, 57, 60, 62, 84, 89f, 92-95, 99, 109, 111f, 105-112, 117, 119f, 122f, 124-126, 141f, 149-151, 164-168, 170, 172, 180, 188, 191-193, 199, 221, 204, 207f, 210, 212f, 217-219, 223-226, 232f, 235f, 238, 241, 243-245, 249, 252, 256, 262-264, 267-270, 277, 279, 281, 286, 289, 294, 296, 303, 308, 315, 325f, 332, 336
- Opfer-, Konsekrations-, Wandlungsv. 20, 25ff, 30, 52, 59f, 64, 67f, 79f, 83f, 86, 92, 95, 105, 108, 112, 124, 126f, 141, 146, 156f, 162, 171, 226, 229, 267f, 332-334
Vorsteher, Vorsteherfunktion 19, 35, 136, 151, 171, 185, 208f, 247, 258, 260, 263, 266f, 272, 277, 302, 325, 329
Wahl 245, 272f, 277f
Wandlung s. Konsekration
Welt, Weltcharakter, Weltdienst 62, 64, 69, 88, 100, 106, 116, 120, 126, 144, 170, 175f, 178, 180-182, 192f, 211, 224, 228, 234, 246f, 258, 264, 282, 285, 292f, 297, 309, 311, 318, 320, 323, 327, 337
Weltkirche s. Gesamtkirche
Wortverkündigung s. Verkündigung
Würzburger Synode s. Gemeinsame Synode
Zölibat 34, 57, 152, 173, 225, 227, 271, 275, 321
Zusammenarbeit von Priestern und Laien, Mitarbeit 33, 37f, 51, 100, 210, 225, 261, 287f, 309
Zwei-Stände-Ekklesiologie 19, 27f, 92, 112, 115, 124, 145, 332
Zwölferkreis 187, 195, 216, 218, 225, 230, 233f, 238-240, 250